Paramahansa Yogananda
(5. jaanuar 1893 – 7. märts 1952)
Prema-avataara – „Armastuse Kehastus" (vt lk 290+)

# Joogi autobiograafia

## Paramahansa Yogananda

*Eessõna:*
W.Y. Evans-Wentz, M.A., D.Litt., D.Sc.

---

„Te ei usu, kui te ei näe tunnustähti ja imesid."
– Johannese 4:48

Kirjastaja ja inglise keelne originaali tiitel:
*Self-Realization Fellowship,* Los Angeles (California)
*Autobiography of a Yogi*

ISBN-13: 978-0-87612-083-5
ISBN-10: 0-87612-083-4

Tõlge eesti keelde: Self-Realization Fellowship
Copyright © 2012 Self-Realization Fellowship

Kõik õigused reserveeritud. Ükski osa „Joogi autobiograafiast" (*Autobiography of a Yogi*) ei tohi olla reprodutseeritud, salvestatud, edastatud või välja pandud mingil kujul või ükskõik, mil viisil (elektroonselt, mehhaaniliselt või muul viisil), praegu teadaoleval või hiljem leiutatud – kaasa arvatud fotokoopiate, salvestuse või muul teabe salvestamise ja otsingu süsteemi näol, väljaarvatud lühitsitaatidena raamatuülevaadetes – ilma eelneva kirjaliku loata Self-Realization Fellowship'ilt, 3880 San Rafael Avenue, Los Angeles, California 90065-3219, USA.

"Joogi autobiograafia" on välja antud bengali, eesti, gudžarati, hiina, hindi, hispaania, horvaatia, hollandi, inglise, itaalia, jaapani, kannada, kreeka, malajalami, marati, nepali, norra, orija, poola, portugali, prantsuse, rootsi, saksa, soome, taani, tai, tamili, telugu, vene ja urdu keeltes.

 Autoriseeritud *Self-Realization Fellowship*'i
Rahvusvahelise Kirjastusnõukogu poolt

Ülaltoodud Self-Realization Fellowship'i nimi ja embleem on SRF-i raamatutel, salvestistel ja teistel trükistel, tagades lugejale, et töö pärineb Paramahansa Yogananda poolt asutatud ja tema õpetusi ustavalt edastavalt ühingult.

Esimene väljaanne eesti keeles: *Self-Realization Fellowship,* 2012
First edition in Estonian from Self-Realization Fellowship, 2012

ISBN-13: 978-0-87612-248-8
ISBN-10: 0-87612-248-9

1071-J2832

# PARAMAHANSA YOGANANDA VAIMNE PÄRAND

*Tema kõik kogutud kirjutised, loengud ja mitteametlikud esinemised*

Paramahansa Yogananda asutas Self-Realization Fellowshipi[1] 1920. aastal oma õpetuste ülemaailmseks levitamiseks ja nende puhtuse ja terviklikkuse säilitamiseks järeltulevate põlvede jaoks. Olles oma varastel Ameerika aastatel viljakas kirjanik ja lektor, lõi ta mahukaid töid mediteerimisest, joogateadusest, tasakaalustatud elamise kunstist ja kõigi suurte religioonide põhialuseks olevast ühtsusest. Täna elab see ainulaadne ja kaugeleulatuv vaimne pärand edasi, inspireerides miljoneid tõeotsijaid üle terve maailma.

Vastavuses suure meistri väljendatud soovidele, on Self-Realization Fellowship jätkanud kirjastamise protsessi ja hoidnud Paramahansa Yogananda *"Kogutud teosed"* pidevalt trükis. Nende seas pole mitte ainult kõigi tema eluajal tema enda välja antud raamatute lõppväljaanded, vaid samuti paljud uued tekstid – tööd, mis olid jäänud tema lahkumise ajaks 1952. aastal välja andmata, või mis olid Self-Realization Magazine'i ajakirjas poolikute seeriatena ilmunud läbi aastate. Samuti sajad inspireerivad loengud ja mitteametlikult salvestatud, kuid enne tema lahkumist trükis avaldamata vestlused.

Paramahansa Yogananda valis ja õpetas isiklikult välja need lähedased järgijad, kes juhivad Self-Realization Fellowshipi Kirjastusnõukogu, andes neile spetsiifilised juhised tema õpetuste kirjastamiseks ja ettevalmistamiseks. Self-Realization Fellowship'i Kirjastusnõukogu liikmed (mungad ja nunnad, kes on andnud endale eluaegse loobumise

---

[1] Sõnasõnalt: "EneseteostuseVennaskond". Paramahansa Yogananda on seletanud, et nimi Self-Realization Fellowship tähendab vennaskonda Jumalaga läbi Kõrgeima Mina teostuse ja samuti sõprust kõigi tõdeotsivate hingedega. Vaadake samuti peatükki: "Self-Realization Fellowshipi eesmärgid ja ideaalid".

ja isetu teenimise tõotuse) austavad neid juhiseid kui püha usaldust, et armastatud maailmaõpetaja kõikehõlmav sõnum elaks oma algupärases väes ja autentsuses.

Ülaltoodud Self-Realization Fellowshipi embleemi kujundajaks on Paramahansa Yogananda ja see osundab tema asutatud mittetulunduslikule ühingule kui tema õpetuste autoriseeritud allikale. SRF-i nimi ja embleem on kõigil Self-Realization Fellowshipi trükistel ja salvestustel, tagades lugejale, et töö pärineb Paramahansa Yogananda asutatud organisatsioonilt ning et see edastab ta õpetusi nõnda, nagu ta ise neid edastada kavatses.

*Self-Realization Fellowship*

*Pühendatud
Ameerika pühaku*

LUTHER BURBANKI

mälestusele

AUTORI TÄNUAVALDUSED

Ma olen palju tänu võlgu prl L. V. Prattile (Tara Mata) mahuka toimetajatöö eest selle raamatu käsikirja kallal. Samuti kuulub minu tänu hr C. Richard Wrightile loa eest kasutada väljavõtteid tema India-reisi päevikust. Olen tänulik dr W. Y. Evans-Wentzile mitte ainult tema kirjutatud eessõna, vaid samuti ka soovituste ja julgustuse eest!

Paramahansa Yogananda

28. oktoober 1945

# SISUKORD

*Illustratsioonide nimekiri* .................................................................. xi
*Eessõna W. Y. Evans-Wentz'ilt* .......................................................... xiv
*Sissejuhatus* ...................................................................................... xvi

*Peatükid*

1. Minu vanemad ja lapsepõlv .......................................................... 3
2. Ema surm ja müstiline amulett .................................................... 15
3. Kahe kehaga pühak ...................................................................... 22
4. Minu pooleli jäänud põgenemine Himaalajasse ......................... 29
5. „Parfüümipühak" näitab imesid ................................................... 42
6. Tiigri-svaami ................................................................................. 50
7. Leviteeriv pühak ........................................................................... 58
8. India suur teadlane J. C. Bose ..................................................... 64
9. Õndsuses pühendunu ja tema kosmiline armulugu
   (Meister Mahasaya) .................................................................... 73
10. Kohtun oma meistri Sri Yukteswariga ........................................ 82
11. Kaks rahata poissi Brindabanis ................................................... 95
12. Aastad õpetaja eraklas ............................................................... 104
13. Unetu pühak ............................................................................... 132
14. Kosmilises Teadvuse kogemus ................................................... 140
15. Lillkapsa röövimine ................................................................... 148
16. Tähtede ülekavaldamine ............................................................ 158
17. Sasi ja kolm safiiri ...................................................................... 168
18. Moslemist imetegija ................................................................... 175
19. Minu guru ilmub üheaegselt Kalkutas ja Serampore'is ............ 180
20. Me ei külasta Kašmiiri ............................................................... 184
21. Me külastame Kašmiiri .............................................................. 190
22. Kivikuju süda ............................................................................. 201

23. Minu ülikooli diplom ............................................................. 207
24. Minust saab Svaami Ordu munk ........................................ 215
25. Vend Ananta ja õde Nalini ................................................. 224
26. *Kriija jooga* teadus ............................................................ 230
27. Ranchi joogakooli asutamine ............................................. 240
28. Uuestisündinud ja uuestiavastatud Kashi ........................ 248
29. Võrdleme Rabindranath Tagorega koole ........................ 253
30. Imede seadus ........................................................................ 258
31. Intervjuu Püha Emaga ........................................................ 269
32. Raama on surnuist üles tõusnud ...................................... 279
33. Babadži, kaasaegse India joogi-Kristus ........................... 287
34. Palee materialiseerimine Himaalajas ............................... 296
35. Lahiri Mahasaya Kristuse-sarnane elu ............................. 308
36. Babadži huvi läänes ............................................................ 321
37. Ma lähen Ameerikasse ....................................................... 330
38. Luther Burbank – pühak rooside keskel .......................... 345
39. Katoliku stigmaatik Therese Neumann ........................... 351
40. Ma tulen tagasi Indiasse .................................................... 359
41. Lõuna-India idüll ................................................................ 372
42. Viimased päevad oma guruga .......................................... 386
43. Sri Yukteswari surnust ülestõusmine .............................. 403
44. Mahatma Gandhiga Wardhas ........................................... 421
45. Bengali Õndsuslik Ema ..................................................... 439
46. Naisjoogi, kes mitte kunagi ei söö ................................... 445
47. Minu tagasitulek läände .................................................... 456
48. Encinitases Californias ...................................................... 461
49. Aastad 1940-1951 ............................................................... 467

Paramahansa Yogananda: joogi elus ja surmas ....................... 486
Paramahansa Yogananda auks India valitsuse poolt välja
    antud mälestusmark ................................................................ 487
Lisaallikad ....................................................................................... 488
SELF-REALIZATION FELLOWSHIPI ÕPPETUNNID ........... 489

Teised raamatud Paramahansa Yoganandalt.................................................490
Paramahansa Yogananda audiosalvestused...................................................494
Teised Self-Realization Fellowshipi trükised.................................................495
Self-Realization Fellowshipi gurude liin........................................................496
Self-Realization Fellowshipi eesmärgid ja ideaalid.......................................497

## ILLUSTRATSIOONID

*Esikaas*
Autor *(frontoon)*
Sri Yogananda ema Gurru (Gyana Prabha) Ghosh........................................8
Sri Yogananda isa Bhagabati Charan Ghosh..................................................9
Yoganandaji kuueaastaselt............................................................................. 13
Yogananda (seismas) keskkoolinoorukina koos oma vanema venna
    Anantaga; Yogananda vanem õde Uma noore tüdrukuna Gorakh-
    puris; (paremal); vanem õde Roma (Yoganandast vasemal) ja noo-
    rem õde Nalini koos Paramahansa Yoganandaga nende lapsepõlve-
    kodus Kalkutas 1935. aastal. ................................................................... 19
Svaami Pranabananda, Benarese kahe kehaga pühak ............................... 27
Sri Yogananda perekonna kodu Kalkutas ................................................... 41
Svaami Kebalananda, Yogananda sanskriti keele mentor ........................ 41
Nagendra Nath Bhaduri, leviteeriv pühak .................................................. 61
Jagadis Chandra Bose, suur India teadlane................................................. 70
Meister Mahasaya (Mahendra Nath Gupta)............................................... 77
Jumalik Ema.................................................................................................... 79
Sri Yogananda ja svaami Dayananda guru Mahamandali eraklast,
    svaami Gyanananda Benareses, 7. veebruaril 1936...........................89
Sri Yukteswar, Yogananda guru................................................................... 92
Sri Yukteswari meditatsioonitempel Serampores ..................................... 93
Sri Yogananda 1915. aastal ........................................................................... 93
Issand Krišna, India suurim prohvet......................................................... 101
Jitendra Mazumdar......................................................................................102
Ram Gopal Muzumdar, unetu pühak ....................................................... 133
Sri Yukteswari mereäärne aašram Puris Orissas ..................................... 146
Sri Yukteswar lootoseasendis ..................................................................... 147

Yoganandaji kuueteistkümneaastaselt ..................................................... 173
Jumal Šiva, Joogide Kuningana ............................................................. 189
Self-Realization Fellowship/Yogoda Satsanga Society of India
Rahvusvaheline peakorter ................................................................ 193
Sri Rajarishi Janakananda, endine Self-Realization Fellowship/Yogoda
Satsanga Society of India president (1952-55); Sri Daya Mata, endine Self-Realization Fellowship/Yogoda Satsanga Society of India, president (1955-2010); Sri Mrinalini Mata praegune Self Realization Fellowship/Yogoda Satsanga Society of India president ............. 195
Prabhas Chandra Ghosh ja Paramahansa Yogananda Kalkutas 1919.
aasta detsembris ............................................................................. 210
Sri Jagadguru Shankaratchaarya SRF/YSS peakorteris 1958 ............... 219
Sri Daya Mata jumalikus üksolemises ................................................. 229
Lääne inimene *samaadhis* – Sri Rajarishi Janakananda ..................... 239
Yogoda haru erakla ja aašram Ranchis ................................................ 247
Kashi, Ranchi kooli õpilane .................................................................. 251
Rabindranath Tagore ........................................................................... 255
Shankari Mai Jiew, Trailanga Svaami järgija ......................................... 277
Lahiri Mahasaya ................................................................................... 284
Mahaavataara Babadži, Lahiri Mahasaya guru .................................... 295
Koobas, kus aeg-ajalt viibib mahaavataara Babadži ............................ 300
Lahiri Mahasaya, Sri Yukteswari guru .................................................. 312
Panchanon Bhattacharya, Lahiri Mahasaya järgija .............................. 318
Sri Yogananda passipilt 1920 ............................................................... 334
Religioonide Kongressi delegaadid, Boston 1920 ................................ 335
Sri Yogananda teel Alaskale, suvi 1924 ................................................ 336
Joogaõpilaste klass Los Angeleses ....................................................... 337
Paramahansa Yogananda Los Angelese Filharmoonias ....................... 338
Sri Yogananda George Washingtoni hauakambris 1927 ..................... 340
Sri Yogananda Valge Maja juures ........................................................ 341
Yoganandaji Xochimilco järve ääres Mehhikos 1929 ........................... 343
Mehhiko president Emilio Portes Gil koos Sri Yoganandaga ............... 343
Luther Burbank ja Yoganandaji Santa Rosas 1924 .............................. 349
Therese Neumann, C. R. Wright ja Yoganandaji ................................. 357

*Illustratsioonid*

Sri Yukteswar ja Yoganandaji Kalkutas 1935 .......................................... 360
Serampore'i aašrami rõdul einetajate grupp, 1935 .............................. 363
Sri Yogananda Damodaris Indias 1935 ................................................... 364
Yogoda Satsanga poistekooli rongkäik Ranchis 1938 ......................... 365
Yogoda Satsanga kooli õpilased Ranchis 1970 ..................................... 365
Sri Yogananda kohaliku hõimu tüdrukutele mõeldud koolis 1936. ... 366
Sri Yogananda koos Yogoda Satsanga ühingu Ranchi poistekooli õpetajate ja õpilastega 1936. aastal ..................................................... 366
Yogoda Math, Dakshineswar, India .......................................................... 369
Sri Yogananda ja kaaslased Mathuras Yamuna jõe ääres, 1935 ........... 370
Ramana Maharshi ja Yoganandaji .......................................................... 383
Sri Yukteswar ja Yoganandaji religioosses protsessioonis, 1935 ........... 385
Grupp Serampore'i aašrami hoovis, 1935 .............................................. 387
Sri Yogananda koos Kalkuta koolitusel osalejatega, 1935 ..................... 388
Krishnananda taltsa emalõviga *Kumbha Melal* ..................................... 393
Sri Yogananda ja tema sekretär C. Richard Wright koos Svaami Keshabanandaga Brindabanis 1936 ............................................................. 398
Sri Yukteswari memoriaaltempel Puris ..................................................... 400
Mahatma Gandhi ja Sri Yogananda Wardha aašramis 1935 ................ 423
Ananda Moyi Ma, Õndsuslik Ema ja Paramahansa Yogananda ......... 441
Sri Yogananda Taj Mahali juures Agras 1936 ........................................ 444
Giri Bala, Bengali mittesööv pühak ....................................................... 449
Paramahansa Yogananda ja Sri Rajarishi Janakananda, 1933 .............. 462
Paramahansa Yogananda ja Sri Daya Mata, 1931 ................................ 462
Encinitase erakla, Californias .................................................................... 464
Paramahansa Yogananda Encinitase eraklas 1940 ................................ 465
Paramahansa Yogananda Järvepühamu sisseõnnistamisel .................... 468
SRFi Järve pühamu ja Gandhi Maailmarahu memoriaal ..................... 469
Goodwin J. Knight, California asekuberner, Yoganandajiga India Keskuse avamisel 1951 ......................................................................... 471
Self-Realization Fellowshipi tempel Hollywoodis Californias ............ 471
Sri Yogananda Encinitases Californias 1950 ........................................ 476
India suursaadik, hr. B. R. Sen SRF peakorteris ................................... 481
Sri Yogananda üks tund enne *mahasamaadhit* 7 märtsil 1952 ............ 485

# EESSÕNA

W. Y. Evans-Wentz, M.A., D.Litt., D.Sc.
Oxfordi Jeesuse Kolledž
Paljudest klassikalistest jooga- ja ida tarkusetraditsioonidest kõnelevate tööde autor, nende seas *"Tiibeti jooga ja saladoktriinid"*, *"Tiibeti suur joogi Milarepa"* ja *"Tiibeti surnuteraamat"*.

Yogananda *"Joogi autobiograafia"* väärtust tõstab suuresti tõsiasi, et see on üks väheseid ingliskeelseid raamatuid India tarkadest inimestest, mille on kirjutanud mitte ajakirjanik või võõramaalane, vaid keegi nende enda soost ja õpetatuse tasandilt – lühidalt: raamat joogidest kirjutatuna *joogi* poolt. Olles kaasaegsete hindu pühakute ebatavaliste elude ja võimete vahetu tunnistaja kroonikaks, on käesolev raamat tähtis nii ajalises kui ajatus võtmes. Lugeja heakskiit ja tänu kuulugu teose legendaarsele autorile, keda mul oli nauding tunda nii Indias kui Ameerikas. Tema ebatavaline eludokument on kindlasti üks kõige enam hindu mõistuse ja südame sügavusi ning India vaimset rikkust avavaid, mis iial Läänes on kirjastatud.

Mul on olnud privileeg kohtuda ühega neist tarkadest, kelle elulugu on siin jutustatud – Sri Yukteswar Giriga. Auväärsel pühakul on koht minu raamatu *"Tiibeti Jooga ja saladoktriinid"* kaanepildil. Kohtasin Sri Yukteswari Puris Orissas Bengali lahe ääres. Ta oli sealse vaikse mereäärse aašrami juht ja tegev grupi nooruslike pühendunute vaimse treenimisega. Ta huvitus elavalt Ameerika Ühendriikide ja samuti Inglismaa inimeste heaolust ja küsitles mind üksikasjaliselt tema enda poolt 1920. aastal läände emissarina saadetud palavalt armastatud peamise järgija Paramahansa Yogananda California kaugete tegemiste osas.

Sri Yukteswar oli õrna väljenduslaadi ja häälega, meeldiva olemisega ja vääris austust, mida tema järgijad tema suhtes spontaanselt tundsid. Igaüks, kes teda teadis – olgu siis tema lähikonnast või mitte, vaatas tema peale alt üles. Mulle tuleb elavalt meelde tema pikk, askeetlik kuju, rüütatud maised otsingud hüljanute safranikarva rüüsse – seismas minu tervitamiseks erakla väravas. Tema juuksed olid pikad ja veidi lokkis, nägu habetunud. Ta keha oli lihaseliselt tugev, kuid sale ja heas vormis ning tema samm energiline. Ta oli valinud oma maiseks asupaigaks püha Puri linna, kuhu saabuvad vagade hindude hulgad kõikidest provintsidest igapäevaselt Džagannathi („Maailma Issanda") templisse palverännakule. Puris sulges Sri Yukteswar 1936. aastal oma surelikud silmad sellele mööduvale olemise seisundile, teades, et see kehastus jõudis võiduka täiustumiseni.

Ma olen tõesti õnnelik, et olen võimeline panema kirja seda tunnistust Sri Yukteswari kõrgest iseloomust ja pühadusest. Olles rahul rahvahulkadest kaugele jäämisega, lubas ta endal elada avatult ja sügavas seesmises rahus seda ideaalset elu, mida tema järgija Paramahansa Yogananda ajastute jaoks nüüd üles on tähendanud.

# SISSEJUHATUS

*„Kohtumine Paramahansa Yoganandaga on minu mällu söö-
binud unustamatu sündmusena...Talle otsa vaadates pimestas mu
silmi kiirgus – vaimsuse valgus, mis sõna otseses mõttes tema näos
säras. Tema mõõtmatu õrnus, tema armuline lahkus haarasid
mind nagu soe päikesepaiste ... Kuigi ta oli vaimuinimene, võisin
näha, et tema arusaamine ja taipamine küündisid kõige tavapä-
rasemate probleemideni. Leidsin temas tõelise India saadiku, kes
kandis ja levitas maailmale India muistse tarkuse põhiolemust."*

Dr Binay Sen, endine India saadik
Ameerika Ühendriikides

Neile, kes olid isiklikult tuttavad Paramahansa Yoganandaga, olid tema elu ja olemus veenvaks tunnistuseks muistse tarkuse väest ja autentsusest. Tema autobiograafia arvamatu hulk lugejaid on tõendanud, et raamatu lehekülgedel kiirgab sama vaimse autoriteetsuse valgus, mis tema isikust. Olles esmatrüki järel enam kui kuuskümmend aastat tagasi meistriteosena ülistatud, esitab raamat suurhinge eluloo taustal kütkestava sissejuhatuse ida vaimsesse mõttesse – eriti tema ainulaadsesse vahetult isiklikku üksolemisse Jumalaga – ja avab lääne avalikkusele seni vaid vähestele ligipääsetava teadmistemaailma.

Tänapäeval on *„Joogi autobiograafia"* tunnustatud üle terve maailma vaimse kirjanduse klassikana. Sissejuhatuses tahaksime veidi jagada raamatu ebatavalist ajalugu.

Selle töö kirjutamist on ette kuulutatud kaua aega tagasi. Üks kaasaja jooga renessansi viljastavaid kujusid, austatud üheksateistkümnenda sajandi meister Lahiri Mahasaya on ennustanud: „Umbes viiskümmend aastat peale minu lahkumist pannakse minu elulugu kirja tänu läänes tekkivale sügavale huvile jooga vastu. Jooga-sõnum teeb maailmale tiiru peale. See aitab kaasa vendluse kehtestamisele inimeste seas, ühtsusele, mis rajaneb inimkonna otsesele Ühe Isa tajumisele."

*Sissejuhatus*

Palju aastaid hiljem edastas Lahiri Mahasaya auväärne õpilane Svaami Sri Yukteswar selle ettekuulutuse Sri Yoganandale. „Sina pead andma oma osa selle sõnumi levitamisel," deklareeris ta, „ja selle püha elu üleskirjutamisel."

1945. aastal, täpselt viiskümmend aastat peale Lahiri Mahasaya lahkumist, sai Paramahansa Yogananda valmis *„Joogi autobiograafia"*, mis täitis küllaga mõlemad tema guru ettekirjutused: edastas inglise keeles esimesed põhjalikud ülestähendused Lahiri Mahasaya märkimisväärsest elust ja tutvustas maailmale India ajastutevanust hingeteadust.

*„Joogi autobiograafia"* loomine oli projekt, mille kallal töötas Paramahansa Yogananda paljude aastate kestel. Üks tema varasemaid ja lähedasemaid õpilasi Sri Daya Mata meenutab[1]:

„Kui ma tulin 1931. aastal Mount Washingtoni, oli Paramahansa Yogananda juba alustanud tööd *„Autobiograafia"* kallal. Kord, olles mõningase sekretäritöö tõttu tema kabinetis, oli mul au näha ühte tema esimestest kirjutatud peatükkidest – see oli „Tiigri-svaami" teemal. Ta palus mul seda alles hoida, seletades, et see läheb tema kirjutatavasse raamatusse. Suurem osa raamatust sai valmis hiljem – 1937. ja 1945. aasta vahel.

1935. aasta juunist kuni 1936. aasta oktoobrini oli Sri Yogananda reisinud tagasi Indiasse (Euroopa ja Palestiina kaudu), et kohtuda viimast korda oma guru Sri Yukteswariga. Sealviibimise ajal koostas ta suurema osa *„Autobiograafia"* faktidega seonduvast osast, aga samuti lood mõnedest pühakutest ja tarkadest, keda ta oli tundnud ja kelle elusid ta selles raamatus nii mälestusväärselt pidi kirjeldama. „Ma ei olnud kunagi unustanud Sri Yukteswari nõuet kirjutada üles Lahiri Mahasaya elu," märkis ta hiljem. „Minu Indias oleku ajal kasutasin ma igat võimalust jooga-avataara otseste õpilaste ja tema sugulastega ühenduse võtmiseks. Talletades mahukate märkmetena nende vestlusi, kontrollisin ma üle fakte ja kuupäevi ja kogusin ülesvõtteid, vanu kirju ja dokumente."

Jõudnud 1936. aasta lõpus tagasi Ameerika Ühendriikidesse, hakkas ta veetma suuremat osa oma ajast Encinitases, talle tema äraolekul

---

[1] Sri Daya Mata ühines Paramahansa Yogananda poolt Los Angelese linna kohal kõrguva Mount Washingtoni mäetipul asutatud mungaühinguga 1931. aastal. Ta teenis Self-Realization Fellowship'i presidendina alates 1955. aastast, kuni oma surmani 2010. aastal.

ehitatud California lõunaranniku eraklas. See tundus aastaid varem alustatud raamatu lõpetamisele keskendumiseks ideaalse paigana.

„Mul on ikka veel elavana meeles mereäärses eraklas veedetud päevad," meenutab Sri Daya Mata. „Tal oli nii palju teisi kohustusi ja pühendumisi, et ta polnud võimeline töötama *„Autobiograafia"* kallal iga päev – kuid ta pühendas sellele kõik õhtud ja mil tal iganes tekkis vaba aega. Alates 1939. või 1940. aastast oli ta pidevalt raamatule keskendunud ja seda kogu aeg – varasest hommikutunnist kuni järgmise hommikuni! Väike grupp õpilasi – Tara Mata, minu õde Ananda Mata, Sradda Mata ja mina ise – olime teda abistamas. Kui järjekordne osa oli masinal trükitud, tavatses ta selle anda Tara Matale, kes teenis tema toimetajana.

„Millised armastusega hoitud mälestused! Kirjutamise ajal elustas ta seesmiselt pühitsetud kogemusi. Tema jumalikuks kavatsuseks oli rõõmu ning pühakute ja suurte meistrite seltskonnas kogetud ilmutuste ja iseenda isikliku Jumala-teostuse jagamine. Ta tegi tihti pause, pilk suunatud üles ja keha liikumatult tardunud, olles haaratud sügavasse Jumalaga üksolemise *samaadhi* seisundisse. Kogu ruumi täitis siis ääretult võimas jumaliku armastuse aura. Meile, õpilastele, oli sellistel juhtudel pelgalt kohalolek ülendamine kõrgemasse teadvuse seisundisse."

„Lõpuks, 1945. aastal, saabus juubeldav raamatu valmimise päev. Paramahansaji kirjutas viimased sõnad: „Issand, Sa oled andnud selle mungale suure pere," – pani lauale oma pliiatsi ja hõiskas rõõmsalt: „Kõik on tehtud – see on lõpetatud. See raamat muudab miljonite elusid. Sellest saab mu saadik siis, kui ma ise olen läinud.""

Kirjastaja leidmine sai Tara Mata kohustuseks. Paramahansa Yogananda oli Tara Mata leidnud, kui ta viis 1924. aastal San Franciscos läbi õppetundide ja loengute seeriat. Omades haruldast vaimset taipu, sai Tara Mata üheks õpetaja kõige edenenumate õpilaste väikese ringi liikmetest. Yogananda hindas Tara Mata toimetajavõimeid kõrgelt ja tavatses öelda, et Tara Mata mõistus on üks säravamaid, teist sarnast pole ta kunagi kohanud. Ta väärtustas naise määratu suurt India pühakirjalise tarkuse teadmist ja tundmist ja märkis ühel juhul: „Kui mu suur guru Sri Yukteswar välja arvata, siis ei ole ma kellegagi India filosoofiast rääkimist rohkem nautinud kui Tara Mataga."

Tara Mata viis käsikirja New Yorki. Kuid kirjastaja leidmine polnud mitte kerge ülesanne. Nii nagu tihti võib märgata, ei pruugi suure töö mõõt tavamõtlemisega inimestele alguses äratuntav olla. Vaatamata äsjasündinud aatomiajastu avardavast mõjust inimkonna kollektiivsele teadvusele koos kasvava arusaamisega mateeria, energia ja mõtte peentasandi ühtsusest, ei ole päevakirjastajad üldse valmis sellisteks peatükkideks nagu „Palee materialiseerumine Himaalajas" ja „Kahe kehaga pühak"!

Kirjastuste vahel jooksmise ajal elas Tara Mata terve aasta napilt möbleeritud, kütmata ja külma veega korteris. Viimaks oli ta võimeline saatma edusõnumiga telegrammi. Lugupeetud New Yorgi kirjastus, *The Philosophical Library*, oli „Autobiograafia" väljaandmiseks vastu võtnud. „Ma ei saa üldse kirjeldada, mida ta raamatu heaks ära tegi ...," ütles Sri Yogananda. „Kuid tema enda jaoks ei oleks see raamat kunagi läbi läinud."

Varsti peale 1946. aasta jõule jõudis kauaoodatud raamat Mount Washingtoni.

Raamatut tervitasid lugejad ja maailma ajakirjandus kiitvate ülistuste pursetega. „Mitte kunagi varem pole ühtki sellist joogaesitlust kirjutatud, ei inglise ega üheski teises keeles," kirjutas *Columbia University Press* oma „Religioonide ülevaates". New York Times väitis selle olevat „*haruldase aruande*". Newsweek raporteeris: „Yogananda raamat on pigem hinge kui keha autobiograafia ... See on paeluv ja selgete märkmetega varustatud religioosse eluviisi uurimus – kirjeldatuna idamaiselt lopsakas stiilis."

Järgnevad väljavõtted mõnedest teistest ilmunud ülevaadetest:

> San Francisco Chronicle: „Väga loetavas stiilis ... esitab Yogananda veenva loo joogast ja need, kes „tulid selle üle irvitama", võivad jäädagi „palvetama"".

> United Press: „Yogananda seletab niinimetatud Ida esoteerilised õpetused lahti äärmise ausaluse ja hea huumoriga. Raamat tema vaimset seiklust täis oleva elu lahtiseletamisest on rahuldust pakkuv."

> The Times of India: „Selle targa elulooraamat on haaravaks lugemiseks."

> Saturday Review: „... avaldab muljet ja huvi lääne lugejale."

> Grandy's Syndicated Book Reviews: „Haarav, inspireeriv, kirjanduslik rariteet!"

> West Coast Review of Books: „Te leiate „Joogi autobiograafia" olevat rõõmsa jaatuse inimhinge väest, olgu teie religioossed uskumused millised tahes."

*News-Sentinel, Fort Wayne, Indiana:* „Puhas ilmutus ... pingeliselt inimlik esitlus ... peaks aitama inimrassil end paremini mõista ... elulugu parimas headuses ... hingetukstegev ... edastatud nauditava arukuse ja mõjuva siirusega ... nii paeluv nagu iga romaan."

*Sheffield Telegraph, Inglismaa:* „... monumentaalne töö."

Koos raamatu tõlkimisega teistesse keeltesse ilmus üle terve maailma ajalehtedes ja ajakirjades palju teisigi raamatuarvustusi.

*Il Tempo del Lunedi, Rooma:* „Need leheküljed kütkestavad lugejat, kuna tekst toetub iga inimese südames tukastavale püüdlusele ja igatsusele."

*China Weekly Review, Shanghai:* „Selle raamatu sisu on ebatavaline... suunatud kaasaegsele kristlasele, kel mugavaks harjumuseks pagendada imed ammumöödunud sajanditesse ... Filosoofilised lõigud on äärmiselt huvitavad. Yogananda on vaimses plaanis religioossetest erinevustest üle ... Raamat väärib lugemist."

*Haagsche Post, Holland:* „... nii sügava tarkuse fragmendid, et inimene tunneb end nõiutuna ja täielikult liigutatuna."

*Welt und Wort, saksa kirjanduslik väljaanne:* „Äärmiselt muljetavaldav ... ainus *„Joogi autobiograafia"* väärtus on selles, et nüüd ja esmakordselt katkestab joogi vaikimise ja kõneleb enda vaimsetest kogemustest. Seni on taolisi seletusi vaadeldud skeptitsismiga. Kuid olukord on maailmas täna selline, et inimene on sunnitud teadvustama taolise raamatu väärtust. ... Autori eesmärgiks ei ole esitada India joogat vastandina kristlikule õpetusele, vaid kui tema liitlast – kui sama suure eesmärgi poole reisivaid kaaslasi."

*Eleftheria, Kreeka:* „See on raamat, mille kaudu võib lugeja ... tajuda oma mõtete horisondi avardumist mõõtmatusse ja mõista, et tema süda on võimeline kaasa tuksuma kõigile inimolevustele olenemata nende nahavärvist ja rassist. See on raamat, mida saab nimetada inspireerituks."

*Neue Telta Zeitung, Austria:* „Üks kõige sügavamaid ja tähtsamaid sõnumeid sel sajandil."

*La Paz, Boliivia:* „Meie aja lugeja leiab harva nii kaunist, sügavat ja tõepärast raamatut kui *„Joogi autobiograafia"*... Täis teadmisi ja rikas isiklikest kogemustest...Üks kõige säravamaid raamatu peatükke on see, mis käsitleb elu müsteeriume väljaspool füüsilist surma."

*Schleswig-Holsteinische Tagespost, Saksamaa:* „Need leheküljed avavad võrreldamatu tugevuse ja selgusega paeluva elu, ennekuulmatu suurusega isiksuse, et lugeja on algusest kuni lõpuni hingetu ... Me peame tunnustama seda tähtsat elulookirjeldust vaimse revolutsiooni sütitamise väe eest."

Teine väljaanne sai kiiresti valmis ja 1951. aastal kolmas. Lisaks teksti osalisele ümbertegemisele ja täiendamisele ning mõningate

*Sissejuhatus*

organisatsioonilisi tegevusi kirjeldavate ja mitte enam aktuaalsete lõikude ja plaanide kustutamisele, lisas Paramahansa Yogananda viimase peatüki – ühe pikima terves raamatus – mis käsitleb aastaid 1940-1951. Uut peatükki puudutavas joonealuses kirjutas ta: „Selle raamatu kolmandale väljaandele (1951) on 49. peatükis lisatud suur kogus uut materjali. Vastuseks suure hulga esimese kahe väljaande lugejate esitatud palvetele, vastan ma selles peatükis erinevatele India, jooga ja Veeda filosoofiaga seotud küsimustele."[2]

„Ma olen sügavalt liigutatud," kirjutas Sri Yogananda raamatu 1951. aasta väljaande autoripoolses märkes, „saades kirju tuhandetelt lugejatelt. Nende kommentaarid ja tõsiasi, et raamatut on tõlgitud paljudesse keeltesse, julgustab mind uskuma, et lääs on leidnud neil lehekülgedel jaatavalt kinnitava vastuse küsimusele, kas muistsel joogateadusel on mingit väärt kohta kaasaegse inimese elus."

Möödaläinud aastatega said „tuhandetest lugejatest" miljonid ja

---

[2] Täiendavad Paramahansa Yogananda märkused on lisatud seitsmendasse väljaandesse (1956) nagu on kirjeldatud käesoleva väljaande kirjastaja kommentaaris:
„See, 1956. aasta ameerika väljaanne sisaldab Paramahansa Yogananda 1949. aastal inglise (Londoni) väljaande jaoks tehtud redigeerimisi, samuti autori järgnevaid 1951. aastal teostatud redigeerimisi. 25. oktoobril 1949. aastal kirjutas Paramahansa Yogananda märkuses Londoni väljaandele: „Selle raamatu Londoni väljaande tarvis tehtud kokkulepped on mul võimaldanud teksti redigeerida ja seda kergelt laiendada. Peale viimases peatükis toodud uue materjali, olen ma lisanud hulga joonealuseid, kus vastasin ameerika väljaande lugejate saadetud küsimustele.""
„Autori hilisemad, 1951. aastal tehtud lisandused olid määratud ilmuma neljandas ameerika väljaandes (1952). Sel ajal kuulusid *„Joogi autobiograafia"* kirjastamisõigused New Yorgi kirjastusele. 1946. aastal pressiti New Yorgis raamatu leheküljed galvanoplastiliselt valmistatud kõrgtrükiplaadile. Seetõttu oleks isegi koma lisamine nõudnud metallplaadist tüki väljalõikamist ning uue, koma sisaldava rea lisamist jootmise abil. Kulutuste tõttu ei lisanud New Yorgi kirjastaja neljandasse väljaandesse autori 1951. aastal tehtud täiendusi."
„1953. aasta lõpus ostis Self-Realization Fellowship (SRF) New Yorgi kirjastajalt ära kõik „Joogi autobiograafia" kirjastamisõigused. SRF andis 1954. ja 1955. aastal välja kordustrüki (viies ja kuues väljaanne), kuid nende kahe aasta jooksul ei võimaldanud mitmesugused kohustused SRF kirjastustoimkonda autori muljetavaldavaid parandusi ja täiendusi trükiplaatidesse sisse viia. See töö teostati siiski seitsmenda väljaande trükkimineku eel."
Peale 1956. aastat tehti teksti veel mõned redigeerimised, seda vastavalt juhistele, mis Tara Mata oli Yoganandalt enne tema lahkumist saanud.
Varased *„Joogi autobiograafia"* väljaanded andsid autorile tiitli „Paramhansa", peegeldades üldlevinud bengali praktikat, kus helitu või peaaegu helitu a jäetakse hääldusest välja. Tagamaks, et selle Veedadele rajaneva tiitli püha tähendus oleks edastatud, kasutatakse hilisemates väljaannetes standardset sanskriti transliteratsiooni. „Paramahansa" tuleneb sõnadest *parama* – „kõrgeim, ülim" ja *hansa*, „luik" – tähistades seda, kes on saavutanud oma tõelise jumaliku Ise teostuse ja selle Ise ühtsuse Vaimuga.

## Joogi autobiograafia

„*Joogi autobiograafia*" vastupidav ja kõikehõlmav veetlus on muutunud kasvavalt ilmseks. Kuuskümmend aastat peale raamatu esmakordset väljaandmist on ta ikka veel metafüüsiliste ja inspireerivate bestsellerite nimekirjas. Haruldane fenomen! Paljudesse keeltesse tõlgituna, kasutatakse seda kolledžites ja ülikoolides üle terve maailma ida filosoofia- ja religiooni kursusest kuni inglise kirjanduse, psühholoogia, sotsioloogia, antropoloogia, ajaloo ja isegi ärijuhtimise kursuseni välja. Nagu Lahiri Mahasaya seda enam kui sajand tagasi ette kuulutas, on joogasõnum ja tema muistne meditatsioonitraditsioon teinud tõesti maailmale ringi peale.

„Tuntud vahest oma lugematuid miljoneid üle terve maailma inspireerinud *„Joogi autobiograafia"* kaudu," kirjutab metafüüsika ajakiri *New Frontier* (oktoober 1986), „tõi Paramahansa Yogananda sarnaselt Gandhile tavaühiskonda vaimsuse. Oleks mõistlik öelda, et Yogananda on enam kui teised teinud selleks, et tuua sõna 'jooga' meie sõnastikku."

Ameerika Veedade Uurimise Instituudi direktor, austatud õpetlane Dr. David Frawley, väitis kahe kuu tagant ilmuvas ajakirjas *Yoga International* (oktoober/november 1996) kirjutades: „Yogananda kohta võib öelda, et ta on Lääne jaoks jooga isa – mitte pelgalt populaarseks saanud kehalise jooga, vaid vaimse jooga, ehk tõelise jooga tähenduse - eneseteostuse teaduse isa."

Kalkuta ülikooli professor Ashutosh Das, Ph.D., D.Litt., kinnitab: „*Joogi autobiograafiat*" võib pidada uue ajastu Upanišaadiks ... See on rahuldanud üle terve maailma tõeotsijate vaimse janu. Oleme siin Indias jälginud imetluse ja lummusega selle India pühakutest ja filosoofiast kirjutatud raamatu populaarsuse fenomenaalset levikut. Oleme tundnud suurt rahuldust ja uhkust, et India *Sanaatana Dharma* (igavese tõe seaduse) surematu nektar on hoiul *„Joogi autobiograafia"* karikas."

Isegi endises Nõukogude Liidus jättis see raamat ilmselt sügava jälje, kuigi suhteliselt vähestel oli sellele kommunistliku režiimi ajal juurdepääs. Endine India ülemkohtu kohtunik V. R. Krishna Iyer, rääkis Peterburi (tol ajal Leningradi) lähistel asuva linna külastusest, kus ta küsinud sealsetelt professoritelt, et kas nad mõelnud, mis juhtub kui inimene sureb ... Üks neist professoritest läks vaikselt tuppa ja tuli uuesti tagasi *„Joogi autobiograafia"* raamatuga. Olin üllatunud. Maal, mida valitsetakse Marxi ja Lenini materialistliku filosoofia baasil, on äkki keegi valitsusasutuse ametnik, kes näitab mulle Paramahansa Yogananda raamatut! „Palun saage aru, et India vaim ei ole meile mitte

*Sissejuhatus*

võõras," ütles ta. „Me tunnistame kõige selles raamatus ülestähendatu autentsust."

*India Journal'i* 1995. aasta aprillis ilmunud number tegi kokkuvõtte: „Tuhandete igal aastal välja antavate raamatute hulgas on neid, mis lõbustavad, neid, mis juhendavad ja neid, mis valgustavad. Lugeja võib pidada end õnnelikuks, kui ta leiab sellise, mis teeb kõike kolme. *„Joogi autobiograafia"* on veel haruldasem – ta avab mõistuse ja vaimu aknad."

Viimastel aastatel on ülistanud raamatut võrdselt raamatumüüjad, kriitikud ja lugejad kui üht kaasaja kõige mõjukamat vaimset raamatut. 1999. aastal valis HarperCollins'i autorite kogu *„Joogi autobiograafia"* 100 parima vaimse raamatu hulka ja oma kogumikus *„50 Spiritual Classics"*, mis anti välja 2005 aastal, kirjutas Tom Butler-Bowdon, et Yogananda raamatut on „õigustatult peetud üheks kõige enam lõbustavaks ja valgustavaks vaimseks raamatuks, mis kunagi on kirjutatud."

Raamatu viimases peatükis kirjutab Paramahansa Yogananda põhjapanevast kinnitusest, mida on jaatusega korranud kõigi maailma religioonide pühakud ja targad läbi kõigi ajastute:

*„Jumal on Armastus. Tema loomise plaan saab olla juurdunud ainult armastuses. Kas mitte ei paku inimsüdamele tröösti pigem lihtne mõte kui eruditne arutelu? Iga Tegelikkuse tuumani tunginud pühak on tunnistanud, et jumalik kõikehõlmav plaan on olemas ja et ta on imeilus ja täis rõõmu."*

Kuna *„Joogi autobiograafia"* jätkab oma enam kui pool sajandit kestnud teekonda, siis loodame, et kõik selle inspireeriva töö lugejad – nii need, kes kohtuvad selle raamatuga esmakordselt, aga ka need, kelle jaoks ta on saanud südamelähedaseks kaaslaseks eluteel – leiavad enda hinged olevat avanenud sügavamas usus kõikeületavasse tõesse, mis asub elu näivate müsteeriumide südames.

SELF-REALIZATION FELLOWSHIP

Los Angeles California
juuli 2007

# IGAVENE ÕIGLUSE SEADUS

Uue iseseisva India (1947) lipul on kolm värviriba: sügav safranivärvi toon, valge ja tumedam roheline. Meresinine *Dharma tšakra* („Seaduse ratas") on imperaator Ašoka poolt kolmandal sajandil enne Kristust Saarnathi püstitatud kivisambal oleva kujutise taasesitus.

Ratas valiti sümboliseerima igavest seadust ning kujunes juhuse tahtel austusavalduseks maailma säravaimale monarhile. „Tema neljakümneaastasel valitsemisajal puudub ajaloos igasugune võrdlus," kirjutab inglise ajaloolane, H. G. Rawlinson. „Teda on mitmel juhul võrreldud Marcus Aureliuse, apostel Pauluse ja Constantinusega ... 250 aastat enne Kristust oli Ašokal julgust väljendada oma õudust ja kahetsust edukalt kulgenud sõjakäigu üle ja loobuda vabatahtlikult sõjapidamisest kui poliitilisest abinõust."

Ašoka päritud valitsemisalad hõlmasid Indiat, Nepalit, Afghanistani ja Belutšistani. Olles esimene maailmakodanik, saatis ta religioosseid ja kultuurilisi misjoneid paljude kinkide ja õnnistustega Birmasse, Tseilonile, Egiptusse, Süüriasse ja Makedooniasse.

„Kolmas Maurya liini kuningas Ašoka oli ... üks suurimaid ajaloo filosoof-kuningaid," märkis õpetlane P. Masson-Oursel.

„Keegi ei ole kombineerinud energiat ja heatahtlikkust, õiglust ja heategevust nii, nagu tema seda tegi. Olles oma aja elav kehastus, esineb ta samas üsna kaasaegse tegelasena. Oma pika valitsemisaja jooksul saavutas ta selle, mis meie jaoks näib olevat vaid visionääri püüdlus: nautides suurimat võimalikku materiaalset võimu, pani ta maksma rahu. Ulatudes sel moel kaugemale kui tema määratusuured valdused, mõistis ta – nagu see on olnud ka mõnede religioonide unistuseks – mis on kõikehõlmav kord, tervet inimkonda embav kord."

„*Dharma* (kosmiline seadus) eesmärgiks on kõigi olevuste õnn." Oma tänase päevani säilinud kaljuediktidel ja kivisammastel annab Ašoka armastusväärselt oma laialiveninud impeeriumi alamaile teada, et õnn tuleneb moraalsusest ja vagadusest.

*Igavene Õigluse Seadus*

Kaasaegne India, püüeldes seda maad aastatuhandeid saatnud mõjukuse ja õitsengu taasloomisele, austab oma uuel lipul „jumalatele kalli" valitseja Ašoka mälestust.

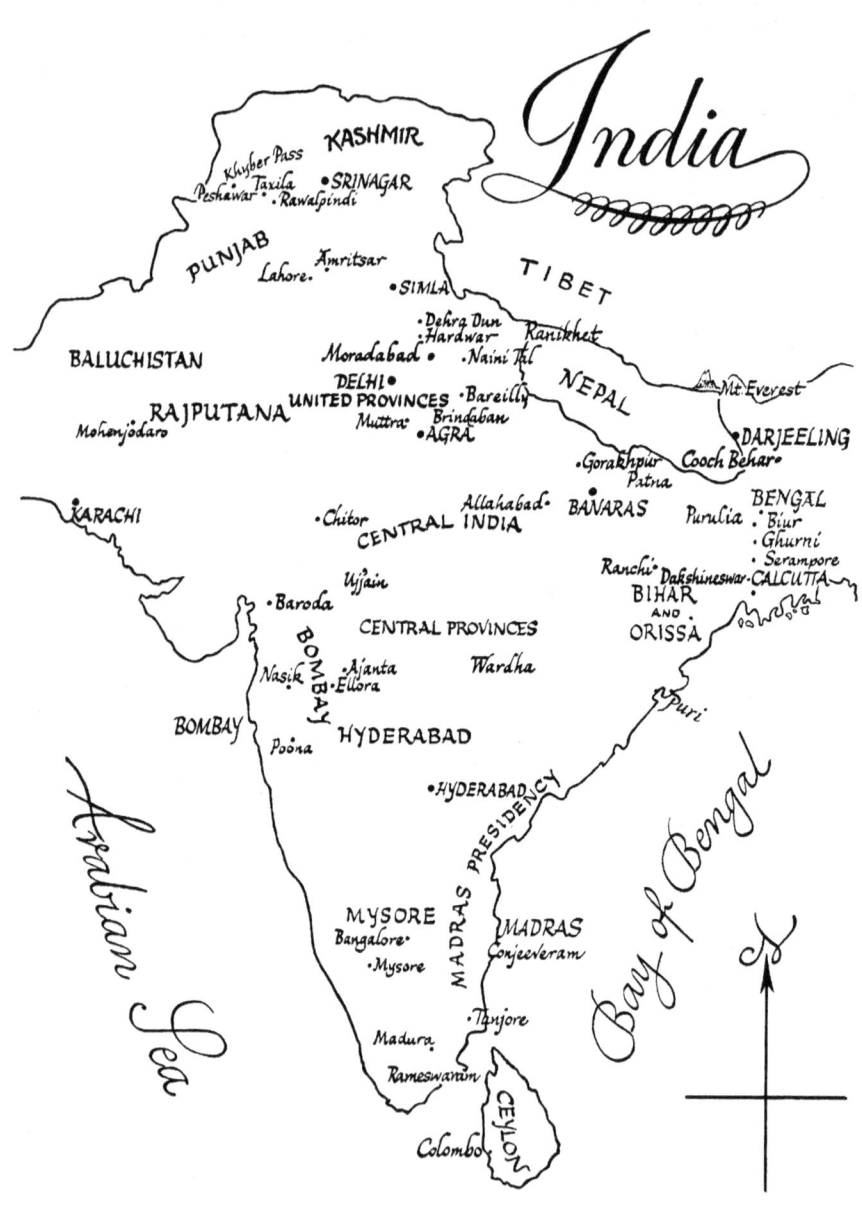

(Enne aastat 1947. Loodes toodud alad moodustavad nüüd Pakistani ja kirdes toodud alad Bangladeshi).

JOOGI AUTOBIOGRAAFIA

PEATÜKK 1

# Minu vanemad ja lapsepõlv

India kultuuri iseloomulikeks joonteks on olnud iidsest ajast lõplike põhjapanevate tõdede otsimine ja sellega kaasnev õpilase-guru[1] suhe.

Minu enda tee viis mind Kristuse-sarnase targa juurde, kelle kaunis elu oli vormitud ajastuteks. Ta oli üks neist suurtest meistritest, kes on India tõeliseks varanduseks. Kerkides esile igas põlvkonnas, on nad tegutsenud oma maa kaitsjatena Babüloni ja Egiptuse saatuse eest.

Avastasin oma kõige varajasemad mälestused, mis olid katmas minu eelmise kehastuse igandlikku kuvandit. Minuni jõudsid selged meenutused kaugest elust, kus ma olin olnud joogi[2] keset Himaalaja lund. Need mineviku piltide välgatused võimaldasid mul mõne dimensioonita ühenduslüli kaudu heita pilku esimestele elukuudele ja aastatele.

Mäletan siiani imikuea abituid alandusi. Ma olin solvunult teadlik sellest, et ma ei saanud vabalt käia ja end väljendada. Minus kerkisid esile palvesööstud, kui mõistsin oma kehalist võimetust. Minu tugev emotsionaalne mälu väljendus paljudes keeltes kõlavate sõnadena. Keset sisemist keeltesegadust harjutas mu kõrv mind ümbritsevate inimeste bengali keele hääldusega. Täiskasvanu arvates on imiku mõistuse tegevusraadius piiratud vaid mänguasjade ja oma jalgadega.

Minu jonnakate nutuhoogude põhjuseks olid psühholoogiline ärritus ja sõnakuulmatu keha. Meenub, et minu kurvastuse tõttu valitses meie peres üldine segadus. Õnnelikumadki mälestused tunglevad minus esile: ema hellitused ja minu esimesed püüded vigaselt fraase välja öelda või ebakindlaid samme astuda. Ometigi on need tihtilugu kiiresti ununevad varajased triumfid loomulikuks aluseks enesekindlusele.

Minu kaugele ulatuvad mälestused ei ole unikaalsed. Paljud joogid

---

[1] Vaimne õpetaja. *Guru Giita* (värss 17) kirjeldab asjakohaselt guru kui „pimeduse hajutajat" (sõnast „*gu*" – „pimedus" ja „*ru*", „see, mis hajutab").

[2] Jooga, „ühtsuse" – iidse Jumalale mediteerimise teaduse, viljeleja (vt peatükk 26 „Kriija jooga teadus").

on tuntud selle poolest, et on oma eneseteadvuse säilitanud „elust" „surma" ja „surmast" „ellu" ilma dramaatiliste katkestusteta. Kui inimene oleks lihtsalt keha, siis tähendaks selle kaotus tõesti olemise lõppu. Aga kui ajastuid tagasi elanud prohvetid kõnelevad tõtt, siis on inimene tõesti põhiolemuselt hing, kehatu ja kõikjalolev.

Kuigi harvaesinevad, ei ole imikuea selged mälestused üliharuldased. Oma reisidel paljudes maades kuulsin varajasi mälestusi nii meeste kui naiste suust.

Ma sündisin 5. jaanuaril 1893. aastal Kirde-Indias Himaalaja mägede lähedal asuvas Gorakhpuris. Seal möödusid minu elu esimesed kaheksa aastat. Meid oli kaheksa last: neli poissi ja neli tüdrukut. Mina, Mukunda Lal Ghosh[3], olin teine poeg ja neljas laps.

Isa ja ema olid *kšatrija* kasti[4] kuuluvad bengalid. Mõlemad olid õnnistatud õilsa loomusega. Nende vastastikune sügavalt rahulik ja väärikas armastus ei väljendunud kunagi kergemeelselt. Täiuslik vanemlik harmoonia oli kaheksa noore mürarikkalt pöörleva elu rahulikuks keskmeks.

Minu isa Bhagabati Charan Ghosh oli hea, kaalutlev, aeg-ajalt vali. Armastades teda väga, hoidsime me siiski teatud aupaklikku distantsi. Väljapaistva matemaatiku ja mõtlejana juhindus ta põhiliselt intellektist. Aga ema oli südamete kuninganna ja õpetas ainult armastuse kaudu. Peale tema surma näitas isa oma sisemist õrnust rohkem välja. Märkasin siis, et tema pilk muutus tihti mu ema pilguks.

Ema juuresolekul saime meie, lapsed, oma varased kibemagusad tutvumiskogemused pühakirjadega. Sobivad jutustused *„Mahabharatast"* ja *„Raamaajaanast"*[5] oli ema valinud distsipliini vastuvaidlematuid nõudeid jälgides. Neil puhkudel käis õpetamine ja karistamine käsikäes.

Ema igapäevaseks austuse žestiks isa suhtes oli meie hoolikas pärastlõunane riidessepanek – tervitamaks isa kojutulekut kontorist. Ta oli asepresidendiga sarnasel ametikohal Bengal-Nagpur Railway's, ühes India suurimas kompaniis. Tema ameti juurde kuulus reisimine ja nii elas meie pere minu lapsepõlve kestel mitmes linnas.

Ema oli väga lahke abivajajate suhtes. Isa oli samuti hästi meelestatud, kuid tema seaduse- ja korrakuulekus mahtusid eelarve raamidesse.

---

[3] Minu nimi muutus Yoganandaks 1915. aastal, kui ma liitusin muistse Svaami mungaorduga. Minu guru andis mulle religioosse tiitli Paramahansa 1935. aastal (vaata lk 389).

[4] Teine, algselt valitsejate ja sõjaväelaste kast.

[5] Need muistsed eeposed on India ajaloo, mütoloogia ja filosoofia varasalved.

Kahe nädala jooksul kulutas ema vaeste toitmisele rohkem, kui isa kuu jooksul jõudis teenida.

„Hoia oma heategevus mõistlikes piires – see on kõik, mida ma palun," ütles isa. Kuid isegi abikaasa õrn protest oli ema jaoks saatuslik. Ta tellis kerge hobuvankri, vihjamata lastele mingist lahkhelist.

„Head aega! Ma lähen oma emakoju". Muistne ultimaatum!

Me pistsime ehmatusest kisama. Emapoolne onu saabus eriti soodsal hetkel – ta sosistas isale kõrva mõned targad nõuanded, mis vähimagi kahtluseta olid kogutud ajastute tagant. Pärast seda, kui isa oli teinud mõned rahustavad märkused, lasi ema õnnelikult kaarikul lahkuda. Nii lõppes ainus tüli, mida ma oma vanemate vahel eales märganud olin. Kuid ma mäletan iseloomulikku arutelu.

„Palun anna mulle kümme ruupiat õnnetu naise jaoks, kes just saabus meie maja juurde!" Ema naeratuses oli teatud veenvust.

„Miks kümme ruupiat? Ühest on küllalt." Isa lisas veel õigustuseks: „Kui minu isa ja vanavanemad järsku surid, maitsesin ma esimest korda vaesust. Minu ainsaks hommikueineks enne miilide kaugusel olevasse kooli minekut oli väike banaan. Hiljem, ülikoolis olles, olin ma sellises hädas, et pakkusin end rikka kohtuniku juurde abiliseks ühe ruupia eest kuus. Ta keeldus, märkides, et isegi üks ruupia on talle tähtis."

„Kui kibedalt sa seda ühe ruupia andmisest keeldumist meenutad!" oli ema südame viivitamatu loogika, „kas sa tahad, et see naine mäletaks talle vajaliku kümne ruupia andmisest keeldumist valusalt?"

„Sina võitsid!" alistatud abielumehe unustamatu žestiga avas isa oma rahakoti. „Siin on kümneruupialine rahatäht. Anna see talle minu hea tahte märgiks."

Isal oli kombeks esmalt öelda „ei" igale uuele ettepanekule. Tema hoiak võõraste suhtes, kes nii tihti võitsid ema sümpaatia, oli näide tema tavalisest ettevaatlikkusest. Vastuseis kohesele omaksvõtmisele oli tegelikult põhimõttelist laadi. Leidsin alati, et isa oli oma otsustes võrdselt mõistlik ja tasakaalukas. Kui oleksin toetanud oma arvukaid nõudmisi ühe või kahe tugeva argumendiga, oleks ta ikka ja alati toonud ihaldatud eesmärgi minu käeulatusse, näiteks puhkusereisi või uue mootorratta.

Isa viljeles laste suhtes nende varases eas ranget distsipliini, kuid tema suhtumine iseendasse oli tõeliselt spartalik. Näiteks ei külastanud ta kunagi teatrit, vaid otsis puhkust erinevates vaimsetes praktikates ja

*Joogi autobiograafia*

„Bhagavad Giita"[6] lugemises. Hoidudes kõigest luksuslikust, tavatses ta kanda ühte paari vanu kingi, kuni nad muutusid kasutuks. Tema pojad ostsid autosid, kui need populaarseks muutusid, kuid isa ise oli alati rahul, sõites kontorisse tööle trollibussiga.

Isa ei olnud huvitatud võimu tarbeks rahakogumisest. Kord, olles äsja rajanud Kalkuta linnapanga, keeldus ta ise aktsiate kaudu kasusaamisest. Ta tahtis täita vabal ajal lihtsalt oma kodanikukohust.

Mitu aastat peale isa pensionile jäämist saabus *Bengal-Nagpur Railway* raamatupidamist uurima inglise raamatupidaja. Hämmastunud uurija avastas, et isa ei olnud kunagi preemiat taotlenud.

„Ta tegi kolme mehe töö!" rääkis raamatupidaja firmale, „firma on talle siiani kompensatsioonina võlgu 125 000 (umbes 41 250 dollarit – selle aja vääringus – tõlkija märkus)." Laekur saatis isale selle summa väärtuses tšeki. Minu isa hoolis sellest nii vähe, et unustas perele rääkidagi. Aja möödudes küsis temalt selle kohta minu noorem vend Bishnu, kes märkas pangaväljavõttel suurt laekumist.

„Milleks elevusse sattuda materiaalsest edust?" vastas talle isa. „See, kes püüdleb mõistuse tasakaalu suunas, ei juubelda saavutuste üle, ega lange kaotusest depressiooni. Ta teab, et inimene saabub siia ühegi mündita ja lahkub samuti ilma ühegi ruupiata."

Oma abielu varasematel aastatel olid minu vanemad saanud Benaresest pärit suure õpetaja ja Meistri Lahiri Mahasaya järgijateks. See kontakt tugevdas isa loomulikku askeetlikku temperamenti. Kord tegi ema märkimisväärse ülestunnistuse minu vanemale õele Romale: „Sinu isa ja mina magasime mehe ja naisena vaid kord aastas – selleks, et lapsi saada."

Isa kohtus esmakordselt Lahiri Mahasayaga Abinash Babu kaudu,[7] kes oli Bengal-Nagpuri Railway harukontoris töötav teenistuja. Gorakhpuris juhendas Abinash Babu minu noori kõrvu haaravate lugudega paljudest India pühakutest. Ja lõpetas iga kord ülistusega oma guru ülimast hiilgusest.

„Kas sa oled kunagi kuulnud erakordsetest asjaoludest, kuidas sinu isast sai Lahiri Mahasaya järgija?"

See juhtus ühel laisal pärastlõunal, mil Abinash ja mina istusime

---

[6] See õilis sanskritikeelne luulevormis tekst, olles osaks „*Mahabhaarata*" eeposest, on hindude piibliks. Mahatma Gandhi kirjutas: „Need, kes „Giitale" mediteerivad, ammutavad temast iga päev värsket rõõmu ja uusi tähendusi. Ei ole ühtki vaimset sasipundart, mida „Giita" ei suudaks lahti harutada."

[7] (Härra) Babu on toodud bengali nimede seas lõpus.

koos meie kodu terrassil, kui ta selle intrigeeriva küsimuse tõstatas. Ma raputasin pead, naeratades ootuses.

„Aastaid tagasi, enne sinu sündi, küsisin ma ülemuselt, sinu isalt, nädala jagu puhkust kontori kohustustest, et saaksin külastada oma guru Benareses. Su isa naeris minu plaani välja.

„Kas sinust hakkab saama religioosne fanaatik?" uuris ta, „keskendu oma kontoritööle, kui tahad kindlalt edasi liikuda."

Kõndides sel päeval kurvalt mööda metsateed koju, kohtasin sinu isa kandetoolis. Ta lubas teenrid ja kandjad vabaks ning hakkas astuma minu kõrval. Püüdes mind lohutada, tõi ta välja maise edu poole püüdlemise eelised. Kuid ma kuulasin teda entusiasmita. Mu süda kordas: „Lahiri Mahasaya! Ma ei suuda elada ilma sind nägemata!"

Meie tee tõi meid vaikse välu servale, kus hilise pärastlõuna päiksekiired kroonisid ikka veel metsiku rohu kõrgeid laineid. Me vaikisime imetluses. Seal väljal, vaid paar meetrit meist, ilmus järsku meie ette minu suure guru kuju![8]

„Bhagabati, sa oled liiga karm oma töötaja suhtes!" Tema hääl kajas meie hämmastunud kõrvades. Ta kadus sama müstiliselt, kui oli ilmunud. „Lahiri Mahasaya! Lahiri Mahasaya!" karjusin ma põlvili maas olles. Sinu isa oli mõne hetke imestusest liikumatu.

„Abinash, ma mitte ainult ei lase sind vabaks, vaid vabastan ka ennast, et minna homme Benaresesse. Ma pean saama tuttavaks selle suure Lahiri Mahasayaga, kes on võimeline end tahtega materialiseerima, et sinu eest välja astuda! Ma võtan oma naise ka kaasa ja palun sellel õpetajal meid oma vaimsele teele initsieerida. Kas sa juhatad meid tema juurde?"

„Muidugi!" Rõõm täitis mind imelisest vastusest mu palvele ja sündmuste kiirest, soodsast pöördest.

Järgmisel hommikul asusin ma koos sinu vanematega rongis Benarese poole teele. Jõudes sinna järgmisel päeval, võtsime teeosa läbimiseks hobuvankri ja pidime seejärel minema veel jalgsi piki kitsaid jalgradu minu guru erakliku koduni. Sisenedes tema väiksesse külalistetuppa, kummardasime tavapärasesse lootoseasendisse tardunud meistri ees. Ta pilgutas oma läbitungivaid silmi ja suunas need sinu isale.

---

[8] Fenomenaalseid jõude, mida suured meistrid omavad, selgitatakse 30. peatükis „Imede seadus".

*Joogi autobiograafia*

GURRU (Gyana Prabha) GHOSH
(1868-1904)
Yogananda ema; Lahiri Mahasaya õpilane

„Bhagabati, sa oled liiga karm oma töötaja suhtes!" Tema sõnad olid samad, mida ta oli kasutanud kaks päeva tagasi rohuga kaetud väljal. Ta lisas: „Ma olen rõõmus, et sa lubasid Abinašil mind külastada ja et sa ise ja su naine teda saadate."

„Su vanemate rõõmuks initsieeris ta nad *kriija jooga*⁹ vaimsesse praktikasse. Oleme sinu isaga kui vennad pühendunud olnud lähedased sõbrad sellest mälestusväärsest nägemuse päevast saadik. Lahiri Mahasaya võttis sinu sünni enda kindlaks huviks. Sinu elu saab olema seotud tema omaga: meistri õnnistus ei kaldu kunagi teelt kõrvale.""

Lahiri Mahasaya lahkus sellest maailmast varsti pärast seda, kui mina siia sisenesin. Kui ka isa kontor viidi üle teistesse linnadesse, on Lahiri Mahasaya kaunistustega raamis pilt alati meie perealtarit ehtinud. Paljud hommikud ja õhtud leidsid mind ja ema mediteerimas improviseeritud pühamu ees, kus me ohverdasime sandlipuu segusse kastetud lilli. Viiruki, mürri ja meie ühendatud pühendumusega austasime jumalikkust, mis oli leidnud täieliku väljenduse Lahiri Mahasayas.

---

⁹ Joogatehnika (kus meeleline mäslemine on vaigistatud), mis võimaldab inimesel saavutada aina suuremat samastumist Kosmilise Teadvusega (vaata lk 403 ja edasi).

*Minu vanemad ja lapsepõlv*

BHAGABATI CHARAN GHOSH
(1853-1942)
Yogananda isa; Lahiri Mahasaya õpilane

Tema pildil oli minu elule ülendav mõju. Minu kasvades, kasvas ühes minuga mõte meistrist. Meditatsioonis nägin ma tihti väikesest pildiraamist tema fotokujutist väljumas ja elava kujuna minu ette maha istumas. Kui püüdsin puudutada selle valgustkiirgava keha jalgu, muutus ta jälle ja sai uuesti pildiks. Kui lapsepõlvest sai noorukiiga, avastasin, et Lahiri Mahasaya oli muutunud minu peas väikesest raami pandud kujust elavaks valgustunud kohalolekuks. Pöördusin tihti tema poole eksimuste ja segaduse hetkedel, leides endas seejärel tema lohutava juhatuse. Alguses ma kurvastasin, sest ta ei olnud enam füüsiliselt elus. Kui ma hakkasin avastama tema salajast kõikjalolemist, ei kaevelnud ma enam. Ta oli tihti kirjutanud neile järgijatele, kes olid ülimalt mures tema nägemisest edaspidi: „Milleks on teil vaja tulla vaatama minu liha ja luid, kui ma olen alati teie vaimse nägemise ulatuses?"

Umbes kaheksa-aastaselt sain ma õnnistatud imelise tervendamisega Lahiri Mahasaya foto abil. See kogemus lisas mu armastusele intensiivsust. Kui olime meie perekonna Bengalis Ichapuris asuvates valdustes, tabas mind aasia koolera. Minu elul polnud lootust – arstid ei suutnud teha midagi. Olles minu voodi kõrval, liigutas ema suures ärevuses mind nii, et ma näeksin minu pea kohal seinal olevat Lahiri Mahasaya pilti. „Kummarda mõtteis tema poole!" Ta teadis, et ma olin liiga nõrk selleks, et isegi kätt tervituseks tõsta. „Kui sa tõesti näitad oma pühendumist ja kummardad seesmiselt tema ees, siis saab su elu päästetud!"

Ma vaatasin tema fotot ja nägin seal pimestavat valgust, mis haaras endasse minu keha ja terve ruumi. Minu iiveldus ja teised kontrollimatud sümptomid kadusid – ma olin terve. Korraga tundsin end piisavalt tugevalt, et kummardada ja puudutada ema jalgu tänulikkusest tema mõõtmatu usu eest oma gurusse. Ema surus oma pea korduvalt vastu pisikest pilti.

„Oo, kõikjalolev meister, ma tänan sind, et sinu valgus minu poja terveks tegi!"

Ma mõistsin, et ka ema oli olnud tunnistajaks kiirgavale valgusesärale, mille abil sain hetkega terveks tavaliselt saatuslikuks osutuvast haigusest.

Üks minu kõige kaunimaid omandusi on just seesama foto. Kuna selle andis isale Lahiri Mahasaya ise, siis kannab see endas pühasid võnkeid. Pildil on imeline päritolu. Ma kuulsin seda lugu isa kaaspühendunult-vennalt Kali Kumar Roy'lt.

Tuleb välja, et meistril oli vastuseis pildistamise suhtes. Vaatamata tema protestile, tehti ükskord grupipilt temast ja grupist pühendunutest, kelle hulgas oli ka Kali Kumar Roy. Hämmastunud fotograaf aga avastas, et plaat, kus olid selged pühendunute kujud, ei näidanud keskel muud kui tühja kohta. Selle koha peal oleks pidanud kõigi eelduste kohaselt olema Lahiri Mahasaya piirjooned. Seda fenomeni arutati laialt.

Üks meistri õpilastest fotograaf-ekspert Ganga Dhar Babu kiitles, et see põgenev figuur ei pääse tema käest. Järgmisel hommikul, kui guru istus lootoseasendis puust pingil ja tema taga asus ekraan – saabus Ganga Dhar Babu oma varustusega. Võttes tarvitusele kõik abinõud edu tagamiseks, tegi ta ahnelt kaksteist ülesvõtet plaatidele. Üsna varsti avastas ta igaühel neist puust pingi ja ekraani, kuid jällegi oli meistri kuju kadunud.

Pisarsilmil ja kõikumalöönud uhkusega otsis Ganga Dhar Babu üles oma guru. Alles tundide möödudes katkestas Lahiri Mahasaya vaikuse kommentaariga:

„Ma olen Vaim. Kas kaamera saab peegeldada kõikjalolevat Nähtamatut?"

„Ma näen, et ei suuda! Kuid, püha härra, ma tahaksin armastusega fotot sinu ihutemplist. Minu nägemine on olnud ahtake. Kuni tänase päevani ei mõistnud ma, et sinus asub Vaim tervenisti."

„Tule siis homme hommikul – ma poseerin sulle."

Ja jälle fokuseeris fotograaf oma kaamera. Seekord oli püha kuju plaadil teravalt näha, ilma et ta oleks olnud kaetud müstilise tajumatusega. Meister ei ole pärast seda kunagi poseerinud teist korda – vähemalt ei ole ma ühtki pilti näinud.

See foto on siin raamatus ära toodud[10]. Lahiri Mahasaya peente näojoonte järgi oli raske otsustada, millisesse kasti või rassi ta kuulub. Tema võimas Jumalaga-üksolemise rõõm avaldub õrnalt ta mõistatuslikus naeratuses. Tema silmad, olles pooleldi avatud, pooleldi suletud, märgivad formaalset huvi välise maailma suhtes, viidates samas tema seesmist õndsusse neeldumist. Vaestele Maa asukatele oli teadmata meistri ärkvelolek oma järgijate vaimsete probleemide osas.

Varsti, pärast tervenemist guru pildi väega, oli mul mõjukas vaimne nägemus. Istudes ühel hommikul oma voodil, langesin ma sügava unistava meditatsiooni seisundisse.

„Mis asub teispool suletud silmade pimedust?" juurdlesin oma peas pingsalt. Minu sisemist nägemist valgustas võimas valgusesähvatus. Jumalikud pühakute kujud, istumas meditatsiooniasendis mägikoobastes, moodustasid justkui miniatuurse kinopildi minu otsaesise laial valgustkiirgaval ekraanil.

„Kes te olete?" küsisin valjusti.

„Me oleme Himaalaja joogid." Taevalikku vastust on raske kirjeldada – mu süda juubeldas.

„Aa, ma igatsen minna Himaalajasse ja saada teiesarnaseks!" Nägemus haihtus, kuid hõbedased kiired laiusid üha avarduvate ringidena mõõtmatuse suunas.

„Mida see imeline hiilgus tähendab?"

„Ma olen Išvara[11]. Ma olen Valgus". Hääl kõlas justkui sosistaksid pilved.

---

[10] Lk 284 vastasküljel. Selle foto koopiad on saadaval Self-Realization Fellowshipis. Vaadake samuti maali, mis on ära toodud lk 312. Viibides aastatel 1935-1936 Indias, juhendas Sri Paramahansa Yogananda bengali kunstnikku selle maalimisel originaalfoto järgi – hiljem on see olnud SRF väljaannete jaoks ametlikuks Lahiri Mahasaya portreeks. (See maal ripub Paramahansa Yogananda elutoas Mount Washingtonis. *Kirjastaja märkus.*)

[11] Sanskritikeelne nimi Jumalale kui Kosmilisele Valitsejale; tuleneb tüvest „*is*" ja tähendab valitsemist. Hindu pühakirjad sisaldavad tuhat Jumala nime, millest igaüks kannab endas erinevat filosoofilise tähenduse varjundit.

"Ma tahan Sinuga üheks saada!"

Sellest aeglaselt haihtuvast jumalikust ekstaasist sain pärandina Jumala otsimiseks päästva inspiratsiooni. "Ta on igavene, alati uus Rõõm!" See meenutus püsis veel kaua pärast seda suure naudingu päeva.

On veel teinegi väljapaistev varajane mälestus: isegi sõna-sõnaline, sest kannan armi tänase päevani. Ma istusin varasel hommikul koos oma vanema õe Umaga meie Gorakhpuri valduses kasvava neemipuu all. Õde aitas mul lugeda bengali keele aabitsat, kusjuures mina ei saanud pilku küpset neemivilja söövatelt lähedalasuvatelt papagoidelt. Uma kaebas põletiku üle oma jalal ja võttis välja salvipurgi. Määrisin väheke salvi enda käelabale.

"Milleks sa kasutad ravimit oma terve käe peal?"

"Hästi, õeke, mulle tundub, et mul tuleb homme põletik. Ma katsetan seda sinu salvi selles kohas, kus homme põletik tuleb".

"Oh sa väike valetaja!"

"Õde, ära kutsu mind valetajaks, kuni sa pole näinud, mis hommikul juhtub." Õiglane viha täitis mind.

Umale see muljet ei avaldanud ja ta kordas oma solvangut kolm korda. Minu hääles kõlas järjekindel otsustavus, kui ma vastasin aeglaselt.

"Kogu oma tahtejõuga kordan ma, et hommikul on mul suur paistetus käel, täpselt sellel kohal ja sinu paistetus jalal läheb kaks korda suuremaks!"

Hommik leidis mind tugeva paistetusega täpselt näidatud kohas ja Uma põletikukolde mõõdud olid suurenenud. Läbilõikava kriiskamisega tormas õde ema juurde. "Mukundast on surnumanaja saanud!" Ema ütles tõsiselt, et ma mitte kunagi enam ei kasutaks sõnade väge kellelegi halva tegemiseks. Ma olen alati tema nõuannet meeles pidanud ja seda järginud.

Minu paiset raviti kirurgiliselt. Märgatav arm, mille jättis arsti lõige, on paremal käeseljal siiani. See on pidev meenutus väljaöeldud arutu sõna väest.

Need sügava keskendumisega Umale öeldud lihtsad ja ilmselgelt kahjutud väljendused peitsid endas keskendunult lausudes piisavalt peidetud väge, et plahvatada kui pommid ja tuua kaasa kindlaid, kuigi kahjulikke tagajärgi. Hiljem sain ma aru, et plahvatuslikku võnkuvat energiat kõnes saab suunata targalt, vabastamaks end eluraskustest,

*Minu vanemad ja lapsepõlv*

Sri Yogananda kuue aasta vanusena.

toimetades niiviisi ilma armide ja noomitusteta.[12] Meie pere kolis Lahore'i Pandžabis. Seal sain ma endale Jumaliku Ema pildi Jumalanna Kāli kujul.[13] See pühitses meie kodu rõdul asuvat mitteametlikku pühamut. Eksimatu veendumus teadvustas mulle, et kõik selles pühas paigas lausutud palved kroonitakse teostumisega. Seistes ühel päeval seal koos Umaga, vaatasin ma kahte poissi, kes lennutasid teisel pool kitsast külatänavat tuulelohesid üle majade katuste.

„Miks sa nii vaikne oled?" müksas Uma mind mänglevalt.

---

[12] Loovast Sõnast OM ammutatavad heli mõõtmatud võimed; kõigi aatomienergiate taga on kosmiline võnkumine. Iga sõna, mis öeldakse välja selge arusaamise ja sügava kontsentratsiooniga, on materialiseerur. Vali või vaikne inspireerivate sõnade väljaütlemine on osutunud efektiivseks autosugestiooniga ravimisel või sarnastes psühhoteraapia süsteemides: saladus seisneb mõistuse võnkesageduse tõstmises.

[13] Kāli sümboliseerib Jumalat igavese Emakese Loodusena.

„Ma mõtlen just, kui imeline see on, et Jumalik Ema annab mulle kõik, mida ma küsin".

„Ma oletan, et ta annab sulle need kaks tuulelohet!" naeris mu õde iroonilielt.

„Miks mitte?" Ma alustasin vaikselt palvetamist.

Indias mängitakse tihti liimi ja peenestatud klaasipuruga kaetud lintidega tuulelohedega. Iga mängija püüab vastase nööri kätte saada või katki teha. Vabaks lastud tuulelohed hõljuvad üle katuste – nende püüdmine on väga lõbus. Kuna Uma ja mina olime katusega maja rõdul, tundus võimatu, et ükski vallapääsenud tuulelohe ise meie juurde lendaks – nende nöör oleks vaid katuste kohal kõlkunud.

Poisid külatänaval alustasid mängu. Üks nöör lõigati läbi – kohe hõljus tuulelohe minu suunas. Ta jäi tänu järsule tuule nõrgenemisele hetkeks õhus seisma. Sellest piisas, et nöör kinnituks kindlalt naabermaja katusel oleva kaktusetaime külge. Tekkis pikk täiuslik silmus, millest sain kinni haarata. Ulatasin auhinna Umale.

„See oli vaid ebatavaline juhus, mitte vastus sinu palvele. Kui teine tuulelohe sinu juurde tuleb, siis ma usun." Õe tumedad silmad reetsid rohkem hämmingut kui tema sõnad.

Jätkasin oma palveid kasvava väega. Ühe mängija tugev tõmme tõi teisele lohelennutajale kaasa tema lohe äkilise kaotuse. Too tüüris, pea ees tuules tantsides, minu suunas. Minu abivalmis käsilane, kaktusetaim, kindlustas taas mulle vajaliku silmuse, millest sain kinni haarata. Ulatasin oma teisegi trofee Umale.

„Tõesti, Jumalik Ema kuulab sind! Mulle on see kõik liiga kummaline!" Õde tormas minema nagu ehmunud hirvetall.

PEATÜKK 2

# Ema surm ja müstiline amulett

Minu ema suurimaks sooviks oli minu vanema venna abiellumine. „Ah, siis, kui ma näen Ananta naise nägu, leian ma paradiisi Maa peal!" kuulsin tihti oma ema väljendamas seda tugevat indialikku tunnet pere jätkamise teemal.

Olin Ananta kihlumise ajal üheteistkümneaastane. Ema oli Kalkutas, jälgides rõõmsalt pulmakorraldust. Isa ja mina jäime kahekesi koju Põhja-Indias asuvas Bareilly's, kuhu isa viidi üle peale kaheaastast Lahore'is töötamist.

Ma olin eelnevalt olnud tunnistajaks Roma ja Uma abieluriituste hiilgusele, kuid Ananta kui vanema poja jaoks olid plaanid tõeliselt rikkalikud. Ema tervitas ja võttis iga päev vastu kaugemates paikades asuvatest kodudest Kalkutasse saabuvate sugulaste suuri hulki. Ta majutas neid mugavalt suurde äsjaostetud majja Amhersti 50. Kõik oli sündmuse delikaatseteks peensusteks valmis, kirev troon, millel vend pidi viidama tulevase pruudi koju, terved read värvilisi lampe, hiiglaslikud kartongist elevandid ja kaamelid, inglise, šoti ja india orkestrid, elukutselised lõbustajad ja preestrid muistse rituaali tarbeks.

Isa ja mina pidime ühinema perega tseremoonia ajal. Kuid üsna selle suurpäeva eel oli mul halvaendeline nägemus.

See juhtus kesköö paiku Bareilly's. Kuna magasin isa kõrval meie bangalo õuel, äratas mind voodi kohal rippuva sääsevõrgu imelik laperdamine. Õhukesed kardinad avanesid ja ma nägin oma armsa ema kuju.

„Ärata oma isa üles!" Tema hääl kostus vaid sosinana. „Valige esimene võimalik rong, mis väljub kell neli täna hommikul. Kiirustage Kalkutasse, kui tahate mind näha!" Kummitusesarnane kuju kadus.

„Isa, isa! Ema on suremas!" hirm minu hääletoonis äratas ta hetkega. Nuuksusin need saatuslikud uudised välja.

„Ära pööra tähelepanu hallutsinatsioonidele," iseloomustas isa uut olukorda tavapärasel moel. „Sinu ema on suurepärase tervisega. Kui saame halbu uudiseid, siis läheme homme."

## Joogi autobiograafia

„Sa ei andesta endale kunagi, et ei asunud kohe nüüd teele!" Ängistus pani mind kibedalt lisama: „Ega andesta ka mina sulle mitte kunagi!" Melanhoolsel hommikul saabus ilmselge teade: „Ema ohtlikult haige; abiellumine edasi lükatud; tulge viivitamatult."

Isa ja mina lahkusime hajali meeltega. Teel kohtusime ühega minu onudest. Rong liikus mürinal meie poole. Minu sisemises mäslemises kerkis esile järsk otsustavus heita end raudtee rööbastele. Olles, nagu ma juba tundsin, emast ilma jäetud, ei suutnud ma järsku seda luudeni lahti rebitud maailma enam kannatada. Ma armastasin ema nagu oma kallimat sõpra Maa peal. Tema trööstivad mustad silmad olid olnud minu jaoks kindlaimaks varjupaigaks lapsepõlve tühistes tragöödiates.

„Kas ta elab veel?" peatusin veel, et esitada viimane küsimus onule.

„Muidugi on ta elus!" ei viivitanud ta minu näol meeleheidet märgates. Kuid ma vaevu uskusin teda.

Kui me jõudsime Kalkuta koju, siis jäi meil ainult üle seista silmitsi surma rabava müsteeriumiga. Ma kukkusin peaaegu elutuna kokku. Möödusid aastad, enne kui mingigi lepitus mu südamesse sisenes. Joostes tormi taeva enda väravatele, tõid mu palved viimaks kohale Jumaliku Ema. Tema sõnad tõid lõpliku tervenemise minu valusatele haavadele:

„See olin mina, kes valvas sinu üle, elu elu järel – paljude emade õrnusega! Näe minu silmavaates neid kahte musta silma, neid kadunud kahte kaunist silma, mida sa otsid!"

Isa ja mina pöördusime tagasi Bareilly'sse varsti pärast kõige armastatuma inimese kremeerimistalitust. Igal varajasel hommikul tegin ma mälestus-palverännaku suure šeolipuu juurde, mis varjas siledat, rohekaskollast muru meie bangalo ees. Poeetilistel hetkedel mõtlesin, et valged õied puistavad end tahtlikus pühendumuses ise üle murualtari. Segades oma pisarad hommikuse kastega, märkasin ma koidupunas tihti imelikku ebamaist valgust. Mind ründasid pinevad Jumala igatsuse hood. Tundsin, kuidas mind tõmbas võimsalt Himaalaja suunas.

Üks minu nõbudest, kes oli saabunud äsja reisilt pühade mägede juurde, külastas meid Bareilly's. Kuulasin innukalt tema lugusid kõrgmäestikus elavate joogide ja svaamide asupaikadest[1].

„Põgeneme Himaalajasse!" pakkusin ühel päeval välja Dwarka Prasadile, meie Bareilly maaomaniku noorele pojale. Ent minu plaan

---

[1] Sanskriti algupära „svaami" tähendab „tema, kes on üks oma Isega *(Sva)*"(vt peatükk 24).

sattus valedesse kõrvadesse. Ta avalikustas minu mõtte mu vanemale vennale, kes oli just saabunud isa vaatama. Et naerda avalikult väikese poisi eluvõõra kavatsuse üle, kasutas Ananta seda teemat jätkuvalt minu pilkamiseks.

„Kus sinu oranž rüü on? Sa ei saa ilma selleta svaami olla!"

Kuid ma võpatasin seletamatult selle ütluse peale. Tema sõnad tõid minu ette selged pildid, kuidas ma mööda Indiat mungana ringi rändan. Vahest ehk ärkasid mälestused möödunud elust – igatahes hakkasin nägema, millise kergusega kannaksin seda muistse mungaordu rüüd.

Lobisedes ühel hommikul Dwarkaga, tundsin, kuidas armastus Jumala vastu laskub laviinina minu peale. Järgnenud ilukõnest hoolis minu kaaslane vaid jaoti, kuid mina kuulasin iseennast kogu südamega.

Sel pärastlõunal põgenesin ma Himaalaja mägede jalamil asuva Naini Tali suunas. Ananta järgnes mulle otsusekindlalt, mind sunniti kurvalt Bareilly'sse tagasi pöörduma. Ainus palverännak, kus mul lubati osaleda, oli traditsiooniline koidu ajal toimuv šeolipuu külastus. Minu süda nuttis kaotatud emade – nii inimliku kui ka taevase pärast.

Koorem, mis jäi perekonna kanda peale ema surma, oli mõõtmatu. Järgneva neljakümne eluaasta jooksul isa enam ei abiellunudki. Võttes enda kanda selle lastekarja ema-isa raske rolli, kasvas ta märgatavalt õrnemaks ja lähedasemaks. Rahu ja seesmise taibuga lahendas ta erinevaid pereprobleeme. Peale kontoritööd irdus ta erakuna oma ruumi sügavusse, viljeledes meeldivas häirimatuses *kriija joogat*. Mõni aeg pärast ema surma üritasin ma palgata üht inglannast õde, kes oleks korraldanud pisiasju. See oleks perepea elu palju mugavamaks teinud. Kuid isa raputas eitavalt pead.

„Minu teenimine lõppes sinu emaga." Tema silmadest paistis kauge eluaegne pühendumus. „Ma ei võta omaks ühegi teise naise abi."

Neliteist kuud peale ema lahkumist sain ma teada, et ta oli jätnud mulle pöördelise tähtsusega sõnumi. Ananta oli ema surivoodi kõrval ja pani kirja ema sõnad. Kuigi ema palus, et see sõnum avalikustataks aasta hiljem, viivitas mu vend sellega. Ta pidi peagi lahkuma Kalkutasse, et abielluda tüdrukuga, kelle ema oli talle välja valinud.[2] Ühel õhtul kutsus ta mind enda juurde.

---

[2] India traditsioon, millise puhul valivad vanemad oma lastele elukaaslast, on vastu pidanud aja lakkamatutele rünnakutele. India õnnelike abielude protsent on kõrge.

„Mukunda, mulle on olnud vastumeelne edastada sulle neid imelikke sõnumeid". Ananta hääletoon jättis mulje, justkui peaks ta millestki loobuma. „Minul oli hirm, et süütan sinus ehk soovi kodust lahkuda. Aga sa juba oledki selle jumaliku kire võimuses. Kui tabasin sind hiljuti Himaalajasse põgenemisel, jõudsin kindlale otsusele: ma ei tohi enam kauem edasi lükata oma pühalikku lubadust." Mu vend andis mulle üle väikese karbi ja ema sõnumi.

„Olgu need sõnad minu viimaseks õnnistuseks, minu armastatud poeg Mukunda!" oli ema öelnud, „on saabunud aeg, kus ma pean seletama mitut ebatavalist sündmust, mis järgnesid sinu sünnile. Esimest korda sain teada sinu ettemääratud teest, kui sa olid veel beebi minu kätel. Ma viisin su siis oma guru koju Benareses. Olles peaaegu peidus tema järgijate rahvamassi taga, nägin ma vaevu Lahiri Mahasayat, kui ta oma sügavas meditatsioonis istus.

Kui ma sind paitasin, siis palusin ma samas suurelt gurult palves, et ta märkaks mind ja annaks oma õnnistuse. Kui mu vaikne pühalik nõudmine tugevamaks kasvas, avas ta oma silmad ja viipas mulle kutsuvalt. Teised tegid mulle teed. Ma kummardusin pühade jalgade ette. Mu meister pani su endale sülle istuma, asetas oma käe su otsaesisele, ristides sind niiviisi vaimselt.

„Väike ema, sinu pojast saab joogi. Vaimse mootorina toob ta palju hingi Jumala kuningriiki".

Mu süda hüppas rõõmust, mõistes, et kõiketeadev guru oli minu palvele vastanud. Väheke aega enne sinu sündi oli ta öelnud, et sa järgid tema teed.

Hiljem saime mina ja sinu õde Roma nägemuse sind saatvast suurest valgusest. Jälgisime sind kõrvalruumist, kui olid liikumatuna voodil. Sinu väike nägu oli valgustunud ja sinu hääles helises raudne otsustavus minna Himaalajasse Jumalat otsima.

Sel viisil sain ma teada, et sinu tee läheb kaugelt mööda maistest ambitsioonidest. Üks sündmus mu elus tõi sellele veelgi kinnitust ning annab mulle surivoodilgi hoogu seda läkitust edastada.

See oli vestlus targaga Pandžabis. Kui meie pere elas Lahore'is, tuli ühel hommikul ärevil teenija minu tuppa.

„Perenaine, imelik *sadhu*[3] on siin. Ta nõuab näha Mukunda ema."

Need lihtsad sõnad puudutasid mind südame põhjani – läksin

---

[3] Anahoreet – see, kes järgib *sadhanat* ehk vaimset distsipliini.

Yogananda (*seismas*) keskkooli noorukina koos oma vanema venna Anantaga(ülal *vasakul*) Vanem õde Roma (*Yoganandast vasemal*) ja noorem õde Nalini koos Paramahansa Yoganandaga nende lapsepõlvekodus, Kalkutas 1935. aastal.

Yogananda vanem õde Uma noore tüdrukuna Gorakhpuris. (all paremal)

*Joogi autobiograafia*

kohemaid külalist tervitama. Kummardudes tema jalge ees, tajusin, et minu ees seisab tõeline jumalamees.

„Ema," ütles ta, „suured meistrid tahavad sulle teada anda, et sinu kohalolek maa peal ei saa kestma kaua. Su järgmine haigus saab olema viimane.[4]" Tekkis vaikus, mille ajal ei tundnud ma mingit ärevust, vaid ainult suure rahu võnkeid. Lõpuks pöördus ta uuesti mu poole:

„Sinust saab teatava hõbeamuleti hoidja. Ma ei anna seda sulle täna. Minu sõnade tõestuseks materialiseerub talisman sinu käte vahel mediteerimise ajal. Oma surivoodil pead sa juhendama oma vanemat poega Anantat hoidma amuletti enese käes aasta, et ta annaks selle siis üle sinu nooremale pojale. Mukunda saab talismani tähenduse teada meistritelt. Ta peaks selle saama enda kätte siis, kui on valmis hülgama maised lootused ja alustama oma elutähtsat jumalaotsingut. Kui amulett on tema käes olnud mõned aastad ja teeninud oma eesmärki, haihtub see. Isegi kui seda hoida kõige salajasemas kohas, pöördub amulett sinna, kust ta on pärit."

Ma pakkusin pühakule almust[5], kummardudes tema ees suures austuses. Võtmata pakutut vastu, lahkus ta õnnistades. Järgmisel õhtul, kui istusin kokkupandud kätega mediteerides, materialiseerus hõbeamulett minu peopesade vahel nii, nagu *sadhu* oli lubanud. Ta andis endast teada külma, sileda puudutusega. Ma olen seda enam kui kaks aastat kiivalt hoidnud ja jätan selle nüüd Ananta kätte hoiule. Ära kurvasta minu pärast, kuna minu suur guru on mind kohale viinud Mõõtmatu käte vahele. Hüvasti mu laps – Kosmiline Ema kaitseb sind!"

Amuletiga koos tuli selgus – ärkasid paljud uinunud mälestused. Ümar ja muistselt kummastav talisman oli kaetud sanskriti tähtedega. Mõistsin, et see tuli minu eelmiste elude õpetajatelt, kes nähtamatult mu samme juhtisid. Sel oli järgneva suhtes tõesti üks sügavam tähendus, ent amuleti tuuma täielikult avada pole lubatud.[6]

---

[4] Kui ma avastasin nende sõnade kaudu, et ema teadis saladust oma lühikese elu kohta, mõistsin esimest korda, miks ta kiirustas ja käis peale Ananta abiellumisplaanidega. Kuigi ta suri enne laulatust, oli ta loomulikuks emalikuks sooviks riitust oma silmaga näha.

[5] Traditsiooniline sadhude austamise žest.

[6] Talismanile oli graveeritud *mantra* ehk pühad lausumise sõnad. Heli ja kõne (*vaak*, sanskriti keeles), inimhääle väge, ei ole kusagil mujal nii põhjalikult uuritud kui Indias. AUM (OM) on võnkumine, mis kajab läbi terve universumi (piiblis mainitud „Sõna" või „paljude vete hääl") ning omab kolme ilmutust ehk *guunat*: loomise, hoidmise ja hävitamise omadusi (Taittiriija Upanišaad I: 8).

Iga kord, kui inimene lausub sõna, lükkab ta toimima ühe kolmest AUMi omadusest. See

*Ema surm ja müstiline amulett*

Kuidas talisman keset minu õnnetuid eluseiku lõpuks haihtus ja kuidas selle kaotus mulle guru leidmise märguandeks oli, ei saa selles peatükis jutustada.

Kantuna püüdest jõuda Himaalaja mägedesse, reisis väike poiss selle amuleti tiibadel päev päeva kõrval ja jõudis kaugele.

---

on põhjus, miks kõigis pühakirjades on inimesele esitatud ettekirjutus rääkida tõtt.

Omandatud amuletil oleval sanskritikeelsel mantral on vaimselt kasutoov võnkuv vägi, kui seda õigesti häälada. Ideaalselt koostatud sanskriti tähestik koosneb viiekümnest tähest, millest igaüks kannab kinnitatud muutumatut hääldust. George Bernhard Shaw kirjutas targa ja mõistagi vaimuka essee ladina tähestikul baseeruva inglise keele foneetilisest sobimatusest, kus kakskümmend kuus tähte rabelevad edutult, et kanda heli koormat. Oma tavapärase halastamatusega („Kui inglise keele jaoks inglise tähestiku käibelevõtt tooks kaasa kodusõja ... siis ma ei pea selle vastu viha") ennustab Shaw uue neljakümne kahest tähest koosneva tähestiku kasutuselevõttu (vaadake tema eessõna Wilsoni *„The Miraculous Birth Language"*, Philosophical Library, NY).

Selline tähestik tooks lähemale sanskriti foneetilise täiuslikkuse, mille viiekümne tähe kasutamine hoiaks ära valestihääldamise.

Induse jõeoru pitsatite avastamine juhib suurt hulka õpetlasi hülgama käibelolevat teooriat, et India olevat „laenanud" oma sanskriti tähestiku semiitlikest allikatest. Hiljuti välja kaevatud suured India linnad Mohendžo Daros ja Harappas on paljulubav tõde silmapaistvast ja pika ajalooga kultuurist India pinnal ja viib meid tagasi ajastusse, mida me võime vaid uduselt aimata (Sir John Marshall, *„Mohenjo-Daro and the Indus Civilization"*, 1931).

Kui hindu teooria iidsest tsiviliseeritud inimesest sellel planeedil on korrektne, siis on ka võimalik seletada, miks maailma kõige muistsem keel, sanskrit, on samuti ka kõige *täiuslikum* (vt lk 83). „Mis iganes oleks sanskriti keele ajaline päritolu," ütles Aasia Seltsi rajaja, Sir William Jones, „on see imeliselt koostatud, palju täiuslikum kui kreeka keel, palju rikkalikum kui ladina keel ja palju peenemalt viimistletud kui mõlemad kokku."

*„Encyclopedia Americana"* väidab: „Alates klassikalise õppimise taassünnist ei ole kultuuri ajaloos olnud teist nii tähtsat sündmust kui sanskriti avastamine (lääne õpetlaste poolt) 18. sajandi lõpus. Keeleteadus, võrdlev grammatika, võrdlev mütoloogia, religiooniteadus ...võlgnevad oma olemasolu sanskriti avastamisele või olid selle uurimisest põhjalikult mõjutatud."

PEATÜKK 3

# Kahe kehaga pühak

„Isa, kui ma luban ilma sunduseta koju naasta, kas ma võin siis minna ekskursioonile Benaresesse?"

Isa pidurdas harva minu suurt reisiarmastust. Ta lubas mul isegi poisikesena külastada paljusid linnu ja palverännakupaiku. Tavaliselt reisisin koos ühe või mitme sõbraga, tihti sõitsime mugavalt isa hangitud esimese klassi piletitega. Tema positsioon raudteeametnikuna rahuldas kõigiti meie pere rändureid.

Isa lubas mõelda. Järgmisel päeval kutsus ta mind ja ulatas mulle edasi-tagasi pileti Bareilly'st Benaresesse, hulga paberraha ja kaks kirja.

„Mul on Benareses asuvale sõbrale Kedar Nath Babule pakkuda üks äritehing. Kahjuks olen ta aadressi ära kaotanud. Kuid ma usun, et sa suudad selle kirja meie ühise tuttava svaami Pranabananda kaudu temani toimetada. Svaami, minu kaaspühendunu, on saavutanud kõrge vaimse tunnustuse. Sa saad tema seltsis olemisest kasu. See teine kiri on sinu tutvustus."

Isa silmad välkusid, kui ta lisas: „Ära mõtle rohkem kodust põgeneda!"

Ma asusin teele oma kaheteistkümne eluaasta särtsakusega (kuigi aeg ei ole kunagi tuhmistanud minu rõõmu uute vaadete ja võõraste nägude suhtes). Jõudes Benaresesse, läksin ma viivitamatult svaami asupaika. Esiuks oli avatud, sisenesin pikka hallitaolisse ruumi teisel korrusel. Turskemat mõõtu mees, kes kandis vaid niudevööd, istus lootoseasendis natuke maast kõrgemal asuval platvormil. Tema pea ja kortsudeta nägu olid puhtaks raseeritud, õnnis naeratus mängles tema huulte ümber. Hajutamaks minus mõtet, et olen sissetungija, tervitas ta mind kui vana sõpra.

„*Baba anand* (õnnistust, kullake)." Tema lapseliku häälega tervitus kõlas südamlikult. Ma kummardasin ja puudutasin tema jalgu.

„Kas sina oled svaami Pranabananda?"

Ta noogutas. „Kas sina oled Bhagabati poeg?" Ta sõnad tulid enne, kui jõudsin taskust välja võtta isa kirja. Hämmeldunult ulatasin talle tutvustuskirja, mis tundus nüüd olevat üleliigne.

„Muidugi leian ma Kedar Nath Babu sinu jaoks üles." Pühak üllatas mind jälle oma selgeltnägemisega. Ta heitis pilgu kirjale ja tegi minu isa kohta paar südamlikku vihjet.

„Kas tead, et ma naudin kahte pensioni. Üks on sinu isa soovitusel saadud, tema heaks töötasin ma kord raudtee kontoris. Teine on minu Taevase Isa soovitus, kelle jaoks lõpetasin ma kohusetundlikult oma maised kohustused selles elus".

Minu jaoks oli see märkus väga segane. „Härra, millist pensionit te Taevaselt Isalt saate? Kas Ta puistab teile raha sülle?"

Ta naeris. „Ma pean silmas põhjatu rahu pensionit kui autasu palju aastaid kestnud sügava meditatsiooni eest. Ma ei igatse enam kunagi raha. Minu väheste materiaalsete vajaduste eest kantakse küllaldaselt hoolt. Hiljem mõistad sa teise pensioni tähendust."

Peatades äkitselt vestluse, muutus pühak korraga liikumatuks. Viibides sfinksilaadses seisundis, lõid ta silmad esmalt särama, justkui oleks ta näinud midagi huvitavat ja muutusid seejärel tuhmiks. Tema vaikimine pani mind kohmetuna. Ta ei olnud veel mulle öelnud, kuidas ma isa sõbra leian. Kärsitusega vaatasin ruumis ringi, see oli tühi, peale meie kahe. Minu ekslev pilk peatus tema istme all lebavatel puust sandaalidel.

„Väike härra[1], ära muretse. Mees, keda sa näha tahad, on sinu juures juba poole tunni pärast." Joogi luges minu mõtteid – sel hetkel ei olnud see just väga keeruline!

Jälle laskus ta seletamatusse vaikusse. Minu kell andis mulle teada, et möödunud on kolmkümmend minutit.

Svaami kergitas end: „Ma mõtlen, et Kedar Nath Babu läheneb uksele."

Kuulsin kedagi trepist üles tulemas. Hämmastav taipamatus tõstis minus pead – mõtted tormasid segaduses ringi: „Kuidas on see võimalik, et isa sõber kutsuti siia sõnumitooja abita? Svaami ei kõnelenud alates minu saabumisest mitte kellegagi peale minu!"

Äkitselt tormasin ruumist välja ja laskusin trepist alla. Poolel teel alla kohtusin keskmist kasvu heledanahalise mehega. Tal tundus kiire olevat.

„Kas teie olete Kedar Nath Babu?" laususin erutusega hääles.

---

[1] *Choto Mahasaya* on termin, millega mitmed India pühakud mu poole pöördusid. See tähendab „väike härra".

„Jah. Kas sina oled Bhagabati poeg, kes on siin mind oodanud?" vastas ta sõbralikult naeratades.

„Härra, kuidas te siia tulla saite?" Ma tundsin nõutut pahameelt tema seletamatust kohalolekust.

„Tänapäeval on kõik müstiline! Vähem kui tund aega tagasi olin ma just lõpetanud oma supluse Gangeses, kui svaami Pranabananda mulle lähenes. Ma ei tea, kuidas ta teadis, et ma sel ajal seal olin.

„Bhagabati poeg ootab sind minu korteris," ütles ta. „Kas sa tuleksid minuga?" Ma nõustusin rõõmsalt. Olles liikunud kõrvuti, oli svaami oma puust sandaalides võimeline mind imelikul kombel seljataha jätma, kuigi mina kandsin paksu tallaga jalutuskingi.

„Kui palju võtab aega minu asupaigani jõudmiseks?" Pranabanandaji peatas mind järsku, et esitada mulle see küsimus.

„Umbes pool tundi."

„Mul on veel midagi muud hetkel teha." Ta heitis mulle mõistatusliku pilgu. „Ma pean sinust lahkuma. Sa võid ühineda minuga taas minu majas, kus Bhagabati poeg ja mina sind ootame."

„Enne kui ma suutsin vastu vaielda, sööstis ta sujuvalt minust mööda ja kadus rahvahulka. Ma tulin siia nii kiiresti kui võimalik."

Selline seletus vaid suurendas minu hämmingut. Uurisin, kaua ta svaamit tunneb.

„Me oleme kohtunud paar korda eelmisel aastal, kuid mitte viimasel ajal. Ma olin nii rõõmus, nähes teda täna jälle suplusplatsil."

„Ma ei usu oma kõrvu! Kas ma olen aru kaotamas? Kas te kohtusite temaga nägemuses või nägite te teda ka tegelikult, puutusite tema kätt ja kuulsite tema jalgade astumist?"

„Ma ei tea, kuhu sa sihid!" vastas mees ärritunult. „Ma ei valeta sulle. Kas sa ei mõista, et vaid svaami kaudu sain ma teada, et sa ootad mind selles paigas?"

„Miks? See mees, svaami Pranabananda, ei ole lahkunud minu vaateväljast sellest hetkest alates, kui ma siia tulin. Umbes tund aega tagasi," plahvatasin ma kogu loo korraga välja.

Tema silmad läksid suureks. „Kas me elame materialistlikul ajal või näeme und? Ma ei oodanud kunagi, et saan oma elus sellise ime tunnistajaks! Ma mõtlesin, et svaami on lihtsalt üks tavaline mees, kuid nüüd ma näen, et ta võib materialiseerida veel ühe keha ja selle kaudu tegutseda!" Sisenesime üheskoos pühaku tuppa. Kedar Nath Babu näitas jalatsitele platvormist istme all.

"Vaata, need on samad sandaalid, mida ta ghatil täna kandis," sosistas Kedar Nath Babu. "Ta oli riietatud vaid niudevöösse nagu ma teda praegu näen."

Kui külaline tema ees kummardas, pöördus pühak uuriva naeratusega minu poole.

"Miks sind see kõik juhmistab? Fenomenaalse maailma peenekoeline tervik pole tõeliste joogide eest peidus. Ma näen oma õpilasi hetkega kauges Kalkutas ja räägin nendega. Niisamuti võivad nemad ületada tahtega materiaalse aine iga takistuse."

Svaami jutt astraalse kuulmise ja kaugelenägemise võimest[2] tulenes arvatavasti tema suurest soovist äratada minu noores rinnas vaimne kirg. Kuid entusiasmi asemel kogesin ma vaid aukartusega segatud hirmu. Saatuse poolt määratuna pidin vaimse otsingu ette võtma ühe teise guru – Sri Yukteswari abil, keda ma polnud veel kohanud. Nii ei tundnud ma mingit soovi võtta Pranabanandat õpetajana. Vaatasin teda kahtlevalt, imestades, kas minu ees seisab ta ise või tema poolt loodud kuju.

Üritades hajutada minu ärevust, kinkis meister mulle hingeäratava pilgu ja lausus mõned inspireerivad sõnad oma guru kohta.

"Lahiri Mahasaya oli suurim joogi, keda ma eales olen tundnud. Ta oli Jumalus Ise kehalisel kujul."

Kui õpilane, nagu ma järeldasin, suudab tahte abil materialiseerida endale lisaks veel ühe keha, mis imesid siis veel tema meister suudab teha?

"Ma räägin sulle, kui hindamatu on guru abi. Ma tavatsesin mediteerida igal õhtul kaheksa tundi järjest koos teise järgijaga. Päeva ajal pidime töötama raudtee kontoris. Avastades, et mul on ametniku kohustusi raske kanda, soovisin ma kogu oma aja pühendada Jumalale. Kaheksa aastat elasin sel moel, mediteerides pool ööd. Tulemused olid imelised. Vapustavad vaimsed tajud valgustasid minu mõistust. Kuid

---

[2] Omal viisil jaatab füüsiline teadus joogide poolt mentaalse teaduse abil avastatud seaduste paikapidavust. Näitamaks, et inimesel on kaugelenägemise võimed, toimus 26. novembril 1934 Rooma Kuninglikus Ülikoolis sellekohane demonstratsioon. "Neuro-psühholoogia professor dr Giuseppe Calligaris vajutas katsealuse kehal teatud punkte ja katsealune esitas täpse kirjelduse isikutest ja asjadest teisel pool seina. Dr Calligaris rääkis professoritele, et kui teatud naha piirkondi mõjutada, saab katsealune meelteväliseid muljeid, mis võimaldavad tal näha asju, mida ta tavalisel juhul ei tajuks. Võimaldamaks katsealusel eristada asju teisel pool seina, vajutas dr Calligaris viieteistkümne minuti vältel teatud punkti rindkere paremal pool. Dr Calligaris ütles, et kui teatud kehal olevaid punkte mõjutada, siis võivad katsealused näha asju ükskõik kui kaugelt, vaatamata sellele, kas nad on neid eelnevalt näinud või mitte."

alati jäi minu ja Mõõtmatu vahele väike kate. Leidsin, et vaatamata üliinimlikule pingutusele olin ma lõplikust ja pöördumatust ühinemisest ilma jäetud. Ühel õhtul külastasin Lahiri Mahasayat ja palusin tema jumalikku eestkostet. Minu anumised kestsid kogu öö.

„Oo, ingellik guru, minu vaimne ängistus on selline, et ma ei kannata enam seda elu, kui ma ei kohtu Suure Armastatuga näost näkku!"

„Mida mina saan teha? Sa pead veel põhjalikumalt mediteerima."

„Ma pöördun palves Sinu poole, oo Jumal, mu Isand! Ma näen Sind oma ees selles füüsilises kehas. Õnnista mind, et ma saaksin tajuda Sind Sinu mõõtmatul kujul!"

„Lahiri Mahasaya sirutas oma käe välja healoomulise žestiga: „Sa võid nüüd minna ja mediteerida. Ma kostsin Brahma ees sinu eest."[3]

Saabusin koju mõõtmatult erksamana. Sel ööl mediteerides saavutasin oma leegitseva eesmärgi. Nüüd naudin ma lakkamatult oma vaimset pensioni. Sellest päevast alates ei jäänud Õndsust täis Looja enam kunagi minu silmade eest peitu ühegi eksikujutluse taha."

Pranabananda nägu kattis jumalik valgus. Teise maailma rahu sisenes mu südamesse – kogu hirm oli kadunud. Pühak suurendas minu kindlustunnet veelgi: „Mõne kuu möödudes pöördusin tagasi Lahiri Mahasaya poole, püüdes tänada teda selle mõõtmatu kingituse andmise eest. Siis mainisin ma järgmist.

„Jumalik Õpetaja, ma ei saa enam töötada. Palun vabasta mind. Brahma hoiab mind pidevas joovastuses."

„Kirjuta oma kompaniile avaldus pensioni saamiseks."

„Millise põhjuse peaksin ma tooma nii varasest teenistusest lahkumiseks?"

„Ütle, mida tunned!"

Järgmisel päeval esitasin ma avalduse. Arst uuris minu enneaegse nõudmise põhjuseid.

„Tunnen töö juures selgroogu mööda tõusvat üüratut aistingut. See valdab kogu minu keha ja muudab mind sobimatuks töökohustuste täitmisel.[4]"

---

[3] Jumal oma Looja aspektis: sanskriti sõnast „*brih*" – „avarduma". Kui Emersoni poeem „Brahma" ilmus 1857. aastal Atlantic Monthly väljaandes, olid enamik lugejaist hämmingus. Emerson itsitas: „Öelge neile," lausus ta, „et nad ütleksid Brahma asemel Jehoova ja nad ei tunne mingit kimbatust."

[4] Sügavas meditatsioonis on esmane Vaimu kogemus selgroos ja seejärel ajus. Hootine õndsus on kõikehõlmav, kuid joogi õpib kontrollima selle väliseid ilminguid.

Meie kohtumise ajal oli Pranabananda tõesti täielikult valgustunud meister. Kuid tema

*Kahe kehaga pühak*

SVAAMI PRANABANANDA
Kahe kehaga pühak

Rohkem küsimusi esitamata soovitas arst mul tungivalt pensionile jääda. Üsna varsti saingi pensionile. Ma tean, et Lahiri Mahasaya

tööelu viimased päevad olid olnud palju aastaid enne seda – ta ei olnud siis veel pöördumatult kinnistunud *nirvikalpa samaadhis* (vt lk 210, 353). Selles täiuslikus ja kõigutamatus teadvuse seisundis ei ole joogil mingeid raskusi ükskõik millise oma maise kohustuse täitmisel.

Pärast pensionile minekut kirjutas Pranabananda „*Pranab Giita*", hindi- ja bengalikeelse põhjaliku kommentaari „Bhagavad Giitale".

Võime olla korraga ühes või mitmes kehas on *siddhi* (jooga võime), mida on mainitud Patandžali „*Jooga Suutras*" (vt lk 220). Mitmes kohas olemise fenomeni on läbi ajastute näidanud paljud pühakud. Therese Neumanni loos (Bruce Pub. Co.) kirjeldab A. P. Schimberg mitmeid juhtumeid, mil kristlik pühak ilmus eelnevalt ja vestles tema abi vajavate kaugel asuvate inimestega.

jumalik tahe töötas arsti ja raudteeametnike – kaasa arvatud sinu isa kaudu. Automaatselt täitsid nad suure guru korraldusi ja vabastasid mind, et saaksin elada katkematus ühenduses oma Armastatuga."

Pärast seda erakordset avaldust tõmbus Svaami Pranabananda ühte oma pikkadest vaikimistest. Kui ma hakkasin ära minema ja puudutasin austuses tema jalgu, õnnistas ta mind:

„Sinu elu kuulub loobumise ja jooga teele. Ma kohtun sinuga uuesti hiljem, kui tulete koos isaga." Aastate järel täitusid mõlemad ennustused.[5]

Kedar Nath Babu jalutas koos minuga vastu saabuvale pimedusele. Andsin talle edasi isa kirja, mille mu kaaslane tänavalaterna valgel läbi luges.

„Sinu isa soovitab, et ma võtaks vastu ametikoha tema raudteefirma Kalkuta kontoris. Kui kena oleks oodata vähemasti üht pensionit, mida naudib svaami Pranabananda! Kuid see on võimatu, ma ei saa Benaresest lahkuda. Kahju, kaks keha ei ole veel minu jaoks!"

---

[5] Vt 27. peatükki.

PEATÜKK 4

# Minu poolelijäänud põgenemine Himaalajasse

„Lahku klassist mõne tühise ettekäändega ja võta kaarik. Peatu tänaval kohas, kus keegi minu majast sind näha ei saa."

Need olid minu viimased juhised keskkoolisõber Amar Mitterile, kes plaanis koos minuga Himaalajasse reisimist. Põgenemiseks olime valinud järgmise päeva. Ettevaatus oli vajalik, kuna Ananta valvas mind tähelepanelikult. Ta oli otsustanud nurjata kõik põgenemise plaanid, mis tema kahtluste kohaselt minu peas valitsesid. Amulett töötas minu sees vaikselt nagu vaimne pärm. Keset Himaalaja lund lootsin leida meistri, kelle nägu mulle nii tihti nägemustes ilmus.

Minu perekond elas nüüd Kalkutas, kuhu isa jäädavalt üle viidi. Järgides patriarhaalset India kommet, tõi Ananta oma pruudi meie uude koju, mis asus Gurpari tänava 4. majas. Selle maja väikses ärklitoas süüvisin ma igapäevastesse meditatsioonidesse ja valmistasin oma mõistust ette jumalikuks otsinguks.

Mälestusväärne päev saabus pahaendelise vihmaga. Kuuldes teel vankrirataste kolinat, sidusin kiiruga kokku mantli, paari sandaale, Lahiri Mahasaya pildi, „Bhagavad Giita" raamatu, palvehelmed ja kaks niudevööd. Selle kompsu viskasin ma alla oma toa kolmanda korruse aknast. Jooksin trepist alla ja möödusin oma onust, kes uksel kala ostis.

„Mida erutavat siis nüüd?" Tema pilk libises kahtlusega üle minu.

Naeratasin talle mittemidagiütlevalt ja jalutasin teele. Leidsin oma kompsu üles ja ühinesin Amariga vandeseltslasliku ettevaatlikkusega. Sõitsime Chandni Chauk'i kaubakeskusse. Olime kuid kogunud sääste oma söögirahast, et osta inglispärased rõivad. Teades, et minu kaval vend võib kergesti mängida detektiivi, mõtlesime teda euroopaliku rõivastusega üle kavaldada.

Teel jaama peatusime minu nõo Jotin Ghoshi juures. Ma kutsusin teda Jatindaks. Alles usku avastamas, igatses temagi guru järgi Himaalajas.

*Joogi autobiograafia*

Ta riietus uude ülikonda, mis meil juba valmis pandud oli. Lootsime, et oleme hästi maskeeritud. Sügav vaimustus haaras meie südameid.

„Kõik, mida nüüd veel vajame, on riidest kingad." Juhtisin oma kaaslased poodi, kus olid välja pandud kummitallaga jalatsid. „Nahast asjad, mis on saadud loomade tapmisel, peaksid sel pühal teekonnal olema välistatud." Peatusin tänaval, et eemaldada oma „Bhagavad Giitalt" nahast kaaned ning nahast rihm oma Inglismaal tehtud troopikakiivrilt.

Jaamas ostsime piletid Burdwanini, kus plaanisime ümber istuda Himaalaja mäejalamil asuvasse Haridwari sõitvale rongile. Kohe, kui rong oli hoo sisse saanud, justkui põgeneks koos meiega, avaldasin kaaslastele mõne oma kuulsusrikka ootuse.

„Te vaid kujutage ette!" purskasin ma. „Meid pühitsevad meistrid ja me kogeme kosmilise teadvuse transsi. Meie ihu laetakse sellise külgetõmbejõuga, et isegi Himaalaja metsloomad tulevad taltsalt ligi. Tiigrid on siis vaid kõigest hellitust ootavad kodukassid!"

See väljavaade, mida ma ise nii ülekantud tähenduses kui ka sõnasõnalt lummavaks pidasin, tõi entusiastliku naeratuse Amari näole. Kuid Jatinda pööras oma pilgu kõrvale, suunates selle aknas möödalippavale maastikule.

„Jagagem raha kolme ossa," katkestas Jatindra pika vaikuse omapoolse soovitusega. „Igaüks meist peaks ostma Burdwanis enda pileti ise. Siis ei kahtlusta jaamas keegi, et me koos põgeneme."

Nõustusin pahaaimamatult. Hämarikus peatus rong Burdwanis. Jatinda sisenes piletimüügi kontorisse, Amar ja mina istusime platvormile. Ootasime viisteist minutit, siis aga alustasime edutuid otsinguid. Otsides kõikjalt, hüüdsime kasvava hirmuga valjusti Jatinda nime. Kuid ta oli haihtunud väikese jaama tundmatu ümbruse pimedusse.

Ma olin täiesti paanikas, šokeeritud kummalise tundetuseni. Nagu Jumalale meeldiks see masendav episood! Minu esimene hoolikalt plaanitud põgenemine Tema juurde oli julmalt rikutud.

„Amar, me peame pöörduma koju tagasi," nutsin nagu laps. „Jatinda tundetu lahkumine on halb märk. See reis on määratud läbikukkumisele."

„Kas see on Sinu armastus Issanda vastu? Kas sa ei suuda taluda reetliku kaaslase väikest proovilepanekut?"

Amari jumaliku proovilepaneku vihje rahustas mu südame kursile tagasi. Värskendasime end kuulsa Burdwani magustoidu, *siitabhog*'i

*Minu poolelijäänud põgenemine Himaalajasse*

(jumalannade toit) ja *motichur*'iga (magusatest pärlitest maius). Paari tunni möödudes asusime rongiga Bareilly kaudu Haridwari teele. Vahetades Moghul Serais ronge, arutasime platvormil oodates eluliselt tähtsaid asju.

„Amar, varsti võivad raudteeametnikud meid küsitlema hakata. Ma ei alahinda oma venna nupukust! Ükskõik, kuidas asi läheb – ma ei hakka valetama."

„Mukunda, kõik, mida ma sinult palun, on see, et sa oleksid vait. Ära naera ega irvita, kui ma räägin."

Just sel hetkel kõnetas mind eurooplasest jaamaülem. Ta lehvitas telegrammi, mille kaudset tähendust ma hetkega hoomasin.

„Kas te jooksite kodust minema viha pärast?"

„Ei!" Olin rõõmus, et tema sõnade valik võimaldas mul anda rõhutatud vastuse. Minu ebatavalise käitumise põhjuseks ei olnud mitte viha, vaid „jumalik kurbus".

Ametnik pöördus seejärel Amari poole. Järgnenud vaimukuste duell lubas mul vaevu säilitada stoilist tõsidust.

„Kus kolmas poiss on?" Mees süstis oma hääletooni kogu võimuesindaja otsustavuse. „No kuulge! Rääkige tõtt!"

„Härra, ma märkasin, et te kannate prille. Kas te ei näe, et meid on ainult kaks?" Amar naeratas häbematult. „Ma ei ole mustkunstnik, ma ei suuda kolmandat kaaslast välja võluda."

Ametnik, kes oli märgatavalt häiritud sellest häbematusest, püüdis uuesti rünnata.

„Mis su nimi on?"

„Mind hüütakse Thomaseks. Ma olen inglasest ema ja ristitud hindust isa poeg."

„Mis su sõbra nimi on?"

„Ma kutsun teda Thompsoniks."

Selleks ajaks oli minu sisemine ärevus haripunktis. Tegin sõnagi lausumata minekut lahkumiseks vilistava rongi suunas. Piisavalt kergeusklik ja kuulekas ametnik pani meid Amariga eurooplaste kupeesse. Nähtavasti tegi talle valu minu jutt pooleldi inglise poistest, kes peavad reisima kohalikele mõeldud kupees. Pärast tema viisakat väljumist potsatasin istmele ja puhkesin kontrollimatult naerma. Amari näol püsis üliõnnelik rahulolu, et ta oli eurooplasest ametniku üle kavaldanud.

Platvormil sain ma lõpuks telegrammi lugemise ette võtta. Minu vennalt oli selline sõnum: „Kolm inglise rõivais bengali poissi põgenesid kodust Haridwari suunas läbi Moghul Serai. Palun hoidke neid minu saabumiseni kinni. Külluslik tasu teile teenete eest!"

„Amar, ma ütlesin, et sa ei jätaks märgitud sõiduplaane koju." Minu pilk oli etteheitev. „Vend pidi sealt ühe leidma."

Mu sõber võttis vaguralt selle torke vastu. Peatusime hetkeks Bareilly's, kus Dwarka Prasad[1] meid Anantalt saadud telegrammiga ootas. Minu vana sõber püüdis meid vapralt kinni võtta. Ma veensin teda, et meie põgenemine ei olnud ette võetud kergelt. Nagu ka eelmisel puhul, keeldus Dwarka minu kutsest Himaalajasse kaasa tulla.

Seni, kuni meie rong selles jaamas öösel seisis ja mina olin poolunes, äratas Amari teine ametnik. Ka tema langes „Thomase" ja „Thompsoni" ristandite sarmi ohvriks. Rong tõi meid võidukalt koidiku saabudes Haridwari. Kauguses kõrgusid ähvardavalt-kutsuvalt majesteetlikud mäed. Sööstsime läbi jaama, et kaduda linna rahvahulkadesse. Esimese asjana riietusime ümber kohalikku rõivastusse, kuna Ananta oli kuidagi teada saanud meie euroopalikust maskeeringust. Kinnivõtmise hoiatav eelaimdus vajus mu peale nagu seletamatu raskus.

Arvates, et parem on lahkuda Haridwarist kohe, ostsime piletid, et sõita edasi Rishikeshi, paika, mida on mäletamatutest aegadest pühitsenud paljude meistrite jalad. Olin juba rongile astunud, kuid Amar viibis veel platvormil. Teda peatas politseiniku hüüe. Seejärel saatis kutsumata välja ilmunud valvur meid jaama bangalosse ning võttis enda kätte hoiule meie raha. Ta seletas viisakalt, et tema kohus on meid seni kinni hoida, kuni minu vanem vend siia saabub.

Saades teada, et plehku panijate sihtkoht on Himaalaja mäed, jutustas ohvitser meile veidra loo.

„Ma näen, et te olete hullud pühakute järele! Te ei näe kunagi suuremat jumalameest, kui see, keda ma eile nägin. Minu kaasohvitser ja mina kohtusime temaga viie päeva eest. Patrullisime Gangese kaldail, otsides ärevalt taga üht mõrvarit. Meile anti käsk ta elusalt või surnult kinni võtta. Teati vaid, et ta röövib palverändureid ning on end maskeerinud *sadhuks*. Natuke meist eespool nägime üht figuuri, mis sarnanes kriminaalse tegelase kirjeldusega. Ta ei kuuletunud meie peatumiskäsule, seepärast tormasime teda kohe kinni võtma. Lähenedes selja tagant, virutasin talle meeletu jõuga kirvega nii, et mehe parem käsi jäi vaevu keha külge rippuma.

---
[1] Mainitud lk 16+.

*Minu poolelijäänud põgenemine Himaalajasse*

Ilma karjatuse ja vähimagi pilguta võikale haavale jätkas võõras hämmastaval moel kiires tempos liikumist. Kui me talle ette hüppasime, siis ütles ta vaikselt:

„Ma ei ole see mõrvar, keda te otsite!"

Olin sügavalt häbistatud, nähes, et olin vigastanud jumaliku välimusega tarka isikut. Viskudes ta jalge ette, palusin ma vabandust ja pakkusin raske verejooksu peatamiseks oma turbanit.

„Poeg, sinu eksimus oli mõistetav," kohtles pühak mind lahkelt, „jookse kaasa ja ära end süüdista. Armastatud Ema hoolitseb minu eest." Ta surus oma rippuva käe köndi otsa ja ennäe! See jäi külge, verejooks peatus seletamatult.

„Tule minu juurde tolle puu alla seal kolme päeva pärast ja sa näed, et ma olen täiesti tervenenud. Nii ei tunne sa enam mingit kahetsust."

Eile läksime kahekesi koos teise ohvitseriga õhinal kokkulepitud paika. Sadhu oli seal ja lubas oma kätt uurida. Sel ei olnud mingit armi ega vigastuse jälge!

„Lähen Rishikeshi kaudu Himaalaja üksindusse." Ta õnnistas ja lahkus kiiresti. Tunnen, et mu elu sai tema pühaduse kaudu ülendatud!"

Ohvitser lõpetas väärika hüüatusega. See kogemus oli teda ilmselt sügavalt liigutanud. Muljetavaldava žestiga ulatas ta mulle seda imet puudutava ajaleheväljalõike. Tavalises segases kõmulehe (mis kahjuks ei puudu isegi Indias!) maneeris toodud reporteri versioon oli kergelt liialdatud: see viitas, et sadhu oleks äärepealt ilma peata jäänud!

Amar ja mina töinasime valjul häälel, et olime jäänud ilma suure joogi kohalolust, kes võis andestada oma kohtumõistjale Kristuse kombel. India, olles viimase kahe sajandi vältel materiaalselt vaene, kätkeb eneses jumaliku rikkuse ammendamatuid varusid – vaimseid „pilvelõhkujaid" võib juhuslikult tee kõrval kohata isegi nii maine inimene nagu see politseinik.

Tänasime ohvitseri suurepärase loo eest, mis meie väsimust kergendas. Ta arvatavasti uskus, et oli meist õnnelikum: kohtus valgustunud pühakuga, tegemata selleks vähimatki pingutust, samas kui meie innukas otsing lõppes mitte meistri jalge ees, vaid räpases politseijaoskonnas!

Olles nõnda Himaalaja mägede lähedal, kuigi vangistuses, ütlesin Amarile, et minu vabadusepüüdlused said nüüd topelt hoo.

„Laseme jalga, kui võimalus tuleb. Me võime pühasse Rishikeshi jalgsi minna," naeratasin ma julgustavalt.

Kuid mu kaaslane oli muutunud pessimistiks, kui meilt võeti rahaline tugi.

„Kui me alustame oma vaevalist rännakut sellises ohtlikus džunglimaastikus, ei lõpeta me mitte pühakute linnas, vaid tiigrite kõhus!"

Ananta ja Amari vend saabusid kolme päeva pärast. Amar tervitas oma sugulast südamlikult, tundes kergendust. Mina olin lepitamatu. Ananta kõrvad said kuulda üksnes minu pahast hurjutamist.

„Ma saan aru, mida sa tunned," kõneles mu vend lohutavalt. „Ma palun vaid, et sa saadaksid mind Benaresesse, et kohtuda ühe pühakuga ja sealt siis edasi Kalkutasse, et külastada mõne päeva vältel meie kurvastavat isa. Siis võid oma meistri otsinguid siin jätkata."

Amar sekkus sel hetkel vestlusse, loobudes igasugustest kavatsustest koos minuga Haridwari tagasi tulla. Ta nautis perekondlikku soojust. Kuid mina teadsin, et ei hülga kunagi oma guru otsinguid.

Meie seltskond asus rongile Benarese suunas. Seal sain ainsa ja kohese vastuse oma palvetele.

Ananta oli välja mõelnud kavala plaani. Enne kui ta minuga Haridwaris kohtus, oli ta peatunud Benareses, et paluda ühel pühakirjatundjal mind hiljem jutule võtta. Mõlemad, nii õpetlane kui ka tema poeg, olid lubanud veenda mind loobuma *sannjaasi* teest.[2]

Ananta viis mind nende koju. Poeg – pulbitseva loomuga noormees, tervitas mind õues. Ta haaras mu pikka filosoofilisse arutlusse. Väites, et tal on selgeltnägija võimed, laitis ta minu mungakssaamise ideed.

„Sa kohtad pidevat ebaõnne ja sul ei õnnestu Jumalat leida, kui oma igapäevased kohustused vabaduse nimel hülgad! Sa ei saa oma karma õppetunde ilma maiste kogemusteta lahendada."

Minu huultele tulid vastuseks Krišna suremadud sõnad: „Mediteerides väsimatult Minul, kaotab isegi see, kel on kõige halvem karma, oma minevikus tehtud halbade tegude tagajärjed. Muutudes kõrge hingega olevuseks, saavutab ta peagi alalise rahu. Ardžuna, võta see endale kindlaks teadmiseks: pühendunu, kes usaldab kõiges Mind, ei hukku kunagi!"[3]

Kuid noormehe jõulised ennustused olid minu enesekindluse kergelt kõikuma löönud. Kogu oma südame innuga palvetasin ma vaikselt Jumala poole:

„Palun too mulle mõistmine ja vasta, kohe siin ja praegu, kas Sa

---

[2] Sõna-sõnalt „loobuja", tuleneb sanskriti sõnatüvest „kõrvale heitma".

[3] Varasemate tegude tagajärjed – sellest või eelmisest elust – sanskriti sõnast „*kri*", mis tähendab „tegema".

tahad, et ma elaksin maise inimese või loobujana!?"

Ma märkasin õilsate näojoontega pühameest, kes seisis õpetlase õuest eemal. Nähtavasti oli ta pealt kuulanud vahvat vestlust isehakanud selgeltnägija ja minu vahel, sest *sadhu* kutsus mind enda juurde. Tundsin tema rahulikest silmadest määratut väge voolavat.

„Poeg, ära kuula seda võhikut. Vastuseks sinu palvele, ütleb Issand mulle, et ma julgustaks sind, et sinu selle elu ainus tee on loobuja tee."

Imestuse ja samas ka tänulikkusega naeratasin ma õnnelikult seda otsustavat sõnumit kuuldes.

„Tule ära selle mehe juurest!" kutsus „võhik" mind õuest. Minu pühakust teejuht tõstis õnnistades käe ja lahkus aeglaselt.

„See *sadhu* on just sama hull kui sa isegi," tegi hallipäine õpetlane märkuse. Tema ja ta poeg vaatasid mind masendusega. „Olen kuulnud, et ka tema lahkus kodust mingi segase Jumala-otsimise tõttu."

Pöördusin eemale. Anantale ütlesin, et ma ei lasku edasisse arutellu meie võõrustajatega. Mu julguse kaotanud vend nõustus viivitamatult lahkuma – peagi olime Kalkutasse sõitvas rongis.

„Härra detektiiv, kuidas sa avastasid, et ma koos kahe kaaslasega plehku panin?" uurisin Anantalt uudishimulikult, kui olime juba koduteel. Ta naeratas ulakalt.

„Koolis märkasin, et Amar oli klassist lahkunud ja polnud tagasi tulnud. Läksin järgmisel hommikul tema koju ja avastasin sealt märgitud sõiduplaani. Amari isa oli just kaarikuga lahkumas ja kõneles voorimehega.

„Mu poeg ei sõida minuga täna hommikul oma kooli. Ta on kadunud!" oigas Amari isa.

Ma kuulsin oma kaasvoorimehelt, et teie poeg ja veel kaks, riietatuna euroopalikesse rõivaisse, istusid rongi Howrah jaamas," kinnitas mees, „nad kinkisid oma nahast kingad voorimehele."

„Nii oli mul juba kolm vihjet: sõiduplaan, poiste trio ja inglise rõivad."

Kuulasin Ananta avaldust ühtaegu lusti ja meelehärmiga. Meie suuremeelsus voorimehe suhtes oli natuke viltu läinud.

„Muidugi tormasin ma saatma telegramme kõigi nende linnade jaamaametnikele, mis Amar sõidugraafikus alla oli kriipsutanud. Ta oli märkinud Bareilly, seega saatsin telegrammi sinu sõbrale Dwarkale. Pärast Kalkuta naabruse uurimist sain teada, et nõbu Jatinda oli ühe öö kodust ära, kuid saabus järgmisel hommikul ning euroopalikus rõivas.

Otsisin ta üles ja kutsusin õhtust sööma. Minu sõbraliku tooni tõttu relvituna ta nõustus. Tee peal juhtisin ta kahtlust äratamata politseijaoskonda. Teda ümbritses seal mitu ohvitseri, kelle olin eelnevalt valinud just metsiku väljanägemise pärast. Nende pilgu all nõustus Jatinda oma müstilise käitumise kohta aru andma.

„Alustasin Himaalajasse minekut rõõmsa tujuga," seletas nooruk, „meistritega kohtumise väljavaade täitis mind inspiratsiooniga. Kuid niipea, kui Mukunda ütles: „Himaalaja koobastes meid haarava ekstaasi ajal on tiigrid lummuses ja istuvad meie ümber nagu taltsad kiisud," jäi mu hing kinni ja otsaette tekkis higipiiskadest pärlendus. „Ja edasi?" mõtlesin ma, „kui vaimse transi vägi ei suuda tiigrite tigedat loomust muuta, kas nad ka siis kohtlevad meid kodukasside lahkusega?" Kujutlesin end juba mõne tiigri kõhus, ja mitte tervenisti, vaid tükkideks rebituna!"

Minu viha Jatinda kadumise üle haihtus ja asendus naeruga. Tema tobe tiigrihirm rongis oli väärt kogu seda ängistust, mis ta mulle hiljem põhjustas. Pean tunnistama, et see tekitas minus kerge rahuldustunde: Jatinda ei olnud samuti pääsenud kohtumisest politseiga!

"Ananta[4], sa oled sündinud nuuskur!" Minu imestavas pilgus oli ühtaegu ka meeleheidet. „Ja ma ütlen Jatindale, et olen rõõmus. Teda ei kannustanud reetlikkus, mida võis oletada, vaid mõistlik enesealahoiu instinkt!"

Kodus Kalkutas palus isa liigutaval moel ohjeldada mul oma püsimatust vähemasti keskkooliõpingute lõpuni. Minu äraolekul sai ta hakkama armastusväärse sepitsusega – korraldas pühakule sarnaneva õpetlase Svaami Kebalananda regulaarsed külastused meie majja.

„Tark on sinu juhendajaks sanskriti keeles," kuulutas minu vanem veendunult.

Isa lootis rahuldada minu religioosseid püüdlusi juhistega õpetatud filosoofilt. Kuid elul olid omad plaanid: minu uus õpetaja, olles kaugel intellektuaalsete mõttetuste pakkumisest, puhus veelgi enam lõkkele mu Jumala-püüdluse tuld. Svaami Kebalananda oli isale teadmata Lahiri Mahasaya edenenud järgija. Võrreldamatul gurul oli tuhandeid järgijaid, keda tõmbas jumaliku magnetismi vastupandamatu vägi. Hiljem sain teada, et Lahiri Mahasaya oli tihti iseloomustanud Kebalanandat kui *rišit* või valgustunud tarka.[5]

---

4 Ma pöördusin alati tema kui Ananta-da poole. *Da* on austust rõhutav liide, mida vennad ja õed lisavad oma vanema venna nimele.

5 Meie kohtumise ajal ei olnud Kebalananda veel ühinenud Svaami Orduga ja teda kutsuti

*Minu poolelijäänud põgenemine Himaalajasse*

Mu juhendaja meeldivat nägu raamisid lopsakad kiharad. Tema tumedad silmad olid siirad ja lapselikult selged. Ta õblukese keha liigutustes aimdus kosutavat teadlikkust. Olles alati õrn ja armastav, oli ta tugevasti kinnistunud mõõtmatus teadvuses. Me veetsime üheskoos palju õnnelikke tunde sügavas *kriija* meditatsioonis.

Kebalananda oli tunnustatud muistsete *šaaštrate* ehk pühade raamatute tundja: tema eruditsioon oli talle toonud Šaštri Mahasaya tiitli, millega teda ka tavaliselt kutsuti. Ent minu edenemine sanskriti keeles ei olnud märkimisväärne. Otsisin igat võimalust, et hüljata proosaline grammatika ja rääkida joogast ja Lahiri Mahasayast. Ühel päeval tuli minu juhendaja mulle vastu ja jutustas oma elust koos meistriga.

„Olen haruldaselt õnnelik, sest sain jääda Lahiri Mahasaya lähedale peaaegu kümneks aastaks. Tema Benarese kodu oli minu õiste palverännakute sihtpunkt. Nagu alati, leidsin guru esimese korruse väikesest salongist. Ta istus seljatoeta puust istmel, järgijad lillevanikuna poolringis tema ümber. Guru silmad särasid ja tantsisid jumalikus rõõmus ning olid alati pooleldi suletud, vaadeldes otsivalt sisemist igavese õndsuse sfääri. Ta rääkis harva pikalt. Aeg-ajalt keskendus tema pilk abivajaval õpilasel – tervendavad sõnad voolasid siis temast valguse laviinina.

Meistri pilgust puhkes minus õitsele kirjeldamatu rahu. Ma olin tema vaimust otsekui Mõõtmatuse lootoseõiest läbi imbunud – olla temaga päevade kaupa koos, isegi ühtegi sõna vahetamata, oli kogemus, mis muutis kogu minu olemust. Kui mõni nähtamatu barjäär kerkiski minu keskendumise teele, siis mediteerisin guru jalge ees. Kõige peenemad seisundid ilmusid kergesti mu tajumusse. Need õrnad aistingud jäid aga tabamatuks vähemate õpetajate juuresolekul. Meister oli Jumala elavaks templiks, kelle salauksed olid kõigile pühendunuile pühendumise kaudu avatud.

Lahiri Mahasaya ei olnud pühakirjade vahendaja. Pingutuseta laskus ta „jumalikku raamatukokku". Tema kõiketeadmise purskkaevust tulvas sõnu ja mõtteid. Tal oli imeline võti, mis avas ajastute eest Veedadesse[6] kogutud põhjapaneva filosoofilise teaduse. Kui tal paluti

---

üldiselt Šastri Mahasayaks. Vältimaks segadust Lahiri Mahasaya ja meister Mahasayaga (peatükis 9), viitan ma oma sanskriti õpetajale vaid tema hilisema munganimega svaami Kebalananda. Tema elulugu on hiljuti bengalikeelsena välja antud. Olles sündinud Bengali Khulna piirkonnas 1863. aastal, lahkus Kebalananda oma füüsilisest kehast Benareses kuuekümne kaheksa eluaasta vanuselt. Tema perekonnanimi oli Ashutosh Chatterji (häälduse järgi Ašutoš Tšatterdži – *tõlkija märkus*).

[6] Enam kui 100 raamatut muistsest neljast Veedast on säilinud. Oma „*Journal*'is" ülistas

seletada lahti muistsetes tekstides käsitletud erinevaid teadvuse tasandeid, nõustus ta naeratades.

„Ma läbin neid seisundeid ja kõnelen hetkel, mida ma tajun." Ta erines seega põhjalikult teistest õpetajatest, kes mõistsid pühakirja ainult peast ja edastasid teostumata üldistusi.

„Palun seleta lahti pühasid salme, kui tähendus sulle end ilmutab." Vestlusaldis guru andis tihti sellise juhise läheduses viibivale järgijale.

„Ma juhin sinu mõtteid, et sõnades ilmneks õige tõlgendus." Sellisel moel said paljud Lahiri Mahasaya ettekujutused üles tähendatud koos õpilaste mahukate kommentaaridega.

Meister ei soovitanud kunagi orjalikku uskumist. „Sõnad on vaid tühjad kestad," ütles ta, „võida veendumus Jumala kohalolekust rõõmurikka kontakti kaudu meditatsioonis."

Ükskõik, mis probleem järgijail ka ei olnud, alati soovitas guru lahendusena *kriija joogat*.

„Jooga-võti ei kaota oma mõjuvõimu, kui mind enam selles kehas teid juhtimas pole. Seda tehnikat ei saa üles kirjutada, raamatuks köita ning unustada nagu mõnd teooriat. Liigu oma teel vabanemise suunas väsimatult *kriija* praktikast tuleneva väega."

Ma ise pean *kriijat* kõige efektiivsemaks enesepingutust nõudvaks lunastuse vahendiks, mis iial on inimese jaoks Mõõtmatu otsingul välja arendatud," lõpetas Kebalananda jutu siira ülestunnistusega. „Selle kasutamise kaudu saab kõikvõimas Jumal nii Lahiri Mahasaya kui paljude tema järgijate ihus kehastudes kõigile inimestele nähtavaks."

Lahiri Mahasaya sooritatud Kristuse imetegudega võrdne sündmus leidis aset Kebalananda juuresolekul. Minu pühakusarnane juhendaja jutustas selle loo ühel päeval, endal silmad kaugel eemal meie ees lebavast sanskriti tekstist.

„Pime järgija Ramu ärgitas minu võimet kaasa tunda. Kas ka tema silmis ei peaks valgus olema, kui ta teenis usuga meie meistrit, kelles leegitses täielikult jumalik? Ühel hommikul otsisin võimalust Ramuga rääkida, kuid ta istus kannatlikult tunde, lehvitades gurule

---

Emerson Veedade mõtteviisi selliselt: „Need on ülevad nagu kuumus ja öö ja tasane ookean. Nad sisaldavad igat religioosset tunnet, igat suurt eetikat, mida omakorda on tunnetanud iga poeetiline mõistus ... Ei ole mingit probleemi sellest, kui ma panen raamatu käest – kui ma usaldan ennast kesk metsi või tiigis ujuvasse paati, teeb loodus minust sealsamas *brahmiini*: igavene paratamatus, igavene hüvitus, hoomamatu vägi, katkematu vaikus ... See on tema usutunnistus. Rahu, ütles ta mulle, puhtus ja täielik loobumine – need imeravimid heastavad kõik patud ja toovad teid Jumala kaheksa mäejutluse juurde."

tuult käsitsivalmistatud palmilehest lehvikuga. Kui pühendunu viimaks ruumist lahkus, läksin ma talle järele.

„Ramu, kui kaua sa juba pime oled?"

„Sünnist saati, härra! Kunagi ei ole mu silmad olnud õnnistatud võimalusega heita pilku päikesele."

„Meie kõikvõimas guru võib sind aidata. Palun anu teda."

Järgmisel päeval lähenes Ramu meistrile kartlikult. Pühendunu tundis peaaegu häbi küsida vaimsele küllusele lisaks füüsilist tervist.

„Meister, teie sees elab kosmose Valgustaja. Ma palun teid, et tooksite Tema valguse minu silmadesse, et ka mina saaksin tajuda päikesesära."

„Ramu, keegi on haudunud salaplaani, et panna mind raskesse olukorda. Minul ei ole tervendamise väge."

„Isand, Mõõtmatu teis võib kahtlemata tervendada."

„See on hoopis teine asi, Ramu. Jumalal piire pole! See, kes süütab taevatähed ja ihurakud müstilise eluhiilgusega, võib kindlasti tuua nägemise sära sinu silmadesse."

Meister puudutas Ramu otsaesise kulmudevahelist punkti[7].

„Keskendu mõistusega sellele kohale ja korda seitse päeva järjest sagedasti prohvet Raama nime[8]. Suursugusel päikesel on sulle pakkuda eriline koidik."

Ennäe! Täpselt nädalaga see nii juhtuski. Esmakordselt nägi Ramu looduse heledat nägu. Kõiketeadja juhatas oma õpilast kordama Raama nime, keda too pidas pühakutest ülimaks. Ramu usk oli kui pühendumusega küntud pinnas, milles tärkas guru külvatud tervenemise võimas seeme." Kebalananda oli hetkeks vait, avaldades seejärel gurule taas lugupidamist.

„Kõigi Lahiri Mahasaya sooritatud imede puhul oli ilmne, et ta ei lasknud end kunagi pidada ego-printsiibil sündmusi põhjustavaks jõuks[9]. Täiusliku alistumisega võimaldas meister Jagumatul Tervendaval Väel vabalt enda kaudu voolata.

---

[7] „Üksiku silma" ehk vaimse silma asupaik. Surma hetkel tõmmatakse inimese teadvus tavaliselt sellesse pühasse paika, sellest kõnelevad surnute üles suunatud silmad.

[8] Keskne püha tegelane sanskritikeelses eeposes „Raamajaana" (Raamat peetakse Indias samuti avataaraks – *tõlkija märkus*).

[9] Ego-printsiip, *ahamkara* (sõna-sõnalt „mina teen") on peamiseks dualismi ehk näilise inimese ja tema Looja vahelise lahusoleku põhjuseks. *Ahamkara* toob inimolevused kosmilise eksikujutluse, ehk *maaja* mõjuvõimu alla, mille kaudu ilmutab subjekt (ego) ennast vääralt objektina: loodud olevused kujutavad end ette loojatena. (Vt lk 220 ja edasi).

*Joogi autobiograafia*

Lugematud kehad, mis said dramaatiliselt Lahiri Mahasaya kaudu tervendatud, pidid lõpuks ikkagi toitma tuhastamise tuleleeke. Kuid tema loodud vaiksed vaimsed ärkamised ja Kristuse-sarnased pühendunud on tema imed, mis ei hävine."

Minust ei saanud kunagi sanskriti keele õpetlast – Kebalananda õpetas mind kõnelema üht veelgi jumalikumat keelt.[10]

---

[10] „Iseenda millestki ma teen!"
Nii võib mõelda tema, kes on tõdede tõe hoidja ...
Ole alati kindel: „See on meelte maailm, mis mängib meeltega." (V: 8-9)
Nähes tema näeb, tõesti – kes näeb neid töid,
On Looduse tavaks, Hingele viljelemiseks;
Tehes, kuid siiski mitte olles tegija. (XIII: 29)
Kuid siiski Ma olen,
Sündimata, surmata, hävitamatu,
Kõigi asjade Issand, mitte vähem –
Maaja, minu maagia, mida pitserina kasutan
Hõljuvatel Looduse-vormidel, algsel mõõtmatul –
Ma tulen ja ma lähen ja ma tulen. (IV: 6)
Raske on tungida läbi selle jumalikkuse eesriide erinevates etendustes,
Mis Mind varjavad, kuid need, kes Mind kummardavad,
Tungivad sellest läbi ja lähevad kaugemale edasi. (VII: 14)

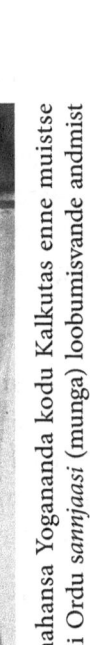

Paramahansa Yogananda kodu Kalkutas enne muistse Svaami Ordu *sannjaasi* (munga) loobumisvande andmist tema poolt 1915. aasta juulis.

SVAAMI KEBALANANDA
Yogananda armastatud sanskriti keele mentor

PEATÜKK 5

# „Parfüümipühak" näitab imesid

„Igale asjale on määratud aeg, ja aeg on igal tegevusel taeva all."[1]
Mul puudus Saalomoni tarkus enda lohutamiseks ja nii vaatasin ma otsivalt enda ümber igal kodust kaugemale viival reisil, et tabada saatuse poolt määratud guru nägu. Kuid mu tee ei ristunud temaga kuni mu keskkooli õpingute lõpuni.

Kaks aastat möödus minu ja Amari Himaalajasse põgenemisest selle suure päevani, mil minu ellu saabus Sri Yukteswar. Selle kahe aasta jooksul kohtusin ma mitmete tarkadega: „parfüümipühakuga", „Tiigri-svaami", Nagendra Nath Bhaduri, meister Mahasaya ja kuulsa bengali teadlase Jagadis Chandra Bose'iga.

Minu kohtumisel „parfüümipühakuga" oli kaks sissejuhatust: neist üks oli täis harmooniat, teine aga huumorit.

„Jumal on lihtne. Kõik muu on keeruline. Ära otsi looduse suhtelises maailmas absoluutseid väärtusi."

Need filosoofilised tõed öeldi mu selja taga õrnal toonil hetkel, mil seisatasin Kāli[2] templikujutise ees. Pöördudes ringi, seisin ma silmitsi pika mehega, kelle rõivastus või pigem selle puudumine, andis teada, et tegu on ringirändava *sadhuga*.

„Sa tungisid tõesti minu mõtete segadusse!" naeratasin ma tänulikult. „Kāli sümboliseeritud looduse healoomuliste ja hirmutavate omaduste kaos on hämmingusse ajanud minust targemate päidki!"

„Vähesed on lahendanud tema müsteeriumi! Hea ja halb on Sfinksi väljakutsuv mõistatus, mille elu asetab iga intellekti ette. Leidmata mingeid lahendusi, maksab enamik inimesi vastuseta jäänud küsimuse eest oma eluga niisamuti nagu Teeba päevil. Siin ja seal ei

---

[1] Koguja 3:1, piibel.
[2] Kāli esindab looduse igavest printsiipi. Teda kujutatakse traditsiooniliselt neljakäelise naisena, kes seisab jumal Šiva ehk Mõõtmatu lamava kuju peal, sest loodus ehk näiv maailm ilmnevad Vaimust. Neli kätt tähistavad äärmuslikke omadusi: kaks heaendelisi, kaks hävitavaid – materia või loomise põhiolemuslikku duaalsust.

*"Parfüümipühak"* näitab imesid

anna mõni üksik väljapaistev kuju alla. Ta nopib *maaja*[3] duaalsusest lõhestumata ühtsuse tõe."

"Te räägite veendumusega, härra."

"Ma olen harrastanud kaua ausat sisevaatlust kui kaalutud valusat lähenemist tarkusele. Eneseuurimine, oma mõtete lakkamatu jälgimine on täielik ja purustav kogemus. See pulbristab jämedamagi ego. Kuid tõeline eneseanalüüs toodab nägijaid ja toimib matemaatiliselt. „Eneseväljenduse" ehk individuaalsete arusaamade tee toodab egoiste, kes peavad õigeks vaid isiklikke tõlgendusi Jumala ja universumi kohta."

"Tõde tõmbub kahtlemata alandlikult tagasi sellise kõrgi originaalsuse ees," nautisin ma arutelu.

"Inimene ei saa mõista igavikulist, kuni ta pole vabastanud end pretensioonikusest. Inimmõistus kubiseb eemaletõukavatest maistest eksikujutlustest. Lahinguväljade möll kahvatub inimese võitluse kõrval nende sisemiste vaenlastega! Mitte surelikke vastaseid ei tule alistada piinaval moel! Kõikjalolevad, puhkuseta, isegi unes inimest nähtamatu relvaga jahtivad – otsivad need võhikliku lõbujanu sõdurid võimalust meid kõiki hävitada. Mõttetu on inimene, kes matab maha oma ideaalid, alistudes tavalisele saatusele. Kas ta on teistsugune kui jõuetu, puuslik või see, kes end häbistab?"

"Austatud härra, kas teil pole kaastunnet mõistmatutc masside suhtes?"

Tark oli hetke vait ja vastas siis mõistu.

"Armastada mõlemat – nii nähtamatut Jumalat, kõigi Vooruste Varasalve, ja nähtavat inimest, kellel ei paista olevat ühtegi voorust, teeb tihti nõutuks! Leidlikkus sarnaneb siin labürindile. Enese tundmaõppimine paljastab peagi kõigis inimarudes peituva ühtsuse – isekate motiivide suguluse. Inimeste vendlus avaldub vähemalt ühes tähenduses. Sellele leiule järgneb alandlikkus, mis küpseb kaastundeks oma

---

[3] Kosmiline illusioon, sõna-sõnalt „mõõtja". *Maaja* on loomises olev maagiline vägi, mille tõttu näivad Mõõtmatus ja Lahutamatus piirangute ja lahknevustega. Emerson kirjutas luuletuse „*Maaja*":

> Illusioon toimib läbitungimatuna,
> kududes lugematuid võrke,
> tema kirevad pildid ei kahvatu iial,
> kuhjudes üksteisel, kiht-kihi peal,
> südametevõitja, teda usuvad inimesed,
> kel janu petetud saada.

kaaslaste vastu, kes on pimedad, nägemaks avastamist ootava hinge tervendavat väge."

„Iga ajastu pühakud, härra, on tundnud maailmas valiseva viletsuse pärast sedasama, mida teie."

„Vaid madal inimene kaotab tundlikkuse teiste eludes toimuvate hädade suhtes, kui ta upub iseenda kitsasse kannatusse." *Sadhu* karm nägu pehmenes märgatavalt. „See, kes kasutab eneselahkamise skalpelli, tunneb universaalse kaastunde avardumist. Ta saab vabaks iseenda ego kõrvulukustavatest nõudmistest. Sellisel pinnasel õitseb Armastus Jumala vastu. Loodud olevus pöördub lõpuks oma Looja poole, kui mitte muu pärast, siis küsimaks ängistuses: „Miks Issand, miks?" Inetute piitsahoopide valu on see, mis ajab inimese lõpuks Mõõtmatusse Kohalolekusse, kuigi teda peaks peibutama ainuüksi juba selle ilu."

Tark ja mina olime Kalkuta Kālighati templis. Olin läinud vaatama seda suurepärast ja kuulsat ehitist. Minu juhukaaslase mõtlik žest tühistas kogu hoone väärikuse.

„Tellised ja mört ei laula meile helikeeles. Süda avaneb vaid olemisest laulvale inimesele."

Me lonkisime sissepääsu juures kutsuva päiksepaiste suunas, kus pühendunute massid sisse ja välja rühkisid.

„Sa oled noor." Tark uuris mind mõtlikult. „India on samuti noor. Muistsed *rišid* [4] panid aluse vaimse elu kindlalt juurdunud mustritele. Nende iidsetest kaalukatest seisukohtadest piisab kuni tänaseni. Olles alati kaasaegsed, materialismi salakavaluses lihtsalt mõistetavad, kujundavad distsipliini ettekirjutused Indiat siiani. Aastatuhandete kaupa – rohkem kui häbistatud õpetlased hoolivad rehkendada! Skeptiline Aeg kehtestas ise Veedade väärtuse. Võta seda pärandusena!"

Kui ma õilsa *sadhu*ga aupaklikult hüvasti jätsin, edastas ta selgeltnägeva kujutluspildi:

„Peale seda, kui sa siit täna lahkud, saad sa ebatavalise kogemuse osaliseks."

Ma lahkusin ja uitasin sihitult edasi. Pöörates ümber nurga, jooksin kokku vana tuttavaga – ühega neist tegelastest, kelle jutuvestmise vägi ignoreerib aega ja embab igavikku.

„Ma lasen sul kohe minna, kui oled mulle rääkinud, mis on juhtunud meie lahusoleku aastate jooksul."

---

[4] Rišid ehk sõna-sõnalt „nägijad", olid iidsetel aegadel kirja pandud Veedade autorid.

*„Parfüümipühak"* näitab imesid

„Milline paradoks! Ma pean sinust kohe lahkuma."
Kuid ta hoidis mul käest kinni, sundides rääkima seda ja teist. Ta oli nagu ablas hunt – mõtlesin imestades – mida kauem ma rääkisin, seda näljasemalt nuuskis ta uudiseid. Kaebasin mõttes jumalanna Kālile, et Ta varustaks mind mõne elegantse põgenemisviisiga.

Mu kaaslane lahkus järsku. Ma ohkasin kergendatult ja kiirendasin tempot, peljates lobisemist nagu palavikku. Kuuldes samme, lisasin ma kiirust. Ma ei julgenud vaadata seljataha. Kuid hüpetega oli nooruk taas mu kõrval, patsutades rõõmsameelselt mu õlale.

„Ma unustasin sulle rääkida Gandha Babast (parfüümipühakust), kes õnnistab seda maja," ta näitas paari meetri kaugusel olevale elamule. „Mine kohtu temaga, ta on huvitav. Sa võid saada ebatavalise kogemuse. Head aega!" ja ta lahkus minust tõeliselt.

Sarnaselt kõlanud *sadhu* ettekuulutus Kālighati templis meenus mulle välgatusena. Olles kahtlemata huvitatud, sisenesin majja ja mind juhatati avarasse salongi. Rahvahulk istus idamaale omaselt siin-seal paksul oranžil vaibal. Aukartlik sosin kostis mu kõrvu: „Vaata Gandha Babat leopardinahal. Ta võib anda ükskõik, millise loodusliku lille lõhna lõhnatule lillele või elustada närbunud õie või panna inimese naha meeldivat lõhna eritama."

Vaatasin otse pühaku suunas – tema kiire pilk peatus minu silmadel. Ta oli priske ja habetunud, tumeda naha ja suurte säravate silmadega.

„Poeg, mul on rõõm sind näha. Ütle, mida sa tahad. Kas tahaksid ehk mõnd parfüümi?"

„Milleks?" pidasin tema märkust pigem lapsikuks.

„Et nautida imelisi lõhnasid."

„Rakendada Jumalat lõhnade tegemiseks?"

„Mis siis sellest? Jumal teeb nagunii lõhnu."

„Jah, kuid ta kujundab selleks õrnadest õielehtedest pudeleid, mida värskena kasutatakse ja siis minema visatakse. Kas sa saad materialiseerida lilli?"

„Ma materialiseerin parfüüme, väike sõber."

„Lõhnaõli tehased jäävad nii tööta."

„Ma luban neil nende kauplemist jätkata! Minu ainus eesmärk on näidata Jumala väge."

„Härra, kas on vajalik Jumalat tõestada? Kas Ta mitte ei tee imesid kõiges ja igal pool?"

„Jah, kuid ka meie peaksime ilmutama mõnda Tema mõõtmatust loovast mitmekesisusest."

„Kui kaua võttis selle kunsti omandamine?"

„Kaksteist aastat."

„Et teha lõhnu astraalsete vahenditega! Austatud pühak, paistab, et te raiskasite tosin aastat lõhnadele, mida on võimalik osta lillepoest paari ruupia eest."

„Parfüümid kaovad koos lilledega."

„Parfüümid kaovad koos surmaga. Miks peaksin ma soovima seda, mis vaid keha rahuldab?"

„Härra Filosoof, sa meeldid mulle. Nüüd aga siruta oma parem käsi välja." Ta tegi õnnistava žesti.

Olin Gandha Babast paari jala kaugusel – keegi teine ei olnud piisavalt lähedal, et oleks võinud minu kehaga kokku puutuda. Ma sirutasin oma käe välja, aga joogi ei puutunudki seda.

„Millist parfüümi sa tahad?"

„Roosi."

„Saagu nii."

Minu suureks üllatuseks paiskus minu peopesa keskmest välja võluvat roosilõhna. Võtsin naeratades valge lõhnatu lille lähedalolevast vaasist.

„Kas seda lõhnatut õit saab läbi immutada jasmiini lõhnaga?"

„Saagu nii."

Hetkega vallandus õielehtedest jasmiinilõhn. Tänasin imetegijat ja istusin ühe tema õpilase kõrvale. Too teatas mulle, et Gandha Baba, kelle õige nimi oli Vishudhananda, oli õppinud palju hämmastavaid joogasaladusi Tiibetist pärit meistrilt. Tiibeti joogi, nagu mulle kinnitati, oli üle tuhande aasta vana.

„Tema õpilane Gandha Baba ei näita alati oma väge sõnade abil, nagu sa äsja nägid." Õpilane kõneles oma meistrist ilmse uhkustundega. „Tema lähenemine inimestele on erinev, et võimaldada kooskõla erinevate temperamentidega. Ta on suurepärane! Paljud Kalkuta intelligentsi liikmed on tema järgijate seas."

Seesmiselt otsustasin end mitte nende hulka lisada. Otseses tähenduses liiga „suurepärane" guru ei olnud mulle meeltmööda. Tänades viisakalt Gandha Babat, ma lahkusin. Lonkides kodupoole, meenutasin selle päeva jooksul toimunud kolme erinevat kohtumist. Mu õde Uma oli mul vastas, kui sisenesin meie Gurpari tänaval asuvasse majja.

"Sa muutud päris stiilseks parfüüme kasutades!"
Sõnagi lausumata sirutasin ma oma käe talle nuusutamiseks.
"Milline vaimustav roosi lõhn! See on ebatavaliselt tugev!"
Mõeldes, et see on „äärmiselt ebatavaline", asetasin ma astraalselt lõhnastatud õie õe nina alla.
"Oo, ma armastan jasmiini!" Ta haaras minult lille. Mänguline segadus levis üle tema näo, kui ta nuusutas korduvalt jasmiini lõhna lillelt, mis tema teada oli lõhnatu. Reageering kõrvaldas mu kahtlused, justkui Gandha Baba võinuks tekitada enesesisendusliku seisundi, kus vaid mina üksi oleksin võinud lõhnu tunda.

Hiljem ma kuulsin sõber Alakanandalt, et „parfüümipühakul" on võimed, mida ma oleksin soovinud nälgivatele miljonitele maailmas.

"Olin koos saja teise külalisega kohal Gandha Baba kodus Burdwanis," rääkis mulle Alakananda. "See oli suurüritus. Kuna joogi omas väidetavalt võimet võtta asju tühjast õhust, palusin ma muiates materialiseerida mõningad hooajavälised mandariinid. Viivitamatult paisusid banaanilehtedest taldrikutel serveeritud *lutši*[5] leivad ümarateks. Igas leivaümbrikus oligi kooritud mandariin. Hammustasin enda oma teatud hirmujudinaga, kuid leidsin, et see oli maitsev."

Aastaid hiljem mõistsin, kuidas Gandha Baba neid materialiseerimisi teostas. See meetod, pean kurvastusega tõdema, jääb maailma nälgivate masside käeulatusest kaugele.

Erinevaid meelelisi aistinguid nagu kompimis-, nägemis-, maitsmis-, kuulmis-, ja haistmismeel tekitatakse elektronide ja prootonite tasandil võnkeerinevustega. Võnkeid omakorda reguleerivad „elutronid", imetillukesed eluenergia kogused ehk siis aatomist pisemad viie eristuva intelligentsusega laetud osakesed.

Gandha Baba, häälestades end teatud joogapraktikaid kasutades kosmilise väega, oli võimeline juhtima neid elutrone, korraldama ümber nende võnkestruktuuri. Tema parfüümid, puuviljad ja teised imed olid tegelike, looduses aset leidvate võngete materialiseerumine, mitte aga hüpnoosi abil tekitatud sisemised aistingud.

Hüpnoosi kasutavad arstid väiksemate operatsioonide puhul omamoodi kloroformina nende isikute juures, kellele narkoos võib ohtlik olla. Kuid hüpnoosiseisund võib olla kardetav, kui seda tihti kasutada – sellest tuleneb negatiivne psühholoogiline mõju, mis muudab

---
[5] Lapikud, ümmargused India leivad.

## Joogi autobiograafia

aja jooksul ajurakud häirituks. Hüpnotism on loata sisenemine teise teadvusse.[6] Sel ajutisel fenomenil ei ole midagi ühist jumaliku teostuse saavutanud inimeste sooritatud imedega. Olles ärkvel Jumalas ja häälestades oma tahet Loova Kosmilise Unistajaga harmooniliselt, tekitavad tõelised pühakud selles unenäo-maailmas muutuseid.[7]

Selliste „parfüümipühaku" näidatud imed on erakordsed, kuid vaimselt kasutud. Olles mõeldud peamiselt lõbustamiseks, on nad kõrvalekaldumised tõsiselt Jumala-otsingu teelt.

Meistrid mõistavad suurejoonelist võimete demonstreerimist hukka. Pärsia müstik Abu Said naeris kord teatud fakiire (*moslemitest askeete*), kes olid uhked oma vee-, õhu- ja ruumivaldamise imevõimete üle.

„Konn tunneb end samuti vees koduselt!" viitas Abu Said kerge põlastusega. „Kaaren ja raisakotkas lendavad hõlpsasti taeva all. Saatan on üheaegselt nii idas kui läänes! Tõeline inimene on see, kes elab õiglaselt oma kaasinimeste hulgas, kes võib osta ja müüa, kuid ei unusta hetkekski, mitte kunagi Jumalat!"[8] Teisel juhul avaldas suur Pärsia õpe-

---

[6] Lääne psühholoogide tehtud teadvuseteemalised uuringud on laiemalt seotud alateadvuse ning psühhiaatria ja psühhoanalüüsiga ravitavate mentaalsete haiguste uurimisega. Väga vähe on uuritud tavaliste mentaalsete seisundite algupära ja kujunemist ning nende emotsionaalseid ja tahteväljendusi – tõeliselt põhiolemuslikku teemat, mida India filosoofia unarusse ei jäta. Täpseid selgitusi tavaliste mentaalsete muundumiste ja *buddhi* (eristava intellekti), *ahamkara* (egoistliku printsiibi) ja *manase* (mõistus ehk meeleteadvus) iseloomustavate toimete osas on antud *Sankja* ja *jooga* süsteemides.

[7] „Universum on esindatud igas tema osakeses. Kõik on tehtud ühest peidetud materjalist. Maailm keerdub ise kastetilgas ... Tõeline kõikjaloleku doktriin on see, et Jumal ilmub kõigi Oma osakestega igas samblikus ja ämblikuvõrgus." – *Emerson, „Compensation".*

[8] „Osta ja müüa, unustamata kunagi Jumalat!" See ideaal seisneb selles, et käsi ja süda töötavad harmooniliselt koos. Teatud Lääne kirjanikud väidavad, et hindude eesmärk on arg põgenemine, tegevusetus ja ühiskonnavastane eemaletõmbumine. Neljast osast koosnev veedalik inimelu kavand on aga masside jaoks hästi tasakaalustatud, lubades pool eluiga õppimiseks ja kodu ning peremehe/perenaise kohustusteks – teine pool jääb aga kujustamisele ja meditatsiooni praktikatele (vt lk 220 ja edasi).

Eraklus on vajalik, et kinnistuda ISEs, kuid meistrid naasevad maailma, et seda teenida. Isegi pühakud, kel pole enam ühtki välist tööd, kingivad oma mõtete ja pühade võngete kaudu maailmale palju väärtuslikumat hüve, kui seda suudavad valgustamata inimeste kõige visamadki humaansed tegevused. Suurvaimud püüavad isetult ja igaüks omal viisil, tihti kibeda vastuseisu olukorras, kaasinimesi inspireerida ja ülendada. Ükski hindu religioosne või ühiskondlik ideaal pole pelgalt negatiivne. *Ahimsa*, „mittekahjustamine", mida on nimetatud *Mahabhaaratas* „kõige vooruseks" (*sakalo dharma*), on positiivne ettekirjutus, sest see, kes ei aita teisi ühelgi viisil, kahjustab neid tegelikult.

„Bhagavad Giita" (III: 4-8) viitab, et tegevus on inimesele olemuslik. Laiskus on lihtsalt vale tegevus.

„Ükski inimene ei saa põgeneda tegevusest
jättes kõrvale tegevuse – ei, ja keegi ei saa jõuda

*„Parfüümipühak"* näitab imesid

taja oma arvamuse religioossest elust nii: „Heita kõrvale see, mis on su peas (isekad soovid ja ambitsioonid). Annetada vabalt sulle kuuluvat. Ja mitte kunagi põrkuda tagasi elu hoopidest!"

Ei erapooletu Kālighati templis kohatud tark ega ka mitte Tiibetis õppinud joogi ei rahuldanud minu igatsust guru järgi. Minu süda ei vajanud juhendajat iseenda tunnustamiseks, et kisendada sundimatult „Braavo!". Mu süda oli harva eksitatud vaikusest. Kui ma lõpuks meistrit kohtasin, õpetas ta mulle tõelise inimese mõõtu üksnes eeskuju peensuste kaudu.

---

täiuslikkuseni pelga loobumise teel.
Ei ja mitte kübetki aega, ei ühelgi ajal
ei puhka keegi tegevusetult – looduse seadus
sunnib teda tegevusse, isegi tema tahte vastaselt
(sest mõte on tegu kujutluses).
... Tema, kes tugeva, mõistust teeniva kehaga,
annab oma sureliku väe väärt tegevusele,
otsimata tasu, Ardžuna! Selline on austust väärt.
Täida Sulle määratud ülesannet!"
*(Arnoldi tõlge)*

## PEATÜKK 6

# Tiigri-svaami

„Ma avastasin Tiigri-svaami aadressi – lähme talle homme külla."
See ettepanek tuli Chandilt, ühelt minu keskkooliaegselt sõbralt. Ootasin suure himuga seda kohtumist pühakuga, kes enne oma mungaelu oli paljakäsi tiigreid püüdnud ja nendega võidelnud. Poisikeselik entusiasm, mida selline osavus tekitas, oli minu sees tugev.

Järgmine päev koitis talviselt külmana, kuid Chandi ja mina kiirustasime lõbusalt edasi. Pärast tühja jahtimist mööda Kalkuta naabruses asuva Bhowanipuri tänavaid, jõudsime õige maja juurde. Ukse küljes oli kaks raudrõngast, mida ma valjult kõlistasin. Kärast hoolimata lähenes teener rahulikul sammul. Tema irooniline naeratus vihjas, et vaatamata igasugusele mürale oli külalistel võimatu pühaku majas valitsevat rahu rikkuda.

Tajudes sõnatut noomimist, olime mina ja mu kaaslane tänulikud, et meid salongi kutsuti. Meie pikk ooteaeg tekitas ebamugavaid eelaimdusi. Kannatlikkus on tõeotsijale Indias kirjutamata seadus: meister võib tahtlikult temaga kohtumise indu proovile panna. Seda psühholoogilist vempu kasutavad läänes laialdaselt arstid ja hambatohtrid!

Kui teener meid viimaks sisse kutsus, sisenesime Chandiga magamisruumi. Kuulus svaami Sohong[1] istus oma voodil. Tema hiigelsuure keha nägemine mõjus meile kummaliselt. Seisime sõnatult, silmad punnis. Me polnud kunagi näinud sellist rinda või selliseid jalgpallisarnaseid biitsepseid. Tohutu kaela otsas oli svaami metsik, kuid rahulik nägu, kaunistatud voogavate lokkide, habeme ja vuntsidega. Tema silmade säras võis tajuda nii tuvi kui tiigrit. Ta oli riieteta, kui musklis vöökohta kattev tiigrinahk välja arvata.

Saades oma kõnevõime tagasi, tervitasime koos sõbraga munka, väljendades imetlust tema vapruse üle sel ebatavalisel kaslaste areenil.

„Kas te räägiks meile, palun, kuidas on võimalik paljaste kätega

---

[1] *Sohong* oli mungalik nimi. Rahva hulgas tunti teda kui Tiigri-svaamit.

rahustada kõige metsikumaid džungliloomade seast, kuninglikke bengali tiigreid?"

„Mu pojad, tiigritega võidelda ei ole minu jaoks midagi. Ma võiksin seda teha kas-või täna kui vaja." Ta puhkes lapselikult naerma. „Teie vaatate tiigreid kui tiigreid, mina võtan neid kui kassipoegi."

„Svaamiji, ma mõtlen, et ma võiksin avaldada muljet oma alateadvusele mõttega, et tiigrid on kassipojad, kuid kas ma suudan ka tiigreid panna seda uskuma?"

„Muidugi on ka jõudu vaja! Keegi ei saagi oodata võitu lapsukeselt, kes kujutab tiigrit kodukassina! Võimsad käed on minu jaoks piisav relv."

Ta palus meil järgneda talle siseõue, kus ta andis hoobi müüriserva pihta. Tellis lendas põrandale katki ning müürihambasse löödud augut piilus julgelt sisse taevas. Vaarusin tõsises imestuses, mõeldes – tema, kes võib ühe löögiga lüüa telliskiviseinast välja tellise, on tõesti võimeline tiigritel hambad välja lööma!

„Paljudel meestel on sama palju füüsilist jõudu kui minul, kuid ikka jääb neil puudu rahulikust enesekindlusest. Need, kes on sitked kehaliselt, ent mitte hingeliselt, võivad hetkega minestada džunglis vabalt ringi hüpleva metslooma nägemisest. Oma loomulikus elukeskkonnas ja raevukuses tiiger on määratult erinev oopiumiga uimastatud tsirkuseloomast!"

„Sellele vaatamata on paljud vägilase jõuga mehed kuningliku bengali tiigri rünnaku eel hirmust halvatuna armetult abitud. Sel juhul leiab tiigriga silmitsi sattunud inimene end korraga ise mannetu kassipoja rollis. Kuid kui inimesel on raudne keha ja meeletu otsustavus, siis on võimalik pöörata olukord tiigri kahjuks ja sundida teda kassipoja kaitsetusse seisundisse. Just seda olen ma tihti teinud!"

Olin valmis uskuma, et minu ees seisev hiiglane oli võimeline sooritama metamorfoosi tiigrist-kassipojaks. Ta paistis olevat õpetlikus meeleolus – Chandi ja mina kuulasime aupaklikult.

„Musklite kasutaja on mõistus. Haamrilöögi jõud sõltub temasse koondatud energiast. Inimese keha jõud sõltub tema agressiivsest tahtest ja julgusest. Mõistus sõna otseses mõttes valmistab ja hoiab üleval keha. Eelmiste elude instinktide survel imbuvad tugevused või nõrkused järk-järgult inimteadvusse. Nad väljenduvad harjumustes, mis omakorda jäigastuvad soovitud või soovimatuks kehaks. Välisel nõrkusel on mentaalne algupära – pahelises keskkonnas võidab harjumuste kütkeis olev keha mõistuse. Kui isand laseb end käsutada

*Joogi autobiograafia*

teenril, muutub viimane autokraatlikuks – nii orjastatakse mõistus ja allutatakse keha diktaadile."

Meie palve peale soostus muljetavaldav svaami rääkima meile midagi oma elust.

„Minu kõige esimeseks auahneks plaaniks oli võitlemine tiigritega. Mu tahe oli võimas, kuid minu keha oli nõrk."

Minust purskus üllatust. Tundus uskumatuna, et see mees, kel praegu olid karusarnase atlandi õlad, võis iial tunda nõrkust.

„Alistamatu järjepidevusega, mõeldes tervise ja tugevuse peale, sain sellest puudusest üle. Mul on põhjust ülistada tagantsundivat tarmukust, mis on minu arust tõeline kuninglike bengali tiigrite vaigistaja."

„Kas te arvate, austatud svaami, et ma võiksin kunagi tiigritega võidelda?" See oli esimene ja viimane kord kui taoline veider ambitsioon minu mõistust külastas!

„Jah." Ta naeratas. „Kuid on palju erinevat sorti tiigreid – mõni neist hulgub ringi inimsoovide džunglis. Metsloomade oimetuks peksmisest ei tõuse mingit vaimset kasu. Ole parem võitja sisemiste kiskjate üle."

„Kas me võiksime kuulda, härra, kuidas te muutusite metsikute tiigrite taltsutajast metsikute kirgede taltsutajaks?"

Tiigri-svaami langes vaikusse. Tema pilk uitas kaugele, kutsudes esile nägemusi läinud aastate tagant. Ma tajusin temas kerget sisemist võitlust selle üle, kas vastata mu palvele. Lõpuks naeratas ta leplikult.

„Kui mu kuulsus jõudis haripunkti, tõi see endaga kaasa kõrgi joobumuse. Ma otsustasin mitte ainult tiigritega võidelda, vaid näidata neid ka erinevaid trikke tegemas. Minu auahneks plaaniks oli sundida metsloomi käituma kodustatud loomade kombel. Näitasin oma vägitükke avalikult ja mõnuga ning saavutasin edu.

Ühel õhtul sisenes mu isa mõtlikus tujus minu tuppa.

„Poeg, mul on sinu jaoks hoiatussõnad öelda. Ma tahaksin päästa sind lähenevast haigusest, mille tekitavad põhjuse ja tagajärje lõputult jahvatavad rattad."

„Kas sa oled fatalist, isa? Kas saab siis lubada ebausul muuta võimsate tegude kulgu?" „Ma ei ole fatalist, poeg. Kuid ma usun ausasse kättemaksuseadusse nagu on õpetanud pühakirjad. Džungliperekond on sinu suhtes vaenulik – ühel hetkel võib see kätte maksta."

„Isa, sa hämmastad mind! Sa tead hästi, millised on tiigrid – kaunid, kuid halastamatud! Kes teab – vahest süstivad minu hoobid veidikenegi taktitunnet nende jämedatesse peadesse. Ma olen metsa

*Tiigri-svaami*

kombekooli juhataja, kes õpetab neile peenemaid maneere! Palun, isa, mõtle minust kui tiigritaltsutajast ja mitte kunagi kui tiigritapjast. Kuidas võivad mu head teod tuua mulle halba? Ma palun sind, ära määra mulle mingeid käske, mille tõttu peaksin oma eluviisi muutma.""

Chandi ja mina olime tähelepanu ise, mõistes kuuldud dilemmat. Indias ei saa laps kergesti oma vanema soove eirata.

„Stoilises rahus kuulas isa minu seletust. Seejärel avaldas ta tõsisel ja saatuslikul toonil.

„Poeg, sa sunnid mind jutustama pühaku lausutud kurjakuulutavast ennustusest. Ta tuli mu juurde eile, kui istusin verandal oma igapäevases meditatsioonis.

„Hea sõber, tulen sõnumiga sinu sõjaka poja jaoks. Las ta lõpetab oma metslase tegevused või muidu toob tema järgmine tiigriga kohtumine talle tõsiseid haavu, mille järel tabab teda surmaga lõppeda võiv tõbi. Alles siis hülgab ta oma endised teed ja temast saab munk."

See lugu ei avaldanud mulle muljet. Arvasin, et isa oli langenud petisest fanaatiku kergemeelseks ohvriks."

Tiigri-svaami tegi selle ülestunnistuse juures kärsitu žesti, justkui oleks kõnelnud mingist rumalusest. Vaikides süngelt, tundus nagu oleks ta meie kohalolu unustanud. Kui ta uuesti oma jutulõime üles võttis, tegi ta seda järsul, allasurutud häälel.

„Veidi aega peale isa hoiatust külastasin ma provintsi pealinna Cooch Behari. Maaliline territoorium oli minu jaoks uus ja ma lootsin leida sealt kosutavat vaheldust. Nagu igal pool mujal, järgnes mulle tänavatel uudishimulik rahvahulk. Mu kõrvu jõudsid sosistatud kommentaaride jupid:

„See on mees, kes võitleb metsikute tiigritega."

„Kas tal on jalad või puutüved?"

„Vaadake tema nägu! Ta peab olema tiigrite kuninga enda kehastus!"

Teate ju küll, kuidas küla jõnglased on – nagu elavad värsked ajalehed! Millise kiirusega liiguvad naiste kuulujutud majast majja! Paari tunniga oli terve linn minu saabumisest elevil.

Puhkasin õhtul vaikselt, kui kuulsin galopeerivate hobuste kabjaplaginat. Nad seisatasid minu peatuspaiga juures. Sisenes hulk pikki turbanis politseinikke. Mind tabati ootamatult. „Seaduseteenrite jaoks on kõik võimalik," mõtlesin. „Ei imestaks, kui nad viiks mind kaasa mõne täiesti tundmatu ülesande jaoks." Kuid ohvitserid kummardasid ebatavalise viisakusega.

## Joogi autobiograafia

„Austatud härra, meid saatis teid tervitama Cooch Behari prints. Ta on rahul, kui saab teid kutsuda homme hommikul oma paleesse."

Ma oletasin pisut, mis mind ees võib oodata. Mingil segasel põhjusel tundsin teravat kahetsust, et mu vaikne reis katkestati. Kuid politseinike anuv käitumislaad liigutas mind – ma nõustusin minema.

Järgmisel hommikul olin hämmingus, kui mind eskorditi alandlikult otse ukse juurest võrratu nelja hobusega tõllani. Teener hoidis külluslikult kaunistatud vihmavarju, kaitstes mind kõrvetava päiksevalguse eest. Nautisin meeldivat sõitu läbi linna ja metsamaastikuga eeslinna. Kuninglik võsuke ise oli palee uksel mind tervitamas. Ta pakkus mulle oma kuldbrokaadiga kaetud istet, istudes ise naeratades lihtsama kujundusega toolile.

„Kogu see viisakus läheb mulle midagi maksma," mõtlesin kasvava hämminguga. Peale paari tühist märkust ilmnesid printsi tegelikud motiivid.

„Mu linn on täis kuulujutte, et võid võidelda tiigritega ei millegi muu kui oma paljaste kätega. Kas see vastab tõele?"

„See on täiesti tõsi."

„Ma vaevu usun seda! Sa oled Kalkuta bengal, toidetud linnarahva valge riisiga. Ole aus, palun – kas sa mitte ei võidelnud jõuetute oopiumiga toidetud loomadega?" Tema kohaliku aktsendiga hääl oli vali ja sarkastiline.

Ma ei pidanud vajalikuks tema solvavale küsimusele vasta.

„Ma esitan sulle väljakutse võidelda minu hiljuti püütud tiigri Radža Begumiga.[2] Kui sa suudad võidelda edukalt, siduda ta ahelatega kinni ja ta teadvusele jätta, siis saad selle kuningliku bengallase endale! Samuti saad sa veel mitu tuhat ruupiat ja teisi kinke. Kui sa aga keeldud kahevõitlusest temaga, siis muudan ma su nime terves riigis valelikkuse sümboliks!"

Tema põlglikud sõnad tabasid mind kui kuulivalang. Nõustusin vihapurskega. Olles pooleldi oma toolilt tõusnud, istus prints uuesti, näol sadistlik naeratus. Mulle meenusid Rooma imperaatorid, kes nautisid kristlaste saatmist metsloomade ette areenile.

„Matš toimub nädala pärast. Kahetsusega pean ütlema, et ei saa anda sulle luba tiigrit varem näha."

Kas kartis prints, et võin proovida elajat hüpnotiseerida või sööta talle salaja oopiumit, seda ma ei tea!

---

[2] „Prints Printsess" – see nimi viitas asjaolule, et metselajal oli nii isa- kui ematiigri raevukus.

Lahkusin paleest, märgates imestusega, et kuninglik vihmavari ja täisvarustuses tõld nüüd puudusid.

Järgneva nädala kestel valmistasin metoodiliselt oma mõistust ja keha saabuvaks katsumuseks. Oma teenri kaudu kuulsin fantastilisi lugusid. Pühaku hädakuulutav ennustus mu isale oli kuidagi perekonnast välja pääsenud, kasvades käigu pealt. Paljud lihtsad külainimesed uskusid, et tiiger on jumalatest neetud kurivaimu inkarnatsioon, kes võtab öösiti erinevaid deemonlikke kujusid, jäädes aga päeval triibuliseks loomaks. Oletatavasti pidi see olema deemon-tiiger, kes saadeti mind alandlikuks muutma.

Teine fantaasialennuline versioon kirjeldas, et loomade palve tiigrite taevasse olid saanud vastuse Radža Begumi näol. Tema pidi olema see tööriist, kes karistaks mind, jultunud kääbust, kes oli solvanud kogu tiigrite sugu! Karvadeta ja teravate hammasteta inimene, kes julges esitada väljakutse kihvadega varustatud tugevate käppadega tiigrile! Kõigi alandatud tiigrite kokku kogutud solvangud olid külarahva jutu järgi saavutanud haripunkti, millest piisas, et käivitada peidetud seaduste toime, põhjustades kõrgi tiigritaltsutaja languse.

Minu teener rääkis mulle hiljem, et prints oli olnud täielikult omas elemendis, kui seda inimese ja elaja vahelist matši ette valmistas. Ta oli juhatanud isiklikult tormikindla ja tuhandeid inimesi mahutava paviljoni püstitamist. Selle keskpaigas hoiti määratu suures turvaruumiga ümbritsetud raudkongis Radža Begumi. Puuris peetav vang lasi kuuldavale katkematuid seeriaid verd tarretama panevaid mõirgeid. Teda toideti kesiselt, süüdates veelgi tema vihast kasvavat isu. Vahest ootas prints, et minust saab tiigri auhinnaeine!

Vastuseks trummipõrina saatel esitatud teatele unikaalsest võitlusest ostsid rahvamassid linnast ja äärelinnadest agaralt pileteid. Lahingupäeval pöördusid sajad koju tagasi istekohtade puudumise tõttu. Paljud inimesed tungisid sisse telgipiludest või mahutasid end igasse võimalikku kohta allpool rõdusid."

Koos Tiigri-svaami loo haripunkti jõudmisega tardus minu elevus, ka Chandi oli täiesti vait.

„Keset Radža Begumi mõirgamist ja hirmunud rahvahulga väikest segadust ilmusin ma vaikselt areenile. Peale vöökohta vaevu katva loomanaha ei olnud mul seljas mingit muud riietust. Võtsin turvaruumi ukse ees oleva poldi lahti ja sulgesin selle enda selja taga. Tiiger haistis verd. Hüpates mürinal vastu trelle, saatis ta sellega teele esimese

## Joogi autobiograafia

hirmuäratava tervituse. Vaatajaskond vaikis kaastundliku hirmuga – paistsin vaga lambukesena raevutseva metslooma ees.

Hetkega olin ma kongis. Vaevu jõudsin kinni lajatada kongi ukse, kui Radža Begum mind ründas. Eriti tõsiselt oli katki rebitud mu parem käsi. Tiigri suurim lõbu, inimveri, voolas hullusti. Paistis, et pühaku ennustus läheb täide.

Taastusin hetkega esimest korda elus saadud tõsise vigastuse šokist. Pühkides vaatepildi oma verega kaetud sõrmedest neid niudevöö taha peites, virutasin ma vasaku käega luid murdva hoobi. Metsloom veeres tuikudes tagasi, pööras end kongi tagaosas ringi ja hüppas metsikus vihas ettepoole. Minu kuulus rusikakaristus sadas talle pähe.

Kuid Radža Begumile mõjus vere maitse nagu kaua kuival olnud alkohoolikule hulluksajav esimene veinisõõm. Kõrvulukustavate möirete saatel kasvas jõhkra looma rünnakute ägedus. Minu halvatud enesekaitse jättis mind abitult kihvade ja küünte ette. Kuid ma maksin kätte. Olles teineteise verest määrdunud, võitlesime elu ja surma peale. Puur oli kaoses, veri pritsis igas suunas, elaja kõrist vallandusid valu ja surmava lõbujanu korinad.

„Tulista teda! Tapa tiiger!" kostus vaatajaskonna hulgast karjeid. Mees ja tiiger liikusid nii kiiresti, et valvuri kuul lendas märgist mööda. Ma kogusin kokku kogu oma tahte, möirgasin raevukalt ja lajatasin lõpliku löögi. Tiiger kukkus kokku ja jäi vaikselt lamama."

„Nagu kassipoeg!" hüüdsin ma vahele.

Svaami naeris südamlikult, jätkates siis haarava loo jutustamist.

„Radža Begum oli lõpuks võidetud. Tema kuninglikku uhkust sai veelgi alandatud: oma lõhkirebitud kätega avasin ma hulljulgelt ta lõuad. Ühe dramaatilise hetke vältel hoidsin ma oma pead selles haigutavas surmalõksus. Vaatasin ketti otsides ringi. Tõmmates põrandal lebavast kuhjast ühe välja, sidusin tiigri kaelapidi puuri trellide külge kinni. Astusin triumfeerides ukse suunas.

Kuid sellel põrgulise kehastusel Radža Begumil oli visadust, mis vääris tema oletatavat deemonlikku algupära. Uskumatu sööstuga katkestas ta keti ja hüppas mulle selga. Mu õlg sai kõvasti tema kihvade vahel kannatada ja ma kukkusin. Hetkega keerasin ta selili enda alla. Halastamatute löökide all kaotas reetlik loom pooleldi teadvuse. Seekord sidusin ma ta palju hoolikamalt kinni. Lahkusin aeglaselt puurist.

Avastasin end uuesti lärmis, seekord rõõmukisas. Rahvahulga rõõmuhõisked paiskusid justnagu ühest hiiglaslikust kõrist. Olles raskelt

*Tiigri-svaami*

vigastatud, olin ma ikkagi täitnud võitluse kolm tingimust, rabanud tiigri maha, sidunud ta ketiga kinni ja jätnud ta maha, ise sealjuures abi vajamata. Lisaks olin ma nii drastiliselt haavanud ja vigastanud agressiivset looma, et ta oli loobunud autasust – minu peast oma lõugade vahel. Peale seda kui mu haavad said tohterdatud, autasustati ja pärjati mind lillevanikutega, lisaks puistati mu jalge ette sadu kuldmünte. Kogu linn alustas pidulikku võidu tähistamist. Kõikjal oli kuulda lõputuid arutelusid minu võidust ühe kõige suurema ja võimsama metsiku tiigri üle, keda eales nähtud. Radža Begum kingitis mulle, nagu lubatud, kuid ma ei tundnud sellest mingit vaimustust. Mu südamesse oli sisenenud vaimne muutus. Paistis, et koos lahkumisega tiigripuurist sulgesin ma samas ka maiste ambitsioonide ukse.

Järgnes hädaperiood. Kuus kuud järgemööda lamasin ma veremürgituse tõttu peaaegu surmasuus. Niipea kui olin piisavalt paranenud, et Cooch Beharist lahkuda, tulin tagasi oma kodulinna.

„Nüüd ma tean, et see õpetaja on püha mees, kes andis targa hoiatuse," tunnistasin ma alandlikult isale. „Oh, kui ma vaid leiaksin ta üles!" Minu igatsus oli siiras, seepärast saabuski pühak ühel päeval ette teatamata.

„Aitab küll tiigrite taltsutamisest!" ütles ta rahuliku kindlusega. „Tule minuga – ma õpetan sind alistama inimmõistuse džunglites ringi uitavaid võhiklikkuse elajaid. Sa oled publikuga harjunud: olgu seekord selleks galaktikatäis ingleid, keda lõbustab sinu võrratu meisterlikkus joogas!"

Minu pühakust guru initsieeris mind vaimsele teele. Ta avas mu hingeuksed – roostes ja vähesest kasutusest tõrksad. Käsikäes jätkasime peatselt minu treenimist Himaalaja mägedes.

Chandi ja mina kummardasime svaami jalge ette, tänulikena tema tõeliselt tormilise elu kujuka kirjelduse eest. Tundsime, et külmas salongis osaks saanud katseaja eest tasuti meile kuhjaga!

## PEATÜKK 7

# Leviteeriv pühak

„Ma nägin eile õhtul rühma kogunemisel joogit, kes püsis õhus mitu jalga maapinnast kõrgemal," rääkis mu sõber Upendra Mohun Chowdhury vaimustunult.

Naeratasin talle entusiastlikult. „Vahest arvan ta nime ära. Kas see oli Bhaduri Mahasaya, kes elab ülalpool asuval ringteel?"

Upendra noogutas, olles veidi pettunud, et ei saanud teatada seda uudist esimesena. Minu uudishimu pühakute suhtes oli mu sõpradele hästi teada - neile meeldis näidata mulle värskeid jälgi.

„Joogi elab minu kodu lähedal, nii et külastan teda tihti." Mu sõnad tõid Upendra näole uudishimu.

„Ma olen näinud tema väljapaistvaid saavutusi. Ta on oskuslikult omandanud Patandžali[1] kirjeldatud kaheksaosalise tee erinevad *praanajaamad*[2]. Ükskord tegi Bhaduri Mahasaya *bhastrika praanajaama* minu ees läbi sellise hämmastava väega, et tundus justkui oleks ruumis torm puhkenud! Seejärel peatas ta kõmiseva hingamise ja jäi liikumatult üliteadvuse kõrgemasse seisundisse.[3] Tormijärgse rahu aura oli unustamatult elav."

---

[1] Jooga kõige muistsem esitaja.

[2] Hingamise reguleerimisega seotud elujõu (*praana*) kontrolli meetodid. *Bhastrika* (röögatuste) *praanajaama* muudab mõistuse stabiilseks.

[3] Sorbonne'i professor Jules-Bois ütles 1928. aastal, et prantsuse teadlased on uurinud ja tunnustanud üliteadvust, mis oma suursuguususes „on täpne vastand Freudi alateadvuslikule mõistusele, hõlmates võimeid, mis teevad inimesest tõelise inimese, aga mitte lihtsalt mingi ülilooma." Prantsuse teadlane seletas, et „üliteadvuse äratamist ei saa segi ajada autosugestsiooni või hüpnoosiga. Üliteadvusliku mõistuse olemasolu on pikka aega tunnustatud filosoofiliselt - olles tegelikkuses selleks Ülimhingeks, kellest kõneles Emerson, kuid mida alles hiljuti teaduslikult tunnustati."

Emerson kirjutas oma „Ülimhinges": „Inimene on fassaadiks templile, mille sees asetseb kogu tarkus ja headus. Mida me tavaliselt inimeseks nimetame: inimene sööb, joob, istutab, rehkendab - nagu me teda tunneme. Inimene ei esinda mitte iseennast või pigem esindab end valesti. Seda inimest me ei austa, aga hing, mille organiks ta on - kas ta lubab oma tegude kaudu Temal end ilmutada, kas ta paneb meid põlvi painutama ... Me oleme ühest küljest avatud vaimse olemuse sügavustele, kõigile Jumala omadustele."

*Leviteeriv pühak*

„Ma olen kuulnud, et pühak ei lahku kunagi kodust." Upendra hääles oli väheke umbusku.

„See on tõesti tõsi! Ta on elanud viimased kakskümmend aastat majast väljumata. Ta lõdvendab neid endakehtestatud reegleid veidi meie pühade pidustuste ajal, mil ta jalutab nii kaugele, kui tema majaesine kõnnitee seda lubab! Sinna kogunevad kerjused, sest pühak Bhaduri on tuntud oma õrna südame poolest."

„Kuidas ta gravitatsiooni seadust eirates õhku jääb?"

„Joogi keha kaotab oma kaalu pärast teatud *praanajaamade* sooritamist. Siis ta leviteerib või kargab ringi nagu hüppav konn. Isegi pühakud, kes ei viljele kindlaid jooga suundi, teatakse leviteerivat intensiivse Jumalale pühendumise seisundis."

„Tahaksin sellest pühakust rohkem teada. Kas sa käid tema õhtustel kohtumistel?" Upendra silmad sädelesid uudishimust.

„Jah, ma käin tihti. Tema humoorikas arukus on vaimustav ning kogunemise pühalikku tõsidust katkestab vahel minu naer. Pühakut see ei häiri, kuid tema järgijatele pilgud pilluvad siis pistodasid!"

Sel pärastlõunal, olles teel koolist koju, möödusin ma Bhaduri Mahasaya kloostrist ja otsustasin seda külastada. Joogi polnud kõigile kättesaadav. Meistri privaatsust kaitses alumisel korrusel üksik järgija. See õpilane oli midagi sekretäri taolist, kes uuris, kas mul on kokkulepitud kohtumine. Just siis ilmus välja guru ja päästis mind lõplikust väljaviskamisest.

„Las Mukunda tuleb, millal tahab." Pühaku silmad välkusid. Eraldatuse nõue ei ole kehtestatud minu, vaid ka kõigi teiste mugavuse pärast. Maistele inimestele ei meeldi avameelsus, mis kõigutab nende eksikujutlusi. Pühakud ei ole mitte ainult haruldased, vaid ka häirivad tegelased. Isegi pühakirjades on nad tihti piinlikkust tekitanud!

Järgnesin Bhaduri Mahasayale maja ülakorruse kasinatesse ruumidesse, kust ta harva eemaldus. Hõlmates oma keskendumisega ajastuid, ei pööra meistrid tihti selle maailma sahmerdamisele tähelepanu. Pühaku kaasaegsed ei ole mitte ainult need, kes asuvad praeguses kitsas ajahetkes.

„Mahariši[4], te oled esimene siseruumides püsiv joogi, keda ma tunnen."

„Jumal istutab oma pühakud vahel ootamatusse mulda, et välistada mõtet, nagu võiksime me kuidagi Tema valitsemist määratleda!"

---

4 „Suur Tark".

*Joogi autobiograafia*

Pühak lukustas oma eluenergiast pakatava keha lootoseasendisse. Seitsmekümnendates eluaastates ei ilmutanud ta märke vanusest või istuvast eluviisist. Sitke ja sirgena oli ta igas mõttes ideaalne. Tal oli riši nägu nagu neid kirjeldatakse muistsetes tekstides. Õilsa peakujuga, külluslikult habetunud, istus ta alati sirgeselgselt – vaiksed silmad kinnistunud Kõikjaloleval.

Pühak ja mina vajusime meditatsiooniseisundisse. Tunni aja pärast äratas mind tema õrn hääl.

„Sa lähed tihti vaikusse, kuid kas oled endas arendanud välja *anubhava*[5]?" Ta tuletas mulle meelde, et ma armastaksin Jumalat enam kui meditatsiooni. „Ära pea tehnikat ekslikult Eesmärgiks."

Ta pakkus mulle mõned mangod. Heatahtliku humoorika arukusega, mida ma tema tõsise loomuse juures nii meeldivaks pidasin, märkis ta: „Inimesed on enamjaolt kiindunud ühtsusse toiduga (*džala jooga*), selle asemel, et olla kiindunud ühtsusse Jumalaga (*dhjaana jooga*)."

Tema jooga-kalambuur pani mind kõvahäälselt naerma.

„Kuidas sa küll naerad!" Tema vaates kumas südamlikkus. Pühaku nägu oli alati tõsine, kuid nüüd ilmus sinna kerge ekstaatiline muie. Tema suured, lootosesarnased silmad peitsid endas varjatud jumalikku naerusädet.

„Need kirjad tulevad kaugelt Ameerikast." Tark viipas mitmele laualolevale paksule ümbrikule. „Pean kirjavahetust mitme sealse ühinguga, mille liikmed on huvitatud joogast. Nad avastavad uuesti Indiat ja on palju parema suunatajuga, kui seda oli Kolumbus! Ma olen rõõmus, et saan neid aidata. Jooga-teadmine on nagu päevavalgus – vaba kõigi jaoks, kes selle vastu võtavad.

Mida *rišid* tajusid inimeste pääsemiseks hädavajalikuna, seda ei tohi läänele edasi anda lahjendatuna. Oleme väliste kogemuste poolest erinevad, kuid hingelt sarnased – kui mingitki sorti jooga-distsipliini ei viljeleta, ei õitse ei lääs ega ida."

Pühak vaatles mind oma rahulike silmadega. Ma ei saanud aru, et tema kõne oli looritatud prohvetliku tarkusega. Alles nüüd, kui ma neid sõnu kirjutan, mõistan ma tema põgusate lausete tähendust, et ühel päeval viin ma India õpetused Ameerikasse.

„Maharisi, ma soovin, et sa kirjutaksid maailma hüvanguks raamatu joogast."

---

[5] Tegelik Jumala tajumine.

*Leviteeriv pühak*

NAGENDRA NATH BHADURI
Leviteeriv pühak

„Mina õpetan välja järgijaid. Nemad ja nende õpilased saavad olema elavateks raamatuköideteks, pannes vastu ajahambale ja kriitikute väärtõlgendustele."

Jäin joogiga õhtuni üksi, kuni saabusid tema järgijad. Bhaduri Mahasaya alustas oma jäljendamatut õppetundi. Nagu rahumeelne lainetus, pühkis ta minema oma kuulajate mentaalse prahi, ujutades neid Jumala suunas. Tema tabavad mõistujutud kõlasid laitmatus bengali keeles.

Sellel õhtul seletas Bhaduri õukonnaelu hüljanud ja sadhude seltskonda otsima asunud keskaegse Radžastani printsessi Mirabai elu käsitlevaid filosoofilisi punkte. Üks suur müstik Sanatana Goswami keeldus teda vastu võtmast, sest et ta oli naine – Mirabai vastus tõi mehe alandlikult tema jalge ette.

*Joogi autobiograafia*

„Ütle, meister," lausus naine, „ma ei tea, kas terves universumis oligi peale Jumala veel keegi meessoost. Kas me kõik pole Tema ees mitte naissoost?" (pühakirjaline kontseptsioon Issandast kui ainsast Positiivsest Loovast Printsiibist, Tema looming kujutab endast vaid passiivset *maajat*).

Mirabai komponeeris palju ekstaatilisi laule, mida Indias ikka veel kalliks peetakse – ma tõlgin neist siinkohal ühe:

> Kui alalise kümblusega saaks Jumalat teostada,
> oleksin ma otsemaid vaal sinisügavustes;
> kui Ta loodut süües võiks jõuda Temani,
> siis võtaks rõõmsalt kitse kuju ma;
> Kui roosikrantsi lugemine avada saaks Teda,
> siis loeksin palveid puhkamata;
> Kui kivikuju kummardades jõuaks Temani,
> siis kummardaksin mäge lumetipulist;
> Kui piima juues Jumalast ma täituks,
> vastsündinud siis teaksid teda ammu;
> Kui naise hülgamine tooks Jumala meil ligi
> kas oleksid siis tuhanded eunuhhid?
> Mirabai teab – ainus tee on Armastus,
> et leida Jumalikku Ühte.

Mitu õpilast pani ruupiaid jooga poosis istuva Bhaduri tuhvlitesse, mis lebasid tema kõrval. See Indias tavapärane austav ohverdus viitab sellele, et õpilane asetab oma materiaalsed tegemised guru jalge ette. Tänulikud sõbrad on vaid maskeeringus Issand, kes vaatab oma laste järgi.

„Meister, te olete imeline!" Lahkuv õpilane vaatas säraval pilgul isalikku tarka. „Olete Jumala otsimiseks ja meile tarkuse õpetamiseks lahti öelnud rikkustest ja mugavustest." Oli hästi teada, et Bhaduri Mahasaya oli varases lapsepõlves otsusekindlalt jooga teele asunud ning hüljanud suure perekondliku rikkuse.

„Sa pöörad asja ringi!" Pühaku näol oli kerge noomitus. „Jätsin mõned põlastusväärsed ruupiad, mõned pisinaudingud kosmilise lõpmatu õndsuse impeeriumi eest. Kuidas siis sain ma end millestki ilma jätta? Ma tean aarde jagamisest tulenevat rõõmu. Kas see on ohverdus? Lühinägelikud maised inimesed on tõelised loobujad! Nad loobuvad võrreldamatust jumalikust omandusest tühise peotäie maiste mänguasjade nimel!"

Ma itsitasin selle paradoksaalse loobumise nägemuse üle, mis märgib kröösuseks iga pühakust kerjuse, kujundades samas kõik uhked miljonärid ümber teadvusetuteks märtriteks.

*Leviteeriv pühak*

„Jumalik kord korraldab meie tulevikku palju targemalt kui ükskõik, milline kindlustuskompanii." Meistri kokkuvõtvad sõnad tunnistasid tema usu teostumist. „Maailm on täis rahutuid välise turvalisuse otsijaid. Kibedad mõtted on kui armid nende laubal. See Üks, kes andis meile õhu ja piima meie esimesest hingetõmbest alates, teab, kuidas kindlustada Oma pühendunu igat päeva."

Ma jätkasin peale koolitunde palverännakuid pühaku uksele. Vaikse innukusega aitas ta mul saavutada *anubhavat*. Ühel päeval kolis ta Ram Mohan Roy maanteele, kaugemale minu Gurpari tänaval asuvast kodust. Tema armastavad järgijad olid talle ehitanud uue erakla, mida teatakse Nagendra Mathi[6] nime all.

Kuigi see viib mind mu loos palju aastaid edasi, toon ma siinkohal ära viimased sõnad, mida Bhadury Mahasaya mulle ütles. Natuke enne seda, kui ma läände sõitmiseks laevale asusin, otsisin ma ta üles ja kummardasin tema ees alandlikult viimase õnnistuse saamiseks:

„Poeg, mine Ameerikasse. Võta enda kilbiks igivana India väärikus. Võit on kirjutatud sinu laubale, kaugel elavad õilsad inimesed võtavad sind hästi vastu."

---

[6] Tema täisnimi oli Nagendra Nath Bhaduri. *Math* tähendab ranges tähenduses kloostrit, kuid seda terminit kasutatakse ka tihti aašrami või erakla puhul.

Kristliku maailma „leviteerivate pühakute" hulgas oli 17. sajandi püha Joseph Cupertinost. Pealtnägijad on andnud rikkalikke tõendusmaterjale tema võimete kohta. Tema maine hajameelsus oli märk Jumalas olemisest. Tema kloostrivennad ei saanud teda keelata ühise laua taga teenimast, kui ta just ei tõusnud keraamiliste nõudega lae alla. Pühak oli erakorraliselt eemaldatud maistest kohustustest, sest ta oli võimetu jääma ühekski pikemaks perioodiks maapinnale! Tihti piisas pilgust pühakujule, et tõsta püha Joseph otsejoones lendu: kõrgel õhus oleks siis nähtud ringi lendamas kahte pühakut – üks neist kivist ja teine lihast ja luust.

Püha Teresa Avilast oli suur hingeülendaja, kes leidis olevat füüsilise üleskerkimise väga häiriva. Kandes vastutusrikkaid kohustusi, püüdis ta asjatult ära hoida oma „üleskerkimist". „Kuid väikesed ettevaatusabinõud on edutud," kirjutas ta, „kui Issand tahab teisiti." Püha Teresa keha, mis lebab Hispaanias Alba kirikus, ei ole nelja sajandi jooksul ilmutanud lagunemise tundemärke ja eraldab veel ka lilleõhna. See paik on olnud tunnistajaks lugematutele imedele.

PEATÜKK 8

# India suur teadlane Jagadis Chandra Bose

„Jagadis Chandra Bose[1] leiutised traadita telegraafi alal eelnesid Marconi omadele."

Kuulates seda ässitavat märkust, astusin ma kõnniteel teaduslikku arutelu pidavatele professoritele lähemale. Kui mu motiiv nendega ühinemiseks oli rassiline uhkus, siis ma kahetsen seda. Ma ei saa eitada oma tulist huvi tõsiasja vastu, et India mängib juhtivat rolli mitte ainult metafüüsikas, vaid ka füüsikas.

„Mida te selle all mõtlete, härra?"

Professor seletas kuulekalt. „Bose oli esimene, kes leiutas juhtmevaba raadiosignaali vastuvõtja ja tööriista elektrilainete murdumise näitamiseks. Kuid India teadlane ei kasutanud oma avastusi ärilistel eesmärkidel. Õige varsti pööras ta oma tähelepanu anorgaaniliselt maailmalt orgaanilisele. Tema revolutsioonilised avastused taimefüsioloogina jätavad kaugele seljataha tema põhjalikud saavutused füüsikuna."

Tänasin oma mentorit viisakalt. Ta lisas: „Suur teadlane on üks minu kaasprofessoritest *Presidency* kolledžis."

Külastasin järgmisel päeval tarka tema kodus, mis jäi minu kodu lähedale. Olin teda aupaklikust kaugusest juba kaua jumaldanud. Tõsine ja tööst tagasi tõmbunud botaanik tervitas mind kombekohaselt. Ta oli nägus, jõuline mees viiekümnendates aastates, paksude juuste, laia otsaesise ning mõttesse vajunud unistaja silmadega. Täpsed häälevarjundid tõi esile talle omase teadusliku lähenemisviisi.

„Tulin just hiljuti tagasi reisilt lääne teaduslikesse ühingutesse. Nende liikmed näitasid üles suurt huvi minu leiutatud instrumentide vastu, mis näitavad elava maailma lahutamatut ühtsust[2]. Bose taimede kasvu mõõtval

---
[1] Hääldus: *Džagadish Tšandra Bose* (tõlkija märkus).
[2] „Kogu teadus on transtsendentaalne või vastasel juhul see kaob. Botaanikas ilmutab end praegu õige teooria – loodusloo õpikutes räägitakse peagi Brahma avataaradest." – *Emerson*.

*India suur teadlane Jagadis Chandra Bose*

kreskograafil oli koletislik kümne miljoni kordne suurendus. Mikroskoop suurendab vaid paar tuhat korda, kuid on toonud elulise tõuke bioloogiateadusse. Kreskograaf avab loendamatud vaimsed kaugvaated."

„Härra, te olete teinud palju, kiirendamaks ida ja lääne ühtesulamist teaduse ebaisikuliste käte vahel."

„Ma õppisin Cambridge'is. Kui imetlusväärne on lääne meetod allutada iga teooria vastutustundlikule katsetega kontrollimisele! See empiiriline protseduur on käinud käsikäes minu ida pärandiks oleva sisevaatluse andega. Üheskoos on nad võimaldanud mul lõhkuda seni eraldatuse vaikuses püsinud loodusnähtused. Kreskograafi[3] graafikud on tõestuseks kõige skeptilisematele, et taimedel on tundlik närvisüsteem ja eripalgeline emotsionaalne elu. Armastus, vihkamine, rõõm, hirm, nauding, valu, erutus, uimasus ja paljud teised reaktsioonid mõjutajatele on universaalsed nii taimedel kui imetajatel."

„Professor, looduses peituv unikaalne elutukse paistab enne teie saabumist vaid poeetilise kujutlusena! Pühak, keda ma kord tundsin, ei noppinud kunagi lilli: „Kas ma peaks röövima roosipõõsalt tema ilu uhkuse? Kas peaksin ma jõhkralt solvama tema väärikust jämeda rööviga?" Tema sümpaatsed sõnad on teie avastuste abil sõna-sõnalt tõestatavad!"

„Luuletaja on tõele lähedal, teadlane aga ligineb kohmakalt. Tule ühel päeval mu laborisse ja vaata oma silmaga kreskograafi tõendusmaterjali, mis eemaldab kõik kahtlused."

Võtsin kutse tänuga vastu ja lahkusin. Kuulsin hiljem, et botaanik oli *Presidency* kolledžist lahkunud ja plaanis rajada Kalkutasse uurimiskeskust.

Kui Bose Instituut avati, osalesin ma pühitsemise tseremoonial. Sajad entusiastlikud inimesed lonkisid üle õppeasutuse territooriumi. Mind võlus uue teadusliku kodu kunstimeisterlikkus ja vaimne sümbolism. Instituudi peavärav oli reliikvia, mis pärines kunagisest pühamust. Lootosekujulise[4] purskkaevu taga seisis tõrvikut hoidva naise kuju, mis väljendab Indias austust naise kui surematu valgusekandja vastu. Aeda oli püstitatud väike, kõigi väljenduste Põhjusele pühendatud tempel. Igasuguse altarikuju puudumine oli seletatud Jumaliku kehatusega.

---

[3] Ladina sõnatüvest „*crescere*" ehk suurendama. Oma kreskograafi ja teiste leiutiste eest löödi Bose 1917. aastal rüütliks.

[4] Lootoselill on muistne jumalikkuse sümbol Indias – tema avanevad kroonlehed sümboliseerivad hinge avardumist – puhta ilu kasv tema algeks olevast mudast kätkeb endas healoomulist vaimset lubadust.

*Joogi autobiograafia*

Bose kõne selle suure sündmuse puhul kõlas nagu muistse riši huulilt:

„Ma pühitsen täna seda instituuti mitte lihtsalt kui laborit, vaid kui templit." Tema pühalik tõsidus hõljus nähtamatu loorina üle täistuubitud auditooriumi. „Rajades teaduses oma teed, juhiti mind alateadlikult füüsika ja psühholoogia piirialadele. Oma hämmastuseks leidsin, et piirid haihtusid ja kokkupuutepunktid sulasid elava ja elutu vahel üheks. Anorgaanilist mateeriat võib tajuda kõikvõimalikul kujul, kuid mitte elutuna.

Paistis, et universaalne jõud on allutanud metallid, taimed ja loomad ühele üldisele seadusele. Kõik nad väljendasid sarnaseid kurnatuse ja depressiooni ilminguid, tajusid võimalust taastuda ja vaimustuda, aga ka surra. Täidetuna aukartusest sellise hämmastava üldistuse ees, avaldasin lootusrikkalt oma eksperimentide tulemused Kuningliku Ühingu ees. Ent kohalviibinud füsioloogid soovitasid mul piirduda füüsikauuringutega, mis kindlustavad mulle edu. Et mitte kahjustada nende juba kinnistunud saavutusi. Olin uidates tunginud kogemata tundmatu kastisüsteemi valdusse ja solvanud selle etiketti.

Samuti oli seal tunda usku ja alateadvuslikku ignorantsust segiajavat teoloogilist eelarvamust. Tihti unustatakse, et Tema, kes ümbritses meid selle igavesti-areneva loomise müsteeriumiga, istutas meisse soovi küsida ja mõista. Olles aastaid vääriti mõistetud, sain teada, et teadusele pühendunu elu tähendab paratamatult lõputut võitlust. Saavutustele ja kaotustele, edule ja ebaedule vaatamata tuleb tal vormida oma elu tulihingeliseks ohverduseks.

Aja möödudes võtsid maailma juhtivad teadusühingud minu teooriad ja tulemused omaks ja tunnistasid India panust teadusse.[5] Kas miski väike või piiritletud võib kunagi rahuldada India mõistust? See maa on end muutnud lugematute transformatsioonide, elava traditsiooni ja elujõulise noorendamisväe abil. India inimesed on alati edasi liikunud, heitnud kõrvale kohese ja hetkeliselt köitva auhinna. Nad on otsinud elus kõrgeimate ideaalide teostamise võimalust aktiivselt

---

[5] „Me usume ..., et mitte ühegi peamise ülikooli ükski õppeosakond, konkreetsemalt – humanitaarvaldkond, ei saa olla täiuslikult varustatud, kui puudub koolitatud oma eriala Indiat käsitleva osa spetsialist. Me usume samuti, et iga kolledž, mis plaanib oma lõpetajaid ette valmistada intellektuaalseks tööks terves maailmas, peab tööle võtma India tsivilisatsiooni alal pädeva õpetlase." – väljavõtted Pennsylvania Ülikooli professor W. Norman Browni artiklist, mis ilmus mais 1939 Ameerika Õpetatud Seltside Nõukogu bülletäänis (*Bulletin* of the American Council of Learned Societies, Washington, D. C.).

*India suur teadlane Jagadis Chandra Bose*

võideldes, mitte passiivselt loobudes. Nõrgukesel, kes on hoidunud konfliktidest midagi omandamata, pole ka millestki loobuda. Vaid see, kes on püüelnud ja võitnud, saab maailma rikastada, annetades talle oma võiduka kogemuse viljad.

Bose laboratooriumis teostatud töö mateeria reageeringutest ning taimede elu ootamatutest ilmingutest on avanud avarad uurimisvaldkonnad füüsikas, füsioloogias, meditsiinis, põllumajanduses ja isegi psühholoogias. Seniajani lahendamatuteks peetud probleeme on asutud eksperimentaalselt uurima.

Kuid suurt edu ei saavutata ilma jäiga täpsuseta. Sestap seisab teie ees fuajees seeria minu kujundatud ülitundlikest mõõteriistadest ja aparaatidest. Need kõnelevad teile pikaleveninud pingutustest jõuda näivuse taga asuvasse tegelikkusse, mis on siiani jäänud nähtamatuks. Need aparaadid räägivad pidevast rügamisest, sihikindlusest ja leidlikkusest inimliku piiratuse ületamisel. Kõik loovad teadlased teavad, et tõeliseks laboratooriumiks on mõistus, millega nad paljastavad illusioonide taha peitunud tõe seadused.

Siinsed loengud ei ole mitte teisejärgulised teadmiste kordamised. Need kuulutavad esmakordselt tehtud uutest avastustest. Materjalide korrapärase publitseerimise kaudu jõuab India panus tervesse maailma. See muutub kõigi omandiks. Mitte kunagi ei võeta ühtki patenti. Meie rahvuskultuuri vaim nõuab, et oleksime igavesti vabad rüvetusest, mis kaasneb teadmiste kasutamisega isikliku kasusaamise eesmärgil.

Minu edasiseks sooviks on, et kõik selle instituudi rajatised oleksid võimalusel kättesaadavad kõigist maadest pärit õppuritele. Sel moel püüan ma jätkata oma maa traditsioone. Kakskümmend viis sajandit tagasi tervitas India oma muistsetes ülikoolides Nalandas ja Taxilas õpetlasi kõikjalt üle terve maailma."

„Kuigi teadus ei ole kunagi ei ida ega lääne oma, vaid pigem rahvusvaheline, sobib Indiale suur panus.[6] Leegitsevat India kujutlusvõimet,

---

[6] Mateeria aatomistruktuur oli muistsetele hindudele hästi teada. Üks kuuest India filosoofiasüsteemidest on *vaisesika* (sanskriti tüvest *„visesas"* ehk atomaarne individuaalsus. Üks suurimatest *vaisesika* esitajatest oli Aulukja, keda kutsuti Kanadaks („aatomisööjaks"), kes sündis umbes 2800 aastat tagasi.
1934. aasta aprillis ajakirjas „East-West" ilmunud Tara Mata artiklis oli kokkuvõte *vaisesika* teaduslikust tasemest. „Kuigi kaasaegset „aatomiteooriat" peetakse teaduse uueks edusammuks, seletas seda kaua aega tagasi suurepäraselt „aatomisööja" Kanada. Sanskriti *anus* on tõlgitav kui „aatom" hilisemas kreekakeelses sõnasõnalises mõistes, mis tähendab jagamatut, seda,

mis võib hulgast pealtnäha vastuolulistest faktidest luua uue süsteemi, hoiab kontrolli all keskendumise harjumus. See piirang kingib väe, mis hoiab mõistust mõõtmatu kannatlikkusega tõeotsimise jälgedel."

Teadlase kokkuvõtvate sõnade juures tulid mul pisarad silma. Kas ei ole mitte kannatlikkus India sünonüümiks, mõjutades nii aega kui teadlaseid?

Külastasin uurimiskeskust varsti peale avamispäeva uuesti. Suur botaanik viis mind oma lubadust meeles pidades vaiksesse laboratooriumisse.

„Ma panen kreskograafi selle sõnajala juurde – suurendus on vapustav. Kui teo roomamist tohututes mõõtmetes suurendada, siis paistab see olevus edasi liikuvat kui ekspressrong!"

Mu pilk peatus otsivalt ekraanil, mis peegeldas suurendatud sõnajala varju. Tillukesed liigutused olid nüüd selgelt tajutavad – taim kasvas väga aeglaselt otse mu lummatud pilgu all. Teadlane puudutas sõnajalalehe tippu väikese metallist pulgaga. Kasvamise pantomiim lõppes järsult ning taastus väljendusrikkas rütmilisuses kohe, kui pulk oli eemaldatud.

„Sa nägid nüüd, kuidas iga väiksemgi väline vahelesekkumine on tundlikele kudedele kahjulik," märkis Bose. „Vaata – nüüd lisan ma kloroformi ja annan siis vastumürki."

Kloroformi mõju peatas kogu kasvu, vastumürk oli aga elustav. Evolutsiooni žestid ekraanil haarasid mind enda valdusse kiiremini kui lavastatud filmisüžee. Minu kaaslane (esinedes siin kelmi rollis) pistis terava riista läbi sõnajala lehe – valunähud ilmnesid spastiliste võbelustena. Kui ta habemenoaga tüve osaliselt läbi lõikas, näitas vari ekraanil võimsat ärritust, siis aga vaibus surma puudutuses.

---

mida pole lõigatud tükkideks. Teised *vaisesika* teaduslikud käsitlused eelkristlikust ajajärgust sisaldavad (1) nõelte tõmbumist magnetite suunas, (2) vee ringlust taimedes, (3) *akašat* ehk eetrit, mis on inertne ja struktuuritu peenenergiate edasikandja, (4) päikesetuld kui kõigi teiste kuumusevormide algpõhjust, (5) soojust kui molekulaarsete muutuste põhjust, (6) gravitatsiooniseadust, mis on maa-aatomite omadus ja põhjustab külgetõmbejõudu ehk tõmmet maa suunas, (7) kogu energia kineetilist iseloomu – kui midagi põhjustatakse, siis kulutatakse alati energiat, (8) üldine laialilagunemine aatomite lõhustumisel, (9) soojus- ja valguskiirguse ääretult väikseid osakesi, mis sööstavad kujuteldamatu kiirusega igas suunas (kaasaegne „kosmiliste kiirte" teooria) ning (10) aja ja ruumi suhtelisust (relatiivsus).

*Vaisesika* järgi võlgneb maailm oma päritolu aatomitele, mis on oma loomult igavesed. Aatomeid peeti lakkamatult võnkuvalt liikuvateks ... Hiljutine avastus, et aatom on miniatuurne päikesesüsteem, ei ole mingi uudis vana *vaisesika* filosoofidele, kes taandasid ka aja matemaatilise algühikuni, kirjeldades väikseimat ajaühikut (*kaala*) kui perioodi, mis kulub ühel aatomil oma ruumiühikus ringlemiseks."

„Töödeldes hiigelsuurt puud esmalt kloroformiga, õnnestus mul puu edukalt ümber istutada. Tavaliselt surevad sellised metsakuningad peale väljakaevamist kiiresti." Jagadis naeratas elupäästvat manöövrit meenutades õnnelikult. „Minu tundlike aparaatide graafikud on tõestanud, et puudel on vereringe – nende mahlad ringlevad sarnasel põhimõttel nagu loomade veri, mille liikumise määrab vererõhk. Mahlade ülespoole liikumine ei ole seletatav tavalisel mehhaanilisel moel kapillaarse külgetõmbe tõttu. Nähtus ilmnes kreskograafis, kui vaadeldi elavate rakkude tegevust. Peristaltilised lained lähtuvad silindrikujulistest torudest, mis toimivad südamena! Mida enam me tajume, seda rabavamad on tõendid, et ühtne plaan ühendab kogu looduse mitmekesisust."

Suur teadlane osutas teisele Bose aparaadile:

„Ma näitan sulle eksperimente tinatükiga. Metallides olev elujõud vastab mõjutustele positiivselt või negatiivselt. Tušijooned tähistavad erinevaid reaktsioone."

Põhjalikult süüvides vaatasin graafikut, mis registreeris atomaarse struktuuri iseloomulikke laineid. Kui professor kandis tina peale kloroformi, siis võngete näidud peatusid. Protsess taastus, kui metall sai aegamisi tagasi oma tavalise oleku. Mu kaaslane lasi metallile mürgist kemikaali. Koos tina peatselt lõppeva väringaga joonistas nõel kaardile dramaatilise surmateate. Teadlane ütles:

„Bose aparaadid on näidanud, et metallid, nagu näiteks käärides ja masinates kasutatav teras, võivad väsida ja taastavad oma efektiivsuse perioodiliste puhkuste järel. Elektrivoolu või kõva surve kasutamise tagajärjel võib metallide elupulss saada tõsiseid kahjustusi või isegi kustuda."

Vaatasin leiutiste suurt hulka kui väsimatu leidlikkuse väljendusrikkaid tunnistajaid.

„Härra, on kahetsusväärne, et teie suurepäraseid mehhanisme täielikumalt kasutusele võttes pole suudetud kiirendada massilist põllumajanduslikku arengut. Neid saaks kaasata laborikatsetes, et jälgida erinevate väetiste mõju taimede kasvamisel?"

„Sul on õigus. Tulevased põlvkonnad kasutavad loendamatuid kordi Bose aparaate. Teadlane saab harva tasu oma eluajal – piisab loovast teenimisest saadud rõõmust."

Lahkusin väsimatut tarka ülevoolavalt tänades. „Kas tema loomupärase ande hämmastav viljakus kunagi ka kahaneb?" mõtlesin.

*Joogi autobiograafia*

JAGADIS CHANDRA BOSE
India suur füüsik, botaanik ja kreskograafi leiutaja

Ent aastad ei vähendanud selle mehe energiat. Leiutades keeruka instrumendi – resonantskardiograafi, tegi Bose laiaulatuslikke uuringuid loendamatute India taimedega. Toodi esile kasulike ravimite tohutu farmakopöa. Kardiograaf on ehitatud eksimatu täpsusega, kus graafikul on salvestatud iga sajandiksekund. Resonantsvõnkeid üles märkides mõõdetakse taimede, loomade ja inimeste ülesehituses lõpmata väikseid pulseerimisi. Suur botaanik ennustas ette, et tema kardiograafi abil hakatakse sooritama taimede eluslõikuseid.

„Üheaegselt taimedele ja loomadele manustatud ravimite mõjude võrdlev ülestäheldamine on näidanud tulemustes hämmastavat kooskõla," viitas ta. „Kõik inimeses toimuv laseb end aimata taimes toimuva põhjal. Taimkatsed aitavad vähendada nii loomade kui inimeste kannatusi."

Aastaid hiljem tõestasid Bose esmaseid taimeavastusi teisedki teadlased. 1938. aastal Columbia Ülikoolis tehtud tööd kirjeldas *The New York Times* järgnevalt:

> Viimase paari aasta jooksul on kindlaks tehtud, et kui närvid kannavad edasi sõnumeid aju ja teiste kehaosade vahel, tekitatakse tillukesi

elektriimpulsse. Neid impulsse on mõõdetud ülitäpsete galvanomeetritega ja suurendatud kaasaegsete võimendusaparaatidega miljoneid kordi. Kuni tänaseni ei ole leitud rahuldavat meetodit, mille abil uurida nii elavate loomade kui inimeste närvikiududes tekkivaid impulsse, kuna need impulsid liiguvad meeletu kiirusega.

Doktorid K. S. Cole ja H. J. Curtis teatasid oma avastusest, et tihti kuldkalade akvaariumides kasutatava mageevee taime nitella pikad üksikrakud on peaaegu sarnased üksiku närvikiu rakkudega. Veelgi enam, nad leidsid, et erutunud seisundis nitella kiud levitavad elektrilaineid, mis on igas mõttes, kui kiirus välja arvata, sarnased loomade ja inimeste närvikiudude elektrilainetele. Taimede elektrilised närviimpulsid leiti olevat palju aeglasemad kui loomadel. Selle avastuse kasutasid Columbia teadlased ära ja tegid närvi elektriimpulsside liikumisest aegluubis filmi.

Nitella taimest võib saada teatud sorti mõistatuse lahendamise võti, mis võimaldab dešifreerida hästi valvatud saladusi mõistuse ja mateeria piirialadel.

Poeet Rabindranath Tagore oli selle idealistliku India teadlase usaldusväärne sõber. Temale pühendas armas bengali luuletaja järgnevad read:

Oo erak, kutsun Sind ehtsate sõnadega,
sellest vanast hümnist, mida nimetatakse „Sama":
„Ärgake! Tõuske üles!"
Üleskutse inimesele, kes kiitleb oma pühakirjatarkusega
asjatute pedantseist kasutuist jagelustest,
Üleskutse kirevale kiidukukele – tulla esile,
välja selle avara Maa looduse keskele.
Saatke edasi see üleskutse oma õpetlastele:
Kogunegu nad kõik üheskoos ümber sinu ohvritule.
Nii võib meie India, meie muistne maa pöörduda tagasi endasse
Oo, pöördu taas tagasi järjekindla töö juurde,
kohuse ja pühendumise, transi juurde
Siiras meditatsioonis lase Temal istuda,
taas rahulikult, ahnuse ja tülideta – ülimana
Oo, kord jälle Tema, kõigi maade õpetaja
üleva trooni ja aluse juures[7].

---

[7] Rabindranath Tagore'i luuleread on tõlkinud bengali keelest Manmohan Ghosh, avaldatud *Visvabharati* kvartaliväljaandes „Santiniketan" Indias.
  Tagore poeemis mainitud „Hümn nimega Sama" on üks neljast Veedast. Teised kolm on Rig, Yajur ja Atharva Veeda. Pühad tekstid seletavad lahti Brahma – Jumal Looja, kelle olemuseks individuaalses inimeses on *aatma*, hing. Brahmast tulenev tegusõna tüvi on „brih", mis

*Joogi autobiograafia*

tähendab „avarduma", andes edasi spontaanse kasvu, loovasse tegevusse purskava jumaliku väe veedaliku kontseptsiooni. Kosmos on nagu suur ämblikuvõrk, mis on arenenud (*vikurute*) välja Tema olemusest. Aatma teadlik ühtesulamine Brahmaga ehk hinge kokkusulamine Vaimuga võiks olla veedade kaudseks tähenduseks.

Veedade kokkuvõte *Vedanta* on inspireerinud paljusid suuri lääne mõtlejaid. Prantsuse ajaloolane Victor Cousin on öelnud: „Kui me loeme tähelepanelikult idamaade filosoofilisi monumente – üle kõige India omi – siis avastame me nii põhjapanevaid tõdesid ... et me oleme sunnitud painutama oma põlved Ida filosoofia ees ja nägema selles inimkonna hällis kõrgeima filosoofia kodumaad." Schegel vaatles: „Isegi eurooplaste kõrgelennuline filosoofia, nagu seda on kreeka filosoofide kirjeldatud tarkusearmastus, tundub võrreldes orientaalse idealismi küllusliku elu ja elujõuga nagu võbelev Prometheuse tuleleegike päikesevalguse suure tulva kõrval."

India määratus kirjanduses on Veedad (sõnatüvest „*vid*" ehk teadma) ainsad tekstid, mille autorsus pole teada. Rig-Veeda omistab hümnidele jumaliku algupära ja ütleb meile (III:39,2), et nad on laskunud „muistsest ajast", riietatuna ümber uude keelde. Olles ajastust ajastusse rišidele ehk „nägijatele" avaldatud, öeldakse, et Veedad omavad *nitjatvat* ehk „ajatut lõplikkust".

Veedad olid heliga edastatud ilmutus, „otse kuuldud" (*śruti*) rišidelt. See on põhiliselt skandeerimistest ja retsiteerimistest koosnev kirjandus. Tuhandete aastate kestel ei ole veedade 100 000 salmi üles kirjutatud, vaid need edastati suuliselt *brahmiinidest* preestrite kaudu. Paber ja kivi alluvad aja mõjutustele. Veedad on jäänud püsima läbi ajastute, kuna rišid mõistsid mõistuse ülimuslikkust mateeria üle. Mis võib olla parim südame kirjatahvlitest?"

Järgides teatud veedalikku sõnade järjestumise korda (*anupurvi*), kasutades helide kombineerimise (*sandhi*) foneetilisi reegleid ja seoseid kirjaga (*sanatana*) ning tõestades teatud matemaatilistel viisidel meeldejäetud tekstide korrektsust, on *brahmiinid* iidsest ajast alates ainulaadselt alles hoidnud Veedade algupärase puhtuse. Iga Veedade sõna silp (*akšara*) omab tähendust ja mõju (vt lk 288-289).

PEATÜKK 9

# Õndsuses pühendunu ja tema kosmiline armulugu

„Noorhärra, istu palun. Ma kõnelen praegu oma Jumaliku Emaga."

Sisenesin ruumi vaikselt ja suures aukartuses. Meister Mahasaya ingellik väljanägemine oli ausalt öeldes pimestav. Siidise valge habeme ja suurte säravate silmadega paistis ta puhtuse kehastusena. Tema ülestõstetud lõug ja kokkupandud käed teadvustasid mulle, et olin teda seganud keset pühendumist.

Tema lihtsad tervitussõnad mõjusid mulle jõuga, mida mu olemus ei olnud seni kogenud. Kibe lahusolek emast tema surmast saati oli minu jaoks kõigi ängistuste mõõdupuuks. Nüüd aga tekitas minu lahusolek Jumalikust Emast kirjeldamatu hingepiina. Kukkusin oiates põrandale.

„Noorhärra, vaigista end," oli pühak kaastundlikult murelik.

Tundes end nagu kesk kõledat hüljatuse ookeani, haarasin ma tema jalgadest, kui ainsast päästvast parvest.

„Püha härra, palun teie eestkostet! Paluge Jumalikku Ema, et võiksin leida soosingut Tema silmis!"

Sellist lubadust ei kingita kergelt – meister oli sunnitud vaikima.

Väljaspool kahtlust olin kindel, et meister Mahasayal oli lähedane vestlus Kõikehõlmava Emaga. Oli suureks alanduseks mõista, et minu silmad on pimedad nägemaks Teda, kes oli sel hetkel pühaku veatu pilgu ees nähtav. Haarates häbitult meistri jalgadest jäin kurdiks tema leebele protestile. Pöördusin uuesti ja uuesti anuvalt tema poole, et saavutada tema vahelesekkuvat armu.

„Ma esitan su palve Armastatule." Meistri alistumine tõi tema näole aeglase kaastundliku naeratuse.

Milline vägi peitus neis paaris sõnas, kogu mu olemus pidi tundma pääsemist sellest tormisest pagulusest!

*Joogi autobiograafia*

„Härra, pidage oma lubadust meeles! Tulen varsti Tema sõnumi järele!" Rõõmus ootusärevus helises mu hääles, mis alles hetk tagasi oli kurbusest nuuksunud.

Pikast trepist laskudes olin mälestustest haaratud. See Kalkutas asuv Amhersti tänav maja number 50, mis oli nüüd meister Mahasaya residents, oli kunagi olnud meie kodu – mu ema surmapaik. Siin purunes mu inimsüda ema lahkumisel ja siin oli tundnud mu vaim justkui ristilöödu Jumaliku Ema puudumist. Need pühad seinad olid mu kurbade kannatuste ja lõpliku tervenemise vaikseteks tunnistajateks!

Meie Gurpari tänava koju jõudsin innukana. Oma väikese ärklitoa eraldatuses jäin meditatsiooni kuni kella kümneni. Sooja India öö pimedus täitus järsku imelise nägemusega.

Ümbritsetuna pühapaistest, seisis Jumalik Ema minu ees. Tema õrnalt naeratav nägu oli ilu ise.

„Ma olen sind alati armastanud! Ma armastan sind alati!"

Ta kadus, jättes taevalikud toonid veel kauaks õhku helisema.

Hommikupäike oli vaevu tõusnud sündsasse kõrgusse, kui ma meister Mahasaya juurde juba teise visiidi tegin. Ronides liigutavate mälestustega maja trepist üles, jõudsin tema viiendal korrusel asuvasse ruumi. Suletud ukse käepide oli mähitud kangasse – vihje, et pühak tahab olla omaette. Kui ma seal otsustusvõimetuna seisin, avas meistri külalislahke käsi ukse. Kummardasin tema pühade jalgade ette. Mängulises tujus manasin näole pühaliku ilme, varjates jumalikku vaimustust.

„Pean tunnistama, härra, et ma tulin väga vara! Teie sõnumi järgi. Kas Jumalik Ema ütles midagi minu kohta?"

„Üleannetu noorhärra!"

Ta ei teinud mulle rohkem ühtki märkust. Ilmselt ei olnud minu teeseldud pühalikkus avaldanud küllaldast muljet.

„Miks nii müstiline, nii puiklev? Kas pühakud ei räägi kunagi lihtsalt?" Vahest olin liiga provotseeriv.

„Kas sa pead mind proovile panema?" Tema rahulikud silmad olid täis mõistmist. „Kas võin ma sõnakestki lisada kinnituseks sellele, mida sa said eile kell kümme õhtul Imeilusalt Emalt endalt?"

Meister Mahasaya sõnad ujutasid mu hinge üle puhastava üleujutusena. Sukeldusin jälle alandlikult tema jalge ette. Kuid seekord tulvasid mu pisarad õndsusest, mitte mineviku kannatuste valust.

„Kas sa mõtled, et su pühendumine ei puudutanud Mõõtmatut

Halastust? Tea, et kummardades nii inimlikus kui jumalikus vormis Jumalikku Ema, ei suudaks Ta jätta kunagi sinu hüljatuse karjetele vastamata."

Kes oli see lihtne pühak, kelle viimane kui üks palve pälvis Kõikehõlmavalt Vaimult kauni nõusoleku? Tema roll maailmas oli silmapaistmatu, sobides kõige alandlikumale inimesele, keda ma iial teadsin. Selles Amhersti tänava majas pidas meister Mahasaya[1] väikest poiste keskkooli. Tema huulilt ei kuuldud ühtki korrale kutsuvat sõna – distsipliini ei hoidnud ülal reeglid ega ihunuhtlus. Selle asemel õpetati neis tagasihoidlikes klassiruumides sellist kõrgeimat matemaatikat ja armastuse keemiat, mis kooliõpikutes puuduvad. Ta levitas oma tarkust pigem vaimse nakkuse, kui jäiga ettekirjutuse kaudu. Olles ise täielikult haaratud lihtsast kirest Jumaliku Ema vastu, ei nõudnud pühak rohkem välist austust kui laps.

„Ma ei ole sinu guru – tema tuleb veidi hiljem," ütles ta mulle. „Tema juhendusel tõlgitakse sinu armastuse ja pühendumise kaudu saadud Jumalikud kogemused põhjatuks tarkuseks."

Igal pärastlõunal läksin ma Amhersti tänavale. Janunesin meister Mahasaya ääreni täidetud anuma jumalikkust, mis minu olemise iga päev üle ujutas. Mitte kunagi varem ei olnud ma kummardanud kedagi täielikus austuses – pidasin nüüd suurimaks privileegiks, et võisin tallata meister Mahasaya poolt pühaks muudetud maapinda.

„Härra, palun kandke seda tšampaka lillevanikut, mille ma just teile valmistasin," ütlesin ühel õhtul saabudes ja lillevanikut käes hoides. Kuid ta tõmbus häbelikult eemale, keeldudes sellest aust mitu korda järjest. Märgates mu solvumist, naeratas ta viimaks nõustumise märgiks.

„Kuna me mõlemad oleme Ema järgijad, võid asetada selle vaniku kehatemplile, kui ohverduse selles elavale Temale." Meistri ääretus loomuses ei olnud kohta, kus mingigi isekas kaalutlus oleks võinud jalgealust leida.

„Lähme homme Dakshineswari, Kāli templisse, mida mu guru alati pühaks pidas." Pühak oli Kristuse-sarnase meistri Sri Ramakrishna Paramahansa järgija.

Järgneval hommikul võtsime paadiga ette nelja miili pikkuse

---

[1] Need olid aupaklikud tiitlid, millega tema poole tavapäraselt pöörduti. Tema nimi oli Mahendra Nath Gupta, oma kirjatöid signeeris ta lihtsalt tähega „M".

tee mööda Gangest. Sisenesime üheksa kupliga Kāli templisse, kus Jumaliku Ema ja Šiva kujud asetsesid läikimalöödud hõbedast lootosel, mille tuhat õielehte olid välja lõigatud piinliku täpsusega. Meister Mahasaya säras võlutult ning süvenes lõputusse lembusse Armastatuga. Kui ta lausus Jumalanna nime, tundus mulle, et mu vaimustunud süda lendab tuhandeks tükiks.

Lonkisime hiljem läbi püha territooriumi, peatudes tamariski ehk soolaseedri salus. See puu eritas iseloomulikku mannat, taevast toitu, mida sümboolset kinkis meile meister Mahasaya. Tema pühalikud manamised jätkusid. Istusin liikumatult murul, keset roosasid sulgjaid tamariskiõisi. Eemaldudes hetkeks oma kehast, tõusin ma taevalikul visiidil kõrgustesse.

See oli esimene minu paljudest koos püha õpetajaga sooritatud Dakshineswari palverännakutest. Tema kaudu õppisin ma tundma Jumala-Ema magusust ehk jumalikku halastuse aspekti. Lapsemeelne pühak leidis vähe meeldivat Jumal-Isas ehk jumaliku õigluse aspektis. Sundus, nõudlikkus ja süstemaatiline õigusemõistmine olid tema õrnale loomusele võõrad.

„Ta võib teenida taevaste inglite maise prototüübina," mõtlesin kiindunult vaadates, kuis meister ühel päeval palvetas. Ilma kriitika- või halvakspanu hinguseta, silmad Algse Puhtusega juba kaua tuttavad, jäi ta maailmast puutumata. Ta keha, mõistus, kõne ja teod olid pingutusteta kooskõlla viidud tema hinge lihtsusega."

„Nii ütles mulle mu meister." Võõrana isiklikest püüdlustest, lõpetas pühak iga targa nõuande selle muutumatu ülistusega. Nii sügav oli tema samastumine Sri Ramakrišnaga, et meister Mahasaya ei pidanud omi mõtteid enam iseendale kuuluvaiks.

Jalutasime ühel õhtul kahekesi tema kooli läheduses. Minu rõõmu tumestas ühe ennastimetleva tuttava saabumine, kes koormas meid oma lõputu jutuvadaga.

„Ma näen, et see mees ei meeldi sulle." Eneseimetleja pühaku sosinat ei kuulnud, sest oli iseenda monoloogist kurdistatud. „Kõnelesin sellest Jumalikule Emale – Ta saab meie kurvast ja ebameeldivast olukorrast aru. Kui jõuame tolle punase majani, lubas Ta tollele mehele meelde tuletada üht teist, palju pakilisemat asja."

Mu silmad kleepusid pääsemise objekti külge. Jõudes punase väravani, pöördus mees ootamatult ja lahkus – lõpetamata lauset ning ütlemata head aega. Piinav õhkkond sai lohutust vaikusest.

*Õndsuses pühendunu ja tema kosmiline armulugu*

MEISTER MAHASAYA
Õndsuses pühendunu

Järgmisel päeval jalutasin Howrah´ raudteejaama lähistel. Seisin hetke templi juures, kritiseerides endamisi väikest trummi ja tsimblitega meestegruppi, kes valjusti palveid retsiteerisid.

„Kuidas saab kasutada Issanda Nime ilma armastuseta, seda mehhaaniliselt korrates," mõtlesin ma. Mind hämmastas meister Mahasaya kiire lähenemine. „Härra, kuidas te siia sattusite?"

Ignoreerides mu küsimust, vastas pühak mu mõttele: „Noorhärra, kas pole mitte tõsi, et Armastatu nimi kõlab magusana kõigi huulilt, nii ignorantsetelt kui ka tarkadelt?" Ta võttis mu ümbert õrnalt kinni – tundsin end tõusmas nagu lendaval vaibal Halastavasse Kohalolusse.

*Joogi autobiograafia*

„Kas sa tahaksid näha mõnda bioskoopi?" küsis ühel pärastlõunal meister Mahasaya. Seda terminit kasutati sel ajal Indias liikuvate piltide (kino) kirjeldamiseks. Nõustusin, olles rõõmus tema seltskonna üle ükskõik millises olukorras. Lühikese jalutuskäigu järel saabusime Kalkuta Ülikooli vastas asuvasse aeda. Mu kaaslane näitas pingile tiigi läheduses:

„Istugem siia paariks minutiks. Mu meister palus mul alati mediteerida, mil iganes ma kusagil veekogu märkasin. Vee häirimatus meenutas meile Jumala mõõtmatut rahulikkust. Kuna kõik asjad peegelduvad vees, nii peegeldub ka kogu universum Kosmilise Mõistuse järves. Nii ütles tihti mu gurudeva[2]."

Sisenesime peagi ülikooli saali, kus toimus parajasti loeng. See tundus äärmiselt halb ja igav, kuigi vahepeal näidati laterna valgusel samaväärselt ebahuvitavaid illustreerivaid slaide.

„See on siis bioskoop, mida minu meister tahtis, et ma näeks!" Olin kannatamatu, ent ma ei tahtnud pühakule liiga teha ja igavust välja näidata. Ta nõjatus usaldavalt mu najale.

„Näen, noorhärra, et sulle ei meeldi see bioskoop. Mainisin seda Jumalikule Emale – Ta tunneb meile mõlemale kaasa. Ta ütleb mulle, et elekter läheb ära ja valgus ei tule enne tagasi, kui me oleme ruumist lahkunud."

Kui tema sosin lõppes, mattus saal pimedusse. Professori vali hääl jäi hämmeldunult vait, siis aga märkis: „Selle saali elektrisüsteem tundub olevat vigane." Selle ajaga olime koos meister Mahasayaga turvaliselt üle lävepaku jõudnud. Vaadates koridorist tagasi, nägin, et saal oli taas valgustatud.

„Noorhärra, sa olid küll selles bioskoobis pettunud, kuid arvan, et sulle meeldib teistsugune." Seisime koos pühakuga ülikooli hoone ees kõnniteel. Ta patsutas mulle õrnalt rinnale südame kohal.

Seejärel saabus vaikus. Täpselt samuti, nagu tänapäevased häälega filmid muutuvad tummfilmideks, kui häälemasin läheb rikki, mõjutas jumalik käsi mingi veidra imega kergelt kogu maist elutegevust. Jalakäijad, aga ka mööduvad trammid, autod, härjarakendid ja rauast ratastega hobuvankrid liikusid kõik helitult. Justnagu kõikenägeva silmaga vaatasin ma korraga stseene enda taga ja külgedel samasuguse

---

[2] „Jumalik õpetaja", tavapärane sanskriti termin oma vaimse õpetaja kohta. *Deva* („jumal") kombineerituna sõnaga *guru* („valgustunud õpetaja") viitab sügavale austusele ja aupaklikkusele. Ma olen seda inglise keeles edastanud lihtsalt kui „meister".

*Õndsuses pühendunu ja tema kosmiline armulugu*

**JUMALIK EMA**
Jumalik Ema on Jumala aspekt, mis on loomises aktiivne, see on šakti ehk kõikeületava Issanda vägi. Teda tuntakse paljude nimedega – vastavalt omadustele, mida Ta väljendab. Siin tähistab Jumaliku Ema ülestõstetud käsi kõikehõlmavat õnnistust, teised käed hoiavad sümboolselt, palvehelmeid (pühendumine), pühakirjalehti (õppimine ja tarkus) ning püha veega potti (puhastumine).

kergusega kui neid, mida nägin enda ees. Terve see Kalkuta väikesel tänaval toimunud etendus möödus mu ees ilma ühegi helita. Justnagu tulekuma õhukese tuhakihi all täitis kogu panoraami kummaline helendus.

Mu enda liikumatuna näiv keha paistis olevat üks neist paljudest varjudest, teised samasugused vehklesid tummalt siia-sinna. Mitmed poisid – minu sõbrad – lähenesid ja möödusid ja kuigi nad vaatasid mulle otsa, ei tundnud nad mind ära.

Unikaalne pantomiim viis mind kirjeldamatusse ekstaasi. Jõin sügavalt mingist õndsuseküllasest allikast. Järsku sai mu rind tunda uuesti meister Mahasaya pehmet lööki. Maailma kära purskus jälle mu kõrvadesse. Võpatasin, justnagu oleks mind järsult kergest unest äratatud. Transtsendentaalne vein kadus mu käeulatusest.

„Noorhärra, näen, et teine bioskoop$^3$ näis sulle meelepärasem." Pühak naeratas. Ma hakkasin tänutundes tema jalge ette laskuma. Kuid ta ütles: „Sa ei või seda praegu teha – sa tead, et Jumal asub ka sinu templis! Ma ei saa lasta Jumalikul Emal sinu käte kaudu oma jalgu puudutada!"

Kui keegi oleks jälginud vähenõudlikku meistrit ja mind kahekesi rahvastatud kõnniteelt eemale jalutamas, oleksid nad võinud meid joobnuteks pidada. Mulle tundus, et maale langevad õhtuvarjudki olid kaasa eladaes Jumalast purjus.

Kui minu öisest teadvusekaotusest oli möödunud tunde, nägin uut hommikut ilma ekstaatilise meeleoluta. Ent ma pean alati pühaks mälestust Jumaliku Ema taevalikust pojast meister Mahasayast!

Püüdes tagasihoidlike sõnadega tema heatahtlikkust kirjeldada, imestan ma, kas meister Mahasaya ja teised sügava visiooniga pühakud, kelle teed minu omaga ristusid, teadsid, et kirjutan nende kui jumalike pühendunute eludest aastaid hiljem kaugel läänes. Ilmselt ei paneks nende ettenägelikkus imestama ei mind ega ka lugejaid, kes on koos minuga nii kaugele tulnud.

Kõigi religioonide pühakud on jõudnud Jumala teostuseni lihtsa Kosmilise Armastatu kontseptsiooni kaudu. Kuna Absoluut on *nirguna* ehk „ilma omadusteta" ja *atšintja* ehk „kujuteldamatu/käsitamatu", siis on inimmõte Teda alati isikustanud Kõikehõlmava Emana. Veedades ja „Bhagavad Giitas" lahti seletatud personaalse teismi ja absoluudi filosoofia seos on muistsete hindu mõttetarkade saavutus. See „vastandite lepitus" rahuldab südant ja pead: *bhakti* (pühendumine) ja *gnjaana* (tarkus) on põhiolemuslikult üks. *Prapatti* ehk „Jumala võtmine ainsa varjupaigana" ja *šaranaagati* ehk „viskumine Jumalikku Teadvusse" on tõesti kõrgeima teadmise teed.

Meister Mahasaya ja kõigi teiste pühakute alandlikkus väljendub selles, et nad on täielikult ära tundnud sõltuvuse Jumalast kui nende ainsast Elust ja Kohtumõistjast. Kuna Jumala põhiolemuseks on Õndsus, siis kogeb Temale häälestunud inimene loomuomast piiritut rõõmu.

---

[3] „Webster's New International Dictionary" (1934) annab sõnale järgmise harvakasutatava definitsiooni: „vaade elule; see, mis annab sellise vaate". Meister Mahasaya sõnadevalik oli siiski kummaliselt õigustatud.

„Esimeseks hinge ja tahte kireks on rõõm."[4]

Kõigi aegade pühendunud, kes on lähenenud Emale lapselikus vaimus, tunnistavad, et nad leidsid Ta alati endiga mängimas. Meister Mahasaya elus ilmusid jumaliku mängu ilmutused tähtsatel ja vähetähtsatel juhtudel. Jumala silmis ei ole miski suur ega väike. Kui ei oleks olnud Tema täiuslikku täpsust tillukese aatomi ehitamisel, ei kannaks ka taevad uhkeid Veega ja Arktuuruse tähesüsteeme. Kindlasti on Issanda jaoks tundmatu teha vahet tähtsal ja vähetähtsal, sest ei või ju lasta kosmosel tühise asja pärast kokku kukkuda!

---

[4] St John of the Cross - Püha Ristija Johannes (*San Juan de la Cruz*, 24. juuni 1542 – 14. detsember 1591, sündinud Juan de Yepes Alvarez, oli reformatsiooni peamisi vastaseid, hispaania müstik, katoliku pühak, karmeliitide munk ja preester, kes suri 1591 ja kes kaevati välja 1859, kus leiti ta keha olevat lagunematus seisundis.

Sir Francis Younghusband („*Atlantic Monthly*", detsember 1936) rääkis oma kosmilise rõõmu kogemusest: „Mind haaras midagi enamat kui ülevus või elevus ... ja ühes selle kirjeldamatu ja peaaegu väljakannatamatu rõõmuga tuli ilmutus maailma põhiolemuslikust headusest. Sain peale kõiki ümberlükkamisi veendumuse, et inimesed olid oma südames head ja neis olev pahelisus oli pinnapealne."

PEATÜKK 10

# Kohtun oma meistri Sri Yukteswariga

„Usk Jumalasse võib kaasa tuua mistahes ime, väljaarvatud selle, et ilma õppimata eksamist läbi saab." Sulgesin vastikusega „inspireeriva" raamatu, mille olin jõudehetkel ette võtnud.

„Kirjaniku toodud erand näitab täielikku usu puudust," mõtlesin ma. „Vaene vend, küllap on tal olnud suur austus kesköise lambiõli kulutamise vastu!" Olin isale lubanud, et lõpetan keskkooli. Usinusele pretendeerida ma just ei saa. Mööduvad kuud leidsid mind harvemini klassiruumist kui Kalkuta suplus-*ghattide* eraklikest paikadest. Kõrvalistes kohtades asuvaid ning öösiti eriti võikaid kremeerimisplatse peavad joogid vägagi atraktiivseteks. See, kes leiab Surematu Olemuse, ei tohiks kohkuda mõnest ilustamata koljust. Selles sünges kontide asupaigas saab selgeks inimlik kitsarinnalisus. Minu öised valvekorrad olid seega erinevad õpetlaste omadest.

Lõpueksamite viimane nädal hindu keskkoolis lähenes kiiresti. See küsimustike periood on nagu kummitus, mis toob endaga kaasa vanad hirmud. Minu mõistus oli sellele vaatamata rahulik. Julgustades viirastusi, kaevasin ma maast välja teadmisi, mida ei olnud võimalik saada loengutesaalist. Kuid mul puudus Svaami Pranabananda oskus ilmuda vaevata ühel ja samal ajal kahes kohas. Minu arutluskäik (kuigi paljudele paistis see kahjuks ebaloogilisena) seisnes selles, et Issand näeb mu dilemmat ja aitab mul sellest välja rabeleda. Pühendunu irratsionaalsus tõuseb esile tuhandes seletamatus näites, kus hädasolijale tõttab appi Jumal.

„Tere, Mukunda! Ma näen sind viimasel ajal harva!" kõnetas mind klassikaaslane ühel pärastlõunal Gurpari tänaval.

„Tere, Nantu! Minu puudumine koolist on asetanud mind ilmselgelt täbarasse olukorda," kergendasin ma end tema sõbraliku pilgu all.

Nantu, kes oli briljantne õpilane, naeris südamest – minu väljapääsmatus olukorras ei puudunud koomiline külg.

„Sa oled eksamiteks täiesti ettevalmistamata! Oletan, et mina pean sind aitama."

Lihtsad sõnad edastasid jumaliku lubaduse mu kõrvadele – külastasin abivalmis sõbra kodu. Ta tõi välja lahendused erinevatele probleemidele, mis juhendajad tema arvates mulle eksamil võivad ette seada.

„Need küsimused on söödaks, mis paljusid usaldavaid poisse eksamilõksu püüavad. Pea mu vastused meeles ja sa pääsed kergelt."

Öö oli peaaegu möödas, kui ma tema juurest lahkusin. Pea plahvatamas laagerdamata eruditsioonist, palvetasin pühendunult, et see säiliks paari järgmise kriitilise päeva vältel. Nantu oli mind mu erinevates õppeainetes treeninud, kuid aeg oli teinud oma töö ja ma olin sootuks unustanud oma sanskriti keele kursuse. Tuletasin seda Jumalale tulihingeliselt meelde.

Järgmisel hommikul sättisin end lühikesele jalutuskäigule, ühendades oma uut teadmist kiikuvate sammude rütmiga. Kui ma otse üle nurgapealse umbrohuga kaetud maalapi lõikasin, langes mu silm paarile lahtisele trükitud lehele. Minu võidukas hüpe näitas, et tegu on sanskriti värsiga. Otsisin üles õpetlase, kes võis aidata mind mu komberdavas interpretatsioonis. Tema rikas hääl täitis õhu muistse keele[1] ääretu, mesimagusa iluga.

„Need erakordsed salmid ei saa arvatavasti olla abiks sinu sanskriti testis," heitis õpetlane need skeptiliselt kõrvale.

Aga selle konkreetse luuletuse tundmine võimaldas mul järgmisel päeval sooritada sanskriti keele eksami. Tänu Nantu abile saavutasin ma minimaalse edu ka kõigis teistes õppeainetes.

Isa oli liigutatud, et ma pidasin oma sõna ja lõpetasin keskkooli kursuse. Mu tänu lendas kiirustades Issanda juurde, kelle juhtimist ma tajusin Nantu külastamisel ja jalutuskäigul rusudega kaetud maalapi kinnikasvanud teeradadel. Ta oli andnud minu päästmisplaanile mänguliselt kahese lahenduse.

Leidsin üles äravisatud raamatu, mille autor eitas Jumala eeskostet eksamisaalis. Ma ei suutnud hoiduda kihistamast iseenda vaikse kommentaari peale. „See vaid suurendaks tolle vennikese segadust, kui ma talle ütleks, et jumalik meditatsioon laipade keskel on otsetee keskkooli diplomi juurde!"

---

[1] Sõna „samskrita" ehk „lihvitud, valmis". Sanskrit on kõigi Indo-Euroopa keelte vanem õde. Tema alfabeetilist kirja nimetatakse *devanaagariks* ehk „jumalikuks asupaigaks". „See, kes teab mu kirja, teab Jumalat," ülistas muistse India suur filosoof Panini nii sanskriti matemaatilist kui psühholoogilist täiuslikkust. See, kes suudab minna keele algetele, peab tõesti olema kõiketeadev.

Oma uues väärikuses plaanisin nüüd kodust lahkumist. Koos noore sõbra Jitendra Mazumdariga[2] otsustasin ma ühineda Sri Bharat Dharma Mahamandali eraklaga Benareses[3] ja saada osa selle vaimsest distsipliinist.

Kõledus langes mu peale ühel hommikul, kui mõtlesin lahusolekule perekonnast. Alates ema surmast tundsin kiindumuse õrnust kahe noorema venna – Sananda ja Bhishnu ning noorema õe Thamu vastu. Tormasin oma väiksesse ärklituppa, mis oli olnud tunnistajaks mu tormilise *sadhana*[4] nii paljudele stseenidele. Peale kahetunnist pisaratevoolu tundsin end harukordselt muutununa, justkui oleksin kasutanud mingit alkeemilist puhastusvahendit. Kogu kiindumus[5] oli kadunud ning mu otsus – otsida Jumalat kui sõprade Sõpra, asetus minus paika nagu kindel graniitrahn. Lõpetasin kiiresti reisiettevalmistused.

„Ütlen sulle oma viimase palve." Isa oli mures, kui ma seisin tema ees viimase õnnistuse saamiseks. „Ära hülga mind ja oma kurvastavaid vendi ja õdesid."

„Austatud isa, kuidas saan ma rääkida oma armastusest sinu vastu!? Aga palju suurem on mu armastus Taevase Isa vastu, kes on kinkinud mulle täiusliku maise isa. Lase mul minna, et ma saaks ühel päeval märksa jumalikuma mõistmisega tagasi tulla."

Vastumeelse vanemliku nõusolekuga läksin ma teele, et ühineda Jitendraga juba Benarese eraklas. Minu saabumisel tervitas mind südamlikult erakla noor ülem-svaami Dayananda. Pika ja kleenukesena, mõtliku ilmega, jättis ta mulle soodsa mulje. Tema hele nägu oli Buddha-sarnane.

Mulle meeldis, et mu uues kodus oli ärklituba, kus ma veetsin koidu- ja hommikutunnid. Aašrami liikmed, kes teadsid vähe meditatsioonipraktikatest, mõtlesid, et ma võiksin kogu oma aja rakendada

---

[2] Tema ei olnud Jatinda (Jotin Ghosh), keda meenutatakse tema õigeaegselt tekkinud vastumeelsuse tõttu tiigrite suhtes.

[3] Alates iseseisvuse saavutamisest on paljudele briti valitsuse ajal inglisepäraseks muudetud nimedele antud tagasi indiapärane hääldus. Nii on Benarest kutsutud Varanasiks, või viidetakse temale veelgi iidsema nime, Kashi järgi.

[4] Teerada või sissejuhatav tee Jumalani.

[5] Hindu pühakirjad õpetavad, et perekondlik kiindumus on eksitav, kui see takistab pühendunul kõigi õnnistuste Andja otsimist. See puudutab ka kiindumust armastavate sugulaste vastu, rääkimata elust endast. Jeesus õpetas sarnaselt: „Kes isa või ema armastab enam kui mind, see ei ole mind väärt, ja kes poega või tütart armastab enam kui mind, see ei ole mind väärt." – Matteuse 10:37.

*Kohtun oma meistri Sri Yukteswariga*

organisatsiooni kohustustega tegelemisele. Nad kiitsid mind mu pärastlõunase töö eest nende kontoris.

„Ära püüa Jumalat nii kiiresti kätte saada!" see kaasasukate naeruvääristamine saatis üht minu varast suundumist ärklituppa. Läksin Dayananda juurde, kes oli parajasti tegevuses oma väikeses Gangese vaatega pühamus.

„Svaamiji,[6] ma ei saa aru, mida minust siin tahetakse. Ma otsin vahetut Jumala tajumist. Ilma Temata ei paku mulle rahuldust erakla liikmeks saamine, usutunnistus ega ka töötegemine."

Oranži rõivastatud vaimulik patsutas mind kaastundlikult õlale. Esitades lavastatud mängulist noomimist, hoiatas ta mõningaid lähemaid pühendunuid: „Ärge häirige Mukundat. Küll ta õpib meie moodi elama."

Peitsin viisakalt oma kahtluse. Laskmata end häirida korralekutsumisest, lahkusid õpilased ruumist. Dayananda järgmised sõnad olid määratud mulle:

„Mukunda, näen, et su isa saadab regulaarselt raha. Palun saada see talle tagasi, siin ei vaja sa seda üldse. Teine ettekirjutus sinu distsipliini kohta puudutab toitu. Isegi kui sa tunned end näljasena, ära räägi sellest sõnagi."

Kas alatoitlus välgatas mu silmis, seda ma ei tea. Et ma olin näljane, seda teadsin ma väga hästi. Erakla esimese toidukorra aeg oli kell kaksteist keskpäeval. Olin kodus harjunud suure hommikusöögiga kell üheksa hommikul.

Kolmetunnine tühimik muutus igapäevaselt hullemaks. Läinud olid Kalkuta aastad, kus ma võisin noomida kokka kümneminutise hilinemise pärast. Nüüd püüdsin ma kontrollida oma söögiisu – ühel päeval võtsin ette 24-tunnise paastu. Kahekordse mõnutundega ootasin järgmist keskpäeva.

„Dayanandaji rong jääb hiljaks, me ei söö tema saabumiseni." Jitendra tõi mulle selle laastava uudise. Isuäratav lõhn täitis õhku. Kui midagi ei pakuta, mis siis allaneelamiseks üle jääb peale eilse paastusaavutuse uhkuse?

„Issand, kiirenda Dayananda rongi saabumist!" Mõtlesin, et vaevalt oli Taevalik Andja haaratud minu vaigistamiseks mõeldud söögikeeldu.

---

[6] *Ji* [*dži*] on tavapärane austav liide, kasutatakse otseses pöördumises, nagu „svaamiji," „guruji", „Sri Yukteswarji".

*Joogi autobiograafia*

Jumalik Tähelepanu oli aga kõikjal, edasirühkiv kell kattis aina tunde. Minu tervitus tuli teesklemata rõõmust.

„Dayanandaji kümbleb ja mediteerib, enne kui me saame toitu serveerida," tuli Jitendra jälle minu juurde nagu halba ennustav lind. Olin peaaegu kokku kukkumas. Minu noor kõht, mida ei olnud puudutanud nälg, protesteeris näriva tarmukusega. Pildid, mida olin näinud näljahäda ohvritest, möödusid ilmutustena mu silme eest.

„Järgmine Benarese näljasurma ohver on sellest eraklast," mõtlesin ma. Koheselt saabuv hukatus pöördus ära kell üheksa. Jumalik kutse! See söömaaeg seisab mul elu ühe täiuslikuma tunnina eredalt meeles.

Pingeline süvenemine lubas mul siiski täheldada, et Dayananda sõi hajameelselt. Ta oli arvatavasti üle minu jämedatest naudingutest.

„Svaamiji, kas sa ei ole näljane?" Olles end õnnelikult täis söönud, olin juhiga üksi tema kabinetis.

„Oo jaa! Veetsin viimased neli päeva ilma toidu ja joogita. Ma ei söö kunagi rongides, mis on täidetud maiste inimeste mitmesuguste võngetega. Järgin rangelt oma ordu munkade jaoks ette nähtud pühakirjalisi ettekirjutusi[7].

Mul mõlguvad meeles meie teatud organisatsioonilised probleemid. Täna õhtul jätsin kodus õhtusöögi unarusse. Kuhu on kiiret? Homme vaatan, et sööksin korralikult," naeris ta rõõmsalt.

Häbi levis mu sees nagu lämbumine. Kuid piinamise viimast päeva ei olnud kerge unustada. Söandasin teha järgmise märkuse:

„Svaamiji, olen hämmingus. Oletagem, et ma poleks sinu juhiseid järgides kunagi süüa küsinud ja keegi poleks mulle andnudki. Siis nälgiksin surnuks."

„Sure siis!" see ärevust tekitav nõuanne lõhestas õhu. „Sure, kui sa pead, Mukunda! Ära kunagi tunnista, et sa elad toidust, mitte Jumalast saadavast väest! Tema, kes on loonud kõik toitumise viisid, Tema, kes on andnud söögiisu, jälgib kindlasti, et Ta pühendunu on säästetud! Ära kujuta ette, et riis sind üleval peab või et raha või inimesed sind

---

[7] Puudutades otseselt *šaastraid* ehk „pühasid raamatuid", mis koosnevad neljast pühakirja klassist: *šruti, smriti, puraana* ja *tantra*. Need kõikehõlmavad uurimused katavad religioosse ja ühiskondliku elu, seadusandluse, meditsiiini, arhitektuuri, kunsti jt igat tahku. *Šrutid* on „otse kuuldud" ehk „ilmutatud" pühakirjad – veedad. *Smritid* ehk „meelde jäetud" pärimused kirjutati lõpuks üles kauges minevikus maailma pikemate eepiliste poeemide „*Mahabhaarata*" ja „*Raamajaana*" näol. Kaheksateist *puraanat* on sõna-sõnalt „muistsed" allegooriad. *Tantrad* tähendavad sõnasõnalt „*riituseid*" või „*rituaale*". Need traktaadid annavad sümbolismi varjus edasi põhjapanevaid tõdesid.

toetavad! Kas nad saavad seda teha, kui Issand oma eluhinguse neilt ära tõmbab? Nad on kõigest Tema kaudsed tööriistad. Kas mõni sinu oskus aitab toidul sinu maos seedida? Kasuta oma eristamisvõime mõõka, Mukunda! Lõika läbi esindajate köidikud ja märka Ainsat Põhjust!"

Tundsin, et tema teravad sõnad jõudsid kuni üdini. Kadus ajastutevanune eksikujutlus, mille kohaselt kehalised kohustused kavaldavad üle hinge. Seal ja siis maitsesin ma Vaimu kõikepiisavust. Kui paljudes võõrastes linnades kerkis mu hilisemas elus esile juhus tõestada selle Benarese eraklas saadud õppetunni kasutatavust!

Ainus aare, mis mind Kalkuta ajast saatis, oli sadhu antud ja ema poolt mulle pärandatud hõbeamulett. Olles seda aastaid hoolsalt valvanud, peitsin selle nüüdki hoolikalt oma aašrami ärklituppa. Uuendamaks oma rõõmu talismani olemasolu üle, avasin ma ühel hommikul lukustatud karbi. Ennäe! Pitseeritud kaas oli puutumata, kuid amulett oli kadunud. Rebisin leinavalt selle ümbriku katki ja tegin eksimatult kindlaks: see oli haihtunud eetrisse, kust see päriner – nii nagu sadhu oli ennustanud.

Minu suhted Dayananda järgijatega muutusid aegamööda halvemaks. Kogukond oli võõraks muutunud, olles puudutatud minu otsusekindlast kõrvalehoidumisest. Minu siiras Ideaalile mediteerimise järgimine, mille pärast ma kodust ja kõigist maistest ambitsioonidest lahkusin, kutsus esile igast suunast kostuva madala kriitika.

Vaimses ängis sisenesin ühel koidikul ärklituppa ja otsustasin kuni vastuse saamiseni palvetada.

„Halastav Universumi Ema, õpeta Ise mind nägemuste või Sinu poolt saadetud guru kaudu!"

Mööduvad tunnid ei toonud mu nuuksuvatele palvetele vastust. Järsku tundsin, nagu oleks mind kusagile piiritusse sfääri tõstetud.

„Sinu meister tuleb täna!" Jumalik naisehääl tuli kõikjalt ja eikusagilt.

Seda taevalikku kogemust läbistas maine hüüe. Noor Habu-nimeline preester kutsus mind alt köögist.

„Mukunda, aitab mediteerimisest! Sind vajatakse ülesande täitmisel."

Mõnel teisel päeval oleksin ma kannatamatult vastanud – nüüd pühkisin ma oma pisaratest paistes näo puhtaks ja kuuletusin vaguralt kutsele. Koos Habuga läksime kahekesi Benarese kauges linnaosas asuvale bengali turule. Hoolimatu India päike ei olnud meie sisseostude sooritamise ajal basaaris veel seniiti jõudnud. Trügisime koduperenaiste, teejuhtide, lihtsalt riietatud leskede, väärikate *brahmiinide* ja kõikjalviibivate pühade härgade värvika assortii vahelt läbi. Liikudes koos Habuga, pöörasin samal ajal oma pead, et uurida kitsast ja silmatorkamatut teed.

Kristuse-sarnane ookrikarva rüüs svaami seisis liikumatult tee lõpus. Ta tundus mulle olevat ammune tuttav – mu pilk neelas näljaselt hetke. Siis ründas mind kahtlus.

„Sa ajad selle rändava munga kellegi tuttavaga segi," mõtlesin ma. „Unistaja, jaluta edasi."

Kümne minuti pärast tundsin ma rasket tuimust oma jalgades. Justnagu oleksid nad kiviks muutunud, ei olnud nad enam võimelised mind edasi viima. Pöördusin vaevaliselt ümber – mu jalad muutusid uuesti normaalseteks. Pöördusin näoga uuesti vastassuunas – jällegi pitsitas mind kummaline raskus.

„Pühak tõmbab mind magnetina enda juurde!" Selle mõttega kuhjasin ma oma pakid Habu kätte. Ta jälgis minu kõikuvaid samme imestusega ja purskus nüüd naerma.

„Mis sind vaevab? Kas sa oled hull?"

Mäslevad tunded hoidsid mind igasugusest vastamisest – kiirustasin vaikselt minema.

Taastades mälus oma käike, justnagu oleks mul tiivad, jõudsin ma tagasi kitsale teerajale. Mu kiire pilk avastas vaikselt seisva kuju, kes järjekindlalt minu poole vaatas. Paar innukat sammu ja ma olin ta jalge ees.

„Gurudeva!" Jumalik nägu oli see üks, keda olin näinud oma tuhandetes nägemustes. Need tüüned silmad lõvi meenutavas näos, teravatipulise habeme ja voogavate lokkidega, olid tihti piilunud läbi minu öiste uneluste hämaruse, hoides endas lubadust, millest ma ei olnud siiani täielikult aru saanud.

„Oo, minu omandus, sa tulid mu juurde!" Mu guru lausus neid sõnu jälle ja jälle bengali keeles, endal hääl rõõmust värisemas. „Kui palju aastaid olen ma sind oodanud!"

Sisenesime vaikuse ühtsusse – sõnad tundusid seal olevat üleliigsed. Ilukõne meistri südamest voolas õpilaseni hääletu skandeerimisena. Eksimatu sisemise antenniga tajusin, et mu guru teadis Jumalat ja et ta viib mind Tema juurde. Selle elu pimedus haihtus sünnieelsete mälestuste koidus. Dramaatiline aeg! Minevik, olevik ja tulevik on tema veerevad stseenid. See polnud mitte esimene päike, mis leidis mind nende pühade jalgade eest!

*Kohtun oma meistri Sri Yukteswariga*

Sri Yogananda ja svaami Dayananda guru Mahamandali eraklast, svaami Gyanananda Benareses 7. veebruaril 1936. Traditsioonilise austava žestina istub Yoaganda ise selle erakla vaimse juhi Gyanandaji jalgade ees. Põlsipõlves järgis Yoganandaji siin vaimset distsipliini enne oma guru svaami Sri Yukteswari leidmist aastal 1910.

Mu guru juhatas mind käest kinni hoides oma Rana Mahali linnapiirkonnas asuvasse ajutisse peatuspaika. Tema atleetlik kuju liikus kindla kõnnakuga. Pikka kasvu ja sirgeselgne, sel ajal umbes viiekümne viie aastane, oli ta aktiivne ja tarmukas nagu noor mees. Tema tumedad silmad olid suured ja kaunid, täidetud sügava tarkusega. Kergelt lokkis juuksed pehmendasid jõuliste joontega nägu. Tugevus segunes peenelt õrnusega.

Kui me läksime maja Gangese vaatega kivirõdule, ütles ta südamlikult:

„Ma annan sulle oma eraklad ja kõik, mida ma oman."

„Härra, ma tulin tarkuse ja Jumala-teostuse järele. Need on sinu aardekambrid, mida ma jahin!"

Vilgas India hämarik lasi oma eesriide alla, kui mu meister uuesti kõnelema hakkas. Tema silmades oli seletamatu õrnus.

„Annan sulle oma tingimusteta armastuse."

Imeilusad sõnad! Veerand sajandit möödus, enne kui mulle tuli uus kõrva sosistatud armastuse tõestus. Tema huultele oli vaimustus võõras – vaikus täitis ta ookeanilaadse südame.

„Kas ka sina annad mulle sama tingimusteta armastuse?" Ta vaatas mulle otsa lapseliku usaldusega.

„Ma armastan sind igavesti, Gurudeva!"

„Tavaline armastus on isekas, juurdunud tumedais soovihalustes ja rahuldustes. Jumalik armastus on ilma tingimusteta ja piirideta, muutumatu. Inimsüdame jõuväli muutub puhta armastuse puudutusest alatiseks." Ta lisas alandlikult: „Kui sa kunagi leiad, et ma olen kaldunud kõrvale Jumala-teostuse seisundist, siis luba palun, et asetad mu pea oma sülle ja aitad mind tagasi Kosmilise Armastatu juurde, keda me mõlemad kummardame."

Seejärel tõusis ta ümbritsevas pimeduses ja juhatas mind siseruumi. Kui me sõime mangosid ja mandlitest tehtud maiustusi, punus ta märkamatult oma vestlusse varjatud fakte minu loomusest. Tundsin aukartust tema suursuguse tarkuse ees, mis oli peenelt segatud seesmise leebusega.

„Ära kurvasta oma amuleti kadumise pärast. See on oma otstarbe täitnud." Justnagu jumalik peegel, oli mu guru arvatavasti püüdnud kinni terve mu elu.

„Meister, sinu elav kohalolek on rõõmuks, mis ületab iga sümboli."

„Kuna su elu eraklas on sulle õnnetuseks, on aeg teha muutuseid."

Ma ei teinud mingeid viiteid oma elule – need tundusid nüüd olevat liigsed! Tema loomulik ja rõhutamatu toon viitas, et ta ei soovi selgeltnägemise aadressil hämmastunud hüüatusi.

„Sa peaksid minema tagasi Kalkutasse. Milleks jätta sugulased ilma oma armastusest inimkonna vastu?"

Tema soovitus kohutas mind. Mu pere ennustas mu tagasitulekut, kuigi ma ei olnud vastanud kirjades toodud palvetele. „Las noor lind lendab metafüüsilises taevas," märkis Ananta kirjas. „Tema tiivad väsivad raskes atmosfääris. Me näeme teda hooga kodu poole sööstmas ja alandlikult meie pere pesas puhkamas." See heidutav võrdlus värskelt meeles, otsustasin, et ei tee mingeid „sööste" Kalkuta suunas.

„Härra, ma ei pöördu tagasi koju. Kuid ma järgnen teile, kuhu iganes te ka ei läheks. Palun öelge mulle oma aadress ja oma nimi."

„Svaami Sri Yukteswar Giri. Minu peamine erakla asub Serampores, Rai Ghati teel. Ma olen siin oma emal vaid mõned päevad külas."

*Kohtun oma meistri Sri Yukteswariga*

Imestasin Jumala keerulise mängu üle oma pühendunutega. Serampore asub vaid kaheteistkümne miili kaugusel Kalkutast, kuid neis paikades ei ole ma varem kunagi põgusaltki oma guru näinud. Kokkusaamiseks pidime sõitma muistsesse Kashi (Benarese) linna, mida oma mälestustes pidas pühaks Lahiri Mahasaya. Seda pinda olid ka Buddha, Shankarachaarya[8] ja teiste Joogi-Kristuste jalad õnnistanud.

„Sa tuled nelja nädala pärast minu juurde." Esimest korda kõlas Sri Yukteswari hääles karm noot. „Nüüd, kus ma olen rääkinud oma igavesest kiindumusest ja näidanud oma õnne sinu leidmise üle, tunned sa vabadust mind eirata. Järgmine kord, kui me kohtume, pead sa mu huvi uuesti üles äratama: ma ei võta sind nii lihtsalt oma õpilaseks. Peab olema täielik kuuletumine ja alistumine minu rangele õpetusele."

Olin jonnakalt vait. Mu guru tungis kergelt läbi mu raskuse.

---

[8] Shankarachaarya (Shankara), India suurim filosoof, oli Govind Jati ja tolle guru Gaudapada järgija. Shankara kirjutas kuulsa kommentaari Gaudapada koostatud *„Mandukya Karika"* traktaadile. Loogikaga, sarmika ja hiilgava stiiliga tõlgendas Shankara *vedanta* filosoofiat rangelt *advaita* (mittekahesus, non-dualistlik, monistlik) vaimus. Suur monist lõi samuti pühendumuslikke armastusluuletusi. Tema *„Pattude andeks palumise palve Jumalikule Emale"* sisaldab refrääni: „Kuigi halbu poegi võib olla palju, ei ole kunagi olemas halba ema."

Sanandana, Shankara järgija, kirjutas kommentaarid Brahma suutratele (Vedanta filosoofia). Käsikiri hävis tules, kuid Shankara (kes oli kord selle läbi vaadanud) kordas selle oma järgijale sõna-sõnalt. Seda *„Panchapadika"* nime kandvat teksti uurivad õpetlased kuni tänase päevani.

Õpilane Sanandana sai uue nime peale imeilusat vahejuhtumit. Istudes ühel päeval jõe kaldal, kuulis ta, kuis Shankara kutsus teda vastaskaldalt. Sanandana astus jalamaid vette. Tema usk ja jalg said viivitamatult tuge, kui Shankara materialiseeris keerlevasse jõevette terve rodu lootoslilli. Sellest alates teati järgijat Padmapada nime all, mis tähendas „lootosjalgset".

*„Panchapadikas"* ülistab Padmapada palju kordi armastavalt oma guru. Shankara ise kirjutas järgnevad read: „Kolmes maailmas ei ole tõelise guru jaoks olemas ühtki tuntud võrdlust. Kui filosoofide kivi (*tarkade kivi* – tõlkija märkus) oleks tõesti selline, siis saaks ta muuta raua vaid kullaks, mitte teiseks filosoofide kiviks. Teisalt, sügavalt austatud õpetaja loob tema jalge ees varjupaika otsinud järgijas võrdsuse iseendaga. Seetõttu on guru võrreldamatu, ei, pigem transtsendentaalne (kõikeületav)." (*„Century of Verses"* I)

Issand Shankara oli haruldane kombinatsioon pühakust, õpetlasest ja tegudeinimesest. Kuigi ta elas vaid kolmkümmend kaks aastat, olid paljud neist aastatest seotud tema Advaita doktriini levitamise vaevarikaste reisidega igasse India ossa. Miljonid kogunesid innukalt kuulama paljasjalgse noore munga huulilt tulevat trööstivat tarkusevoogu.

Shankara reformiv agarus sisaldas muistse Svaami mungaordu ümberkujundamist (vt lk 196, 197). Ta asutas samuti munkadele mõeldud hariduskeskused (math) neljas piirkonnas – Sringeri lõunas, Puri idas, Dwaraka läänes ja Badrinath Himaalaja põhjaosas.

Suure monisti neli hariduskeskust, mida toetasid nii printsid kui ka tavainimesed, õpetas tasuta sanskriti grammatikat, loogikat ja *vedanta* filosoofiat. Oma hariduskeskuste nelja India nurka paigutamisel oli Shankara eesmärgiks edendada üle terve määratu maa religioosset ja rahvuslikku ühtsust. Nüüd nagu ka kauges minevikus, leiab vaga hindu tasuta ruumi ja ülalpidamise palverännakuteede äärsetes puhkekohtades, mida peavad üleval avalikud annetajad.

SRI YUKTESWAR (1855-1936)
Gnjaana-avataara, „Tarkuse Kehastus"
Lahiri Mahasaya õpilane ja Yogananda guru
Kõigi SRF-YSS *kriija joogide* Paramguru

Svaami Sri Yukteswari meditatsioonitempel, pühitsetud 1977. aastal, tema Serampore'i aašrami pinnal. Päris aašramist kasutati mitut tellist selle ehitusel. Templi arhitektuuri joonised tehti Paramahansa Yogananda disaini järgi.

Yogananda 1915. aastal, tema isa poolt antud mootorratta tagaistmel. „Sõitsin sellega igale poole," ütles ta, „eriti külastama oma meistrit Sri Yukteswari tema Serampore'i eraklas."

*Joogi autobiograafia*

„Kas sa arvad, et su sugulased naeravad su üle?"
„Ma ei lähe tagasi."
„Sa lähed tagasi kolmekümne päeva pärast."
„Ei iial," kummardudes austusega tema jalge ette, lahkusin ma ilma vastuolulist pinget süütamata. Minnes kesköisesse pimedusse, imestasin, miks imeline kohtumine lõppes ebaharmoonilise noodiga. Oh neid *maaja* (illusioonide) duaalsuse kaalusid, mis tasakaalustavad iga rõõmu kurbusega! Mu noor süda ei olnud veel kohandunud minu guru ümberkujundavate sõrmedega.

Järgmisel hommikul märkasin erakla liikmete hoiakus suurenenud vaenulikkust. Nüüd olid mu päevad täidetud pidevate jämedustega. Kolme nädala pärast lahkus Dayananda aašramist, osalemaks Bombays toimuval konverentsil. Siis läks põrgu mu õnnetu pea kohal lahti.

„Mukunda on parasiit, kasutab erakla külalislahkust ega anna midagi vastu." Kuuldes seda märkust, kahetsesin esimest korda, et olin kuuletunud käsule saata oma raha isale tagasi. Raske südamega otsisin üles oma ainsa sõbra Jitendra.

„Ma lahkun. Palun edasta mu austavad kahetsused Dayanandajile, kui ta tagasi saabub."

„Ka mina lahkun! Minu püüded siin mediteerida ei kohta rohkem soosingut kui sinu omad," kõneles Jitendra otsusekindlalt.

„Kohtasin Kristuse-sarnast pühakut. Lähme talle Serampore'i külla."

Ja niisiis valmistuski „lind" „hooga sööstma" Kalkuta ohtlikusse lähedusse!

PEATÜKK 11

# Kaks rahata poissi Brindabanis

„See on sulle paras, kui isa sind pärandusest ilma jätaks, Mukunda! Kui rumalalt sa oma elu minema viskad!" Vanema venna jutlus oli mu kõrvadele valus kuulata.

Rongist äsja maha astunud (vaid kõnepruugis, kuna me tegelikult olime kaetud tolmuga) Jitendra ja mina, olime just jõudnud Ananta koju, kes alles hiljuti oli Kalkutast muistsesse Agra linna üle toodud. Vend oli ühe valitsusameti revident-raamatupidaja.

„Ananta, sa tead hästi, et ma otsin oma pärandust Taevaselt Isalt."

„Raha esmalt, Jumal võib tulla hiljem! Kes teab? Elu võib olla liiga pikk."

„Jumal esmalt, raha on Tema ori! Kes võib öelda? Elu võib olla liiga lühike."

Mu vastus tuli hetkeliselt ega sisaldanud mingisugust eelaimdust. (Kahjuks jõudis Ananta elu varase finaalini.)[1]

„Eraklast saadud tarkus, oletan! Kuid ma näen – sa lahkusid Benaresest." Ananta silmad särasid rahuldusest, ta lootis ikka veel mind pere külge kinnitada.

„Minu ajutine Benareses elamine ei möödunud asjata! Ma leidsin sealt kõik, mida mu süda oli igatsenud! Võid olla kindel, et see pole mitte sinu õpetlane ega tema poeg!"

Ananta naeris koos minuga seda minevikuseika meenutades, ta oli pidanud tunnistama, et tema valitud Benarese „selgeltnägija" oli olnud lühinägelik.

„Mis plaanid sul on, mu rändav vend?"

„Jitendra veenis mind Agrasse sõitma. Me vaatame siin Taj Mahali[2] ilu," seletasin mina. „Siis läheme me minu jälleleitud guru juurde, kelle erakla asub Serampores."

---

[1] Vt peatükki 25.
[2] Maailmakuulus mausoleum.

*Joogi autobiograafia*

Ananta hoolitses külalislahkelt meie mugavuse eest. Mitu korda õhtu jooksul märkasin ma tema silmi mõtlikult minul peatuvat.

„Ma tean seda pilku!" mõtlesin. "Vandenõu on sepitsemisel!"

Lõpplahendus leidis aset meie varase hommikusöögi ajal.

„Nii et sa tunned end täiesti sõltumatu isa rahakotist?" Ananta pilk oli süütu, kui ta eilse vestluse otsad kokku võttis.

„Ma olen teadlik oma Jumalast sõltumisest."

„Sõnad ei maksa midagi! Elu on sind siiani hoidnud! Kui täbar oleks olukord, kui sa oleksid sunnitud Nähtamatu käest toitu ja peavarju otsima! Üsna varsti kerjaksid sa tänavatel!"

„Ei iial! Ma ei paneks oma usku Jumala asemel möödakäijatele! Ta võib pärandada oma pühendunule tuhandeid ressursse peale kerjakausi!"

„Veel kõnekunsti! Oletagem, et sinu ülistatud filosoofia pannakse selles käegakatsutavas maailmas proovile?"

„Ma nõustuksin! Kas sina vangistad Jumala mingisse teoreetilisse maailma?"

„Me veel vaatame – täna on sul võimalus, kas avardada või kinnitada minu vaateid!" Ananta tegi dramaatilise pausi, seejärel rääkis aeglaselt ja tõsisel toonil:

„Mul on ettepanek, et ma saadan täna hommikul sind koos kaaspühendunu Jitendraga kõrvalasuvasse Brindabani linna. Te ei tohi küsida kusagilt ainsamatki ruupiat, te ei tohi kerjata, ei toitu ega raha, te ei tohi näidata oma väljapääsmatut olukorda kellelegi. Te ei tohi olla Brindabanis söömata ja te ei tohi seal olla ka raskustes. Kui te pöördute siia majja tagasi enne tänast keskööd, ilma ühtki selle katse reeglit rikkumata, olen mina kõige hämmastunum inimene terves Agras!"

„Võtan väljakutse vastu." Minu sõnades ega südames polnud mingit kõhklust. Tänulikud mälestused sähvatasid Hetkelisest Õilsusest: minu tervenemine surmavast koolerast Lahiri Mahasaya pildi poole saadetud palve abil; mänguline kingitus kahe tuulelohega Lahore katuselt koos Umaga; õigeaegne amulett keset minu heitumist Bareilly's; otsustav sõnum tundmatult, väljaspool õpetlase kodu seisvalt Benarese sadhult; Jumaliku Ema nägemine ja Tema majesteetlikud armastuse sõnad; Tema sujuv hoolitsus meister Mahasaya kaudu; viimasel minutil saabunud abi, mis materialiseerus minu keskkooli diplomina; ja ülima õnnistusena minu enda elav meister mu terve elu kestnud unenägudest. Ma ei tunnistaks kunagi oma „filosoofiat" nõrgemaks ühegi kähmluse kõrval sel karmil maisel eluareenil!

„Sinu valmidus on sulle tunnustuseks. Ma saadan teid koheselt rongile." Ananta pöördus ammulisui seisva Jitendra poole: „Sa pead minema tunnistajana, ja väga võimalik, et ka kaasohvrina kaasa!"

Pool tundi hiljem olid minul ja Jitendral üheotsa piletid meie ettevalmistuseta reisiks käes.

Läksime eraldatud jaamanurka, et Ananta saaks meid üle kontrollida. Ta jäi kiiresti rahule, kuna me ei kandnud kaasas mingeid salajasi aardeid – meie lihtsad *dhotid*[3] ei peitnud endas midagi peale meie endi.

Kuna usk oli vallutamas tõsist finantsvaldkonda, protesteeris mu sõber: „Ananta, anna mulle üks või kaks ruupiat kindlustundeks kaasa. Siis saan sulle ebaõnne puhul helistada."

„Jitendra!" Minu hüüatus oli teravalt etteheitev. „Ma ei alusta katsumust, kui sa võtad mingitki raha kindlustundeks."

„Müntide kõlinas ei ole midagi julgustavat." Jitendra ei öelnud enam midagi, kuna ma vaatasin teda karmilt.

„Mukunda, ma ei ole südametu." Alandlikkuse vihje oli hiilinud Ananta häälde. Tema südametunnistus võis teda piinata. Vahest selle eest, et ta saadab kaks maksejõuetut poissi võõrasse linna, vahest tema enda religioosse skeptitsismi pärast. „Kui mingi juhuse või õnnistuse abil läbite te edukalt Brindabani katsumuse, siis palun ma sul end oma õpilaseks initsieerida."

See lubadus oli seotud omapärase juhtumiga ja oli teatud mõttes ebatavaline. India peres kummardab vanem vend väga harva nooremate ees, teda austatakse ja talle kuuletutakse isa järel teisena. Kuid minu kommentaariks ei jäänud enam üldse aega – meie rong oli lahkumas.

Jitendra vaikis masendunult, kui meie rong miile läbis. Lõpuks hakkas ta liikuma – vajus längu ja näpistas mind valusalt õrnast kohast.

„Ma ei näe ühtki märki, et Jumal annab meile meie järgmise söögi!"

„Ole vakka, uskmatu Toomas, Issand töötab meie heaks."

„Kas sa saad korraldada, et Ta kiirustaks? Ma olen juba näljast nõrkemas, kui näen meie ees avanevat väljavaadet. Lahkusin Benaresest, et näha Taj'i mausoleumi, mitte selleks, et siseneda enda omasse!"

„Tõsta oma tuju, Jitendra! Kas me mitte ei näe varsti esimest korda Brindabani pühasid imesid?[4] Ma olen väga rõõmus mõttest, et saan kõndida samal maapinnal, mida pühitses Issand Krišna."

---

[3] *Dhoti*-kangas on seotud vöö ümber ja katab jalgu.
[4] Yamuna jõe ääres olev Brindaban on hindude Jeruusalemm. Siin näitas avataara Issand Krišna oma hiilgust inimkonna hüvanguks.

## Joogi autobiograafia

Meie kupee uks avanes – kaks meest astusid sisse ja istusid. Järgmine peatus olevat viimane.

„Noormehed, kas teil Brindabanis sõpru on?" tundis minu vastas istuv võõras üllatavat huvi. „Ei ole teie asi!" vastasin ma jämedalt, oma pilku mujale pöörates.

„Nähtavasti põgenete te oma perede juurest Südamete Varastaja[5] lummuses. Ma olen ise samuti pühendunu temperamendiga. Ma võtan enda kohuseks, et te saaksite toitu ja peavarju selle kuumuse eest."

„Ei, härra, jätke meid rahule. Te olete väga lahke, kuid te eksite, arvates, et oleme kodust põgenejad."

Rohkem vestlust siit edasi ei arenenud – rong peatus varsti. Kui Jitendra ja mina platvormile astusime, võtsid meie juhututtavad meil käest ja kutsusid hobuvankri.

Peatusime hoolitsetud maalapil igihaljaste puude keskel asuva väärika erakla ees. Meie heategijad olid siin arvatavasti tuntud – naeratav noormees juhatas meid kommentaarideta salongi. Varsti ühines meiega suursugune vanem naine.

„Gauri Ma, printsid ei saanud tulla," pöördus üks meestest aašrami perenaise poole. „Viimasel hetkel läksid nende plaanid luhta – nad palusid edastada oma sügavad kahetsused. Kuid me tõime kaks teist külalist. Kohe kui me rongis kohtusime, tundsin, kuidas mind nende kui Issand Krišna järgijate poole tõmbas."

„Head aega, noored sõbrad." Meie kaks tuttavat kõndisid ukse suunas. „Me kohtume uuesti, kui Jumal seda soovib."

„Olete siin teretulnud." Gauri Ma naeratas emalikult oma kahele ootamatule tasule. „Te ei oleks saanud tulla paremal päeval. Ootasin kahte selle erakla kuninglikku patrooni. Piinlik oleks, kui mu küpsetised ei leiaks kedagi, kes neid hindaks!"

Nendel isuäratavatel sõnadel oli üllatav mõju Jitendrale – ta purskus nutma. „Väljavaade", mida ta kartis Brindabanis meid ees ootavat, pöördus nüüd kuninglikuks lõbustuseks – see järsk vaimne ümberkohandumine tundus talle olevat liig. Meie võõrustaja vaatas teda uudishimulikult, kuid märkust tegemata – vahest oli ta tuttav alaealiste trikkidega.

Kõiki kutsuti lõunale, Gauri Ma näitas teed pikantselt hõrkude aroomidega täidetud terrassile. Ta ise haihtus kõrvalasuvasse kööki.

---

[5] Hari – Sri Krišna relvitukstegev nimi, millega Ta on oma pühendunute hulgas tuntud.

Olin seda hetke ette plaaninud. Valides vastava koha Jitendra anatoomias, näpistasin teda nagu näpistas tema rongis mind.

„Uskmatu Toomas, Issand töötab kiirustades samuti!"

Perenaine sisenes suure lehvikuga. Ta asus meile idamaises stiilis tuult lehvitama, kui me vaipadel ristatud jalgadega istusime. Järgijad möödusid meist siia-sinna. Pigem võis seda „einet" kutsuda „külluslikuks kehakinnituseks." Sellele planeedile saabumise hetkest alates polnud me Jitendraga taolisi hõrgutisi maitsta saanud.

„Toidud sobivad tõesti printsidele, Austatud Ema! Ma ei suuda ette kujutada, mida teie kuninglikud patroonid võisid tähtsamat teha, kui sellel banketil osalemine! Te jätsite meile mälestuse terveks eluks!"

Vaikides, nagu Ananta oli käskinud, ei saanud me seletada lahkele daamile, et meie tänud sisaldavad topelt tähendust. Vähemalt oli meie siirus aus. Lahkusime tema õnnistuse ja lahke kutsega aašramit uuesti külastada.

Kuumus oli halastamatu. Mu sõber ja mina heitsime aašrami väravate juures oleva *kadamba* puu varju. Sellele järgnesid teravad sõnad, jälle ründas Jitendra mind igast küljest oma eelaimdustega.

„Tirisid mind ikka parajasse puntrasse! Meie lõunatamine oli vaid juhuslik hea õnn! Kuidas me saame seda linna vaadata, ilma ainsamagi pennita taskus? Ja kuidas sa kavatsed mind tagasi Ananta juurde toimetada?"

„Sa unustad Jumala kiiresti, kui oled oma kõhu täis söönud." Mu sõnad polnud ehk kibedad, kuid süüdistavad. Kui lühike on inimmälu, mis puudutab Jumala soosingut! Ei ole inimest, kes poleks näinud mõnda oma palveist täidetuna.

„Ma ei unusta oma narrust, et võtsin ette julgustüki sisusuguse kõigeks valmis oleva hulluga!"

„Ole vait, Jitendra! Sama Issand, kes toitis meid, näitab meile Brindabani ja viib ka tagasi Agrasse."

Õbluke meeldiva olemisega noormees lähenes meile kiirustades. Peatudes puu all, kummardus ta minu ees.

„Armas sõber – teie ja teie kaaslane olete vist siinkandis võõrad. Luba mul olla teile võõrustajaks ja teejuhiks."

On väga harv juhus, kui mõni hindu kahvatub, ent Jitendra nägi korraga haiglasevõitu välja. Keeldusin viisakalt pakkumisest.

„Kas te mitte ei karista mind?" Võõra kartus võinuks mõnes teises olukorras tunduda koomilisena.

„Miks siis?"

„Te olete mu guru." Ta silmad otsisid usaldavalt minu omi. „Oma keskpäevase meditatsiooni ajal ilmus mulle nägemuses õnnistatud Issand Krišna. Ta näitas mulle kahte hüljatud kuju selle sama puu all. Üks oli teie nägu, mu õpetaja! Olen tihti näinud seda meditatsioonis! Milline rõõm, kui te mu alandliku teenimise vastu võtate!"

„Mina olen samuti rõõmus, et sa mind leidsid. Ei Jumal ega inimesed ei ole meid maha jätnud!" Kuigi olin liikumatu, naeratades enda ees ootavale innuka näoga järgijale, heitis sisemine austusavaldus mind Jumalike Jalge ette.

„Armsad sõbrad, austaksite ehk minu kodu oma külastusega?"

„Te olete lahke, kuid see plaan on ebatõenäoline – sest me juba oleme Agras minu vennal külas."

„Jätke mulle vähemasti mälestused teiega Brindabani mööda tuuritamisest."

Nõustusin rõõmsalt. Noormees, kes ütles enda nime olevat Pratap Chatterji, viipas kohale hobuvankri. Külastasime Madanamohana templit ja teisi Krišna pühamuid. Öö saabudes olime me ikka veel templites palvetamas.

„Vabandage mind seni, kuni ma *sandeshi*[6] ostan." Pratap sisenes raudteejaama kõrval asuvasse poodi. Jitendra ja mina lonkisime mööda laia ja hetkel suhtelises jaheduses ülerahvastatud tänavat. Mõnda aega oli meie sõber kadunud, siis saabus tagasi paljude magusate kingitustega.

„Palun lubage mul osutada oma usu kinnituseks teene." Pratap naeratas anuvalt, ulatades puntra ruupiaid ja kaks äsja Agrasse ostetud rongipiletit.

Minu nõusolev kummardus oli mõeldud Nähtamatule Käele. Muigasin Ananta üle, sest kas mitte ei ületanud Jumala heldekäelisus kaugelt vajaduse?

Leidsime jaama lähedal eraldatud paiga.

„Pratap, pühendan sind kaasaja suurima joogi Lahiri Mahasaya *kriija* joogasse. Tema tehnikast saab sinu guru."

Initsiatsioon sai poole tunniga läbi viidud. „*Kriija* on sinu *chintamani*,[7]" ütlesin ma uuele õpilasele. „Tehnika, nagu sa näed, on lihtne ning kujutab endast kunsti inimese vaimse arengu kiirendamiseks.

---

[6] India maiusroog.

[7] Mütoloogiline soove täitev kalliskivi, samuti Jumala nimi.

BHAGAVAN (ISSAND) KRIŠNA
India armastatud avataara

Hindu pühakirjad õpetavad, et kehastuv ego vajab miljon aastat, et saavutada vabadus *maajast* ehk illusioonist. *Kriija jooga* lühendab seda loomulikku perioodi kõvasti. Just nagu Chagadis Chandra Bose näitas, et taime kasvu saab kiirendada, võib ka sisemine teadus inimese psühholoogilist arengut kiirendada. Ole ustav oma praktikale, siis jõuad kõigi gurude Guruni."

„Ma olen leidnud kauaotsitud joogavõtme!" kõneles Pratap mõtlikult. Selle meelelistest ahelatest vabastav mõju tõstab mind kõrgematesse sfääridesse. Tänane Issand Krišna nägemine võib tähendada minu jaoks vaid ülimat headust."

Istusime veidi vaikses mõistmises ja jalutasime siis aeglaselt jaama suunas. Rõõm oli mu sees kui, ma rongile asusin, kuid Jitendra oli

*Joogi autobiograafia*

pisarais. Minu kaastundlik hüvastijätt Pratapiga oli läbi pikitud mõlema kaaslase allasurutud nuuksetest. Reis viis Jitendra uuesti kurbuse pöörisesse. Seekord mitte enda pärast, vaid enda vastu.

„Kui nõrk on mu usaldus! Mu süda on olnud kivist! Mitte kunagi edaspidi ei kahtle ma Jumala kaitses!"

Kesköö oli saabumas. Kaks ühegi pennita teele lähetatud „tuhkatriinut" sisenes Ananta magamistuppa. Venna nägu, nagu ta oli lubanud, oli uurivalt hämmingus. Vaikselt puistasin lauale ruupiad.

„Jitendra, tõde!" Ananta toon oli naljatlev. „Kas see nooruk mitte ei sooritanud relvastatud röövi?"

Kui lugu tema ees lahti rullus, muutus mu vend tõsiseks, siis pühalikuks.

„Nõudluse ja pakkumise seadus jõuab peenematesse sfääridesse, kui ma seda oletasin," rääkis Ananta vaimse entusiasmiga, mida ma kunagi varem ei olnud märganud. „Ma mõistan esimest korda sinu

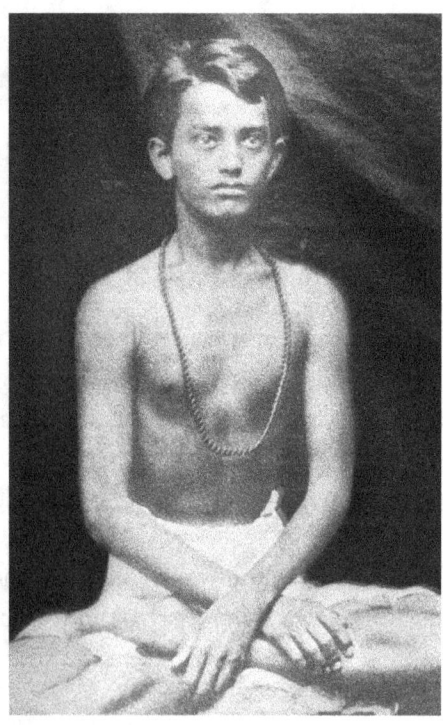

Jitendra Mazumdar, Yogananda kaaslane „pennideta katses"
Brindabanis (pt11).

ükskõiksust igasuguste salvede ja tagavarade kogumise suhtes."

Hilisel tunnil nagu aeg juba oli, nõudis mu vend, et ta saaks pühenduse ehk *dikša*[8] *kriija joogasse*. „Guru" Mukunda pidi ühel päeval enda õlule võtma vastutuse kahe õpilase eest, kes olid tulnud otsimata. Järgmisel hommikul söödi hommikusööki eelmisel hommikul puudunud harmoonilises õhkkonnas. Naeratasin Jitendrale.

„Sind ei tohi Taj'iga petta. Läheme seda enne Serampore'i sõitmist vaatama."

Jätnud Anantaga hüvasti, seisime varsti koos sõbraga kahekesi Agra hiilguse – Taj Mahali ees. Päikese käes sädelev valge marmor – nii seisab ta seal visioonina puhtast sümmeetriast. Täiuslik lahendus hõlmab tumedaid küpresse, pügatud muru ja peegelsiledat veekogu. Sisemuses on peened pitsisarnased graveeringud kaetud poolvääriskividest intarsiaga. Õrnad pruunid ja violetsed pärjad tõusevad marmorist peenekoeliselt esile. Kuplist tulvav valgus langeb imperaator Šahh Džahani ja tema riigi ja südame kuninganna Mumtaz Mahali hauamonumentidele.

Aitab vaatamisväärsustest! Igatsesin oma guru järele. Sõitsime Jitendraga peagi lõunasse Bengalimaa suunas.

„Mukunda, ma ei ole oma peret kuude kaupa näinud. Ma muutsin meelt – vahest külastan hiljem sinu meistrit Serampores."

Mu sõber, kelle temperament oli pehmelt väljendudes kõikuv, lahkus minust Kalkutas. Jõudsin varsti kohaliku rongiga kaksteist miili põhjapool asuvasse Seramporesse.

Imestuse tukse laskus mu üle, kui sain aru, et kakskümmend kaheksa päeva oli möödunud sellest ajast, kui kohtasin Benareses oma guru. „Sa tuled mu juurde nelja nädala pärast!" Siin ma nüüd olin peksleva südamega, seismas tema sisehoovis vaiksel Rai Ghati teel. Sisenesin esimest korda eraklasse, kus ma pidin kulutama parima osa kümnest järgnevast aastast koos India *gnjaana-avataara* ehk „tarkuse kehastusega".

---

[8] Vaimne initsiatsioon, sanskriti tegusõna tüvest „*dikš*", „pühenduma".

PEATÜKK 12

# Aastad õpetaja eraklas

„Sa tulid." Sri Yukteswar tervitas mind, istudes rõdudega ruumi põrandale laotatud tiigrinahal. Tema hääletoon oli külm ja tundetu.

„Jah, kallis õpetaja, ma olen siin, et teile järgneda." Põlvitades puudutasin ma tema jalgu.

„Kuidas see saab nii olla? Sa ignoreerid mu soove."

„Ei enam, guruji! Teie soov saab mulle seaduseks!"

„See on juba parem! Nüüd saan ma võtta vastutuse sinu elu ees."

„Annan meelsasti selle koorma üle, meister."

„Minu kõige esimene nõue on, et pöörduksid tagasi koju, oma pere juurde. Ma tahan, et sa läheksid Kalkutas kolledžisse. Sa pead jätkama hariduse omandamist."

„Hästi, härra." Ma peitsin oma kohkumuse. Kas mitte ei jälita tülikad raamatud mind terve elu? Esmalt isa, nüüd Sri Yukteswar!?

„Ühel päeval lähed sa läände. Sealsete inimeste kõrvad on palju vastuvõtlikumad India muistsele tarkusele, kui võõral hindu õpetajal on ülikooli kraad."

„Guruji, te teate paremini." Mu süngus kadus. Leidsin viite läänele olevat mõistatusliku ja kauge, kuid võimalus olla õpetaja meele järgi oli elulise tähendusega.

„Sa oled lähedal Kalkutas – tule siia, mil iganes aega leiad."

„Iga päev, kui on võimalik, õpetaja! Tunnustan tänuga teie võimu igas minu elu üksikasjas, ühel tingimusel."

„Jah?"

„Et lubate ilmutada mulle Jumalat!"

Järgnes tunnine sõnelus. Meistri sõna ei saa tühistada – seda ei anta kergelt. Lubaduste andmised avavad määratud metafüüsilised kaugvaated. Guru peab olema lähedastes suhetes tõesti Looja endaga, enne kui saab kohustada Teda end ilmutama! Ma tunnetasin Sri Yukteswari jumalikku ühtsust ja olin otsustanud tema järgijana soodsa võimaluse läbi suruda.

*Aastad õpetaja eraklas*

„Sul on väljakutsuv loomus." Siis kõlas kaastundliku lõplikkusega meistri nõusolek: „Olgu sinu soov minu sooviks."

Eluaegne raskus kadus minu südamest, ähmane sinna-tänna otsing oli lõppenud. Leidsin igavese peavarju tõelises gurus.

„Tule – ma näitan sulle eraklat." Meister tõusis oma tiigrimatilt. Vaatasin ringi – mu pilk langes hämmingus jasmiinivanikuga pildile seinal.

„Lahiri Mahasaya!"

„Jah – minu jumalik guru." Sri Yukteswari hääletoon värises austusest. „Ta oli nii inimese kui joogina suurim kõigist teistest õpetajatest, kelle elu mu uurimisorbiiti sattus."

Kummardasin vaikselt tuttava pildi ees. Hinge-ülistus lendas võrreldamatule meistrile, kes õnnistades mu imikuiga, juhtis mind selle tunnini.

Juhituna oma gurust, lonkisin ümber maja. Avar, muistne ja hästi ehitatud, oli erakla ümber võimsate sammastega sisehoov. Välismüürid olid kaetud samblaga, lameda halli katuse kohal laperdasid lennata tuvid, kes ilma suurema tseremooniata aašrami territooriumit jagasid.

Tagumine aed oli meeldiv oma leiva-, mango- ja teepuudega. Hoone teise korruse rõdude rinnatised ulatusid kolmest küljest siseõue. Ruumikat alumise korruse halli, mille kõrget lage toetas sammastik, kasutati meistri ütlust mööda peamiselt iga-aastaste *Durga pudža*[1] pidustuste ajal. Kitsas trepp viis Sri Yukteswari meditatsiooniruumi, mille väikselt rõdult avanes vaade tänavale. Aašram oli lihtsalt sisustatud: kõik oli puhas, praktiline. Näha oli mitmeid lääne stiilis tehtud toole, pinke ja laudu.

Meister pakkus mulle öömaja. Aedvilja-karrist õhtusööki serveerisid kaks aašramis õppivat noort järgijat.

„Guruji, palun räägi mulle midagi oma elust." Kükitasin tiigrinaha lähedal asuval roomatil. Sõbralikud tähed olid väga lähedal – paistis, et lausa teispool rõdu.

„Mu kodanikunimi oli Priya Nath Karar. Sündisin siin Serampore'is[2], mu isa oli rikas ärimees. Ta jättis mulle esivanemate mõisa, mis on nüüd mu erakla. Minu ametlik haridustee oli lühike

---

[1] „Durga rituaalne teenimine-kummardamine". See on bengalite peamine pidustus, mida peetakse Asvina kuus (september-oktoober) üheksa päeva vältel. Durga – sõna-sõnalt „ligipääsmatu", on Jumaliku Ema, Šakti, kehastunud naiseliku loova jõu aspekt. Ta on traditsiooniliselt kogu kurjuse hävitaja.

[2] Sri Yukteswar sündis 10. mail 1855.

– leidsin, et see pärsib ja pakub vähe. Varases meheeas võtsin kanda perekohustused ja mul on üks tütar, kes on nüüdseks abielus. Minu keskiga õnnistas Lahiri Mahasaya. Kui mu naine suri, ühinesin ma Svaami Orduga ja sain uueks nimeks Sri Yukteswar Giri.[3] Sellised on minu lihtsad eluseigad."

Õpetaja naeratas mu innuka oleku peale. Nagu kõik biograafilised tekstid, andsid temagi sõnad edasi vaid väliseid fakte seesmist inimest avamata.

„Guruji, ma tahaksin kuulata mõnd sinu lapsepõlve lugu."

„Ma räägin sulle mõne neist – igaühe koos moraaliga sinna juurde!" Sri Yukteswari silmades välgatas tema hoiatus. „Mu ema püüdis kord hirmutada mind õõvastava looga pimedas toas elavast kummitusest. Läksin kohe sinna ja olin pettunud, sest kummitust ei ilmunud. Ema ei jutustanud mulle enam kunagi ühtki õuduslugu. Loo moraal: vaata hirmule näkku ja ta lõpetab sinu tülitamise.

Teine varajane meenutus oli seotud minu sooviga saada endale naabritele kuuluv inetu koer. Hoidsin oma peret nädalaid selle koera pärast ärevil. Mu kõrvad oli kurdid, kui mulle pakuti palju parema väljanägemisega loomi. Loo moraal: kiindumus pimestab, see annab soovi objektidele veetluse halo.

Kolmas lugu on seotud noore mõistuse paindlikkusega. Aeg-ajalt kuulsin oma ema märkust: „Inimene, kes võtab vastu töö kellegi teise alluvuses, on ori." See veendumus sai nii kindlalt paika, et isegi pärast abiellumist ütlesin ma igasugustest ametitest ära. Ma kandsin ise oma kulud, investeerides perekonna maavaldustesse. Loo moraal: laste tundlikele kõrvadele mõeldud soovitused peaksid olema head ja positiivsed. Varajased ideed sööbivad neisse jõuliselt terveks eluks."

Õpetaja laskus endasse süüvides vaikusse. Kesköö paiku juhatas ta mind kitsa välivoodini. Esimesel ööl oli uni minu guru katuse all terve ja magus.

Sri Yukteswar valis *kriija jooga* initsiatsiooniks järgneva hommiku. Tehnika olin juba omandanud kahelt Lahiri Mahasaya õpilaselt – oma isalt ja minu juhendajalt svaami Kebalanandalt, ent õpetaja juuresolekul tundsin tema ümberkujundavat väge. Tema puudutusest haaras kogu mu olemust suur valgus nagu oleks tegu lugematute leegitsevate

---

[3] *Yukteswar* tähendab „ühinenud Išvaraga" (Jumala nimi). *Giri* on eristus, üks kümnest muistsest svaamide harust. *Sri* tähendab „püha" – see pole nimi, vaid austav tiitel.

*Aastad õpetaja eraklas*

päikeste hiilgusega. Määratu õndsuse uputus täitis mu südame kõige sügavama sopi ning kestis terve järgmise päeva. Alles kolmanda päeva hilisel pärastlõunal suutsin end sundida eraklast lahkuma.

„Sa pöördud tagasi kolmekümne päeva pärast." Kui jõudsin oma Kalkuta koju, sisenes minu meistri ettekuulutus koos minuga. Keegi sugulastest ei teinud minu hüplike otsuste aadressil teravaid märkusi nagu ma kartsin.

Ronisin oma väiksesse ärklituppa ja vaatasin ümbritsevat südamlikult, justkui elavat olendit. Need seinad olid olnud mu meditatsioonide, minu *sadhana* pisarate ja tormide tunnistajaks. Nüüd olin ma jõudnud oma jumaliku õpetaja juurde nagu sadamasse.

„Poeg, ma olen õnnelik meie mõlema pärast." Isa ja mina istusime õhtuvaikuses. „Sa oled leidnud oma guru sama imepärasel viisil nagu leidsin kord enda oma. Lahiri Mahasaya püha käsi juhib meie elusid. Sinu õpetaja ei ole mitte ligipääsmatu Himaalaja pühak, ta elab meie lähedal. Mu palvetele on vastatud: sind ei ole Jumala otsingutel lõplikult minu vaateväljast eemaldatud."

Isa oli meelitatud, et minu ametlik haridustee jätkus – ta tegi vajalikud korraldused. Järgmisel päeval kanti mind lähedalasuva Kalkuta Šoti Kiriku Kolledži nimekirja.

Õnnelikud kuud lendasid. Mu lugejad on kahtlemata teinud taipliku oletuse, et mind võis suhteliselt vähe kohata kolledži klassiruumides. Serampore'i erakla oli liig vastupandamatu sööt. Õpetaja võttis minu kõikjalviibiva kohaloleku omaks kommentaarideta. Minu kergenduseks viitas ta harva kolledžile. Kuigi kõigile oli selge, et minust ei saa kunagi õpetlast, üritasin ma siiski saada aeg-ajalt minimaalseid eksamihindeid.

Igapäevane elu aašramis kulges sujuvalt, tuues harva muutuseid. Minu guru ärkas enne koitu. Lamades või istudes voodil, sisenes ta *samaadhi*[4] seisundisse. Oli ülimalt lihtne avastada, millal õpetaja oli üles ärganud: tema hämmastav norskamine[5] lõppes järsku. Ohe või kaks, vahest ka kehaliigutus. Järgnes helitu hingamisvaba seisund: õpetaja oli sügavas joogarõõmu seisundis.

Sellele ei järgnenud kohe hommikusööki – esmalt tuli pikk jalutuskäik mööda Gangese kallast. Need hommikused lonkimised koos oma

---

[4] Sõnasõnalt „kokku juhatama". Samaadhi on õndsusrikas üliteadvuse seisund, milles joogi tajub individuaalse hinge ja Kosmilise Vaimu ühtsust.

[5] Norskamine on psühholoogide sõnul täiusliku lõdvestumise tunnuseks.

## Joogi autobiograafia

guruga olid tõelised hetked ja siiani eredalt meeles! Meenutustes leian ma end tihti tema kõrvalt jalutamas – hommikupäike soojendamas jõge – õpetaja ehedast tarkusest rikas hääl kõrval helisemas.

Seejärel suplus, alles siis keskpäeva eine. Selle valmistamine oli vastavalt meistri igapäevastele juhistele noorte pühendunute ülesandeks. Minu guru oli taimetoitlane. Kuid enne mungaseisusse astumist oli ta söönud nii mune kui kala. Ta soovitas õpilastel järgida lihtsat kehalaadiga sobivat dieeti.

Meister sõi vähe – tihti kurkumi ja peedi või spinati mahlaga värvitud riisi, mis oli kergelt üle pritsitud pühvli *ghii* ehk selitatud võiga. Mõnel teisel päeval võis ta süüa läätse *dhali* või *tšanna*[6] karrit aedviljadega. Magustoiduks olid mangod või apelsinid riisipudinguga või leivapuu mahl.

Külalised ilmusid tavaliselt pärastlõunasel ajal. Neid voolas erakla vaikusse peatumatu vooluna. Igaüht kohtles õpetaja võrdse viisakuse ja lahkusega. Inimene, kes on teostanud end hingena, mitte aga keha või egona, tajub ülejäänud inimkonda rabavalt ühetaolisena.

Pühakute erapooletuse juured ulatuvad tarkusse. Nad on vabanenud muutliku *maaja* lummusest. Selle palgel vahelduvad arukad ja tobedad ilmed ei avalda talle enam mõju. Sri Yukteswar ei näidanud üles erilist taktitunnet nende suhtes, kes juhtusid olema mõjuvõimsad või meisterlikud ega pidanud ka tühiseks neid, kes elasid viletsuses või olid kirjaoskamatud. Ta võis austusega kuulata tõtt rääkivat last ja avalikult ignoreerida ennasttäis õpetlast.

Kell kaheksa õhtul oli õhtusöögi aeg ja vahetevahel võis sealt leida ka hilinevaid külalisi. Mu guru ei oleks endale andestanud, kui oleks pidanud sööma üksinda – keegi ei lahkunud aašramist tühja kõhuga või rahulolematult. Sri Yukteswar ei sattunud kunagi ootamatutest külalistest segadusse – piiratud toidukogus ilmus tema leidliku juhenduse all külaliste ette kui banketilaud. Samas oli ta kokkuhoidlik, tema mõõdukatest rahavarudest jätkus kauaks. „Tunne end oma rahakotiga mõnusalt," ütles ta tihti. „Ekstravagantsus toob sulle ebamugavust." Olgu need siis erakla ajaviite-, ehitus- ja remonditööde küsimused või siis teised praktilised mured – igal pool ilmutas meister loova vaimu originaalsust.

---

[6] *Dal* on paks supp, mis on valmistatud poolikutest hernestest või teistest kaunviljadest. *Tšanna* on tehtud värskest kalgendatud piimast, tihti kuubikuteks lõigatud juustust ning valmistatud kartulite ja karriga.

*Aastad õpetaja eraklas*

Vaiksed õhtutunnid tõid kaasa vestluseid guruga, mis olid kui ajatud aarded. Iga tema ütlust oli mõõtnud ja tahunud tarkus. Ülev veendumus märgistas tema väljendusviisi – see oli unikaalne. Minu kogemuse põhjal kõneles ta isesuguselt. Tema mõtted olid enne sõnadeks vormumist kaalutud delikaatses eristamises. Kõikjaletungiva tõe olemus levis nagu füsioloogiline lõhn. Teadsin alati, et olin Elava Jumala ilmutuse juures. Tema jumalikkuse jõul kummardus mu pea tema ees automaatselt.

Kui hilised külalised tabasid Sri Yukteswari Mõõtmatusse süüvimas, haaras ta nad kiiresti vestlusse. Meister ei olnud võimeline mingit välist poosi võtma või endasse tõmbumisega uhkeldama. Olles alati üks Jumalaga, ei vajanud ta selleks eraldi aega. Eneseteostuse saavutanud meister oli juba mediteerimise trepiastme seljataha jätnud. „Lill langeb, kui vili nähtavale ilmub." Ent pühakud järgivad kindlaid tegevusvorme järgijate julgustamiseks.

Kesköö saabudes võis mu guru lapseliku loomulikkusega tukastada. Magamisasemega polnud vaja vaeva näha. Tihti heitis ta oma tavapärase tiigrinahast istme taga asetsevale kitsale sohvale pikali isegi ilma padjata.

Haruldane ei olnud ka kogu öö vältav filosoofiline arutelu – iga õpilane võis selle suure huvi korral ise algatada. Sellistel kordadel ei tundnud ma mingit väsimust, ei mingit magamise soovi – õpetaja elavatest sõnadest piisas. „Oh, juba koidab! Mingem Gangese äärde jalutama." Nii lõppesid paljud minu öistest hingekosutustest.

Minu esimesed kuud Sri Yukteswariga tipnesid kasuliku õppetunniga, kuidas sääske üle kavaldada. Kodus kasutas mu pere öösel alati kaitsvaid baldahhiinkardinaid. Olin ärevuses, kui avastasin, et Serampore'i eraklas seda mõistlikku kommet ei kasutatud. Putukad olid kohal ja aina hammustasid. Mu gurul hakkas minust kahju:

„Osta endale sääsevõrk ja üks mulle ka," ta naeris ja lisas: „kui sa ostad vaid ühe, enda jaoks, siis keskenduvad kõik sääsed minule!"

Kuuletusin enam kui tänulikult. Iga öö, mille kestel ma Serampore'is viibisin, palus guru mul une ajaks võrgud korda seada.

Ühel ööl kui sääskede pilv meid ümbritses, ei andnud meister oma tavalisi juhiseid. Kuulasin närviliselt putukate ootavat pinisemist. Minnes voodisse, saatsin nende oletatava asukoha suunas lendu lepitava palve. Pool tundi hiljem, kõhatasin nõudlikult, et tõmmata endale guru tähelepanu. Mõtlesin, et lähen hammustustest ja putukate verejanulisest pinisemise riitusest hulluks.

*109*

## Joogi autobiograafia

Ei mingit vastust. Lähenesin õpetajale ettevaatlikult. Ta ei hinganud. See oli esimene kord, mil vaatlesin joogatransis õpetajat – ma tundsin hirmu.

„Ta süda on üles öelnud!" Asetasin peegli tema nina alla – mingit hingeõhku sealt ei tulnud. Et olla kahekordselt veendunud, sulgesin tema suu ja ninasõõrmed paariks minutiks oma sõrmedega. Tema keha oli külm ja liikumatu. Vapustatuna pöördusin abi kutsumiseks ukse suunas.

„Nii! Lootustandev eksperimenteerija! Mu vaene nina!" Meistri hääl vappus naerust. „Miks sa magama ei lähe? Kas kogu maailm peaks sinu jaoks muutuma? Muuda ennast: vabane sääseteadvusest."

Läksin alandlikult voodisse tagasi. Ükski putukas ei tulnud ligi. Mõistsin, et mu guru oli eelnevalt kardinatega nõustunud, et olla minu meele järgi – temal ei olnud hirmu sääskede ees. Tema joogavõimed olid sellised, et ta hoidis tahte abil sääsed endast eemal või tõmbus oma sisemisse haavamatusse olekusse.

„Ta esitas mulle tõestuse," mõtlesin mina. „See ongi joogaseisund, mille saavutamist pean püüdlema."

„Joogi peab olema võimeline minema üliteadvusse ja püsima seal, vaatamata sellele, et siin maamunal leidub alati hulgaliselt segajaid. Olgu siis putukate suminas või kõikjaletungivas päikeselõõsas – meelte tajuvõime tuleb tõkestada. Esimeses ehk *savikalpa samaadhi* seisundis lülitab pühendunu välja kogu välise maailma – tasuks saab ta vastu palju eredamaid helisid ja vaateid sisemistest maailmadest kui rikkumatust Eedenist.[7]

Õpetlikud sääsed andsid teisegi tähtsa aašrami õppetunni. See juhtus veetleval loojangutunnil. Minu guru selgitas võrratult muistseid tekste. Püsisin tema jalge ees täiuslikus rahus. Idülli rikkus jämedal moel sääsk, hõivates mu tähelepanu. Kui too hakkas oma nahkaläbistava nõelaga minu reit puurima, tõstsin automaatselt kättemaksva käe. Loobu vältimatust hukkamisest! Õigeaegselt tuli mulle meelde üks Patandžali jooga aforismidest *ahimsa* (vägivallatu toimimise)[8] kohta.

---

[7] Kõikjaloleva joogi võimet, kus ta näeb, maitseb, nuusutab, puudutab ja kuuleb, ilma väliseid meelelisi organeid kasutamata, kirjeldatakse „*Taittiriya Aranyaka*'s" järgnevalt: „Pime mees tegi pärlisse augu, sõrmedeta pani niidi sellest läbi, kaelatu kandis ja keeletu ülistas seda."

[8] „Ahimsas (vägivallatuses) täiustunud inimese juuresolekul ei kerki vaenulikkust esile." – *Jooga Suutrad* II:35.

*Aastad õpetaja eraklas*

„Miks sa seda asja ära ei lõpetanud?" küsis meister.

„Õpetaja! Kas sa propageerid elude võtmist?"

„Ei, kuid surmahoop oli su mõtteis juba sääsele antud."

„Ma ei mõista."

„*Ahimsa* all mõtles Patandžali tapmise soovist loobumisest." Sri Yukteswar oli lugenud minu mentaalset protsessi kui avatud raamatut. „See maailm on *ahimsa* sõnasõnaliseks viljelemiseks ebamugavalt korraldatud. Inimene võib olla sunnitud kahjulikke olevusi maha lööma. Aga ta ei pruugi tunda viha ja vaenulikkust. Kõigil eluvormidel on võrdne õigus *maaja* õhule. Pühak, kes paljastab loomise saladuse, on harmoonias selle loetlematute mõistmatust tekitavate väljendustega. Kõik inimesed, kes ohjeldavad seesmise hävitamise kire, võivad saavutada selle mõistmise."

„Guruji, kas inimene peaks pigem ohverdama enda, kui tapma metslooma?"

„Ei, inimkeha on imeline. Sellel on unikaalne evolutsiooniline väärtus tänu oma ainulaadsele ajule ja selgrookeskustele. Need võimaldavad arenenud pühendunul täielikult haarata ja väljendada jumalikkuse ülevaid tahke. Ükski madalaim vorm ei ole varustatud sellisel moel. On tõsi, et inimene saab enda kanda väikese patuvõla, kui ta on sunnitud tapma looma või ükskõik, millise elava olendi. Kuid Veedad õpetavad, et põhjendamatu inimkeha kaotamine on tõsine karma seadusest üleastumine."

Ohkasin kergendatult – mitte alati pole võimalik oma intuitsiooni õigsust põhjendada pühakirja abil.

Nii palju kui ma tean, ei olnud meistril kunagi tulnud kokku puutuda leopardi või tiigriga. Kord seisis temaga silmitsi surmav kobra – vaid selleks, et saada alistatud minu guru armastusest. Ohtlik kohtumine leidis aset Puris, guru mereäärses eraklas. Sri Yukteswari järgija Prafulla oli tookord koos meistriga.

„Istusime õues aašrami lähistel," seletas Prafulla mulle. „Kobra ilmus välja lähedal – nelja jala pikkune, puhas õudus. Tema kael oli vihaselt puhevil, kui ta meie suunas liikus. Guru itsitas tervituseks, justnagu lapsele. Olin kohkunud, nähes meistrit rütmiliselt käsi plaksutamas[9]. Ta lõbustas jubedat külalist! Ma jäin täiesti vait, palvetades seesmiselt, mis

---

[9] Kobra salvab väledalt oma läheduses igat liikuvat objekti. Enamikul juhtudest on täielik liikumatus inimese ainsaks turvalootuseks.

Kobrat kardetakse Indias väga, see põhjustab aastas umbes viis tuhat surma.

iganes palveid ma suutsin meelde tuletada. Madu, olles meistrile väga lähedal, oli nüüd liikumatu, hellitavast suhtumisest nähtavalt magnetiseeritud. Õudusttekitav turi tõmbus pisitasa koomale – madu liugles õpetaja jalgade vahele ja kadus põõsastesse.

„Miks meister oma käsi liigutas ja miks kobra neid ei hammustanud, oli mulle siis mõistmatu," tegi Prafulla kokkuvõtte. „Olen mõistnud, et meie jumalik guru on väljaspool haigetsaamise hirmu, mida elavad olendid võiksid põhjustada."

Ühel mu aašramis viibimise esimeste kuude pärastlõunal avastasin endalt Sri Yukteswari läbitungiva pilgu.

„Sa oled liiga kõhn, Mukunda."

Tema märkus tabas hella kohta. Mu aukuvajanud silmad ja kõhn väljanägemine olid kaugel mulle meelepärasest. Lapsest saati oli mind jälitanud krooniline kõhukinnisus. Palju toonikupudeleid seisid kodus minu riiulil – kuid ükski ei aidanud mind. Vahel küsisin endalt kurvalt, et kas nii kehvakese kehaga on selle elu elamine üldse väärt.

„Meditsiinil on piirangud – looval elujõul ei ole ühtegi. Usu mind: sa saad terveks ja tugevaks."

Meistri sõnad veensid mind hetkega, et võin seda tõde edukalt iseenda elus rakendada. Ükski teine tervendaja (ja ma olin katsetanud paljusid!) ei olnud võimeline minus esile kutsuma sellist põhjapanevat usku.

Päev päevalt minu kehakaal tõusis ja tervis paranes! Sri Yukteswari varjatud õnnistuse toel kogusin kahe nädalaga kehakaalu, mida minevikus asjatult taotlesin. Minu kõhuhädad haihtusid jäädavalt.

Hiljem on mul olnud õnn olla oma guru jumaliku tervendamise tunnistajaks tuberkuloosi, diabeedi, epilepsia või halvatuse käes vaevlevate inimeste puhul.

„Olin aastaid tagasi samuti vähese kehakaalu pärast ärevil," ütles meister mulle üsna varsti peale seda, kui ta oli mind tervendanud. „Raskest haigusest kosudes külastasin Benareses Lahiri Mahasayat.

„Härra," ütlesin ma, „olin väga haige ja nüüd olen kehakaalus palju kaotanud."

"Või nii, Yukteswar,[10] tegid end haigeks ja nüüd mõtled, et oled kõhn."

---

[10] Lahiri Mahasaya ütles tegelikult „Priya" (meistri eesnimi), mitte „Yukteswar" (munga nimi, mida mu guru Lahiri Mahasaya eluajal veel ei kandnud) - vt lk 105.

„Yukteswar" on siia ja paari teise kohta selles raamatus lisatud selleks, et vältida kahe nime segiajamist.

Vastus oli kaugel sellest, mida olin oodanud – kuid mu guru lisas julgustavalt:

"Las ma vaatan: olen kindel, et homme peaksid sa end paremini tundma."

Minu vastuvõtlik mõistus võttis tema sõnu vihjena, et ta tervendab mind salaja. Järgmisel hommikul otsisin õpetaja üles ja teadustasin vaimustunult: „Härra, ma tunnen end täna palju paremini!"

"Tõesti! Täna annad sa endale jõudu."

"Ei, õpetaja!" protesteerisin mina. „Sina olid see, kes mind aitas – üle mitme nädala on see esimene kord, kui mul on üldse mingit energiat."

"Oo jaa! Sinu haigus on olnud vägagi tõsine. Su keha on veel nõder. Kes teab, kuidas temaga homme lood on?"

Mõte nõrkuse võimalikust naasmisest tõi mulle külmavärinad. Järgmisel hommikul lohistasin ma end vaevu Lahiri Mahasaya koduni.

"Härra, olen jälle haige."

Mu guru pilk oli küsiv. „Nii! Jälle kord tegutsesid sa endale vastu."

Minu kannatus oli otsas. "Gurudeva," ütlesin, „ma mõistan, et päevast päeva olete minu üle naernud. Ma ei mõista, miks te mu juttu ei usu."

"Tegelikult on need olnud vaid sinu mõtted, mis on sind pannud tundma end kordamööda nõrga ja tugevana." Mu guru vaatas mind kaastundlikult. „Sa oled näinud, kuis su tervis on järginud täpselt su alateadvuslikke ootusi. Mõte on jõud, sarnaselt elektrile ja külgetõmbejõule. Inimmõistus on Jumala kõikvõimsa teadvuse säde. Ma võiksin sulle näidata, et mida iganes sinu võimas mõistus väga tugevalt usub, teostub viivitamatult."

Teades, et Lahiri Mahasaya ei ajanud kunagi tühja juttu, pöördusin tema poole suure aukartuse ja tänulikkusega: „Meister, kui ma mõtlen, et mu tervis on korras ja ma olen saavutanud oma endise kehakaalu, kas saab see siis tõeks?"

"See on nii – isegi sellel hetkel juba." Mu guru rääkis tõsiselt, pilk keskendunud minu silmadel.

Ma tundsin hetkega mitte ainult jõu, vaid ka kehakaalu kasvu. Lahiri Mahasaya tõmbus vaikusse. Peale paari tundi tema jalge ees, pöördusin tagasi emakoju, kus ma Benareses viibides peatusin.

"Mu poeg! Mis viga on? Kas sul on vesitõve paistetus?" Ema uskus vaevu oma silmi. Mu keha oli nüüd samades mõõtudes, kui enne haigust.

Kaalusin end ja leidsin, et ühe päevaga olin ma juurde võtnud viiskümmend naela – see kehakaal jäi mulle alatiseks. Sõbrad ja tuttavad, kes olid näinud mu kõhna kuju, olid imestusest rabatud. Mitmed neist muutsid oma elustiili ja hakkasid selle ime tulemusena Lahiri Mahasaya järgijaiks."

Mu guru, olles ärkvel Jumalas, teadis, et see maailm pole muud kui kuju võtnud Looja unistus. Kuna Lahiri Mahasaya oli täiesti teadlik oma ühtsusest Jumaliku Unistajaga, võis ta materialiseerida või dematerialiseerida või teha ükskõik, milliseid oma soovile vastavaid muutusi nähtava maailma unistuste aatomites.[11]

„Kogu loomine allub seadusele," tegi Sri Yukteswar kokkuvõtte. „Neid seadusi, mis ilmutavad end välises universumis, ja mida teadlastel on võimalik avastada, kutsutakse loodusseadusteks. Kuid on olemas peenemaid teadvuse varjatud plaane – teadvuse sisemaailmas valitsevaid seaduseid saab mõista vaid joogateaduse abil. Mitte füüsikateadlane, vaid täieliku eneseteostuse saavutanud meister võib tunda mateeria tõelist olemust. Selliste teadmiste abil oli Kristus võimeline taastama sulase kõrva peale seda, kui üks tema järgijatest selle küljest lõi."[12]

Sri Yukteswar oli võrreldamatu pühakirjade tõlgendaja. Paljud minu õnnelikematest mälestustest on seotud tema õpetustega. Ent meistri kalliskivide sarnaseid mõtteid ei heidetud hoolimatuse ega rumaluse mudasse. Piisas ühest minu püsimatust kehaliigutusest või kergest süvenemise vääratusest, et panna äkiline punkt õpetaja seletusele.

„Sind pole siin." Sellise paljastusega katkestas meister ühel pärastlõunal oma esinemise. Nagu tavaliselt, jälgis ta minu tähelepanelikkust hävitava vahedusega.

„Guruji!" kõlas protest mu hääletoonis. „Ma ei ole seganud, mu silmalaud isegi ei ole liikunud, ma võin korrata iga sinu öeldud sõna!"

„Vaatamata sellele ei olnud sa täielikult minuga. Sinu vastulaused sunnivad mind märkima, et oma mõtetes tegelesid sa kolme rajatise loomisega. Need olid metsasel tasandikul, mäe tipus ja ookeani ääres asuvad eraklad."

---

[11] „Mistahes asju te ka palves soovite, uskuge, et te saate nad kätte ja te saategi nad." – Markuse 11:24. Jumalaga ühinenud meistrid on täielikult võimelised kandma oma jumalikud teostused üle edenenud järgijaile, nagu Lahiri Mahasaya tegi seda Sri Yukteswarile puhul.

[12] „Ja üks neist lõi ülempreestri sulast ning raius maha tema parema kõrva. Aga Jeesus kostis: „Jätke see!" Ja ta puudutas tema kõrva ja tegi ta terveks." – Luuka 22:50-51.

## Aastad õpetaja eraklas

Nood ähmaselt vormitud mõtted olid tõesti mu alateadvuses. Heitsin õpetajale vabandava pilgu.

„Mida ma peale hakkan, kui mul on õpetaja, kes tungib isegi pistelistesse mõtisklustesse!"

„Sa andsid mulle sellise õiguse. Minu tõlgendatavad peenemad tõed ei ole hoomatavad ilma sinupoolse täieliku keskendumiseta. Ma ei tungi ilma vajaduseta teiste mõistusse. Salajane mõtetes ringiuitamine on inimese loomulik privileeg. Kutsumata ei sisene sinna Issand ega söanda ka mina sellist sissetungi."

„Te olete alati teretulnud, õpetaja!"

„Sinu arhitektuurilised unistused materialiseeruvad hiljem. Hetkel on aga õppimise aeg!"

Nii muuseas ja lihtsal moel teavitas guru mind minu elus asetleidvast kolmest suurest sündmusest. Varasest noorusest saadik on mul olnud mõistatuslikke põgusaid nägemusi kolmest erinevas paigas asuvast ehitisest. Lõpuks võtsid need nägemused täpselt Sri Yukteswari toodud järjestuses kuju. Kõige esmalt rajasin Ranchi tasandikul asuva poiste joogakooli, siis Los Angelese mäetipul asuva peakorteri ja viimaks Lõuna-Californias Vaikse ookeani kaldal asuva erakla.

Meister ei öelnud kunagi kõrgilt: „Ma ennustan, et selline ja selline sündmus leiab aset!" Pigem ta vihjas: „Kas sa ei mõtle, et see võib juhtuda?" Kuid tema lihtne kõne varjas prohvetlikku väge. Ta ei võtnud kunagi oma lubadusi tagasi ja mitte kunagi ei osutunud tema põgusalt looritatud sõnad valeks.

Sri Yukteswar oli vaoshoitud ja asjalik. Ähmaste või veidrate nägemuste nägijat temas ei ilmnenud. Tema jalad olid kindlalt maas, tema pea taeva pelgupaigas. Praktilised inimesed tekitasid temas austust. „Pühakukuks olemine ei tähenda nüridust! Jumalikud tajud ei ole sandistavad!" tavatses ta öelda. „Vooruse aktiivne väljendamine teravdab arukust."

Mu guru kõneles kõrgematest maailmadest vastumeelselt. Tema ainus „imeline aura" tulenes täiuslikust lihtsusest. Vestlustes vältis ta jahmatamapanevaid viiteid, tegemistes väljendus sundimatult. Teised rääkisid imedest, kuid ei suutnud midagi näidata, Sri Yukteswar mainis harva peenemaid seaduseid, kuid juhtis saladuskatte all neid oma tahtega.

„Teostunud inimene ei tee ühtki imet, kuni ta saab selleks seesmise loa," seletas õpetaja. „Jumal ei soovi oma loomise saladusi valimatult avalikustada.[13] Samuti on igal inimesel selles maailmas võõrandamatu õigus vabale tahtele. Pühak ei ületa selle vabaduse piire."

Sri Yukteswari tava vaikida oli põhjustatud tema sügavast Mõõtmatu tajumisest. Tal ei jäänud aega üle lõpmatuteks „ilmutusteks", mis täidavad eneseteostuseta õpetajate päevi. Hindu pühakiri ütleb: „Madalas inimeses põhjustavad väikeste mõtete kalad palju sagimist. Ookeanilaadses mõistuses teevad inspiratsioonivaalad vaevu mõne pöörde."

Tänu mu guru silmatorkamatule maskeeringule tundsid vaid mõned kaasaegsed temas ära üliinimese. Populaarset mõttetera „Rumal on see, kes ei oska oma tarkust varjata" ei saa kunagi kasutada minu põhjaliku ja vaikse meistri puhul. Olles sündinud surelikuna nagu kõik teised, saavutas Sri Yukteswar aja ja ruumi Valitsejaga samastumise. Meister ei leidnud inimliku sulandamisel Jumalikuga ühtki ületamatut takistust. Mulle tundub, et sellist takistust ei olegi olemas, kui selleks pole just inimese vaimse seiklushimu puudumine.

Olin alati elevil Sri Yukteswari pühade jalgade puudutamisest. Õpilane on vaimselt magnetiseeritud austusväärsest kontaktist õpetajaga – selliselt luuakse peen energia. Pühendunu ajus olevad soovimatud harjumuse mehhanismid põletatakse tihti niiviisi ära – tema maiste kalduvuste rutiin saab seeläbi edukalt häiritud. Ta võib leida vähemalt hetkeks salajase *maaja* loori avatuna ja näha põgusalt õndsuse tegelikkust. Kogu mu keha vastas vabastava hõõgumisega, mil iganes ma India kombe kohaselt oma guru ees kummardusin.

„Isegi kui Lahiri Mahasaya vaikis," kõneles meister mulle, „või kui ta kõneles mõnel teisel, mitte rangelt usulisel teemal – ikkagi avastasin, et ta oli mulle üle kandnud sõnul seletamatu teadmise."

Sri Yukteswar mõjutas mind samal moel. Kui ma sisenesin eraklasse mureliku või ükskõikse mõttelaadiga, muutus mu suhtumine tajumatu kergusega. Tervendav rahu laskus mu peale paljast guru nägemisest. Iga päev temaga oli uus rõõmu, rahu ja tarkuse kogemus. Samuti ei leidnud ma kunagi teda eksitusse sattununa või joobnuna ahnusest, vihast või inimlikust kiindumusest.

„*Maaja* pimedus läheneb vaikselt. Kihutagem sisemisse koju."
Nende loojangul lausutud sõnadega tuletas meister oma õpilastele

---

[13] „Ärge andke seda, mis on püha, koertele, ja ärge heitke oma pärleid sigade ette, et nad neid ei tallaks oma jalgadega ega pöörduks tagasi ja teid lõhki ei kisuks!" - Matteuse 7:6.

## Aastad õpetaja eraklas

pidevalt meelde vajadust *kriija jooga* järele. Aeg-ajalt väljendas mõni uus õpilane jooga viljelemise alustamisel kahtlust iseenda väärtuse üle. „Unustage minevik," tavatses Sri Yukteswar teda lohutada. „Kõigi inimeste varasemas elus on palju häbiväärset. Inimkäitumine on kuni Jumala ankrupaika jõudmiseni alati ebausaldusväärne. Kõik muutub tulevikus, kui te teete vaimse pingutuse nüüd."

Õpetajal olid alati eraklas noored õpilased, *tšelad*. Nende vaimne ja intellektuaalne haridus oli õpetaja eluaegseks huviks: isegi veidi enne oma lahkumist võttis ta erakla asukatena koolitada kaks kuueaastast poissi ja ühe kuueteistaastase nooruki. Kõiki tema hoolealuseid treeniti hoolikalt – sõnad distsipliin ja *disciple* ehk järgija on etümoloogiliselt ja praktiliselt omavahel seotud.

Aašrami asukad armastasid ja austasid oma guru, tema põgusast käteplaksutusest piisas, et tuua neid innukatena tema kõrvale. Kui ta oli vaikuses ja sissepoole pöördunud, ei tihanud keegi rääkida. Kui kajas tema rõõmsameelne naer, vaatasid lapsedki teda kui omasugust.

Sri Yukteswar palus harva kellelgi end isiklikult teenida ja samuti ei võtnud ta vastu õpilaste abi, kui seda just rõõmuga ei pakutud. Meister pesi ise oma riideid, kui õpilased selle ülesande täitmata olid jätnud.

Tema traditsiooniliseks rõivaks oli ookrikarva svaamirüü. Ruumis kandis ta paelteta jalatseid, mis olid vastavalt joogide kombele tehtud tiigri- või hirvenahast.

Sri Yukteswar kõneles soravalt inglise, prantsuse, hindi ja bengali keelt, tema sanskrit oli kaunis. Ta juhendas kannatlikult oma noortele õpilastele teatud otseteid, mis ta inglise ja sanskriti keele õppimiseks oli geniaalselt kavandanud.

Meister ei olnud oma keha külge kiindunud, kuid oli sellest teadlik. Jumalik, märkis ta, ilmutab end läbi füüsilise ja mentaalse mõistlikkuse. Ta taunis igasugust äärmuslikkust. Üks pühendunu alustas kord pikka paastu. Mu guru naeris vaid selle peale: „Miks mitte visata koerale konti?"[14]

Sri Yukteswari tervis oli suurepärane, ma ei näinud kunagi teda tõbisena.[15] Näidates üles austust maiste kommete vastu, lubas ta õpilastel soovi korral arstidega konsulteerida. „Arstid," ütles ta, „peavad tegema oma tervendamise tööd, kohaldades Jumala seaduseid materias."

---
[14] Mu guru kiitis paastumise kui ideaalse kehapuhastamise meetodi heaks, kuid see konkreetne järgija oli ülearu hõivatud oma kehaga.

[15] Ta oli ükskord Kašmiiris haige, kui mind ei olnud temaga (vt lk 197).

Samas ta ülistas mõtteravi ülimuslikkust ja kordas tihti: „Tarkus on suurim puhastaja."

Ta rääkis oma õpilastele: „Keha on reetlik sõber. Anna kehale, mis talle kohane, ei enam," ütles ta. „Valu ja nauding on mööduvad nähtused. Kannatage kõiki duaalsuseid rahulikult, püüdes samas eemalduda nende mõjuvõimu alt. Ettekujutlus on uks, mille kaudu sisenevad nii haigus kui tervenemine. Ärge uskuge haiguse tõesusse, isegi kui te olete haige, siis teie kutsumata külaline põgeneb!"

Meister luges paljusid arste oma järgijateks. „Need, kes on füsioloogiat õppinud, peaksid minema edasi ja uurima hingeteadust," rääkis ta neile. „Just kehalise ülesehituse taga peitubki imepeen vaimne mehhanism."[16]

Sri Yukteswar andis oma õpilastele nõu olla elavateks lääne ja ida vooruste esindajateks. Olles välistelt kommetelt õhtumaine teejuht, oli ta seesmiselt vaimne hommikumaalane. Ta ülistas edumeelse, leidliku ja hügieeni austava lääne kombestikku ning religioosseid ideaale, mis heidavad idale sajanditevanuse aupaiste.

Distsipliin ei olnud mulle võõras: kodus oli isa range, Ananta tihti karm. Kuid Sri Yukteswari treenimist ei saanud iseloomustada kuidagi teisiti kui äärmuslikku. Olles perfektsionist, oli mu guru õpilaste suhtes ülikriitiline – olgu selleks kas argiteemad või käitumise peened üksikasjad.

„Head maneerid ilma siiruseta on nagu surnud kaunis daam," märkis ta sobival juhul. „Otsekohesus ilma viisakuseta on nagu kirurgi nuga, mis on efektiivne, kuid ebameeldiv. Siirus koos peenekombelisusega on kasulik ja imetlusväärne."

Meister oli ilmselt rahul mu vaimse edenemisega, sest ta viitas sellele harva. Muudes asjades ei olnud hukkamõist mu kõrvadele aga sugugi võõras. Minu pihta suunatud etteheidetes nimetas guru mind hajameelseks, kurva meeleolu nautlejaks, teatud etiketi reeglitest mitte kinnipidajaks.

---

[16] Vapper meedik, Charles Robert Richet, kellele anti Nobeli preemia füsioloogias, kirjutas järgnevalt: „Metafüüsika ei ole veel ametlikult teaduse kui sellisena tunnustatud. Kuid see juhtub ... Edinburghis olin ma 100 füsioloogi ees võimeline kinnitama, et meie viis meelt pole ainsad teadmiste saamise vahendid ja et tegelikkuse fragment jõuab vahel pähe teistmoodi ... Et fakt on haruldane, ei tähenda veel, et teda pole olemas. Kuna uurimine on raskendatud, kas see on siis põhjus mittemõistmiseks? Need, kes on nöökinud metafüüsikat kui okultset teadust, saavad samuti häbistatud nagu nood, kes nöökisid keemia kallal, pidades tarkade kivi otsimist illusoorseks tegevuseks ... On vaid Lavoisier', Claude Bernard'i ja Pasteuri põhimõtted – olla *eksperimenteeriv* kõikjal ja alati. Tervitused seega siis uuele teadusele, mis muudab inimmõtte orientatsiooni."

## Aastad õpetaja eraklas

„Jälgi, kuidas su isa Bhagabati tegevused on hästi korraldatud ja igal moel tasakaalus," osutas mu guru. Kaks Lahiri Mahasaya järgijat olid kohtunud peatselt peale mu Serampore palverännakute algust. Isa ja meister hindasid imetlevalt teineteist. Mõlemad olid ehitanud üles vaimse graniidi alusmüürile rajaneva ja ajastutes lahustumatu kauni sisemise elu.

Olin oma varasema elu ajutistelt õpetajatelt omandanud mõningad väärad õppetunnid. Mulle öeldi, et õpilane ei pea end visalt vaevama maiste kohustustega – mind ei karistatud, kui jätsin oma ülesanded hooletusse või ei teinud neid korralikult. Inimloomusel on hõlbus sellist juhendamist omaks võtta. Kuid meistri säästmatu piitsa all paranesin ma peagi vastutustundetuse meeldivast eksikujutlusest.

„Need, kes selle maailma jaoks on liiga head, võtavad endale ehteks mõne teise," märkis Sri Yukteswar ühel päeval. „Nii kaua kui sa hingad planeet Maa vaba õhku, lasub sul kohustus tänulikult teisi teenida. Ainult see, kes on täielikult saavutanud hingamisvaba seisundi[17], on vaba kosmilistest kohustustest." Ta lisas kuivalt: „Ma ei jäta sulle ütlemata, kui sa lõpliku täiuslikkuse oled saavutanud."

Mu gurut ei olnud võimalik altkäemaksuga ära osta, isegi mitte armastuse kaudu. Ta ei näidanud leebust üles kellegi suhtes, kes end minu kombel vabatahtlikult tema õpilasteks pakkusid. Olles ümbritsetud tema õpilastest või võõrastest või kahekesi, alati kõneles ta lihtsalt ja hurjutava teravusega. Ükski tühine vääratus madalusse või vasturääkivusse ei pääsenud tema noomitusest. Sellise kohtlemise vasarat oli raske välja kannatada, kuid otsustasin, et lasen Sri Yukteswaril välja tahuda kõik minu psühholoogilised kiiksud. Selle titaanliku ümberkujundamise aegadel vankusin ma palju kordi raskuse all.

„Kui sulle mu sõnad ei meeldi, siis on sul vabadus iga kell lahkuda," kinnitas meister mulle. „Ma ei taha midagi peale teie endi paremaks muutumise. Jää ainult siis, kui sa tunned, et saad sellest kasu."

Olen mõõtmatult tänulik hoopide eest, mis tabasid minu edevust ja muutsid mind alandlikuks. Piltlikult väljendudes avastas ja eemaldas õpetaja minu lõualuust kõik haiged hambad. Inimese isekust on raske tooruseta välja juurida. Selle eemaldamisel leiab Jumalik viimaks eest avatud kanali. Asjatult püüab ta läbi imbuda isekuse kivikõvast südamest.

---

[17] Samaadhi: üliteadvus. Minu arust on see üksikhinge ühtsus üliteadvusega ...

Sri Yukteswari intuitsioon oli läbitungiv, märkustest hoolimata vastas ta tihti kellegi väljaütlemata mõtetele. Sõnad, mida keegi kasutab ja nende taga olevad tegelikud mõtted võivad olla täiesti vastandlikud. „Püüdke rahunenud mõistuse abil tunda mõtteid inimeste segase sõnatulva taga," ütles mu guru.

Jumaliku pilgu avaldusi on maistel kõrvadel tihti valus kuulata – meister ei olnud pealiskaudsete õppurite hulgas populaarne. Targad, keda oli alati vaid käputäis, tundsid tema vastu sügavat austust.

Julgen öelda, et Sri Yukteswar oleks olnud kõige otsitum guru terves Indias, kui tema sõnad poleks olnud nii otsekohesed ja nii hukkamõistvad.

„Ma olen nendega karm, kes minu juurde õppust saama tulevad," tunnistas ta mulle. „See on minu viis – võta või jäta! Ma ei tee iial mingeid järeleandmisi. Kuid sina saad oma õpilastega olema palju heatahtlikum: see on sinu viis. Ma ei tee kunagi kompromisse. Kuid teie võite olla oma järgijatega palju leebemad, see on teie tee. Ma püüan puhastada tõsiduse tules, see kõrvetab keskmisest taluvusest sügavamalt. Õrn armastusega lähenemine on samuti ümberkujundava toimega. Paindumatud ja pehmed meetodid on võrdselt efektiivsed, kui neid tarkusega rakendada. Sina lähed võõrastesse maadesse, kus nüri rünnakut egole heaks ei kiideta. Õpetaja ei saa levitada India õpetust läänes ilma rikkaliku vastutuleliku kannatlikkuse ja taluvuse varuta." (Ma keeldun ütlemast, kui tihti ma Ameerikas meistri sõnu meenutasin).

Kuigi Sri Yukteswari karm kõnepruuk hoidis teda Maal suurest järgijate hulgast, elab tema vaim tänapäeval tema õpetusi siiralt omandavates arvukates õpilastes. Sõjamehed, nagu Aleksander Suur, otsivad maist valitsemist, meistrid nagu Sri Yukteswar, võidavad inimeste hinges olevaid valdusi.

Meistri praktikaks oli välja tuua oma järgijate väiksemadki puudused. Isa saabus ühel päeval Sri Yukteswarile austust avaldama. Mu vanem ootas kindlasti mõnd sõna järeltulija kiituseks. Muidugi šokeeris teda pikk nimekiri minu puudustest. Isa tormas mind otsima.

„Sinu guru märkuste põhjal mõtlesin, et leian su täieliku inimvarena!" Isal oli korraga näol nii nutt kui naer.

Ainus kord sain Sri Yukteswari pahameelt tunda siis, kui püüdsin tema õrnale vihjele vaatamata üht meest vaimsele teele pöörata.

Nördinult otsisin ma oma guru kiirustades üles. Ta ootas mind mahapööratud pilguga, justkui oleks milleski süüdi. See oli ainus kord, kus nägin jumalikku lõvi end minu ees alandlikuks muutmas. See oli ainulaadne hetk.

„Härra, miks te mind nii halastamatult mu hämmingus isa ees süüdistasite? Kas see oli õiglane?"

„Ma ei tee seda enam." Sri Yukteswari toon oli andekspaluv.

Olin hetkega relvituks tehtud. Kui varmalt tunnistas suur inimene oma viga! Kuigi meister ei ärritanud enam kunagi mu isa meelerahu, jätkas ta järelejätmatult minu lahkamist, kus ja millal iganes seda vajalikuks pidas.

Tihti ühinesid uued järgijad Sri Yukteswariga kurnavas kritiseerimises. Targad nagu guru! Veatu eristamisvõime eeskujud! Kuid see, kes võtab ette rünnaku, ei tohi olla kaitsetu. Samad väiklased õpilased põgenesid tormates niipea, kui meister oma eritluse nooletupest nende suunas avalikult mõned nooled lendu lasi.

„Vaevutajutavad sisemised nõrkused, mis tõstavad mässu vähimagi kriitika peale, on nagu põletikus ihuliikmed, mis põrkuvad tagasi isegi delikaatsest puudutusest," kõlas Sri Yukteswari lõbus kommentaar kerglaste kohta.

Paljudel püüdlejatel oli gurust enne temaga kohtumist tekkinud oma nägemus, mille kohaselt nad siis ka tema sõnu ja tegusid hindasid. Sellised õpilased kaebasid tihti, et nad ei saa Sri Yukteswarist aru.

„Ega hooma te ka Jumalat!" vastasin ühel sellisel puhul neile. „Kui pühak oleks teie jaoks selge, oleksite te ise pühak!" Kes söandaks triljonite müsteeriumite kõrval küsida, kas õpetaja põhjatu olemus on hetkega hoomatav?

Õpilased tulid ja lahkusid. Need, kes igatsesid kerget teed – kohese kaastunde teed ja lohutavat, inimlike teenete eest saadavat tunnustust, ei leidnud seda eraklast. Meister pakkus järgijaile peavarju ja hoolt igavikeks, kuid paljud õpilased nõudsid kannatamatult palsamit ka egole. Nad lahkusid, eelistades elu lugematuid alandusi. Sri Yukteswari põletavad kiired, tema tarkuse läbitungiv paiste oli liiga võimas nende vaimse tõve jaoks. Nad otsisid mõnd vähemat õpetajat, et jätkata meelituste varjus ignorantsuse katkendlikku und.

Oma esimeste meistriga veedetud kuude kestel kogesin tundlikku hirmu tema noomituste ees. Nagu ma varsti nägin, teostati neid eluslahkamisi nende peal, kes nagu minagi olid palunud end distsiplineerida. Kui mõni libe õpilane protesteeris, jäi Sri Yukteswar solvumata vait. Tema sõnad ei olnud kunagi raevunud, vaid neutraalsed ja tarkusest täidetud.

Ükski õpetaja vihje polnud mõeldud pealiskaudsete külaliste ettevalmistamata kõrvadele – harva tegi ta märkusi isegi nende nähtavate vigade aadressil. Kuid tema nõuannet otsivate õpilaste suhtes tundis Sri Yukteswar tõsist vastutust. Tõesti, vapper on see guru, kes võtab ette egost läbiimbunud inimkonna toore maagi ümbertöötlemise! Pühaku julgus peitub tema kaastundes *maajast* eksitatud inimeste ja maailma komberdava pimeduse vastu.

Kui ma olin hüljanud käegalöömise, avastasin, et manitsusi jäi vähemaks. Väga peenel moel sulasid meistri võrdlused pehmemaks. Aja möödudes tegin maatasa kõik ratsionaalsed ja alateadlikud[18] reserveerituse müürid, mille taha inimisiksus end üldiselt varjab. Selle tasuks oli pingutustevaba harmoonia guruga. Avastasin, et ta on usaldav, taktitundeline ja vaikselt armastav. Ta ei lausunud ühtki poolehoidu väljendavat sõna.

Minu temperament on põhimõtteliselt pühendumuslik. Alguses ajas mind segadusse, kui ma nägin, et mu guru, kes oli küllastunud *gnjaanast* ning näiliselt leige viljelema *bhaktit*[19], väljendas end vaid kaleda vaimse matemaatika terminites. Ent kui häälestusin tema olemusele, avastasin, et minu pühendumus Jumalale kasvas, mitte ei kahanenud. Eneseteostuse saavutanud meister on võimeline juhatama erinevaid järgijaid nende endi põhiolemusliku loomuse kalduvust arvestades.

Minu suhe Sri Yukteswariga oli kuidagi segane, kuid sel oli peidetud ilu. Tajusin tihti tema juuresolekul vaikust, mis muutis kõne mõttetuks. Istudes tasakesi õpetaja kõrval, tundsin tema küllust enda olemusse üle voolamas.

Meistri erapooletu suhtumine avaldus minu esimese kolledžiaasta suvevaheajal. Olin oodanud neid pideva koosolemise kuid Serampore'is.

„Sa võid võtta enda kanda vastutuse erakla juhtimise eest."
Sri Yukteswari rõõmustas minu entusiastlik saabumine. „Sinu

---

[18] „Meie alateadvuslikku ja teadvuslikku olemust kroonib üliteadvus," nentis rabi Israel H. Levinthal oma New Yorgis toimunud loengul. „Palju aastaid tagasi vihjas inglise psühholoog F. W. H. Myers: „Sügaval meie olemuses on peidus prügihunnik, aga samuti ka varakamber". Vastupidiselt psühholoogiale, mis keskendab kõik oma uuringud inimese loomuses olevale alateadvuslikule prügile, keskendub uus üliteadvuse psühholoogia oma tähelepanu sellele varakambrile – piirkonnale, mis üksinda võib lahti seletada inimeste suuri, isetuid ja kangelaslikke tegusid."

[19] *Gnjaana* ehk tarkus ja bhakti ehk pühendumine – kaks peamistest teed Jumala juurde.

*Aastad õpetaja eraklas*

kohustusteks on nüüd vastu võtta külalisi ning pidada järelvalvet teiste järgijate töö üle."

Kahe nädala pärast võeti eraklasse õppima noor Ida-Bengali külapoiss Kumar. Olles märkimisväärselt arukas, võitis ta kiiresti meistri kiindumuse. Mingil hoomamatul põhjusel oli Sri Yukteswar uue asuka suhtes väga leebe.

„Mukunda, lase Kumaril oma kohustused üle võtta. Kasuta oma aega koristamiseks ja toiduvalmistamiseks." Õpetaja andis sellised juhtnöörid, kui uus poiss oli meiega olnud kuu aega.

Vaimustunud liidri rollist, võttis Kumar kasutusele pisikese koduse türannia. Vaikses mässus otsisid teised järgijad mind iga päev üles, et nõu küsida. Selline olukord kestis kolm nädalat, siis kuulsin pealt Kumari ja meistri vahelist vestlust:

„Mukunda on võimatu! Sa tegid mind ülevaatajaks, kuid teised lähevad tema juurde ja kuuletuvad talle."

„Seepärast määrasingi tema kööki ja sinu salongi, et saaksid teada – väärt liidril on soov teenida, mitte domineerida." Sri Yukteswari laastav toon oli Kumarile uus. „Sa tahtsid Mukunda positsiooni, kuid ei suutnud seda väärida ja hoida. Mine nüüd tagasi oma varasemale tööle koka abilisena."

Peale seda alandlikkust õpetavat juhtumit taastas meister Kumari suhtes endise ebatavalise andeksandva suhtumise. Kes suudaks lahendada kiindumuse müsteeriumit? Meie guru avastas Kumaris meeldivuse allika, mis ei laienenud teistele järgijatele. Kuigi uus poiss oli ilmselgelt Sri Yukteswari lemmik, ei tundnud ma ärevust. Isegi meistritel on isikupäraseid jooni, mis lisavad elumustrisse keerukust. Minu loomuses oli püüelda Sri Yukteswarilt suuremat kasu kui seda on väline kiitus.

Kumar rääkis minuga ühel päeval põhjuseta kihvtiselt – see haavas mind väga.

„Sinu pea paistetab, kuni plahvatab," lisasin ma hoiatuse, mille tõde tundsin intuitiivselt: „Kui sa oma käitumist ei paranda, palutakse sul ühel päeval siit aašramist lahkuda."

Naerdes sarkastiliselt, kordas Kumar tuppa sisenenud gurule minu märkust. Oodates pragamist tõmbusin ma vagusalt nurka.

„Vahest on Mukundal õigus." Meistri vastus poisile kõlas ebahariliku külmusega. Pääsesin peapesuta.

Aasta hiljem läks Kumar oma lapsepõlvekodu külastama. Ta eiras Sri Yukteswari vaikset hukkamõistu, kuigi viimane ei kontrollinud kunagi käskivalt järgijate liikumist. Paari kuu möödudes, kui poiss Serampore'i tagasi saabus, oli muutus ebameeldivalt ilmne. Kadunud oli häirimatult särava näoga väärikas Kumar. Meie ees seisis tavaline, hiljuti mitmeid halbu harjumusi omandanud talupoeg.

Meister kutsus mind enda juurde ja arutas murtud südamega tõsiasja, et poiss oli nüüd erakliku mungaelu jaoks sobimatu.

„Mukunda, jätan sinu hooleks Kumari juhendamise, et ta homme aašramist lahkuks – mina seda teha ei suuda!" Pisarad tulid Sri Yukteswaril silmi, kuid ta võttis end kiiresti kontrolli alla. „Poiss ei oleks kunagi langenud neisse sügavustesse, kui ta oleks mind kuulanud ega soovimatu seltskonnaga ühinemiseks lahkunud. Ta hülgas mu kaitse – tema guruks saab südametu maailm."

Kumari lahkumine ei toonud mulle mingit vaimustust. Imestasin kurvalt, kuidas saab keegi, kel on õpetaja armastust võitev vägi, iial odavatele ahvatlustele vastata. Veini ja seksi nautimise juured peituvad inimloomuses, selleks, et neist lõbu tunda, pole vaja kõrgendatud tajuvõimeid. Meelelised ahvatlused on võrreldavad igihalja oleandri lõhnavate ja mitmevärviliste õitega: iga taimeosa on mürgine.[20] Tervenemise maailm asub sisimas, kiirates õnne, mida nii pimedalt on tuhandetest välistest suundadest otsitud.

„Sädelev arukus on kaheteraline," viitas meister kord Kumari briljantse mõistuse kohta. „Seda saab kasutada noa kombel, kas ülesehitavalt või hävitavalt – ignorantsuse paise eemaldamiseks või enda pea maha lõikamiseks. Arukust saab õigesti suunata vaid siis, kui mõistus on teadvustanud vaimse seaduse vältimatust."

Minu guru segunes vabalt nii mees- kui naisjärgijatega, koheldes kõiki oma lastena. Tajudes nende hingede võrdsust, ei näidanud ta mingit eristamist ega eelistamist.

„Magades te ei tea, kas te olete mees või naine," ütles ta. „Just nagu naisena esinev mees ei saa selleks, jääb ka nii mehe kui naisena esinev hing muutumatuks. Hing on puhas, muutumatu Jumala kujutis."

Sri Yukteswar ei süüdistanud kunagi naisi „meeste langemises". Ta viitas, et ka naised peavad seisma silmitsi kiusatusega vastassoo suhtes.

---

[20] „Oma ärkveloleku seisundis teeb inimene lugematuid jõupingutusi meeleliste naudingute suunas. Kui kõik meelelised organid on kurnatud, unustab ta isegi käsiloleva naudingu ja läheb magama, et nautida puhkust hinges, oma tõelises olemuses," on suur vedantist Šankara kirjutanud. „Meelteülene õndsus on seega äärmiselt kergesti saavutatav ja on kaugelt üle alati vastikuses lõppevatest meelelistest rõõmudest."

## Aastad õpetaja eraklas

Uurisin kord meistrilt, miks üks suur muistne pühak oli naisi „põrgu väravaks" kutsunud.

„Tütarlaps pidi olema pühaku varases elus tema meelerahule suureks tüliks," vastas mu guru salvavalt. „Muidu ei oleks pühak süüdistanud naist, vaid ebatäiust enesekontrollis."

Kui mõni külastaja julges eraklas ahvatlusest lugusid jutustada, säilitas meister ükskõikse vaikuse. „Ärge lubage end meelitada kauni näolapi väljakutsuvast piitsutusest," ütles ta järgijatele. „Kuidas saavad meelte orjad nautida maailma? Peened maitsed põgenevad nende eest, kui nood ürgses mudas lömitavad. Lõbujanus ning loodusjõudude meelevallas inimesel kaob kogu eristusvõime."

Õpilased, kes otsisid võimalust pääseda *maaja* ärgitatud seksi eksikujutlusest, said Sri Yukteswarilt kannatliku ja mõistva nõuande.

„Süüakse nälja kustutamiseks, aga mitte ahnuse rahuldamiseks. Nii on ka sugutung meisse istutatud loodusseadust järgides liigi levitamiseks, mitte aga rahuldamatu igatsusetule ülalhoidmiseks," ütles ta. „Hävita praegu valed soovid või muidu järgnevad nad sulle pärast astraalkeha füüsilisest kestast eemaldamist. Isegi kui liha on nõder, peab mõistus olema kindlalt tõrjuv. Kui kiusatus ründab teid julma jõuga, ületage see kaine analüüsi ja alistamatu tahtega. Iga loomulikku kirge on võimalik alistada."

„Säilitage oma väge. Olge nagu ääretu ookean, mis võtab endasse kõikide meelte lisajõed. Igapäevaselt uuenevad meelelised püüdlused imevad teist seesmise rahu – need on nagu augud anumas, mille kaudu tervendavad veed materiaalsuse kõrbes ära raisatakse. Valel ajendil rajanev soov on liikumapanev jõud ja inimese õnne suurim vaenlane. Uidake mööda maailma ennast kontrollides ja jälgige, et meelenõrkused teid haneks ei tõmba!"

Tõeline pühendunu vabastatakse lõpuks kõigist vaistlikest sundustest. Ta ülendab oma vajaduse inimliku kiindumuse järele Jumalale suunatud püüdluseks – see on ainus armastus, mis on kõikjal.

Sri Yukteswari ema elas Benarese Rana Mahali rajoonis, kus ma esimest korda olin oma guru külastanud. Lahke ja heatahtlikuna oli ta siiski väga otsusekindla hoiakuga. Seisin ühel päeval nende rõdul ja vaatasin, kuidas ema ja poeg koos räägivad. Oma vaiksel ja mõistlikul viisil püüdis meister teda milleski veenda. Tal ei õnnestunud see nähtavasti, kuna ta ema raputas väga jõuliselt pead.

„Ei, ei, mu poeg, mine praegu minema! Sinu targad sõnad pole minu jaoks! Ma ei ole sinu järgija!"

*Joogi autobiograafia*

Sri Yukteswar läks nagu riielda saanud laps ilma igasuguse vaidluseta eemale. Mind liigutas tema suur austus oma ema suhtes, isegi kui ema oli mõistmatult käitunud. Ta nägi temas ainult väikest poissi, mitte tarka. Selles tühises vahejuhtumis oli mingi omapärane võlu – see lisas valgust minu guru ebatavalisele, seespidiselt alandlikule, kuid väliselt paindumatule loomusele.

Mungaelu reeglistik ei luba svaamil maiseid sidemeid peale nende formaalset katkemist säilitada. Ta ei saa teostada valduste omaniku ja perepea ellu kuuluvaid kohustuslikke riituseid. Kuid muistse Svaami Ordu rajaja Shankara ise jättis need ettekirjutused tähelepanuta. Oma armastatud ema surma järel tuhastas ta tema keha taevaliku tulega, mis sööstis välja tema ülestõstetud käest.

Sri Yukteswar eiras samuti piiranguid, tehes seda vähem silmapaistval viisil. Kui ta ema lahkus, korraldas ta tuhastamise teenistuse Benareses, püha Gangese jõe ääres ja toitis vastavalt aegadetagusele traditsioonile paljusid *brahmiine*.

Pühakirjade keelud olid mõeldud svaamidele, et vältida enesemääratlemist. Shankara ja Sri Yukteswar olid sulandanud oma olemused tervikuna Isikuta Vaimu – nad ei vajanud reegleid. Vahetevahel eirab meister tahtlikult kaanonit, et hoida ülal mõnd temast sõltumatut printsiipi. Nõnda korjas Jeesus hingamispäeval maisitõlvikuid. Kriitikutele ütles ta: „Hingamispäev on seatud inimese, mitte inimene hingamispäeva jaoks."[21]

Peale pühakirjade luges Sri Yukteswar harva midagi. Samas oli ta eranditult tuttav viimaste teaduslike avastuste ja saavutustega.[22] Olles suurepärane vestleja, nautis ta mõttevahetust külalistega lugematutel teemadel. Igat arutelu elustas õpetaja särav ja omamehelik naer. Olles sageli tõsine, ei olnud meister kunagi morn. „Jumala otsimiseks ei pea oma nägu moonutama," tavatses ta Piiblit[23] tsiteerides märkida. „Pidage meeles, et Jumala leidmine tähendab kõigi kurbuste matust."

Eraklasse saabuvate filosoofide, professorite, juristide ja teadlaste hulgas oli suur hulk neid, kes saabusid esmakordselt külla lootuses kohtuda uskliku mehega. Üleolev naeratus või salliv pilk reetis, et

---

[21] Markuse 2:27.

[22] Kui ta seda soovis, võis meister häälestada end ükskõik millise inimese mõistusele (joogavõime, mida mainitakse Patandžali *Joogasuutras*, III:19). Tema vägesid inimraadiona käsitletakse lk 150.

[23] Matteuse 6:16.

uustulnukad ei oodanud midagi peale mõne vaga banaalsuse. Kui nad olid Sri Yukteswariga rääkinud ja avastanud, et ta nende teadmiste sfääris täpselt orienteerub, lahkusid külastajad vastu tahtmist.

Tavaliselt oli mu guru külaliste vastu õrn ja sõbralik – tema tervitus kõlas alati võluva südamlikkusega. Paraku said kroonilised egoistid vahetevahel ergutava šoki osaliseks. Nad kohtasid meistris kas jäika ükskõiksust või muljetavaldavat vastuseisu: jääd või rauda!

Tuntud keemik ristas kord Sri Yukteswariga mõõgad. Külaline ei tahtnud tunnistada Jumala olemasolu, sest teadusel pole Tema avastamiseks mingeid vahendeid.

„Nii, teil on siis Ülima Jõu isoleerimine oma katseklaasides seletamatult ebaõnnestunud!" Meistri pilk oli karm. „Ma soovitan uut eksperimenti. Uurige oma mõtteid vaibumatult kahekümne nelja tunni vältel. Pärast seda te enam Jumala puudumise üle ei imesta."

Kuulus õpetlane sai samasuguse raputuse osaliseks. See juhtus tema esmakordse aašrami külastuse ajal. Talad kajasid vastu, kui külaline retsiteeris lõike *„Mahabhaaratast", Upanišaadidest,*[24] Shankara *bhaasjadest* (kommentaaridest).

„Ma tahaksin midagi teilt endalt kuulda." Sri Yukteswari toon oli uuriv, justkui oleks valitsemas täielik vaikus. Õpetlane oli segaduses.

„Tsitaate on kõlanud ülikülluses." Kiikitades nurgas, külalisest aupaklikus kauguses, panid meistri sõnad mind naerust kõverasse tõmbuma. „Kuid millise algupärase kommentaari võiksid sa lisada, mis pärineb sinu enda elu unikaalsest pagasist? Millise pühakirja oled sa endasse imanud ja omaseks muutnud? Millisel moel on need ajatud tõed sinu iseloomu uuendanud? Kas sa oled rahul, kui oled nagu vana grammofon, mis kordab mehhaaniliselt teiste inimeste mõtteid?"

„Ma annan alla!" Õpetlase meelehärm oli koomiline. „Mul pole sisemist teostust."

Vahest esimest korda mõistis ta, et tundlik koma asetus lauses ei lunasta koma vaimsuses.

„Need veretud pedandid lõhnavad ülemääraselt lambi järele," märkis mu guru peale nuheldu lahkumist. „Nad peavad filosoofiat kergeks

---

[24] *Upanišaadid* ehk *Vedanta* (sõnasõnalt „Veedade lõpp"), mis ilmnevad nelja Veeda teatud osades, on põhimised kokkuvõtted, mis moodustavad hindu religiooni doktriini aluse. Schopenhauer ülistas nende „sügavaid, algupäraseid ja ülevaid mõtteid" järgnevalt: „Juurdepääs Veedadele (läänes välja antud *Upanišaadide* tõlgete kaudu) on minu silmis suurimaks privileegiks, mida omab see sajand kõigi eelnevate ees."

## Joogi autobiograafia

intellektuaalseks sissejuhatavaks harjutuseks. Nende õhulistel mõtetel puudub isegi tahumatu seos mõne välise teo või puhastava seesmise distsipliiniga!"

Teisel puhul rõhutas meister raamatutest õppimise tühisust.

„Ärge ajage mõistmist segi suure sõnavaraga," märkis ta. „Pühakirjad on kasulikud seesmise teostamise soovi stimuleerimisel, kui neid omastatakse aeglaselt, üks salm korraga. Teisiti toob pidev intellektuaalne õppimine enesega kaasa edevuse, väära rahulduse ja läbiseedimata teadmised."

Sri Yukteswar jutustas oma kogemustest pühakirjalise hingekosutuse teemal. Tegevuskohaks oli Ida-Bengalis asuv metsaerakla, kus ta vaatles tuntud õpetaja Babru Ballavi protseduuri. Tema meetod, mis oli muistses Indias üldlevinud, oli korraga nii lihtne kui ka raske.

Babru Ballav oli oma järgijad metsa üksinduses enda ümber kogunud. Püha „*Bhagavad Giita*" oli nende ees avatud. Järjekindlalt vaatasid nad üht lõiku poole tunni jooksul, siis sulgesid oma silmad. Teine pool tundi libises mööda. Õpetaja esitas lühikese kommentaari. Liikumatult mediteerisid nad uuesti tund aega. Lõpuks guru kõneles.

„Kas mõistate nüüd seda salmi?"

„Jah, härra," söandas üks grupist väita.

„Ei, mitte täiesti. Otsige vaimset elujõudu, mis on sajandite kaupa andnud neile sõnadele väge India noorendamiseks." Vaikuses möödus veel teinegi tund. Meister lasi õpilastel minna ja pöördus siis Sri Yukteswari poole.

„Kas sa tead „Bhagavad Giitat"?"

„Ei, härra, mitte päriselt – kuigi mu silmad ja mõistus on tema lehekülgedelt palju kordi üle libisenud."

„Tuhanded on mulle teisiti vastanud!" Suur tark naeratas meistrile õnnistuseks. „Kui keegi kulutab kogu aja oma pühakirjalise rikkuse eksponeerimiseks, kas jääb siis mahti seesmiste hindamatute pärlite järgi sukeldumiseks?"

Sri Yukteswar suunas järgijaid ühe ja kindla intensiivse meetodiga. „Tarkust ei omandata mitte silmade, vaid aatomitega," ütles ta. „Kui teie tõe veendumus ei ole lihtsalt teie ajus, vaid kogu teie olemises, siis võite mõista tagasihoidlikult ka tema tähendust." Guru laitis õpilaste kalduvust tõlgendada raamatutarkust vajaliku sammuna vaimse teostuse teel.

„Tõeotsijad, *rišid*, kirjutasid ühe lausega üles sügavused, millega tõlgendavad õpetlased hoiavad end põlvkondade kaupa tegevuses," märkis ta. „Lõputud kirjanduslikud väitlused on venivillemite mõistuse jaoks. Milline oleks veel kiiremini vabastavaks mõtteks, kui „Jumal on" – ei, lihtsalt „Jumal"?"

Kuid inimene ei pöördu kergesti lihtsuse juurde. Intellektuaal on pigem õpetatud pompöössus. Tema ego on rahul, et võib omada sellist eruditsiooni.

Inimesed, kes olid kõrgilt teadlikud oma jõukusest või kõrgest maisest ametist, pidid õpetaja juuresolekul tõenäoliselt lisama oma varanduse hulka alandlikkuse. Ühel säärasel juhul nõudis kohalik võimuesindaja intervjuud mereäärses Puri eraklas. Mehel, kel oli halastamatu inimese kuulsus, oli võim meid aašramist välja tõugata. Mainisin gurule seda fakti. Kuid tema istus kangekaelsest oma ruumis ega tõusnud külalist tervitama. Kükitasin veidi närviliselt ukse juurde. Mees pidi rahulduma puust kastiga, mu guru ei käskinud mul talle tooligi tuua. Võimukandja ilmsed ootused, mida tema tähtsus kombekohaselt nõudis, ei täitunud.

Järgnes metafüüsiline arutelu. Külaline koperdas läbi pühakirjade väärtõlgenduste. Korrektsuse kadudes kasvas tema viha nähtavalt.

„Kas te teate, et ma olin magistri eksamitel esimene?" arutlusvõime oli ta maha jätnud, kui ta seda karjus.

„Härra linnavalitseja, te unustate, et see pole teie töösaal," vastas meister võrdse jõuga. „Teie lapsikute märkuste põhjal võib oletada, et teie kolledžikarjäär ei olnud märkimisväärne. Ülikooli kraad ei ole mingil juhul seotud veedaliku eneseteostusega. Pühakuid ei lasta iga semestri järel portsudena välja nagu raamatupidajaid."

Peale juhmikstegevat vaikust naeris külaline südamest.

„See on minu esimene kohtumine taevaliku võimuesindajaga," ütles ta. Hiljem palus ta gurult ametlikult nõustamist legaalsetes küsimustes, mis ilmselt olid osaks tema „proovijärgijaks" võtmise paketist.

Mitmel juhul, nagu ka Lahiri Mahasaya, laitis Sri Yukteswar Svaami Ordusse astuda soovivate ebaküpsete järgijate kava maha.

„Ookrikarva rüü kandmine Jumala-teostuse puudumisel on ühiskonna jaoks eksitav," ütlesid mõlemad meistrid. „Unustage välised lahtiütlemise sümbolid, mis võivad teid kahjustada, ärgitades teis valeuhkust. Miski ei loe enam peale teie igapäevase visa vaimse edenemise – selleks kasutage *kriija joogat*."

Mu guru osales isiklikult peensusteni oma kinnisvara majandamises. Südametunnistuseta isikud üritasid mitmel korral meistri esivanemate maad enda valdusse saada. Otsusekindlalt ja isegi kohtuasju algatades kavaldas Sri Yukteswar kõik vastased üle. Ta läbis need valulikud kogemused, sest ei soovinud mitte kunagi olla kerjav guru või oma järgijatele koormaks.

Tema rahaline sõltumatus oli üheks põhjuseks, miks mu ärevusseajavalt avameelne meister diplomaatia riugastes süütu lapsena käitus. Erinevalt neist õpetajatest, kes peavad oma toetajaid meelitama, ei mõjunud mu gurule teiste rikkus. Ma ei kuulnud teda kunagi mistahes eesmärgil raha küsimas ega sellele isegi vihjamas. Tema erakla koolitused olid kõigile järgijaile tasuta ja vabad.

Ühel päeval saabus Serampore aašrami kohtusaadik, tuues Sri Yukteswarile kohtukutse. Kanai nimeline järgija ja mina viisime mehe meistri ette.

Ametniku hoiak Sri Yukteswari suhtes oli ründav: „Sulle teeks head, kui jätaksid oma erakla ja hingaksid kohtusaali ausat õhku," ütles ta põlglikult.

Ma ei suutnud end tagasi hoida. „Veel üks lugupidamatu sõna ja te olete pikali põrandal!" astusin ma ähvardavalt lähemale.

Kanai karjus samuti saadiku peale: „Sina õelusekott! Kuidas sa julged tuua oma pühaduseteotusi siia pühasse aašrami?"

Kuid meister seisis kaitsvalt oma solvaja ees. „Ärge ärrituge. See mees täidab ainult oma õiglast kohust."

Ametnik, oimetuna erisugusest vastuvõtust, vabandas aupaklikult ja kiirustas minema.

Hämmastav oli, et keevalise tahtega meister võis seesmiselt nii rahulik olla. Ta sobitus veedalikku seletusse Jumala-mehest: „Kui headust silmas pidada, siis oli ta pehmem kui lilleõis, kui kaalul olid põhimõtted, siis oli ta vägevam kui äike."

Selles maailmas on alati neid, kes Browningu sõnade kohaselt „ei kannata valgust, olles ise varjud." Kõrvalised isikud sõimasid tihti Sri Yukteswari väljamõeldud põhjustel. Mu häirimatu guru kuulas viisakalt, analüüsides endamisi, kas selles hukkamõistus ka mingit tõeraasu leidub. Need juhtumid meenutasid mulle ühte meistri kordumatut tähelepanekut: „Mõned inimesed püüavad pikkadena näida teistel päid maha lüües!"

Pühaku lakkamatu enesevalitsus avaldab rohkem muljet kui mõni jutlus. „See, kes on aeglane vihastama, on parem võimsast. Samuti on iseenda valitseja parem sellest, kes vallutas linna."[25]

Tihti mõtlesin, et minu majesteetlik meister oleks kergesti võinud olla imperaator või maailma raputav sõdalane, kui ta mõistus oleks keskendunud kuulsusele või maistele saavutustele. Selle asemel valis tema sisemise raevu ja isekuse tsitadellide ründamise, mille alistamine näitab inimese tõelist suurust.

---

[25] Õpetussõnad 16:32

PEATÜKK 13

# Unetu pühak

„Palun luba mul minna Himaalajasse. Loodan, et saan segamatus üksinduses saavutada katkematu ühenduse Jumalaga."

Tegelikult ütlesin kord need tänamatud sõnad oma meistrile. Haaratud ühest pühendunut aeg-ajalt ründavast ettearvamatust eksikujutlusest, tundsin seoses erakla kohustuste ja kolledži õpingutega kasvavat kannatamatust. Väheke kergendav oli asjaolu, et tegin sellise ettepaneku siis, kui olin Sri Yukteswariga olnud vaid kuus kuud. Ma polnud veel piisavalt mõistnud tema vaimusuurust.

„Himaalajas elab palju mägilasi, kel pole sellele vaatamata Jumalataju." Mu guru vastus tuli aeglaselt ja lihtsalt. „Tarkust on parem otsida teostunud inimeselt kui tuimalt mäelt."

Ignoreerides meistri lihtsat vihjet, et tema ja mitte mägi on minu õpetaja, kordasin ma oma palvet. Sri Yukteswar ei suvatsenud vastata. Võtsin tema vaikimist nõusolekuna – ohtlikku tõlgendust oli lihtne mugavusest omaks võtta.

Olin tol õhtul oma Kalkuta kodus ametis reisi ettevalmistustega. Sidudes mõned asjad teki sisse, meenus mulle paar aastat varem ärklitoa aknast väljavisatud samasugune komps. Murdsin pead, kas pole see mitte üks järjekordselt õnnetult lõppev põgenemine Himaalajasse. Esimesel korral oli mu vaimustus kõrgel, aga täna õhtul äigas südametunnistus raskelt, kui mõtlesin gurust lahkumisele.

Järgmisel hommikul otsisin üles Behari õpetlase, šoti kiriku kolledži sanskriti professori.

„Härra, te rääkisite mulle oma sõprusest Lahiri Mahasaya suure järgijaga. Palun andke mulle tema aadress."

„Sa mõtled Ram Gopal Muzumdari. Ma kutsun teda „unetuks pühakuks." Ta on alati ärkvel ekstaatilises teadvuses. Tema kodu asub Ranbajpuris Tarakeswari lähistel."

Tänasin õpetlast ja kiirustasin kohe Tarakeswari suunas väljuvale rongile. Lootsin vaigistada oma halba eelaimdust, mis puudutas

*Unetu pühak*

Ram Gopal Muzumdar, unetu pühak

„unetult pühakult" sanktsiooni saamist, et asuda Himaalaja üksilduses meditatsiooniga tegelema. Behari õpetlane rääkis mulle, et Ram Gopal oli saanud valgustatuse pärast palju aastaid isoleerituna koopas kestnud *kriija jooga* praktikat.

Lähenesin Tarakeswaris kuulsale pühamule. Hindud austavad seda samasuguse sügava austusega nagu katoliiklased Lourdes'i pühamut Prantsusmaal. Tarakeswaris on toimunud lugematuid tervendamisimesid, kaasa arvatud juhtum ühe minu pereliikmega.

„Istusin seal templis terve nädala," üles mulle kord minu vanim tädi. „Pidades täielikku paastu, palusin ma sinu onu Sarada kroonilisest haigusest tervenemist. Seitsmendal päeval avastasin minu kätele materialiseerunud taime! Tegin lehtedest tõmmise ja andsin su onule. Haigus kadus hetkega ja pole kunagi tagasi tulnud."

Sisenesin pühasse Tarakeswari templisse, kus altariks polnud midagi muud kui ümmargune kivi. Selle ümbermõõt ning alguseta ja lõputa kuju omistas talle Mõõtmatu jaoks asjakohase tähtsuse. Kosmilised üldistused pole võõrad isegi mitte kõige tagasihoidlikuma India talupoja jaoks – lääne inimesed on meid tegelikult süüdistanud üldistustes elamises pärast!

Minu enda tuju oli sel hetkel nii karm, et ma tundsin kivist sümboli ees kummardamise suhtes vastumeelsust. Mõtlesin, et Jumalat peaks otsima ainult hingest.

Lahkusin templist kummardamata, jalutades vilkalt taamal laiuva Ranbadžpuri küla suunas. Möödujale juhiste saamiseks esitatud palve sundis teda sukelduma pikka mõtisklusse.

„Kui jõuate ristteele, pöörake paremale ja minge aga edasi," kostis ta lõpuks.

Järgides suunda, läksin oma teel kanali kallast mööda. Saabus pimedus, džungliküla ümbrus oli elav vilkuvatest jaanimardikatest ja lähedal hulkuvate šaakalite ulgumisest. Kuuvalgus oli liiga nõrk teemärkide jälgimiseks ja nii komberdasin ma edasi ligi kaks tundi.

Lõpuks kostis teretulnult lehmakella helin! Minu korduvad hüüded tõid lõpuks mu kõrvale talupoja. „Ma otsin Ram Gopal Babut."

„Sellist isikut ei ela meie külas." Mehe toon oli tõre. „Oled arvatavasti petisest teekäija."

Lootes vaigistada tema poliitilistel põhjustel tekkinud pahameelt, jutustasin ma liigutavalt oma kitsikusest. Ta viis mind enda koju ja kostitas külalislahkelt.

„Ranbadžpur asub siit kaugel," märkis ta. „Ristteel oleksid pidanud paremale pöördumise asemel pöörama vasemale."

Mõtlesin kurbusega, et mu esimene teejuht oli suunanud mind valesti. Pärast koorimata riisist, läätse-*dhalist*, kartulitest ja toorestest banaanidest koosnevat maitsvat karritoitu läksin puhkama õue serval asuvasse väiksesse hütti. Kaugemal laulis külarahvas valjusti *mridangamite*[1] ja simblite saatel. Magamine oli sel ööl mõeldamatu. Palvetasin, et mind juhatataks salajase joogi Ram Gopali juurde.

Kui esimesed koidukiired mu pimeda ruumi pragudest sisse tungisid, asusin Ranbadžpuri suunas teele. Ületades järske riisipõlde,

---

[1] Käsitrummid, mida tavaliselt kasutatakse religioossete tseremooniate ja protsessioonide puhul pühendumusliku laulu saatmiseks.

*Unetu pühak*

rühkisin ma üle teravate taimetüügaste ja kuivanud saviga kaetud küngaste. Juhuslikult kohatud talunik teavitas, et mu teekond on vaid paar miili pikk. Kuue tunniga liikus päike silmapiirilt võidukalt lagipea kohale ja ma hakkasin tundma, et ma jään Ranbadžpurist igavesti kahe miili kaugusele.

Pärast lõunat oli mu maailmaks ikka veel lõputu riisiväli. Selgest taevast alla valguv kuumus viis mu peaaegu kokkukukkumise äärele. Nägin rahulikus tempos lähenevat meest. Julgesin vaevu talle oma tavalist küsimust esitada, kartes kuulda monotoonset „veel kaks miili".

Võõras peatus mu kõrval. Lühikese ja õblukesena ei olnud ta kehaliselt eriti muljetavaldav, kui tema ebatavaline läbitungiv tume silmapaar välja arvata.

„Plaanisin Ranbadžpurist lahkuda, kuid sinu siht oli õige – seepärast ootasin su ära." Ta vibutas oma sõrme mu hämmastunud näo suunas. „Kas sa pole mitte piisavalt nutikas, taipamaks, et ilma ette teatamata sa mind ei taba? Tollel professor Beharil ei olnud õigust sulle mu aadressi anda."

Pidades siinkohal enese tutvustamist sellise meistri juuresolekul üleliigselt paljusõnaliseks, seisin sõnatult, veidi sellest vastuvõtust lööduna. Tema järgmine märkus tuli järsult.

„Ütle mulle – kus sinu arvates Jumal asub?"

„Miks, Ta on minus ja kõikjal." Kahtlemata paistsin niisama hämmingus, kui ma seda tundsin.

„Kõikeläbiv, eh?" itsitas pühak. „Siis milleks, noorhärra, ei kummardanud sa eile Mõõtmatu kivisümboli ees Tarakeswari templis?[2] Sinu kõrkus tõi sulle karistuseks möödakäijalt vale teejuhatuse, ta ei teinud endale tüli parema ja vasema eristamisega. Ka täna on sul seepärast olnud päris ebamugav aeg!"

Nõustusin kogu südamest, pannes imeks, et kõiketeadev silm oli peatunud minu energiakehal. Joogist paiskus tervendav vägi – sain kõrvetaval väljal hetkega värskendatud.

„Pühendunu kaldub arvama, et tema tee Jumala juurde on ainus tee," ütles ta. „Jooga, mille kaudu seesolev jumalikkus leitakse, on kahtlemata kõrgeim tee. Nii on Lahiri Mahasaya meile öelnud. Kuid avastades Jumala endas, tajume me varsti Teda ka väljaspool. Pühamud

---

[2] „Inimene, kes ei kummarda millegi ees, ei suuda kunagi kanda iseend kui koormat." – Dostojevski, *„Kurjast vaimust vaevatud"*.

*Joogi autobiograafia*

Tarakeswaris ja mujal on õigesti aus hoitud kui vaimse väe tuumikkeskused."

Pühaku hukkamõistev suhtumine haihtus ja ta silmad muutusid kaastundlikult pehmeteks. Ta patsutas mu õlale.

„Noor joogi, ma näen, et sa põgened oma meistri juurest. Tal on olemas kõik, mida sa vajad, sa pead tema juurde tagasi pöörduma. Mäed ei saa olla sulle guruks." Ram Gopal kordas sama mõtet, mida Sri Yukteswar meie viimasel kohtumisel väljendas.

„Meistritel ei ole kosmilist sundust elamaks vaid mägedes." Mu kaaslane vaatas mind küsivalt. „Himaalaja mägedel Indias ja Tiibetis ei ole monopoli pühakute üle. Mida keegi ei võta endale vaevaks leida seest, ei ole võimalik leida ka keha sinna-tänna transportides. Nii pea kui pühendunu *soovib* vaimse valgustuse nimel minna kas või maailma lõppu, ilmub tema kõrvale kohe tema guru."

Nõustusin vaikides, meenutades oma palvet Benarese eraklas, mille järel kohtasin rahvarohkel teerajal Sri Yukteswari.

„Kas sul on võimalus omada väikest tuba, kus sa saad ukse sulgeda ja üksi olla?"

„Jah." Panin tähele, et see pühak laskus üldiselt konkreetsele segadusseajava kiirusega.

„See ongi su koobas." Joogi kinkis mulle valgustunud pilgu, mida ma kunagi ei unusta. „See on su püha mägi. Seal leiad sa Jumala kuningriigi."

Tema lihtsad sõnad kihutasid hetkega minema minu terve elu kestnud Himaalaja mägede kinnisidee. Põletaval riisiväljal ärkasin ma mägede ja igaveste lumede unest.

„Noorhärra, sinu jumalik janu on kiiduväärt. Ma tunnen su vastu suurt armastust." Ram Gopal võttis mu käest ja juhtis mind omapärasesse asulasse, mis asus lagendikul keset džunglit. Kuivatatud tellistest majad olid kaetud kookospalmi lehtedega ja kaunistatud tahumatute sissepääsude kohal asuvate troopiliste lilledega.

Pühak pani mind istuma oma väikese maamaja varjulisele bambusest platvormile. Ta ulatas mulle magustatud laimi mahla ja tükikese suhkrukristallist, seejärel sisenesime tema terrassile ja istusime lootoseasendisse. Möödus neli tundi meditatsiooni. Avasin oma silmad ja nägin, et joogi kuupaistel kuju oli ikka veel liikumatu. Kuigi ma tuletasin oma kõhule karmilt meelde, et inimene ei ela üksnes leivast, tõusis Ram Gopal oma istmelt.

## Unetu pühak

„Näen, et sa oled näljane," ütles ta, „toit on varsti valmis."
Tuli läideti terrassil olevasse savist ahju. Lühikese aja pärast sõime riisi *dhaliga* serveerituna suurtel banaanipuu lehtedel. Mu võõrustaja keeldus peenekombeliselt minu abist kõigi köögitööde juures, öeldes: „Külaline on Jumal." Seda hindu kõnekäändu on mäletamatutest aegadest saadik vagalt järgitud. Oma hilisematel maailmarännakutel olin ma võlutud, nähes, et sarnast austust külaliste suhtes väljendatakse paljude maade maapiirkondades. Linnaelaniku külalislahkus on võõraste nägude üliküllusest nüristunud.

Inimeste eluasemed paistsid kaugelt vaadates ähmaste piirjoontega, kui kükitasin joogi kõrval väikeses üksikus džunglikülas. Tuba maamajas oli pehme müstilise valgusega. Ram Gopal laotas mulle asemeks põrandale mõned rebenenud tekid ja istus ise roost matile. Olles haaratud tema vaimsest külgetõmbejõust, esitasin ma palve.

„Härra, annaksite ehk mulle *samaadhi?*"

„Kallis noorhärra, ma oleksin rõõmus, kui saaksin sulle üle anda jumaliku kontakti, kuid see pole minu teha." Pühak vaatas mind poolsuletud silmadega. „Sinu õpetaja annab sulle selle kogemuse üsna peatselt. Su keha ei ole veel hetkel sellele häälestatud. Nii nagu väike lambipirn ei suuda vastu pidada suurele pingele, ei ole ka sinu närvid valmis kosmilisele voolutugevusele. Kui annaksin sulle selle mõõtmatu ekstaasi kogemuse nüüd ja kohe, siis sa põleksid, justkui oleks iga sinu rakk tules.

„Sa küsid minult valgustumist," jätkas joogi mõtisklevalt, „samas imestan ma tähtsusetuna nagu ma olen, ja nii vähese mediteerimise juures, mida ma olen teinud – kui ma olen suutnud olla Jumalale meelepärane, siis millist väärtust võin ma omada Tema lõplikus arvepidamises?"

„Härra, kas te mitte ei ole kogu südamest pikka aega Jumalat otsinud?"

„Ma ei ole palju teinud. Behari pidi sulle midagi mu elust rääkima. Kakskümmend aastat elasin ma salajases koopas, mediteerides kaheksateist tundi päevas. Siis liikusin sealt veelgi ligipääsmatusse koopasse ja jäin sinna kahekümne viieks aastaks, jäädes jooga-ühtsusse kahekümneks tunniks päevas. Ma ei vajanud und, sest olin alati Jumalaga koos. Mu keha oli rohkem puhanud täielikus üliteadvuse vaikuses, kui ta oleks saanud olla tavalise alateadvusliku seisundi osalises rahus."

*Joogi autobiograafia*

„Lihased lõdvestuvad magamise ajal, kuid süda, kopsud ja vereringe süsteem on pidevalt tegevuses, nad ei puhka iial. Üliteadvuses jäävad siseorganid katkestatud tegevusse ja neid laeb kosmiline energia. Seepärast olen aastate vältel mõistnud, et ma ei vaja magamist." Ta lisas: „Saabub aeg, mil ka sina vabaned magamise vajadusest."

„Armas aeg, te olete nii kaua mediteerinud ja ikka pole kindel Issanda soosingus!" vaatasin teda hämmingus. „Mis siis meist vaestest surelikest saab?"

„Hästi, kas sa siis ei näe, mu kallis poiss, et Jumal on Igavik Ise? Oletada, et keegi võiks Teda täielikult tundma õppida neljakümneaastase mediteerimise järel, on pigem jabur ootus. Babadži veenab aga meid, et isegi vähene mediteerimine päästab meid äärmisest surma- ja surmajärgse maailma hirmust. Ära kinnita oma vaimset ideaali väikese mäe külge, vaid haagi see jumaliku teostumise piirideta tähe külge. Kui pingutad kõvasti, siis sa jõuad sinna."

Olles kütkestatud sellest väljavaatest, küsisin temalt veel valgustavaid mõtteid. Ta jutustas imelise loo oma esmakordsest kohtumisest Lahiri Mahasaya guru Babadžiga.[3] Kesköö paiku langes Ram Gopal vaikusse ja ma heitsin oma tekkide peale pikali. Sulgenud silmad, nägin ma välkude sähvatusi – kogu minus olev määratu ruum oli kui sulanud valguse kamber. Avasin oma silmad ja nägin sama pimestavat kiirgamist. Tuba muutus osaks sellest mõõtmatust võlvist, mida ma seesmise nägemisega nägin.

Joogi küsis: „Miks sa magama ei lähe?"

„Härra, kuidas saan ma magada, kui need välgud mu ümber pimestavad nii kinniste kui ka avatud silmadega?"

„Sa oled õnnistatud, et sul on selline kogemus – vaimseid kiirgusi ei ole lihtne näha," lisas pühak mõned poolehoidvad sõnad.

Koidikul andis Ram Gopal mulle pisut kivistunud suhkrut ja ütles, et ma pean lahkuma. Tundsin sellist vastumeelsust temaga hüvasti jätmise suhtes, et pisarad voolasid mu põski mööda alla.

„Ma ei lase sul tühjade kätega minna," rääkis joogi õrnalt. „Ma teen midagi su heaks."

Ta naeratas ja vaatas mind üksisilmi. Muutusin liikumatuks, justkui oleksin juurtega maa küljes kinni. Pühakust kiirguvad rahuvõnked ujutasid mu olemuse üle. Sain hetkega terveks oma seljavalust, mis oli

---
[3] Vt lk 291+.

juba aastaid mind hooti häirinud. Olles uuenenud ning kümmelnud helendava rõõmu meres, ei nutnud ma enam. Pärast Ram Gopali jalgade puudutamist lonkisin ma džunglisse. Seadsin oma sammud troopilise metsa ja arvukate riisipõldude suunas, kuni jõudsin Tarakeswari.

Seal sooritasin teise palverännaku kuulsasse pühamusse, heites end täielikult altari ette maha. Ümmargune kivi suurenes mu seesmises nägemises, kuni teisenes jumalikeks kosmilisteks sfäärideks.

Tund aega hiljem asusin õnnelikuna rongiga Kalkuta suunas teele. Mu reisid ei lõppenud mitte kõrgetes mägedes, vaid minu meistri himaalajaliku kohalolekuga.

PEATÜKK 14

# Kosmilise teadvuse kogemus

„Guruji, ma olen siin," mu häbistatud olek rääkis iseenda eest.
„Lähme kööki ja otsime midagi endale süüa." Sri Yukteswari käitumine oli niisama põgus, justnagu oleksid meid lahutanud tunnid, mitte päevad.

„Meister, valmistasin vast sulle pettumuse oma äkilise siinsetest kohustustest loobumisega. Mõtlesin, et sa oled ehk mu peale vihane."

„Ei, muidugi mitte! Raev tuleb vaid luhtunud soovidest. Ma ei oota teistelt midagi, seega ei saa nende tegevused olla minu soovidega vastuolus. Ma ei kasutaks sind oma eesmärkide nimel. Ma olen õnnelik vaid sinu enda tõelises õnnes."

„Härra, inimene küll kuuleb jumaliku armastuse olemasolust, kuid esmakordselt sain ma konkreetse näite teie ingellikust olemusest! Maailmas ei anna isegi isa oma pojale kergelt andeks, kui too lahkub hoiatamata vanema juurest. Kuid te ei näidanud vähimatki meelehärmi, ehkki paljud minu lõpetamata tööd põhjustasid kahtlemata rohkelt tüli."

Vaatasime teineteise silmadesse, kus läikisid pisarad. Õndsuse laine haaras mind endasse – olin teadlik, et Issand minu guru näol avardas mu südame väikesed kired ääretu kosmilise armastuse rikkuseni.

Mõned hommikud hiljem läksin meistri tühja meditatsiooniruumi. Plaanisin mediteerida, kuid mu sõnakuulmatud mõtted ei jaganud kiiduväärt eesmärki. Nad lendasid laiali kui linnud jahimehe ees.

„Mukunda!" Sri Yukteswari hääl kostis kaugemalt rõdult.

Tundsin end sama mässumeelsena kui mu mõttedki. „Õpetaja soovitab mul alati tungivalt mediteerida," pomisesin endamisi. „Ta ei peaks segama, kui teab, milleks ma tema ruumi tulin."

Ta kutsus mind uuesti, ma jäin jonnakalt paigale. Kolmandal korral oli tema hääles noomiv toon.

„Härra, ma mediteerin," karjusin ma protesteerivalt.

„Ma tean, kuidas sa mediteerid," hüüdis mu guru vastu, „endal mõistus laiali nagu puulehed tormis! Tule siia minu juurde."

Saanud vastu nina ja olles paljastatud, läksin kurvalt tema kõrvale. „Vaene poiss, mäed ei anna sulle seda, mida sa tahad." Õpetaja kõneles hoolitsevalt ja lohutavalt. Tema rahulik pilk oli hoomamatu. „Sinu südamesoov saab täidetud."

Sri Yukteswar laskus harva mõistukõnesse, olin hämmingusse aetud. Ta lõi kergelt vastu mu rinda ülevalpool südant.

Mu keha muutus liikumatuks, hingamine tõmmati mu kopsudest välja justkui mingi võimsa magnetiga. Hing ja mõistus kaotasid hetkega oma kehalised köidikud ja sööstsid iga minu poori kaudu välja nagu läbiv valgus. Ihu tundus olevat justkui surnud, kuid oma pingelises teadlikkuses mõistsin, et ei ole varem kunagi olnud nii täielikult elus. Mu identiteet polnud enam kitsalt seotud kehaga, vaid embas kõiki ümbritsevaid aatomeid. Kaugetel tänavatel kõndivad inimesed paistsid liikuvat üle mu olemuse äärealade. Taimede ja puude juured paistsid ähmaselt läbipaistvas mullas, tajusin elumahlade seesmist voolamist.

Kogu naabruskond oli mu ees alasti. Minu tavaline otsesuunaline nägemine muutus nüüd määratuks hetkeliselt kõiketajuvaks sfääriliseks nägemiseks. Läbi oma pea tagaosa nägin mehi mööda Rai Ghati teed uitamas ja samuti märkasin valget lehma rahulikult lähenemas. Kui ta jõudis aašrami avatud väravate vahele, siis vaatlesin ma teda oma kahe füüsilise silmaga. Kui lehm möödus ja kadus tellistest seina taha, nägin ma teda ikka veel selgesti.

Kõik minu panoraamvaates olevad asjad värisesid ja võnkusid nagu kiires filmis. Mu enda keha, meistri oma, sammastikuga õu, mööbel ja põrand, puud ja päiksepaiste, kõik muutus aeg-ajalt ägedalt vilkaks, kuni sulas säravasse merre – nagu suhkrukristallid, mis veeklaasi kallatuna peale segamist sulavad. Ühendav valgus vaheldus vormide ilmumisega – põhjuse-tagajärje seadust avaldavate metamorfoosidega.

Ookeanisarnane rõõm voogas mu rahulikel hingerandadel. Jumala Vaim, nagu ma mõistsin, on ammendamatu Õndsus, Tema kehaks on lugematud valguse koed. Paisuv hiilgus minu sees hakkas haarama endasse linnu, mandreid, Maad, päikesesüsteeme ja tähekogusid, hõredaid udukogusid ja hõljuvaid universumeid. Terve kosmos, õrnalt helendav nagu taamal öös paistev linn, kumas mu olemuse mõõtmatuses. Teravalt väljajoonistunud piirjooned haihtusid kusagil kaugemates servades – võisin näha lõpmatut pehmet kiirgamist. See oli kirjeldamatult peen.

*Joogi autobiograafia*

Planetaarsed pildid moodustusid ühest veelgi suuremast valgusest[1]. Jumalik kiirte haju voogas välja Igavesest Allikast, muundus galaktikateks, muutes kujuteldamatute auradega oma kuju. Uuesti ja uuesti nägin ma loovaid kiirtevihke kondenseerumas tähtkujudeks, seejärel jagunemas läbipaistvaks tuleleegiks. Rütmiliste valangutena lendus kuus triljonit maailma õhkõrna särasse – tulest sai taevalaotus.

Ma mõistsin, et Kõrgeima Taeva Kese on intuitiivse tajumise punkt minu südames. Kiirgav hiilgus väljus minu tuumast kõikehõlmava universumi iga osakeseni. Õndsust täis surematuse nektar *amrita* pulseeris elavhõbedataolise vooluna läbi minu. Kuulasin Jumala loovat häält kajamas *OM'*ina,[2] Kosmilise Mootori võnkumisena.

Järsku tuli hingamine mu kopsudesse tagasi. Mõistsin peaaegu talumatu pettumusega, et mu mõõtmatu üüratus oli kadunud. Jälle kord piirati mind Vaimule raskeltsobituva alandava kehalise puuriga. Nagu kadunud poeg, olin ma jooksnud ära oma makrokosmilisest kodust ja vangistanud end kitsasse mikrokosmosesse.

Mu guru seisis mu ees liikumatult. Olin just ta pühade jalgade ette langemas, et tänada selle kaua ja kirglikult otsitud kosmilise teadvuse kogemuse eest. Ta hoidis mind tagasi ja rääkis rahulikult, vähenõudlikult.

„Sa ei peaks ekstaasist end purju jooma. Maailmas on sul veel palju tööd teha. Tule, pühime rõdu põranda puhtaks ja läheme siis Gangese kallastele jalutama."

Ma tõin luua. Teadsin, et meister õpetas mulle tasakaalustatud elamise saladust. Hing peab laiuma üle kosmogooniliste sügavike sel ajal, kui keha oma igapäevakohustusi täidab. Kui me pärast end lonkima sättisime, olin ma ikka veel väljendamatu õnnetunde transis. Nägin meie puhtast valgusest põhiolemusega kehasid üle tee jõe kallast mööda kahe astraalse pildina liikumas.

„See on Jumala Vaim, mis hoiab aktiivselt ülal igat universumi vormi ja väge, kuid Ta on transtsendentaalne ja väljaspool võnkuva ilmingu maailmu asuvas õndsuseküllases loomata tühjuses",[3] seletas

---

[1] Loomise aluseks olevat valgust kirjeldatakse peatükis 30.

[2] „Alguses oli Sõna, ja Sõna oli Jumala juures ja Sõna oli Jumal." – Johannese 1:1.

[3] „Isa ei mõista kellegi üle kohut, vaid on andnud kogu kohtumõistmise täiesti Poja kätte." – Johannese 5:22. „Keegi ei ole iialgi näinud Jumalat. ainusündinud Poeg, kes on Isa rinna najal, Tema on meile teate toonud." – Johannese 1:18. „... mis on kätketud aegade algusest peale Jumalas, kes kõik on loonud." – Pauluse kiri efeslastele 3:9. „Tõesti, tõesti, ma ütlen

meister. „Pühakud, kes teostavad oma jumalikkuse veel kehas olles, mõistavad kaksik-olemasolu. Tegeledes kohusetundlikult oma maise tööga, jäävad nad seesmisse ankurdunult ikka õnnistusse. Issand on loonud kõik inimesed oma Olemuse piiritust rõõmust. Kuigi nad on valulikult kehaks kokku litsutud, loodab Jumal sellele vaatamata, et Tema kuju järgi loodud hinged tõusevad lõpuks meeltega samastumisest kõrgemale ja taasühinevad Temaga."

Kosmiline nägemus jättis palju püsivaid õppetunde. Vaigistades igapäevaselt omi mõtteid, võisin nüüd leida pääsemise eksikujutuslikust veendumusest, et mu keha on vaevu mateeria raskuses liikuv lihast ja luust mass. Nägin, et hingamine ja rahutu mõistus olid nagu tormid, mis piitsutasid valguse ookeani materiaalsete vormide laineteks – maaks, taevaks, inimolevusteks, loomadeks, lindudeks ja puudeks. Mõõtmatu Ühtse Valgusena tajumist ei saavutata enne, kui need tormid on maha rahustatud. Nii sageli, kui neid kahte loomulikku mäslemist maha suutsin rahustada, nägin ma loendamatuid loomise laineid sulamas ühte hiilgavasse merre nii nagu ookeani lainedki oma marulises vajumises häirimatult ühtsusse lahustuvad.

Õpetaja annab kosmilise teadvuse jumaliku kogemuse, kui järgija on meditatsiooni abil tugevdanud oma mõistust tasemeni, kus määratud vaimsed kaugvaated teda endasse ei haara. Kogemust ei anta kunagi pelgalt kellegi intellektuaalse valmiduse või avarapilgulisuse tõttu. Vaid vastav teadvuse avardumine jooga praktika ja pühendumise (*bhakti*) kaudu võib mõistust ette valmistada kõikjal-olemise vabastava šoki vastuvõtmiseks.

Siirale pühendunule tuleb jumalik kogemus loomuliku vältimatusena. Tema pingeline igatsus hakkab tõukama Jumalat vastupandamatu

---

teile, kes usub minusse, see teeb neidsamu tegusid, mida mina teen, ja ta teeb nendest hoopis suuremaid, sest mina lähen Isa juurde." – Johannese 14:12. „Aga Lohutaja, Püha vaim, kelle Isa saadab minu nimel, tema õpetab teile kõik ja tuletab teile meelde kõik, mida mina teile olen öelnud." – Johannese 14:26.

Need Piiblisõnad viitavad Jumala kui Isa, Poja ja Püha Vaimu kolmekordsele olemusele (*Sat, Tat, Aum* hindu pühakirjades). Jumal Isa on absoluut, Ilmutamatu, kes on vibreeriva Loodust väljaspool ja *kaugemal*. Jumal Poeg on Kristuse Teadvus (Brahma või Kutašta Tšaitanja), kes eksisteerib vibreeriva Loodu *sees*. See Kristuse Teadvus on „ainusündinud" ehk Loomata Mõõtmatuse ainus peegeldus. Kõikjal-oleva Kristuse Teadvuse väline ilmutus, „tunnistaja" (Johannese Ilmutusraamat: 3:14) on *AUM*, Sõna, ehk Püha Vaim: nähtamatu jumalik vägi, ainus tegija, ainus põhjuslik ja aktiveeriv jõud, mis hoiab kogu Loodut vibreerimise kaudu ülal. AUM-i, õndsust täis Trööstijat kuuldakse meditatsioonis ja ta ilmutab pühendunule lõplikku Tõde, „tuletab teile meelde kõik."

*Joogi autobiograafia*

jõuga. Kosmilise Nägemusena end ilmutav Issand tõmmatakse otsija magnetilise kirega tema teadvuse ulatusse.
Kirjutasin oma hilisematel eluaastatel järgneva poeemi „Samaadhi", püüdes edastada selle kosmilise seisundi auhiilgust:
Haihtunud on valguse ja varju sõbad

> üles tõusnud kõik kurbuse aurud
> purjetanud eemale kõik mööduvate rõõmude koidikud
> läinud on meeleliste pettekujutluste ebaselgus.
> Armastus, vihkamine, haigus, elu, surm:
> hukkunud need duaalsuse ekraani võltsvarjud.
> *Maaja* torm on vaigistatud
> sügava intuitsiooni võlukepiga.
> Olevik, minevik, tulevik, ei enam minu jaoks,
> vaid alatiselt-kohalolev, kõikjal-hõljuv Mina, Mina kõikjal.
> Planeedid, tähed, tähetolm, Maa
> viimsepäeva vulkaanilised kataklüsmid
> loomise kujundav sulatusahi
> jahedatest röntgenikiirtest liustikud, põletavad elektronide uputused
> kõigi inimeste mõtted: olnust, olevast, tulevast
> iga rohulible, mina ise, inimkond
> iga universaalse tolmu osake
> viha, ahnus, hea, halb, pääsemine, lõbu
> ma neelasin alla, muutsin kõik
> Ühe Olevuse määratuks vereookeaniks!
> Hõõguvaks rõõmuks, mida tihti puhub lõkkele meditatsioon
> pimestab mu pisarais silmi
> purskub õndsuse surematuteks laineteks
> Neelab mu pisarad, mu piirid, kõik, mis mul on.
> Sina oled Mina, Mina olen Sina
> Teadmine, Teadja, Teadmise objekt – kõik Üks!
> Rahustunud, katkematu elamus, igavesti elav, alati uus rahu!
> Nauditav üle ootuste aimude, *samaadhi* õndsus!
> Mitte aga teadvuseta olek
> või mentaalne kloroform, mis tahtliku tagasipöördumiseta,
> *samaadhi* pikendab mu teadvuslikku valdust
> väljapoole sureliku kesta piire
> igaviku kaugeimate piirideni
> kus Mina, Kosmiline Meri
> vaatan Minus loksuvat väikest ego.
> Kuulda on liikuvate aatomite pominaid
> tume Maa, mäed, vaalad, ennäe, sula vedelik!
> Voolavad mered muutuvad sfääride auruks!
> *OM* puhub aurudele, avades imeliselt nende piirjooni

ookeanid on avatud, elektronid säravad
kuni viimase kosmilise trummiheli[4] saatel
haihtuvad jämedamad valgused igavesteks
kõikeläbiva õndsuse kiirteks.
Rõõmust olen ma tulnud, rõõmus elan, pühas rõõmus sulan.
Mõistuse ookeanis joon kogu loomise lainetuse.
Tahke, vedela, auru ja valguse neli katet
õiges järjestuses.
Kõiges asuv Mina, siseneb Suurde Minasse.
Igaveseks kadunud on sureliku mälu hootised, võbelevad varjud.
Minu mentaalne taevas on pilvitu: all, otse ees, ja kõrgel üleval.
Igavik ja Mina – üks ühine kiir.
Tillukese naerumullina olen ma saanud Lõbumereks endaks.

Sri Yukteswar õpetas mulle, kuidas kutsuda õnnistatud kogemust tahtega esile ja kuidas kanda seda teistele[5] üle, kui nende intuitiivsed kanalid on välja arenenud. Kuude kaupa sisenesin ekstaatilisse ühtsusse, püüdes taibata, miks Upanišaadid ütlevad, et Jumal on *„rasa"* ehk „kõige maitsvam". Ühel päeval tulin siiski selle probleemiga meistri ette.

„Tahan teada, härra, millal ma leian Jumala?"

„Sa oled Ta leidnud."

„Oo ei, härra, ma ei arvaks nii!"

Mu guru naeratas: „Olen kindel, et sa ei looda kusagil kosmose antiseptilises nurgas kohata kõrgeaulist trooni kaunistavat Isikut! Ma näen su ettekujutust, et imeliste võimete omamine on Jumala tundmine. Ei. Inimene võib saavutada kontrolli terve universumi üle, kuid Jumal on ikka tema jaoks hoomamatu! Vaimset arengut ei saa mõõta kellegi väliste võimete, vaid ainult tema meditatsioonis saavutatud õndsuse sügavuse kaudu."

„Jumal on *igavesti uus* Rõõm. Ta on ammendamatu – sa võid jätkata oma meditatsioone aastaid, ikka võlub Ta sind mõõtmatu leidlikkusega. Pühendunud nagu sina, kes on leidnud tee Jumala juurde, ei unista tema vahetamisest teist laadi õnne vastu – Ta on võrgutav ja kaugemal igast konkureerivast mõttest.

„Kui tihti oleme me maistest naudingutest kurnatud! Soov materiaalsete asjade järele on lõputu – inimene ei saa iial täit rahuldust ja teostab ühe eesmärgi teise järel. See „midagi muud", mida ta otsib, on

---

[4] *AUM (OM)*, loov võnkumine, mis toob kogu Loodu esile.

[5] Ma olen Kosmilist Nägemust kandnud üle paljudele k*riija joogidele* nii idas kui lääneş. Ühte neist, härra James J. Lynn'i on näidatud samaadhi seisundis lk 239 oleval fotol.

Jumal, kes üksinda saab kinkida kestva rõõmu."

„Välised igatsused juhivad meid eemale seesmisest Eedenist. Nad pakuvad hinge-õnne esindades valenaudinguid. Kaotatud paradiisi saab taasvõita läbi jumaliku meditatsiooni. Kuna Jumal on ettenägematu Igavene Uuenemine, siis ei väsi me Temast kunagi. Kas võime me üle küllastuda õndsusest, mis vaheldub nauditavalt läbi igaviku?"

„Ma mõistan nüüd härra, miks pühakud kutsuvad Issandat hoomamatuks. Isegi igavene elu ei ole Temale hinnangu andmiseks küllaldane."

„See on tõsi, kuid ta on samuti lähedane ja armas. Puhastades *kriija jooga* abil mõistuse meelelistest takistustest, varustab meditatsioon teid kahekordse tõestusega Jumalast. Igavesti-uus rõõm on tõend Tema olemasolust, olles veenev igale meie aatomile. Samuti leiab inimene meditatsioonis Temalt viivitamatut juhendust ja igale raskusele piisava vastuse."

„Ah nõnda, guruji, sa lahendasid mu probleemi." Naeratasin tänulikult. „Ma mõistan nüüd, et olen leidnud Jumala, mil iganes on rõõm meditatsioonist pöördunud alateadvuslikult tagasi mu aktiivsete tundide kestel, on mind alati juhitud peenelt õigele teele kõiges, isegi pisiasjadeni."

Sri Yukteswari mereäärne aašram Puris Orissas Bengali lahe lähedal.

*Kosmilise teadvuse kogemus*

„Inimelu ründab igast küljest kurbus, kuni me teame, kuidas häälestada end Jumalikule Tahtele, mille „õige kurss" teeb tihti nõutuks egoistliku arukuse," ütles meister.

„Jumal üksi annab eksimatut nõu – kes peale Tema kannab kosmose koormat?"

Svaami Sri Yukteswar lootoseasendis

PEATÜKK 15

# Lillkapsarööv

„Meister, siin on sulle kingitus! Need kuus tohutut lillkapsast istutasin ma oma kätega, jälgisin nende kasvamist nagu last põetav ema." Ulatasin gurule tseremoniaalselt aedviljadega täidetud korvi.

„Tänan sind!" Sri Yukteswari naeratus oli lugupidavalt soe. „Hoia neid oma ruumis, vajan neid homse erilise õhtusöögi juures."

Olin just jõudnud Purisse[1], et veeta kolledži suvevaheaega koos guruga tema mereäärses eraklas. Meistri ja tema järgijate ehitatud lustakas kahekorruseline eluase seisis fassaadiga Bengali lahe suunas.

Ärkasin järgmisel hommikul vara, soolastest meretuultest ja aaš-rami vaiksest võlust värskena. Guru meloodiline hääl kutsus mind – heitsin pilgu oma kallitele lillkapsastele ja majutasin nad korralikult voodi alla.

„Tule, lähme randa." Meister juhatas teed – mitu noort järgijat ja mina järgnesime talle hajusa grupina. Guru uuris meid kergelt kriitilise pilguga.

„Kui meie lääne vennad jalutavad, on nad ühtsuse üle uhked. Marssige nüüd palun kahes rivis ja hoidke marsisammu." Sri Yukteswar jälgis meid ja hakkas laulma: „Poisid lähevad siia-sinna kenas väikses reas." Mõtlemata muule, imetlesin kergust, millega meister oli võimeline õpilaste vilgast tempot juhtima.

„Seis!" Mu guru silmad otsisid minu omi. „Kas sul oli meeles erakla tagauks lukustada?"

„Arvan küll, härra."

Sri Yukteswar oli mõni minut vait, pooleldi-allasurutud naeratus huultel. „Ei, sa unustasid," ütles ta lõpuks. „Materiaalse hooletuse puhul ei saa tuua Jumalikku kujustamist vabanduseks. Sa oled aašrami ohutuse eest vastutamise kohustuse hooletusse jätnud ja seega tuleb sind karistada."

Ma mõtlesin, et ta teeb veidi nalja, kuid ta lisas: „Sinu kuuest

---

[1] Puri asub 310 miili Kalkutast lõuna pool, see on kuulus Krišna järgijate palverännakute sihtpunkt – teda kummardatakse seal kahe ääretult suure iga-aastase festivaliga: *Snanayatra* ja *Rathayatra*.

*Lillkapsarööv*

lillakapsast on varsti järel viis."

Pöörasime meistri käsul ümber ja marssisime tagasi, kuni olime erakla lähedal.

„Puhka veidi. Mukunda, vaata meist vasakule, üle selle maa-ala – jälgi selle taga olevat teed. Kohe ilmub seal välja üks mees, ta saab olema sinu karistusvahendiks."

Ma peitsin meelehärmi, mis need mõistetamatud märkused minus põhjustasid. Varsti ilmus teel nähtavale talupoeg, kes tantsis groteskselt, kätega mõttetult žestikuleerides. Olles uudishimust paigale naelutatud, jälgisid mu silmad seda naljakat etendust. Kui mees jõudis teekonnal punkti, kus ta oleks meie silmist pidanud kaduma, ütles Sri Yukteswar, „Nüüd tuleb ta tagasi."

Talumees muutis korraga suunda ja läks aašrami taha. Ületades liivase raja, sisenes ta hoonesse tagaukse kaudu. Olin selle lahti unustanud nagu mu guru mulle ütles. Mees ilmus varsti uuesti nähtavale, hoides käes ühte minu hinnalist lillkapsast. Nüüd sammus ta korralikul sammul, uut omandust väärikusega kandes.

Lahtirullunud farss, kus minul oli täita hämmingusse aetud ohvri roll, ei olnud nii häiriv, et ma oleksin olnud nördinud. Olin juba poolel teel maanteele, kui meister mind tagasi kutsus. Ta vappus pealaest jalataldadeni naerust.

„See vaene hull mees igatses lillkapsast," seletas ta lusti vahele. „Mõtlesin, et oleks hea mõte, kui ta saaks ühe sinu halvasti valvatud lillkapsastest endale!"

Sööstsin oma tuppa, kus leidsin, et sundmõttest ajendatud röövel oli jätnud puutumata minu kuldsõrmused, kella ja raha, mis vedelesid lahtiselt tekil. Ta oli selle asemel roomanud voodi alla, kus üks tavalise pilgu eest täiesti varjul olnud lillkapsastest äratas tema südamesoovi.

Palusin Sri Yukteswarilt samal õhtul seda juhtumit seletada, kus minu arust oli paar nõutukstegevat asjaolu.

Mu guru raputas aeglaselt pead. „Ühel päeval sa mõistad seda. Teadus avastab varsti paar neist peidetud seadustest."

Kui raadio ime paar aastat hiljem hämmastunud maailma paiskus, meenus mulle meistri ennustus. Ajastute vanused aja ja ruumi kontseptsioonid olid põrmustatud – ühegi isiku kodu polnud piisavalt kitsas, et London või Kalkuta poleks sinna sisse mahtunud! Nürimgi aru avardus vaieldamatu tõestuse ees, mis puudutas inimese kõikjalolemise võime üht tahku.

*Joogi autobiograafia*

Lillkapsa komöödia „süžeest" saab kõige paremini aru raadio analoogia põhjal[2]. Mu guru oli täiuslik inimraadio. Mõtted pole midagi muud, kui väga õrnad eetris levivad võnked. Just nagu tundlik raadio korjab tuhandete teiste erisuunaliste raadiosaadete seast üles soovitud muusikapala, oli ka minu guru võimeline kinni püüdma maailma inimtahte lugematutest mõtetest poolearulise lillkapsast ihaldava mehe mõtte. Nii pea kui meister sai ranna suunas jalutades teadlikuks talumehe lihtsast püüdlusest, tahtis ta tema soovi rahuldada. Sri Yukteswari jumalik silm oli avastanud teel tantsiva mehe veel enne kui ta järgijate jaoks nähtavale ilmus. Kuna unustasin aašrami ukse lukustada, andis see meistrile mugava vabanduse üks mu hinnatud aedvili minult ära võtta.

Peale vastuvõtjana toimimist, võttis Sri Yukteswar appi oma võimsa tahte, mis oli kui raadiosaatja või signaali edastaja.[3] Ta juhtis sel moel talumeest, pöörates tema sammud ümber, minemaks teatud ruumi selle ainsama lillkapsa järele.

Intuitsioon on hinge teejuht, mis ilmneb inimesel loomulikult, kui tema mõistus on rahu seisundis. Peaaegu igaühel on olnud kogemus seletamatult õigest aimdusest või on ta oma mõtteid teisele isikule üle kandnud.

Rahutuse staatilisusest vaba inimmõistus on võimeline teostama keerukate raadiomehhanismide kõiki funktsioone – mõtteid saatma ja vastu võtma ning soovimatule end mitte häälestama. Nii nagu raadio võimsus sõltub tarvitatava elektrivoolu hulgast, sõltub inimraadio võimsus iga inimese tahtejõu määrast.

---

[2] 1939. aastal kavandatud raadiomikroskoop avas uue seniajani tundmata kiirte maailma. „Inimene ise ja samuti kõiksugused oletatavalt inertsed materjalid lähetavad pidevalt sellele instrumendile „nähtavaid" kiiri," teatas *Associated Press*. „Need, kes usuvad telepaatiasse, teise nägemisse ja selgeltnägemisse, leiavad selles teates esimese selge teadusliku tõestuse ühelt isikult teiseni liikuvate nähtamatute kiirte osas. Raadioaparaat on tegelikkuses raadiosageduse spektroskoop. See teeb külmade, mittehõõguvate materjalidega sama, mida teeb spektroskoop taevatähtede loovaid aatomeid uurides ... Inimestelt ja kõigelt elavalt lähtuvate kiirte olemasolu kahtlustasid teadlased juba palju aastaid. Täna on leitud nende olemasolu esimene eksperimentaalne tõestus. Avastus näitab, et iga looduses olev aatom ja iga molekul on pidevalt töötav raadiosaatejaam ... Seepärast jätkab aine, mis oli kord inimene, isegi peale surma õrna kiirguse väljasaatmist. Kiirte lainepikkused varieeruvad alates kõige lühematest, mis praegu saadete edastamisel kasutusel on, kuni kõige pikemate raadiolaineteni. Nende lainete kogum on peaaegu tajumatu. Neid on miljoneid. Üksik suur molekul võib väljastada ühel ja samal ajal miljon erinevat lainepikkust. Pikemad lainepikkused liiguvad raadiolainete kerguse ja kiirusega. ...Meile tuttavate valguskiirte ja uute raadiolainete vahel on üks hämmastav erinevus. Raadiolained kiirguvad häirimatust mateeriast pikemat aeg, kuni tuhandeid aastaid."

[3] Vt lk 151.

*Lillkapsarööv*

Kõik mõtted võnguvad kosmoses igavesti. Sügava keskendumise abil on meister võimeline tegema kindlaks iga elava või surnud inimesega seotud mõtte. Mõtted on universaalsed, neil pole individuaalseid juuri, tõde ei ole võimalik luua, vaid ainult tajuda. Kõik inimese vigased mõtted tulenevad tema elunägemuse vähemast või suuremast ebatäiuslikkusest. Joogateaduse eesmärgiks on vaigistada mõistust, et see võiks ilma moonutusteta kuulda Sisemise Hääle eksimatut nõuannet.

Raadio ja televisioon tõid kauged isikud helis ja pildis miljonite kodudesse: olles esimesed ähmased teaduslikud ilmutused inimese kõikeläbivast vaimust. Kuigi ego püüab kõige barbaarsemal moel salanõu abil inimest orjastada, ei ole inimene mitte teatud kosmose punkti vangistatud keha, vaid põhiolemuslikult kõikjalolev hing.

„Ilmneda võib väga imelik, väga imeline, pealtnäha väga ebatõenäoline nähtus, mis kord juba juurdununa ei hämmasta meid rohkem, kui möödunud sajandi jooksul meile teaduses õpetatu," väitis Charles Robert Richet[4], Nobeli preemia laureaat füsioloogias. „On omaks võetud, et nähtus, mida me hetkel ilma üllatuseta mõistame, ei tekita meis hämmingut, sest sellest on aru saadud. Kuid nii see ei ole. Kui need meid ei üllata, siis mitte seepärast, et neist on aru saadud, vaid seetõttu, et nad on tuttavad, sest kui miski, millest ei saada aru, peaks meid üllatama, siis peaksime üllatuma iga asja peale – olgu selleks õhkuvisatud kivi kukkumine, tõrust kasvav tammepuu, kuumutamisel paisuv elavhõbe, magneti ligi tõmmatud raud."

„Tänapäeva teadus on nagu kerge aine ... Need üllatavad, hämmastavad tõed, mida meie järglased avastavad, on isegi nüüd meie ümber, vahtides meile nii-öelda silma sisse ja ikkagi me ei näe neid. Mitte et me neid ei näe, me ei soovi neid näha. Sest niipea, kui ilmub ootamatu ja võõras fakt, püüame me teda sobitada omandatud teadmiste raamistikku ja oleme nördinud, kui keegi julgeb seal edasi katsetada."

Humoorikas juhtum leidis aset paar päeva pärast seda, kui minult oli lillkapsas nii uskumatult röövitud. Nimelt ei suudetud leida üht petrooleumilampi. Olnud hiljuti guru kõiketeadva taipamise tunnistajaks, mõtlesin, et ta näitab – lambi üleleidmine on lapsemäng. Meister tajus mu ootust. Ta küsitles kõiki aašrami asukaid liialdatud tõsidusega. Noor järgija tunnistas, et oli lampi kasutanud käies tagahoovi kaevul.

Sri Yukteswar andis pühalikult nõu: „Otsige lampi kaevu juurest." Tormasin sinna – ei mingit lampi! Masendatult pöördusin guru

---

[4] Raamatu „*Meie kuues meel*" autor (London: Ride & Co.).

juurde tagasi. Nüüd naeris ta minu illusioonide purunemise pärast süümepiinadeta ja südamest.

„Väga paha, et ma ei osanud sind haihtunud lambi juurde juhatada, ma ei ole mustkunstnik!" Silma pilgutades lisas ta veel: „Ma ei ole isegi piisavalt hea Sherlock Holmes!"

Mõistsin, et õpetaja ei avalda oma võimeid kunagi tühiasjade pärast või kui talle on väljakutse esitatud.

Rõõmsad nädalad lendasid mööda. Sri Yukteswar plaanis religioosset rongkäiku. Ta palus mind juhtida järgijaid läbi linna ja Puri ranna. Pidustuste päev (suvine pööripäev) koitis pinevas kuumuses.

„Guruji, kuidas ma viin paljaste jalgadega õpilased üle põletavate liivade," küsisin ahastuses.

„Ütlen sulle saladuse," vastas meister. „Issand saadab pilvedest vihmavarju – te saate siis mugavalt jalutada."

Korraldasin rongkäiku õnnelikult, meie grupp alustas aašramist Satsanga[5] lipu all. Disainitud Sri Yukteswari poolt, kandis see ainsa silma[6] sümbolit, tähistamaks intuitsiooni teleskoobile sarnanevat pilku.

Peatselt meie eraklast lahkumise järel kattus osa meie kohal olevast taevast justkui võluväel pilvedega. Kõigi pealtvaatajate üllatushüüete saatel algas korraga kerge vihmasabin, jahutades tänavaid ja põletavat mereranda.

Jahutavad tilgad sadasid alla kahe tunni kestel. Täpselt sel hetkel, kui meie grupp jõudis tagasi aašramisse, kadusid pilved ja vihm jäljetult.

„Sa nägid, kuidas Jumal meile kaasa tunneb," vastas meister, kui ma talle oma tänu olin väljendanud. „Issand vastab kõigile ja töötab kõigi hüvanguks. Nõnda nagu Ta saatis mu anuva palve peale vihma, täpselt samuti täidab Ta järgija siira soovi. Harva saavad inimesed aru, kui tihti Jumal nende palvetele tähelepanu pöörab. Ta pole mõne suhtes erapoolik, vaid kuulab kõiki, kes Talle usaldavalt lähenevad. Tema lastel peaks olema alati jäägitu usk oma Kõikjaloleva Isa armastavasse headusse."[7]

---

[5] *Sat* tähendab sõna-sõnalt „puhast olemist" tähendades siis ka „essentsi, tõde, tegelikkust"; *sanga* on „ühendus". Sri Yukteswar kutsus oma erakla organisatsiooni *Satsanga*, „tõe vennaskond."

[6] *„Silm on ihu lamp. Kui su silm on selge, siis on kogu su ihu valgust täis."* – Matteuse 6:22. Sügavas meditatsioonis muutub ainus ehk vaimne silm lauba keskosas nägevaks. Sellele kõiketeadvale silmale viidatakse pühakirjades erinevalt, kui kolmandale silmale, Idamaade silmale, sisemisele silmale, taevast langevale tuvile, Šiva silmale, intuitsiooni silmale ja nii edasi.

[7] "Tema, kes on andnud meile kõrva, kas ta siis ei kuule? Tema, kes kujundas silma, kas ta siis

*Lillkapsarööv*

Sri Yukteswar toetas nelja iga-aastast pööripäevapidustust, kui tema õpilased lähedalt ja kaugelt kokku tulid. Talvist pööripäeva tähistati Serampore'is – esimene, kus ma osalesin, täitis mind jääva õnnistusega.

Pidustused algasid hommikul mööda tänavaid kulgeva paljajalu rongkäiguga. Saja õpilase suust kõlasid meeliköitvad usulised laulud, saateks muusikute flöödi-, trummi- ja simblimäng. Entusiastlikud linlased palistasid tee lilledega, olles õnnelikud, et neid proosalistest tegevustest Issanda õnnistatud nime kõlava kiitusega eemale tõmmati. Pikk ringkäik lõppes erakla õues. Seal ümbritsesime me oma guru ning ülemistel rõdudel olevad õpilased puistasid meie peale saialille õisi.

Paljud külalised läksid ülakorrusele *tšanna* ja apelsini pudingut saama. Mina siirdusin kaasjärgijate grupi juurde, kes teenisid sel päeval kokkadena. Sellistel suurtel rahvakogunemistel tuli toitu valmistada õues asuvates hiigelsuurtes kateldes. Improviseeritud tellistest ahjud olid tahmased ja nende ving tõi silma pisarad, ometi me naersime rõõmsalt oma tööd tehes. Religioosseid pidustusi ei peeta Indias kunagi vaevaliseks – iga pühendunu täidab oma rolli rõõmuga, andes raha, riisi, aedvilju või pakkudes end appi.

Meister oli varsti meie keskel, jälgides pidusöögi roogade valmistamist. Olles täielikult hõivatud, püsis ta kõige energilisemate noorte õpilaste tempos.

*Sankirtan* (ühislaulmine), mida saatsid harmoonium ja india käsitrummid, toimus teisel korrusel. Sri Yukteswar kuulas heakskiitvalt – tema muusikaline taju oli täiuslik.

„Nad on helistikust väljas!" Meister lahkus kokkade seast ja ühines lauljatega. Jälle oli kuulda meloodiat, seekord õigesti esitatuna.

*Sama Veeda* sisaldab maailmas kõige varajasemaid kirjutisi muusikateadusest. Indias peetakse muusikat maalimise ja draama kõrval jumalikuks kunstiks. Brahma, Višnu ja Šiva – Igavene Kolmainsus, olid esimesed muusikud. Jumalikku tantsijat Šivat Tema Nataradža aspektis esitatakse pühakirjaliselt kosmilise universaalse loomise, hoidmise ja hävitamise tantsu mõõtmatute rütmiviiside loojana. Brahma omakorda kõlistab simbleid ja Višnu taob püha *mridanga*t ehk trummi.

Tarkuse jumalannat Sarasvatit kujutatakse kõigi keelpillide emal, *viinal* mängivana. Višnu inkarnatsiooniks olevat Krišnat kujutatakse samuti India kunstis flöödiga, millel ta esitab lummavat laulu, mis kutsub

---

ei näe? ... Tema, kes õpetas inimesele teadmist, kas ta siis ei tea?" – Psalmid 94:9-10.

*Joogi autobiograafia*

*maaja*-eksikujutluses ekslevaid inimhingi tagasi oma tõelisse koju.

Hindu muusika nurgakiviks on *raagad* ehk kinnitatud meloodilised heliredelid. Kuus põhimist *raagat* hargnevad 126 tuletatud *ragiinideks* (naisteks) ja *putrateks* (poegadeks). Igal raagal on minimaalselt viis nooti: juhtiv noot (*vadi* ehk kuningas), teisene noot (*samavadi* ehk peaminister), abistavad noodid (*anuvadi,* saatjad-teenijad) ja dissonantne ehk ebakõlaline noot (*vivadi,* vaenlane).

Kuuest põhilisest *raagast* igaüks on loomulikus ühenduses teatud päevatunni, aastaaja ja konkreetset väge andva jumalusega. Seega (1) kuulatakse *hindole raagat* vaid kevadel koidikul, äratamaks kõikehõlmava armastuse meeleolu, (2) *deepaka raagat* mängitakse kaastunde virgutamiseks suveõhtutel. (3) *Megha raaga* on vihmaperioodi keskpäeva meloodia – mida esitatakse julguse tekitamiseks, (4) *bhairava raagat* mängitakse rahulikkuse saavutamiseks augustis, septembris, oktoobris, (5) *Sri raagat* hoitakse puhta armastuse seisundi saavutamiseks sügishämarikeks ning (6) *malkounsa raagat* kuulatakse vapruse omandamiseks talvisel ajal keskööde paiku.

Muistsed rišid ehk tõeotsijad avastasid need inimese ja looduse vahelised helide liidu seadused. Kuna loodus on algheli ehk võnkuva sõna OM'i kujustus, võib inimene saavutada looduslike ilmutuste üle kontrolli teatud *mantrate* ehk lausumiste[8] abil. Ajaloolised allikad kõnelevad Akbar Suure õuelauliku Miyan Tan Sen'i märkimisväärsetest võimetest. Imperaatori käsu peale laulda keskööl *raagat,* kui päike oli seniidis, lasi Tan Sen kuuldavale *mantra,* mis hetkega pimendas kogu palee ümbruse.

India muusika jagab oktaavi 22 *srutiks* ehk lühikesteks pooltoonideks. Need mikrotoonilised vahemikud lubavad muusikaliste väljenduste kauneid varjundeid, mida ei suuda saavutada lääne 12 pooltooniga kromaatiline heliredel. Igaüks seitsmest põhimisest oktaavi noodist on hindu mütoloogias seotud värvuse ja loomuliku linnu- või

---

[8] Kõigi rahvaste folkloor sisaldab viiteid loitsimistele, mil on vägi Looduse üle. Ameerika indiaanlased arendasid välja toimivad helirituaalid vihma ja tuule esilekutsumiseks. Kuulus hindu muusik Tan Sen oli võimeline oma laulu väega tuld kustutama.

California loodusteadlane Charles Kellogg demonstreeris 1926. aastal grupi New Yorki tuletõrjujate ees hääle võnkumise mõju tulele. „Libistades suuremõõdulist viiulipoogna sarnast poognat mööda alumiiniumist heliharki, tekitas ta raadiomüra sarnase kriiske: tühjas klaastorus lõõmav enam kui poolemeetrine kollane gaasileek kahanes kuue tollini ja muutus turtsuvaks siniseks lahvatuseks. Teine tõmme poognaga ja järgmise võnkumise kriiskamine kustutas tule."

loomahäälega – *do* noot rohelise värvi ja paabulinnuga, *re* on punase värvi ja põldlõokesega, *mi* kuldse värvi ja kaljukitsega, *fa* kollakasvalge värvi ja haigruga, *sol* musta värvi ja ööbikuga, *la* kollase värvi ja hobusega ning *si* kõigi värvide kombinatsiooni ja elevandiga.

India muusika kirjeldab üldjoontes 72 *thatat* või helilaadi. Muusikul on traditsioonilise kinnitatud meloodia ehk *raaga* ümber võimalik põimida lõputu improvisatsioonina loovust. Muusik keskendub peateema üldtunnustatud meeleolu tunnetamisele ja kaunistab siis seda enda originaalsuse piirides. Hindu muusik ei loe etteantud noote, ta rõivastab igal mängimisel *raaga* luustiku uuesti, korrates sageli ühte ja sama meloodiat, rõhutades sel moel kõiki peeneid mikrotoonilisi ja rütmilisi variatsioone.

Lääne heliloojate seas mõistis Bach sajal veidi erineval keerulisel viisil korratava heli võlu ja väge.

Sanskritikeelne kirjandus kirjeldab 120 *taalat* või rütmi põhimõtet. Bhaarata, kui traditsioonilise India muusika rajaja, olevat eristanud lõokese laulus 32 liiki taalat. Rütmi ehk *taala* algupära on pärit inimese liigutustest: kõndimise kaheosaline rütm ja öise hingamise kolmeosaline rütm, mil sissehingamine on kaks korda nii pikk kui väljahingamine.

India on alati pidanud inimhäält kõige täiuslikumaks hääle instrumendiks. India muusika on seetõttu laialt seotud kolmeoktaavilise hääleulatusega. Samal põhjusel rõhutatakse pigem meloodiat (järjestikku kõlavate nootide edastamist) kui harmooniat (üheaegselt kõlavate nootide edastamist).

India muusika on subjektiivne, vaimne ja individuaalne kunst, mis ei aja taga sümfoonilist briljantsust, vaid isiklikku harmooniat Ülihingega. Sanskritikeelne muusikut tähistav sõna on *bhagavatar,* „see, kes laulab kiitust Jumalale."

*Sankirtanid* ehk muusikalised koosolemised on jooga ehk vaimse distsipliini efektiivseks vormiks, eeldades sügavat keskendumist, pingelist algmõtte ja heli endasseimamist. Kuna inimene ise on Loova Sõna väljendus, on helil talle kõige võimsam ja kiirem mõju. Ida ja lääne suurepärane usuline muusika toob inimesele rõõmu, kuna see põhjustab ühe tema okultse seljakeskuse[9] ajutise võnkuva avanemise. Neil

---

[9] Seljas paiknevate okultsete keskuste (*tšakrate*) ülesäratamine on joogi jaoks pühitsetud eesmärgiks. Lääne tõlgendajad ei ole mõistnud, et Uue Testamendi Johannese Ilmutusraamat sisaldab Johannesele ja teistele lähedastele järgijatele Issand Jeesuse poolt õpetatud joogateaduse sümboolset edastamist. Johannes märgib (Ilmutusraamat 1:20): „seitsme tähe

*Joogi autobiograafia*

hetkedel jõuab inimeseni udune mälestus tema jumalikust päriolust.

Sri Yukteswari teise korruse elutoast pidustuste päeval kostev *sankirtan* oli keset auravaid potte toimetavatele kokkadele inspireeriv. Minu kaasjärgijad ja ma ise laulsime kätega takti lüües rõõmsasti refrääne. Loojanguks olime serveerinud sadadele külalistele riisi läätsedega, aedvilja karrit ja riisipudingut. Laotasime puuvillast tekid õue maha – varsti kükitas kogu kuulav seltskond tähistaeva võlvi all, keskendudes hääletuna Sri Yukteswari huultelt voolavale tarkusele. Tema avalikud kõned rõhutasid *kriija jooga*, eneseaustuse, rahulikkuse, otsusekindluse, lihtsa toitumise ja regulaarsete kehaliste harjutustega täidetud elu väärtust.

Noorimate järgijate grupp luges seejärel mõningaid pühasid hümne, kohtumine lõppes innuka *sankirtaniga*. Kella kümnest kuni kaheteistkümneni keskööl pesid aašrami asukad potte ja panne ning koristasid hoovi. Mu guru kutsus mind enda kõrvale.

„Mulle meeldis sinu tänane ja terve eelmise nädala kestnud ettevalmistuste rõõmuküllane töö. Tahan, et oleksid minu juures – sa võid täna öösel mu voodis magada."

See oli privileeg, mille süllekukkumisest ma iial poleks osanud mõelda. Istusime väheke jumalikus rahus. Vaevalt kümme minutit peale magamaheitmist tõusis meister ja hakkas end riidesse panema.

„Mis juhtus, härra?" olin segaduses ootamatust guru kõrval magamise rõõmust.

„Ma mõtlen, et mõned õpilased, kes jäid oma õigest rongist maha, on kohe jälle siin. Tehkem veidi süüa."

„Guruji, keegi ei tule kell üks öösel!"

„Ole voodis, tegid täna kõvasti tööd. Ma lähen sööki tegema."

---

müsteeriumit" ja „seitset kirikut", need sümbolid viitavad seitsmele valguse lootosele, mida joogakirjanduses kirjeldatakse kui selgrool asuvat seitset „ust-lõksu". Läbi nende jumalikult plaanitud „väljapääsude" põgeneb joogi meditatsiooni abil kehalisest vanglast ja omandab uuesti oma tõelise Vaim-olemise identiteedi. (Vt 26 peatükki).

Ajus asuv seitsmes keskus – „tuhande õieleheline lootos" on Mõõtmatu Teadvuse trooniks. Jumaliku valgustumise seisundis öeldakse joogi tajuvat Brahmat ehk Loojat-Jumalat kui „Lootosestsündinut" Padmadžat.

„Lootoseasendit" nimetatakse seepärast nii, et selles traditsioonilises poosis näeb joogi selgrookeskuste erivärvilisi lootoseid (*padmasid*). Igal lootosel on iseloomulik elujõust (*praanast*) koosnev õielehtede ehk kiirte arv. Lootoseid tuntakse samuti kui rattaid – *tšakraid*.

Lootoseasend (*padmasana*) hoiab selja püstiselt sirgu ja lukustab keha turvaliselt ette-taha kukkumise ohu eest *savikalpa samaadhi* seisundis – seepärast on see joogide meditatsiooni lemmikasendiks. Kuid lootose poos (*padma-asana*) võib algajaile tuua mõningaid raskusi – ja seda poleks vaja üritada ilma *hatha jooga* eksperdita.

*Lillkapsarööv*

Sri Yukteswari resoluutse tooni peale hüppasin ma püsti ja järgnesin talle teise korruse siserõduga piirnevasse kööki. Riis ja *dhal* keesid peagi.

Mu guru naeratas hellalt. „Täna õhtul alistasid sa pinge ja hirmu raske töö ees. Need kaks ei tülita sind tulevikus enam kunagi."

Kui ta oli lausunud need terveks eluks mõeldud õnnistussõnad, kostsid õuest sammud. Jooksin trepist alla ja võtsin vastu grupi õpilasi.

„Armas vend," ütles üks mees, „kui väga me ei tahaks meistrit sel kellaajal tülitada! Ajasime rongi ajad segi, kuid tundsime, et ei saa koju minna veelkord gurule pilku heitmata."

„Ta ootab teid ja valmistab isegi praegu teile süüa!" kõlas Sri Yukteswari külalislahke hääl – ma juhtisin hämmastunud külalised kööki. Meister pöördus minu poole silma pilgutades.

„Nüüd, kus sa oled lõpetanud andmete võrdlemise, oled sa kahtlemata rahul, et meie külalised tõesti rongist maha jäid!"

Järgnesin talle magamistuppa pool tundi hiljem, oodates õnnelikult jumalasarnase guruga kõrvuti magamise au.

PEATÜKK 16

# Tähtede ülekavaldamine

„Mukunda, miks sa ei hangi endale astroloogilist käevõru?"

„Kas ma peaksin, meister? Ma ei usu astroloogiasse."

„See pole kunagi *uskumise* küsimus. Teadusliku suhtumise saab inimene kujundada tõe seisukohalt – kas see asi vastab tõele. Gravitatsiooniseadus töötas sama hästi enne Newtonit ja töötab samuti ka pärast teda. Kosmos oleks päris kaootiline, kui tema seaduste toimimiseks annaks loa inimese usk.

Šarlatanid on viinud täheteaduse tänapäeval halba kuulsusse. Astroloogia on nii matemaatiliselt[1] kui ka filosoofiliselt liiga ääretu, et keegi peale sügava teadmisega inimeste suudaks seda õigesti mõista. Kui ignorandid loevad taevatähti valesti ja näevad seal kirja asemel kritseldust, siis seda ongi sellelt ebatäiuslikult maailmalt oodata. Inimene ei peaks „tarka" koos tarkusega peast välja viskama.

Kõik loomise osad on ühendatud ja mõjutavad vastastikku üksteist. Universumi tasakaalustatud rütm tuleneb seotusest," jätkas mu guru. „Inimene peab oma inimlikus aspektis alistama kahtesorti jõude

---

[1] Muistsete hindu pühakirjade astronoomilistest viidetest on õpetlastel olnud võimalik korrektselt tuvastada kuupäevad. Rišide teadmised olid väga suured – „*Kaušitaki Brahmana's*" leiame me täpsete andmetega lõigud, mis näitavad, et aastal 3100 eKr olid hindud astronoomias kaugelt enam arenenud, praktilist väärtust oli sel teatud astroloogiliste rituste puhul heaendelise aja kindlaks määramisel. Veebruaris 1934 ajakirjas „East-West" ilmunud Tara Mata artiklis toodi ära *džjotiši* ehk veedade täheteadust puudutava osa kokkuvõte: „See sisaldab teaduslikku traditsiooni, mis on hoidnud Indiat kõigi muistsete rahvaste esirinnas ja teinud temast teadmiste otsijate Meka. Üks džjotiši töödest „*Brahmagupta*" on astronoomiline uurimus, mis käsitleb selliseid nähtuseid nagu päikesekeskne planeetide liikumine meie päikesesüsteemis, ekliptika kalle, Maa sfääriline kuju, Kuult peegelduv valgus, Maa igapäevane oma telje ümber pöörlemine, kinnistähed Linnutee galaktikas, gravitatsiooniseadus ja teised teaduslikud faktid, mis avastati läänemaailmas alles Koperniku ja Newtoni ajal."

Lääne matemaatika arengus hindamatud niinimetatud araabia numbrid jõudsid Euroopasse 9. sajandil araablaste kaudu Indiast, kus see arvude tähistamise süsteem oli kasutusele võetud juba muistsel ajal. Täiendavat valgust India määratule teaduslikule pärandile võib leida P. C. Roy raamatus „*Hindude keemia ajalugu*", B. N. Sea „*Muistsete hindude positiivsed teadused*", B. K. Sarkar'i „*Hindude saavutused täppisteaduses*" ja tema teises teoses „*Hindu sotsioloogia positiivne taust*", samuti U. C. Dutti „*Hindude Materia Medica*".

– esiteks ta enda olemuses toimuvat mäslemist, mida põhjustab maa, vee, tule, õhu ja eeterlike elementide segu. Teiseks aga looduse lammutavaid väliseid jõude. Nii kaua, kuni inimene rabeleb oma surelikkusega, on ta mõjutatud müriaadidest taeva ja maa mutatsioonidest.

Astroloogia on uurimus inimese reageerimisest planetaarsele mõjutusele. Tähtedel puudub heatahtlikkuse või vaenulikkuse teadvus. Nad saadavad lihtsalt endast välja positiivseid ja negatiivseid kiirgusi. Iseenesest ei aita ega kahjusta see inimkonda, vaid võimaldab põhjusetagajärje seadusel, mille iga inimene on minevikus liikuma lükanud, tasakaalustavalt toimida.

Laps on sündinud sel päeval ja sel tunnil, kui taevased kiired on matemaatilises harmoonias tema individuaalse karmaga. Tema horoskoop on väljakutsuv portree, avaldades isiku edasikaebamisele mittekuuluva mineviku- ja võimaliku tuleviku tulemused. Sünnikaarti võivad õigesti tõlgendada intuitiivse tarkusega inimesed – neid aga on vaid mõningad.

Taevane rasvaste tähtedega ettekuulutus ei rõhuta sünni hetkel mineviku hea ja halvaga seotud saatust, vaid äratab inimeses tahte pääseda kõikehõlmavast orjaikkest. Seda, mida ta on korda saatnud, saab ümber teha. Ainult tema ise, mitte keegi teine, saab olla mistahes tagajärgede põhjuste tekitaja. Inimene võib ületada kõik piirangud, mis ta ise on oma tegudega loonud, sest tal on vaimseid ressursse, mida ei mõjuta planetaarne surve.

Ebausklik aukartus astroloogia ees muudab inimese orjaks – mehhaanilisest juhendist sõltuvaks automaadiks. Tark inimene alistab planeediseisud ehk oma mineviku, vahetades truuduse loodu suhtes Looja-truuduse vastu. Mida enam ta mõistab oma ühtsust Vaimuga, seda vähem sõltub ta mateeriast. Hing on igavesti vaba, ta on surematu tänu sünni puudumisele. Seda ei saa tähtede distspliinile allutada.

Inimene *on* hing ja tal *on* keha. Kui ta asetab oma identiteeditunde õigesse kohta, jäävad kõik sunduslikud käitumismustrid seljataha. Nii kaua, kuni ta püsib oma tavalises vaimse mälukaotuse seisundi tekitatud segaduses, tunnetab ta loodusseaduse kammitsaid.

Jumal on harmoonia – pühendunu, kes end Temale häälestab, ei tee kunagi ühtki väärtegu. Tema tegevused on ajastatud korrektselt ja loomulikult olles astroloogilise seadusega vastavuses. Peale sügavat palvet ja meditatsiooni on tal ühendus oma jumaliku teadvusega, sellest seesmisest kaitsest suuremat väge ei ole.

*Joogi autobiograafia*

„Miks tahad sa siis, kallis meister, et ma kannaksin astroloogilist käevõru?" söandasin küsida peale pikka vaikust, mille kestel ma püüdsin seedida Sri Yukteswari õilsat esitust."

„Reisijal on kaartidest loobumine õigustatud alles peale sihtkohta jõudmist. Reisil olles kasutab ta igat mugavamat otseteed. Muistsed rišid avastasid palju viise, kuidas inimese eksikujutluses viibimise aega kärpida. Karma seaduses on teatavad mehaanilised asjaolud, mida saab oskuslikult tarkuse sõrmedega seadistada.

Kõik inimese hädad tulenevad mõnest üleüldisest seadusest üleastumisest. Pühakirjad osutavad, et inimesel tuleb loodusseadusi täita, häbistamata seejuures jumalikku kõikvõimsust. Ta peaks ütlema: „Issand, ma usaldan Sind ja tean, et Sa saad mind aidata, kuid ma teen ka oma parima, et teha olematuks enda varasemad väärteod." Mineviku väärtegude tagajärgi saab vähendada või tühistada mitmete vahendite, nagu palve, tahtejõu, jooga meditatsiooni, pühakutelt nõu küsimise või astroloogilise käevõru kandmise abil.

Samuti, nagu maja külge saab kinnitada vasest piksevarda, mis tõmbab endasse välku, saab ka kehalisele templile teatud viisidel kaitset luua. Targad avastasid, et puhtad metallid kiirgavad astraalset valgust, mis neutraliseerivad võimsalt planeetide negatiivset toimet. Nad leidsid, et ka teatud taimekombinatsioonid võivad olla abiks. Kõige mõjuvamad on veatud ja mitte alla kahe-karaadised vääriskivid.

Praktilist astroloogia kasutamist on väljaspool Indiat harva tõsiselt uuritud. Üks vähetuntud tõsiasi on, et õiged vääriskivid, metallid ja taimsed preparaadid on väärtusetud, kui neil ei ole nõutud kaalu ja kui ravivahendit ei kanta keha vastas."

„Härra, muidugi võtan teie nõu kuulda ja hangin endale käevõru. Mind intrigeerib planeetide ülekavaldamise mõte!"

„Üldistel eesmärkidel soovitan ma kasutada kullast, hõbedast ja vasest tehtud käevõru. Kuid eriliseks puhuks tahan, et hangiksid hõbedast ja seatinast võru." Sri Yukteswar lisas täpse juhise.

„Guruji, millist erilist juhtumit te silmas peate?"

„Tähtedel tekib sinu suhtes ebasõbralik huvi, Mukunda. Ära karda – sa oled kaitstud. Umbes kuu aja pärast teeb maks sulle palju muret. Haigus peaks kestma kuus kuud, kuid käevõru lühendab selle perioodi kahekümne neljale päevale."

Järgmisel päeval otsisin üles juveliiri ja peagi kandsin käevõru. Minu tervis oli suurepärane ja meistri ennustus libises mul meelest.

*Tähtede ülekavaldamine*

Ta lahkus Serampore'ist külastamaks Benarest. Kolmkümmend päeva peale meie vestlust tundsin ma järsku äkilist valu maksa piirkonnas. Järgmised nädalad möödusid nagu piinava valuga õudusunenägu. Tundes vastumeelsust guru tülitada, mõtlesin, et suudan vapralt üksinda oma katsumuse välja kannatada.

Kuid kakskümmend kolm piinapäeva nõrgestasid mu otsustust – istusin Benaresesse sõitvasse rongi. Eraklas tervitas Sri Yukteswar mind ebatavalise soojusega, kuid ei andnud mulle mingit võimalust oma hädadest privaatselt rääkida. Palju järgijaid külastas sel päeval meistrit lihtsalt *daršani*[2] saamiseks. Mina istusin haige ja hüljatuna nurgas. Alles peale õhtusööki lahkusid külalised. Mu guru kutsus mind maja kaheksanurksele rõdule.

„Sa tulid vast oma maksahäda pärast." Sri Yukteswari pilk oli kõrvale pööratud, ta jalutas sinna-tänna, sattudes aeg-ajalt kuuvalguse kätte. „Las ma vaatan – sa oled põdenud kakskümmend neli päeva, kas pole?"

„Jah, härra."

„Tee palun kõhuharjutust, mida ma sulle õpetasin."

„Õpetaja, kui sa teaksid minu kannatuse suurust, siis ei paluks sa mul harjutust teha." Vaatamata sellele tegin õrna püüde talle kuuletuda.

„Sa ütled, et sul on valus, kuid mina ütlen, et sul pole mingit valu. Kuidas selline vastuolu saab olemas olla?" Mu guru vaatas mind uurivalt.

Rõõmus vabanemise tunne esmalt ehmatas ja siis aitas mind sellest üle. Enam ei tundnud ma jätkuvat piina, mis hoidis mind nädalaid unetuna – Sri Yukteswari sõnade peale haihtus agoonia, nagu poleks seda kunagi olnudki.

Üritasin tänulikult ta jalge ette kummardada, kuid ta hoidis mind kiirelt tagasi.

„Ära ole lapsik. Tõuse püsti ja naudi kuupaiste ilu Gangese kohal." Kuid meistri silmad pilkusid õnnelikult, kui ma tema kõrval vaikides seisin. Sain tema suhtumisest aru, et ta tahtis mulle teada anda, et mitte tema, vaid Jumal oli Tervendaja.

Kannan isegi nüüd rasket hõbedast ja seatinast käevõru – kalli minevikusündmuse mälestusena, mil ma mõistsin taas, et elan tõepoolest koos üliinimesega. Hilisematel juhtudel, kui ma tõin oma sõpru

---

[2] Pelgast pühaku nägemisest saadav õnnistus.

tervendamiseks Sri Yukteswari juurde, siis soovitas ta alati vääriskive või käevõru[3], ülistades nende kasutamist astroloogilise tarkuseteona.

Mul oli lapsepõlvest saati astroloogia suhtes eelarvamus, osalt seepärast, et nägin kui paljud inimesed olid sellesse kuulekalt kiindunud ja osaliselt seetõttugi, mida meie pere astroloog oli ennustanud: „Sa abiellud kolm korda, jäädes kaks korda leseks." Juurdlesin selle teema üle, tundes end ohvritallena, kes ootab ohverdamist kolmikmatriarhaadi templi ees.

„Parem alistu oma saatusele," märkis mu vend Ananta. „Sinu kirjalik horoskoop väidab korrektselt, et põgened noorusaastatel Himaalaja suunas, kuid oled sunnitud tagasi pöörduma. Sinu abielude ettekuulutus on samuti määratud täituma."

Puhas intuitsioon tõi mulle ühel ööl selguse, et see ettekuulutus oli täielikult vale. Panin horoskoobi kirjarulli põlema, puistates seejärel tuha paberkotti, millele kirjutasin peale: „Mineviku karma seemned ei saa hakata idanema, kui neid on jumaliku tarkuse tules küpsetatud." Asetasin koti nähtavasse kohta – Ananta luges viivitamatult minu väljakutsuvat kommentaari.

„Sa ei saa tõde nii kergelt hävitada nagu sa selle paberirulli ära põletasid," naeris mu vend põlglikult.

On tõsiasi, et kolmel korral enne meheikka jõudmist üritas mu pere mind kihlata. Iga kord keeldusin ma plaaniga kaasa minemast[4], teades, et minu armastus Jumala vastu on palju ülekaalukam kui iga minevikuga seotud astroloogiline surve.

„Mida sügavam on inimese eneseteostus, seda enam mõjutab ta oma vaimsete võngetega tervet universumit ja seda vähem on ta mõjutatud kosmilisest jõuväljast." Need meistri inspireerivad sõnad meenusid mulle tihti.

Aeg-ajalt palusin astroloogidel planeetide näitude põhjal välja valida mu kõige halvemad perioodid – ikkagi võisin täita mistahes enda seatud ülesande. On tõsi, et sellistel aegadel olid mu edu saatmas ebatavalised raskused. Kuid mu veendumus on olnud alati õigustatud: usk jumalikku kaitsesse ja Jumala poolt antud tahte õige kasutamine on

---

[3] Vt lk 170.

[4] Üks tüdrukutest, keda mu pere üheks minu võimalikuks pruudiks välja valis, abiellus hiljem minu nõo, Prabhas Chandra Ghosh'iga. (Vt fotot lk 113 vastas). Sri Ghosh oli India Yogoda Satsanga Ühingu asepresidendiks alates 1936. aastast kuni oma surmani aastal 1975. (Vt lk 210)

palju muljetavaldavad, kui taevast alla sadavad mõjutused.

Jõudsin järeldusele, et iga inimese sünnihetke tähtedeseis ei tähenda, et inimene on oma mineviku mängukann. Selle sõnum ärgitab pigem uhkust tundma: taevad ise otsivad võimalust virgutada inimese otsusekindlust piirangutest vabanemisel. Jumal lõi iga inimese kui isikupäraga varustatud hinge, kes esitades ajutise parasiidi või tugisamba rolli, saab kosmilist ülesehitust mõjutada. Tema vabadus on lõplik ja hetkeline, kui ta seda soovib – see ei sõltu välistest, vaid seesmistest võitudest.

Sri Yukteswar näitas meie käesoleva ajastu[5] 24 000 aastase taevaekvaatori tsükli matemaatilist kuju. Terve tsükkel jaguneb tõusvaks kaareks ja langevaks kaareks, kumbki 12 000 aastat pikk. Iga kaare sisse mahub neli *juugat* ehk ajastut, täpsemalt *Kaali, Dvapara, Treta* ja *Sathya* juuga, mis vastavad kreeklaste raua, pronksi, hõbeda ja kuldajastu ideele.

Mu guru määras erinevate arvutuste abil, et viimane tõusva kaare *Kaali* ehk raua-ajastu algas ca 500 pKr, kestes kokku 1200 aastat, olles materialismi ajajärguks ja lõppedes 1700. aasta paiku. Neil aastail algas *Dvapara juuga* 2400 aastane elektri- ja aatomienergia arengute, telegraafi, raadio, lennukite ja kosmose-alistajate ajastu.

3600 aastane *Treta juuga* periood algab aastal 4100, mida märgistavad telepaatiliste ühenduste ja teiste aja-alistamise võimaluste kasutamine. 4800 aastat kestva viimase tõusva kaare ajastu *Sathya juuga* ajal arendatakse inimintellekt täielikult välja ja ta töötab kooskõlas jumaliku plaaniga.

Laskuva kaare 12 000 aastat algab laskuva Kuldajastuga, kestes uuesti 4800 aastat, seejärel algab maailmas (12 500 pKr) uuesti inimese järkjärguline ignorantsusse vajumine. Need tsüklid näitavad *maaja* igavest ringkäiku, esinevate ilmingute[6] kontraste ja suhtelisust. Inime-

---

[5] Need tsüklid on lahti seletatud Sri Yukteswari raamatu „*Püha Teadus*" esimeses osas (kirjastanud Self-Realization Fellowship).

[6] Hindu pühakirjad asetavad käesoleva Kaali juuga sees oleva ajastu palju pikemasse universaalsesse tsüklisse, kui on Sri Yukteswari poolt toodud 24 000 aastane taevaekvaatori tsükkel. Kõikehõlmav pühakirjade tsükkel kestab 4 300 560 000 aastat ja määrab ära Loomise Päeva pikkuse. See hiiglaslik arv toetub päikeseaasta pikkuse ja pii korrutisele (3,1416 ehk ringi ümbermõõdu ja läbimõõdu suhe).

Kogu universumi eluiga on muistsete nägijate kohaselt 314 159 000 000 000 päikeseaastat või „üks Brahma ajastu".

Hindu pühakirjad deklareerivad, et selline planeet nagu meie Maa, saab lahustuda algolekusse kahel põhjusel: kui kõik asukad on tervikuna muutunud täielikult headeks või täielikult halbadeks. Maailma mõistus sigitab siis väe, mis vabastab aatomid, mida hoiti koos planeet Maana.

sed põgenevad üksteise järel loomise duaalsest vanglast niipea, kui nad ärkavad Loojaga lahutamatus jumaliku ühtsuse teadvuses.

Meister avardas mu arusaamist mitte ainult astroloogiast, vaid ka maailma pühakirjadest. Asetades pühad tekstid oma mõistuse laitmatule lauale, oli ta võimeline neid intuitiivse selgusega lahkama, eraldades prohvetite algupäraselt väljendatud tõdedest vead ja õpetlaste lisandused.

„Kinnitage oma pilk ninaotsal." See ebakorrektne *„Bhagavad Giita"* salmi[7] tõlgendus, mida kasutavad laialt nii ida õpetlased kui ka lääne tõlkijad, tavatses meistris lõbusa kriitika esile kutsuda.

„Joogi tee on niigi piisav," märkis ta. „Milleks soovitada kõõrdsilmsust? Tõeline tähendus sõnale *„nasikagram"* on *„nina algus"*, mitte *„nina ots"*. Nina algab kahe kulmu vahelisest punktist ehk vaimse nägemise asupaigast."[8]

Ühe *šankhja*[9] aforismi *„Išvar-assidhe"*[10] („Loomise Issandat ei saa leida järeldades" või „Jumalat ei saa tõestada") tõttu kutsuvad paljud õpetlased tervet filosoofiat ateistlikuks.

„Tekstilõik ei ole ateistlik," seletas Sri Yukteswar. „See tähendab lihtsalt, et valgustamata inimesele, kes sõltub iga lõpliku otsustuse tegemisel vaid oma meeltest, peab Jumala tõestus jääma tabamatuks ja seetõttu on Jumal ise neile olematu. Tõelised *šankhja* järgijad, kel on vankumatu meditatsioonist sündinud taipamine, mõistavad, et Jumal on olemas ja ka tajutav."

Meister seletas kristliku Piibli lahti kauni selgusega. Kristliku kogukonna liikmete jaoks tundmatu hindu guru käest õppisin ma tajuma Piibli suremutut essentsi, samuti mõistma tõde Kristuse kindlas ja kõige järeleandmatumas kinnituses, mis iial lausutud: „Taevas ja maa hävivad, kuid minu sõnad ei hävi."[11]

---

Äärmisi ettekuulutusi on aeg-ajalt avaldatud möödapääsmatu „maailmalõpu" käsitlustena. Planetaarsed tsüklid järgivad vastavalt jumalikule plaanile korrapärast arengut. Mingit maist hävinemist ei ole silmapiiril, planeedil on sellisel kujul veel varuks palju tõusva ja laskuva taevaekvaatori tsükleid.

[7] Peatükk VI:13.

[8] „Su silm on ihu lamp. Kui sinu silm on selge, siis on ka kogu su ihu valgust täis, kui ta on aga haige, siis on ka su ihus pimedus. Hoolitse siis, et valgus, mis on sinu sees, ei oleks pimedus!" – Luuka 11:34-35.

[9] Üks kuuest hindu filosoofiasüsteemist. *Šankhja* õpetab lõplikku vabanemist kahekümne viie põhimõtte teadmise põhjal, alustades *prakritist* ehk loodusest ja lõpetades puruša ehk hingega.

[10] *Šankhja* aforismid, 1:92.

[11] Matteuse 24:35.

Suured India meistrid kujundavad oma elu samade jumalike ideaalide järgi, mis hingestasid Jeesust, need mehed on tema kuulutatud sugulased: „Sest kes iganes teeb mu Isa tahtmist, kes on taevas, see on mu vend, mu õde ja ema."[12] „Kui te jääte minu sõnasse," osutas Kristus, „siis olete te tõesti minu jüngrid ning tunnetate tõde ning tõde vabastab teid."[13] Kõik vabamehed, iseenda isandad, India Joogi-Kristused on osaks surematust vennaskonnast: need, kes saavutavad vabastava teadmise Ühest Isast.

„Aadama ja Eeva lugu on mulle mõistetamatu!" hüüatasin ma ühel päeval kirglikult, kui olin kimpus allegooria mõistmisel. „Miks Jumal karistas peale süüdioleva paari ka sündimata põlvkondi?"

Meistrile pakkus rohkem lõbu minu keevalisus, kui ignorantsus. „Loomine on kirjapanduna sügavalt sümboolne ega ole sõnasõnalise tõlgendamisega hoomatav," seletas ta. „Selle „elupuuks" on inimkeha. Selgroo kanal on nagu peapeale pööratud puu, mille juurteks on inimese juuksed ja impulsse edastavad närvid kui puuoksad. Närvisüsteemi puu kannab palju nauditavaid vilju ehk nägemise, kuulmise, maitsmise ja puudutuse aistinguid. Neis võib inimene õigusega laskuda naudingutesse, kuid talle keelati seksuaalne kogemus – „õun", mis asetses kehaaia keskpunktis.[14]

Madu esindab ülespoole keerdunud selgroo energiat, mis stimuleerib seksuaalsusega seotud närve. Aadam on aru ja Eeva on tunne. Kui tunnet ehk Eeva-teadvust valdab suguline impulss, siis tema arukus ehk Aadam alistub samuti.[15]

Jumal lõi inimolevused, materialiseerides mehe ja naise kehad oma tahte läbi. Ta varustas uue liigi võimega luua lapsi sarnasel jumalikult „puhtal" viisil.[16] Kuna seniajani oli Tema ilmutatud hing piiratud vaid arutlemisvõimeta ning instinktidega loomakehadega, siis tegi Jumal

---

[12] Matteuse 12:50.

[13] Johannese 8:31-32. Püha Johannes tunnistas: „Aga kõigile, kes tema vastu võtsid, andis ta meelevalla saada Jumala lasteks, neile, kes usuvad tema nimesse ... [neile, kes on kinnistunud Kristuse Teadvuses]." – Johannese 1:12.

[14] „Me sööme küll rohuaia puude vilju, aga selle puu viljast, mis on keset aeda, on Jumal öelnud: te ei tohi sellest süüa ega selle külge puutuda, et te ei sureks!" – 1. Moosese 3:2-3.

[15] „Naine, kelle sa mulle kaasaks andsid, tema andis mulle puust ja ma sõin. ... Ja naine vastas: „Madu pettis mind ja ma sõin."" 1. Moosese 3:12-13.

[16] „Ja Jumal lõi inimese oma näo järgi, Jumala näo järgi lõi ta tema, ta lõi tema meheks ja naiseks. Ja Jumal õnnistas neid ja Jumal ütles neile: „Olge viljakad ja teid saagu palju, täitke maa ja alistage see enestele ..." – 1. Moosese 1:27-28.

*Joogi autobiograafia*

inimkehad, keda sümboolselt kutsuti Aadamaks ja Eevaks. Tõusvaks arenguks kandis Ta neile üle kahe looma jumaliku olemuse ehk hinge[17]. Aadamas ehk mehes valitses arukus, Eevas ehk naises aga oli määrav tunne. Niiviisi sai väljendatud duaalsus ehk polaarsus, mis on kõigi maailma ilmingute aluseks. Arukus ja tunne jäävad seniks rõõmsalt taevasse koos toimima, kuni loomalike soodumuste maona keerduv energia inimmõistust ei tüssa.

Inimkeha polnud seega mitte ainult loomast arenemise tulemus, vaid Jumala eriline loomise akt. Täieliku jumalikkuse väljendamiseks olid loomsed vormid liiga toored. Ainulaadselt anti inimolevusele enneolematu mentaalse mahuga aju – „tuhandeleheline lootos", aga ka selgroos paiknevad okultsed keskused.

Jumal ehk Jumalik Teadvus, kes asetses esimeses loodud paaris, andis neile nõu nautida kõiki inimlikke tundelaade ühe erandiga: sugulised aistingud[18]. Need olid keelatud, et vältida suguorganite väljaarenemist, mis mässiks inimkonna madalamasordilisse loomsesse paljunemisviisi. Hoiatust – mitte taaselustada alateadvuslikku loomset mälu, ei pandud tähele. Taastades jõhkra paljunemisviisi, eemaldusid Aadam ja Eeva algse täiusliku inimese loomulikust taevaliku rõõmu seisundist.

Mao poolt Eevale lubatud „hea ja kurja" tundmine viitab kosmilisele dualistlikule sundusele, mida surelikud *maaja* mõjuvõimu all peavad kogema. Langedes oma tunde ja arutlusvõime ehk Aadama- ja Eeva-teadvuse väärkasutuse tõttu eksikujutlusse, lasi inimene lahti oma õigusest siseneda jumalikku iseseisvuse aeda.[19] Iga inimolevuse isiklikuks vastutuseks on viia oma „vanemad" ehk duaalne olemus harmoonilisse olekusse ehk Eedenisse."

Kui Sri Yukteswar oma kõne lõpetas, vaatasin Piibli Loomise raamatu lehekülgi uue austusega.

---

[17] „Ja Issand Jumal valmistas inimese, kes põrm on, mullast, ja puhus tema ninasse eluhinguse: nõnda sai inimene elavaks hingeks." – 1. Moosese 2:7.

[18] „Aga madu [seksuaalne energia] oli kavalam kõigist loomadest väljal ...[ükski kehas olev meel]. – 1. Moosese 3:1.

[19] „Ja Issand Jumal istutas Eedeni rohuaia päevatõusu poole ja pani sinna inimese, kelle ta oli valmistanud." – 1. Moosese 2:8. „Siis saatis Issand Jumal tema Eedeni rohuaiast välja, et ta hariks maad, millest ta oli võetud." – 1. Moosese 3:23. Esimesel Jumala loodud jumalikul inimesel asus teadvus keset kõikvõimsat silma laubal [ida pool]. Ent sellesse punkti koondunud loova tahte väed kadusid, kui ta hakkas oma füüsilise olemuse „maad harima".

*Tähtede ülekavaldamine*

„Kallis õpetaja," ütlesin, „esimest korda tunnen ma Aadama ja Eeva suhtes tõeliseid järeltulija kohustusi!"[20]

---

[20] Hindude „Aadama ja Eeva" lugu on toodud ära igivanas *Srimad Bhagavata Puraanas*. Esimest meest kutsuti Svajambhuva Manu („Loojast sündinud inimene") ja tema naist Shataruupa („see, kel on sada eri nägu ja kuju"). Nende viis last abiellusid *Pradžapatidega* (täiuslike olevustega, kes võisid võtta kehalise vormi) – neist esimestest jumalikest peredest sündis inimrass.

Kunagi, ei idas ega läänes, ei ole ma kuulnud kedagi nii sügavalt ja nii sügava taipamisega kristlikke pühakirju tõlgendamas, kui seda tegi Sri Yukteswar. „Teoloogid on Kristuse sõnu valesti tõlgendanud," ütles meister, „sellistes lõikudes nagu „Mina olen tee ja tõde ja elu. Ükski ei saa minna isa juurde muidu kui minu kaudu." (Johannese 14:6). Jeesus ei mõelnud kunagi, et ta oli Jumala ainus poeg, vaid et ükski inimene ei või saavutada omadusteta Absoluuti, loomise taga olevat Isa, kui ta pole kõige esmalt ilmutanud „Poega" ehk aktiveerinud loomise *sees* olevat Kristuse Teadvust. Jeesus, kes oli saavutanud ühtsuse Kristuse Teadvusega, samastas end sellega, sest tema enda ego oli ammu aega enne seda lahustunud."

Kui Paulus lubab „valge ette tuua ... mis on kätketud aegade algusest peale Jumalas, kes kõik on loonud" (Efeslastele 3:9) ning Jeesus ütleb: „Enne kui Aabraham sündis, olen mina" (Johannese 8:58), siis nende sõnade puhas essents on isikusetus.

Vaimne argus paneb paljud maised inimesed mugavalt uskuma, et vaid üks mees oli Jumala poeg. „Kristus oli ainulaadselt loodud," arutlevad nad, „kuidas saan mina, pelgalt surelik, Teda järele teha?" Kuid kõik inimesed on jumalikult loodud ja peavad ühel päeval kuulama Kristuse käsku: „Teie olge siis täiuslikud, nõnda nagu teie taevane Isa on täiuslik" (Matteuse 5:48). „Vaadake, kui suure armastuse Isa on meile andnud: meid hüütakse Jumala lasteks ja need me olemegi." (I Johannese 3:1).

Karma seadust ja reinkarnatsiooni mõistmist (vt peatükk 43) on esitatud paljudes Piibli lõikudes, nagu näiteks: „Kes valab inimese vere, selle vere valab inimene." (1. Moosese 9:6). Kui iga mõrvar peaks ise „inimkäe läbi" tapetama, siis nõuab sellega seotud sündmuste ahel paljudel juhtudel rohkem kui ühe elu. Tänapäeva politsei ei ole nii kiire sekkuma!

Varakristlik kirik tunnistas reinkarnatsiooni ehk taaskehastuse doktriini, mida tõlgendasid gnostikud ja paljud kirikuisad, kaasa arvatud Alexandria Clement, pühitsetud Origenes (mõlemad 3. sajandil) ja *Püha Eusebius Sophronius Hieronymus* (5. sajandil).

Doktriini kuulutas esmakordselt vääröpetuseks 553. aastal pKr Konstantinoopolis toimunud II Kirikukogu. Sellel ajal mõtlesid paljud kristlased, et taaskehastumise doktriin pakub inimesele liiga avara aja- ja ruumi näitelava, julgustades teda püüdlema viivitamatu pääsemise poole. Kuid allasurutud tõdedel on tagajärjed. Miljonid ei ole kasutanud Jumala otsimiseks oma „ainsat elu", vaid on nautinud seda maailma – mis nii unikaalselt on kätte võidetud ja peatselt igaveseks taas kadunud! Tõde on, et inimene taaskehastub planeet Maale niikaua, kuni ta on teadlikult taastanud oma Jumala pojaks olemise staatuse.

PEATÜKK 17

# Sasi ja kolm safiiri

„Kuna sina ja mu poeg mõtlete nii hästi svaami Sri Yukteswarist, tulen ma teda vaatama." Doktor Narayan Chunder Roy hääletoon andis mõista, et ta püüab poolearulistele nende kapriiside osas meele järgi olla. Varjasin oma nördimust äsjapöördunute parimate traditsioonide kohaselt.

Minu loomaarstist kaaslane oli veendunud uskmatu. Tema noor poeg Santosh anus mind, et ma näitaks tema isa vastu huvi üles. Seni oli minu hindamatu abi olnud seotud rohkem nähtamatu maailmaga.

Doktor Roy saatis mind järgneval päeval Serampore'i eraklasse. Kui meister oli talle lühikese intervjuu andnud – millele oli iseloomulik mõlema mehe vaikimine, lahkus külaline järsult.

„Milleks tuua aašramisse surnud meest?" Sri Yukteswar vaatas minu poole uurivalt kohe, kui uks oli Kalkuta skeptiku taga sulgenud.

„Härra! Doktor oli vägagi elus!"

„Kuid õige varsti on ta surnud."

Olin šokis. „Härra, see on tema pojale hirmsaks löögiks. Santosh loodab ju, et suudab ajaga muuta oma isa materialistlikku eluvaadet. Ma anun sind meister, aita seda meest."

„Hästi, sinu heaks." Mu guru nägu oli osavõtmatu. „Kõrgi hobusetohtri diabeet on kaugele arenenud, kuigi ta ise seda ei tea. Viieteistkümne päeva pärast satub ta haigevoodisse. Arstid annavad alla, tema loomulik sellelt planeedilt lahkumise aeg on kuus nädalat alates tänasest. Tänu sinu eestkostele aga terveneb ta sel päeval. Kuid siin on üks tingimus. Sa pead talle selgitama, et ta kannaks astroloogilist käevõru. Ta vaidleb kahtlemata sama ägedalt vastu nagu mõni tema hobune enne operatsiooni!" Meister itsitas.

Pärast vaikust, mille kestel ma imestasin, kuidas Santosh ja mina suudame küll tõrksat tohtrit keelitada, avaldas Sri Yukteswar järgmist.

„Niipea kui mehel hakkab parem, soovita tal mitte süüa liha. Ta ei võta seda nõuannet kuulda, kahjuks, ja kuue kuu pärast, just siis kui ta tunneb end juba tervena, kukub ta surnult maha. Isegi see kuuekuine eluea pikendus saab talle kingitud tänu sinu palvele."

Järgmisel päeval soovitasin ma Santoshile, et ta telliks juveliiri käest käevõru. See sai nädalaga valmis, kuid doktor Roy keeldus seda kandmast.

„Ma olen parima tervise juures. Te ei suuda mulle kunagi mingi astroloogilise ebausuga muljet avaldada." Doktor vaatas mind vaenulikult.

Meenutasin hämminguga, et õpetaja oli õiglaselt võrrelnud seda meest tõrkuva hobusega. Möödus veel seitse päeva – doktor, kes oli järsult haigestunud, nõustus alandlikult käevõru kandma. Kaks nädalat hiljem teatas tema looga tegelev arst, et patsiendi juhtum on lootusetu. Ta lisas suhkruhaiguse laastamistöö piinarikkad üksikasjad.

Raputasin oma pead. „Minu guru ütles, et pärast seda, kui haigus on kuu aega kestnud, saab doktor Roy terveks."

Raviarst vaatas mind uskmatult. Kuid ta otsis mind kaks nädalat hiljem vabandavalt üles.

„Doktor Roy on täiesti terveks saanud!" hüüatas ta. „See on minu kogemustest kõige hämmastavam. Kunagi varem ei ole ma sureva mehe puhul näinud sellist seletamatut tagasipöördumist. Su guru peab tõesti olema tervendav prohvet!"

Pärast üht vestlust doktor Royga, mil ma kordasin Sri Yukteswari soovitust loobuda lihast, ei näinud ma meest jälle kuus kuud. Ta astus jutuajamiseks läbi ühel õhtul, kui istusin oma kodu hoovis Gurpari tänaval.

„Ütle oma õpetajale, et ma sain tänu rohkele lihasöömisele oma jõu täiesti tagasi. Tema ebateaduslikud ideed toitumisest ei ole mind mõjutanud." Oli tõesti tõsi, et doktor Roy nägi välja täieliku tervise võrdkujuna.

Kuid järgmisel päeval tormas Santosh kõrvalkvartalis asuvast kodust minu juurde: „Täna hommikul kukkus isa surnult maha!"

See lugu oli üks minu veidramatest kogemustest õpetajaga. Ta tegi mässava loomatohtri vaatamata tolle uskmatusele terveks ja pikendas mehe loomulikku eluiga Maa peal kuue kuu võrra vaid tänu minu siirale anumisele. Sri Yukteswar oli oma headuses piiritu, kui seisis silmitsi pühendunu edasilükkamatu palvega.

Minu uhkeimaks privileegiks oli tuua guruga kohtuma oma kolledži sõpru. Paljud neist tavatsesid vähemalt aašramis kõrvale heita oma moodsa religioosse skeptitsismi.

*Joogi autobiograafia*

Sasi, üks minu sõpradest, veetis suure hulga õnnelikke nädalalõppe Serampore'is. Meister kiindus poissi ja kaebas, et tolle eraelu on metsik ja korratu.

„Sasi, kui sa end ei muuda, siis aasta pärast oled sa ohtlikult haige." Sri Yukteswar vaatas mu sõpra kaastundliku meeleheitega. „Mukunda on tunnistajaks: ära ütle hiljem, et ma sind ei hoiatanud."

Sasi naeris. „Õpetaja, jäägu kosmiline ligimesearmastus minu kurva juhtumi puhul sinu mureks! Minu vaim on valmis, aga tahe on nõder. Sa oled mu ainus päästja Maa peal, ma ei usu midagi muud."

„Vähemasti peaksid sa kandma kahekaraadist sinist safiiri. See aitab sind."

„Ma ei saa endale ühtki lubada. Igatahes, armas Guruji, kui häda tuleb, siis ma usun täielikult, et te kaitsete mind."

„Aasta pärast tood sa kolm safiiri," vastas Sri Yukteswar mõistatuslikult. „Siis pole neist enam mingit kasu."

„Ma ei saa end muuta!" tavatses Sasi koomilises meeleheites öelda. „Ja mu usk teisse meister, on palju ilusam mistahes kalliskivist!"

Aasta hiljem külastasin oma guru tema järgija Naren Babu Kalkuta kodus. Umbes kella kümne ajal hommikul, kui Sri Yukteswar ja mina istusime vaikselt teise korruse elutoas, kuulsin kuidas eesuks avanes. Meister tõmbus jäigalt sirgu.

„See on too Sasi," märkis ta süngel toonil. „Aasta on nüüd möödas, tema mõlemad kopsud on haigusest laastatud. Ta eiras mu nõuannet – ütle talle, et ma ei taha teda näha."

Pooleldi juhmistunud Sri Yukteswari jäikusest, tormasin ma trepist alla. Sasi oli just üles tulemas.

„Oo Mukunda! Ma loodan, et meister on siin, mul oli aimdus, et ta peab olema."

„Jah, kuid ta ei taha, et teda tülitatakse."

Sasi purskus nutma ja pühkis minust mööda. Ta heitis end Sri Yukteswari jalge ette, asetades sinna kolm kaunist safiiri.

„Kõiketeadev guru, arstid ütlevad, et mul on lahtine tuberkuloos! Nad ei anna mulle rohkem kui kolm kuud elada! Ma anun alandlikult teie abi, ma tean, et te võite mind terveks teha!"

„Kas ei ole liiga hilja oma elu pärast muretseda? Lahku oma kalliskividega, nende kasulikkuse aeg on möödas." Meister istus sfinksina katkematus rahus, mida segasid poisi halastust paluvad nuuksed.

Intuitiivselt oletasin, et Sri Yukteswar testis Sasi puhul lihtsalt tema jumalikku tervendavasse väesse uskumise sügavust. Ma ei olnud tund aega hiljem üllatunud, kui meister pööras kaastundliku pilgu tema jalge ees alandlikult lamavale Sasile.

„Tõuse üles Sasi – millist ärevust sa teistele inimestele siin majas põhjustad! Vii oma safiirid juveliiri kätte tagasi – see on nüüd tarbetu kulutus. Kuid hangi endale astroloogiline käevõru ja kanna seda. Ära karda, mõne nädalaga saad terveks."

Sasi naeratus valgustas tema pisaratest kriimulist nägu nagu äkiline päiksepaiste üle vettinud maastiku. „Armastatud guru, kas ma võtan neid arstide poolt ettekirjutatud rohtusid ka?"

„Tee nii, nagu tahad: joo neid või viska nad minema – sel pole tähtsust. Enne on kuul ja päikesel võimalik kohta vahetada kui sinul tuberkuloosi surra." Sri Yukteswar lisas äkitselt: „Mine nüüd, enne kui ma oma meelt muudan!"

Vilkalt kummardades, lahkus mu sõber kiirustades. Ma külastasin teda mitmel korral järgnevate nädalate jooksul ja olin rabatud, nähes tema jätkuvalt halvenevat seisundit.

„Sasi ei ela seda ööd üle." Need raviarsti sõnad ja vaatepilt minu sõbrast, kes oli nüüd peaaegu skeletiks kahanenud, saatsid mind tuhatnelja Serampore'i. Mu guru kuulas külmalt mu pisarates ettekannet.

„Miks sa tuled siia mind tülitama? Sa kuulsid juba, kui ma kinnitasin, et Sasi saab terveks."

Kummardasin tema ees suures aukartuses ja taganesin ukse suunas. Sri Yukteswar ei öelnud lahkumiseks sõnagi, vaid laskus vaikusse, pilkumatud silmad poolavatud – nende vaade suunatud teise maailma.

Pöördusin koheselt Sasi Kalkutas asuvasse koju tagasi. Hämmastusega leidsin oma sõbra eest istuvana, piima joomas.

„Oo Mukunda! Milline ime! Neli tundi tagasi tundsin toas meistri kohalolekut – mu hirmsad sümptomid kadusid hetkega. Tundsin, et tema armu läbi sain täiesti terveks."

Paari nädalaga oli Sasi priskemaks kosunud ja parema tervise juures kui kunagi varem.[1] Kuid tema reaktsioonis, mis järgnes tervendamisele oli tänamatuse kõrvalmaik: ta külastas harva uuesti Sri Yukteswari! Mu sõber rääkis ühel päeval, et ta kahetseb väga sügavalt oma eelnevat eluviisi, et tal on häbi meistri silme ette minna.

---

[1] 1936. aastal kuulsin sõbra käest, et Sasi oli ikka veel suurepärase tervise juures.

*Joogi autobiograafia*

Võisin vaid järeldada, et Sasi haiguse mõjul tugevnes tema tahe ja paranesid maneerid.

Esimesed kaks õppeaastat šoti kiriku kolledžis jõudsid lõpule. Minu kooliskäimine oli olnud väga hootine – see väheke, mis ma õppisin, oli selleks, et püsida perega rahujalal. Kaks minu eraõpetajat käisid pidevalt meil kodus ning mina aina puudusin: see oli ainus järjepidevus kogu minu haritlase karjääri jooksul!

Indias annab kaks edukat kolledžiaastat bakalaureuse vaheastme diplomi, seejärel võivad tudengid õppida veel kaks aastat ja saada bakalaureuse kraadi.

Bakalaureuse vaheastme lõpueksamid kõrgusid minu ees kurjakuulutavalt. Põgenesin Purisse, kus mu guru mõned nädalad veetis. Lootes ähmaselt, et õpetaja lubab mul lõpueksamitelt puududa, rääkisin talle oma hädast.

Kuid meister naeratas lohutavalt. „Sa oled kõigest südamest täitnud oma vaimseid kohustusi, seepärast on su kolledži töö unarusse jäänud. Asu juba järgmisel nädalal oma raamatute kallale ja sa ületad kõik raskused tõrgeteta."

Pöördusin tagasi Kalkutasse, surudes kindlalt alla kõik mõistuslikud kahtlused, mis aeg-ajalt kõhedust tekitava naeruväärsusega esile kerkisid. Mõõtes pilguga laual olevat raamatute mäge, tundsin end kõnnumaal eksinud rändurina. Pikk meditatsiooniperiood tõi mulle päästva inspiratsiooni. Avades pistelisel iga raamatu, õppisin vaid neid lehekülgi, mis niiviisi avanesid. Tuupides 18 tundi päevas ja omandades kursuse nädalaga, pidasin end õigustatult tuupimise kunstis kõigi tulevaste põlvkondade etaloniks.

Järgnevad päevad eksamisaalides õigustasid mu näiliselt juhuslikule õnnele ehitatud protseduuri. Läbisin kõik eksamid, kuigi üle noatera. Minu sõprade ja perekonna õnnitlused olid naljakalt segatud hämmingut reetvate hüüatustega.

Tulles Purist tagasi tegi Sri Yukteswar mulle meeldiva üllatuse.

„Sinu Kalkuta õpingud on nüüd läbi," ütles ta, „ma jälgin, et sa läbiksid oma kaks viimast ülikoolitöö aastat siin Serampore'is."

Olin hämmingus: „Härra, selles linnas pole bakalaureuse kursust." Serampore'i kolledž pakkus ainsa kõrgema õppeasutusena vaid kaheaastast eelkursust.

Meister naeratas üleannetult. „Ma olen liiga vana, et käia bakalaureusekolledži rajamiseks annetusi kogumas. Arvan, et pean seda korraldama kellegi teise kaudu."

*Sasi ja kolm safiiri*

Kahe kuu pärast kuulutas Serampore'i kolledži president professor Howells avalikult, et tal on õnnestunud koguda nelja-aastase kursuse pakkumiseks piisavalt vahendeid. Serampore'i kolledžist sai Kalkuta ülikooli haru. Mina olin üks esimesi üliõpilasi, kes kanti Serampore'i nimekirja bakalaureuseõppe kandidaadina.

„Guruji, kui lahke sa minu vastu oled! Ma olen igatsenud Kalkutast lahkuda, et olla teie lähedal Serampore'is iga päev. Professor Howells ei tea uneski, kui palju ta võlgneb teile selle vaikse abi eest!"

Sri Yogananda kuueteistkümneaastasena

*Joogi autobiograafia*

Sri Yukteswar vaatas mind teeseldud tõsidusega. „Nüüd ei pea sa kulutama nii palju tunde rongisõidule – sul nüüd õppimiseks rohkem vaba aega! Arvatavasti oled nüüd vähem viimasel minutil tuupija ja rohkem haritlane."
Kuid tema hääles puudus kindel veendumus.[2]

---

[2] Sri Yukteswar nagu paljud teisedki targad tundis kahetsust kaasaegse hariduse materialistliku suuna üle. Vähesed koolid seletasid vaimseid õnne seaduseid või õpetasid, et tarkus koosneb „Jumalakartuses" elamisest, mis tähendab oma Looja ees aukartuse tundmist.

Noored inimesed, kes tänapäeval kuulevad keskkoolides ja kolledžites, et inimene on pelgalt vaid „kõrgem loom", muutuvad tihti ateistideks. Nad ei püüdle hingeuuringut ega pea endid põhiolemuslikult „Jumala sarnasteks". Emerson tõdes: „Me saame näha väljaspool vaid seda, mis on meie sees olemas. Kui me ei näe jumalaid, siis sellepärast, et me ei hoia endas hellitavalt ühtki." See, kes kujutab, et tema loomalik olemus on tema ainus tegelikkus, on ära lõigatud jumalikest püüdlustest.

Haridussüsteem, mis ei aseta Vaimu inimeksistentsi osas keskse fakti kohale, pakub valeteadmisi, *avidjat*. „Et sina ütled: Ma olen rikas ja mul on rikkust küllalt ning mul ei ole puudu millestki – ning sa ei teagi, et sa oled vilets ja armetu ja vaene ja pime ja alasti" (Ilmutusraamat 3:17).

Muistses Indias oli noorte harimine ideaalne. Üheksaaastaselt võeti õpilane „pojana" vastu *gurukul'*i (guru perekonna kodu, mis oli õppimise paigaks).

„Kaasaegne poiss kulutab (aastas) kaheksandiku oma ajast koolis, muistsel ajal kulutas indialane kogu oma aja seal," kirjutab professor S. V. Ventatswara raamatus *„India kultuur läbi sajandite"* (I osa, Longmans, Green & Co.). „Valitses terve solidaarsuse ja vastutuse tunne, ülikülluslik võimalus enesele toetumise ja individuaalsuse harjutamiseks. Valitses kultuuri kõrgem standard, enesekehtestatud distsipliin ja tõsine suhtumine kohusesse, isetuses teoses ja ohverdamisse, mis olid läbi põimunud enese-austuse ja aupaklikkusega teiste suhtes. Valitses akadeemilise väärikuse kõrgeim standard, õilsuse ja inimelu suure eesmärgi tajumine."

PEATÜKK 18

# Moslemist imetegija

„Aastaid tagasi tegi moslemist imetegija minu nina ees neli imet selles samas toas, kus sa praegu oled!"

Sri Yukteswar tegi selle avalduse minu korteri esimesel külastusel. Kohe peale Serampore'i kolledžisse astumist üürisin toa kõrvalasuvas ühiselamus, mida nimetati Panthi'ks[1]. See oli vanamoeline tellistest härrastemaja fassaadiga Gangese suunas.

„Meister, milline kokkusattumus! Kas need värskelt värvitud seinad peidavad tõesti vanu mälestusi?" Vaatasin oma lihtsalt möbleeritud toas uue huviga ringi.

„See on pikk jutt," naeratas mu guru minevikku meenutades. „*Fakiiri*[2] nimi oli Afzal Khan. Ta oli omandanud need ebatavalised võimed juhuslikul kohtumisel hindu joogiga.

"Poeg, mul on janu, too mulle natuke vett juua," palus tolmuga kaetud *sannjaasi* ühel päeval poisieas Afzalilt väikeses Ida-Bengaali külas.

"Härra, ma olen moslem. Kuidas saate teie kui hindu võtta vastu jooki minu käest?"

"Sinu tõetruudus meeldib mulle, mu laps. Ma ei järgi sektantluse põlu alla seadvaid reegleid. Mine, too kiiresti mulle vett."

Afzali austav sõnakuulelikkus sai joogilt vastutasuks armastava pilgu.

"Eelmistest eludest oled sa kogunud head karmat," märkis ta pühalikult. „Ma õpetan sulle üht jooga meetodit, mis annab sulle võimu teatud nähtamatu valdkonna üle. Neid vägesid tuleb kasutada väärtuslikel eesmärkidel, ära kunagi pruugi neid isekalt! Kahjuks tajun, et tõid minevikust kaasa mõningad hävitavate kalduvuste seemned. Ära luba neil võrsuda, kastes neid uute halbade tegudega. Sinu keeruline karma

---

[1] Õpilaste ühiselamu – sõnast *pantha* ehk eksleja, teadmiste otsija.
[2] Moslemist joogi, araabiakeelsest sõnast *faqir* ehk vaene; tavaliselt käis see vaesuse vande all olevate dervišite kohta.

*Joogi autobiograafia*

nõuab, et pead selles elus siduma oma joogasaavutused kõrgeimate inimlike eesmärkidega."

Peale keeruka tehnika edastamist haihtus meister jäljetult.

Afzal järgis kakskümmend aastat truult oma joogatehnikat. Tema imelised saavutused tõmbasid laialdast tähelepanu. Tundus, et teda saatis alati kehatu vaim, kelle nimeks Hazrat. See nähtamatu isik oli võimeline täitma fakiiri vähimagi soovi.

Ignoreerides oma õpetaja hoiatust, hakkas Afzal oma vägesid valedel eesmärkidel kasutama. Mis iganes asja ta puudutas või liigutas, kadus see hiljem jäljetult. See häiriv tegur tegi moslemist lõpuks soovimatu külalise!

Ta külastas aeg-ajalt suuri Kalkuta juveelikauplusi, esinedes seal võimaliku ostjana. Iga juveel, mida ta puudutas, kadus varsti peale tema poest lahkumist.

„Tihti ümbritses Afzali mitusada õpilast, kes lootsid õppida tema saladusi. Fakiir kutsus neid aeg-ajalt endaga koos reisima. Raudteejaamas suutis ta puudutada piletirulli. Ta lükkas need ametniku suunas, märkides: „Ma mõtlesin ümber ja ei osta neid praegu." Aga kui ta oma kaaskonnaga rongile astus, siis olid tal vajalikud piletid olemas.[3]

„Need ärakasutamised tekitasid nördimust, bengali juveliirid ja piletimüüjad olid närvivapustust saamas! Politsei, kes püüdis Afzali arreteerida, oli abitu – fakiir suutis eemaldada kõik süütõendid, öeldes lihtsalt: „Hazrat, korista see ära!""

Sri Yukteswar tõusis oma istmelt, jalutades mu toa Gangese vaatega rõdule. Järgnesin talle, himustades kuulata veel uskumatust moslemist.

„See *Panthi* maja kuulus varem minu sõbrale. Ta tutvus Afzaliga ja kutsus tolle siia. Mu sõber kutsus siia ka kakskümmend naabrit, kaasarvatud minu. Olin siis veel nooruk ja tundsin tuntud fakiiri vastu elavat huvi." Meister naeris. „Võtsin tarvitusele abinõud ja ei kandnud midagi väärtuslikku! Afzal vaatas mind uurivalt üle ja märkis siis:

"Sul on võimsad käed. Mine trepist alla aeda, otsi sealt üks ümmargune kivi ja kirjuta kriidiga sellele oma nimi – seejärel viska see nii kaugele Gangesesse, kui saad."

Kuuletusin. Niipea kui kivi oli kaugete lainete alla kadunud, pöördus moslem mu poole uuesti.

---

[3] Minu isa rääkis mulle hiljem, et tema firma – Bengal-Nagpur Railway, oli olnud üks Afzal Khani ohvritest.

*Moslemist imetegija*

"Täida selle maja lähedal pott Gangese veega."

„Olles toonud veeanuma, karjus fakiir: „Hazrat, pane kivi potti!"

Kivi ilmus hetkega. Tõstsin selle anumast välja ja leidsin oma allkirja sama loetava, kui ma ta olin kirjutanud.

Babu,[4] üks minu toas olnud sõpradest kandis rasket antiikset kuldkella koos ketiga. Fakiir uuris seda kurjakuulutava imetlusega. Varsti olid need kadunud!

"Afzal, palun tagasta mu perekonna hinnaline reliikvia!" Babu oli peaaegu nutma puhkemas.

Moslem oli veidi aega stoilises rahus, öeldes siis: „Sul on raudseifis viissada ruupiat. Too need siia mu kätte ja ma ütlen, kust sa oma ajanäitaja üles leiad."

Hullunud Babu tormas otsekohe kodu poole. Ta tuli üsna pea tagasi ja andis Afzalile nõutud summa.

"Mine oma kodu juures asuvale väiksele sillale," juhendas fakiir Babut. „Hüüa Hazratti, et ta annaks sulle kella ja keti."

Babu tormas minema. Kui ta tagasi jõudis, võis märgata tema näos kergendust ja ta ei kandnud ühtki ehet.

„Kui ma kamandasin Hazratti nagu juhendatud," teadustas ta, „kukkus mu kell alla õhust otse mu paremale käele! Võite kindlad olla – panin reliikvia oma seifi luku taha, enne kui teiega siin uuesti ühinesin!"

Babu sõbrad, kes olid tunnistajaks kella lunaraha tragikomöödiale, vaatasid Afzali laitvalt. Too kõneles nüüd laialt: „Palun nimetage, millist jooki te tahate – Hazrat annab selle teile."

Üks osa küsis piima, teised puuviljamahlu. Ma polnud väga šokeeritud, kui paanikas Babu nõudis viskit! Moslem andis korralduse ja sõnakuulelik Hazrat saatis pitseeritud ja õhus hõljuvad anumad tüminal vastu põrandat. Iga inimene leidis oma soovitud joogi.

Neljanda vaatemängulise saavutuse päevalubadus oli kahtlemata meie võõrustajale rahuldust pakkuv: Afzal lubas kõigile kohese lõunasöögi!

"Tellime kõige kallimaid roogi," soovitas Babu süngelt. „Ma tahan oma viissada ruupiat toiduga tasa teenida! Kõike tuleks serveerida kullast taldrikutel!"

---

[4] Mul ei tule Sri Yukteswari sõbra nimi meelde ja ma viitan temale lihtsalt sõnaga „Babu" – härra.

*Joogi autobiograafia*

Nii pea kui igaüks oli oma eelistused välja öelnud, pöördus fakiir väsimatu Hazrati poole. Järgnes suur kõlin-kolin – peenelt valmistatud *karrid*, kuumad *luchid* ehk õhukesed õlis praetud leivad ja palju puuvilju, mille hooaeg ei olnud veel alanud, maandus kuldvaagnail eikusagilt meie jalge ette. Kõik toidud olid maitsvad. Peale tunnist pidusööki hakkasime ruumist lahkuma. Hirmus kära, justkui oleks toidunõusid kokku kuhjatud, sundis meid ümber pöörduma. Ja ennäe! Ei olnud enam jälgegi sädelevatest nõudest ega toidujäänustest."

„Guruji," katkestasin mina, „kui Afzal võis nii kergesti endale saada kullast toidunõusid, siis miks pidi ta himustama teiste varandust?"

„*Fakiir* ei olnud vaimselt kõrgelt arenenud," seletas Sri Yukteswar. „Tema teatud joogatehnika andis talle ligipääsu astraalsele tasandile, kus iga soov hetkega materialiseerub. Võimsa tahte abil võis moslem astraalolend Hazrati abil iga asja aatomid eeterlikust energiast kokku koguda. Kuid sellised astraalselt loodud asjade struktuur on kaduv, neid ei saa kaua säilitada[5]. Afzal ihaldas ikka veel maist rikkust, mida on palju raskem koguda, kuid mis on vastupidav."

Ma naersin: „Vahetevahel haihtub seegi väga seletamatult!"

„Afzal ei olnud Jumalas eneseteostust saavutanud," jätkas meister oma juttu. „Püsivaid ja kasulikku laadi imesid teevad tõelised pühakud, kuna nad on end häälestanud kõikvõimsale Loojale. Afzal oli vaid tavaline inimene, kes oli omandanud ebatavalised peenmateriaalsele tasandile tungimise võimed, kuhu tavalised surelikud enne surma ei sisene."

„Ma saan nüüd aru, Guruji. Teispoolsusel paistab olevat mõningaid võluvaid jooni."

Meister nõustus. „Peale seda päeva ei näinud ma kunagi enam Afzali, kuid paar aastat hiljem tuli Babu minu poole koju, näitamaks mulle muhameedlaste ajalehes ilmunud avalikku ülestunnistust. Sealt saingi ma teada fakte, mida ma sulle hindu guru sooritatud initsiatsioonist Afzalile rääkisin."

Sri Yukteswari mäletamist mööda kõlas avaldatud dokumendi viimase osa tuum järgnevalt: „Mina, Afzal Khan, kirjutan neid ridu patukahetsuses ja hoiatuseks neile, kes püüavad omandada imevõimeid. Aastaid kasutasin ma kurjasti Jumala ja minu meistri armu läbi mulle edastatud imelisi võimeid. Joovastusin egoismist, tundes, et ma olin

---

[5] Just nagu minu hõbeamulett – olles astraalselt valmistatud objekt, haihtus see lõpuks sellelt planeedilt. (Astraalset maailma kirjeldatakse peatükis 43).

väljaspool moraaliseadusi. Viimaks saabus minu kohtupäev.

Hiljuti kohtasin Kalkutast väljaspool maanteel vanameest. Ta lonkas valuliselt, kandes säravat asja, mis paistis kullana. Pöördusin ahnusega südames tema poole: „Ma olen Afzal Khan, suur *fakiir*. Mis sul seal on?"

„See kullast pall on mu ainus materiaalne varandus, see ei peaks fakiirile mingit huvi pakkuma. Ma anun sind, tee mu lonkav jalg terveks."

Puudutasin palli ja jalutasin ilma vastamata minema. Vana mees komberdas mu järel. Varsti pistis ta kisama: „Mu kuld on kadunud!"

Kuna ma ei pannud seda tähele, siis kõneles ta järsku kõmiseval häälel, mis kostis tema nõdrast kehast veidralt: „Kas sa ei tunne mind ära!?"

Seisin sõnatult, rabatud hilinenud avastusest, et see märkamatu lombakas polnud keegi muu kui suur pühak, kes kaua-kaua aega tagasi oli mind joogasse initsieerinud. Ta ajas end sirgu – tema keha muutus hetkega nooruslikuks ja tugevaks.

"Nii!" Mu guru pilk oli leegitsev. „Näen nüüd oma silmadega, et sa kasutad neid võimeid mitte kannatava inimkonna abistamiseks, vaid temale jahti pidades nagu tavaline röövel! Ma võtan su okultsed kingitused tagasi. Hazrat on nüüd sinust vaba. Enam ei ole sa Bengali hirmuks!"

Kutsusin Hazratti ängistusega – esimest korda ei ilmunud ta mu sisemise nägemise ette. Kuid üks tume eesriie tõusis järsku eest mu sees – nägin selgesti oma elu Jumala-teotust.

"Mu guru, ma tänan, et tulid mu pikka eksikujutlust minema kihutama." Nuuksusin tema jalge ees. „Ma luban, et hülgan oma maised ambitsioonid. Lähen mägedesse, et mediteerida üksinduses Jumalale, lootes lunastada oma halva mineviku.

Mu õpetaja suunas minule vaikse kaastunde. „Ma tunnen su siirust," ütles ta lõpuks. „Tänu su varasemate aastate rangele kuulekusele ja praegusele kahetsusele kingin ma sulle ühe õnnistuse. Sinu teised võimed on nüüd kadunud, aga mil iganes sa vajad toitu ja kehakatteid, võid sa ikka veel edukalt Hazratti endale neid tooma kutsuda. Pühenda mägede üksinduses end kogu südamest jumalikule mõistmisele."

Seepeale mu guru haihtus. Mind jäeti omapäi pisarate ja mälestustega. Hüvasti maailm! Lähen Kosmilise Armastatu käest andestust otsima.

PEATÜKK 19

# Minu guru ilmub üheaegselt Kalkutas ja Serampore'is

„Tihti ründavad mind igast küljest ateistlikud kahtlused. Mind kummitab vahetevahel piinav mõte: kas on olemas kasutamata jäänud hingevõimalusi? Ja kui inimesel ei õnnestu neid väljavaateid uurida, kas ta jääb siis oma tegelikust saatusest ilma?"

Nende mu Panthi ühiselamu toakaaslase Dižen Babu kommentaaride tõttu esitasin talle kutse külastada minu guru.

„Sri Yukteswarji pühitseb sind *kriija joogasse*," vastasin mina. „See rahustab jumaliku kindlusega sisemise dualismi keeristormi."

Sel õhtul saatis Dižen mind eraklasse. Meistri juuresolekul sai mu sõber sellise vaimse rahu, et temast sai varsti püsikülastaja.

Lihtlabased igapäevaelu mõttesuunad ei rahulda meie sügavamaid vajadusi, sest ka tarkuse järele on inimesel loomuomane nälg. Sri Yukteswari sõnadest sai Dižen inspiratsiooni, et leida mööduva kehastuse madala ego kõrval üles enese tegelik Ise.

Kuna nii mina kui Dižen läbisime Serampore'i kolledžis bakalaureuse kursust, muutus meile harjumuseks kohe peale tunde aašramisse jalutada. Nägime tihti Sri Yukestwari seisvat teise korruse rõdul jälgimas naeratusega meie lähenemist.

Ühel pärastlõunal võttis noor erakla asukas Kanai mind ja Dizeni uksel vastu pettumust valmistavate uudistega.

„Õpetaja ei ole siin – ta kutsuti kiireloomulistel asjaoludel Kalkutasse."

Järgmisel päeval sain oma gurult postkaardi: „Lahkun Kalkutast kolmapäeva hommikul," oli ta kirjutanud. „Tule hommikul koos Dizeniga mulle Serampore'i jaama kella üheksasele rongile vastu."

Kolmapäeval kella pool üheksa paiku hommikul sähvatas minu peas jõuline telepaatiline sõnum Sri Yukteswarilt: „Ma hilinen – ärge minge kella üheksasele rongile vastu!"

## Minu guru ilmub üheaegselt Kalkutas ja Serampore'is

Edastasin viimased juhised Diženile, kes oli juba lahkumiseks end riidesse pannud.

„Sind ja su intuitsiooni!" oli mu sõbra hääl järsult irvitav. „Ma eelistan usaldada meistri kirjutatud sõnumit."

Kehitasin õlgu ja sättisin end vaikse otsustavusega istuma. Torisedes vihaselt, läks Dižen ukse suunas ja lõi selle välja minnes mürtsuga enda järel kinni.

Kuna tuba oli pigem pime, istusin tänavapoolse vaatega aknale lähemale. Vähene päiksevalgus suurenes järsku intensiivse särani, milles raud-trellidega aken kadus täiesti. Sellele sätendavale taustale ilmus selgelt materialiseerunud Sri Yukteswari kuju!

Šokilaadses hämmingus tõusin toolilt ja kummardusin tema ees. Oma tavapärase austava tervitusžestiga guru jalge ees puudutasin ma tema jalanõusid. Need olid mulle tuttavad oranži värvi lõuendist kingad, nöörist punutud taldadega. Tema ookrikarva svaami rüü riivas mind – tundsin iseloomulikult mitte ainult tema rüü tekstuuri, vaid ka jalatsite sõmerat pinda ja tema varvaste survet neis. Liiga hämmingus, et sõna suust saada, seisin ja vaatasin talle küsivalt otsa.

„Mulle meeldis, et sa said mu telepaatilise sõnumi kätte." Meistri hääl oli rahulik ja täiesti normaalne. „Ma lõpetasin nüüd oma tegevused Kalkutas ja saabun Serampore'i kella kümnese rongiga."

Ja mina jõllitasin ikka veel tummalt, kuna Sri Yukteswar jätkas: „See ei ole ilmutus, vaid minu lihast ja luust kuju. Mulle anti jumalikult käsk, et annaksin sulle selle Maa peal harvaesineva kogemuse. Tulge mulle jaama vastu – sina ja Dižen näete mind teie suunas tulevat, riides nii, nagu ma praegu olen. Minu ees kõnnib kaasreisija, hõbedast potti kandev väike poiss."

Minu guru asetas õnnistusi pomisedes mõlemad käed mu pea peale. Kui ta lõpetas sõnadega „*Taba asi*"[1], kuulsin ma kummalist krabisevat heli.[2] Tema keha hakkas läbitungivas valguses järk-järgult sulama. Alguses haihtusid tema jalad ja jalalabad justnagu oleks need rulli keeratud, siis tema ülakeha ja pea. Kuni viimaks võisin tunda vaid tema sõrmi kergelt mu juukseid puutumas. Hiilgus kadus – mu ette ei jäänud midagi muud peale palja akna ja kahvatu päiksevalguse voog.

---

[1] Bengalikeelne „Head aega!" on sõnasõnaline lootustandev paradoks: „Siis ma tulen."
[2] Keha aatomite dematerialiseerumise iseloomulik heli.

*Joogi autobiograafia*

Jäin poolsegaduses kangestusse, küsides endalt, kas ma ei olnud mitte hallutsinatsiooni ohver. Masendunud Dižen sisenes peagi tuppa.

„Meistrit polnud kella üheksasel rongil, isegi mitte poole kümnesel." Mu sõber teadustas seda kerge vabandustpaluva varjundiga.

„Tule siis, ma tean, et ta saabub kella kümnese rongiga." Haarasin Diženil käest ja tarisin teda jõuga endaga kaasa, vaatamata tema protestidele. Kümne minuti pärast sisenesime jaama, kus juba rong pahvis peatumiseks oma aurupidurit.

„Kogu rong on täidetud meistri aura valgusest! Ta on siin!" hüüatasin rõõmsalt.

„Kas nägid seda unes?" Dižen naeris teeseldult.

„Ootame siin." Rääkisin oma sõbrale, kuidas meie guru meile läheneb. Just siis, kui olin oma kirjelduse lõpetanud, ilmus Sri Yukteswar vaatevälja, kandes samu rõivaid, mida ma väheke aega varem olin näinud. Ta jalutas aeglaselt hõbedast kannu kandva väikese poisi järel.

Hetkeks läbis mind mu ennenägematu kogemuse tõttu külma hirmu laine. Nägin, kuidas kahekümnenda sajandi materialistlik maailm libises minust välja: kas ma olin tagasi muistsetes päevades, mil Jeesus mere ääres Peetruse ette ilmus?

Kui kaasaja Joogi-Kristus Sri Yukteswar jõudis kohani, kus mina ja Dižen sõnatult seisime, naeratas meister mu sõbrale ja täheldas:

„Ma saatsin ka sulle sõnumi, kuid sa ei olnud võimeline seda taipama."

Dižen oli vait, kuid jõllitas mind kahtlevalt. Kui olime saatnud oma guru tema eraklasse, läksime koos Diženiga kahekesi Serampore'i kolledži suunas. Dižen peatus tänaval, nördimus igast tema kehapoorist välja purskamas.

„Nii! Meister saatis mulle sõnumi! Kuid sina peitsid selle ära! Ma nõuan seletust!"

„Kas ma saan kuidagi aidata, kui su mentaalne peegel võngub niisuguse rahutusega, et sa ei suuda meie guru juhiseid tähele panna," vastasin mina.

Viha kadus Diženi näolt. „Ma saan aru, mida sa mõtled," ütles ta kurvastusega. „Aga palun seleta, kuidas sa teadsid kannuga lapsest."

Selleks ajaks, kui ma olin meistri hommikuse ühiselamusse ilmumise loo jutustamisega lõpule jõudnud, jõudsime Serampore'i kolledžini.

"Seletus, mida ma praegu meie guru võimete kohta kuulsin," ütles Dižen, "paneb mind tundma, et iga maine ülikool on vaid lasteaed."[3]

---

[3] "Mulle on avaldatud selliseid asju, et kõik, mida ma olen kirjutanud, paistab mu silmis õlekõrrest mitte enam väärt olevat." Nii rääkis Püha Toomas Aquinost, "skolastikute prints", vastuseks sekretäri ärgitustele lõpetada *Summa Theologiae*. Ühel päeval 1273. aastal koges Püha Toomas Napoli kirikus toimunud missa ajal sügavat müstilist taipamist. Jumaliku teadmise hiilgus haaras teda nii, et sellest alates ei tundnud ta mingit huvi intellektuaalsete teadmiste vastu.

Võrdluseks Sokratese sõnad Platoni teosest *"Phaedrus"*: "Mis minusse puutub, siis ma tean, et ma ei tea mitte midagi."

PEATÜKK 20

# Me ei külasta Kašmiiri

„Isa, ma tahan õpetajat ja nelja sõpra suvevaheajal Himaalaja eelmäestiku reisile kaasa kutsuda. Kas ma võiksin saada kuus rongipiletit Kašmiiri ja piisavalt raha meie reisikuludeks?"

Nagu ma olin oodanudki, naeris isa südamest. „See on juba kolmas kord, kui oled ette võtmas sedasama läbikukkunud üritust. Kas sa mitte ei esitanud mulle säärast palvet eelmisel aastal ja üle-eelmisel? Viimasel hetkel loobub Sri Yukteswarji kaasa tulemast."

„See on tõsi, isa – ma ei tea, miks mu guru ei anna oma kindlat sõna Kašmiiri minekuks.[1] Aga kui ma ütlen talle, et mul on juba piletid sinu käest saadud, siis arvan ikkagi, et seekord soostub ta reisi ette võtma."

Isa oli hetkel kõhklev, kuid järgneval päeval ulatas ta peale mõningast heatahtlikku kiusamist mulle kuus piletit ja kümneruupialiste rahatähtede rulli.

„Ma ei mõtle peaaegu üldse sellele, et see kõik on mõeldud teoreetilise reisi tarbeks," märkis ta, „kuid siin nad on."

Sel pärastlõunal näitasin oma sõjasaaki Sri Yukteswarile. Kuigi ta naeratas mu entusiasmi peale, olid tema sõnad äraootavad: „Ma tahaksin minna küll – eks me näe." Kui ma küsisin, kas väike järgija Kanai tema eraklast võiks meiega kaasa tulla, siis ei kostnud ta selle peale midagi. Kutsusin kaasa veel kolm sõpra: Rajendra Nath Mitra, Jotin Auddy ja veel ühe poisi. Meie lahkumine oli määratud järgnevale esmaspäevale.

Laupäeva ja pühapäeva veetsin Kalkutas, kus meie pere keskel pühitseti mu nõo pulmatalitust. Saabusin kohvritega Serampore'i esmaspäeva varahommikul. Rajendra tuli mulle erakla ukse juures vastu.

„Meister on väljas jalutamas. Ta keeldus kaasa tulemast."

---

[1] Kuigi meistrilt ei tulnud mingeid selgitusi, siis tema soovimatus külastada kahel eelneval suvel Kašmiiri võis tuleneda eelteadmisest, et aeg haiguseks, mida tal seal põdeda tuleb, ei olnud veel küps (vt lk 197 jne).

*Me ei külasta Kašmiiri*

Olin võrdselt kurb ja jäik. „Ma ei anna isale kolmandat võimalust oma luhtunud Kašmiiri mineku plaanide üle naerda. Tule, ülejäänud meist peaksid minema."

Rajendra nõustus, lahkusin aašramist, et leida teenijat. Teadsin, et Kanai ilma meistrita reisile ei tule ning mul tuleb leida keegi, kes vaataks meie pagasi järele. Ma mõtlesin Behari peale, kes oli varemalt olnud meie perekonna teener ja kelle nüüd oli palganud Serampore'i kooliomanik. Vilkalt kõndides kohtasin Serampore'i kohtumaja lähedal asuva kristliku kiriku ees oma guru.

„Kuhu sa lähed?" Sri Yukteswari nägu oli tõsine.

„Härra, ma kuulsin, et teie ja Kanai ei tule meie kavandatud reisile kaasa. Ma otsin Behari. Kas mäletad, et eelmisel aastal kibeles ta väga Kašmiiri vaatama, ta isegi pakkus end meile tasuta teenriks."

„Ma mäletan. Vaatamata sellele ei arva ma, et Behari soovib minna."

Ma olin meeleheitel: „Ta ootab just pikisilmi seda võimalust!"

Mu õpetaja hakkas uuesti liikuma – jõudsin varsti koolijuhataja maja juurde. Behari tervitas mind hoovis sõbraliku soojusega, mis järsult haihtus, kui ma Kašmiiri mainisin. Pomisedes vabandusi, lahkus teener minu juurest ja sisenes tööandja majja. Ootasin pool tundi, kinnitades endale närviliselt, et Behari viivitamine on seotud reisiettevalmistustega. Viimaks koputasin eesuksele.

„Behari lahkus tagatrepi kaudu umbes pool tundi tagasi," teavitas ukse avanud mees. Kerge naeratus hõljus ta huultel.

Lahkusin kurvalt, mõeldes, kas mu kutse oli ehk liiga sunduslik või oli tegu äkki meistri nähtamatu mõjuga. Möödudes taas ristiusu kirikust, nägin ma uuesti oma guru aeglaselt minu poole jalutamas. Ootamata minu seletust, teadustas ta:

„Nii et Behari ei lähe siis! Millised on siis nüüd sinu plaanid?"

Tundsin end nagu allumatu laps, kes on otsustanud trotsida oma domineerivat isa. „Ma lähen ja küsin oma onult, et ta laenaks mulle oma teenrit Lal Dhari."

„Mine pealegi oma onu juurde, kui tahad," itsitas Sri Yukteswar vastuseks. „Kuid ma arvan, et see külaskäik ei kujune eriti nauditavaks."

Ebakindla kuid mässumeelsena lahkusin guru juurest ja sisenesin Serampore'i kohtumajja. Minu isapoolne onu Sarada Ghosh, kes töötas valitsuse volitatud advokaadina, tervitas mind südamlikult.

„Asun täna koos mõne sõbraga Kašmiiri reisile," ütlesin ma talle. „Aastaid olen seda Himaalaja reisi oodanud."

„Mukunda, olen sinu pärast õnnelik. Kas ma saan midagi teha, et reis mugavamaks kujuneks?"

Need head sõnad julgustasid. „Kallis onu," ütlesin ma, „kas sa laenaksid mulle oma teenrit Lal Dhari?"

Mu lihtsal palvel oli maavärina efekt. Onu hüppas nii ägedalt püsti, et tema tool lendas kummuli, laual olevad paberid lendasid igas suunas laiali ja tema pikk kookosest vesipiip kukkus suure kolinaga põrandale.

„Sina isekas noor mees," karjus ta, ise raevust värisedes. „Milline jabur idee! Kes minu järgi vaatab, kui sa võtad mu teenri ühele oma lõbureisidest?"

Ma varjasin oma imestust, mõeldes, et mu armastusväärse onu järsk suunamuutus oli selle mõistmatu päeva üks järjekordsetest mõistatustest. Minu lahkumine kohtumajast oli pigem innukas kui väärikas.

Tulin eraklasse tagasi, kus mu sõbrad mind juba ootasid. Minus kasvas veendumus, et meistri suhtumise taga oli mingi määrav või äärmiselt keerukas motiiv. Mind haaras kahetsus, et olin oma guru tahet püüdnud üle mängida.

„Mukunda, kas sa ei jääks veidi kauemaks minuga?" uuris Sri Yukteswar. „Rajendra ja teised võivad nüüd ees ära minna ja sind Kalkutas oodata. Küllaldaselt on aega, et jõuda õhtusele Kalkutast Kašmiiri väljuvale rongile."

„Härra, ma ei hooli eriti ilma sinuta minekust," ütlesin ma leinavalt.

Mu sõbrad ei pööranud minu märkusele vähimatki tähelepanu. Nad hankisid hobukaariku ja lahkusid kogu pagasiga. Istusime koos Kanaiga vaikselt oma guru jalge ees. Peale pooletunnist vaikust tõusis meister ning jalutas teise korruse söögiterrassile.

„Kanai, palun serveeri Mukundale toitu. Tema rong lahkub peatselt."

Tõustes oma istmelt, vaarusin ma järsku iiveldusest ja võikalt mäslevast tundest kõhus. Torkav valu oli nii tugev, et tundsin end järsult justkui mingisse jubedasse põrgusse heidetuna. Kobasin pimedana oma guru suunas, kui mind ründasid õudse aasia koolera kõik sümptomid ja ma tema ees kokku kukkusin. Sri Yukteswar ja Kanai tassisid mu elutuppa.

„Meister, annan oma elu sinu kätte!" karjusin agoonias, sest uskusin tõesti, et see on viimane mõõn mu keha kallastel.

Sri Yukteswar asetas mu pea oma sülle, patsutades mu laupa ingelliku õrnusega.

„Sa näed nüüd, mis oleks võinud juhtuda, kui sa oleksid koos sõpradega jaamas olnud," ütles ta. „Pidin su järgi sel veidral viisil vaatama, sest otsustasid kahelda mu otsuses keelduda sellele reisile minekust."

Mõistsin viimaks. Et suured meistrid näitavad oma võimeid harva avalikult, siis oleks pealiskaudne vaatleja selle päeva sündmusi küllaltki loomulikena ette kujutanud. Mu guru vahelesekkumine oli liiga peen, et selle jälile saada. Ta oli tegutsenud oma tahtega Behari, onu Sarada, Rajendra ja teiste kaudu niivõrd silmatorkamatult, et igaüks peale minu oleks pidanud neid olukordi loogiliselt võttes täiesti tavaliseks.

Kuna Sri Yukteswar ei unustanud kunagi järgimast ühiskondlikke kohustusi, siis saatis ta Kanai arsti järele ning mu onule teadet viima.

„Meister," protesteerisin mina, „vaid sina saad mind terveks teha. Ma olen iga arsti jaoks juba liiga lootusetu."

„Laps, sind kaitseb Jumalik halastus. Ära muretse arsti pärast, ta ei leia sind sellisest olukorrast. Sa oled juba terve."

Nende guru sõnadega lahkus minust kogu piinav kannatus. Tõusin hädavaevu istuli. Arst saabus varsti ja uuris mind hoolikalt.

„Näib, et said just kõige hullemast läbi," ütles ta, „ma võtan mõned proovid laboritestideks kaasa."

Järgmisel hommikul saabus arst kiirustades. Istusin lõbusalt üleval.

„Hästi, hästi, siin sa nüüd oled, naerad ja lobised, justkui sa polekski surma kellade kutset kuulnud." Ta patsutas mu kätt õrnalt. „Ei lootnudki sind enam elusana leida, kui avastasin sinu proovidest aasia koolera. Sa, noormees, oled õnnelik, et su gurul on jumalikud tervendavad võimed! Ma olen selles veendunud!"

Nõustusin kogu südamest. Hetkel, mil arst valmistus lahkuma, ilmusid ukseavasse Rajendra ja Auddy. Arsti ja minu kahvatust märgates asendus pettumus nende nägudel kaastundega.

„Olime vihased, kui sind kokkulepitud ajaks Kalkuta rongile ei ilmunud. Sa olid haige?"

„Jah." Ma ei suutnud naeru pidada, kui mu sõbrad asetasid kohvrid samasse nurka, kus nad eilegi olid seisnud. Parafraseerisin: „Oli kord laev, mis läks Hispaaniasse, enne kui ta kohale jõudis, oli ta jälle tagasi!"

Meister sisenes tuppa. Lubasin endale terveneja vabadust ja haarasin tema käest armastavalt kinni.

„Guruji," ütlesin ma, „kaheteistkümnendast eluaastast alates olen

## Joogi autobiograafia

ma teinud palju edutuid katseid Himaalajasse jõuda. Olen lõpuks veendunud, et ilma sinu õnnistuseta ei võta jumalanna Parvati[2] mind vastu!"

---

[2] Sõna-sõnalt „mägedest". Parvatit kujutatakse mütoloogiliselt kui Kuningas Himaalaja (sõna-sõnalt „lumede asupaik") tütart, kelle koduks on teatud Tiibeti piiril asuv mäetipp. Hämmastunud rändurid, kes sellest ligipääsmatust tipust allpool mäe jalamil mööduvad, näevad taamal määratut palee moodi jäiste kuplite ja tornidega lumest moodustist.
Parvati, Kāli, Durga, Uma ja teised jumalannad on Džaganmatri, „Jumaliku Maa-Ema" erinevad aspektid, mis erinevate nimede all tähistavad konkreetseid toimeid. Jumal ehk Šiva (vt lk 189) on oma *para* ehk *transtsendentaalses* aspektis loomises passiivne. Tema *šaktiks* (energia, aktiveerimise vägi) on „abikaasad" – produktiivsed „naisenergiad", mis muudavad võimalikuks kosmoses toimuvad mõõtmatud lahtirullumised.
*Puraanade* mütoloogilised lood viitavad Himaalajale kui Šiva asupaigale. Jumalanna Ganges tuli taevast alla, et olla Himaalajast algavate jõgede esijumaluseks. Seepärast öeldakse poeetiliselt, et Ganges voolab taevast Maa peale läbi Kolmainsuse Hävitaja-Uuendaja ja „joogide Kuninga" Šiva juuste.
„India Shakespeare" Kalidasa kirjeldas Himaalajat kui „Šiva laia naeratust". „Lugeja võib ette kujutada seda suurte valgete hammaste laia rida," kirjutab F. W. Thomas oma raamatus *„India pärand"* (Oxford), „kuid tervikidee võib tema juurest ikka veel põgeneda, kui ta pole mõistnud selle suure Askeedi kuju, kes igavikuliselt valitseb mägedemaailma ning taevast alla laskuv Ganges läbib tema matte lokke, mille tippu ehib kuusirp." (Vt Šiva pilti järgmisel leheküljel).
Hindu kunstis näidatakse Šivat tihti kandmas tumedat sametist antiloobinahka, mis sümboliseerib ööpimedust – ainsat riietust Temale, kes on „taevaga riietatud" (*digambara*). Teatud Šiva sektid ei kanna Issanda auks mingit rõivast.
Üks Kašmiiri patroonpühakutest 14. sajandil elanud Lalla Yogiswari („Ülim Jooga armuke") oli „taevasse rõivastunud" Šiva pühendunu. Šokeeritud kaasaegne küsis temalt, et miks too järgib alastust. „Miks mitte?" vastas Lalla hapult. „Ma ei näe ühtki meest läheduses". Lalla teatud drastilise mõtteviisi kohaselt ei väärinud Jumala-teostuseta meessoost isik „meheks" nimetamist. Ta viljeles *kriija joogale* lähedast tehnikat, mille vabastavat tõhusust ta lugematutes nelikvärssides ülistas. Tõlgin siin ühe neist:

Millist kurbuse hapet pole ma veel joonud?
Lugematud mu sündide ja surmade ringid.
Ennäe! Ei midagi peale nektari mu tassis,
mis joodud põhjani ses hingamise kunstis.

Läbimata sureliku surma, dematerialiseeris pühak end tules. Hiljem ilmus ta teda taganutvate linnaelanike ette – elava kujuna mähituna kuldsesse kangasse – täiesti rõivastunult, lõpuks ometi!

*Me ei külasta Kašmiiri*

ISSAND ŠIVA

Askeetluse vaimu kehastusena esindab Issand Šiva Jumala/Looja/Hoidja/Hävitaja Kolmainsa olemuse Hävitaja-Uuendaja tahku. Olles sümboolne oma kõikeületava olemuse poolest on Šivat siin kujutatud Himaalaja mägedes samaadhi õndsuses olevana. Tema madudest krae (naga kundala) ja käevõrud viitavad ta võimu eksikujutluse ja ta enda loova väe üle.

PEATÜKK 21

# Me läheme Kašmiiri

„Nüüd oled sa piisavalt tugev, et reisile minna. Tulen sind Kašmiiri saatma," teatas Sri Yukteswar mulle kaks päeva peale minu imelist tervenemist aasia koolerast.

Sel õhtul asus meie kuueliikmeline seltskond rongiga põhja suunas teele. Meie esimene rahulik puhkepeatus oli kuningannalikult väärikas Simlas, mille krooniks Himaalaja mäed. Lonkisime suurejoonelisi vaateid imetledes üle järskude tänavate.

„Müüa inglise maasikaid!" hüüdis vana naine, tatsates imekaunil turuplatsil.

Meister tundis huvi imelike väikeste puuviljade vastu. Ta ostis neid korvitäie ja pakkus marju Kanaile ja mulle, kes me olime lähemal. Maitsesin üht marja ja sülitasin kohemaid suust välja.

„Härra, milline hapu vili! Mulle ei meeldi need maasikad!"

Mu guru naeris. „Oo, küll sa neid Ameerikas armastama hakkad. Seal pakub sinu perenaine neid õhtusöögi juurde suhkru ja vahukoorega. Kui ta on marjad kahvliga purustanud, siis sa maitsed neid ja ütled: „Millised maitsvad maasikad!" Siis meenub sulle see päev Simlas."

Sri Yukteswari ennustus haihtus mul meelest, kuid ilmus uuesti palju aastaid hiljem, peatselt pärast Ameerikasse saabumist. Olin õhtusöögi külaliseks proua Alice T. Hasey (õde Yogmata) kodus West Somerville'is Massachusetts'is. Kui maasikatest magustoit lauale toodi, võttis perenaine oma kahvli ja purustanud maasikad, lisas neile vahukoort ja suhkrut. „See vili on pigem hapu – ma arvan, et sulle meeldib, kuidas ma seda viga parandan," märkis ta.

Võtsin suutäie. „Millised maitsvad maasikad!" hüüatasin ma. Hetkega ilmus mälu hoomamatust sopist esile mu guru Simlas öeldud ennustus. Oli vapustav taibata, et pikka aega tagasi oli Sri Yukteswari Jumalale häälestunud mõistus tuleviku eetris uidates karmaliste sündmuste programmi tundlikult märganud.

## Me läheme Kašmiiri

Meie seltskond lahkus varsti Simlast ja asus rongil teele Rawalpindi suunas. Seal võtsime kahe hobuse järel veetava suure landoo, millega alustasime seitsmepäevast reisi Kašmiiri pealinna Srinagari. Meie põhja suunas liikuva teekonna teine päev tõi meie vaatevälja Himaalaja eheda ääretuse. Kuni meie tõlla raudsed rattad mööda kuumi kiviseid teid kriiksusid, olime vaimustuses mägise suursuguse vahelduvatest kaugvaadetest.

„Härra," ütles Auddy õpetajale, „Ma naudin nii väga neid kuulsaid vaateid sinu pühas seltskonnas."

Tundsin Auddy tunnustuse järel rahulolu tukset, esinesin ju reisi peremehena. Sri Yukteswar püüdis mu mõtte kinni, pöördus minu poole ja sosistas:

„Ära meelita end, Auddy pole pooltki nii palju maastikust sisse võetud, kui väljavaatest, et saab meist sigareti[1] suitsetamiseks piisavalt kauaks eemalduda."

Olin šokeeritud. „Härra," ütlesin vaiksel alatoonil, „ärge purusta meie harmooniat nende ebameeldivate sõnadega. Ma vaevu usun, et Auddy igatseb suitsu järgi." Vaatasin alistumatu ilmega ootavalt guru otsa.

„Hästi, ma ei ütle midagi Auddyle," itsitas meister. „Kuid varsti näed ise, kui landoo seisma jääb, et Auddy kasutab kiiresti võimalust."

Tõld saabus väiksesse peatuskohta. Seni kuni meie hobuseid joodeti, uuris Auddy: „Härra, ega te selle vastu pole, kui ma juhi kõrval veidi ringi sõidan? Tahan natuke värsket õhku hingata."

Sri Yukteswar andis loa, kuid ütles mulle: „Ta tahab värsket suitsu, mitte värsket õhku."

Landoo jätkas taas lärmakat liikumist tolmustel teedel. Meister pilgutas silma, juhendades mind: „Pista oma pea tõlla uksest välja ja vaata, mida Auddy teeb."

Kuuletusin ja olin hämmingus, märgates, et Auddy oli tegevuses sigaretisuitsust rõngaste väljapuhumisega. Heitsin vabandust paluva pilgu Sri Yukteswari suunas.

„Teil on õigus nagu alati, härra. Auddy naudib pahvimist koos vaatega." Oletasin, et mu sõber oli saanud voorimehelt kingituse – teadsin, et Auddyl ei olnud Kalkutast saadik sigarette kaasas.

Sõitsime edasi mööda labürindina hargnevat teed, mida kaunistasid jõgede vaated, orud, järsud kaljurünkad ja arvukad mäeahelikud.

---

[1] Indias on see lugupidamatuse märgiks, kui keegi suitsetab oma vanemate või ülemuste juuresolekul.

*Joogi autobiograafia*

Igal ööl peatusime väikestes võõrastemajades ja valmistasime kaasavõetud toidust einet. Sri Yukteswar hoolitses eriliselt minu toitumise eest, nõudes, et ma jooks kõigi toidukordade juurde laimi mahla. Olin siiski veel nõrk, kuid paranesin iga päevaga, ehkki logisev tõld oli justkui ebamugavuse võrdkuju.

Rõõmsad ootused täitsid meie südameid, kui liginesime Kašmiiri südamele – lootoslilledega kaetud järvede, vees õõtsuvate aedade, rõõmsate kuppelkatustega majapaatide, paljude sildadega Jhelumi jõe ja lilledega üleülvatud karjamaadega paradiislikule maale, mida ümbritseb kõikjal majesteetlik Himaalaja. Lähenesime Srinagarile mööda puiesteed, puuoksad tervituseks meie kohal kaardumas. Võtsime toad kahekorruselises võõrastemajas vaatega õilsatele mägedele. Majas ei olnud vett – ammutasime seda lähedalasuvast kaevust. Suveilm oli ideaalne, soojade päevade ja kergelt jahedate öödega.

Tegime palverännaku Srinagaris asuvasse muistsesse svaami Shankarale pühendatud templisse. Heites pilgu järsu künka otsas asuvale eraklale, langesin ekstaatilisse transsi. Mulle ilmus nägemus häärberist kaugel maal mäetipus. Kõrge Shankara aašram transformeerus minu silme ees ehitiseks, kus aastaid hiljem asutasin Ameerikas asuva Self-Realization Fellowshipi peakorteri. (Kui ma esimest korda Los Angelesi külastasin ja nägin Washingtoni mäe harjal suurt hoonet, siis tundsin selles kohemaid ära Kašmiiri minevikunägemuse.)

Paar päeva olime Srinagaris, seejärel reisisime edasi kuue tuhande jala kõrgusel asuvasse Gulmargi („mägised lillede tee"). Seal sõitsin esmakordselt suurel hobusel. Rajendra rakendas väikese võiduajamiste ratsu, kelle süda kiiruse ihas leegitsemas. Sõandasime minna Khilanmargi, tee viis läbi tiheda metsa, kus puude küljes kasvas rikkalikult seeni ja mille uduga looritatud metsarajad olid tihti ohtlikud. Kuid Rajendra väike loom ei andnud mu suurele ratsule hetkekski puhkust, isegi mitte kõige hädaohtlikematel pööretel. Võistlusrõõmust vaimustunud Rajendra hobune sööstis väsimatult aina edasi ja edasi.

Meie pingelise võiduajamise tasuks oli hingetukstegev vaade. Esimest korda selles elus nägin igas kaares vaid ülevaid lumiseid Himaalaja mägesid, mis asetusid mäeahelik mäeaheliku küljes nagu hiiglaslike jääkarude kujud. Juubeldades õgisin silmadega päikesest lõõškava sinise taeva taustal kõrguvate jäiste mägede lõputuid rikkusi.

Veeretasime kaaslastega endid rõõmsalt mööda sädelevaid valgeid nõlvasid. Meil kõigil olid mantlid seljas. Allapoole sõites nägime taamal

1925. aastal Mt. Washingtoni mäel Los Angeleses, Californias asutatud Self-Realization Fellowshipi (Yogoda Satsanga Society of India/India Yogoda Satsanga Ühingu) rahvusvahelise peakorteri administratiivhooned.

*Joogi autobiograafia*

määratut suurt kollast lillevaipa, mis andis kõledatele mägedele täielikult teistsuguse ilme.

Meie järgnev ekskursioon viis kuulsasse imperaator Jehangiri Shalimaris ja Nishat Baghis asuvatesse „naudingute aedadesse". Muistne Nishat Baghi palee on ehitatud otse looduslikule kosele. Tormates alla mägedest, juhitakse see valing läbi geniaalsete leiutiste, mis võimaldavad sel voolata üle värvikate terrasside ja pursata fontäänidest, mis asusid keset pimestavaid lillepeenraid. Vetevoog siseneb mitmesse palee ruumigi ja langeb lõpuks haldjalikult alla järve. Mõõtmatud aiad on roosidest, jasmiinidest, liiliatest, lõvilõugadest, võõrasemadest, lavendlitest ja moonidest ning nende toonidest kirevad. Smaragdikarva piirava joone moodustavad *tšinaaride*[2], küpresside ja kirsipuude read, nende taustal kõrgub Himaalaja mägede valge rangus.

Niinimetatud Kašmiiri viinamarju peetakse Kalkutas haruldaseks hõrgutiseks. Rajendra, kes oli endale lubanud Kašmiiri jõudes tõsise pidusöögi, oli pettunud, leidmata eest laiuvaid viinamarjavälju. Tögasin teda siis ja praegugi naljatlevalt tema ootuste pärast.

„Oo, ma kugistasin nii palju viinamarju, et ma ei saa käiagi!" tavatsesin ma öelda. „Nähtamatud viinamarjad käärivad mu sees!" Hiljem kuulsime, et Kašmiirist läänes asuvas Kabulis on külluslikult magusaid viinamarju. Lohutasime end *rabrist* ehk kondenseeritud piimast tehtud jäätisega, mis oli maitsestatud pistaatsiapähklitega.

Tegime mitu sõitu *šikarade* ehk punasega tikitud varikatustega paatmajadega, liikudes mööda Dali järve keerukaid kanaleid, mille võrgustik meenutab vesist ämblikuvõrku. Seal rabavad hämmingus vaatlejat lugematud vees ulpivad aiad, mis on tehtud palkidest ja mullast – nii uskumatu tundub esimene pilguheit keset laia veteväljä kasvavatele aedviljadele ja melonitele. Aeg-ajalt võib näha talumeest, kes ei taha olla „juurtega mullas", oma ruudukujulist „maatükki" mööda paljude harudega järve paadi järel teise kohta vedamas.

Selles kirevas orus leiab inimene maise ilu võrdkuju. Järvedest vanikutega kaela ümber on Kašmiiri-leedi kroonitud mägedega ja kängitsetud lilledega. Aastaid hiljem, kui olin sõitnud läbi palju kaugeid maid, mõistsin, miks Kašmiiri tihti maailma kõige maalilisemaks paigaks kutsutakse. Selles on osake Šveitsi Alpide, Šotimaa Loch Lomondi ja väljapeetud inglise järvede võlust. Ameerika rändur leiab Kašmiiris

---

[2] Idamaine plaatanipuu.

PARAMAHANSA YOGANANDA JÄRGLASED

(*Vasakult paremale*) Sri Rajarishi Janakananda, Self-Realization Fellowshipi/Yogoda Satsanga Society of India vaimne juht ja president aastatel 1952-1955 Sri Daya Mata, Self-Realization Fellowshipi/Yogoda Satsanga of India vaimne juht ja president, sai Janakananda asemel sellele ametikohale veebruaris 1955 ja teenis rohkem kui 55 aastat oma elust kuni lahkumiseni 2010. aastal. Sri Mrinalini Mata, teine lähedane õpilane, kelle suur meister isiklikult välja valis ja koolitas oma juhitööd jätkama – on praegune Self-Realization Fellowshipi/Yogoda Satsanga of India vaimne juht ja president.

*Joogi autobiograafia*

palju, mis tuletab talle meelde Alaska sitket suursugusust ja Denveri lähistel asuvat Pikes'i mäetippu.

Kuna vaadete ilu osas toimuks võistlus, siis pakuksin esikohta kas Mehhiko oivalisele Xochimilco vaatele, kus mäed, taevad ja paplid peegeldavad end müriaadides veeteedes kesk kalade mängulusti või siis Kašmiiri kalliskive meenutavatele järvedele, mida kaunite neitsitena valvavad teravapilgulised Himaalaja mäed. Need kaks paika seisavad mu mälus kõige armsamatena Maa peal.

Tundsin aukartust, kui vaatasin esimest korda Yellowstone'i rahvuspargi imesid, Colorado Suurt kanjonit ja Alaskat. Yellowstone'i rahvuspark on vahest ainus piirkond (*lisaks on nüüd teada Kamtšatka – tõlkija märkus*), kus inimene saab näha lugematuid geisreid kuuma vett kõrgele taevasse tulistamas, toimides nii aastast aastasse kellavärgi täpsusega. Selles vulkaanilises piirkonnas on loodus jätnud meile varase loomise näidiseid: kuumi väävliallikaid, opaali- ja safiirivärvilisi veekogusid, jõulisi geisreid ja vabalt uitavaid karusid, hunte, piisoneid ja teisi metsloomi. Sõitnud autoga Wyomingi maanteid mööda „Saatana värvikatla" (Devil's Paint Pot) poole, kus kõikjal pulbitseb kuum muda, vulisevad allikad ja aurufontäänid ning purskavad geisrid, olen ma seda meelt, et Yellowstone väärib oma ainulaadsuse eest eriauhinda.

Californias asuvas Yosemite'i pargi muistsed majesteetlikud sekvoiad, mis sirutavad oma hiiglaslikke sambaid piiritusse taevasse, on jumaliku meisterlikkusega loodud rohelised looduslikud katedraalid. Kuigi idamaadeski on kauneid jugasid, ei ole neist ükski ilu poolest võrdne Kanada piiri ääres paiknevale Niagarale. Kentucky Mammutikoopad ja New Mexicos asuvad Carlsbadi koopad on rabavad muinasjutumaad. Nende koopalagedest rippuvad ja maa-alustest veekogudest peegelduvad pikad stalaktiittornide nõelad esindavad vaateid teistsugustesse maailmadesse.

Enamik Kašmiiri elanikke, kes on maailmakuulsad oma ilu poolest, on sama valged kui eurooplased, neil on samad tunnusjooned: luude ülesehitus, paljudel on sinised silmad ja blondid juuksed. Kui nad on läänelikult riides, siis näevad nad välja ameeriklastena. Külmad Himaalaja mäed kaitsevad kašmiirlasi päikese leitsaku eest ja hoiavad nende heledat nahavärvi. Kui inimene reisib India lõunapoolsetele ja troopilistele laiuskraadidele, siis näeb ta, kuidas inimesed aina tumedamaks ja tumedamaks muutuvad.

*Me läheme Kašmiiri*

Pärast õnnelikke Kašmiiris veedetud nädalaid olin ma sunnitud pöörduma Serampore'i kolledži sügishooajaks tagasi Bengalimaale. Sri Yukteswar jäi koos Kanai ja Auddyga veidi kauemaks Srinagari. Enne lahkumist vihjas meister mulle, et tema keha saab Kašmiiris kannatuste osaliseks.

„Härra, te näite tervise musternäidisena," protesteerisin mina.

„On võimalus, et ma isegi lahkun sellelt Maalt."

„Guruji!" Langesin ta jalge ette anuva žestiga. „Palun lubage, et te ei lahku oma kehast nüüd. Ma ei ole üldsegi ettevalmistatud teieta toimetulekuks."

Sri Yukteswar oli vait, kuid naeratas mulle nii kaastundlikult, et ma tundsin end rahustatult. Lahkusin temast vastu tahtmist.

„Õpetaja raskesti haige!" selline telegramm jõudis minuni varsti peale Serampore'i naasmist.

„Härra!" telegrafeerisin oma gurule palavikuliselt, „ma palusin teilt lubadust mind mitte maha jätta. Palun hoidke oma keha, muidu suren ka mina."

„Olgu nagu sina tahad," tuli Sri Yukteswari vastus Kašmiirist.

Paar päeva hiljem tuli Auddy kiri, milles ta teatas mulle, et meister on terveks saanud. Olin kahe nädala pärast peale tema Serampore'i saabumist kurb, nähes, et mu guru keha oli oma tavapärasest kaalust poole kaotanud.

Oma õpilaste õnneks põletas Sri Yukteswar paljud nende pattudest oma Kašmiiris põetud kõrge palaviku tules. Kõrgelt arenenud joogid tunnevad metafüüsilist meetodit füüsilise haiguse ülekandmiseks. Tugev inimene võib aidata nõrgemat, võttes tema raske koorma enda kanda. Vaimne üliinimene on võimeline vähendama oma järgijate kehalist või mentaalset koormat, jagades nende möödunud tegude karmat. Samuti nagu rikas inimene kaotab osa oma rahast makstes oma eksinud poja võlga ja päästab ta sel kombel äärmuslikest tagajärgedest – nõndasamuti jagab ka vaimne meister tahtlikult osa oma kehalisest rikkusest, kergendamaks järgijate viletsust.[3]

Salajase joogameetodi abil ühendab pühak oma mõistuse ja astraalse olemuse kannatava isiku mõistuse ja astraalse kehaga – seeläbi kantakse ka haigus tervikuna või osaliselt pühaku kehasse üle. Olles

---

[3] Paljud kristlikud pühakud, kaasa arvatud Therese Neumann (ptk 39), on tuttavad haiguste metafüüsilise ülekandmisega.

*Joogi autobiograafia*

koristanud maisuse põllul Jumalas teostumise vilja, ei hooli meister enam oma kehast. Kuigi ta võib lasta sel teiste kergenduseks haigusi põdeda, ei ole tema saastumatu mõistus sellest mõjutatud. Ta peab end sellist abi andes õnnelikuks. Jumalas viimse lunastuse saavutamine tähendab tõepoolest avastamist, et inimkeha on täielikult täitnud oma eesmärgi. Meister kasutab siis seda ükskõik millisel tema jaoks sobival viisil.

Guru tööks on inimkonna kurbuse leevendamine vaimsete vahendite – intellektuaalse nõustamise, tahtejõu kasutamise või haiguste ülekandmise abil. Minnes üliteadvuse tasandile, mil iganes ta seda soovib, võib meister jääda kehalise kannatuse suhtes teadvusetuks, kuid vahetevahel valib ta kehalise valu stoilise kannatamise, olles seeläbi järgijaile eeskujuks. Võttes enda kanda teiste hädasid, võib joogi rahuldada karma põhjuse ja tagajärje seadust. See seadus toimib mehaaniliselt või matemaatiliselt – jumaliku tarkusega inimesed saavad seda mõjutada.

Vaimne seadus ei nõua, et meister peaks teisi tervendades ise haigeks jääma. Tervendamised leiavad tavaliselt aset pühaku erinevate hetkelise tervendamise meetodite kaudu, millega ei kaasne vaimsele tervendajale mingit kahju. Siiski harvadel juhtudel, kui meister soovib tugevasti kiirendada oma järgijate arengut, võib ta vabatahtlikult omaenda keha kaudu läbi töötada suure koguse nende ebasoovitavat karmat.

Jeesus omistas endale paljude patu eest tasutava lunaraha tähenduse. Jumalike võimetega[4] Kristust ei oleks kunagi lastud ristil surra, kui ta poleks teinud tahtlikult koostööd peene kosmilise põhjuse-tagajärje seadusega. Nii võttis ta enda kanda teiste karma tagajärgesid, eriti tegi ta seda oma tollaste järgijate suhtes. Nõnda said nood tugevasti puhastatud ja sobivaks hiljem neile laskunud[5] Kõikjaloleva Teadvuse (Püha Vaimu) vastuvõtuks.

Ainult eneseteostuse saavutanud meister võib oma elujõudu edasi kanda või võtta oma kehasse teiste haiguseid. Tavaline inimene ei saa seda jooga tervendamismeetodit kasutada ning see pole ka soovitatav, sest ebatäiuslik kehaline tööriist on Jumala-meditatsioonil segav. Hindu pühakirjad õpetavad, et inimese esmaseks kohustuseks on oma keha

---

[4] Kristus ütles just enne seda kui ta ristilöömiseks ära viidi: „Kas sa arvad, et ma ei või oma Isa paluda, ja ta saadaks mu käsutusse praegu rohkem kui kaksteist leegioni ingleid? Aga kuidas siis saaksid täide minna kirjad, et see nõnda peab sündima?" – Matteuse 26: 53-54.

[5] Apostlite teod 1:8; 2:1-4.

*Me läheme Kašmiiri*

heas seisukorras hoida, vastasel juhul ei suuda tema mõistus jääda pühendumusliku keskendumise juurde.

Väga tugev mõistus võib siiski ületada kõik füüsilised raskused ja saavutada Jumala-teostuse. Paljud pühakud on haigusi ignoreerinud ja saavutanud oma jumala-otsingutes edu. Püha Franciscus Assisist, kes oli ise raskelt haigustest piinatud, tervendas teisi inimesi ja isegi äratas surnuid üles.

Teadsin India pühakut, kelle kehast pool oli kaetud mädanevate haavadega. Tema seisund oli niivõrd tõsine, et tavalistes tingimustes ei oleks ta suutnud üle viieteistkümne minuti vaikselt istuda. Kuid tema vaimne püüdlus oli haavamatu. „Issand!" palus ta, „kas sa tuleksid minu katkisesse templisse?" Väsimatu tahtejõuga oli pühak järk-järgult võimeline istuma igapäevaselt kaheksateist järjestikust tundi lootoseasendis, süüvides ekstaatilisse transsi. „Ja," ütles ta mulle, „kolmanda aasta lõpus, leidsin enda katkises vormis Mõõtmatu Valguse hiilgamas. Rõõmutsedes hingekosutavas hiilguses, unustasin ma keha. Hiljem nägin, et see oli Jumaliku Armu läbi terveks saanud."

Ajalooline tervendamisjuhtum puudutab kuningas Baberi (1483-1530), kes oli mogulite impeeriumi rajaja Indias. Tema poeg Humayun[6] oli surmavalt haige. Isa palvetas ängistavas otsusekindluses, et ta saaks haiguse enda kanda ja et tema poega säästetaks. Peale seda, kui kõik arstid olid lootuse kaotanud, sai Humayun terveks. Baber aga haigestus hetkega ja suri samasse haigusse, mis oli tabanud tema poega.

Paljud inimesed arvavad, et iga vaimne meister omab või peaks omama Sandow[7] tervist ja tugevust. Sellised ootused on alusetud. Haige keha ei näita tingimata, et gurul puudub ühendus jumalike võimetega ja samuti ei näita eluaegne tervis tingimata seesmist valgustumist. Füüsilise keha seisundit ei saa seega õiglusega käsitleda meistri testina. Meistri väljapaistvaid omadused on vaimsed, mitte füüsilised.

Paljud mõistmatud otsijad läänes arvavad ekslikult, et sõnaosav kõnemees või metafüüsikast kirjutav kirjanik peaksid kahtlemata olema meistrid. Meistriks olemise tõestuseks on võime siseneda tahte

---

[6] Humayunist sai Akbar Suure isa. Suure muhameedliku innukusega kiusas Akbar alguses hindusid taga. „Kui ma sain targemaks, siis haaras mind häbi," ütles ta hiljem. „Imed juhtuvad iga usutunnistuse templites. Ta korraldas „Bhagavad Giita" tõlkimise pärsia keelde ja kutsus Roomast oma õukonda mõned jesuiitlikud preestrid. Akbar omistas ebatäpselt, aga armastavalt Jeesusele järgmise ütluse: *„Jeesus, Maria (rahu olgu temaga) poeg, ütles: „Maailm on sild, minge sellest üle, kuid ärge ehitage sellele maja."*

[7] Saksa atleet (surnud 1925), keda tunti kui „maailma tugevaimat meest".

## Joogi autobiograafia

abil hingamisvabasse seisundisse (*savikalpa samaadhi*) ja *nirvikalpa samaadhi*[8] vääramatu õndsuse saavutamine. Rišid on toonitanud, et vaid nende saavutuste kaudu saab inimene näidata, et ta on alistanud *maaja* ehk dualistliku kosmilise eksikujutluse. Ainult tema võib oma teostuse sügavustest öelda: „*Ekam sat*" ("On vaid Üks").

„Kui ignorantsuse tõttu on kusagil olemas duaalsus, siis näeb inimene kõiki asju Ülimast eraldiolevana," on kirjutanud suur monist Shankara. „Kui aga kõike nähakse Ülima Minana, siis ei ole seal isegi aatom eraldiolev ... Nii pea, kui teadmine Tegelikkusest on esile kerkinud, viidates keha ebareaalsusele, ei saa enam olla mingeid möödunud tegude viljade kogemist, täpselt samal moel kui ei saa olla und peale ärkamist."

> Ainult suured gurud on võimelised järgijate karmat enda peale võtma. Sri Yukteswar ei oleks kannatanud Srinagaris[9], kui ta poleks saanud seesolevalt Vaimult luba oma järgijaid sel veidral viisil aidata. Vähesed pühakud on olnud mõistvamad jumalikke käske ellu viies, kui minu Jumalale häälestunud meister.

Kui ma söandasin tema kõhnunud figuuri suhtes paar poolehoidvat sõna öelda, ütles mu guru kelmikalt: „Sellel on ka omad plusspunktid. Olen nüüd võimeline selga tõmbama mõne väikese alussärgi, mida ma aastaid pole kanda saanud!"

Kuulates meistri lustlikku naeru, meenusid mulle pühak Francis de Salesi sõnad: „Pühak, kes on kurb, on üks kurb pühak!"

---

[8] Vt lk 232 jne.

[9] Kašmiiri pealinn Srinagar asutati kolmandal sajandil enne Kristust imperaator Ašoka poolt. Ta ehitas sinna 500 kloostrit, millest 100 olid ikka veel olemas, kui hiina palverändur Hiuen Tsiang 1000 aastat hiljem Kašmiiri külastas. Vaadates Pataliputras (tänapäeva Patna) asuva Ašoka määratu suure palee varemeid, kirjutab hiina kirjanik Fa-Hsien (viies sajand) meile, et ehitise arhitektuur ja dekoratiivskulptuurid olid nii imeilusad, et see „võis olla mittesurelike kätetöö."

PEATÜKK 22

# Kivikuju süda

„Ustava hindu naisena ei soovi ma kaevata oma abikaasa peale. Kuid ma igatsen näha oma meest pöördumas materialistlikest vaadetest. Talle meeldib irvitada pühakute piltide üle mu meditatsiooniruumis. Armas vend, mul on sügav usk, et sa saad teda aidata. Kas aitad?"

Minu vanem õde Roma vaatas anuvalt minu otsa. Külastasin teda veidikeseks tema Kalkutas Girish Vidyaratna teel asuvas kodus. Õe palve puudutas mind, sest tal oli sügav vaimne mõju mulle ajal, mil ta oli püüdnud armastavalt täita pere ringis ema surmaga tekkinud tühimikku.

„Armas õde, muidugi teen ma kõik, mis suudan," naeratasin, olles innukalt valmis kõrvaldama tema näolt selle tavalise rahuliku ja rõõmsa näoilme asendanud sünguse.

Roma ja mina istusime juhiste saamiseks veidike vaikses palves. Aasta varem oli mu õde palunud mind ennast *kriija joogasse* initsieerida, milles ta tegi märkimisväärseid edusamme.

Inspiratsioon haaras mind. „Homme," ütlesin, „lähen ma Dakshineswari templisse. Palun tule minuga ja keelita oma abikaasat meid saatma. Ma tunnen, et selle püha paiga võngetes puudutab Püha Ema su abikaasa südant. Kuid ära avalda talle, et meie sihiks on tema kaasatulek."

Õde nõustus lootusrikkalt. Järgneval varahommikul avastasin rõõmuga, et Roma ja tema abikaasa olid reisiks valmis. Kuni meie hobukaarik mööda ülemist ringteed Dakshineswari suunas lõgistas, lõbustas mu õemees Satish Chandra Bose end gurude väärtuse pilkamisega. Märkasin, et Roma nuttis vaikselt.

„Õde, tõsta oma tuju!" sosistasin ma. „Ära lase oma abikaasal tunda rahuldust usust, et me tema irvitamist tõsiselt võtame."

„Mukunda, kuidas sa saad imetleda vääritud petiseid?" ütles Satish. „Juba *sadhude* väljanägemine on eemaletõukav. Nad on kas kõhnad skeletid või pühaduseta paksud nagu elevandid!"

*Joogi autobiograafia*

Puhkesin naerma. See reaktsioon oli Satishile ärritav. Ta tõmbus mossis näoga tagasi ja jäi vait. Kui meie tõld jõudis Dakshineswari pinnale, irvitas ta sarkastiliselt.

„Oletan, et see ekskursioon on kavandatud minu ümberkujundamiseks?"

Kui ma ilma vastamata eemale tõmbusin, haaras ta mu käest kinni: „Noorhärra Munk," ütles ta, „ära unusta andmast korraldust templi juhtkonnale, et meile lõuna serveeritaks." Satish tahtis end säästa ükskõik millisest vestlusest preestritega.

„Ma lähen nüüd mediteerima. Ära muretse lõuna pärast," vastasin ma teravalt. „Jumalik Ema hoolitseb selle eest."

„Ma ei usalda ühtki oma asja Jumaliku Ema hooleks. Kuid ma pean sind vastutavaks minu söögi eest." Satishi toon oli ähvardav.

Läksin üksi sammassaali, mis asub Emakese Looduse ehk Kāli templi vastas. Leides varjulise koha ühe samba juures, istusin lootoseasendisse. Kuigi oli alles kell seitse hommikul, tegi hommikupäike üsna varsti olemise lämbeks.

Kui sisenesin pühendumuslikku transsi, kadus maailm. Mu mõistus oli keskendunud Jumalanna Kālile, kelle Dakshineswaris olev kuju oli olnud eriliseks jumaldamisobjektiks Sri Ramakrišna Paramahansale. Vastuseks tema ahastuses esitatud nõuetele võttis see kuju tihti elava vormi ja vestles temaga.

„Vaikne kivist Ema," palvetasin, „Sina täitusid eluga Sinu armastatud pühendunu Ramakrišna nõudmisel – miks ei pööra sa tähelepanu Oma püüdleva poja ulgumistele?"

Minu innukus kasvas piiritult koos jumaliku rahuga. Kui viis tundi oli möödunud ja Jumalanna, keda ma seesmiselt kujustasin, ei olnud mulle vastanud, tundsin ma end kergelt arakslööduna. Vahetevahel on see palvete täitmisega venitamine meile Jumala lähetatud katsumuseks. Kuid lõppude lõpuks ta ilmub püsivale järgijale, mis iganes kalliks peetud kujul. Pühendunud kristlased näevad Jeesust, hindud näevad Krišnat või Jumalanna Kālit või avarduvat Valgust, kui jumalakummardamine võtab isiksuseta pöörde.

Vastumeelselt avasin ma oma silmad ja nägin, et preester oli templiuksed vastavalt keskpäeva kombele sulgenud. Tõusin oma eraldatud istekohast – katusega avatud saalist ja astusin hoovi. Kivikate oli keskpäeva päikese käes põletav ja mu paljad jalad said valusalt kõrvetada.

*Kivikuju süda*

„Jumalik Ema," protestisin ma vaikselt, „Sa ei tulnud mulle nägemuses ja nüüd varjad Sa end templi suletud uste taga. Ma tahtsin esitada Sulle täna erilise palve oma õemehe eest."
Minu seesmine kaebus sai viivitamatult teadvustatud. Esiteks laskus meeldiv külm laine mööda mu selga ja jalgealust, peletades kogu ebamugavuse. Siis muutus tempel mu imestuseks palju suuremaks. Selle suur uks avanes aeglaselt, tuues nähtavale Jumalanna Kāli kivikuju. Järk-järgult muutus see elavaks vormiks, noogutas tervituseks, pannes mind kirjeldamatust rõõmust värisema. Justkui müstilise süstla abil tõmmati mu kopsudest hingus välja, mu keha muutus väga vaikseks, kuigi mitte liikumatuks.
Järgnes ekstaatiline teadvuse avardumine. Võisin selgelt näha mitme miili kaugusele endast vasemale, üle Gangese jõe ja teisele poole templit, haarates oma vaatega terve Dakshineswari piirkonna. Kõigi hoonete seinad kumasid läbipaistvalt, nende kaudu nägin inimesi siia ja sinna jalutamas.
Ehkki ma ei hinganud ning mu keha püsis veidras vaikses olekus, olin ma siiski võimeline oma käsi-jalgu vabalt liigutama. Mitme minuti jooksul katsetasin silmi sulgedes ja avades: mõlemal moel nägin selgelt kogu Dakshineswari panoraami.
Vaimne röntgenilaadne nägemine tungib läbi kogu materia – jumalik silm on kõige keskmeks ja välisel ulatusel ei ole mingeid piire. Seistes seal päikeselises hoovis, mõistsin taas, et kui inimene ei ole enam Jumala füüsilisse mullisarnasesse unenäomaailma eksinud poeg, siis pärib ta oma igavikulised valdused. Kui oma kitsa personaalsuse külge litsutud inimese vajadus oleks reaalsusest põgenemine, kas siis saaks seda pagemist võrrelda kõikjalolemise majesteetlikkusega?
Minu Dakshineswari pühas kogemuses olid ainsateks ebatavaliselt suurteks objektideks tempel ja Jumalanna kuju. Kõik muu ilmutas end tavalistes mõõtmetes, kuigi iga objekt oli mähitud lisaks veel pehmesse helevalgesse, sinisesse või pastelsesse vikerkaarde. Mu keha näis olevat eeterlikust ainest, valmis kohe õhku tõusma. Olles täiesti teadvel oma materiaalsest ümbrusest, vaatasin ma ennast ja astusin paar sammu, ilma et oleks sellega õndsusrikast nägemust seganud.
Templi seinte taga nägin ma järsku oma õemeest püha pelipuu okkaliste okste all istumas. Ma võisin pingutusteta tema mõtete suunda tajuda. Olles veidi Dakshineswari pühast mõjust ülendatud, valitsesid ta mõtteid ebasõbralikud peegeldused.

## Joogi autobiograafia

„Jumalik Ema," palvetasin ma, „kas sa ei muudaks vaimselt minu õe abikaasat?"

Kaunis kuju, mis seniajani oli vaikinud, kõneles viimaks: „Su soov on täidetud!"

Vaatasin õnnelikult Satishi. Olles instinktiivselt teadlik, et mingi vaimne vägi on temaga töös, tõusis ta nördinult maast püsti. Nägin teda templi taha jooksmas – ta jooksis rusikat raputades minu poole.

Kõikeembav nägemus kadus. Enam ei näinud ma kuulsusrikast Jumalannat, taevani ulatuv tempel vähenes oma tavaliste mõõtmeteni ja kadus ka tema läbipaistvus. Jälle higistas mu keha päikese metsikute kiirte all. Hüppasin sammassaali varju, kuhu Satish mulle vihaselt jälitades järgnes. Vaatasin oma kella. Oli kell üks päeval – jumalik nägemus oli kestnud terve tunni.

„Sina väike loll," pahvatas mu õemees välja, „sa oled istunud tunde ristatud jalgade ja kõõrdi silmadega. Ma olen edasi-tagasi käies sind vaadanud. Kus meie toit on? Nüüd on tempel suletud, sul ei õnnestunud seda isegi templiametnikele mainida – meid jäeti ilma lõunata!"

Joovastus, mida ma olin tundnud Jumalanna juuresolekul, võnkus ikka veel mu südames. Hüüatasin: „Jumalik Ema toidab meid!"

„Nüüd ja kohe," karjus Satish, „tahan näha, kuidas sinu Jumalik Ema meile eelnevate korraldusteta süüa annab!"

Ta sai vaevu need sõnad lausuda, kui üle hoovi tulnud templi preester meiega ühines.

„Poeg," pöördus ta minu poole, „Ma olen sinu nägu meditatsioonitundide jooksul häirimatuna hiilgamas näinud. Nägin juba hommikul teie seltskonna saabumist ja tundsin soovi panna teile lõunaks rikkalikult toitu kõrvale. Nende toitmine, kes pole varem palvet esitanud, on meie templireeglite vastane, kuid ma tegin teie jaoks erandi."

Ma tänasin teda ja vaatasin otse Satishi silmadesse. Ta oli tunnetest üleujutatud, langetades oma silmad vaikses patukahetsuses. Kui meile oli serveeritud külluslik eine, kaasaarvatud hooajavälised mangod, märkasin oma õemehe kasinat isu. Ta oli mõistmatuses sukeldunud sügavalt mõtteookeani.

Meie tagasiteel Kalkutasse vaatas Satish pehmenenud ilmel aeg-ajalt anuvalt minu poole. Kuid ta ei olnud kõnelenud ühtki sõna hetkest, kui preester meid lõunat sööma kutsuma ilmus, justkui oleks see tulnud otsese vastusena Satishi väljakutsele.

*Kivikuju süda*

Järgneval hommikul külastasin õde tema kodus. Ta tervitas mind südamlikult.

„Armas vend," hüüatas ta, „milline ime! Eile õhtul nuttis mu abikaasa avalikult mu ees. „Armastatud *devi!*"[1] ütles ta, „ma olen väljendamatult õnnelik, et see sinu venna ettevõtmine tõi kaasa ümberkujunemise. Ma teen olematuks kõik halva, mis ma olen sulle teinud. Tänasest õhtust alates kasutame meie suurt magamistuba jumalateenimiseks ja sinu väikse meditatsioonitoa muudame meie magamisruumiks. Mul on siiralt kahju, et ma su venna üle naersin. Selle häbiväärse käitumise pärast karistan ma ennast, ega räägi Mukundaga nii kaua, kui olen vaimsel teel edu saavutanud. Alates sellest hetkest otsin ma sügavalt Jumalikku Ema – ühel päeval leian ma Ta kindlasti!"

Aastaid hiljem (1936) külastasin ma Satishi Delhis. Olin ülirõõmus, tajudes, et ta oli eneseteostuses kaugele arenenud ja saanud Jumaliku Ema nägemuse õnnistuse. Oma külaskäigu ajal nende poole märkasin ma, et Satish veetis salaja suure osa oma ööst jumalikus meditatsioonis, kuigi oli tõsiselt haige ja päeval ametis oma kontoris.

Mõte tuli pähe, et mu õemehe elu ei kesta kaua. Roma pidi mu mõtteid lugema.

„Armas vend," ütles ta, „ma olen terve ja mu abikaasa on haige. Vaatamata sellele tahan, et sa teaksid, et olles pühendunud hindu naine, olen ma esimene, kes sureb.[2] Ei lähe enam kaua, kui ma lahkun."

Jahmunud tema halbaennustavatest sõnadest, mõistsin ma siiski nendes peituvat valusat tõde. Olin siis Ameerikas, kui mu õde suri – umbes aasta oli möödunud tema ettekuulutusest. Hiljem esitas mu noorem vend Bhishnu mulle selle üksikasjad.

„Roma ja Satish olid sel ajal Kalkutas," rääkis mulle Bishnu. „Sel hommikul riietas õde ennast oma pruudi pidurõivastesse.

"Milleks selline eriline riietus?" uuris Satish. "See on minu viimane sinu teenimise päev Maa peal," vastas Roma. Üsna varsti pärast seda oli tal südamerabandus. Kui tema poeg tormas välja abi järele, ütles Roma:

"Poeg, ära jäta mind. Abist ei ole kasu, ma olen läinud enne, kui arst võib kohale jõuda." Kümme minutit hiljem, hoides austuses oma abikaasa jalast, lahkus Roma teadlikult oma kehast, õnnelikuna ja ilma kannatusteta."

---

[1] Jumalanna, sõna-sõnalt „särav olend", sanskriti tüvest *div*, särama.
[2] Hindu naine usub, et abikaasast varem suremine on vaimse arengu märgiks – see on lojaalse abikaasa teenimise märgiks ehk „surres kohuse täitmisel".

*Joogi autobiograafia*

„Satish muutus peale oma naise surma väga eraklikuks," jätkas Bhishnu. „Ühel päeval vaatasime üheskoos temaga Roma suurt naeratavat ülesvõtet."

„Miks sa naeratad?" hüüatas Satish järsku, justkui oleks tema naine sealsamas. „Mõtled, et olid piisavalt kaval, et enne mind lahkuda. Ma tõestan, et sa ei jää kauaks minust eemale – varsti ühinen ma sinuga."

Kuigi seekord tervenes Satish täielikult oma haigusest ja nautis suurepärast tervist, suri ta ilma nähtava põhjuseta varsti pärast foto ees öeldud veidrat märkust.

Niiviisi lahkusid prohvetlikult mu armastatud vanem õde Roma ja tema abikaasa Satish – tema, kes muutus Dakshineswaris tavalisest maisest mehest vaikseks pühakuks.

PEATÜKK 23

# Minu ülikooli diplom

„Sa ignoreerid oma filosoofia koduseid töid. Pole kahtlust, et lähtud eksamitest läbisaamisel paljast intuitsioonist. Kuni sa ei rakenda end töösse nii nagu vaja, jälgin ma, et sa seda kursust ei läbiks."

Serampore'i kolledži professori D. C. Ghoshali sõnad olid karmid. Kui ma tema viimasest kirjalikust klassikontrolltööst läbi ei saa, siis pole ma pädev lõpueksameid sooritama. Need eksamireeglid on sõnastatud Kalkuta Ülikoolis, mis loeb Serampore'i kolledžit üheks oma haruks. India ülikoolides tuleb bakalaureuseastme ühes eksamiaines läbi põrunud tudengil sooritada järgmisel aastal *kõik* eksamid uuesti.

Minu Serampore'i kolledži juhendajad kohtlesid mind tavaliselt lahkelt, sel oli lõbusa sallivuse kõrvalmaik. „Mukunda on religioonist veidi purjus," võtsid nad asja kokku, säästes mind taktitundeliselt klassiruumis küsimustele vastamisest. Nad usaldasid viimaseid kirjalikke teste, mis pidid mind bakalaureuse kandidaatide nimekirjast välja arvama. Minu kaasüliõpilaste hinnang väljendus mulle antud hüüdnimes Hull Munk.

Võtsin ette geniaalse sammu, nullimaks professor Ghoshali ähvardust mind filosoofias läbi kukutada. Kui lõplikud testide tulemused pidi ette loetama, palusin klassikaaslast ühes minuga professori kabinetti tulla.

„Tule kaasa, ma tahan tunnistajat," ütlesin ma oma kaaslasele. „Olen väga pettunud, kui ma ei ole õppejõudu üle kavaldanud."

Professor Ghoshal raputas oma pead, kui uurisin, mis hinde ta mu tööle pani.

„Sa ei ole nende hulgas, kes läbi said," ütles ta võidukalt. Ta soris läbi oma laual oleva suure hunniku. „Sinu paberid ei ole üldsegi siin – sa oled läbi kukkunud igal juhul – eksamitele mitteilmumise tõttu."

Itsitasin. „Härra, ma olin siin. Kas ma võin selle virna ise läbi vaadata?"

Pahviks löödud professor andis loa – leidsin kiiresti oma paberid, olin sealt hoolikalt välja jätnud kõik isikut tõendavad kirjed, välja

*Joogi autobiograafia*

arvatud loendusnumbri. Olles minu nime hoiatavast „punasest rätikust" ebateadlik, oli juhendaja andnud mu vastustele kõrge hinde, mis sellest, et need olid õpiku tsitaatidega kaunistamata.[1]

Näinud nüüd mu triki läbi, kõmistas ta: „Puhas jultunud õnn!" ja lisas siis lootusrikkalt, „kindlasti kukud sa bakalaureuse lõpueksamitel läbi."

Teiste ainete testideks sain ma mõningast juhendust ühelt healt sõbralt ja nõolt Prabhas Chandra Ghose'ilt, mu onu Sarada pojalt. Ma vaarusin valuliselt, kuid edukalt, madalaimate võimalike hinnetega läbi kõigist lõpueksamitest.

Nüüd, peale nelja kolledžiaastat, olin ma pädev sooritama lõpueksameid. Vaatamata sellele ei lootnud ma sellest privileegist kasu. Serampore'i kolledži lõpueksamid olid lapsemäng võrreldes Kalkuta ülikooli jäikade kraadieksamitega. Minu pea igapäevased külaskäigud Sri Yukteswari poole jätsid mulle kolledži ruumide külastamiseks vähe aega. Minu klassikaaslaste hämmastushüüded tulenesid pigem mu kohalolekust kui puudumisest!

Minu tavapärane rutiin oli paika pandud igahommikuse poole kümne paiku alanud jalgarattasõiduga. Ühes käes olid mul *Panthi* internaadi aiast pärit paar lille ohverduseks oma gurule. Tervitanud soojalt, kutsus meister mind jääma lõunale. Võtsin kutse varmalt vastu, ise rõõmus, et suutsin peletada päevaks mõtte kolledžist. Peale Sri Yukteswariga veedetud tunde, kuulates tema võrreldamatut tarkusevoogu või aidates aašrami kohustuste juures, lahkusin vastumeelselt kesköö paiku internaati. Aeg-ajalt jäin guruga terveks ööks – olin süüvinud tema vestlusse ja märkasin vaevu, mil pimedus koiduks muutus.

Ühel õhtul, umbes kell üksteist, kui olin ühiselamusse sõitmiseks jalanõusid[2] jalga panemas, küsis meister minult tõsiselt: „Millal sinu kraadieksamid algavad?"

„Viie päeva pärast, härra."

„Ma loodan, et oled nendeks valmis."

Kartusest haaratuna jätsin ühe jalatsi õhku seisma. „Härra," protesteerisin ma, „te teate, et minu päevad on möödunud pigem teie kui

---

[1] Ma pean tunnistama, et professor Ghoshalil oli õigus – pingestatud suhted meie vahel ei olnud tema süü, vaid minu õppetööst puudumise vili.

Professor Ghoshal on määratu filosoofilise teadmisega silmapaistev kõnemees. Hilisematel aastatel jõudsime südamliku üksteisemõistmiseni.

[2] Järgija võtab alati India eraklas oma jalatsid jalast.

professorite seltsis. Kuidas saan ma näidelda farssi ja ilmuda neile rasketele lõpueksamitele?"

Sri Yukteswari silmavaade muutus läbitungivaks. „Sa pead ilmuma." Tema toon oli otsustav. „Me ei tohiks anda sinu isale ja teistele sugulastele põhjust kritiseerida sinu eelistusi, mis puudutavad aašrami elu. Lihtsalt luba mulle, et sa oled eksamitel kohal ja vastad küsimustele nii hästi, kui sa oskad."

Kontrollimatud pisarad veeresid mu nägu mööda alla. Tundsin, et meistri käsk polnud mõistlik ja et tema huvi oli pehmelt öeldes hilinenud.

„Ma ilmun sinna, kui te nii soovite," ütlesin oma nuuksumise vahele. „Kuid õigeks ettevalmistuseks ei jää mingit aega." Enne sissehingamist pomisesin ma: „Ma täidan küsimustele vastates kõik leheküljed teie õpetustega!"

Kui ma järgmisel päeval oma tavalisel ajal eraklasse sisenesin, andsin oma lillebuketi üle teatud leinava pühalikkusega. Sri Yukteswar naeris mu maadligi hoiaku üle.

„Mukunda, kas Jumal on sind kunagi maha jätnud, eksamitel või kusagil mujal?"

„Ei, härra," vastasin soojalt. Tänulikud mälestused tulvasid elustava voona.

„Mitte laiskus, vaid põletav innukus Jumala järel ei ole sul lasknud tegelda kolledžilõpetaja au tagaajamisega," ütles mu guru lahkelt. Pärast hetkelist vaikust ta tsiteeris: „Aga otsige esmalt Jumala riiki ja tema õigust, siis seda kõike antakse teile pealegi!"[3]

Tundsin tuhandendat korda, et sain oma koormast meistri juuresolekul lahti. Kui me oma varase lõuna lõpetasime, soovitas ta mul ühiselamusse tagasi pöörduda.

„Kas sinu sõber Romesh Chandra Dutt elab ikka veel sinu ühiselamus?"

„Jah, härra."

„Võta temaga ühendust, Jumal inspireerib teda, aitamaks sind eksamitel."

„Hästi, kuid Romesh on tihti hõivatud. Ta on klassi au ja kannab raskemat koormat kui teised."

„Meister pühkis mu vastuväited kõrvale: „Romesh leiab sinu jaoks

---

[3] Matteuse 6:33.

*Joogi autobiograafia*

Prabhas Chandra Ghosh ja Paramahansa Yogananda Kalkutas 1919. aasta detsembris. Sri Yogananda nõbu, eluaegne sõber ja õpilane, oli India Yogoda Satsanga Ühingu asepresidendiks peaaegu nelikümmend aastat, kuni oma lahkumiseni 1975. aastal.

aega. Nüüd aga mine."

Väntasin rattal tagasi ühiselamusse. Esimene inimene, keda ma seal kohtasin, oli õpetatud Romesh. Ja justkui oleksid tema päevad suhteliselt vabad, nõustus ta kuulekalt minu tagasihoidliku palvega.

„Muidugi – olen sinu teenistuses." Ta kulutas mitu tundi sel ja järgnevatelgi päevadel, juhendades mind erinevates õppeainetes.

„Ma usun, et inglise kirjanduses on paljud küsimused keskendunud Childe Haroldile," ütles ta mulle. „Me peaksime kusagilt kohe atlase hankima."

*Minu ülikooli diplom*

Kiirustasin oma onu Sarada koju ja laenasin atlase. Romesh tähistas Euroopa kaardil kohad, mida Byroni romantiline rändur külastas. Mõned klassikaaslased olid meie ümber kogunenud, kuulates meie vestlust. „Romesh juhendab sind valesti," kommenteeris üks neist, kui juhendamine lõppenud oli. „Tavaliselt on vaid viiskümmend protsenti küsimustest raamatute põhjal, teine pool puudutab autorite elusid."

Kui ma järgmisel päeval inglise kirjanduse eksamil laua taha istusin, siis tõi esimene pilk küsimustele esile tänupisarate purske, mis paberidki märjaks tegi. Järelevaatajaks pandud õppejõud tuli minu laua juurde ja uuris mind kaastundlikult.

„Mu guru ennustas mulle, et Romesh aitab mind," seletasin ma. „Vaadake, küsimused, mida Romesh mulle dikteeris, on kõik siin eksamilehel! Minu jaoks sügavasse müsteeriumisse mässitud inglise autorite kohta on õnneks väga vähe küsimusi."

Ühiselamu oli kära täis, kui ma tagasi jõudsin. Poisid, kes naersid mu usku Romeshi abisse, peaaegu kurdistasid mind oma õnnitlustega. Eksaminädala jooksul veetsin ma palju tunde koos Romeshiga, kes formuleeris küsimusi, mida professorid tema arvates esitada võivad. Päev päeva järel ilmusid Romeshi küsimused peaaegu samal kujul eksamilehtedele.

Kolledžis liikus laialt ringi uudis, et miski imetaoline on juhtumas ja et hajameelse Hullu Munga edu paistab võimalikuna. Ma ei teinud katsetki juhtunu tõsiasju varjata. Kohalikud professorid olid Kalkuta Ülikooli koostatud ja lähetatud küsimustike muutmisel jõuetud.

Mõeldes uuesti inglise kirjanduse eksamile, sain ühel hommikul aru, et olin teinud tõsise vea. Üks küsimuste sektor oli jaotatud kaheks osaks: ühes A ja B, teises C ja D. Selle asemel, et vastata igast osast ühele küsimusele, vastasin hooletult vaid esimeses rühmas toodud küsimustele ega puudutanudki teise rühma omi. Parim punktisumma, mis ma oleksin võinud oma töö eest saada, oleks olnud 33 – kolm punkti vähem kui sooritamiseks vajalikud 36 punkti. Tormasin meistri juurde ja valasin talle välja kogu oma häda.

„Härra, ma tegin andestamatu rumala eksituse. Ma ei vääri Romeshi kaudu osaks saavaid jumalikke õnnistusi, olen vääritu."

„Tõsta oma tuju, Mukunda," oli Sri Yukteswari hääletoon kerge ja muretu. Ta osutas sõrmega sinisele taevakaarele. „On palju tõenäolisem, et päike ja kuu vahetavad taevas oma asukohad, kui et sina ei saa oma kraadi kätte!"

*Joogi autobiograafia*

Lahkusin eraklast palju rahulikumas tujus, kuigi loogiliselt võttes oli võimatu, et ma eksamist läbi saan. Vaatasin üks või kaks korda kartlikult taeva poole – Päeva-Jumal paistis olevat kindlalt tavapärase orbiidi külge aheldatud!

Jõudes ühiselamusse, kuulsin eemalt ühe klassikaaslase märkust: „Sain äsja teada, et sel aastal on esmakordselt alandatud inglise kirjanduse eksamist läbisaamiseks vajaminevate maksimumpunktide arvu."

Sisenesin selle poisi tuppa sellise kiirusega, et ta vaatas mind hirm silmades. Küsitlesin teda innuga.

„Pikajuukseline munk," ütles ta naervalt, „milleks selline järsk huvi kooliasjade vastu? Milleks nutta kaheteistkümnendal tunnil? Kuid on tõsi, et vajaminevate punktide arvu on vähendatud 33 punktini."

Paari rõõmsa hüppega olin oma toas, kus ma langesin põlvili ja ülistasin oma Jumaliku Isa matemaatilist täiuslikkust.

Olin iga päev elevil vaimsest kohalolust, mida tundsin selgesti Romeshi juhtnööre kuulates. Märkimisväärne vahejuhtum ilmnes seoses bengali keele eksamiga. Romesh, kes oli vähe seda ainet puudutanud, kutsus mind ühel hommikul tagasi, kui olin just eksamile minemas.

„Romesh hüüab sind," ütles kursusekaaslane mulle kannatamatult. „Ära mine, me jääme eksamile hiljaks."

Ignoreerides seda nõuannet, tormasin tagasi majja.

„Meie poisid läbivad bengali keele eksami tavaliselt kergesti," ütles Romesh mulle. „Kuid mulle tuli just praegu eelaimdus, et professorid on plaaninud tudengite massimõrva, esitades küsimusi kohustuslikust kirjandusest." Mu sõber visandas lühidalt kaks lugu tuntud üheksateistkümnenda sajandi bengali filantroobi Vidyasagari elust.

Tänasin Romeshi ja sõitsin rattaga kiiresti kolledžisse. Seal ma avastasin, et bengali keele eksamileht sisaldas tõepoolest kahte osa. Esimene juhend ütles: „Kirjuta kahest Vidyasagari[4] heategevuslikust ettevõtmisest." Kandsin paberile ennist omandatud tarkuse ja sõnasin sosinal paar tänusõna, et olin kuulanud Romeshi viimase minuti kutset. Kui ma poleks teadnud Vidyasagari heategudest (millele lisandus mullegi saabunud abi), poleks ma bengali keele eksamit läbinud.

---

[4] Olen unustanud õpetuse täpse sõnastuse, kuid ma mäletan, et see sisaldas lugusid, mida Romesh oli just mulle Vidyasagarist jutustanud.
Oma eruditsiooni poolest sai õpetlane Ishwar Chandra Bengaalis laialt tuntud *Vidyasagari* („Õppimise Ookean") tiitli kaudu.

*Minu ülikooli diplom*

Teine lehel olev juhis kõlas nii: „Kirjutage bengali keeles essee inimesest, kes teid kõige enam on inspireerinud." Austatud lugeja, ma ei pea teid teavitama, millise inimese ma valisin selleks. Ülistades lehekülg lehekülje järel otsast lõpuni oma guru, mõistsin ma, et mu pominal lausutud ennustus oli täitumas: „Ma täidan kõik leheküljed sinu õpetustega!"

Ma ei olnud küsinud oma filosoofia kursuse kohta Romeshilt midagi. Usaldades oma pikka õpiaega Sri Yukteswari käe all, hülgasin turvaliselt kõik õpikuseletused. Kõrgeim hinne, mis ma ühegi oma töö eest sain, oli filosoofias. Teistes ainetes sain vaevu kokku minimaalse punktisumma.

Naudinguga täheldan, et minu isetu sõber Romesh sai oma kraadi kätte *cum laude*.

Isa oli mu koolilõpetamisest kuuldes naeratusega pärjatud. „Mõtlesin, et saad vaevu läbi, Mukunda," tunnistas ta. „Veedad nii palju aega oma guruga." Meister oli õigesti tajunud minu isa väljaütlemata kriitikat.

Aastaid olin ebakindel, kas ma iial näen päeva, mil minu nime järgi seisavad bakalaureusekraadi tähistavad tähed B.A. Kasutan harva seda tiitlit, teadustades alati, et see oli jumalik kink, mis anti mulle veidi segastel asjaoludel. Kuulen tihti kolledžirahvast täheldamas, et peale kooli lõpetamist jääb neile pähetuubitust väga vähe alles. Minu kahtlematult puuduliku akadeemilise hariduse juures lohutab see ülestunnistus mind vähe.

1915. aasta juunipäeval, mil sain kätte oma Kalkuta Ülikooli kraadi, põlvitasin ma oma guru jalge ette ja tänasin teda kõigi õnnistuste eest, mis tema elust[5] minu ellu on voolanud.

---

[5] Teine mõistuse ja sündmuste käigu mõjutamise vägi on vibhuuti (joogide vägi), mida on mainitud Patandžali *„Joogasuutras"* III:24, mis ütleb selle olevat „universaalse sümpaatia" tulemuse. Kaks suuratest kirjutatud teaduslikku raamatut on *„Patandžali joogasüsteem"* (17. osa, „Orientaalsed seeriad", Harvardi Ülikool) ja Dasgupta *„Jooga filosoofia"* (Trubner's, London).

Kõik pühakirjad kinnitavad, et Jumal lõi inimese Oma kõikvõimsa näo järgi. Kontroll universumi üle paistab olevat üleloomulik, kuid tegelikkuses on selline vägi sünnipäraselt olemas ja loomulik igaühele, kes saavutab oma jumaliku päritolu „õige meeldetuletamise". Jumala-teostuse saavutanud inimesed on vabad ego-printsiibist (*ahamkarast*) ja sellest esilekerkivatest isiklikest soovidest – tõeliste meistrite tegevus on pingutuseta vastavuses loomuliku õiglusega (*rita*). Emersoni sõnul saavad kõik suured inimesed mitte „vooruslikeks, vaid Vooruseks, siis on ka loomise lõpp teostatud ja Jumal on rahul."

Iga Jumala-teostuse saavutanud inimene võiks imesid sooritada, sest nagu Kristus, mõistab ta loomise ülipeeni seadusi, aga kõik meistrid ei vali üleloomulike jõudude kasutamist. Iga

„Tõuse üles, Mukunda," ütles ta lahkelt. „Issand leidis olevat palju mugavama teha sinust kraadiga inimene kui vahetada kuu ja päikese asukohad!"

---

pühak peegeldab Jumalat omal viisil – isikupära väljendus on maailmale põhiolemuslik – isegi kaks liivaterakest ei ole teineteise sarnased.

Mingeid kindlaid reegleid Jumalast-valgustatud pühakute puhul pole: mõned teevad imesid, teised mitte; mõned on passiivsed, teised (nagu muistne India kuningas Janaka ja Püha Terese Avilast) on seotud suuremate eesmärkidega; mõned õpetavad, reisivad ja võtavad endale järgijaid, kusjuures teised elavad oma elusid varjuna vaikselt ja esiletükkimata. Ükski maine kriitik ei saa lugeda karma (möödunud tegude) salajast kirjarulli, kus seisab iga pühaku jaoks erinev ülestähendus.

PEATÜKK 24

# Minust saab Svaami Ordu munk

„Meister, mu isa kibeleb, et võtaksin vastu *Bengal-Nagpur Railway* juhataja ametikoha. Kuid ma keeldusin sellest otsustavalt." Lisasin lootusrikkalt: „Härra, kas teeksite minust Svaami Ordu munga?" Vaatasin anuvalt guru poole. Eelnevatel aastatel oli ta sama palve täitmisest minu otsusekindluse sügavuse testimiseks keeldunud. Täna aga naeratas ta lahkelt.

„Väga hästi, homme initsieerin sind svaami seisusse." Ta jätkas vaikselt, „Ma olen õnnelik, et olid oma mungakssaamise soovis nii järjekindel. Lahiri Mahasaya ütles tihti: „Kui te ei kutsu Jumalat oma elusuve Külaliseks, siis ei tule Ta teie elutalvegi.""

„Armas Õpetaja, ma ei oleks kunagi kõhelnud oma eesmärgis kuuluda Svaami Ordusse, kuhu kuulub ka teie austatud isik." Naeratasin talle mõõtmatu kiindumusega.

„Tema, kes ei ole abielus, hoolib neist asjust, mis kuuluvad Jumalale ja sellest, kuidas Talle rõõmu tuua: kuid abielus olija hoolib maistest asjadest, kuidas oma naise meele järgi olla."[1] Olen analüüsinud paljude sõprade elusid, kes pärast teatud vaimse distsipliini läbimist on abiellunud. Alustades seilamist maiste kohustuste merel, on nad unustanud oma otsuse sügavalt mediteerida.

Lubada Jumalale teisejärgulist kohta oma elus oli mulle ettekujuteldamatu. Kuigi Ta on kosmose ainus Omanik, jagab ta vaikselt meile kingitusi elust elusse. On siiski üks kingitus, mille inimene võib vastu anda – oma armastuse, selle andmine või tagasihoidmine on ainult tema teha.

Looja, mähkides Oma kohalolu igas loomise aatomis müsteeriumikangasse, on võtnud kannatada mõõtmatu valu ning võiks omada vaid üht motiivi – tundlikku soovi, et inimesed otsiksid teda vaid vabal tahtel. Millise alandlikkuse sametkindaga on Ta katnud kõikvõimsa raudse käe!

---
[1] I Korintlaste 7:32-33.

*Joogi autobiograafia*

Järgnev päev oli üks minu elu mälestusväärsemaid. Mäletan, et oli päiksepaisteline neljapäev 1914. aasta juulis, paar nädalat pärast minu kolledži lõpetamist. Oma Serampore'i erakla siserõdul kastis meister uue valge siidiriide kangatüki Svaami Ordu traditsioonilise ookrivärvi sisse. Pärast seda, kui kangas oli ära kuivanud, sättis mu guru selle loobuja rõivana minu ümber.

„Ühel päeval lähed sa läände, kus eelistatakse siidi," ütles ta. „Sümbolina valisin ma sulle tavalise puuvillase asemel siidimaterjali."

Indias, kus mungad võtavad omaks vaesuse ideaali, on siidi rõivastatud svaami ebatavaline vaatepilt. Paljud joogid aga kannavad siidist rõivaid, sest need hoiavad teatud peenemaid kehalisi energiaid puuvillast paremini.

„Ma tunnen tseremooniate suhtes vastumeelsust," märkis Sri Yukteswar. „Teen sinust svaami tseremooniat toimetamata."

Svaami seisuse pühitsemiseks on välja töötatud initsiatsioon kannab *bibidisa* nime ning hõlmab tulerituaali, mille kestel teostatakse sümboolne matuseriitus. Järgija füüsilist keha esitatakse kui surnut, mis tuhastatakse tarkuse leekides. Vastsel svaamil tuleb siis lausuda kas „See Aatma on Brahman"[2] või „Sina oled Too" või „Mina olen Tema". Hüljates kõik formaalsed riitused, palus lihtsust armastav Sri Yukteswar mul lihtsalt valida endale uus nimi.

„Ma annan sulle privileegi see endale ise valida," ütles ta naeratades.

„Yogananda,[3]" vastasin ma pärast hetkelist mõtlemist. Nimi tähendab sõnasõnalt „õndsus (*ananda*) läbi jumaliku ühtsuse (*jooga*)".

„Saagu nii. Hüljates oma perekonna poolt antud nime, Mukunda Lal Ghosh, tuleb sind nüüdsest kutsuda Svaami Ordu Giri harusse kuuluvaks Yoganandaks."

Põlvitades Sri Yukteswari ees ja kuuldes teda esmakordselt minu uut nime lausumas, ujutas tänutunne mu südame üle. Kui armastavalt ja väsimatult oli ta töötanud, et poiss Mukundast saaks ühel päeval munk Yogananda! Laulsin rõõmsalt paar värssi pikast Isand Shankara[4]

---

[2] Sõna-sõnalt „see hing on Vaim". Ülim Vaim, Keda ei ole loodud, on täielikult ilma tingimusteta (*neti, neti* – mitte see, mitte too), kuid vedantas viidatakse Talle tihti kui Sath-Tšitt-Anandale, st Olemisele-Teadlikkusele-Õndsusele.

[3] Svaamide hulgas on Yogananda päris levinud nimi.

[4] Shankarat kutsutakse tihti Shankaratchaaryaks; atšaarja tähendab „vaimset õpetajat". Shankara eluiga põhjustab õpetlaste vahel vaidlusi. Üksikud ülestähendused osutavad, et võrreldamatu monist elas 6. sajandil eKr. Tark Anandagiri annab daatumiteks 44-12 eKr. Lääne ajaloolased asetavad Shankara aga kaheksandasse või varajasse üheksandasse sajandisse peale

loodud sanskritikeelsest skandeerimisest:
Ei mõistus, intellekt, ei ego ega tunne,
ei taevas, maa või maavara ole ma.
Ma olen Tema, olen Tema, Õnnistatud Vaim, ma olen Tema!
Ei sündi, surma, seisust ole minul,
Ei isa ega ema ühtegi.
Ma olen Tema, olen Tema, Õnnistatud Vaim, ma olen Tema!
Teispool lendavat mõtet ja ilma vormita, ma kestan kõige elava liikmeis.
Ei karda piire, olen vaba, igavesti vaba.
Ma olen Tema, Ma olen Tema, Õnnistatud Vaim, ma olen Tema!

Iga svaami kuulub Indias juba mäletamatust ajast saati austatud mungaordusse. Tänini samal kujul püsinud ordu lõi sajandeid tagasi Shankaratchaarya, seda on sellest saadik juhtinud auväärsete õpetajate katkematu liin (kellest igaüks kannab järjestikku Jagadguru Sri Shankaratchaarya tiitlit). Svaami Ordu koosneb paljudest munkadest, vahest miljonist. Et sellesse astuda, täidavad nad pühitsuse saamiseks vastavad nõuded. Kõik Svaami Ordu mungad võivad oma vaimset liini pidi minna kuni algse ühise guru Adi („esimene") Shankaratchaaryani välja. Nad võtavad endale vaesuse (omandusse kiindumatuse), karskuse ja juhile või vaimsele autoriteedile kuuletumise vande. Paljuski sarnanevad kristlikud katoliiklikud mungaordud muistsemale Svaami Ordule.

Lisaks oma uuele nimele, lisab svaami sinna sõna, mis viitab tema formaalsele seosele ühega kümnest Svaami Ordu harust. Nende kümne hüüdnime *(dasanamis)* hulka kuulub ka *Giri* (mägi), mille alla Sri Yukteswar ja nüüdsest ka mina kuulume. Teiste harude seas on *Sagara* (meri), *Bharati* (maa), *Puri* (kanal), *Saraswati* (looduse tarkus), *Tirtha* (palverännakute koht) ja *Aranya* (mets).

Svaami munganimi, mis tavaliselt lõpeb *ananda*'ga (ülim õndsus), tähistab tema püüdlust teatud tee, seisundi või jumaliku omaduse – armastuse, tarkuse, eristamisvõime, pühendumise, teenimise, jooga

---

Kristust. Paljud ajastud tunnevad tema suhtes tõmmet!

Puris asuva muistse Gowardhan Mathi Sadguru Sri Shankaratchaarya, Tema Pühadus Bharati Krishna Tirtha, külastas 1958. aastal kolme kuu jooksul Ameerikat. See oli esimene kord, kus ükski Shankaratchaarya on üldse läände sõitnud. Tema ajaloolist tuuri rahastas Self-Realization Fellowship. Jagadguru esines juhtivate Ameerika ülikoolide ees ja osales maailmarahu teemalises arutelus koos väljapaistva ajaloolase Dr Arnold Toynbeega.

1959. aastal võttis Puri Sri Shankaratchaarya vastu tollase presideni Sri Daya Mata kutse, osalemaks Self-Realization Fellowshipi ja Yogoda Satsanga of India esindajana kahe Yogoda Satsanga munga svaami seisusse initsieerimisel. Ta viis tseremoonia läbi Puris asuva Yogoda Satsanga aašramis asuvas Sri Yukteswari templis *(kirjastaja märkus)*.

## Joogi autobiograafia

kaudu vabanemise saavutamisele. Tema hüüdnimi viitab harmooniale Loodusega.

Inimkonna isetu teenimise ja isiklike sidemete ja ambitsioonide hülgamise ideaal juhib enamiku svaamisid Indias ja aeg-ajalt ka võõrastes maades aktiivsete humanitaarsete ja hariduslike tegevuste juurde. Eirates seisuse, usutunnistuse, nahavärvi, soo või rassi põhjal tekkinud eelarvamusi, järgib svaami inimeste vennaskonna ettekirjutusi. Tema eesmärgiks on absoluutne ühtsus Vaimuga. Küllastades oma ärkveloleku- ja uneteadvust mõttega: „Mina Olen Tema", rändab ta rahulolevalt maailmas, kuid ei ole osa sellest. Ainult seeläbi võib ta õigustada oma *svaami* tiitlit, mis tähendab seda, kes püüdleb ühtsuse poole *Sva* ehk Minaga.

Sri Yukteswar oli mõlemat – nii svaami kui joogi. Svaami, formaalselt munk, omades muistse orduga seosesolemise voorust, ei ole alati joogi. Igaüks, kes praktiseerib joogateaduse abil Jumala-kontakti on joogi – ta võib olla kas abielus või mitte, kas maine inimene või formaalsetes religioossetes seostes.

Svaami võib mõeldavasti järgida ainult kuiva mõistlikkuse ja külma loobumise teed, kuid joogi seob end selge, samm-sammulise protseduuriga, mille läbi distsiplineeritakse keha ja mõistust ning vabastatakse hinge. Võtmata tundest või usust lähtuvalt midagi kingitusena, viljeleb joogi täielikult läbiproovitud harjutuste seeriaid, mille esmasteks ülestähendajateks olid muistsete aegade rišid (tõeotsijad). Jooga on igal ajastul loonud Indias inimesi, kes on saanud tõeliselt vabaks, tõelisi Joogi-Kristuseid.

Nagu iga teinegi teadus, on jooga kasutatav igas kliima- ja ajavööndis. Teatud ignorantsete kirjameeste arendatud teooria, et jooga on Lääne inimestele ohtlik või sobimatu, on täielikult vale. See on paljusid siiraid õpilasi jooga mitmekesiste õnnistuste otsimisest eemal hoidnud.

Jooga on mõtete tormi mahasurumise meetod. Vastasel korral takistaks see maru nägemast inimesi oma Vaimu tõelist olemust. Nii nagu päikese tervendav valgus, on joogagi kasulik nii ida kui lääne inimestele. Nii kaua kui inimeste mõtted on rahutud ja kapriissed, püsib vajadus jooga ehk mõistuse kontrolli teaduse järgi.

Jooga praktiseerimisel ei ole ida ja lääne vahel mingit barjääri nagu ei tunne seda päikese tervendav ja õiglane valgus. Nii kaua kui inimese mõistus sünnitab rahutuid mõtteid, püsib ka universaalne vajadus jooga ehk kontrolli järgi.

**SRI SHANKARACHARYA SRF-YSS PEAKORTERIS**
Sri Jagadguru Shankaracharya Bharati Krishna Tirtha, Indiast, Purist, Self-Realization Fellowshipi peakorteris Los Angeleses (asutatud 1925. aastal Paramahansa Yogananda poolt). 1958. aastal külastas Jagadguru, Svaami Ordu seeniorjuht Self-Realization Fellowshipi sponsoreeritud kolmekuise visiidi käigus Ameerikat. See juhtus muistse Svaami Ordu ajaloos esimest korda, kui Shankaracharya on läände reisinud.

## Joogi autobiograafia

Muistne riši Patandžali[5] defineerib joogat kui „teadvuse lainetamise neutraliseerimist"[6]. Tema lühike ja meisterlik töö „*Joogasuutrad*" moodustab ühe kuuest hindu filosoofia süsteemist. Vastupidiselt lääne filosoofiatele, kujutavad kõik kuus hindu süsteemi[7] mitte ainult teoreetilisi, vaid ka praktilisi õpetusi. Peale kõikmõeldavaid ontoloogilisi uuringuid sõnastavad hindu süsteemid kuus selget distsipliini, mille eesmärgiks on täielik kannatuste kõrvaldamine ja aegumatu õndsuse saavutamine.

Hilisemad *Upanišaadid* hoiavad Jooga suutraid alal kuues süsteemis, sisaldades tõe otsese tajumise saavutamise kõige efektiivsemaid meetodeid. Praktiliste joogatehnikate kaudu jätab inimene seljataha spekuleerimise viljatud valdused ja mõistab kogemuse kaudu enda tegelikku Põhiolemust.

Patandžali väljatoodud jooga-süsteem on tuntud kui *kaheksaosaline tee*[8]. Esimesed astmed on (1) *jaama* (moraalne käitumine) ning (2) *nijaama* (usuline järgimine). *Jaama* on täidetud teiste mittekahjustamise, tõerääkimise, mittevarastamise, sugulise talitsemise ja saamahimu puudumisega. *Nijaama* näeb ette keha ning mõistuse puhtust, rahulolu kõigis olukordades, enesedistsipliini, enese tundmaõppimist (kontemplatsiooni ehk sisekaemust) ja Jumalale ja gurule pühendumist.

Järgmised astmed on (3) *aasana* (õige kehahoiak) – meditatsioonis tuleb selgroog hoida otse vertikaalsena ja keha kindlalt mugavas

---

[5] Patandžali eludaatumid on teadmata, kuigi mõned õpetlased määravad need teise sajandisse enne Kristust. Rišid kirjutasid uurimusi määratu suure hulga teemade kohta sellise taipamisega, et ajastud on võimetud neid moest maha kandma. Ent ajaloolastele teeb peavalu, et targad ei teinud mingeid pingutusi lisamaks kirjatöödele oma eludaatumeid ja isikupitserit. Nad teadsid, et nende lühike eluiga oli vaid ajutiselt tähtis mõõtmatu Elu sähvatuses ja et tõde on ajatu. Seda on võimatu kaubamärgistada ning see ei kuulu kellelegi neist isiklikult.

[6] „*Tšitta vritti nirodha*" („*Joogasuutrad*" I:2), mida võib samuti tõlkida kui „mõistuse-olluse modifikatsioonide lakkamine." Tšitta on mõtlemise printsiibi võrdlev mõiste, mis hõlmab praanalisi elujõude, *manast* (mõistust ehk meelte teadvust), *ahamkarat* (ego) ja *buddhit* (intuitiivne arukus, intellekt). Vritti – sõna-sõnalt „keeristorm", viitab mõtte- ja emotsioonide lainetele, mis inimteadvuses katkematult tõusevad ja taanduvad. *Nirodha* tähendab lakkamist, neutraliseerimist, kontrolli.

[7] Kuus ortodoksset (Veedadel rajanevat) süsteemi on *Shankhya, Jooga, Vedanta, Mimamsa, Nyaa* ja *Vaisesika*. Õpetlase kalduvusega lugejad leiavad rõõmu nende muistsete formuleeringute peensustest ja avarast ulatusest, kõlab ingliskeelne kokkuvõte professor Surendranath Dasgupta teose „*India filosoofia ajalugu*" I osas (Cambridge Univ. Press).

[8] Mitte ajada segi budismi „õilsa kaheksaosalise teega" – inimese käitumise juhisega, mis sisaldab: (1) õigeid ideaale, (2) õigeid motiive, (3) õiget kõne, (4) õiget tegu, (5) õiget elatist, (6) õiget pingutust, (7) õiget Ise meenutamist ja (8) õiget teostumist (*samaadhit*).

asendis; (4) *praanajaama* (praana ehk peenemate eluenergiate kontroll) ja (5) *pratjahaara* (meelte eemaldamine välistelt objektidelt).

Viimased astmed on pärisjooga vormid: (6) *dhaarana* (kontsentratsioon ehk keskendumine) – mõistuse hoidmine ühel mõttel, (7) *dhjaana* (meditatsioon) ja (8) *samaadhi* (üliteadvuse kogemine). See jooga kaheksaastmeline tee viib viimase sihini – *Kaivaljani*, milles joogi mõistab ja teostab „kogu intellektuaalse taipamise taga olevat Tõde".

„Kumb on suurem," võib keegi küsida, „svaami või joogi?" Kui saavutatakse lõplik ühtsus Jumalaga, siis kaovad erinevused erinevate teede vahel. Kuid *„Bhagavad Giita"* viitab, et jooga meetodid haaravad endasse kõik. Joogatehnikad ei ole mõeldud vaid teatud tüüpidele või temperamentidele nagu need, kel on kalduvus mungaelu poole – jooga ei vaja ustavuse vannet. Kuna joogateaduse järgi on üleüldine vajadus, on see ka üldiselt rakendatav.

Tõeline joogi võib jääda kohusetundlikult maailma – seal on ta nagu või vee peal, aga mitte nagu kergesti lahustuv distsiplineerimatu inimkonna piim. Maiste kohustuste täitmine ei pea inimest Jumalast lahutama, kui ta ei seo end mentaalselt isekate soovidega ja mängib oma osa elus Jumala abivalmis tööriistana.

Tänapäeval on palju suuri hingi, kes elavad Ameerikas või Euroopas või muudes mitte-hindu asurkondades, kes pole vahest kunagi kuulnud sõnu „joogi" või „svaami", kuid on samas nende mõistete tõelised eeskujud. Nende omakasupüüdmatu inimkonna teenimise või kirgede ja mõtete alistamise kaudu, nende siira ja pühendunud Jumala armastamise või nende suure keskendumisväe kaudu on nad joogid selle sõna õiges tähenduses. Nad on enda sihiks seadnud jooga eesmärgiks oleva enesekontrolli. Need inimesed võiksid tõusta veel suuremate kõrgusteni, kui neile õpetataks täpset joogateadust, mis võimaldab igaühe elus ja mõistuses palju teadlikumat suunaseadmist.

Joogat on pealiskaudselt ja valesti mõistnud teatud lääne kirjanikud, kuid selle kriitikud ei ole kunagi olnud tema praktiseerijateks. Paljude mõistlike tunnustussõnade seas, mida jooga kohta on öeldud, võiks olla ära märgitud kuulsa Šveitsi psühholoogi C. G. Jungi öeldu:

„Kui usuline meetod esitab end „teaduslikuna", leiab ta läänes omale kindla publiku. Jooga täidab selle ootuse," kirjutab Jung.[9]

---

[9] Dr Jung osales 1937. aastal India Teaduse Kongressil ja sai Kalkuta Ülikooli audoktori kraadi.

*Joogi autobiograafia*

„Lisaks sarmikale uudsusele ning olles poolenisti mõistetamatu, on joogal hea võimalus leida suurt poolehoidjate hulka. See pakub kontrollitava kogemuse võimalust ja rahuldab seeläbi vajaduse teaduslike „faktide" järele ning tänu avarusele, sügavusele ja auväärsele vanusele, doktriini igat eluetappi hõlmavale meetodile – lubab see kujuteldamatuid võimalusi.

Iga religioosne või filosoofiline praktika tähendab psühholoogilist distsipliini, mentaalse hügieeni meetodit. Mitmekesised füüsilised jooga[10] protseduurid kujutavad endast samuti füsioloogilist hügieeni ja seisavad tavalisest võimlemisest kõrgemal. Kehaosade treenimisel tehtavad hingamisharjutused, kui tegu pole lihtsalt mehaanilise vaid mõtestatud tegevusega, ühendavad keha vaimse tervikuga. Siinjuures mõistetakse *praanajaama* harjutustes *praana* all nii hingust kui ka kosmose universaalselt dünaamikat.

Jooga praktika oleks tagajärjetu, kui see ei kannaks ideed, millele meetod rajaneb. Ta ühendab omavahel kehalise ja vaimse ebatavaliselt täiuslikul viisil.

Idas, kus neid ideid ja praktikaid on arendatud ja kus tuhanded aastad katkematut traditsiooni on loonud vajaliku alusmüüri, on jooga minu veendunud uskumuse kohaselt täiuslik ja sobiv meetod keha ja vaimu liitmiseks nii, et nad moodustavad purunematu ühenduse. See ühtsus loob psühholoogilise häälestuse, mis muudab võimalikuks tavamõtlemist ületava intuitiivse taju."

Läänes on tõesti lähenemas päev, kus enesekontrolli seesmine teadus leitakse olevat sama vajalik kui looduse alistamine. Aatomiajastu inimeste mõistuse kainem ja avaram vaade tugineb teaduses kinnitust leidnud tõele, et mateeria on tegelikkuses kontsentreeritud energia. Inimmõistus saab ja peab vabastama endas suuremad energiad, kui on kividates ja metallides, et vabaks lastud aatomihiiglane ei pööraks end mõttetus hävitustöös maailma vastu. Inimkonna tuumakatastroofidega seotud hirmu kaudseks lahendiks võiks olla suurenenud praktiline huvi jooga-teaduse[11] vastu.

---

[10] Dr Jung viitab siin *hatha joogale*, mis keskendub kehalistele poosidele, kui tervise ning pikaealisuse tehnikatele. *Hatha* on kasulik ja annab väljapaistvaid füüsilisi tulemusi, kuid vaimse vabanemise kalduvusega joogid kasutavad seda jooga haru vähe.

[11] Paljud teadmatuses viibivad isikud räägivad *hatha-joogast* kui joogast, pidades seda maagiliseks ja tumedaks müstiliseks rituseks, mille abil saavutatakse teatud erilised võimed. Kui aga õpetlased räägivad joogast, siis peavad nad silmas „Joogasuutrates" ära toodud (mida tuntakse samuti *„Patandžali aforismide"* nime all) *radža* („kuninglik") *joogat*. See

222

*Minust saab Svaami Ordu munk*

sisaldab filosoofilisi kontseptsioone, mis on inspireerinud India suuri mõtlejaid, nende hulgas valgustunud meister Sadasivendrat (vt lk 381 jne).

Nagu ka teised viis veedadel rajanevat filosoofiasüsteemi, peavad ka „*Joogasuutrad"* moraalse puhtuse (*jaama* ja *nijaama* „kümme käsku") „maagiat" kindla filosoofilise õpetuse asendamatuks sissejuhatuseks.

See isiklik lähenemine, mida läänes ei nõuta, on andnud kuuele India distsipliinile kestva vitaalsuse. Universumit ülalhoidev kosmiline kord (*rita*) ei ole erinev inimsaatust juhtivast moraalsest korrast. See, kes ei soovi järgida universaalseid moraalseid ettekirjutusi, ei ole oma tõepüüdluses ühene.

„*Joogasuutrate*" III osa mainib erinevaid jooga imevõimeid (*vibhuutisid* ja *siddhisid*). Tõeline teadmine on alati vägi. Jooga-tee on jaotatud neljaks osaks, igaühel oma *vibhuuti* väljendus. Omandanud teatud võimed, teab joogi, et ta on edukalt läbinud neist neljast ühe testi. Iseloomulike võimete esilekerkimine on joogasüsteemi, kui teadusliku loomuse tunnus, mis pühib minema eksitava kujutluse enda „vaimsest edenemisest". Nõutakse tõendeid!

Patandžali hoiatab pühendunuid, et ühtsus Vaimuga peaks olema ainus eesmärk, mitte aga *vibhuutide* (võimete) omandamine. Need on pelgad püha tee kõrval kasvavad juhuslikud lilled. Otsida tuleb Igavest Andjat, mitte Tema erilisi kinke! Jumal ei ilmuta end otsijale, kes on rahul vähima saavutusega. Püüdlev joogi on seega oma eriliste võimete kasutamisel ettevaatlik, kuna need võivad äratada üles vale-uhkuse ja tõmmata ta kõrvale lõplikku *kaivalja* seisundisse sisenemiselt.

Kui joogi on jõudnud oma Mõõtmatu Eesmärgini, kasutab ta oma vibhuutisid või hoidub nende kasutamisest, nii nagu talle meeldib. Kõik tema teod, imelised või muud, on siis teostatud ilma karmat kaasamata. Karma rauapuru tõmmatakse enda poole vaid seal, kus on veel alles isikliku ego magnet.

PEATÜKK 25

# Vend Ananta ja õde Nalini

„Ananta ei saa enam elada – tema selle elu karma liivakell on tühjaks saanud."

Need otsusekindlad sõnad jõudsid ühel hommikul sügavas meditatsioonis istudes mu sisemisse teadvusse. Varsti pärast sisenemist Svaami Ordusse, külastasin oma vanema venna Ananta külalisena enda sünnipaika Gorakhpuris. Järsk haigus aheldas ta voodi külge – ma hoolitsesin tema eest armastusega.

Pühalik sisemine ilmutus täitis mind kurbusega. Tundsin, et ei suuda kauemaks Gorakhpuri jääda ja näha kuidas minu vend mu abitu pilgu all maisusest eemaldatakse. Keset sugulaste kriitilisi märkusi lahkusin esimese võimaliku laevaga Indiast. See ristles Birmast mööda ja Hiina mere kaudu Jaapanisse. Läksin Kobes laevalt maha, veetes seal vaid paar päeva. Mu süda oli vaatamisväärsuste jaoks liiga raske.

Tagasiteel Indiasse peatus laev Šanghais. Seal juhtis laeva arst doktor Misra mind mitmetesse haruldustega kauplevatesse poodidesse, kus valisin mitmeid kinke Sri Yukteswarile, perele ja sõpradele. Anantale ostsin suure bambusest nikerduse. Kohe kui hiinlasest müüja selle bambusest suveniiri üle andis, kukkus see mu käest põrandale ja ma karjatasin: „Ma ostsin selle oma kallile surnud vennale!"

Minust pühkis üle selge arusaam, et tema hing oli just vabastatud Mõõtmatusse. Suveniir pragunes kukkudes teravalt ja sümboolselt – nuuksudes kirjutasin ma bambusele: „Minu armastatud ja nüüdseks lahkunud Anantale."

Minu arstist kaaslane jälgis toimingut põgliku naeratusega.

„Säästke oma pisaraid," märkis ta. „Milleks neid valada, kuni te pole tema surmas kindel?"

Kui meie laev saabus Kalkutasse, siis tuli doktor Misra mind jälle saatma. Sadamasillal oli mind tervitama tulnud mu noorem vend Bishnu.

*Vend Ananta ja õde Nalini*

"Ma tean, et Ananta on sellest elust lahkunud," ütlesin ma Bishnule, enne kui ta jõudis sõnagi lausuda. "Palun ütle mulle ja doktorile, millal Ananta suri."

Bishnu nimetas kuupäeva, mis oli täpipealt see päev, mil olin Šanghaist suveniire ostnud.

"Vaadake!" hüüatas doktor Misra. "Ärge sellest kellelegi ühtegi sõna lobisege! Muidu lisavad professorid mentaalse telepaatia õpinguteks niigi juba küllaltki pikale meditsiiniõppe kursusele aasta juurde!"

Isa embas mind kodu uksel soojalt. "Sa tulid," ütles ta õrnalt. Kaks suurt pisarat veeresid tema silmist. Olles tavaliselt tagasihoidlik, ei olnud ta kunagi varem üles näidanud kiindumuse märke. Väliselt tõsisel isal oli seesmiselt ema sulav süda. Kõigis perega seotud tegemistes ilmnes selgesti tema duaalne vanemlik roll.

Varsti pärast Ananta lahkumist, toodi mu noorem õde Nalini jumaliku tervenemise kaudu tagasi surma väravatelt. Enne selle loo esitamist tahan rääkida tema varasemast elust.

Lapsepõlvesuhted Nalini ja minu vahel ei olnud kõige õnnelikumad. Olin väga kõhn, kuid tema oli veelgi kõhnem. Alateadliku motiivi või "kompleksi" tõttu, mida psühhiaatritel ei ole keeruline määratleda, kiusasin ma tihti oma õde tema luukerelaadse väljanägemise pärast. Tema kättemaksud olid võrdselt täidetud nooruse tundetu otsekohesusega. Vahel sekkus ema ja lõpetas ajutiselt lapsikud tülid, andes minule kui vanemale kerge kõrvakiilu.

Peale kooliaja lõppemist kihlus Nalini noore meeldiva Kalkuta arsti Panchanon Bosega. Suurejoonelised abieluriitused peeti õigel ajal. Pulmaõhtul ühinesin meie Kalkuta kodu elutoas suure lustliku sugulastegrupiga. Peigmees nõjatus tohutule kuldbrokaadist padjale ja Nalini istus tema kõrval. Oivaline siidist sari[1] ei suutnud kahjuks õe nurgelisust täielikult varjata. Varjusin oma uue õemehe padja taha ja irvitasin sõbralikult tema üle. Ta polnud Nalinit enne pulmatseremooniat näinud, kus ta viimaks teada sai, mida ta selle abielulise loteriiga võitis.

Tundes minu sümpaatiat, osutas doktor Bose märkamatult Nalinile ja sosistas mulle kõrva: "Ütle, mis see on?"

"Miks, doktor," vastasin ma, "see on sulle vaatlemiseks mõeldud skelett!"

---

[1] Elegantselt drapeeritud India naiste rõivas.

*Joogi autobiograafia*

Olles naerulustist kõveras, ei suutnud mu õemees ja mina säilitada kogunenud sugulaste ees sündsat olekut.

Aastate möödudes muutus doktor Bose meie perele kalliks, ta kutsuti kohale alati, kui keegi haigestus. Tema ja mina saime kiiresti sõpradeks, naljatades tihti ühiselt – tavaliselt oli meie sihtmärgiks Nalini.

„Ta on meditsiiniline haruldus," tähendas mu õemees mulle ühel päeval. „Ma olen katsetanud sinu lahja õekese peal kõike: tursamaksa õli, võid, linnaseid, mett, kala, liha, mune, toniseerivaid jooke. Ikka veel ei paisu ta isegi ühte sajandikku tolli."

Paar päeva hiljem külastasin Bose kodu. Mu ülesanne võttis seal vaid paar minutit – olin just enda arvates Nalinile märkamatult lahkumas. Jõudnud eesukseni, kuulsin tema häält, südamlikku, kuid käskivat.

„Vend, tule siia. Sa ei pääse mu käest seekord. Tahan sinuga rääkida."

Jooksin trepist tema tuppa. Minu üllatuseks oli ta pisarais.

„Armas vend," ütles ta, „matkem vana sõjakirves maha. Ma näen, et su jalad on nüüd kindlalt vaimsel teel. Tahan igal moel sinusarnaseks saada." Ta lisas lootusrikkalt: „Sa paistad nüüd jõuline välja – kas sa ei aitaks mind? Mu abikaasa ei tule minu lähedalegi ja ma armastan teda nii väga! Kuid mu peamine soov on edeneda Jumala-teostuses, isegi kui ma pean jääma kõhnaks[2] ja eemaletõukavaks."

Mu südant puudutas tema palve sügavalt. Meie uus sõprus kasvas ning ühel päeval palus ta, et ma võtaks ta enda järgijaks.

„Juhenda mind, kuidas aga sulle meeldib. Usaldan Jumalat toonikute asemel." Ta kogus peotäie ravimeid ja valas need vihmaveetorust alla.

Tema usu proovilepanekuks palusin tal eemaldada dieedist kõik kalad, liha ja munad.

Mitme kuu möödudes, mille kestel Nalini järgis rangelt minu erinevaid ettekirjutusi ja püsis vaatamata paljudele raskustele taimse toidu juures, külastasin ma teda jälle.

„Õeke, sa oled kohusetundlikult järginud vaimseid ettekirjutusi – sinu tasu on ligidal," naeratasin ma ulakalt. „Kui priske sa tahad olla: kas nii, nagu meie tädi, kes pole juba aastaid oma jalgu näinud?"

„Ei! Kuid ma igatsen olla sama turske kui sina."

Vastasin pühalikult: „Jumala armu läbi nagu olen alati tõtt

---

[2] Kuna enamik inimesi Indias on kõhnad, siis peetakse mõistlikku tüsedust soovitavaks.

kõnelenud, kõnelen ma seda ka nüüd[3]. Jumalike õnnistuste toel hakkab su keha alates tänasest muutuma – ja kuu aja möödudes kaalud sa minuga sama palju."

Need südamest tulnud sõnad teostusid. Kolmekümne päevaga võrdsustus Nalini kehakaal minu omaga. Uus ümarus andis talle ilu – tema abikaasa armus sügavalt. Nende abielu, mis algas nii halvaendeliselt, muutus ideaalselt õnnelikuks.

Kui ma Jaapanist tagasi tulin, siis sain teada, et minu äraolekul oli Nalinit tabanud tüüfuse palavik. Tormasin tema koju ja olin rabatud, leides, et õde oli uuesti skeletiks kahanenud. Ta oli koomas.

„Enne kui ta mõistus haigusest segi läks," ütles mu õemees mulle, „ütles ta tihti: „kui vend Mukunda oleks siin, siis ei kardaks ma nii.""" Lisades lootusetult: „Teised arstid ja mina ise ei näe mingit lootust. Peale pikka tüüfusega võitlemist on talle nüüd verine düsenteeria sisse läinud."

Püüdsin taevast ja maad oma palvetega liigutada. Võttes appi ingliseindia meditsiiniõe, kes mind igati aitas, rakendasin ma erinevaid jooga tervendamistehnikaid. Veredüsenteeria kadus.

Kuid doktor Bose raputas süngelt oma pead: „Tal lihtsalt ei ole enam verd, mida valada."

„Ta saab terveks," vastasin ma otsustavalt. „Seitsme päevaga on tema palavik kadunud."

Nädal aega hiljem olin elevil, nähes Nalinit oma silmi avamas ja mind armastava äratundmisega vaatamas. Sellest päevast alates paranes ta tervis kiiresti. Kuigi ta kehakaal taastus, jäi talle sellest peaaegu saatuslikust haigusest kurb arm: tema jalad olid halvatud. India ja inglise spetsialistid kuulutasid ta lootusetuks sandiks.

Lakkamatu sõda tema tervise pärast, mida ma palvete kaudu pidasin, oli mind ära kurnanud. Läksin Serampore'i, et paluda Sri

---

[3] Hindu pühakirjad deklareerivad, et need, kel on kombeks tõtt rääkida, arendavad välja võime oma sõnade materialiseerimiseks. Kõik südamest välja öeldud käsud lähevad täide. („*Joogasuutrad*" II:36).

Kuna kõik maailmad on ehitatud tõele, siis ülistavad kõik pühakirjad seda kui voorust, mille kaudu saab inimene oma elu Mõõtmatule häälestada. Mahatma Gandhi ütles tihti: „Tõde on Jumal". Tema elukestev püüdlus tõe poole mõtteis, kõnes ja tegudes oli täiuslik. Läbi ajastute on *sathya* (tõe) ideaal läbinud hindu ühiskonda. Marco Polo ütleb meile, et „brahmiinid ei valeta midagi millegi kohta maa peal." Inglise kohtunik Indias William Sleeman ütleb oma raamatus „*Teekond läbi Oudh'i*" (1849-1850): „Minu ees on olnud sadu kohtulugusid, kus inimese varandus, vabadus või elu on sõltunud tema valetamisest, kuid nad on keeldunud seda tegemast."

*Joogi autobiograafia*

Yukteswari abi. Tema silmad väljendasid sügavat kaastunnet, kui ma rääkisin talle Nalini täbarast olukorrast.

„Su õe jalad on ühe kuu möödudes taas normaalsed," lausus ta, lisades: „Las ta kannab augustamata kahekaraadist pärlit oma ihu vastu seotuna."

Ma viskusin tema jalge ette rõõmsas kergenduses.

„Härra, te olete meister – teie sõnast tema tervenemiseks piisab, aga kui nõuate, siis hangin otsekohe talle pärli."

Guru noogutas. „Jah, tee seda." Ta jätkas juttu, kirjeldades korrektselt Nalini füüsilisi ja mentaalseid näitajaid, ise teda kunagi nägemata.

„Härra," uurisin ma, „kas see on astroloogiline analüüs? Te ei tea tema sünnipäeva ega tundi."

Sri Yukteswar ütles naeratades: „On olemas sügavam astroloogia, mis ei sõltu kalendritest ja kelladest. Iga inimene on osa Loojast, Kosmilisest Inimesest – tal on nii taevane kui maine keha. Inimsilm näeb füüsilist vormi, kuid seesmine silm näeb palju põhjalikumalt, näeb kõikehõlmava mustrini, millest iga inimene on nii integraalne kui ka individuaalne osa."

Pöördusin Kalkutasse tagasi ja ostsin Nalinile pärli[4]. Kuu aega hiljem olid tema halvatud jalad täielikult paranenud.

Õde palus omalt poolt edastada gurule südamliku tänu. Guru kuulas tema sõnumit vaikides. Kui ma hakkasin lahkuma, lisas ta rõõmurohke kommentaari: „Paljud arstid on su õele öelnud, et ta ei saa kunagi lapsi. Kinnita talle, et paari aasta kestel sünnitab ta kaks tütart."

Nalini rõõmuks jäi ta paar aastat hiljem tütre ootele ja teise paari aasta möödudes sai ta veel ühe tütre.

---

[4] Otse inimese nahale asetatud pärlid ja teised vääriskivid, aga ka metallid ja taimed mõjutavad rakke elektromagnetiliselt. Inimese keha sisaldab süsinikku ja erinevaid metallielemente, mis on olemas ka taimedes, metallides ja vääriskivides. Rišide tehtud avastused neis valdkondades saavad ühel päeval füsioloogidelt ka kinnituse. Koos oma elektriliste eluenergiatega on inimese tundlik keha paljude läbiuurimata müsteeriumide keskmeks.

Kuigi vääriskividel ja metallkäevõrudel on keha jaoks tervendavad väärtused, oli Sri Yukteswaril nende soovitamiseks teine põhjus. Meistrid ei taha kunagi välja paista suurte tervendajatena: Jumal üksi on Tervendaja. Seetõttu varjavad pühakud tihtilugu Jumala käest saadud võimeid erinevate maskeeringutega. Tavaliselt usaldab inimene käegakatsutavat – kui inimesed tulid ravitsemiseks mu guru juurde, siis soovitas ta neil kanda käevõru või vääriskivi, et tõsta nende usku ja eemaldada endalt tähelepanu. Käevõrudel ja vääriskividel on lisaks seesmisele elektromagnetilisele tervendamise väele ka meistri varjatud vaimne õnnistus.

### SRI DAYA MATA JUMALIKUS ÜKSOLEMISES
Sri Daya Mata – Self-Realization Fellowship/Yogoda Satsanga Society of India kolmas president, sukeldunud meditatsiooni 1968. aasta India külaskäigu ajal. „Paramahansa Yogananda näitas meile teed," kirjutas ta, „mitte ainult oma sõnade ja jumaliku eeskujuga, vaid andes meile teaduslikud SRFi meditatsiooni meetodid. Pelgalt tõest lugemise kaudu ei ole võimalik rahuldada hinge janu. Inimene peab jooma sügavalt Tõe Purskkaevust – Jumalast. Eneseteostus tähendab just seda: otsest Jumala kogemist."
Tõelise „Kaastunde Emana", nagu tema nimi Daya Mata seda tähistab, oli tema eluteemaks Jumala armastamine ja Tema armastuse kõigiga jagamine.

PEATÜKK 26

# Kriija jooga teadus

*Kriija Jooga* teadus, mida neil lehekülgedel on nii palju kordi mainitud, sai kaasaegses Indias laialt tuntuks minu guru Lahiri Mahasaya vahendusel. Sanskriti tüvi sõnast „*kriija*" on „*krii*", mis tähendab tegema, tegutsema, reageerima – sama tüvi on sõnal „*karma*", mis tähendab loomulikku põhjuse ja tagajärje printsiipi. *Kriija jooga* on seega „ühtsus (jooga) Mõõtmatuga teatud tegevuse või riituse (*kriija*) abil". Joogi, kes usuga järgib seda tehnikat, vabaneb järk-järgult karmast ehk seadusena toimivast põhjuse-tagajärje tasakaalu ahelast.

Teatud muistsete jooga ettekirjutuste tõttu ei saa ma *kriija joogat* täielikult selle laiale publikule mõeldud raamatu lehekülgedel lahti seletada. Tegelikku tehnikat tuleb õppida Self-Realization Fellowshipi (Yogoda Satsanga of India)[1] *kriijaban*i ehk *kriija joo*gi käest – siin olgu ära toodud selle tehnika üldine käsitlus.

*Kriija jooga* on lihtne psühhofüsioloogiline meetod, mille abil inimese veres vabastatakse süsinikku ja laetakse seejärel hapnikuga. Lisanduva hapnikukoguse aatomid muudetakse eluenergiaks, mis noorendab pea- ja seljaaju keskuseid. Veenivere kogunemist vähendades on joogi võimeline vähendama või hoidma ära kudede lagunemist – arenenud joogi muudab oma rakud puhtaks energiaks. Eelija, Jeesus, Kabir ja teised prohvetid olid möödunud aegadel meistrid *kriija jooga* või sellele sarnase tehnika kasutamisel, mille abil nad võisid tahtega oma keha dematerialiseerida.

*Kriija* on muistne teadus. Lahiri Mahasaya sai selle oma suure guru Babadži käest, kes distsipliini taasavastas ja kohendas, kuna see oli pimedal keskajal kaduma läinud. Babadži nimetas selle lihtsalt *kriija joogaks*.

---

[1] Paramahansa Yogananda andis oma ühingu tulevastele vaimsetele juhtidele loa edastada *kriija jooga* juhendust ja initsiatsiooni seda pälvivatele õpilastele või määrata seda tegema ordineeritud SRF/YSS vaimuliku. Samuti sedastas ta võimalused katkematuks *kriija jooga* teaduse levitamiseks *Self-Realisation Fellowship* (*Yogoda*) materjalide kaudu, mis on saadaval SRF peakorteris Los Angeleses (vt lk 425). Kirjastaja märkus.

*Kriija jooga teadus*

„*Kriija jooga*, mille ma annan maailmale sinu kaudu sel üheksateistkümnendal sajandil," ütles Babadži Lahiri Mahasayale, „on sama teaduse taassünd, mille Krišna aastatuhandeid tagasi andis Ardžunale ja mis sai hiljem tuntuks Patandžalile ja Kristusele, apostel Johannesele, apostel Paulusele ja teistele järgijatele."

*Kriija joogale* on kahel korral viidanud „Bhagavad Giitas" India suurim prohvet Krišna. Üks salm kõlab nii: „Ohverdades sissehingatava hingetõmbe väljaminevale hingetõmbele ja väljamineva hingetõmbe sissetulevale hingetõmbele, neutraliseerib joogi niiviisi mõlemad hingetõmbed. Seeläbi vabastab ta südamest elujõu (*praana*) ja toob selle enda kontrolli alla.[2]" Selgitus sellele on järgmine: „Vaigistades oma kopsude ja südame tegevust, peatab joogi elujõu (*praana*) lisamisega kehas toimuva lagunemise. Kontrollides samal ajal väljutavat voolu (*apaanat*), peatab ta kehas kasvamisega toimuvad mutatsioonid. Neutraliseerides niiviisi lagunemist ja kasvu, õpib joogi kontrollima oma elujõudu."

Teine „Giita" salm kinnitab: „See Ülimat Eesmärki otsiv meditatsiooni-ekspert (*muni*) saab igavesti vabaks, kui on võimeline end tagasi tõmbama välistest ilmingutest ja kinnitama oma vaate kulmude vahel olevas punktis, neutraliseerides võrdsed *praana* ja *apaana* (nende voo) voolud ninas ja kopsudes, et kontrollida oma meelelist mõistust ja intellekti ning peletada minema soove, hirmu ja viha."[3]

Krišna edastab[4] samuti, et see oli tema, kes oma eelmises kehastuses andis hävimatu jooga muistsele valgustajale Vivasvatile, kes andis selle suurele seadusandjale Manule[5]. Too juhendas omakorda Ikšvakut, India päikesesõdalaste dünastia isa. Andes seda ühelt teisele, hoidsid rišid kuninglikku joogat kuni materialistlike ajastute saabumiseni[6]. Preestrite salatsemise ja inimeste ükskõiksuse tõttu muutus pühitsetud teadmine järk-järgult kättesaamatuks.

---

[2] „Bhagavad Giita" IV:29.
[3] „Bhagavad Giita" V:27-28. Vaata lk 537, 539-540 seletusi hingamiseteaduse kohta.
[4] „Giita" IV:1-2.
[5] „*Manava Dharma Šastra*" ehk „*Manu seaduste*" eelajalooline autor. Need kanoniseeritud üldise seaduse põhimõtted on Indias toimivad kuni tänaseni.
[6] Materialistlikud ajastud algasid vastavalt hindu pühakirjalistele arvutustele 3102. aastal eKr (*Krišna surmapäev – tõlkija märkus.*). See aasta oli taevaekvaatori viimase tõusva Dvapara ajastu ja samuti universaalse tsükli Kaali ajastu (vt lk 147) alguseks. Enamik antropolooge, kes usuvad, et inimkond elas 10 000 aastat tagasi barbaarses kiviajas, viskavad „müütidena" peast laialtlevinud traditsioonid muistsetest Lemuuria, Atlantise, India, Hiina, Jaapani, Egiptuse, Mehhiko ja paljude teiste maade tsivilisatsioonidest.

*Joogi autobiograafia*

*Kriija joogat* on kaks korda meenutanud muistne tark Patandžali, tähtsaim jooga tõlgendaja, kes kirjutas: „*Kriija jooga* sisaldab kehalist distsipliini, mõistuse kontrollimist ja *Aum'ile* (OM) mediteerimist.[7]" Patandžali kõneleb Jumalast kui meditatsioonis[8] kuuldavast Kosmilisest „*Aum*" (OM) helist. *Aum* on Loov Sõna, Võnkuva Mootori heli, Jumaliku Kohaloleku tunnistaja[9]. Isegi joogas algaja kuuleb peagi imelist „*Aum*" heli. Saades selle õnnistatud vaimse julgustuse, saab ta kindluse, et on ühenduses ülimate valdustega.

Patandžali viitab teist korda elujõu kontrollile või *kriija* tehnikale niiviisi: „Ühendades lahti sisse- ja väljahingamise kulgemise, võib sellise *praanajaama* abil saavutada vabanemise.[10]"

Apostel Paulus teadis *kriija joogat* või sellele väga sarnast tehnikat, mille abil ta kontrollis meeltega ühendatud eluenergiaid. Seepärast oli ta võimeline ütlema: „Ma tunnistan oma rõõmustamises, mida ma saan Kristuses – et *ma suren iga päev*.[11]" Koondades talle teada oleva meetodi abil kogu kehasoleva elujõu sissepoole (tavaliselt suunatakse see väljapoole – meelelisse maailma), koges Paulus tõelist jooga-ühtsust, koos „rõõmustamisega" (igaveses õndsuses) Kristuse teadvuses. Selles õnnelikus seisundis oli ta teadlik „suremisest" eksikujutuslikus meelelises *maaja* maailmas.

Esialgsetes Jumala-ühenduse seisundites (*savikalpa samaadhi*) sulab pühendunu teadvus ühte Kosmilise Vaimuga: tema elujõud on kehast välja tõmmatud ja keha tundub olevat surnud või liikumatu ja jäik. Joogi on täiesti teadvel oma keha peatatud liikumise seisundist. Kui ta siis edeneb kõrgematesse vaimsetesse seisunditesse (*nirvikalpa samaadhi*), on ta Jumalaga ühenduses ilma kehalise jäigastumiseta ja oma tavapärases ärkveloleku teadvuses, isegi samal ajal oma maiseid kohustusi täites.[12]

---

[7] „*Joogasuutrad*" II:1. Kasutades sõnu „*kriija jooga*", viitas Patandžali kas sellele tehnikale, mida hiljem õpetas Babadži või mõnele väga sarnasele. See, et Patandžali mainis konkreetset elujõu kontrolli tehnikat, on tõestatud tema „*Joogasuutrate*" II:49 aforismis (tsiteeritud sellel leheküljel).

[8] *Samas* I:27.

[9] „Nõnda ütleb Aamen, ustav ja tõeline *Tunnistaja*, Jumala loomise algus." – Ilmutusraamat 3:14. „Alguses oli Sõna ja Sõna oli Jumala juures ja Sõna oli Jumal ... Kõik on tekkinud Tema läbi ja ilma Temata ei ole tekkinud midagi." – Johannese I: 1-3. Veedade *Aum*'ist sai tiibetlaste püha sõna „*Ham*", moslemite „*Amin*", egiptlaste, kreeklaste, roomlaste, juutide ja kristlaste „*Aamen*". Tema tähendus heebrea keeles on „*kindel*", „*ustav*".

[10] „*Joogasuutrad*" II:49.

[11] I Korintlaste 15:31. „Meie rõõmustamine" on õige tõlge, mitte nagu tavaliselt tõlgitakse „teie rõõmustamine". Paulus viitas Kristuse Teadvuse universaalsusele.

[12] Sanskriti sõna *vikalpa* tähendab „erinevust, mittesamastumist". *Savikalpa* on *samaadhi*

*Kriija jooga teadus*

"*Kriija jooga* on vahend, mille kaudu kiirendatakse inimevolutsiooni," selgitas Sri Yukteswar oma õpilastele. "Muistsed joogid avastasid, et salajane kosmiline teadvus on väga lähedalt seotud hingamise valitsemisega. See on India ainulaadne ja surematu panus maailma teadmiste varasalve. Elujõud, mis kulub hingamisel südametegevuse alalhoidmiseks, tuleb vabastada kõrgemateks tegevusteks mingi sellise meetodi abil, mis rahustab ja vaigistab hingamise lakkamatut rütmi.

*Kriija joogi* suunab mentaalselt oma eluenergia pöörlema üles ja alla ümber kuue selgrookeskuse (kolmanda silma, kõri-, südame-, päikese-, sakraal- ja juurpõimiku), mis vastavad kaheteistkümnele sodiaagimärgile, sümboolsele Kosmilisele Inimesele. Pool minutit energia pöörlemist ümber tundliku selgroo toob kaasa imepeene edasimineku tema arengus, see pool minutit *kriijat* võrdub terve aastaga loomulikus vaimses avanemises.

Inimolevuse kuue (kaheteistkümne, kui järgida polaarsust) sisemise tähtkujuga astraalsüsteem, mis tiirleb ümber kõiketeadva vaimse silma, on võrreldav füüsilise päikese ja kaheteistkümne sodiaagimärgiga. Kõik inimesed on seega mõjutatud sisemisest ja välisest universumist. Muistsed rišid avastasid, et inimese maine ja taevane keskkond lükkab teda tema loomulikul teel edasi kaheteistkümneaastaste tsüklitena. Pühakirjad väidavad, et inimene vajab miljon aastat normaalset, haigustest vaba arengut, et muuta oma inimaju kosmilise teadvuse saavutamiseks täiuslikuks.

Kaheksa ja poole tunni jooksul praktiseeritud tuhat *kriijat* annab joogile ühe päevaga tuhat aastat loomulikku evolutsiooni ja 365 000 arenguaastat ühe aastaga. Kolme aastaga on *kriija* joogi seega võimeline saavutama mõistliku enesepingutuse abil sama tulemuse, mille toob loodus kaasa miljoni aastaga. *Kriija* otseteed saavad muidugi ette võtta vaid sügavalt arenenud joogid. Guru juhendusel on sellised joogid hoolikalt oma kehasid ja ajusid ette valmistanud, talumaks intensiivse viljelemisega loodud väge.

*Kriija* alustaja sooritab oma joogaharjutust neliteist kuni kakskümmend kaheksa korda ning seda kahel korral päevas. Paljud joogid saavutavad vabanemise kuue või kaheteistkümne või kahekümne nelja või neljakümne kaheksa aastaga. Joogi, kes sureb enne täieliku

---

seisund „koos erinevusega", *nirvikalpa* on *samaadhi* seisund „ilma erinevuseta". St, et *savikalpa samaadhi* seisundis on pühendunul veel alles kerge tunne Jumalast lahusolemisest. *Nirvikalpa samaadhis* teostab ta täielikult oma samasuse Vaimuga.

## Joogi autobiograafia

teostuse saavutamist, viib endaga kaasa enda *kriija* jõupingutuse hea karma – oma uues elus liigub ta harmooniliselt Mõõtmatu Eesmärgi suunas.

Tavalise inimese keha on nagu 50 W lambipirn, mis ei suuda taluda ülemäärase *kriija* praktikaga kasvatatud miljardivatist energiat. Järk-järgulise ja regulaarse, lihtsa ja „lollikindla" *kriija* meetodi kasutamisel transformeerub inimkeha päev päeva järel astraalselt ja on viimaks sobiv kosmilise energia mõõtmatute potentsiaalide (esimeste materiaalselt aktiivsete Vaimu väljenduste) vastuvõtmiseks.

*Kriija joogal* ei ole midagi ühist ebateaduslike hingamisharjutustega, mida õpetab terve hulk eksiteele viidud fanaatikuid. Püüe hoida jõuga õhku kopsudes, ei ole mitte ainult ebaloomulik, vaid ilmselgelt ebameeldiv. *Kriija* praktikat alustades lisandub rahu kasv ja elustavad aistingud selgroos.

Muistne joogatehnika teisendab hingamise mõtlemiseks. Vaimse arengu rajal edenedes on inimene võimeline olema teadlik hingamisest kui mõistuse toimingust – unistuslikust hingamisest.

Inimese hingamissagedus ja tema teadvuse seisundite variatsioonid on omavahel seotud lausa matemaatilise täpsusega. Inimene, kelle tähelepanu on täielikult hõivatud – ta jälgib keerulist intellektuaalset vestlust või alustab mõnd suurt füüsilist osavust nõudvat tegevust, hingab automaatselt aeglaselt. Keskendumine või tähelepanu sõltub aeglasest hingamisest. Seevastu kiired või ebaühtlased hingetõmbed on vältimatud kaaslased ohtlikele emotsionaalsetele seisunditele: hirmule, lõbujanule ja vihale. Rahutu ahv hingab 32 korda minutis, inimene keskmiselt 18 korda minutis. Elevant, kilpkonn, madu ja teised pikaealised loomad on inimesest väiksema hingamissagedusega. Hiidkilpkonn näiteks, kes võib elada 300 aasta vanuseks, hingab vaid neli korda minutis.

Une noorendav mõju tuleneb sellest, et inimene on ajutisest mitteteadlik oma kehast ja hingamisest. Magav inimene muutub joogiks – igal ööl toimetab ta ebateadlikult joogiriitust, kui vabastab end kehaga samastumisest ja ühendab oma elujõu tervendavate vägedega ajus ning kuues selgroo keskuses. Magaja on siis ebateadlikult uuesti laetud kogu elu alalhoidva kosmilise energiaga.

Jooga praktiseerija teostab lihtsa ja loomuliku protsessi teadlikult, mitte alateadlikult nagu aeglane magaja. *Kriija joogi* kasutab oma tehnikat, et rikastada ja toita oma keharakke igavese valgusega ja hoida neid niiviisi vaimselt magnetiseeritud seisundis. Harjutuse kestel muudab ta joogateadusele tuginedes oma hingamist ega vaju alateadvuslikku une või teadvusetuse seisundisse.

*Maaja* ehk loodusjõudude mõju all elavate inimeste elujõu energiavool on suunatud välisele maailmale, meeled raiskavad ja kuritarvitavad kogu energia. *Kriija* viljelemine pöörab voolu ümber – elujõud suunatakse mentaalselt sisekosmosesse ja ühendatakse peenemate selgroo energiatega. Sellisel elujõu uuendamisel värskendab vaimne eliksiir joogi aju ja keha.

Õige toidu, päikesevalguse ja harmooniliste mõtete juures saavutavad Loodusest ja tema jumalikust plaanist juhitud inimesed miljoni aasta kaugusel oleva eesmärgi – eneseteostuse. On vaja kahtteist normaalset tervislikult elatud aastat, et saavutada ajustruktuuris väikseim tajutav muutus. Ajukeskuse kohandamine kosmilise teadvuse ilmutamiseks nõuab miljon päikesetiiru, ent kasutades vaimset teadust, eemaldab *kriija joogi* end pikast loodusseaduste järgimise ahelast.

Päästes valla hinge ja keha ühendava hingamise paela, pikendab *kriija* eluiga ja avardab teadvuse mõõtmatuseni. Jooga meetod teeb lõpu mõistuse ja mateeriaga seotud meelte vägikaikaveole ja vabastab pühendunu pärimaks oma igavest kuningriiki. Ta teab, et tema tegelik olemus ei ole seotud ei füüsilise kesta ega hingamisega, mis sümboliseerivad sureliku olendi allumist õhule ja looduse algelementide sunnile.

Alistades oma keha ja mõistuse, saavutab *kriija joogi* lõpuks võidu „viimase vaenlase"[13] ehk surma üle.

Nii saad sa toituma surmast, kes toitub inimestest:

Ja kui surm kord ise on surnud, siis ei ole enam suremist.[14]

Sissepoole vaatamine ehk „vaikuses istumine" on ebateaduslik meetod ja püüe lahutada elujõuga vägisi kokkuseotud mõistust ja meeli. Elujõud tirib jumalikkusesse süvenevat mõistust pidevalt meelte juurde tagasi. *Kriija*, mis kontrollib elujõu abil mõtlemist, on kergeim, efektiivseim ja kõige teaduslikum tee Mõõtmatuse juurde. Vastupidiselt

---

[13] „Viimane vaenlane, mis tuleb hävitada, on surm" (I Korintlaste 15:26). Paramahansa Yogananda keha surmajärgne lagunematu seisund (vt lk 487) tõestas, et ta on täiuslikkuse saavutanud *kriija joogi*. Samas ei ilmuta sugugi kõik meistrid surmajärgset kehalist mittelagunemist (vt pt 43). Paramahansa puhul oli selleks kahtlemata „eriline vajadus" veenda läänt jooga väärtuses. Babadži ja Sri Yukteswar olid andnud Yoganandale käsu teenida läänt – Paramahansa täitis selle usalduse nii oma elus kui ka oma surmas (*kirjastaja märkus*).

[14] Shakespeare: *Sonett 146*.

aeglasele ja ebakindlale teoloogilise tee „härjarakendile" võib *kriijat* kutsuda õiglaselt „lennuvahendiks".

Joogateadus toetub kõikide keskendumisvormide ja meditatsiooniharjutuste kogemuslikule tunnetamisele. Jooga võimaldab pühendunul lülitada tahte abil oma elujõudu sisse või välja viies meeletelefonis: pildis, helis, lõhnas, maitses ja puudutuses. Saavutades sellise väe, on joogi jaoks jumalike valduste või materiaalse maailmaga ühendamine oma tahte abil lihtne. Enam ei too elujõud teda tahtevastaselt tagasi lärmakate aistingute ja rahutute mõtete ilmalikku sfääri.

Arenenud *kriija* joogi elu ei mõjuta mitte mineviku tegude tagajärjed, vaid ainult hinge suunised. Pühendunu väldib tavalise elu häid ja halbu külgi, egoistlikke arenguliine, mis tunduvad kotkasüdamelise joogi jaoks liiga tahumatud ja teosammul liikuvad.

Selline ülim hinge elamise meetod vabastab ego vangistusest ärkava joogi, et ta võiks maitsta kõikjalolemise sügavaid õhusõõme. Loomuliku elu orjaike on asetatud otsekui alandavasse kontrasti. Sobitades oma elu evolutsiooni rütmiga, ei saa inimene loodusest ette rutata. Isegi siis, kui ta ei eksi oma keha ja mõistust valitsevate seaduste vastu, vajab ta lõplikuks vabanemiseks ikkagi veel miljon aastat.

End füüsilisest ja mentaalsest samastumisest lahti haakivate joogide teleskoopilised meetodid on sobilikud neile, kelles tuhandete ja tuhandete aastate mõte mässumeelsust tekitab. Seegi ajavahemik on kättesaamatu tavainimese jaoks, kes ei ela harmoonias isegi mitte loodusega, hingest rääkimata. Selle asemel järgib ta loomuvastaseid mõtteviise, solvates niiviisi oma kehas ja mõtetes elavat looduse tervet mõistust. Tema jaoks ei piisa vabanemiseks isegi kahest miljonist aastast.

Jämedakoeline maine inimene saab harva aru, et tema keha on kuningriik, mida valitseb kolju keskpaigas asuval troonil imperaator Hing koos kuues seljakeskuses ehk teadvusesfääris paiknevate abivalitsejatega. See teokraatia laiub üle suure massi kuulekate alamate: kahekümne seitsme tuhande miljardi raku, mis on varustatud kindla või isegi automaatse arukusega. Sellisel juhtimisel täidavad rakud kõik keha kasvu, ümberkujunemise ja hääbumisega seotud kohustused ning teevad seda viiekümne miljoni põhimise mõtte, emotsiooni ja inimese teadvuses asetleidvate vahelduvate faaside raames kuuekümne keskmise eluaasta jooksul.

Iga kehas või mõistuses aset leidev end haiguse või irratsionaalsusena ilmutav ilmne vastuhakk imperaator Hingele ei tulene mitte alandlike alamate ebalojaalsusest. See johtub inimese minevikus või olevikus sooritatud tegudest, individuaalsuse või vaba tahte väärkasutusest. Samastades end madala egoga, võtab inimene enesestmõistetavana, et tema on see, kes mõtleb, tahab, tunneb, seedib toitu ja hoiab end elus. Ta ei süüvi endasse ega tunnista (selleks piisaks vaid vähesest!), et oma tavalises elus ei ole ta muud kui mineviku tegude (karma) ja looduse ehk keskkonna mängukann. Iga inimese intellektuaalsed reaktsioonid, tunded, tujud ja harjumused on pelgalt selles või eelnevas elus loodud põhjuste tagajärjed. Tema kuninglik hing on kõrgemal sellistest mõjudest. Põlastades mööduvaid tõdesid ja vabadusi, liigub *kriija* joogi läbi illusioonide purunemise oma köidikuist vabanenud Olemusse. Maailma pühakirjad deklareerivad, et inimene ei ole rikutav keha, vaid elav hing – *kriija joogas* leiab ta meetodi pühakirjaliste kinnituste tõestamiseks.

„Väline rituaal ei suuda hävitada ignorantsust, sest nad ei ole teineteisele vasturääkivad," kirjutas Shankara oma kuulsas teoses *„Värsside sajand"*. „Teostunud teadmised üksinda hävitavad ignorantsuse ... Teadmised ei saa tulla esile mingit muud teed kui uurimise kaudu: „Kes olen mina? Kuidas sündis see universum? Kes on selle looja? Mis on kõige materiaalne algpõhjus?" Siin viidatakse just seda tüüpi uurimisele. Intellektil pole vastust neile küsimustele, seepärast töötasid rišid välja jooga, et kasutada seda vaimse uurimise tehnikana.

Hoides oma mõtteid, tahet ja tundeid valest samastumisest kehaliste soovidega, ühendades oma mõistuse üliteadvuslike jõududega selgroo pühamutes, elab tõeline joogi maailmas nõnda, nagu Jumal on plaaninud, allumata mineviku ajenditele ning uutele arututele inimlikele motivatsioonidele. Saavutades oma Ülima Soovi täitumise, on ta kaitstud ammendamatu õndsa Vaimu lõplikus pelgupaigas.

Viidates jooga kindlale ja metoodilisele efektiivsusele, ülistab Issand Krišna tehnikat järgivat joogit järgmiste sõnadega: „Joogi on suurem, kui kehalist distsipliini viljelevad askeedid, suurem isegi kui tarkuse teel kõndijad (*gnjaana joogid*) või need, kes lähevad tegude teed (*karma joogid*). Oo pühendunu Ardžuna, ole Sina seepärast joogi!"[15]

---

[15] „Bhagavad Giita" VI:46.
 Kaasaegne teadus on avastamas mittehingamise tõeliselt ebatavalisi ravivaid ja noorendavaid mõjusid. Dr Alvan L. Barach New Yorki Arstide ja Kirurgide Kolledžist pani aluse kopsupuhkuse teraapiale, mis taastab paljude tuberkuloosihaigete tervise. Barokamber võimaldab patsiendil peatada hingamine. 1947. aasta 1. veebruari New York Times tsiteeris dr Barachi järgnevalt: „Hingamise lakkamise mõju kesknärvisüsteemile pakub märkimisväärset huvi. Patsient võib lebada kambris tunde käsi liigutamata või asendit muutmata. Kui peatub vabatahtlik

*Joogi autobiograafia*

*Kriija jooga* on tõeline tihti „Giitas" ülistatud „tuleriitus". Joogi heidab oma keerdkäike täis inimlikud janunemised võrratule Jumalale pühendatud monoteistlikusse lõkkesse. See on tõeline joogalik tuleriitus, milles kõik mineviku ja oleviku soovid põletatakse ära jumaliku armastuse abil. Lõplik Leek võtab ohvriannina endasse kogu inimliku hullumeelsuse ja inimene puhastatakse igasugusest prahist. Kujundlikult väljendudes eemaldatakse tema luudelt kogu ihadest pakil ihu, tema karmast vaevatud skeletti pleegitakse tarkuse antiseptilises päikeses, nii ta viimaks on täiesti puhas ja kahjutu nii inimese kui Looja ees.

*Kriija jooga* on tõeline „tuleriitus", mida tihti „Bhagavad Giitas" ülistatakse. Jooga puhastavad tuled toovad igavese valgustumise ja erinevad seetõttu paljuski välistest ja vähe-efektiivsetest religioossetest tuletseremooniatest, kus pühalike skandeerimiste saatel põletatakse koos lõhnapirdudega tihti ka tõe tajumine!

---

hingamistegevus, kaob soov suitsetamise järele isegi neil patsientidel, kes on harjunud suitsetama kaks pakki sigarette päevas. Paljudel juhtudel on lõdvestumine väga sügav." 1951. aastal kinnitas dr Barach avalikult ravi väärtust, mis tema sõnul „andnud puhkust mitte ainult kopsudele, vaid ka kogu kehale ja pealtnäha ka mõistusele. Näiteks vähenes südametegevus kolmandiku võrra. Meie hoolealused lõpetasid muretsemise. Kellelgi polnud igav."

Neist faktidest ilmneb, kuidas on joogidel võimalik pikka aega istuda liikumatult ilma mentaalse või kehalise sunnita midagi teha. Ainult sellise vaikelu kaudu saab joogi leida oma tagasitee Jumalasse. Kuigi tavalised inimesed peavad mittehingamisest kasu saamiseks jääma barokambrisse, ei vaja joogi kehas, mõistuses ja hingeteadlikkuses tasu saamiseks midagi peale *kriija jooga* tehnika.

### LÄÄNE INIMENE SAMAADHIS

Rajarishi Janakananda (James J. Lynn) Californias, Encinitase erarannas, 1937. aasta jaanuaris jõudis hr. Lynn peale viieaastast igapäevast *kriija jooga* praktiseerimist samaadhi taevaliku seisundi – Mõõtmatu Issanda Seesoleva Hiilguse nägemuseni.

„Mr. Lynni tasakaalustatud elu võib tuua inspiratsiooniks näitena kõigile inimestele," ütles Yogananda. Täites kohusetundlikult oma maise elu kohustusi, leidis hr. Lynn aega igapäevaseks sügavaks meditatsiooniks Jumalale. Edukas ärimees sai valgustunud *kriija joogiks*. (Vt lk 195, 462). Paramahansa viitas temale kui „Pühak Lynnile" ja andis talle 1951. aastal munganimeks Rajarishi Janakananda (muistse India vaimselt särava kuninga Janaka (loe: Džanaka) järgi). Tiitel *radžariši*, mis tähendab sõna-sõnalt „kuninglik riši", on tuletatud sõnadest *radža* „kuningas" ja *riši* – „suur pühak" või "tõeotsija".

PEATÜKK 27

# Ranchi joogakooli asutamine

„Miks on organisatsiooniline töö sulle vastumeelne?"
Meistri küsimus ehmatas mind veidi. On tõsi, et mu toonase veendumuse kohaselt olid organisatsioonid kõik „herilaste pesad".

„Härra, see on tänamatu töö," vastasin ma. „Ükskõik, mida liider teeb või ei tee, ikka teda kritiseeritakse."

„Kas sa tahad kogu jumaliku magusroa vaid endale jätta?" Mu guru vaimukust saatis terav pilk. „Kas sina või keegi teine saavutaks Jumalakontakti jooga abil, kui terve rida helde südamega meistreid poleks tahtnud oma teadmisi teistele üle kanda!" Ta lisas: „Jumal on Mesi, organisatsioonid on mesitarud – mõlemad on vajalikud. Iga *vorm* on muidugi ilma vaimuta kasutu, kuid miks ei alustaks sa vaimsest nektarist tulvil toimekate mesitarudega?"

Tema nõuanne liigutas mind sügavalt. Kuigi ma ei vastanud väliselt, tõusis mu rinnas järeleandmatu otsustavus: jagan neid oma guru jalge ees õpitud igavesi tõdesid kaasinimestega nii kaua, kuni see on minu võimuses. „Issand!" palusin ma, „lase Oma armastusel särada igavesti minu andumuse pühamu peale ja lase mul äratada Sinu Armastus kõigis südameis."

Ühel varasemal korral, enne kui ühinesin mungaorduga, tegi Sri Yukteswar ootamatu märkuse:

„Tahad loobuda vanaduses oma naise seltskonnast!?" ütles ta. „Kas oled minuga nõus, et perekonnainimene, kes teeb naise ja laste ülalpidamiseks tööd, mängib seetõttu Jumala silmis tasuvat rolli?"

„Härra," protesteerisin kartuses, „sa ju tead, et mu sooviks selles elus on naituda vaid Kosmilise Armastatuga."

Meister naeris selle peale nii rõõmsalt, et sain aru, et ta uuris asja lihtsalt minu usu testimiseks.

„Pea meeles," ütles ta aeglaselt, „see, kes hülgab oma maised kohustused, saab õigust, kui võtab vastutuse palju suurema perekonna ees."

Noortele mõeldud õige haridusideaal on alati olnud mulle südamelähedane. Nägin selgesti tavapäraste õpetuste nappe tulemusi – need olid

*Ranchi joogakooli asutamine*

mõeldud vaid keha ja intellekti arendamiseks. Tavapärastes õppekavades puudusid veel ikka moraalsed ja vaimsed väärtused, mille heakskiiduta ei saavuta ükski inimene õnne. Otsustasin asutada kooli, kus võiks noori poisse täielikeks meesteks arendada. Tegin oma esimese sammu selles suunas seitsme lapsega väikeses Dihika nimelises Bengali maakohas.

Aasta hiljem, 1918. aastal olin ma tänu Kasimbazari maharadža härra Manindra Chandra Nundy heldusele võimeline oma kiiresti kasvavat gruppi Ranchisse üle viima. See Biharis paiknev linn, mis asub Kalkutast umbes 320 kilomeetri kaugusel, on õnnistatud kõige tervislikuma kliimaga terves Indias. Ranchis asuv Kasimbazari palee muudeti uue kooli peakorteriks, mida ma kutsusin Yogoda Satsanga Brahmacharya Vidyalaya.[1]

Organiseerisin programmi nii alg- kui keskkooli klassidele. See sisaldas põllumajandus-, tööstus- ja äriteemalisi ning akadeemilisi õppeaineid. Järgides rišide haridusideaale (kelle metsa aašramid olid olnud muistseteks nii maise kui jumaliku õppimise asupaikadeks India noortele) korraldasin nii, et enamik tunde viidi läbi õues.

Ranchi õpilastele õpetatakse jooga meditatsiooni unikaalse tervise ja füüsilise arengu „*yogoda*" süsteemi järgi, mille aluspõhimõtted olin loonud 1916. aastal.

Mõistes, et inimkeha on nagu elektriline aku, järeldasin, et seda peaks olema võimalik laadida otsese inimtahte abil. Kuna ühtki väikest või suurt tegu ei ole võimalik korda saata ilma *tahtmata*, võib inimene tahte kui oma peamise mootori abil taastada oma väe ilma igasuguste seadmete või mehaaniliste harjutusteta. Lihtsate Yogoda tehnikate kaudu võib inimene teadlikult ja hetkega taastada oma elujõu (mis asetseb *medulla oblongatas*) piiramatust kosmilise energia varasalvest.

Ranchi poisid edenesid sel treeningul suurepäraselt, nad arendasid välja ebatavalise võime nihutada eluenergiat ühest kehaosast teise ja püsisid keerukaid kehaasendeid võttes *aasanates*[2] täielikus tasakaalus.

---

[1] *Vidyalaya* ehk kool. Brahmacharya viitab siin ühele neljast veedalise inimelu plaani etapist, mis koosneb: (1) tsölibaadis õpilasest (*brahmatšaarist*), (2) maiste kohustustega peretoitjast (*grihasthast*), (3) erakust (*vanaprasthast*) ja (4) kõigist maistest muredest vabast metsaasukast või müstikust (*sannjaasist*). Kuigi sel eeskujul ei ole tänases Indias laialdast järgijaskonda, köidab see ideaalne skeem ikka veel paljusid pühendunud järgijaid. Nelja etappi viiakse religioosselt ellu guru eluaegse juhenduse all.

Rohkem teavet Ranchis asuva Yogoda Satsanga kooli kohta saate 40. peatükist.

[2] Peegeldades lääns kasvavat huvi kehaliste jooga asendite (*aasanate*) vastu, on sel teemal ilmunud terve rida illustreeritud raamatuid.

## Joogi autobiograafia

Nad sooritasid osavaid jõu ja vastupidavuse numbreid, mida paljud täiskasvanudki pole võimelised järgi tegema.

Minu noorem vend Bishnu Charan Ghosh ühines samuti Ranchi kooliga, hiljem sai temast väljapaistev kehakultuurlane. Tema ja üks ta õpilastest reisisid läände, kus nad näitasid etendustel oma jõudu ja osavust. Professorid Columbia Ülikoolis New Yorgis ja ka paljudes teistes Ameerika ja Euroopa ülikoolides olid hämmingus, nähes mil moel võib mõistuse jõud valitseda keha.[3]

Esimese õppeaasta lõpul tõusis sisseastumisavalduste arv kahe tuhandeni. Kool, mis tegutses sel ajal ainult koos internaadiga, mahutas vaid sadakond õpilast. Peagi lisandus päevane õpe.

*Vidyalayas* pidin ma väikestele lastele olema nii ema kui isa eest ja tulema toime paljude organisatsiooniliste raskustega. Tihti meenusid mulle Kristuse sõnad: „Tõesti, ma ütlen teile, ei ole kedagi, kes on maha jätnud maja või vennad või õed või ema või isa või lapsed või põllud minu pärast ja evangeeliumi pärast ega saaks vastu nüüd, selsamal ajal sajavõrra maju ja vendi ja õdesid ja emasid ja lapsi ja põlde tagakiusamise kestelgi, ning tuleval ajastul igavest elu."[4]

Sri Yukteswar tõlgendas neid sõnu: „Pühendunu, kes läbib abielu ja perekonna elukogemused ja vahetab väikese majapidamise probleemid ja piiratud tegevused avarama ühiskonna teenimise vastutuse vastu, võtab endale ülesande, mida tihti saadab mõistmatu maailma tagakiusamine, aga ka sisemine jumalik rahulolu."

Ühel päeval saabus mu isa Ranchi mulle vanemlikku õnnistust andma. Ta oli sellega kaua viivitanud, sest olin talle haiget teinud, keeldudes tema pakutud kohast *Bengal-Nagpur Railways*.

„Poeg," ütles ta, „nüüd olen ma leppinud sinu valikuga elus. Sinu nägemine nende õnnelike, innukate noorte seas teeb mulle rõõmu – sa kuulud pigem siia, kui raudtee sõiduplaanide elutute numbrite hulka." Ta lehvitas tosinast väiksest koosnevale grupile, kes mu selja taga peitust mängisid. „Mul oli ainult kaheksa last," pilgutas ta silma, „kuid ma elan sulle kaasa!"

Meie käsutuses oli kakskümmend viis aakrit haritavat maad ning me nautisime seda kõike – õpilased, õpetajad ja mina, kes me selles ideaalses ümbruskonnas igapäevasele aiaharimisele ja õppetööle

---

[3] Bhishnu Charan Ghosh lahkus siit ilmast 9. juulil 1970 Kalkutas *(kirjastaja märkus)*.
[4] Markuse 10:29-30.

*Ranchi joogakooli asutamine*

keskendusime. Meil oli palju koduloomi, kaasa arvatud noor hirv, keda lapsed jumaldasid. Minagi armastasin seda väikest lömitajat nii väga, et lubasin tal magada oma toas. Koidikul komberdas väike olevus mu voodi juurde hommikust hellitust saama.

Ühel päeval toitsin loomakest varem kui tavaliselt, kuna pidin mingi asjatoimetuse pärast linna sõitma. Hoiatasin poisse, et nad teda enne mu tagasitulekut ei toidaks. Üks noormees ei kuulanud sõna ja andis hirvetallele suure koguse piima. Kui ma õhtul tagasi tulin, ootas mind kurb uudis: „Väike lömitaja oli ületoitmise tõttu peaaegu surnud."

Olles ise pisarates, võtsin ma väliselt elutu loomakese sülle. Palvetasin härdasti Jumala poole, et Ta säästaks looma elu. Mõned tunnid hiljem avas väike olevus silmad, tõusis püsti ja komberdas hädavaevu. Terve kool rõkkas rõõmust.

Kuid samal ööl tuli mulle sügav õppetund – see, mida ma kunagi ei unusta. Istusin loomakesega üleval kuni kella kaheni öösel, siis jäin magama. Hirveke ilmus mulle unes ja rääkis minuga:

„Sa hoiad mind tagasi. Palun lase mul minna, lase mul minna!"

„Hästi," vastasin ma unes talle.

Ärkasin kohe ja karjusin: „Poisid, hirv on suremas!" Lapsed tormasid mu kõrvale.

Jooksin toa nurka, kuhu ma loomakese olin pannud. Ta tegi pingutuse, et tõusta, kuid siis kukkus surnult mu jalge ette.

Vastavalt loomade saatust juhtivale ja reguleerivale karjakarmale, oli hirve elu otsas ja ta oli valmis liikuma edasi kõrgemasse vormi. Kuid sügava kiindumuse tõttu, mis, nagu ma hiljem aru sain, oli isekas, ja tänu oma tulihingelistele palvetele, olin ma olnud võimeline teda kinni hoidma loomse vormi piirangutes, millest hing püüdis välja rabeleda. Hirve hing palus mind unes, sest ilma minu armastava loata ei oleks ta saanud ega võinud minna. Niipea kui ma nõustusin, ta lahkus.

Kogu kurbus lahkus minust – mõistsin uuesti, et Jumal tahab, et Tema lapsed armastaksid kõike ja kõiki kui osakest Temast ja ei tunneks ekslikult, et surm on kõige lõpp. Ignorantne inimene näeb surmas vaid ületamatut müüri, mis peidab näiliselt igavesti tema kalleid sõpru. Kuid kiindumatu inimene, kes armastab teisi Jumala väljendustena, mõistab, et surma järel pöördusid kallimad vaid hingetõmbeajaks tagasi Temas olemise rõõmu.

Ranchi kool kasvas väikesest ja lihtsast algatusest tänaseks Biharis ja Bengalis hästi tuntud asutuseks. Kooli osakondi toetavad vabatahtlike annetustega need, kes rõõmustavad rišide haridusike ideaalide põlistamise üle. Õitsvaid harukoole on asutatud Midnapores ja Lakshmanpuris.

Ranchi peakorter peab ülal meditsiiniosakonda, kus kohalikele vaestele antakse tasuta ravimeid ja arstiabi. Aastas saab seal abi enam kui 18 000 inimest. *Vidyalaya* on oma jälje jätnud India võistlusspordi ja haridusvaldkonda, kus Ranchi vilistlased on endale hilisemas kõrgkoolipõlves nime teinud.

Ranchi kooli on viimasel kolmekümnel aastal austanud oma külastusega paljud silmapaistvad inimesed idast ja läänest. Benarese „kahe kehaga pühak" svaami Pranabananda tuli Ranchisse paariks päevaks 1918. aastal. Vaadates täiuslikke, puude vilus toimuvaid koolitunde ja nähes õhtul noori poisse liikumatult tundide kaupa jooga meditatsioonis istumas, oli suur meister sügavalt liigutatud.

„Rõõm tuleb mu südamesse," ütles ta, „kui näen siinses asutuses Lahiri Mahasaya noorte õpetamise ideaalide elluviimist. Olgu sel mu guru õnnistused."

Minu kõrval istuv noormees söandas suurele joogile küsimuse esitada: „Härra," ütles ta, „kas ma saan mungaks? Kas mu elu on ainult Jumalale pühendatud?"

Kuigi Svaami Pranabananda naeratas õrnalt, tungisid tema silmad tulevikku.

„Laps," vastas ta, „kui sa suureks kasvad, siis ootab sind kaunis pruut." Poiss abielluski lõpuks, olles aastaid plaaninud liituda Svaami Orduga.

Varsti pärast svaami Pranabananda külastust läksin koos isaga Kalkutas asuvasse majja, kus joogi ajutiselt peatus. Pranabananda ennustus, mille ta mulle palju aastaid varem lausus, tuli mulle hetkega meelde: „Ma kohtun sinu ja su isaga hiljem."

Kui isa sisenes Svaami tuppa, tõusis suur joogi oma istmelt ja embas mu vanemat armastava aupaklikkusega.

„Bhagabati," ütles ta, „mida sa enda hüvanguks oled teinud? Kas sa ei näe, kuidas su poeg Mõõtmatu suunas ratsutab?" Punastasin seda kiitust isa ees kuuldes. Svaami jätkas: „Kas sa mäletad, kui tihti meie õnnistatud guru tavatses öelda: *„Banat, banat, ban yai."*[5] Seega, jätka väsimatult *kriija joogat* ja jõua kiiresti taevaste väravateni."

---

[5] Üks Lahiri Mahasaya lemmikmärkusi, millega ta julgustas oma õpilasi meditatsioonis kindlaks jääma. Tõlkes tähendab see otse: „Tehakse, tehakse, ühel päeval on tehtud." Seda mõtet võib vabalt tõlkida kui: „Püüelge, püüelge ja ühel päeval, ennäe, Jumalik Eesmärk on käes."

Pranabananda keha, mis paistis nii terve ja tugev mu esimese hämmastava Benarese külaskäigu ajal, näitas nüüd kindlaid vananemise tunnuseid, kuigi tema kehahoiak oli ikka veel imetlusväärselt sirge.

„Svamiji," uurisin mina, vaadates talle otse silma sisse, „palun ütle mulle tõtt: kas sa tunned vanaduse lähenemist? Kui keha nõrgeneb, kas siis sinu Jumala tajumus ei kannata mingisugust kahanemist?"

Ta naeratas ingellikult: „Armastatu on minuga nüüd palju enam kui iial varem." Tema täielik veendumus haaras mu mõistuse ja hinge endasse. Ta jätkas: „Ma naudin ikka veel kahte pensionit – üht maiselt Bhagabatilt ja teist ülevalt." Osutades oma sõrmega taeva poole, langes pühak ekstaasi, tema nägu lõi jumalikust hiilguses särama. See oli mu küsimusele küllaldane vastus!

Märgates, et Pranabananda toas on palju taimi ja seemnepakke, küsisin nende otstarvet.

„Lahkusin jäädavalt Benaresest," ütles ta, „ja olen nüüd teel Himaalajasse. Seal avan ma oma järgijaile aašrami. Neist seemnetest tulevad spinat ja veel mõned teised aedviljad. Mu armsad elavad seal lihtsalt, veetes oma aega õndsas ühtsuses Jumalaga. Midagi muud ei ole vaja."

Isa küsis oma kaasjärgijalt, millal too Kalkutasse tagasi tuleb.

„Ei iial enam," vastas pühak. „See on aasta, mil ma Lahiri Mahasaya ütluse järgi lahkun armastatud Benaresest igaveseks ja lähen Himaalajasse, et seal eneselt surelik raam heita."

Minu silmad täitusid tema sõnade peale pisaratega, kuid svaami naeratas endassesüüvinult. Ta meenutas mulle väikest taevalikku last, istumas turvaliselt Jumaliku Ema süles. Aastate koorem ei määra suure joogi ülimate vaimsete vägede täielikku omandamist. Ta on võimeline uuendama oma keha tahtega. Ja siiski, vahetevahel ei hooli ta vananemisprotsessi pärssimisest, vaid lubab karmal end füüsiliselt läbi põletada, kasutades oma vana keha aegasäästva masinana, et välistada vajadus põletada karmat veel järgmiseski kehastuses.

Hiljem kohtasin vana sõpra Sanandanit, kes oli üks Pranabananda lähedastest järgijatest.

„Mu jumaldatud guru on läinud," ütles ta nuuksudes. „Ta asutas Rishikeshi lähistel aašrami ja juhendas meid armastusega. Kui me olime juba päris hästi end seal sisse seadnud ja edenesime kiiresti tema seltskonnas, tegi ta ühel päeval ettepaneku toita suurt rahvahulka Rishikeshist. Uurisin, et miks ta vajab sellist suurt rahvahulka.

*Joogi autobiograafia*

„See on mu viimane pidulik tseremoonia," ütles ta. Ma ei mõistnud tema sõnadesse peidetud tagamõtet.

Pranabanandaji aitas valmistada suure koguse toitu. Toitsime umbes 2000 külalist. Pärast pidusööki istus ta kõrgele platvormile ja esitas inspireeritud jutluse Mõõtmatu teemal. Lõpus, tuhandete pilgu all, pöördus ta minu poole, kuna ma istusin tema kõrval poodiumil, ja ütles ebatavalise väega: „Sanandan, ole valmis, ma löön endalt raami."[6]

Jäänud vaikides oimetuks, karjatasin ma valjusti: „Meister, ära tee seda! Palun, palun, ära tee seda!" Rahvamass oli keeletu, vaadates meid uudishimulikult. Mu guru naeratas mulle, kuid tema silmad olid juba kinnistunud Igavikule.

„Ära ole isekas," ütles ta, „ega ära kurvasta minu pärast. Ma olen teid kõiki kaua rõõmsalt teeninud, rõõmustage nüüd ja soovige mulle jumalikku kiirust. Ma lähen kohtuma oma Kosmilise Armastatuga." Sosinal lisas Pranabanandaji veel: „Ma kehastun varsti uuesti. Pärast lühikest Mõõtmatu Õndsuse perioodi[7] nautimist, pöördun ma uuesti Maa peale tagasi ja ühinen Babadžiga. Üsna varsti saad sa teada, kus ja millal mu hing uues kehas asub."

Ta karjus uuesti: „Sanandan, löön endalt raami teise *kriija jooga* juures."[8]

Ta vaatas nägude merd meie ees ja õnnistas kõiki. Pöörates oma pilgu sissepoole vaimse silma suunas, muutus ta liikumatuks. Kui hämmingus olev rahvahulk mõtles, et ta mediteerib ekstaatilises seisundis, oli ta juba ihulisest pühamust lahkunud ja sukeldunud oma hingega kosmilisse avarusse. Järgijad puudutasid tema keha, mis istus lootoseasendis, kuid see polnud enam soe. Vaid jäigastunud raam oli jäänud – asukas oli pagenud suremathe kallastele.

---

[6] See tähendab: kehast lahkuma.

[7] Lahiri Mahasaya praegu veel elav guru (vt peatükki 33).

[8] Tegelik Pranabananda kasutatud tehnika on teada *kriija jooga* kõrgema initsiatsiooni saanud pühendunutele kui *kriija jooga* kolmas initsiatsioon. Joogaavataara Lahiri Mahasaya andis Pranabanandale teise *kriija*. See *kriija* võimaldab selle omandanud pühendunul lahkuda kehast ja tulla sellesse teadlikult tagasi igal ajal. Arenenud joogid kasutavad seda *kriija* tehnikat oma surma korral – teades seda hetke juba ette.

Suured joogid käivad vaimsest silmast ehk praana liikumise „uksest" „sisse ja välja". Kristus ütles: „Mina olen uks. Kes iganes läheb sisse minu kaudu, see pääseb ja käib sisse ja välja ning leiab karjamaad. Varas (eksikujutluse *maaja*) ei tule muu pärast kui varastama ja tapma ja hukkama. Mina (Kristuse Teadvus) olen tulnud, et neil oleks elu, ja oleks seda ülirohkesti" (Johannese 10:9-10).

*Ranchi joogakooli asutamine*

YOGODA SATSANGA HARU ERAKLA
Paramahansa Yogananda asutas India Yogoda Satsanga Ühingu Ranchi erakla ja aašrami, rajades 1918. aastal sellele maaüksusele oma poistekooli. Tänapäeval teenib erakla YSS liikmeid ja levitab Paramahansa *kriija jooga* õpetusi üle terve India. Lisaks oma vaimsetele tegevustele, peab see keskus ülal mitmeid haridusasutusi ja heategevat apteeki.

Kui Sanandan oli oma kirjelduse lõpetanud, mõtlesin ma: „Kahe kehaga pühak" oli dramaatiline nii elus kui surmas!"

Uurisin, kuhu Pranabananda pidi uuesti kehastuma.

„Pean seda teavet pühitsetud usalduseks," vastas Sanandan. „Ma ei peaks seda kellelegi rääkima. Vahest leiad mõnel muul moel sellele vastuse."

Aastaid hiljem sain svaami Keshabanandalt[9] teada, et Pranabananda oli aastaid peale sündimist uues kehas läinud Badrinathi Himaalajas ja ühinenud seal suure Babadži ümber kogunenud pühakute grupiga.

---

[9] Minu kohtumist Keshabanandaga on kirjeldatud lk 395+.

PEATÜKK 28

# Uuestisündinud ja uuestileitud Kashi

„Palun ärge vette minge. Võtke kümbluseks ämbritega vett."
Pöördusin nii Ranchi õpilaste poole, kes saatsid mind kaheksamiililisel matkal naabruses asuva mäe otsa. Veekogu meie ees oli kutsuv, kuid sellega seoses tekkis mul mingi halb tunne. Grupp minu ümber järgis mu eeskuju, kastes end ämbrist, kuid mõned noormehed andsid kiusatusele järele ja astusid külma vette. Nii pea kui nad sukeldusid, vingerdasid nende ümber suured veemaod. Millised karjed ja plärtsatused! Koomiliste hüpetega kargasid nad tiigist välja.

Kohale jõudes nautisime piknikulõunat. Istusin puu alla, õpilased minu ümber. Leides, et ma olen inspireerivas tujus, pommitasid nad mind küsimustega.

„Härra, palun öelge," uuris üks nooruk, „kas võin alati jääda teiega sel loobumise teel."

„Aa, ei," vastasin ma, „sind viiakse vastu sinu tahtmist koju ja hiljem sa abiellud."

Vastust uskumata protesteeris ta jõuliselt: „Mind saab koju viia vaid surnuna." (Kuid paari kuu pärast tulid ta vanemad talle järele, et teda koju viia – vaatamata poisi pisarais vastupanule. Ja mõne aasta pärast ta abielluski.)

Peale hulgale küsimustele vastamist pöördus minu poole Kashinimeline nooruk. Ta oli umbes kaheteistkümneaastane, särav õpilane ja kõigi poolt armastatud.

„Härra," ütles ta, „milline on minu saatus?"

„Sa sured varsti." Vastus tuli üle minu huulte vastupandamatu jõuga.

See ootamatu avaldus šokeeris ja kurvastas mind sama palju kui kõiki teisi kohalolijaid. Noomisin end endamisi kui *enfant terrible'i* (kohutavat last) ja keeldusin järgnevatele küsimustele vastamast.

Kui olime tagasi koolis, tuli Kashi mu tuppa.

„Kui ma suren, kas sa otsid siis mind üles ja tood uuesti vaimsele teele?" nuuksus ta.

*Uuestisündinud ja uuestileitud Kashi*

Tundsin, et ma olen sunnitud sellest raskest okultsest vastutusest loobuma. Kuid Kashi käis mulle sellest ajast nädalaid jonnakalt peale. Nähes teda kuni murdumiseni paanikas olevat, lohutasin ma teda viimaks.

„Jah," lubasin ma. „Kui Taevane Isa aitab, siis ma püüan sind üles leida."

Suvevaheajal võtsin ette lühikese reisi. Kahetsedes, et ei saanud Kashit kaasa võtta, kutsusin ta enne lahkumist oma tuppa ja manitsesin, et ta püsiks hoolikalt kooli vaimsetes võngetes ega võtaks kuulda mistahes vastupidist veenmist. Tundsin kuidagi, et kui ta koju ei lähe, siis võib ta ähvardavat õnnetust vältida.

Nii pea kui ma lahkusin, saabus Ranchisse Kashi isa. Viisteist päeva püüdis ta oma poja tahet murda, seletades, et Kashil oleks vaja sõita Kalkutasse vaid neljaks päevaks oma ema vaatama, siis võiks ta tagasi tulla. Kashi keeldus visalt. Isa ütles viimaks, et viib poisi politsei abiga minema. Ähvardus häiris Kashit, ta ei tahtnud kooli skandaali segada. Ta ei näinud muud võimalust kui minna.

Saabusin Ranchisse paar päeva hiljem. Kui kuulsin, kuidas Kashi minema viidi, läksin kohemaid Kalkutasse sõitvale rongile. Seal võtsin kaariku. Üllatuslikult – kui sõiduk sõitis üle Gangest ületava Howrah silla, siis nägin esimeste inimestena Kashi isa ja teisi sugulasi leinariietes. Hüüdes voorimehele, et ta peataks, tormasin välja ja jõllitasin õnnetule isale otsa.

„Härra Mõrvar," karjusin ma põhjendamatult, „te tapsite minu poisi!"

Isa oli juba mõistnud seda halba, mis ta oli Kashit jõuga Kalkutasse tuues teinud. Paar päeva oli poiss olnud seal, söönud saastatud toitu, nakatunud koolerasse ja lahkunud siit ilmast.

Minu armastus Kashi vastu ning lubadus ta peale surma üles leida jälitasid mind kummitusena ööl kui päeval. Kuhu ka iganes ma ei läinud, tema nägu kerkis alati minu silme ette. Alustasin tema tagaotsimist sarnaselt nagu olin kaua aega tagasi otsinud oma kadunud ema.

Tundsin, et nii palju kui Jumal mulle mõistust oli andnud, pean ma seda kasutama ja oma võimed kuni äärmuseni maksma pannes avastama õhkpeened seadused, mille põhjal saaksin teada poisi astraalsest asupaigast. Ta oli täitumata soovidega hing, tajusin ma, valguse hulk, mis hõljus kusagil astraalsuses keset miljoneid helendavaid hingi. Kuidas võiks ma temale häälestuda nii paljude teiste pulseerivate valgushingede keskel?

## Joogi autobiograafia

Kasutades salajast joogatehnikat, edastasin ma oma armastuse Kashi hingele vaimse silma (kulmude vahel oleva seesmise punkti) mikrofoni kaudu[1]. Tundsin intuitiivselt, et Kashi pöördub varsti Maale tagasi ja et kui ma talle oma kutset väsimatult edastan, siis tema hing ka vastab. Teadsin, et vähimagi impulsi, mille Kashi saadab, tunnen ma ära oma sõrmede, käte ja selja närvidega.

Kasutades antennidena oma ülestõstetud käsi, pöörlesin tihti ringiratast, püüdes avastada tema asukoha suunda, kus ta minu veendumuse kohaselt oli juba lootena taaskehastunud. Lootsin saada temalt vastuse oma südame keskendunud-häälestunud „raadio" kaudu.

Katkematu innuga viljelesin seda jooga meetodit umbes kuus kuud peale Kashi surma.

Jalutades paari sõbraga ühel hommikul rahvarohkes Kalkuta Bowbazari piirkonnas, tõstsin oma käed tavapäraselt üles. Esimest korda tundsin ma vastust. Olin elevil, tajudes oma peopesi ja sõrmi mööda alla liikuvaid impulsse. Need voolud tõlkisid end minu teadvuse sügavas põhjas ühte valdavasse mõttesse: „Ma olen Kashi, ma olen Kashi – tule mu juurde!"

Keskendudes südame raadiole, muutus see mõte peaaegu kuuldavaks. Iseloomulikul, veidi kähedal[2] sosinal, kuulsin tema kutseid uuesti ja uuesti. Haarasin ühe oma kaaslase Prokaš Dasi käest ja naeratasin talle rõõmsalt: „Näib, et ma sain Kashi jälile!"

Hakkasin oma sõprade ja mööduva rahvahulga ilmselgeks hämminguks pöörlema, keerutades end ringi, aina ja uuesti. Elektriimpulsid surisesid läbi mu sõrmede ainult siis, kui ma olin näoga naabruses asuva asjakohase nimega „Mao tee" suunas. Astraalsed voolud kadusid, kui pöördusin teistesse suundadesse.

„Aa," hüüatasin ma, „Kashi hing peab elama mõne ema üsas, kelle kodu on selles tänavas."

Minu kaaslased ja mina lähenesime Mao tänavale, võnked mu ülestõstetud kätes muutusid üha tugevamaks. Justkui magnetiga tõmmati

---

[1] Kulmudevahelisest punktist väljapoole suunatud tahe on mõtte eetrisse suunamise aparaat. Südames rahulikult keskendunud inimese tunne või emotsionaalne vägi võimaldab tahtel toimida mentaalse raadiona, mis *võtab vastu* teiste kaugel- või lähedalolevate isikute sõnumeid. Ühe inimese mõtete ülipeened võnked kantakse telepaatiliselt läbi astraalse eetri peene võnkumise ja seejärel läbi jämedama maise eetri – luues nii elektrilaineid, mis omakorda muudavad end mõttelaineteks teise inimese mõistuses.

[2] Iga hing on oma puhtas seisundis kõiketeadev. Kashi hing mäletas kõiki poisi kehastuse iseloomujooni ja imiteeris tema kähisevat häält, et mu tähelepanu äratada.

*Uuestisündinud ja uuestileitud Kashi*

KASHI
Ranchi kooli õpilane

mind tee paremale poolele. Jõudes ühe maja peaukse juurde, olin rabatud, sest avastasin end paigalenaelutatuna. Kõrge erutuse seisundis koputasin hinge kinni pidades uksele. Tundsin, et mu pikale, vaevarikkale ja kindlasti enneolematule otsingule on saabunud edukas lõpp.

Ukse avas teener, kes ütles mulle, et tema isand on kodus. Peremees laskus teiselt korruselt ja naeratas mulle uurivalt. Ma ei teadnud, kuis peaksin sõnastama oma asjakohase ja samas ka asjakohatu küsimuse.

„Härra, palun öelge mulle, kas teie ja teie naine ootate last, kes peaks sündima umbes kuue kuu pärast?"[3]

---

[3] Kuigi paljud inimesed jäävad peale surma astraalsesse maailma 500 või 1000 aastaks, ei ole kehastumiste vahel oleva aja pikkuse jaoks olemas muutumatut reeglistikku (vaata 43. peatükki). Inimese eluiga nii füüsilises kui ka astraalses maailmas on karmaliselt ette määratud.

Surm ja ka uni ehk „väike surm", on sureliku vajadused, mis vabastavad valgustamata inimolevuse ajutiselt meelte kammitsaist. Inimese põhiolemuslikuks tuumaks on Vaim – ta saab magades ja surres teatud elustavaid meeldetuletusi oma mittemateriaalselt olemuselt.

Hindu pühakirjades lahti seletatud tasakaalustav karma seadus on põhjuse ja tagajärje, teo ja vastumõju, külvamise ja lõikamise seadus. Loomuliku õigluse (*rita*) järgi muutub iga inimene oma mõtete ja tegude läbi oma saatuse kujundajaks. Kõik tema poolt targalt või rumalalt

„Jah, see on nii." Nähes, et ma olin svaami, loobuja, kes oli riietatud traditsioonilisse oranži kangasse, lisas ta viisakalt: „Palun öelge, kuidas te neid asju teate?"

Kui ta kuulis Kashist ja minu antud lubadusest, jäi hämmastunud mees mu lugu uskuma.

„Teile sünnib heleda jumega poisslaps," ütlesin talle. „Tal on lai nägu ning juuksetutt otsaesise ülemises osas. Ta saab olema märkimisväärselt vaimsete kalduvustega." Tundsin kindlalt, et tulevasel lapsel on need Kashi tundemärgid.

Hiljem külastasin ma last, kelle vanemad olid andnud talle tema eelmise nime – Kashi. Isegi oma imikueas oli ta minu kalli Ranchi õpilasega rabavalt sarnane. Laps näitas minu suhtes üles kohest kiindumust – mineviku külgetõmme ärkas kahekordse tugevusega.

Aastaid hiljem, minu Ameerikas viibimise ajal, kirjutas see teismeline poiss mulle kirja. Ta rääkis selles sügavast janunemisest loobuja tee järgi. Suunasin ta Himaalaja meistri juurde, kes võttis taassündinud Kashi enda õpilaseks.

---

liikuma pandud universaalsed energiad peavad pöörduma tagasi algpunkti nagu lõpetaks ring end ise oma otsusekindluses. „Maailm paistab nagu matemaatiline algebravõrrand, pööra teda kuidas tahad, ikka tasakaalustab see ennast ise. Iga saladus tuleb välja, iga kuritegu saab karistuse, iga voorus tasu, iga vale tegu ümber kujundatud – vaikuses ja kindlalt." – *Emerson*, „*Kompensatsioon*". Elu tasakaalustamatuse aluseks oleva karma kui õigluse seaduse mõistmine, vabastab inimmõistuse kibestumisest Jumala ja inimeste vastu.

PEATÜKK 29

# Võrdleme Rabindranath Tagorega koole

„Rabindranath Tagore õpetas meid loomuliku eneseväljendusena lindude moodi laulma," seletas mulle Bhola Nath, särav neljateistaastane noormees minu Ranchi koolist, kui olin talle ühel hommikul tema meloodiliste viisikatkendite peale komplimendi teinud. Põhjusega või ilma siristas poiss oma meloodilist helijuppi ikka ühtmoodi. Eelnevalt oli ta käinud kuulsas Bolpuris asuvas Tagore Santiniketani koolis (Rahu pelgupaik).

„Rabindranathi laulud on mu huultel olnud varasest noorusest alates," ütlesin ma oma kaaslasele. „Kõik bengalid, isegi kirjaoskamatu talurahvas, naudib nende ülevate värsside laulmist."

Bhola ja mina laulsime koos mõningaid refrääne Tagorelt, kes on muusikale seadnud tuhandeid India luuletusi, mõningad neist tema enda loodud ja teised igivanast minevikust.

„Kohtusin Rabindranathiga üsna varsti peale seda, kui ta sai Nobeli kirjanduspreemia," märkisin mina peale meie laulmist. „Mind tõmbas teda külastama, sest imetlesin tema ebadiplomaatlikku julgust kirjanduskriitikutest lahtisaamisel," itsitasin.

Bhola tundis loo vastu uudishimu.

„Õpetlased nülgisid teda tõsiselt bengali luulesse uue stiili toomise eest," alustasin ma. „Ta segas ühte argikeele ja klassikalise keele väljendeid, eirates kõiki õpetlaste südameile kalleid ettekirjutatud piiranguid. Tema laulud kehastavad emotsionaalselt veetleval viisil sügavaid filosoofilisi tõdesid, pidades vähe lugu tavapärastest kirjanduslikest vormidest.

Üks mõjukas kriitik viitas halvustavalt Rabindranathile kui „tuvipoeedile, kes müüs oma kudrutamist trükki ruupia eest". Sellele järgnes peatselt Tagore kättemaks: kogu läänemaailm ülistas teda ta jalge ees peale seda, kui ta oma *„Gitanjali"* („Lauluohverdused") inglise keelde oli tõlkinud. Rongitäied õpetlasi, kaasa arvatud tema kunagised kriitikud, sõitsid Santiniketanisse oma õnnitlusi edastama.

# Joogi autobiograafia

Rabindranath võttis oma külalised vastu alles peale tahtlikult pikka venitamist ja kuulas siis nende kiidulaulu stoilise rahuga. Lõpuks pöördus ta nende vastu nende endi tavapärase kriitikaga.

„Härrased," ütles ta, „need lõhnavad auavaldused on kokkusobimatult segunenud teie mineviku solvamiste roiskunud haisuga. Kas on mingi võimalus, et minu Nobeli preemia ja teie ootamatult ilmnenud lugupidamise väe vahel on mingi side? Ma olen ikka veel sama poeet, kes teid pahandas, kui ma esimest korda ohverdasin oma alandlikke lilli Bengalimaa pühamus."

Ajalehed avaldasid kirjatüki Tagore julgest karistusest. Imetlesin väljaöeldud sõnu, mis pärinesid mehelt, keda kiidulaul ei hüpnotiseerinud," jätkasin ma oma lugu. „Mind tutvustas Rabindranathiga tema Kalkuta sekretär härra C. F. Andrews,[1] kes oli lihtsalt riietatud bengali *dhotisse*. Ta viitas Tagorele armastavalt kui oma *gurudevale*.

Rabindranath võttis mind vastu kombekohaselt. Temast kiirgas ilu, kultuursuse ja õukondlikkuse pehmendavat aurat. Vastates mu küsimusele tema kirjandusliku tausta kohta, ütles ta mulle, et teda on peamiselt mõjutanud meie religioossed eeposed ja samuti populaarse neljateistkümnenda sajandi poeedi *Vidyapati* tööd.

Inspireerituna mälestustest, hakkasin laulma Tagore versiooni vanast bengali laulust „Süüta oma armastuse lamp". Bhola ja mina skandeerisime rõõmsalt, lonkides üle *Vidyalaya* väljade.

Umbes kaks aastat peale Ranchi kooli asutamist, sain ma Rabindranathilt kutse külastada teda, et arutada Santiniketanis meie haridusideaale. Läksin rõõmsalt. Poeet istus oma kabinetis, kui ma sisse astusin. Mõtlesin siis nagu ka oma esimesel kohtumisel, et ta on täiusliku mehelikkuse rabavaks näiteks ja iga maalikunstnik võiks soovida teda kujutada. Tema kaunilt vormitud õilsalt härrasmehelikku nägu raamistasid pikad juuksed ja voogav habe. Suured sulavad silmad – ingellik naeratus ja võluv flöödiliku kõlaga hääl. Tugev, pikk ja tõsine, ühendas ta eneses peaaegu naiseliku õrnuse lapse vaimustava spontaansusega. Ükski idealiseeritud nägemus poeedist poleks leidnud sobivamat kehastust.

Tagore ja mina asusime peagi mõlemat kooli võrdlevalt uurima. Mõlemad koolid olid rajatud mittetraditsioonilisel alusel. Avastasime palju sarnaseid jooni – õues õpetamine, lihtsus, rikkalik lapse loova

---

[1] Inglise kirjanik ja publitsist, Mahatma Gandhi lähedane sõber härra Andrews on Indias austatud tema paljude teenete tõttu oma uuel kodumaal.

*Võrdleme Rabindranath Tagorega koole*

RABINDRANATH TAGORE
Inspireeritud bengali poeet ja Nobeli
kirjanduspreemia laureaat

vaimu käsitlus. Rabindranath asetas märgatava rõhu kirjanduse ja luule õppimisele, samuti eneseväljendusele muusika ja laulu abil, mida kõike olin juba Bhola puhul märganud. Santiniketani lapsed jälgisid vaikuse perioode, kuid neile ei antud mingit erilist jooga väljaõpet.

Poeet kuulas meelitava tähelepanuga minu kirjeldust virgutavatest Yogoda harjutustest ja jooga keskendumistehnikatest, mida kõigile õpilastele Ranchis õpetatakse.

Tagore rääkis mulle enda varajastest vastuhakkudest koolis. „Ma põgenesin koolist peale viiendat klassi," ütles ta, naerdes. Võisin vabalt mõista, kuidas tema sisemist poeetilist õrnust solvati kooliruumi sünge ja korrale allutatud atmosfääriga.

„Seepärast ma avasin Santiniketani varjuliste puude ja taeva hiilguse all." Ta viipas väikesele ilusas aias õppivale grupile. „Laps on oma loomulikus tegevuspaigas keset lilli ja laululinde. Vaid niiviisi saab ta oma loomuliku ande peidetud rikkust täielikult väljendada. Tõelist haridust ei tuubita ja ei pumbata kunagi väljast - pigem peab see aitama

*Joogi autobiograafia*

spontaanselt esile tuua seesoleva tarkuse mõõtmatud varandused."[2]

Ma nõustusin ja lisasin: „Tavalistes koolides nälgivad idealistliku ja kangelasi kummardavate noorte instinktid statistikas ja kronoloogilistes ajastutes."

Poeet rääkis armastusega oma isast Devendranathist, kes oli inspireerinud Santiniketani loomist.

„Isa kinkis mulle selle viljakandva maa, kuhu ta oli juba ehitanud külalistemaja ja templi," rääkis mulle Rabindranath. „Mina alustasin oma hariduseksperimenti siin 1901. aastal ainult kümne poisiga. Nobeli preemiast saadud kaheksa tuhat naela läksid kõik kooli ülalpidamiseks."

Vanem Tagore – Devendranath, kes oli laialt tuntud kui maharishi („suur tark"), oli väga silmapaistev mees nagu me tema *autobiograafiast* võime lugeda. Kaks aastat oma meheeast kulutas ta Himaalajas mediteerides. Tema isa Dwarkanath Tagore oli üle terve Bengalimaa kuulus oma heldekäeliste avalike annetuste pärast. Sellest kuulsast sugupuust on võrsunud geeniuste perekond. Mitte ainult Rabindranath. Kõik tema sugulased on silma paistnud loovas väljenduses. Tema vennad Gogonendra ja Abanindra kuuluvad India kõige kuulsamate kunstnike hulka[3]. Veel üks vend – Dwijendra, on sügava nägemisega filosoof, keda armastavad isegi linnud ja metsaloomad.

Rabindranath kutsus mind jääma ööseks külalistemajja. Oli tõesti võluv vaatepilt, näha õhtul poeeti grupiga terrassil istumas. Aeg rullus tagasi: vaatepilt minu ees oli nagu muinasaja eraklast – rõõmuküllane laulja ümbritsetuna oma järgijatest, kõik kroonitud jumaliku armastusega. Tagore kudus iga sõpruse sõlme harmoonianööriga. Olemata kunagi enesekindlalt väitev, tõmbas ja alistas ta südameid vastupandamatu magnetismiga. Haruldane poeesia õis, mis õitseb Jumala aias, tõmbas teisi ligi oma loomuliku lõhnaga!

Oma meloodilise häälega luges Rabindranath meile mõned oma hiljuti loodud kaunitest värssidest. Enamik tema õpilaste rõõmuks kirjutatud lauludest ja mängudest olid komponeeritud Santiniketanis. Tema ridade ilu seisneb minu jaoks kunstis viidata Jumalale pea igas

---

[2] „Tihti sündiv hing või nagu hindud ütlevad „reisides mööda olemise teed tuhandete sündide kaudu" ... ei ole midagi sellist, mille kohta tal ei ole juba teadmist olemas – ei ole ime, et ta on võimeline meenutama .... mida ta varem teadis ..., sest uurimine ja õppimine on kõik vaid mälestused." Emerson, *"Representative Men"*.

[3] Ka Rabindranath uuris kuuekümnendates eluaastates tõsiselt maalikunsti. Tema tööd olid mõned aastad tagasi näitustel Euroopa pealinnades ja New Yorgis.

*Võrdleme Rabindranath Tagorega koole*

salmis ja mainida harva Tema püha Nime. „Joobunud laulmise õndsusest," kirjutas ta, „ma unustan enda ja kutsun Sind, mu sõber, kes sa oled mu Issand."

Järgmise päeva pärastlõunal jätsin poeediga vastumeelselt hüvasti. Ma olen rõõmus, et see väike kool on nüüd kasvanud rahvusvaheliseks Visva Bharati[4] ülikooliks, kus paljude maade õpetlased on leidnud ideaalse tegevuspaiga.

Kus vaim on hirmuta ja pead hoitakse püsti,

> kus teadmine on vaba,
> kus maailm pole kitsaste koduseintega lõhutud kildudeks,
> kus sõnad väljuvad tõe sügavusest,
> kus väsimatu püüd sirutab käsivarred täiuslikkuse poole,
> kus mõistuse selge oja teed pole kaotanud surnud harjumuse õudsesse kõrbeliiva,
> kus vaimu Sina juhid üha avarduvasse mõttesse ja teosse –
> selle vabaduse taevasse, mu Isa, lase ärgata mu maa.[5]
>  RABINDRANATH TAGORE

---

[4] Kuigi armastatud poeet suri 1941. aastal, õitseb tema Visva Bharati õppeasutus endiselt. 1950. aasta jaanuaris külastasid kuuskümmend viis õpetajat ja õpilast Santiniketanist kümne päeva jooksul Ranchis asuvat Yogoda Satsanga kooli. Gruppi juhtis Visva Bharati kooliosakonna rektor Sri S. N. Ghosal. Külalised pakkusid Ranchi õpilastele Rabindranath Tagore kauni poeemi „Pujarini" draamaesitlusega suure naudingu.

[5] Uku Masingu tõlkes, „*Gitanjali*". Poeedi elunägemust käsitletakse teoses „*The Philosophy of Ranindranath Tagore*", mille on kirjutanud kuulus õpetlane Sir S. Radhakrishnan (Macmillan, 1918).

PEATÜKK 30

# Imede seadus

Suur kirjanik Lev Tolstoi kirjutas vaimustava rahvaliku loo „*Kolm erakut*". Tema sõber Nikolai Roerich[1] tegi sellest loost järgmise lühikokkuvõtte:

„Ühel saarel elas kord kolm vana erakut. Nad olid nii lihtsad, et ainus palve, mida nad kasutasid, kõlas nii: „Meid on kolm, Sind on Kolm – ole meile armuline!" Suured imed juhtusid selle lihtsameelse palve ajal.

Kohalik piiskop[2] kuulis kolmest erakust ja nende sobimatust palvest ning otsustas neid külastada, et õpetada kanoonilisi manamisi. Ta saabus saarele ja seletas erakutele, et nende taevane pöördumine on vääritu ning õpetas neile palju kombekaid palveid. Piiskop lahkus seejärel saarelt paadiga. Seejärel ta nägi, et paadile järgneb kiirgav valgus. Kui see tuli lähemale, eristas ta kolme, paadile järele jõuda püüdvat ja kätest kinni hoides lainetel jooksvat erakut.

"Me unustasime teie õpetatud palved," hüüdsid nad, kui olid piiskopini jõudnud, „ja kiirustasime siia, et paluda teil neid meile korrata." Aukartusega täitunud piiskop raputas oma pead.

"Armsad," vastas ta alandlikult, „jätkake elamist oma vana palvega!""

Kuidas said kolm pühakut vee peal kõndida?

Kuidas sai Kristus oma ristilöödud keha taaselustada?

Kuidas tegid Lahiri Mahasaya ja Sri Yukteswar oma imesid?

Kaasaegsel teadusel ei ole ikka veel sellele vastust, kuigi alanud aatomipommi ajastu ja radari imed on maailmamõistuse ulatust järsult avardanud. Sõna „võimatu" esineb inimese sõnavaras aina vähem.

---

[1] Tolstoil oli Mahatma Gandhiga palju sarnaseid ideaale; mõlemad mehed olid vägivallatuse teemal ühistel arusaamadel. Tolstoi arvas, et Kristuse keskses õpetuses „Ärge pange vastu inimesele, kes teile kurja teeb, vaid kui keegi lööb sulle vastu paremat põske, keera talle ka teine ette!" (Matteuse 5:39), tuleb kurjale vastata vaid selle loogilise ja efektiivse vastandi – headuse või armastusega.

[2] Jutul on ilmselt ajalooline aluspõhi: toimetaja teavitab meid, et piiskop kohtus kolme erakuga, kui ta oli purjetamas Arhangelskist Dvinaa jõe suudmes olevasse Solovetsi kloostrisse.

*Imede seadus*

Veedade pühakirjad deklareerivad, et füüsiline maailm opereerib suhtelisuse ja duaalsuse põhimõttel ehk *maaja* fundamentaalse seadusetähe all. Jumal kui ainus elu kujutab endast absoluutset ühtsust. Ta saab end loodu eriilmelistes või mitmekesistes ilmutustes avaldada üksnes võltsi ja ebareaalse katte varjus. See illusoorne dualistlik kate on *maaja*[3]. Paljud kaasaja suured teaduslikud avastused on kinnitanud seda muistsete rišide lihtsat kuulutust.

Newtoni liikumise seadus on *maaja* seadus: „Igale mõjule on alati võrdne ja vastupidise suunaga vastasmõju. Iga kahe keha vastastikused mõjutused on alati võrdsed ja vastassuunalise jõuga." Toime ja vastutoime on seega täpselt võrdsed. „Vaid ühe jõu eksisteerimine on võimatu. Alati peab olema ja on paar võrdseid ja vastupidise suunaga jõude."

Kõik looduslikud jõud reedavad *maajalikku* päritolu. Elekter on näiteks tõuke ja tõmbe ilming, kus elektriliselt on vastakuti elektronid ja prootonid. Teine näide. Aatom ehk mateeria väikseim osake sarnaneb planeet Maaga ning on positiivse ja negatiivse poolusega magnet. Kogu ilmutatud maailm allub polaarsuse raudsele mõjuvõimule. Ükski füüsika, keemia või mõne muu teaduse seadus pole kunagi vaba sisemistest vastanditest või eripäradest.

Füüsikas ei saa siis sõnastada seaduseid väljaspool illusoorsust ehk *maajat*, loomise peamist tekstuuri ja ülesehitust. Loodus ise ongi *maaja*. Loodusteadus peab asjaolude sunnil sõlmima tehingu oma paratamatu ja tegeliku olemusega, mille loomuseks on olla igavene ja ammendamatu. Tuleviku teadlased ei saa teha muud, kui vaadelda selles eripalgelise mõõtmatuse üht või teist külge. Teadus jääb seega pidevalt muutuvaks ning pole võimeline jõudma otsustavate tõdedeni. Nii sobib see sõnastama vaid olemasolevaid ja toimivaid kosmose seaduseid, ent on jõuetu avastama Seaduse Raamistajat või Ainsat Manipuleerijat. Majesteetlikud gravitatsiooni ja elektri ilmingud said kõigile tuntuiks, aga mis gravitatsioon ja elekter tegelikult on, ei tea ükski surelik.[4]

*Maaja* ületamine on ülesanne, mille määrasid inimrassile tuhandete aastate eest elanud prohvetid. Kava kohaselt oli inimese kõrgeim

---

[3] Vt lk 43, 62.
[4] Suur leiutaja Marconi tunnistas teaduse allajäämist elu määravate tõdede seletamisel: „Teaduse võimetus lahendada elu põhiküsimusi on absoluutne. See fakt oleks tõeliselt hirmutav, kui puuduks usk. Elu müsteerium on kindlasti kõige püsivam probleem, mis iial inimmõtte ette asetatud."

## Joogi autobiograafia

eesmärk tõusta kõrgemale Loodu duaalsusest ning tajuda Looja ühtsust. Need, kes klammerduvad kosmilise illusiooni külge, peavad tunnistama selle põhiomast polaarsuse seadust: tõus ja mõõn, tõusmised ja kukkumised, öö ja päev, nauding ja valu, hea ja halb, sünd ja surm. See tsükliline muster omandab teatava ängistava monotoonsuse, kui inimene on läbinud mõned tuhanded inimkehastused. Ta hakkab heitma lootusrikkaid pilke *maaja* sundustest kaugemale.

Maaja katte eemaldamiseks tuleb paljastada loomise saladus. Kes sel moel universumi paljastab, on ainus tõeline monoteist. Kõik teised kummardavad puuslikke. Kuni inimene on looduse duaalsete eksikujutluste vang, on tema jumalannaks kahenäoline *maaja* ning ta ei ole võimeline tunnetama ainsat tõelist Jumalat.

Maailma illusioon ehk *maaja* ilmutab end inimestes *avidja* ehk otsetõlkes „mitteteadmisena", ignorantsuse, eksikujutlusena. *Maajat* või *avidjat* ei saa kunagi hävitada intellektuaalse veendumuse või analüüsi teel, vaid ainult läbi sisemise *nirvikalpa samaadhi* seisundi saavutamise. Sellest teadvuse seisundist on kõnelenud Vana Testamendi prohvetid ning kõigi maade ja ajastute nägijad.

Hesekiel ütleb[5]: „Siis ta viis mind värava juurde, selle värava juurde, mis oli ida poole. Ja vaata: Iisraeli Jumala hiilgus tuli ida poolt. Selle kohin oli nagu suurte vete kohin, ja maa helendas tema auhiilgusest." Laubal (idas) oleva jumaliku silma abil purjetab joogi oma teadvuse kõikjalolemisse, kuulates OMi, ainsat loomise tegelikkust, suurte vete ehk võngete jumalikku heli.

Kosmose triljonite müsteeriumite seas on kõige fenomenaalsemaks nähtuseks valgus. Vastupidiselt helilainetele, mille edasikandumine nõuab õhku või mõnda teist materiaalset vahendajat, läbivad valguselained vabalt tähtedevahelise vaakumi. Isegi hüpoteetilise eetri, mida on *valguse laineteoorias* peetud planeetidevaheliseks valguse vahendajaks, saab kõrvale jätta, sest Einsteini väidete põhjal muudavad juba ilmaruumi geomeetrilised omadused eetri teooria mittevajalikuks. Mõlema hüpoteesi põhjal jääb valgus kõige peenemaks ning materiaalsest sõltuvusest kõige vabamaks loodusilminguks.

Einsteini gigantsetest kontseptsioonidest tõuseb esile relatiivsusteooria, kus valguse kiiruseks umbes 300 000 kilomeetrit sekundis. Teadlane tõestab matemaatiliselt, et valguse kiirus on inimese piiratud

---

[5] Hesekiel 43:1-2.

mõistuse seisukohalt ainus *püsiv* väärtus püsimatult voogavas universumis. Valguskiiruse ainsast absoluudist sõltuvad kõik inimlikud aja ja ruumi standardid. Olemata abstraktselt igavesed nagu seniajani arvati, on aeg ja ruum suhtelised ja lõplikud faktorid. Nende mõõtmiste paikapidavus toetub valguse kiiruse mõõdupuul.

Aeg ise on alistanud ajastutevanused väited ajast kui muutumatust väärtusest. Aeg on nüüd alasti oma algsel kujul – väljendades mitmekesisust! Paari algebravõrrandilise pliiatsitõmbega eemaldas Einstein kosmoselt kõik kinnistatud reaalsused peale valguse.

Oma ühtse välja teooria hilisemas arenduses otsis suur füüsik võimalust väljendada ühe matemaatilise valemiga nii gravitatsiooni- kui elektromagnetismi seaduseid. Taandades kosmose ülesehituse üheainsa seaduse erinevateks variatsioonideks, ulatub Einstein üle ajastute rišideni, kes teadustasid, et kogu loodu, ka muutlik maaja, põhineb ühel aluskoel[6].

Ajastulise tähendusega relatiivsuse teooria najal on esile kerkinud võimalused uurida aatomit matemaatiliselt. Suured teadlased tunnistavad nüüd vapralt, et aatom on pigem energia kui materia ning et aatomienergia on põhiolemuslikult teadvuseenergia.

„Aus arusaam, et füüsiline teadus tegeleb varjude maailmaga, on üks kõige silmapaistvamaid edasiminekuid," kirjutas Sir Arthur Stanley Eddington väljaandes *„The Nature of the Physical World"*[7]. „Füüsilises maailmas vaatame me tuttava eludraama varjuteatri etendust. Minu küünarnuki vari toetab laua varjule ja varjust koosnev tint voolab üle varipaberi. See on kõik sümboolne ja sümboliks füüsik selle ka jätab. Siis tuleb alkeemik Mõistus, kes kõik ära muudab. /.../ Tehes jämeda kokkuvõtte – maailma aine on teadvusaine."

Hiljutise elektronmikroskoobi leiutamisega ilmnes selge tõde aatomite põhinemisest valgusel ja looduse vältimatust duaalsusest. *The New York Times* tõi ära reportaaži 1937. aasta elektronmikroskoobi esitluselt Ameerika Teaduse Arendamise Seltsi koosviibimisel:

„Wolframi kristalliline struktuur, mida seni oli uuritud röntgenikiirte abil, seisis helendaval ekraanil selgelt väljajoonistunud kujul, näidates üheksat aatomit korrektses ruumivõre asetuses, kujutades endast

---

6 Einstein oli veendunud, et sidet elektromagnetismi seaduste ja gravitatsiooni vahel saab väljendada matemaatilise võrrandi abil (ühtse välja teooria), mille kallal ta töötas selle raamatu kirjutamise ajal. Kuigi ta ei elanud nii kaua, et oleks oma töö valmis saanud, jagavad tänapäeval paljud füüsikud Einsteini veendumust, et see side leitakse *(kirjastaja märkus)*.

7 Macmillan Company.

## Joogi autobiograafia

kuupi, kus igas nurgas ja keskel on üks aatom. Wolframi kristallivõre aatomid ilmusid ekraanile korrastatud kujul valguspunktikestena, moodustades geomeetrilise mustri. Oli võimalik jälgida kristalset valguskuubikut pommitavate õhumolekulide valgusetantsu, mis sarnaneb päikese sillerdavate laikude võbelemisele lainetaval veepinnal.

Elektronmikroskoobi tööpõhimõtte peale tulid esmakordselt 1927. aastal New York City Bell Telephone Laboratories'i teadlased dr Clinton J. Davisson ja dr Lester H. Germer, kes leidsid, et elektronil on kaks nägu: tal on nii osakeste kui laine[8] tunnusjooned. Laine omadus andis elektronile valguse omadused, mis pani alguse uuringule, et välja töötada valgust koondavate läätsedega sarnanev vahend elektronide fokuseerimiseks.

Elektroni Jekyll-Hyde'i tüüpi omaduse avastamise eest, mis tõestas, et kogu füüsilise looduse maailm omab duaalset isikupära, sai dr Davisson Nobeli preemia füüsikas.

„Teadmiste voog," kirjutas Sir James Jeans väljaandes „The Mysterious Universe", „on suundumus mittemehaanilise tegelikkuse suunas. Universum hakkab aina enam paistma pigem suure mõtte, kui suure masinana."

Kahekümnenda sajandi teadus kõlab seega nagu lehekülg igivanadest Veedadest.

Kui see peab nii olema, siis las inimene õpib teadusest seda filosoofilist tõde, et materiaalset universumit ei ole olemas, selle koelõimed on kõik *maaja*, illusioon. Kõik selle tegelikkuse miraažid on analüüsi abil lahustatavad. Kui kõik füüsilise kosmose julgustavad toed üksteise järel inimese jalge all murduvad, tajub ta aimamisi, et on kummardanud puuslikke ning on kaugel minevikus üle astunud Jumala käsust: „Teil ei pea olema teisi jumalaid peale Minu."[9]

Einstein tõestas oma kuulsas algebravõrrandis, kus ta kirjeldas massi ja energia samaväärsust, et iga materia osakese energia võrdub selle massi ehk kaalu ja valguse kiiruse ruudu korrutisega. Aatomienergia vabanemine toimub aineosakeste täieliku purustamise teel. Materia „surmast" on saanud aatomiajastu „sünd".

Valguse kiirus on matemaatiline standard või konstant mitte seepärast, et siin on absoluutne väärtus 300 000 kilomeetrit sekundis, vaid et ükski materiaalne keha, mille mass kiiruse suurenedes kasvab, ei saa kunagi saavutada valguse kiirust. Ehk teisisõnu: vaid mõõtmatu massiga materiaalne keha võib saavutada valguse kiiruse.

---

[8] See tähendab nii mateeriat kui energiat.
[9] Cambridge University Press.

*Imede seadus*

See kontseptsioon toob meid imede seaduse juurde.

Meistrid, kes on võimelised materialiseerima või dematerialiseerima oma keha või mistahes muud eset, liikuma valguse kiirusel, kasutama loovaid valguskiiri, et ilmutada hetkega mistahes füüsilist nähtust, on täitnud seadusega ette antud tingimuse: nende mass on mõõtmatu.

Täiustunud joogi teadvus ei samastu kleenukese keha, vaid kõikehõlmava struktuuriga. Gravitatsioon, kas Newtoni „jõu" või Einsteini „inertsi avaldamise" näol, ei suuda *sundida* meistrit väljendama omadust, mida nimetatakse „kaaluks", mis on kõigi materiaalsete objektide kindel gravitatsiooniline tingimus. Tema, kes ta teab end kõikjaloleva Vaimuna, ei allu enam keha jäikusele ajas ja ruumis. Nende vangistav teadvuse piiratus on lahustunud teadmiseks *„Mina olen Tema"*.

„Saagu valgus! Ja valgus sai."[10] Universumi loomisel lõi Jumala esimene käsk ainsa ülesehitava põhialuse – valguse. Selle mittemateriaalse meediumi kiirtes ilmnevad kõik jumalikud ilmutused. Iga ajastu pühendunud tunnistavad Jumala ilmutust leegi ja valgusena. „Tema silmad olid tuleleegid," räägib apostel Johannes meile, „ ... ja tema väljanägemine oli kui päike, mis särab oma võimsuses."[11]

Joogi, kes on oma teadvuse täuslikus meditatsioonis Loojaga ühte sulatanud, tajub kosmilist põhiolemust valgusena (eluenergia võngetena), tema jaoks ei erine vett või maad moodustavad valguskiired. Vabana materia-teadvusest, vabana kolmest ruumi ja ühest aja-mõõtmest, kannab meister oma valgusest keha võrdse kergusega üle või läbi maa, vee, tule ja õhu valguskiirte.

„Kui sedasi on teie silm üksainus, saab terve keha olema *valgust täis*."[12]

Pikk keskendumine vabastavale vaimsele silmale on võimaldanud joogil hävitada kõik eksikujutlused, mis on seotud materia ja tema gravitatsiooni raskusega – seetõttu näeb ta kogu universumit kui põhiolemuslikult eristamatut valgust.

„Optilised kujutised," kõneleb meile dr L. T. Troland Harvardist, „on üles ehitatud samal põhimõttel, kui tavalised pooltoonis gravüürid: see tähendab, et nad on tehtud tillukestest täpikestest või kriipsukestest, mis on liiga väiksed, et neid palja silmaga näha saaks. /.../ Silma

---

[10] I Moosese 1:3.
[11] Ilmutuse 1:14-16.
[12] Matteuse 6:22.

## Joogi autobiograafia

võrkkesta tundlikkus on nii suur, et juba vähesed õiget liiki valguse kvantkogused suudavad tekitada nägemiseaistingu."

*Imede seadust saab kasutada iga inimene, kes on mõistnud, et loomise põhiolemuseks on valgus.* Jumalik teadmine valguse ilmingutest võimaldab meistril hetkega projitseerida kõikjalolevad valguse aatomid tajutavaks ilminguks. Tegelik projitseeritud kuju, olgu see siis puu, ravim, inimkeha – oleneb joogi tahte- ja kujustamisjõust.

Öösiti siseneb inimene uneteadvusse ja põgeneb nii igapäevaselt piiravatest valedest ja egoistlikest piirangutest. Magades avaldub alati korduv mõistuse kõikvõimsuse demonstratsioon. Ennäe! Seal unes ilmutavad end ammusurnud sõbrad, kauged mandrid, elustunud stseenid lapsepõlvest.

See vaba ja unena end kõigile inimestele avaldav tingimusteta teadvus on Jumalale-häälestunud meistri mõistuse püsiv seisund. Vabana kõigist isiklikest motiividest ning rakendades Looja poolt talle antud loovat tahet, korraldab joogi ümber universumi valgusaatomid, rahuldades sel moel pühendunu iga siira palve.

„Ja Jumal ütles: „Tehkem inimesed oma näo järgi, meie sarnaseks, et nad valitseksid kalade üle meres, lindude üle taeva all, loomade üle ja kogu maa üle ja kõigi roomajate üle, kes selle maa peal roomavad.""""[13]

Sel põhjusel loodigi inimene ja kogu looming: et inimene tõuseks üles *maaja* meistrina, teades enda ülimuslikkust kosmoses.

1915. aastal, varsti pärast seda, kui olin astunud Svaami Ordusse, nägin ma imelikku nägemust. Selles oli inimteadvuse suhtelisus elavalt tuvastatav – tajusin selgelt *maaja* valusa duaalsuste taga oleva Igavese Valguse ühtsust. Nägemus laskus mu üle kui ma istusin ühel hommikul oma väikses ärklitoas Gurpari tänaval asuvas isakodus. Juba kuid oli Euroopas raevukalt möllanud Esimene maailmasõda. Mõtlesin kurvalt surma külvatud hävingust.

Kui ma mediteerides silmad sulgesin, viidi mu teadvus järsku üle lahingulaeva komandöriks oleva kapteni kehasse. Kahurite kõuekõmin rebestas õhku, kui rannapatareid ja laevakahurid laske vahetasid. Hiigelsuur mürsk tabas laeva püssirohutrümmi ja rebis mu aluse tükkideks. Hüppasin vette koos paari plahvatuses ellu jäänud madrusega. Süda rinnus tagumas, jõudsin turvaliselt kaldale. Aga siis, oh kui kahju, lõpetas juhuslik kuul oma raevuka lennu mu rinnus. Kukkusin oiates

---

[13] I Moosese 1:26.

maha. Kogu mu keha oli halvatud, kuid ma olin teadlik, et see on mul endiselt olemas, justkui ollakse teadlik oma „surnud" jalast.

„Viimaks püüdis Surma müstiline haare ka minu," mõtlesin. Koos viimase ohkega olin juba valmis uppuma teadvusetusse, kui ennäe! – avastasin end istumas lootoseasendis oma Gurpari tänava toas.

Hüsteerilised pisarad purskusid silmist ja ma lõin ning näpistasin rõõmsalt tagasisaadud omandust – keha, mille rinnas ei olnud ühtki kuulihaava. Raputasin end siia-sinna, hingates sisse ja välja, veenmaks end, et olen elus. Keset seda eneseõnnitlemist avastasin, et mu teadvus kanti uuesti verisel rannal lebava kapteni kehasse. Tundsin täielikku meeltesegadust.

„Issand," palvetasin ma, „kas ma olen surnud või elus?"

Pimestav valguse mäng täitis terve silmapiiri. Pehme kõmisev võnkumine kujundas end sõnadeks:

„Mis on elul või surmal tegemist Valgusega? Oma Valguse kuju järgi tegin ma teid. Elu ja surma suhtelisus kuulub kosmilise unenäo juurde. Vaata oma unenägudeta olemust! Ärka, mu laps, ärka!"

Juhatades inimese sammhaaval ärkamiseni, inspireerib Jumal teadlasi õigel ajal ja õiges kohas avastama Tema loomise saladust. Paljud kaasaja avastused aitavad inimestel tajuda kosmost ühe võimsa väe – jumaliku mõistuse poolt juhitud valguse – ilmingutena. Kino liikuvate piltide, raadio, televisiooni, radari, fotoelemendi kõikenägeva „elektrilise silma" ja aatomienergia imed rajanevad kõik elektromagnetilisel ilmingul – valgusel.

Kinokunst võib portreteerida ükskõik millist imet. Fotograafiale ei ole ükski muljetvaldav või imekspandav asi võimatu. Võib näha inimese läbipaistvat astraalkeha tõusmas tema füüsilisest vormist, võib käia vee peal, äratada surnuid üles, muuta asjade loomuliku kulgu või mängida peitust aja ja ruumiga. Pannes valguse kujundeid kokku nagu talle meeldib, saavutab fotograaf optilisi imesid, mis tõelise meistri jaoks on teostatavad valguskiirtega.

Kinofilmi elusad pildid illustreerivad paljusid loomisega seotud tõdesid. Kosmiline Režissöör on kirjutanud oma näitemängud ja monteerinud kokku hiiglaslikke linateoseid sajandite ekraanil. Igaviku hämarusest suunab ta oma loova valgusvihu ilmaruumi järgnevate ajastute kinolinale.

Just nagu kinofilmi kujutised paistavad reaalsetena, aga tegelikult on vaid valguse ja varju kombinatsioonid, nii on ka kõikehõlmav mitmekesisus eksitav näilisus. Planetaarsed sfäärid koos oma lugematute eluvormidega ei ole midagi muud kui kujundid kosmilises filmis.

Kujundid ilmuvad inimteadvuse ekraanile mõõtmatu loova valgusvihu abil, olles ajutiselt tõesed viie meele tajude jaoks.

Kinovaataja võib tõsta pilgu ja veenduda, et ekraanil olevad kujutised ilmuvad katkematu valgusjoa abil. Värviline kõikehõlmav draama voolab samuti välja Kosmilise Allika ainsast valgest valgusest. Kujuteldamatu nupukusega lavastab Jumal oma lastele Maal meelelahutust, tehes neist oma planetaarse teatri näitetrupi ja vaatajaskonna.

Sisenesin ühel päeval kinomajja, et vaadata ringvaadet Euroopa lahinguväljadest. Esimene maailmasõda läänes kestis ning ringvaade esitas tapatalguid sellise realismiga, et ma lahkusin kinost äreva südamega.

„Issand," palvetasin ma, „miks lubad Sa sellisel kannatusel toimuda?"

Minu pingeliseks üllatuseks, tuli mulle viivitamatu vastus nägemusena tegelikust lahinguväljast Euroopas. Võitluse õudus, täidetud surnute ja surijatega, ületas kaugelt iga ringvaate raevukuse.

„Vaata tähelepanelikult!" rääkis õrn hääl minu sisemisele teadvusele. „Sa näed, et need vaatepildid, mida praegu Prantsusmaal mängitakse, on mustvalge varjudemäng. Need kosmilised kinopildid on ühtaegu ehtsad ja ebatõesed, niisamuti kui see ringvaade, mida sa äsja nägid – näitemäng näitemängu sees."

Mu süda ei saanud ikkagi veel lohutust. Jumalik hääl jätkas: „Loomine on nii valgus kui ka vari, mõlemad, muidu ei saa olla mingit pilti. *Maaja* hea ja kuri peavad alati ülemvõimu pärast võitlema. Kui selles maailmas oleks vaid katkematu rõõm, kas siis inimene otsiks teist ja paremat? Ilma kannatuseta ta vaevu meenutaks, et ta on hüljanud oma igavese kodu. Valu tuletab talle seda meelde. Pääseda saab vaid läbi tarkuse. Surma tragöödia on ebareaalne. See, kes väriseb, on nagu ignorantne näitleja, kes sureb laval ehmatusest, kui tema pihta paukpadruniga lastakse. Minu pojad on valguse lapsed. Nad ei maga igavesti eksikujutluses."

Kuigi ma olin lugenud pühakirjadest *maaja* kohta, ei olnud need andnud mulle piisavalt sügavat arusaama, mis saabus koos personaalsete nägemuste ja neid saatvate lohutussõnadega. Inimese väärtushinnanguid muudetakse põhjani, kui ta veendub viimaks, et kogu looming ei ole midagi muud kui üks ääretu kinofilm. Ja et tema enda tegelikkus ei asu mitte selles, vaid sellest väljaspool.

*Imede seadus*

Lõpetades selle peatüki kirjutamise, istusin ma lootoseasendis oma voodile. Mu tuba[14] valgustasid ähmaselt kaks varjuga kaetud lampi. Tõstes oma pilgu, nägin, et lagi oli väikestest sinepivärvi tulukestest täpiline, mis särades vilkusid ja värelesid. Müriaadid joonistatud kiiri nagu vihmapoognaid, kogunes läbipaistvaks joaks ja langes vaikselt minu peale.

Äkitselt kaotas mu füüsiline keha oma jämeduse ja teisenes astraalseks tekstuuriks. Tundsin hõljumise aistingut. Puudutades vaevu voodit, liikus kaaluta keha kergelt vasemale ja paremale. Vaatasin toas ringi – mööbel ja seinad olid nagu tavaliselt, kuid väike valguslaik oli sedavõrd laienenud, et lagi oli muutunud nähtamatuks. Olin imestusest rabatud.

„See on kosmilise kinopildi mehhanism." Kõneles hääl valgusest. „Heites oma valgusvihu sinu voodilina valgele ekraanile, loob see pildi sinu kehast. Vaata! Su kuju ei ole midagi muud kui valgus!"

Vaatasin oma käsi ja liigutasin neid edasi-tagasi, aga ei tundnud nende raskust. Ekstaatiline rõõm haaras mind. See kosmiline valgusesammas, mis õilmitses mu kehana, tundus olevat jumalik koopia kinomehaaniku ruumist väljuvast valgusvoost ja piltidest ekraanil.

Kogesin pikka aega seda kehalist kinofilmi oma magamistoa hägusalt valgustatud teatris. Vaatamata paljudele elu jooksul ilmunud nägemustele, ei ole olnud ükski neist nii ebatavaline. Kuna mu tahke keha illusioon hajutati täielikult, süvenes mu mõistmine, et kõigi asjade põhiolemuseks on valgus. Vaatasin üles tuikava elutroonide voo suunas ja sõnasin paluvalt:

„Jumalik Valgus, palun tõmba see alandlik kehaline pilt endasse nagu Eelija tõsteti taevasse tuleleegi kaarikul."[15]

---

[14] Self-Realization Fellowshipi eraklas Encinitases Californias. *(Kirjastaja märkus).*
[15] II Kuningate raamat 2:11.

Imet peetakse tavaliselt mõistetamatuks või väljaspool füüsikaseaduseid aset leidvaks efektiks või sündmuseks. Kuid kõik sündmused meie täpselt seadistatud universumis on sündinud kosmiliste seadustega kooskõlas ja on nende alusel ka lahtiseletatavad. Suure meistri niinimetatud imevõimed on sisekosmose juhtimise printsiipide mõistmisega kaasnevad nähtused.

Mitte midagi ei saa nimetada imeks, välja arvatud üldistust, et kõik on ime. Et igaüks meist on ümbritsetud keerulise ehitusega kehaga ja asetatud Maa peale, mis pöörleb tähtede keskel läbi kosmose – kas on veel midagi tavapärasemat? Või imelisemat?

Suured prohvetid Kristus ja Lahiri Mahasaya teevad tavaliselt palju imesid. Sellistel meistritel on täita inimkonna hüvanguks laiaulatuslik ja raske vaimne missioon. Aidata hädas olijaid imede abil on ilmselt osa nende missioonist (vt lk 258). Ravimatute haiguste ja lahendamatute

*Joogi autobiograafia*

See palve pani jahmatama: valgusvoog kadus. Mu keha sai tagasi oma tavalise kaalu ja vajus voodile – pimestavate laevalguste sülem välgatas ja haihtus seejärel. Minu aeg sellelt Maalt lahkuda ei olnud veel nähtavasti saabunud.

„Pealegi," mõtlesin ma filosoofiliselt, „oleks prohvet Eelija minu avalduse peale vahest pahandanud!"

---

probleemide korral läheb vaja jumalikke volitusi. Kui ülik palus Kapernaumas Kristusel oma surevat poega terveks teha, vastas Jeesus iroonilise huumoriga: „Te usute mind ainult siis, kui näete tunnustähti ja imesid". Kuid ta lisas: „Mine, sinu poeg elab!" (Johannese 4:46-54).

Selles peatükis tõin ma ära Veedade seletuse näiva maailma aluseks oleva maagilise illusiooni väe ehk *maaja* kohta. Lääne teadus on juba avastanud, et mittemateriaalne „maagia" täidab atomaarset „mateeriat". Kuid see pole ainult loodus, vaid ka inimene (tema surelikus aspektis), kes *maajale* allub: relatiivsuse, kontrasti, duaalsuse, ümberpööratuse ja vastandlike seisundite teooria.

Ei tasu ette kujutada, et tõde *maaja* kohta mõistsid vaid rišid. Vana Testamendi prohvetid kutsusid *maajat* Saatanaks (heebrea keeles „vastane"). Kreekakeelses Vanas Testamendis kasutatakse Saatana ekvivalendina sõna *diabolos* või kurat. Saatan ehk *maaja* on kosmiline mustkunstnik, kes loob Ühe Vormitu Tõe peitmiseks vormide paljususe. Jumala plaanis ja mängus (*liilas*) on Saatana ehk *maaja* ainsaks ülesandeks eksitada inimest materia suhtes, mis on tegelikult ebareaalne.

Kristus kirjeldab *maajat* piltlikult kui kuradit, mõrvarit, valetajat. „Teie olete oma isast kuradist ning tahate teha oma isa himude järgi. Tema on mõrtsukas algusest peale, ta ei püsinud tões, sest temas ei ole tõde. Kui ta räägib valet, siis ta räägib enda oma, sest ta on valetaja ja vale isa" (Johannese 8:44).

„Kurat tegi pattu algusest alates. Seepärast ilmutati Jumala Poeg, et ta saaks kuradi tööd hävitada" (I Johannese 3:8). See tähendab, et Kristuse Teadvuse ilmutamine inimese enda olemuses hävitab pingutuseta illusioonid ehk „kuradi tööd".

*Maaja* on olemas „algusest alates" tänu tema struktuursele kohalolekule välistes maailmades. See on alati mööduvas voolus ja vastandiks Jumalikule Muutumatusele.

PEATÜKK 31

# Intervjuu Püha Emaga

„Austatud Ema, mind ristis imikuna teie prohvetist abikaasa. Ta oli minu vanemate ja minu enda guru Sri Yukestwarji guruks. Kas te seepärast annaksite mulle privileegi, et võiksin kuulata mõningaid juhtumeid teie pühast elust?"

Nii pöördusin Lahiri Mahasaya elukaaslase Srimati Kashi Moni poole. Avastades end lühiajaliselt Benaresest, täitsin oma kauase soovi ja külastasin toda auväärset daami. Ta võttis mind kombekohaselt vastu Benarese Garudeswar Mohulla piirkonnas asuvas vanas Lahiri majavalduses. Kuigi juba väga vana, õitses ta nagu lootoslill, kiirates vaikselt vaimset lõhna. Ta oli keskmist kasvu, heleda naha, nõtke kaela ja suurte säravate silmadega.

„Poeg, sa oled siin teretulnud, tule üles."

Kashi Moni juhatas mind tillukesse tuppa, kus ta koos oma abikaasaga oli vähe aega elanud. Tundsin au, nähes pühamut, kus võrreldamatu meister oli alandunud mängima inimlikku abieludraamat. Leebe daam viipas, et ma istuksin padjale tema kõrval.

„See juhtus aastaid tagasi, enne kui ma mõistsin oma abikaasa jumalikku suurust," alustas ta. „Ühel ööl nägin ma selles samas ruumis kujukat unenägu. Hiilgavad inglid hõljusid minu kohal kujuteldamatus armus. See vaatepilt oli nii tõene, et ma ärkasin kohe üles: tuba oli mähitud imelikku pimestavasse valgusse.

Minu abikaasa, istudes lootoseasendis, leviteeris toa keskel, ümbritsetuna inglitest, kes teda teenides kummardasid, peopesad väärikalt palveks kokku seatud.

Mõõtmatus hämmingus olin ma veendunud, et näen ikka veel und.

"Naine," ütles Lahiri Mahasaya, „sa ei näe und. Hülga nüüd oma uni igavikeks." Kui ta oli aegamisi põrandale laskunud, viskusin ma tema jalge ette.

"Meister," hüüdsin ma, „jälle ja jälle kummardan ma sinu ees! Kas sa annad mulle andeks, et pidasin sind oma abikaasaks? Ma suren häbist mõistes, et olen jäänud ignorantsuse unne jumalikult ärganud inimese kõrval. Sellest ööst alates ei ole sa enam mu abikaasa, vaid mu guru. Kas sa võtad minu tähtsusetu isiku enda järgijaks?"[1]

Meister puudutas mind õrnalt. „Pühitsetud hing, tõuse. Sa oled vastu võetud." Ta viipas inglite suunas. „Palun kummarda iga püha olendi ees."

Kui ma olin lõpetanud oma alandlikud kummardused, kõlasid ingellikud hääled nagu muistse pühakirja koor.

"Oo, Jumaliku abikaasa, sa oled õnnistatud. Me anname sulle au." Nad kummardasid mu jalge ette ja ennäe! Nende säravad kujud kadusid. Tuba muutus pimedamaks.

Mu guru palus mul võtta vastu initsiatsiooni *kriija joogasse*.

"Muidugi," vastasin ma. „Mul on kahju, et mul polnud seda õnnistust varasemas elus."

"Aeg ei olnud selleks küps," naeratas Lahiri Mahasaya lohutavalt. „Aitasin palju sinu karmat vaikselt läbi töötada. Nüüd sa oled täis tahtmist ja valmidust."

Ta puudutas mu otsaesist. Ilmus suur kogus pöörlevaid valguseid, kiirgus muundus järk-järgult kullas ringlevaks opaalsiniseks vaimseks silmaks, mille keskel asus valge viieharuline täht.

"Suuna oma teadvus selle tähe kaudu Mõõtmatu kuningriiki." Minu guru hääles kõlas uus noot, pehme nagu kauge muusika.

Nägemus nägemuse järel lõi nagu ookeani laine minu hinge kallastele. Panoraamsed sfäärid sulasid lõpuks õndsuse merre. Kaotasin end igavesti voogavas õnnistuses. Kui ma mitme tunni möödudes selle maailma teadvusse tagasi tulin, andis meister mulle *kriija joo*ga tehnika.

Alates sellest ööst ei maganud Lahiri Mahasaya kunagi enam minu toas. Ega maganud ta peale seda enam üldse kunagi. Ta viibis nii päeval kui öösel oma järgijate seltsis alumise korruse eestoas.

Särav daam jäi vait. Mõistes tema ja üleva joogi suhte unikaalsust, söandasin edasi küsida.

„Poeg, sa oled ahne. Vaatamata sellele, räägin ma sulle veel ühe loo," naeratas ta häbelikult. „Tunnistan üles patu, mille ma tegin oma gurust abikaasa vastu. Mõned kuud pärast initsiatsiooni saamist hakkasin end tundma hüljatuna. Ühel hommikul sisenes Lahiri Mahasaya sellesse

---

[1] „Mees vaid Jumalale, naine Jumala jaoks mehes." – *Milton*.

väiksesse tuppa, et võtta siit üht asja. Järgnesin talle kiiresti. Haaratuna vägivaldsest eksikujutlusest pöördusin tema poole salvaval toonil:

„Sa veedad kogu aja oma järgijatega. Kuidas on su kohustustega oma naise ja laste ees? Mul on kahju, et sul pole huvi meie pere jaoks rohkem raha teenida."

Meister vaatas mulle ühe silmapilgu otsa ja ennäe, oligi kadunud. Aukartuses ja ehmunud, kuulsin ma tema häält kajamas vastu igast ruumi nurgast:

"See kõik on eimiski, kas sa siis ei näe? Kuidas siis see eimiski nagu mina, saaksin sulle rikkuseid tuua?"

"Guruji," hüüdsin mina, „anun miljon korda vabandust! Minu patused silmad ei näe sind enam. Palun ilmu oma pühitsetud kujul."

"Ma olen siin." See vastus tuli minu kohalt. Vaatasin üles ja nägin meistrit materialiseerununa õhus, pea puudutamas lage. Tema silmad olid nagu pimestavad leegid. Kui ta oli vaikselt põrandale laskunud, heitsin hirmunult nuuksudes end tema jalge ette.

"Naine," ütles ta, „otsi taevalikku rikkust, mitte põlastusväärset maist karda. Peale seesmise aarde omandamist leiad, et väline varu on alati kättesaadav." Ta lisas: „Üks mu vaimsetest poegadest kannab sinu eest hoolt."

Mu guru sõnad läksid loomulikult täide – üks järgija jättis meie pere jaoks arvestatava summa.

Tänasin Kashi Monit imeliste kogemuste jagamise eest.[2] Järgmisel päeval tulin tema koju tagasi ja nautisin mitmetunnist filosoofilist arutelu Tincouri ja Ducouri Lahiriga. Need kaks suure India joogi pühalikku poega käisid eeskujuliku isa jälgedes. Mõlemad mehed olid heledad, pikka kasvu, tugevad ja kõvasti habetunud, maheda hääle ja võluva vanamoelise laadiga.

Lahiri Mahasaya naine ei olnud tema ainus naisjärgija, neid oli sadu teisigi, kaasa arvatud mu ema. Üks naisõpilastest küsis kord gurult fotot. Guru andis talle pildi, märkides: „Kui sa pead seda kaitsvaks, siis nii see ka toimib, vastasel juhul on see vaid pilt."

Paar päeva hiljem juhtusid see naine ja Lahiri Mahasaya minia uurima „Bhagavad Giitat" laua taga, mille kohal rippus guru foto. Äkitselt puhkes raevukas äikesetorm.

„Lahiri Mahasaya, kaitse meid!" Naine kummardus pildi ees. Välk

---

2 Auväärne ema lahkus Benareses 25. märtsil 1930.

## Joogi autobiograafia

lõi raamatusse, mida nad olid lugenud, kuid kaks järgijat ei saanud vigastada.

„Tundsin, justkui oleks minu ümber pandud jäine leht, kaitsmaks kõrvetava kuumuse eest," seletas õpilane.

Lahiri Mahasaya tegi kaks imet seoses Abhoya nimelise naispühendunuga. Tema ja ta Kalkuta juristist abikaasa alustasid ühel päeval guru külastamiseks reisi Benaresesse. Nende tõld hilines tiheda liikluse tõttu ja nad jõudsid Howrah peamisse raudteejaama alles siis, kui rong juba lahkudes vilistas.

Abhoya, kes oli piletikassa juures, seisis vaikselt.

„Lahiri Mahasaya, ma anun sind, peata rong!" palvetas ta vaikselt. „Ma ei suuda kannatada viivitamist ja oodata veel teisegi päeva, et sind näha."

Pruuskava rongi rattad käisid ringi, kuid ei mingit edasiliikumist. Masinist ja reisijad laskusid platvormile, et seda nähtust paremini silmitseda. Inglasest jaamavalvur tuli Abhoya ja tema abikaasa juurde. Vastupidiselt eelnenule, pakkus ta oma teenust vabatahtlikult.

„Babu," ütles ta, „anna raha minu kätte. Ma ostan teile piletid ja teie minge rongile."

Niipea kui abikaasad piletitega rongi istuma said, hakkas rong aeglaselt edasi liikuma. Paanikas ukerdasid masinist ja reisijad tagasi oma kohtadele, teadmata, kuidas rong uuesti liikuma hakkas ja miks see üldsegi kõigepealt seisma jäi.

Saabudes Lahiri Mahasaya Benarese koju, laskus Abhoya vaikselt oma meistri jalge ette maha ja püüdis tema jalgu puudutada.

„Võta end kokku, Abhoya," märkis meister. „Kuidas sa armastad mind tüüdata! Justkui ei oleks sa saanud siia järgmise rongiga tulla!"

Abhoja külastas Lahiri Mahasayat ka teisel meeldejäänud korral. Seekord tahtis ta meistri eestkostet mitte rongi, vaid toonekure osas.

„Ma palun teid, et te õnnistaks mind, et minu üheksas laps võiks elada," ütles ta. „Kaheksa beebit on mulle sündinud – kõik nad surid varsti peale sündi."

Meister naeratas kaastundlikult. „Sinu seekordne laps jääb elama. Palun järgi mu juhtnööre hoolikalt. Tüdruklaps sünnib öösel. Jälgi, et õlilamp põleks koiduni ega kustuks. Ära jää magama, lastes seeläbi lambil kustuda."

Abhoya laps oligi tütar, kes sündis keskööl, täpselt nagu kõiketeadev guru ette nägi. Ema juhendas ämmaemandat, et too hoiaks lambis piisavalt õli. Mõlemad naised valvasid hoolikalt kuni varajaste

*Intervjuu Püha Emaga*

hommikutundideni, kuid jäid lõpuks magama. Lambiõli oli peaaegu otsas ja leek võbeles hädavaevu.

Magamistoa uks läks riivist lahti ja lendas pärani metsiku pauguga. Ehmatanud naised ärkasid. Nende hämmastunud silmad nägid Lahiri Mahasayat.

„Abhoya, vaata, tuli on peaaegu kustunud!" Ta näitas lambi suunas, mida põetaja tõttas õliga täitma. Niipea kui see jälle eredalt põlema hakkas, meister haihtus. Uks läks kinni ja riiv sulgus ilma nähtava abita.

Abhoya üheksas laps jäi ellu. 1935. aastal, kui ma asja uurisin, oli ta ikka veel elus.

Üks Lahiri Mahasaya järgijatest, auväärne Kali Kumar Roy, edastas mulle palju kütkestavaid üksikasju oma elust koos meistriga.

„Olin tihti külaliseks tema Benarese kodus – nädalaid korraga," rääkis mulle Roy. „Vaatlesin, kuidas paljud pühad olendid, *dandi*[3] svaamid sinna öö vaikuses saabusid, et istuda guru jalge ees. Vahetevahel laskusid nad arutellu meditatsiooni puudutavatel ja filosoofilistel teemadel. Koidikul kõrged külalised lahkusid. Oma külaskäikude ajal avastasin, et Lahiri Mahasaya ei heitnud kordagi magama."

„Varasemal meistriga lävimise perioodil pidin võitlema oma tööandja vastuseisuga, kes oli sügaval materialismis," jätkas Roy.

„Ma ei taha oma personali hulka fanaatikuid," tegi ta põlglikke märkusi. „Kui ma kunagi peaksin kohtuma sinu šarlatanist guruga, ütlen talle mõned sõnad, mis talle igaveseks meelde jäävad."

See ähvardus ei suutnud mu tavalist programmi nurjata. Veetsin pea iga õhtu oma guru läheduses. Ühel õhtul järgnes mu tööandja mulle ja tormas toorelt salongi. Kahtlemata kavatses ta välja öelda oma lubatud märkused. Aga niipea kui ta oli istunud, pöördus Lahiri Mahasaya umbes kaheteistkümnest järgijast koosneva grupi poole.

"Kas te tahate pilti näha?"

Kui me noogutasime, siis palus ta meil ruum pimedaks teha. „Istuge üksteise taha ringi," ütles ta, „ja asetage oma käed eesistuva inimese silmadele."

Ma ei olnud üllatunud, nähes oma tööandjat järgimas meistri juhiseid, kuigi vastu tahtmist. Mõne minuti pärast küsis Lahri Mahasaya, mida me seal nägime.

---

[3] Teatud mungaordu liikmed, kes kannavad rituaalselt *dandat* (bambuskeppi) „Brahma saua" (*Brahma-danda*) sümbolina, mis kujutab piltlikult inimese lülisammast. Seitsme selgrookeskuse äratamine moodustab tõelise Mõõtmatu juurde viiva tee.

## Joogi autobiograafia

"Härra," vastasin mina, „kaunis naine ilmub. Ta kannab punasega ääristatud sari ja seisab ühe taime kõrval." Kõik teisedki järgijad andsid sama kirjelduse. Meister pöördus mu tööandja poole: „Kas sa tunned selle naise ära?"

"Jah." Mees võitles nähtavasti tema loomuse jaoks uute emotsioonidega. „Ma olen rumalalt kulutanud raha armukese peale, kuigi mul on hea naine. Mul on häbi motiivide üle, mis mind siia tõid. Kas sa andestaksid mulle ja võtaksid mind enda järgijaks?"

"Kui sa elad kuus kuud head moraalset elu, võtan ma su vastu." Meister lisas: „Kui ei, siis ei pea ma sind pühitsema."

Mu tööandja hoidus kiusatusest kolm kuud, siis taastas ta oma suhte selle naisega. Kahe kuu möödudes ta suri. Seeläbi mõistsin ma oma guru varjatud ennustust selle mehe initsieerimise võimatusest."

Lahiri Mahasayal oli kuulus sõber Trailanga svaami, kes levinud arvamuse kohaselt oli üle kolmesaja aasta vana. Kaks joogit istusid tihti mediteerides koos. Trailanga kuulsus oli nii levinud, et vaid mõned hindud söandasid eitada lugusid tema jahmatamapanevatest imedest. Kui Kristus oleks tulnud tagasi Maa peale ja oleks kõndinud oma jumalikke võimeid näidates New Yorgi tänavail, oleks see põhjustanud samasuguse elevuse nagu Trailanga kümneid aastaid tagasi Benarese rahvarikkail tänavatel kõndides. Ta oli üks neist *siddhadest* (täiustunud olenditest), kes tsementeerisid India aja erosiooni kahjustuste vastu.

Paljudel juhtudel nähti svaamit ilma mingi kahjuliku mõjuta joomas kõige surmavamaid mürke. Tuhanded inimesed, nende seas mõned, kes veel elus, on näinud Trailangat Gangese peal hõljumas. Mitmeid päevi võis ta nii vee peal istuda või olla pikka aega peidus lainete all. Tavaline vaatepilt Manikarnika ghatil oli svaami liikumatu ja halastamatule India päikesele paljastatud keha kõrvetav-kuumadel kiviplaatidel.

Nende saavutuste abil üritas Trailanga õpetada inimestele, et joogi elu ei sõltu hapnikust või normaalsetest tingimustest ja ettevaatusabinõudest. Oli ta vee kohal või vee all, oli tema keha raevukate päiksekiirte käes või mitte, alati tõestas meister, et ta elas vaid jumaliku teadvuse toel: surm ei saanud teda puudutada.

Joogi polnud suur mitte ainult vaimselt, vaid ka füüsiliselt. Tema kehakaal ületas kolmsada naela: üks nael (0,45 kg) iga eluaasta kohta! Kuna ta sõi väga harva, suurendas see müsteeriumit tema ümber veelgi. Meister eiras kergesti kõiki tavalisi tervisereegleid, kuid ta käitus nii mingil erilisel, vaid talle teada oleval vaevuhoomataval põhjusel. Suured

*Intervjuu Püha Emaga*

pühakud, kes on ärganud kosmilisest maaja-unest ja mõistnud, et see maailm on vaid Jumaliku Mõistuse idee, võivad kehaga teha, mis heaks arvavad, teades, et see on tahkeks muudetud ehk külmutatud energia manipuleeritav vorm. Kuigi füüsikateadlased mõistavad nüüd, et materia ei ole midagi muud kui hangunud energia, on täielikult valgustunud meistrid liikunud ammu teooriast praktikani.

Trailanga oli alati üleni alasti. Alistatud Benarese politsei oli nõutu ja pidas teda murelapseks. Loomulik svaami nagu Aadam Eedeni aias, oli täielikult ebateadlik oma alastusest. Politsei sai sellest küll aru, ent mõistis ta tseremoonitsemata vanglasse. Järgnes üldine piinlik olukord: Trailanga hiiglaslikku keha nähti peagi vangimaja katusel. Tema vangikong, mis oli siiani kindlalt lukus, ei andnud ühtki vihjet, kuidas see põgenemine võis toimuda.

Heidutatud seadusetäitjad täitsid veelkord oma kohust. Seekord pandi svaami kongi ette valvur. Uuesti taandus vägi korra ees. Trailangat nähti varsti ükskõikselt mööda katust lonkimas. Õigusejumalanna kannab silme ees sidet ning ülekavaldatud politseinikud otsustasid järgida tema eeskuju.

Suur joogi tavatses olla vaikuses[4]. Vaatamata oma suurele ümmargusele näole ja tünnisarnasele kõhule sõi Trailanga harva. Peale nädalaid kestnud toiduta olemist, tavatses ta lõpetada paastu pühendunute toodud potitäite hapendatud piimaga. Skeptik otsustas paljastada Trailangat kui šarlatani. Ta asetas svaami ette suure ämbri lubja-laimimahla seguga, mida kasutatakse seinte valgendamisel.

„Meister," ütles materialist teeseldud aupaklikkusega, „Tõin sulle veidi hapupiima. Palun joo see ära."

Trailanga jõi kõhklemata selle kõrvetava laimi seguga nõu tilgatumaks. Paari minuti pärast kukkus pahategija agoonias maha.

„Svaami appi, aita!" karjus ta. „Ma põlen! Andesta mu pahatahtlik proovilepanek!"

Suur joogi katkestas oma tavapärase vaikuse. „Irvhammas," ütles ta, „sa ei saanud mulle mürki pakkudes aru, et minu elu on sinu eluga üks. Kui ma poleks teadnud, et Jumal on minu kõhus nagu ka igas loomise aatomis, oleks lubi mind tapnud. Nüüd, kui sa tead bumerangi jumalikku tähendust, ära kunagi enam kellegagi selliseid trikke tee."

---

[4] Ta oli *muni*, kes järgis vaimset vaikust. Sanskriti sõna *„muni"* on sarnane kreeka sõnale *„monos"* ehk „üksik, üksinda", millest on tuletatud sellised inglise sõnad nagu *munk* ja *monism*.

Trailanga sõnadest ravitud patune hiilis hädavaevu eemale.

Valu ümberpööramine tulenes mitte meistri tahtest, vaid loomise kaugeimatki sfääri ülalhoidva õigluse seaduse[5] veatust rakendamisest. Jumalateostuse saavutanud Trailanga-sugused inimesed lasevad jumalikul seadusel viivitamatult toimida, nad on igaveseks pagendanud kõik ego luhtumist kandvad külghoovused.

Automaatne õigluse ajastamine, mis tihti ilmneb ootamatute sündmuste näol (nagu juhtus Trailanga ja tema isehakanud mõrvari puhul), leevendab meie nördimust inimliku ebaõigluse osas. „Minu päralt on kättemaks, mina tasun kätte" – nii ütleb Issand.[6] Milleks veel inimlik kättemaks? Universum peab kättemaksu osas ise salanõu.

Nürid mõistused seavad halba valgusse jumaliku õigluse, armastuse, kõiketeadmise ja surematuse võimaluse. „Õhku täis pühakirjalised oletused!" Sellised tundetud, kosmilise etenduse ees aukartuseta inimesed äratavad oma elus vastuoluliste sündmuste jada, mis lõpuks sunnib neid tarkust otsima.

Kristus viitas vaimse seaduse kõikvõimsusele, kui sisenes triumfi saatel Jerusalemma. Kui järgijad ja rahvahulgad hüüdsid rõõmust ja karjusid: „Rahu taevas ja kirkus kõrgustes," siis variserid kaebasid selle väärikust riivava vaatemängu peale. „Õpetaja," protestisid nad, „hoiata oma jüngreid."

Kuid Jeesus vastas, et kui järgijad vaigistatud saaks, siis „peaksid kivid hakkama kisendama!"[7]

Selles variseridele suunatud noomituses näitas Kristus, et jumalik õigus ei ole kujundlik üldistus. Kui ka rahus elavatel inimestel keel välja rebida, leiavad nad kõnevõime ja kaitse loomise põhimõtetes – kõikehõlmavas korras endas.

„Kas te arvate," ütles Jeesus sellega, „et saate rahus elavaid inimesi vaigistada? Või loodate te kägistada Jumala häält, kelle enda kivid laulavad Tema hiilgusest ja Tema kõikjalolemisest. Kas te nõuate, et inimesed ei austaks rahu taevas, vaid koguneks hulkadena kokku, et karjuda sõja toetuseks Maa peal? Siis valmistage ette, oo variserid, maailma aluste kukutamiseks, sest need ei ole vaid nõrgad inimesed, vaid Maa

---

[5] II Kuningate raamat 2: 19-24. Peale seda, kui Eliisa tegi imeteo „tervendavate vetega" Jeerikos, irvitas grupp lapsi tema üle. „Ja metsast tuli kaks emakaru ja rebis nelikümmend ja kaks neist lastest tükkideks."

[6] Roomlastele 12:19.

[7] Luuka 19:37-40.

*Intervjuu Püha Emaga*

Jogiini (naisjoogi) Shankari Mai Jieu, ainus Trailanga svaami elav õpilane. Siin on ta (koos kolme YSS Ranchi kooli esindajaga) 1938. aastal Haridwaris toimunud Kumbha Melal – jogiini oli siis 112 aastat vana.

enda kivid ja vesi ja tuli ja õhk, mis tõusevad teie vastu üles, olemaks tunnistajaks Tema korrastatud harmooniale."

Kristuse-sarnase joogi Trailanga arm sai kord osaks minu emapoolsele onule. Ühel hommikul nägi onu meistrit Benarese *ghatil*, ümbritsetuna rahvahulgast. Onul õnnestus teha endale Trailangani teed ja puudutada alandlikult joogi jalgu. Ta oli hämmastunud, leides, et oli hetkega vabastatud piinarikkast kroonilisest haigusest.[8]

Ainus teadaolev joogi elav järgija on naine Shankari Mai Jiew[9]. Ühe Trailanga järgija tütrena sai ta svaami õpetusest osa juba varasest

---

[8] Trailanga ja teiste suurte meistrite elud tuletavad meile meelde Jeesuse sõnu: „Ja need tunnusmärgid järgnevad neile, kes usuvad: Minu nimel (Kristuse Teadvuse) ajavad nad välja kurjasid vaime; nad kõnelevad uutes keeltes; nad korjavad üles madusid; ja kui nad joovad ükskõik, mis mürgist asja, siis ei tee see neile liiga; nad panevad oma käed haigete peale ja nood saavad terveks." – Markuse 16:17-18.

[9] Bengali versioon liitest *dži (ji)*, mis tähistab austust.

lapsepõlvest. Ta elas perioodidena nelikümmend aastat üksikutes Himaalaja koobastes Badrinathi, Kedarnathi, Amarnathi ja Pasupatinathi lähistel. *Brahmatšaarini* (naisaskeet), kes oli sündinud 1826. aastal, on nüüd kõvasti üle saja aasta vana. Väliselt vananemata, on tal säilinud mustad juuksed, säravad hambad ja hämmastav energia. Ta väljub iga paari aasta tagant eraklusest, et osaleda teatud aja tagant toimuvatel *meladel* ehk religioossetel pidustustel.

See naispühak külastas tihti Lahiri Mahasayat. Ta oli jutustanud, et ühel päeval, kui ta istus Lahiri Mahasaya kõrval Kalkuta Barrackpore linnaosas, ilmus Lahiri Mahasaya suur guru Babadži ruumi ja vestles nende mõlemaga. „Surematu meister kandis märga rõivast," tuletas naine meelde, „justkui ta oleks end äsja jões märjaks kastnud. Ta õnnistas mind mõne vaimse nõuandega."

Ühel juhul hülgas Trailanga Benareses oma tavapärase vaikimise, austades avalikult Lahiri Mahasayat. Üks Benarese järgija vaidles talle vastu.

„Härra," ütles ta, „miks teie kui svaami ja loobuja näitate perekonnainimese suhtes üles sellist austust?"

„Mu poeg," vastas Trailanga, „Lahiri Mahasaya on nagu jumalik kassipoeg, püsides seal, kuhu Kosmiline Ema ta pani. Mängides kohusetundlikult oma maise inimese rolli, on ta saanud täiusliku eneseteostuse, mille jaoks minagi oma niudevööst loobunud olen!"

PEATÜKK 32

# Raama on surnuist üles tõusnud

"Aga keegi mees oli haige, Laatsarus Betaaniast. /.../ Seda kuulnud, ütles Jeesus: „See haigus ei ole surmaks, vaid Jumala austuseks, et selle läbi austataks Jumala Poega"."[1]

Sri Yukteswar seletas ühel päikeselisel hommikul oma Serampore'i erakla rõdul kristlikke pühakirju. Peale mõnede meistri õpilaste olin kohal ka mina, kaasas väike grupp Ranchi õpilasi.

„Selles lõigus nimetab Jeesus end Jumala Pojaks. Kuigi ta oli tõesti ühendatud Jumalaga, on tema siinsel viitel sügav ebaisikuline tähendus," seletas minu guru. „Jumala Poeg on Kristus ehk inimeses olev Jumalik Teadvus. Ükski *surelik* ei saa Jumalale kiitusega au juurde lisada. Inimene ei ole suuteline austama Üldistust, mida ta ei tunne. Ainus auavaldus, mida saab inimene oma Loojale anda, on Tema otsimine. Pühakute pea ümber olev hiilgus või nimbus on sümboolseks tunnistajaks nende *võimest* ülistada Jumalat."

Sri Yukteswar jätkas, lugedes imetlusväärset lugu Laatsaruse surnust ülestõusmisest. Lõpetades laskus meister pikka vaikusse, püha raamat põlvedel.

„Minulgi oli privileeg sellist imet näha," ütles mu guru viimaks pühalikul toonil. „Lahiri Mahasaya äratas ühe minu sõbra surnuist."

Minu kõrval istuvad noormehed naeratasid huvi märgiks. Minuski oli piisavalt poisikest, et nautida mitte ainult filosoofiat, vaid iga lugu Sri Yukteswari kogemustest oma guruga, mida suutsime temalt välja meelitada.

„Mu sõber Raama ja mina olime lahutamatud," alustas meister. „Kuna ta oli häbelik ja endassetõmbunud, siis valis ta guru Lahiri Mahasaya külastamiseks kesköö või koidutunnid, kui päevane järgijate hulk oli kadunud. Kuna olin Raama lähedane sõber, usaldas ta mulle paljusid oma vaimseid kogemusi. Leidsin tema ideaalsest seltskonnast inspiratsiooni." Mu guru nägu leebus meenutustest.

---
[1] Johannese 11:1-4.

„Raama pandi järsku tõsiselt proovile," jätkas Sri Yukteswar. „Ta nakatus aasia koolerasse. Kuna meie meister ei olnud tõsiste haiguste puhul kunagi arstide vastu, siis kutsuti kohale kaks spetsialisti. Hoolitsedes palavikuliselt haigusest rabatud mehe eest, palusin ma sügaval mõttes Lahiri Mahasaya abi. Kiirustasin tema koju ja nuuksusin kogu loo välja.

„Arstid vaatavad Raamat. Ta saab terveks." Mu guru naeratas rõõmsameelselt.

Pöördusin kerge südamega oma sõbra voodi kõrvale, aga vaid selleks, et leida teda suremas.

"Ta ei pea vastu kauem kui tund või paar," ütles üks arste mulle meeleheidet väljendava žestiga. Kiirustasin uuesti Lahiri Mahasaya juurde.

"Arstid on kohusetundlikud inimesed. Olen kindel, et Raama saab terveks," lasi meister mul muretult minna.

Raama juures avastasin, et mõlemad arstid olid läinud. Üks oli jätnud sõnumi: „Me tegime oma parima, kuid tema juhtum on lootusetu."

Mu sõber nägi välja sureva mehena. Ma ei saanud aru, kuidas Lahiri Mahasaya sõnad saavad täide minna. Raama kiiresti hääbuvat elu nähes mõtlesin: „Kõik on nüüd läbi." Abistasin oma sõpra kuidas sain, viseldes samal ajal ebakindla usu ja kahtluste meres. Ta tõusis, et karjuda:

"Yukteswar, jookse meistri juurde ja ütle, et ma lahkusin. Palu, et ta enne viimast riitust mu keha õnnistaks." Nende sõnadega ohkas Raama raskelt ja vaim lahkus temast.[2]

Nutsin umbes tund aega tema voodi kõrval. Vaikusearmastajana saavutas ta nüüd surmas täieliku vaikuse. Veel üks järgija tuli sisse – palusin tal minu tagasijõudmiseni majja jääda. Pooleldi oimetuna jooksin tagasi oma guru juurde.

"Kuidas Raamal nüüd läheb?" Lahiri Mahasaya nägu pärjasid naeratused.

"Härra, varsti näete ise, kuidas ta on," pahvatasin emotsionaalselt. „Paari tunni pärast näed sa tema keha, enne kui see kremeerimispaika viiakse." Ma kukkusin kokku ja oigasin avalikult.

"Yukteswar, kontrolli end. Püsi vaikselt ja mediteeri." Minu guru sisenes *samaadhisse*. Pärastlõuna ja öö möödusid katkematus vaikuses. Võitlesin edututult, et saada tagasi sisemist enesevalitsemist.

---

[2] Koolera ohver on tihti ratsionaalselt mõtlev ja teadvuse juures kuni surma hetkeni.

Koidikul heitis Lahiri Mahasaya mulle lohutava pilgu. "Ma näen, et oled ikka veel häiritud. Miks sa ei seletanud eile, et ma annaks Raamale abi mõne ravimi näol?" Meister näitas tassikujulist kastoorõli sisaldavat lampi. „Täida väike pudel sellest lambist ja tilguta seitse tilka sellest Raamale suhu."

"Härra," vaidlesin ma vastu," ta on juba eile pärastlõunast saati surnud. Mis kasu on sellest õlist nüüd?"

"Mis sellest. Lihtsalt tee, nagu ma ütlesin." Lahiri Mahasaya lõbus tuju oli minu jaoks mõistetamatu. Olin ikka veel lepitamatus kaotusvalus. Valanud välja väikese koguse õli, läksin Raama majja.

Leidsin oma sõbra keha jäigas surmahaardes. Pööramata tähelepanu võikale seisundile, avasin ma nimetissõrmega tema huuled ja tilgutasin vasema käega korgist hoides õli tilk tilga järel tema kokkusurutud hammaste vahele.

Kui seitsmes tilk tema külmi huuli puudutas, värises Raama tugevasti. Tema lihased võnkusid peast jalataldadeni, kui ta imestunult istuli tõusis.

"Ma nägin Lahiri Mahasayat valgusesäras," karjus ta. „Ta säras nagu päike. „Tõuse üles, hülga oma uni," käskis ta mind. „Tule koos Yukteswariga mind vaatama.""

Uskusin vaevu oma silmi, kui Raama end riidesse pani ning oli surmahaigusele vaatamata piisavalt tugev, et guru juurde koju jalutada. Seal heitis ta end tänupisarais Lahiri Mahasaya jalge ette maha.

Meister oli lustlikult tema kõrval. Ta pilgutas mulle kelmikalt silmi.

"Yukteswar," ütles ta, „kindlasti kannad sa nüüdses alates kaasas pudelit kastoorõliga! Kus iganes sa näed laipu, manusta õli! Miks? Seitse tilka lambiõli peaksid kindlasti nurjama Yaama väe!"[3]

"Guruji, te naerate mu üle. Ma ei saa aru, palun selgitage mu viga."

"Ütlesin sulle kaks korda, et Raama saab terveks, aga sina ei uskunud mind ikka täielikult," seletas Lahiri Mahasaya. „Ma ei mõelnud, et arstid on võimelised teda terveks tegema. Ma märkisin vaid, et nad tegelevad temaga. Minu kahe väite vahel ei ole põgusatki sidet. Ma ei tahtnud arste segada – ka nemad peavad elama." Rõõmust kõlaval häälel lisas mu guru: „Pea alati meeles, et ammendamatu Paramaatma[4] võib terveks teha igaühe – arsti või ka selle, kes pole arst."

"Ma näen oma viga," teadustasin kahetsevalt. „Ma tean nüüd, et

---

[3] Surmajumal.
[4] Sõna-sõnalt „Ülim Hing", „Ülim Vaim".

sinu lihtnegi sõna on siduv tervele kosmosele."

Kui Sri Yukteswar lõpetas selle võimsa loo, söandas üks Ranchi noorukitest esitada lapseliku küsimuse.

„Härra," ütles ta, „miks teie guru kastoorõli saatis?"

„Laps, õli andmisel ei olnud mingit erilist tähendust. Kuna mina ootasin midagi materiaalset, valis Lahiri Mahasaya käeulatuses olnud õli minu usu suurendamise sümboliks. Meister lasi Raamal surra, sest ma olin osaliselt õpetaja sõnades kahelnud. Jumalik guru teadis – kui ta ütles, et järgija saab terveks, siis peab tervenemine ka aset leidma. Isegi, kui ta peab ravima Raama terveks surmahaigusest!"

Sri Yukteswar lasi väikese kuulajaskonna laiali minna ja viipas mind enda jalge ees olevale tekile istuma.

„Yogananda," ütles ta ebatavalise tõsidusega, „sa oled sünnist alates ümbritsetud Lahiri Mahasaya otseste õpilastega. Suur õpetaja elas oma üleva elu osalises eraldatuses ja keeldus järjekindlalt rajamast järgijail tema õpetuste ümber mistahes organisatsiooni. Vaatamata sellele tegi ta tähendusrikka ennustuse.

"Umbes viiekümne aasta pärast peale mu lahkumist," ütles ta, „kirjutatakse minu elust, kuna läänemaailm ilmutab jooga vastu suurt huvi. Joogasõnum teeb maailmale ringi peale ja aitab kaasa inimeste vennaskonna loomisele, mis tuleneb Ühe Isa otsese tajumise ühtsusest."

„Minu poeg Yogananda," jätkas Sri Yukteswar, „sina pead täitma oma osa selle sõnumi levitamises, kirjutades üles selle püha elu."

Raamat, mida te käes hoiate, valmis viiskümmend aastat peale Lahiri Mahasaya lahkumist (aastal 1895), st 1945. aastal. Olen rabatud kokkulangevusest, sest aasta 1945 juhatas sisse uue revolutsiooniliste aatomienergia ajastu. Kõik hoolivad mõisted pöörduvad nii nagu ei kunagi varem rahu ja vendlust taotlema, sest muidu ähvardab füüsiline jõud pühkida kogu inimkonna.

Kui inimrass ja tema tööd kaovadki jäljetult kas aja või pommi jõul, ei kaldu päike kõrvale oma kursilt ja tähed püsivad muutumatuna. Kosmilist seadust ei saa peatada ega muuta ja inimene teeb hästi, kui viib end sellega kooskõlla. Kui kosmos on võimu kasutamise vastu, kui päike ei sõdi planeetidega, vaid taandub õigeaegselt, andes tähtedele teed, siis mida toob kaasa meie laiutav rusikas? Kas saab tõesti mingit rahu sellest tulla? Mitte julmus, vaid hea tahe on kõikvõimas relv. Rahus inimkond saab tundma lõputuid võiduvilju, mis on maitselt magusamad, kui verega toidetud mullapinnal kasvanud.

Toimiv Rahvuste Liiga saab olema loomulik, nimetute inimsüdamete ühendus. Maiste hädade ravimiseks vajaminevad avarad taipamised ei saa sündida inimeste erinevustele keskendudes, vaid teadmises, mis ühendab inimesi ja teeb nad sarnaseks Jumalaga. Levigu jooga kui isiklik kontakt Jumalaga maailma kõrgeima ideaali – vendluse kaudu saabuva rahu suunas, läbi aegade iga inimeseni igal maal.

Kuigi India tsivilisatsioon on kõigist teistest muistsem, on vaid mõned ajaloolased märkinud, et selle ellujäämine ei ole mingil viisil juhus. Selle taga on kõikide põlvkondade parimate inimeste pühendumine igavestele tõdedele. Ajastutes (kas tolmused õpetlased võivad tõesti öelda meile, kui paljude?) olemuslikuna säilinud rahvas on oma jätkuvusega andnud väärtuslikema vastuse elu väljakutsele.

Piiblis toodud Aabrahami pöördumine Issanda poole,[5] et Soodoma linna saab säästa, kui seal leitakse elavat kas või kümme õiglast inimest ja jumalik vastus: „Ma ei hävita seda tänu neile kümnele," annab uue valguse India pääsemisele unustusest. Kadunud on India kaasaegsed sõjakunsti vallanud võimsate rahvaste impeeriumid: muistne Egiptus, Babüloonia, Kreeka, Rooma.

Issanda vastus näitab selgesti, et maal jätkub elu mitte materiaalsete, vaid tema inimeste meistrisaavutuste tõttu.

Olgu jumalikud sõnad uuesti kuulda selles kahekümnendas, kaks korda veres surnud ja pooleldi läbi sajandis: ükski rahvus, mis suudab esile tõsta kümme Äraostmatu Kohtumõistja silmis suurt inimest, ei sure välja.

India on tõestanud end targana, olles silmitsi tuhande aja riukaga. Eneseteostuse saavutanud meistrid on igal sajandil tema pinda pühitsenud. Kaasaegsed Kristuse-sarnased targad Lahiri Mahasaya ja Sri Yukteswar teadustavad, et jooga ehk Jumala-teostuse teadus on eluks ning inimese õnneks ja rahvuse kestmajäämiseks eluliselt vajalik.

Trükis on üldse ilmunud väga vähe teavet Lahiri Mahasaya elust ja tema kõikehõlmavast õpetusest.[6] Kolmekümne aasta jooksul leidsin Indias, Ameerikas ja Euroopas sügava ja siira huvi tema vabastava joogasõnumi vastu. Meistri elu kirjalik ülestähendus – nagu ta seda isegi ette kuulutas, on nüüd Läänes vajalik, sest seal on kaasaegsete joogide elud vähetuntud.

---

5  I Moosese 18:23-32.
6  Lühike elulugu bengali keeles: „*Sri Sri Shyama Charan Lahiri Mahasaya*", autoriks svaami Satyananda, ilmus 1941. aastal. Selle lehekülgedelt olen ma tõlkinud mõned lõigud antud Lahiri Mahasayat käsitleva osa tarbeks.

*Joogi autobiograafia*

### LAHIRI MAHASAYA

„Ma olen Vaim. Kas sinu kaamera võib peegeldada kõikjalolevat Nähtamatut?" Peale mitut ebaõnnestunud pildistamist, mille järel ei suudetud ühtki Lahiri Mahasaya kujutist jäädvustada, lubas jooga-avataara lõpuks oma kehalist templit fotografeerida. „Meister ei ole iial pärast seda veel mõne pildi jaoks poseerinud, vähemalt ei ole mina näinud ühtki," kirjutas Paramahansa.

Lahiri Mahasaya sündis 30. septembril 1828. aastal vagas muistse sugupuuga *brahmiinide* peres. Tema sünnikohaks oli Bengalis Krishnagari lähistel oleva Nadia piirkonna Ghurni küla. Ta oli kõrgelt austatud Gaur Mohan Lahiri teise naise Muktakashi ainus poeg (tema esimene naine suri peale kolme poja sünnitamist palverännakul viibides). Poisi ema suri varakult – temast on vähe teada peale selle, et ta oli tulihingeline Issand Šiva[7] järgija, keda pühakirjaliselt tuntakse „joogide kuningana".

---

[7] Üks Jumaluse kolmainsusest: Brahma, Višnu, Šiva, kelle universaalne töö on vastavalt: loomine, hoidmine ja lahustamine-taastamine. Šiva – vahel hääldatud ka Siva, esineb

*Raama on surnuist üles tõusnud*

Poiss, kelle täisnimeks oli Shyama Charan Lahiri, veetis oma lapsepõlve aastad Ghurnis asuvas vanematekodus. Juba kolme- või nelja-aastaselt nähti teda tihti joogaasendis liivas istumas, kusjuures keha oli täiesti liiva sees ja välja paistis ainult tema pea.

Lahiride maavaldus hävis 1833. aasta talvel, kui lähedalolev Jalangi jõgi muutis oma suunda. Üks Lahiride asutatud Šiva templitest kadus jõkke koos perekonna majaga. Pühendunu päästis Issand Šiva kivikuju mäslevast veest ja asetas selle uude templisse, mida tuntakse nüüd *Ghurni Šiva* nime all.

Gaur Mohan Lahiri ja tema perekond lahkusid Ghurnist ja neist said Benarese asukad, kus pereisa ehitas otsekohe Šiva templi. Ta juhtis oma majapidamist ja peret Veedade distsipliini kohaselt, teostas korrapäraselt Jumala-teenimise riitust ning pühendus heategevusele ja pühakirja uurimisele-õppimisele. Olles õiglane ja avatud mõistusega, ei eiranud ta samas kaasaegsete ideede kasutoovat külge.

Lahiri võttis hindi ja urdu keele õppetunde Benarese õpiringides. Ta osales Djoy Narayan Ghosali juhitud koolis, saades õpetust sanskriti, bengali, prantsuse ja inglise keeles. Süvenedes põhjalikult Veedadesse, kuulas noor joogi innukalt õpetatud *brahmiinide* pühakirjateemalisi arutelusid (nende õpetlaste seas oli ka Mahratta õpetlane nimega Nag-Bhatta).

Shyama Charan oli heatahtlik, õrn ja vapper nooruk, keda armastasid kõik tema kaaslased. Harmoonilise ja võimsa kehaehituse tõttu paistis ta silma ujumises ja paljudes vilumust nõudvates tegevustes.

1846. aastal abiellus Shyama Charan Lahiri Sri Debnarayan Sanyali

---

mütoloogias Loobujate Isandana, ilmub erinevate aspektide all oma järgijaile unedes – kord Mahadeva – matijuukselise askeedina ja Nataradža – ehk Kosmilise Tantsijana.

Isand Šiva Hävitajana on paljudele raske kontseptsioon. „*Mahimnastavas*" (Šiva järgija Puspadanta poolt kirjutatud hümnis) küsib autor nukralt: „Miks Sa pidid maailmad looma – kas ainult selleks, et neid hävitada?" Salm „*Mahimnastavast*" kõlab Arthur Avaloni tõlkes järgnevalt:
„Sinu jalgade trampimine seadis hädaohtu Maa,
Sinu käed on kui raudsed latid,
mis pillutasid tähti eetris.
Sinu valla lastud juuste hoop on häirinud taevaid,
Tõesti tantsisid Sa vahvasti!
Aga häirida maailma, et teda päästa –
mis müsteerium peitub selles?"
Kuid muistne poeet võtab asja kokku:
„Suur on erinevus minu vähese ja kurbliku mõistuse –
ja Sinu igavesti kestva hiilguse vahel!"

tütre *Srimati* Kashi Moniga. Eeskujuliku India koduperenaisena täitis Kashi Moni rõõmuga oma koduseid kohustusi ja traditsioonilist india koduperenaise rolli külaliste ja vaeste teenimisel. Kaks poega - Tincouri ja Ducouri ning kaks tütart õnnistasid seda liitu. 1851. aastal võttis 23-aastane Lahiri Mahasaya vastu inglise valitsuse sõjaväe ehitusosakonna raamatupidaja ametikoha. Oma ametiaja jooksul sai ta palju ametikõrgendusi. Seega ei olnud ta mitte ainult meister Jumala silmis, vaid edukas väikses inimdraamaski, kus ta etendas maist alandlikku ametnikurolli.

Erinevatel aegadel lähetas ametkond Lahiri Mahasaya harukontoritesse Gazipuris, Mirdjapuris, Naini Talis, Danapuris ja Benareses. Peale isa surma võttis noor mees vastutuse kogu pere eest enda kanda. Ta ostis neile kodu vaikses Benarese Garudeswar Mohulla rajoonis.

Oma kolmekümne kolmandal eluaastal koges Lahiri Mahasaya[8] Maale kehastumise eesmärgi täitumist. Ta kohtus Ranikheti lähistel suure guru Babadžiga, kes initsieeris ta *kriija joogasse*.

See heaendeline sündmus ei juhtunud ainult temaga, vaid oli õnnelikuks sündmuseks kogu inimkonnale.

Sarnaselt Puraanadest pärit legendiga, kus taevast laskunud Emake Ganges[9] pakub oma jumalikku sõõmu janust vaevatud pühendunu Bhagirathile, alustasid 1861. aastal *kriija jooga* taevased vood oma teekonda Himaalaja salajastest kindlustest inimeste tolmunud asupaikadeni.

---

[8] Sanskriti religioosne tiitel *Mahasaya* tähendab „avaramõistuselist".

[9] Emake Gangese ja Hinduse püha jõe vete algus on keset Himaalaja mägede igavest lumevaikust asuvas jäises koopas. Sajandite vältel on pühakud rõõmsalt jäänud Gangese lähedale – nad on jätnud tema kallastele õnnistuse aura. (Vt lk 188).

Erakordne, vahest ainulaadne Gangese jõe omadus on tema saastumatus – tema muutumatus steriilsuses ei ela ühtki bakterit. Miljonid hindud kasutavad tema vett mingit kahju saamata suplemiseks ja joomiseks. See tõsiasi teeb tänapäeva teadlased nõutuks. Üks neist – keemias 1946. aastal antud Nobeli preemia kaas-saaja dr John Howard Northrop ütles: „Me teame, et Ganges on väga reostatud. Kuid indialased joovad sellest, ujuvad selles ja on ilmselt saastatusest mõjutamatud." Ta lisas lootusrikkalt: „Vahest hoiab baktereid hävitav viirus (bakteriofaag) jõe steriilsena."

Veedad sisendavad austust kõigi loodusnähtuste vastu. Pühendunud hindu saab hästi aru Assisi Püha Franciscuse ülistusest: „Olgu õnnistatud mu Issand minu õe Vee eest – nii kasuliku, nii alandliku, nii karske ja kalli eest."

PEATÜKK 33

# Babadži – kaasaja India Joogi-Kristus

Badrinarayani lähistel asuvad Põhja-Himaalaja kaljurünkad on siiani õnnistatud Lahiri Mahasaya guru Babadži elavast kohalolekust. Eraldunud meister on säilitanud sajanditeks, vahest isegi aastatuhandeteks oma füüsilise vormi. Surematu Babadži on *avataara*. See sanskriti sõna tähendab „alla laskuma"; sõnatüved on *„ava"* ehk „alla" ja *„tri"* ehk „tulema." Hindu pühakirjades tähistab avataara Jumaliku laskumist ihulisse vormi.

„Babadži vaimne seisund on väljaspool inimarusaama," seletas Sri Yukteswar mulle. „Inimeste kängunud nägemine ei suuda tungida tema transtsendentaalse täheni. Inimene võib asjata püüelda, saamata pilti avataara saavutustest. See on kujuteldamatu."

*Upanišaadid* on üksikasjadeni klassifitseerinud (lahti seletanud) iga vaimse arenemise astme. *Siddha* („täiustunud olevus") on edenenud *dživanmukta* („vabastatud juba eluajal") seisundist *paramukta* seisundini („ülimalt vaba" – täie võimuga surma üle). Viimane on täielikult pääsenud maajalikust orjaikkest ja selle taaskehastumise ringist. Seepärast tuleb *paramukta* haruharva tagasi füüsilisse kehasse. Kui ta kehastub, siis on ta avataara, jumalikult maailmale määratud taevalike õnnistuste vahendaja. Avataara ei allu üleüldistele seadustele, tema puhtast valgusest keha on vaba igast võlast loodusele. Põgus pilk ei pruugi näha midagi ebatavalist avataara vormis, kuid puhuti ei jäta see maapinnale varju ega jalajälgi. Need on sisemise pimeduse ja materiaalsete sidemete puudumise välised sümboolsed tõestused. Vaid selline Jumal-inimene üksi teab tõde elu ja surma suhtelisuse taga. Umar Hajjam, keda on nii palju valesti mõistetud, laulis vabastatud inimesest oma surematus *„Rubajjat"* *(Nelikvärsid)* kirjutises:

„Ah, minu Rõõmude Kuu, kes Sa ei tea kahanemist,
   taeva Kuu tõuseb jälle kord;
   Kui tihti tõustes näeb ta veel mind
   samas Aias – asjata!"

*Joogi autobiograafia*

„Rõõmude Kuu" on Jumal, igavene Põhjatäht, mitte kunagi vananev. „Taeva Kuu" on väline kosmos, kammitsetud perioodilisest uuenemise seadusest. Saavutades eneseteostuse, vabastas pärsia nägija end igaveseks Looduse või *Maaja* „aiast" ehk Maa peale kohustuslikust tagasipöördumisest. „Kui tihti tõustes näeb ta veel mind ... samas Aias – asjata!"[1] Milline pettumus ja imestus universumile, otsida seda, keda polegi!

Kristus väljendas oma vabadust teisel viisil: „Ja üks kirjatundja tuli ja ütles talle: „Õpetaja, ma järgnen sulle, kuhu iganes sa ka läheks." Ja Jeesus ütles talle: „Rebastel on urud ja lindudel nende pesa, kuid Inimese Pojal ei ole kohta, kuhu oma pead panna."[2]

Kas saab ruumikana kõikjalolevat Kristust järgida, välja arvatud kõikehõlmavas Vaimus?

Krišna, Raama, Buddha ja Patanjali olid muistse India avataarade seas. Märkimisväärne poeetiline tamilikeelne kirjandus ümbritseb Lõuna-India avataara Agastyat *(Agastyat peetakse üheks seitsmest rišist ehk Saptarišist – tõlkija märkus)*. Ta tegi palju imesid sajanditel nii enne kui peale Kristuse ajastut ja usutakse, et ta on säilitanud oma füüsilise kuju tänapäevani.

Babadži missiooniks Indias on olnud prohvetite abistamine nende eriliste käsuseaduste elluviimisel. Seeläbi vastab ta pühakirjalisele *Maha-avataara* (Suur avataara) määratlusele. Ta on öelnud, et ta andis jooga initsiatsiooni Shankarale[3], muistsele Svaami Ordu asutajale ja Kabirile – kuulsale keskaja pühakule. Nagu me juba teame, oli tema peamiseks üheksateistkümnenda sajandi järgijaks kaotatud *kriija* kunsti taaselustaja Lahiri Mahasaya.

*Maha-avataara* on alatises ühenduses Kristusega, koos levitavad nad vabastamise võnkeid ja on planeerinud meie ajastu jaoks pääsemise vaimse tehnika. Nende kahe täielikult valgustunud meistri tööks – ühel kehalises ja teisel kehatus olekus – on inspireerida rahvaid hülgama kurjuse bumerangi sõdade, rassilise vihkamise, religioosse sektantluse ja materialismi näol. Babadži on hästi teadlik tänapäeva trendidest, eriti aga lääne tsivilisatsiooni mõjudest ja keerukustest ning mõistab vajadust levitada jooga enese-vabastamist võrdselt nii idas kui läänes.

---

[1] Edwards Fitz Geraldi tõlge.
[2] Matteuse 8:19-20.
[3] Shankara, kelle ajalooliselt tuntud guru oli Govinda Jati, sai initsiatsiooni *kriija joogasse* Babadžilt Benareses. Tuvustades lugu uuesti Lahiri Mahasayale ja svaami Kebalanandale, edastas Babadži palju paeluvaid detaile oma kohtumisest suure monistiga.

*Babadži – kaasaja India Joogi-Kristus*

See, et Babadžile pole ajaloolist viidet, ei peaks meid üllatama. Suur guru pole kunagi ühelgi sajandil avalikult ilmunud, välise tuntuse väärtõlgendustel ei ole kohta tema aastatuhandeid hõlmavas plaanis. Nii nagu Looja, olles ainus, kuid vaikne Vägi, töötab Babadži alandlikus üksinduses.

Suured prohvetid nagu Kristus ja Krišna tulevad Maale erilise ja silmapaistva eesmärgiga ja nad lahkuvad niipea, kui see on saavutatud. Teised avataarad nagu Babadži, teevad tööd, mis puudutab pigem inimkonna sajanditepikkust aeglast arenguprotsessi ega ole seotud väljapaistvate ajaloosündmustega. Sellised meistrid varjavad end toore avalikkuse pilgu eest, jäädes tahte abil nähtamatuks. Sel põhjusel ja ka seepärast, et nad juhendavad sageli oma järgijaid neist mitte rääkima, on terve hulk väljapaistvaid vaimseid suurkujusid maailmale tundmatud. Ma annan neil Babadžile pühendatud lehekülgedel tema elust vaid vihjeid – vaid mõned faktid, mida ta peab sobivaks ja kasulikuks avalikult edastada.

Babadži perekonnast või sünnikohast ei ole kunagi leitud ühtki kroonikute südamele nii kallist piiritlevat fakti. Ta kõneleb peamiselt hindi keeles, kuid ta vestleb hõlpsasti igas keeles. Ta on omaks võtnud lihtsa Babadži nime (austatud isa). Teised talle Lahiri Mahasaya järgijate antud austavad tiitlid on: Mahamuni Babadži Maharadž (ülim ekstaatiline pühak), Maha Joogi (suurim joogi), Trambak Baba või Šiva Baba (Šiva avataarade tiitlid). Kas loeb, et me ei tea täielikult vabanenud meistri päritolu?

„Mil iganes lausub keegi austusega Babadži nime," ütles Lahiri Mahasaya, „tõmbab see pühendunu ligi otsekohest vaimset õnnistust."

Surematu guru kehal puuduvad vananemise märgid, ta ilmub umbes 25aastase noormehena. Heledanahalisena, keskmise kehaehituse ja pikkusega, kiirgab Babadži kaunis ja tugev keha tajutavat hiilgust. Tema silmad on tumedad, rahulikud ja õrnad, tema pikad säravad juuksed on vasekarva. Vahetevahel meenutab Babadži nägu lähedalt Lahiri Mahasaya oma. Sarnasus on nii rabav, et oma hilisematel eluaastatel võinuks Lahiri Mahasaya sobida nooruskliku välimusega Babadži isaks.

Minu pühakusarnane sanskriti keele õpetaja svaami Kebalananda viibis mõnda aega Babadži[4] seltsis Himaalajas.

---

[4] Babadži (austatud isa) on levinud tiitel, paljude tuntud India õpetajate poole pöördutakse öeldes „Babadži". Ükski neist ei ole Lahiri Mahasaya guruks olnud Babadži. *Mahaavataara*

*Joogi autobiograafia*

„Võrreldamatu meister liigub oma seltskonnaga mägedes ühest kohast teise," rääkis mulle Kebalananda. „Tema väike seltskond koosneb kahest kõrgelt arenenud Ameerikast pärit järgijast. Kui Babadži on ühes paigas mõnda aega olnud, ütleb ta: *„Dera danda uthao."* („Tõstame üles oma laagri ja saua!") Ta kannab sümboolset *dandat* (bambusest saua). Tema sõnad on signaaliks grupile, liikumaks hetkeliselt teise kohta. Ta ei kasuta alati seda astraalse rändamise meetodit – vahetevahel läheb ta ühelt mäetipult teisele jalgsi."

„Babadžid võivad teised näha või ära tunda vaid siis, kui tema seda tahab. Teatakse, et ta on erinevatele pühendunutele ilmunud veidi erinevates vormides – vahetevahel ilma habeme ja vuntsideta, vahel nendega. Kuna tema lagunemisele mittealluv keha ei vaja toitu, sööb meister harva. Seltskondlikust viisakusest küllatulnud järgijate suhtes võtab ta vahel vastu puuvilju või piimas keedetud riisi ja selitatud võid."

„Mulle on teada kaks hämmastavat juhtumit Babadži elust," jätkas Kebalananda. „Tema järgijad istusid ühel öösel püha Veeda-tseremoonia tarvis süüdatud suure lõkke ümber. Meister haaras järsku põleva puuhalu ja lõi kergelt sellega tule lähedal asuva õpilase palja õla vastu."

"Härra, kui julm!" protesteeris kohalviibinud Lahiri Mahasaya.

"Kas sa oleksid pigem näinud teda oma silme ees vastavalt tema möödunud karmale tuhaks põlemas?"

Nende sõnadega asetas Babadži oma tervendava käe õpilase moondunud õlale. „Ma vabastasin sind tänasel ööl valulisest surmast. Karmaline seadus sai rahuldatud sinu kerge tulekannatuse läbi."

Teisel juhul häiris Babadži püha ringi võõra saabumine. Ta oli hämmastava osavusega roninud peaaegu ligipääsmatule kaljunukile meistri laagri lähedal.

"Härra, te peaksite olema suur Babadži!" Mehe nägu säras väljendamatus austuses. „Kuude kaupa olen ma teid väsimatult otsinud nende külmade kaljurüngaste vahelt. Ma anun teid, võtke mind oma järgijaks."

Kui suur guru ei vastanud, osutas mees oma jalge ees olevale kivisele kuristikule.

"Kui te minust keeldute, siis hüppan ma sellelt mäelt alla. Elul ei ole

---

olemasolu toodi avalikkuse ette esmakordselt aastal 1946 *„Joogi autobiograafias"*.

mingit väärtust, kui ma ei võida teie juhatust Jumaliku juurde."
"Hüppa siis," ütles Babadži külmalt. „Ma ei saa sind sinu praeguses arengujärgus vastu võtta."
Mees heitis end koheselt üle kaljuserva alla. Babadži saatis šokeeritud järgijad võõra keha ära tooma. Kui nad moonutatud kujuga tagasi saabusid, asetas meister oma jumaliku käe surnud mehele. Ennäe! Ta avas silmad ja viskus kõikvõimsa guru jalge ette.
"Nüüd oled sa valmis järgijaks saama," naeratas Babadži armastavalt oma surnust ülesäratatud õpilasele. „Sa läbisid julgelt raske katse.[5] Surm ei puutu sind enam, nüüd oled sa üks meie surematust karjast."
Seejärel lausus ta oma tavalised lahkumissõnad: *„Dera danda uthao"* ja kogu grupp haihtus mäe otsast."
Avataara elab kõikjalolevas Vaimus, tema jaoks ei ole ükski kaugus liiga suur. Põhjus, mis motiveerib seega Babadžid oma füüsilist kuju sajandist sajandisse hoidma on soov anda inimkonnale konkreetse näite varal aimu inimeste endi võimalustest. Inimene, kes ei ole kunagi saanud armuannina näha kehastunud Jumalikkust, võib jääda raskesse illusoorsesse eksikujutlusse ja arvata, et ta ei suudagi oma surelikkust ületada.
Jeesus teadis algusest peale oma eluraja kulgemist, ta läbis iga sündmuse mitte enda pärast või mingi karmalise sunni tõttu, vaid ainuüksi mõtlevate inimolendite ülendamiseks. Tema neli õpetust edastavat järgijat – Matteus, Markus, Luukas ja Johannes – talletasid sõnul seletamatu draama hilisemate põlvkondade hüvanguks.
Babadži jaoks ei ole mineviku, oleviku ega tuleviku suhtelisust – algusest peale on ta teadnud kõiki enda elufaase. Mahutades end inimeste piiratud arusaamisse on ta mänginud oma jumaliku elu paljusid vaatusi ühe või enama tunnistaja juuresolekul. Seega juhtus nii, et järgija Lahiri Mahasaya oli kohal kui Babadži pidas küpseks aega oma kehalise surematuse väljendamiseks. Ta lausus selle lubaduse välja Ram Gopal Muzumdari juuresolekul, et see muutuks inspiratsiooniks teistele otsivatele südametele. Suurvaimud räägivad oma sõnu ja osalevad näiliselt loomulikus asjade kulgemises ainult inimeste hüvanguks või nagu Kristus ütles: „Isa, ... ma tean, et sa kuulad

---
[5] Test oli seotud kuulekusega. Kui valgustunud õpetaja ütles: „Hüppa!", siis mees kuuletus. Kui ta oleks kõhelnud, siis oleks ta eitanud oma kinnitust, et ta elu on väärtusetu ilma Babadži juhisteta. Kui ta oleks kõhelnud, siis oleks ta näidanud, et tal puudub täielik usaldus gurusse. Seega, olles drastiline ja ebatavaline, oli antud oludes taoline test täiuslik.

mind alati, *kuid ma rääkisin seda nende inimeste pärast, kes seisavad minu ümber, et nemadki usuks, et Sina oled mu saatnud.*"[6]

Minu ja Ram Gopali külastuskäigul Ranbajpuri rääkis „unetu pühak"[7] oma esmakordse Babadžiga kohtumise imelise loo.

„Vahetevahel lahkusin oma koopa eraldatusest, et istuda Lahiri Mahasaya jalge ees Benareses," rääkis mulle Ram Gopal. „Ühel keskööl mediteerisin ma vaikselt ühes tema järgijatega, kui meister esitas üllatava nõude."

"Ram Gopal," ütles ta, „mine kohe Dasaswamedhi suplus-*gathile*."

Jõudsin peagi üksikusse paika. Öö oli kuuvalgusest ja sädelevatest tähtedest ere. Peale seda, kui olin istunud veidi kannatlikus vaikuses, köitis jalge läheduses mu tähelepanu hiiglaslik kiviplaat. See kerkis järk-järgult, tuues nähtavale maa-aluse koopa. Kui kivi jäi mingil müstilisel moel tasakaalus pidama, leviteeris koopast kõrgele õhku riidega kaetud ületamatult armas noor naine. Ümbritsetuna pehmest halost, laskus ta aeglaselt minu ette, seisatas liikumatult, olles sukeldunud ekstaasiseisundisse. Ta liigutas end viimaks ja ütles õrnalt:

„Ma olen *Matadži*[8], Babadži õde. Palusin teda ja Lahiri Mahasayat tulla täna öösel minu koopasse tähtsaid asju arutama."

Nebulakujuline valgus hõljus kiiresti üle Gangese – kummaline valguskuma peegeldumas läbipaistmatus vees. See valgus tuli lähemale ja lähemale, kuni ilmus pimestava sähvatusena Matadži kõrvale ja kondenseerus hetkeliselt Lahiri Mahasaya inimkujuks. Ta kummardus alandlikult naispühaku jalge ette.

Enne, kui jõudsin hämmingust toibuda, rabas mind taevaspöörlev müstiline valgushulk. Laskudes sujuvalt, lähenes leegitsev pööris meile kahele ja materialiseerus kauni noormehe kehaks, kes, nagu ma kohe mõistsin, oli Babadži. Ta nägi välja nagu Lahiri Mahasaya – ainus vahe oli, et Babadži nägi välja noorem ja tal olid säravad juuksed.

Lahiri Mahasaya, Matadži ja mina kummardusime guru jalge ette. Tema jumalikku keha puutudes läbis minu olemuse igat kiudu taevaliku hiilguse eeterlik tunne.

---

[6] Johannese 11: 41-42.

[7] Kõikjalolev joogi, kes nägi, et ma ei kummardanud Tarakeswari pühamu ees (peatükk 13).

[8] „Püha Ema". Matadži on samuti elanud läbi sajandite, ta on peaaegu sama palju vaimselt edenenud kui tema vend. Ta on pidevas ekstaasis salajases maa-aluses koopas Dasaswamedh'i ghati lähistel.

"Õnnistatud õde," ütles Babadži, „Ma kavatsen heita oma välise vormi ja sukelduda Mõõtmatusse Voolu."

"Ma olen juba näinud sinu plaani, armastatud meister. Tahtsin seda sinuga täna öösel arutada. Miks peaksid sa oma kehast lahkuma?" Aupaistega naine vaatas talle anuvalt otsa.

"Mis vahet sel on, kas ma kannan oma Vaimu ookeani nähtavat või nähtamatut lainet?"

Matadži vastas omapärase arukusega: „Surematu Guru, kui sel pole vahet, ära siis lase oma kujust iialgi lahti."[9]

"Saagu nii," ütles Babadži pühalikult. „Ma ei lahku kunagi oma füüsilisest kehast. See jääb alatiseks nähtavaks vähemalt väiksele inimhulgale sellel Maal. Issand kõneles Oma tahtmist sinu huulte kaudu."

Kuulates aukartuses kahe üleva olendi vestlust, pöördus suur guru minu poole heatahtliku žestiga.

"Ära karda Ram Gopal," ütles ta, „sa oled õnnistatud, olles selle surematu lubaduse tunnistajaks."

„Kui Babadži meeldiva hääle meloodia haihtus, leviteerisid tema ja Lahiri Mahasaya kujud aeglaselt tagasi üle Gangese. Sädeleva valguse kroon raamistas nende kehasid, kui need öötaevasse kadusid. Matadži kuju hõljus tagasi koopasse ning kiviplaat sulges end ise, justkui liigutanuks seda nähtamatu käsi."

Mõõtmatult inspireerituna pöördusin ma tagasi Lahiri Mahasaya juurde. Kui ma kummardusin tema ees varajasel koidutunnil, naeratas mu guru mulle mõistvalt.

"Ram Gopal, olen sinu pärast õnnelik," ütles ta. „Soov kohtuda Babadži ja Matadžiga, mida sa nii tihti mulle väljendasid, sai lõpuks oma pühitsetud täitumise."

Minu kaasjärgijad rääkisid, et Lahiri Mahasaya ei olnud oma poodiumilt liikunud minu eelmise kesköö lahkumisest saadik.

"Ta esitas võrratu surematuseteemalise kõne peale sinu lahkumist Dasaswamedhi *ghatile*," ütles mulle üks õpilastest. Esimest korda mõistsin täielikult pühakirjavärsside tõde, mis väidavad, et eneseteostuse saavutanud inimene võib ilmuda mitmes kohas samaaegselt kahes või enamas kehas.

---

[9] See juhtum tuletab meelde ühte Thalese oma. Suur kreeka filosoof õpetas, et elu ja surma vahel ei ole mingit vahet.
„Miks siis," uuris kriitik, „kas sa ei sure?"
„Sest," vastas Thales, „sel ei ole mingit vahet."

*Joogi autobiograafia*

Lahiri Mahasaya selgitas mulle hiljem paljusid metafüüsilisi teemasid, mis puudutasid Maaga seotud varjatud jumalikke plaane," ütles Ram Gopal kokkuvõtteks. „Babadži on Jumala poolt valitud ning jääb sellesse kehasse terve selle maailma-ajajärgu kestel. Ajastud tulevad ja lähevad ning seda ajastute draamat jälgib maiselt lavalt surematu meister.[10]"

---

[10] „Tõesti, tõesti, ma ütlen teile, kui keegi paneb tallele mu sõnad (jääb katkematult Kristuse Teadvusse), siis ta ei näe surma iialgi." (Johannese 8:51). Nende sõnade kaudu ei viidanud Jeesus surematusele füüsilises kehas – üksluisele vangistusele, mida keegi vaevalt isegi patusele välja mõõdaks, rääkimata siis juba pühakust! Valgustunud inimene, kellest Kristus rääkis, on see, kes on ärganud Igavesele Elule ignorantsuse surma transist. (Vt 43. peatükki).

Inimese põhiolemuslik loomus on vormitu kõikjalolev Vaim. Sunduslik ehk karmaline kehastus on ignorantsuse ehk *avidja* tulemus. Hindu pühakirjad õpetavad, et sünd ja surm on *maaja* ehk kosmilise eksikujutluse ilmutus. Sünd ja surm omavad tähendust vaid suhtelisuse maailmas.

Babadži ei ole seotud füüsilise keha või selle planeedi külge, vaid nagu Jumal soovib, teostab Maa jaoks erilist missiooni.

Suured meistrid nagu Svaami Pranabananda (vt lk 294; ptk 3), kes tulevad Maa peale tagasi uutes kehastustes, teevad seda vaid neile endile teadaolevatel põhjustel. Nende kehastumine siia planeedile ei allu karma seaduse jäikadele piirangutele. Selliseid vabatahtlikke tagasipöördumisi kutsutakse *vjutthanaks* ehk tagasipöördumiseks maisesse ellu peale *maaja* pimeduse lõppemist.

Mis iganes on tema lahkumise viis – kas tavaline või fenomenaalne, on täielikult Jumala-teostuse saavutanud meister võimeline oma keha ellu äratama ja ilmuma selles maiste inimeste ette. Füüsilise keha aatomite materialiseerimine on vaevata pingutus Issandaga – kelle päikesesüsteeme pole võimalik üle lugeda – ühenduses olijal. „Ma annan oma elu, et seda jälle tagasi võtta," kuulutas Kristus. „Keegi ei võta seda minult, vaid mina ise annan selle omal tahtel. Mul on meelevald seda anda ja minul on meelevald seda jälle võtta." (Johannese 10:17-18).

Mahaavataara BABADŽI, Jumalik kehastus
Lahiri Mahasaya guru.

Yogananda aitas kunstnikul joonistades tabada seda tõelist kaasaegse India Joogi-Kristuse sarnasust.

Mahaavataara Babadži on keeldunud avaldamast oma õpilastele igasuguseid piiravaid fakte tema sünnikoha ja sünnikuupäeva kohta. Ta on elanud palju sajandeid keset Himaalaja lund.

„Kus tahes lausub pühendunu austusega Babadži nime," ütles Lahiri Mahasaya, „tõmbab ta ligi viivitamatut vaimset õnnistust."

PEATÜKK 34

# Palee materialiseerimine Himaalajas

„Babadži esimene kohtumine Lahiri Mahasayaga on kaasahaarav lugu ning üks vähestest, mis annab meile põhjaliku ülevaate surematust gurust."

Nende sõnadega algas svaami Kebalananda imeline jutustus. Kui ta esimest korda selle mulle ette luges, olin lummuses. Hiljem meelitasin ma oma leebet sanskriti keele õpetajat seda lugu kordama. Pea samade sõnadega rääkis mulle sündmusest hiljem Sri Yukteswar – mõlemad Lahiri Mahasaya järgijad kuulsid seda võimast lugu otse oma õpetaja suust.

„Mu esimene kohtumine Babadžiga toimus minu kolmekümne kolmandal eluaastal," oli Lahiri Mahasaya öelnud. „1861. aastal töötasin ma Danapuris valitsuse sõjaväe ehitusosakonnas raamatupidajana. Ühel hommikul kutsus kontorijuhataja mind enda juurde.

"Lahiri," ütles ta, „just saabus telegramm meie peakontorist. Sind viiakse üle Ranikhetti, kus loodi nüüd armee tugipost."[1]

Asusin koos ühe teenriga 500 miili pikkusele teekonnale. Reisides hobusel ja kaarikul, jõudsime kolmekümne päeva pärast Himaalaja Ranikheti[2] piirkonda."

„Minu ametikohused ei olnud kurnavad. Mul oli võimalik rännata võrratutes mägedes tunde. Minuni jõudis kuulujutt, et seda piirkonda on oma kohalolekuga õnnistanud suured pühakud – tundsin tugevat soovi neid näha. Ühel pärastlõunasel jalutuskäigul olin üllatunud, kuuldes kauget häält hüüdmas minu nime. Jätkasin tarmukalt ronimist Drongiri mäkke. Kerge rahutusetunne haaras mind mõeldes, et ma ei jõua enne džungli üle laskuvat pimedust tagasi.

Jõudsin viimaks platoole, mille servad olid üle külvatud koobastega. Ühel kaljunukil seisis naeratav noormees, kes sirutas oma käe

---

[1] Hilisem sõjaväesanatoorium. 1861. aastaks oli briti valitsus rajanud Indias telegraafisüsteemi.

[2] Ranikhet, mis asub Almora piirkonnas, asub Nanda Devi – ühe Himaalaja kõrgeima mäe jalamil (25,661 jalga = 7821,5 meetrit – *tõlkija märkus*)

*Palee materialiseerimine Himaalajas*

tervituseks. Märkasin hämmastusega, et kui vasekarva juuksed välja arvata, sarnanes ta märkimisväärselt minuga.

"Lahiri[3], sa tulid!" pöördus pühak hellalt minu poole hindi keeles. „Puhka siin selles koopas. See olin mina, kes sind kutsus."

Sisenesin puhtasse väiksesse koopasse, mille põrandal olid mõned villased tekid ja veenõud (*kamandalud*).

"Lahiri, kas mäletad seda istet?" joogi osutas kokkuvolditud tekile nurgas.

"Ei, härra." Olles veidi oimetu oma kummalisest seiklusest, lisasin: „Ma pean enne öö saabumist lahkuma. Hommikul ootab mind mu kontoris töö."

Müstiline pühak vastas inglise keeles: „Kontor anti sinu, mitte sina kontori jaoks."

Olin tummaks löödud, et see metsaaskeet mitte ainult ei osanud inglise keelt, vaid parafraseeris ka Kristuse sõnu.[4]

"Ma näen, et mu telegramm mõjus." Ma ei saanud joogi märkusest aru – uurisin selle tähendust.

"Ma vihjan telegrammile, mis kutsus sind neisse eemalasuvatesse paikadesse. See olin mina, kes vaikselt soovitas sinu ülemuse mõistusele, et sind tuleb Ranikhetti üle viia. Kui keegi tunneb oma ühtsust kogu inimkonnaga, siis muutuvad kõik mõistused ülekandejaamadeks, mille kaudu ta võib tahte abil töötada." Ta lisas õrnalt: „Lahiri, kindlasti tundub see koobas sulle tuttav?"

Kuna ma olin ikka veel hämmingus ja vait, siis lähenes pühak ja lõi mind õrnalt otsaette. Selle magnetilise puute peale tormas imeline vool läbi mu aju, vabastades meeldivad eelmise elu mälestuste-seemned.

"Ma mäletan!" Mu hääl oli rõõmunuuksetes pooleldi šokeeritud. „Sina oled minu guru Babadži, kes on alati mulle kuulunud!" Minevikupildid kerkisid elavalt mu mõistusse – siin, selles koopas veetsin ma eelmises kehastuses palju aastaid! Mind haarasid sõnulseletamatud meenutused, olles pisarais embasin ma meistri jalgu.

---

[3] Tegelikult ütles Babadži nime „Gangadhar" – mida Lahiri Mahasaya oli teadnud oma eelnevas kehastuses (see tähendab „seda, kes hoiab Gangat, Gangese jõge"). Gangadhar on üks Šiva nimedest. Vastavalt Puraanades kirjeldatud legendile, laskus püha Gangese jõgi taevast. Et Maa polnud võimeline taluma laskuja võimsat väge, püüdis Isand Šiva veed kinni oma pulstunud lokkidesse, kust ta siis lasi veed rahulikult voolama. Metafüüsiliselt tähendab Gangadhar „seda, kel on kontroll seljas oleva elujõu jõe üle".

[4] „Hingamispäev on seatud inimese jaoks, mitte inimene hingamispäeva jaoks." (Markuse 2:27).

*Joogi autobiograafia*

"Enam kui kolmkümmend aastat olen ma oodanud su tagasipöördumist minu juurde!" Babadži hääl kõlas taevaliku armastusega.

„Sa libisesid minema ja haihtusid surmataguse elu mäslevates lainetes. Sinu karma võlukepp puudutas sind ja sa kadusid! Kuigi sa kaotasid mind silmist, ei kaotanud mina sind kunagi silmist! Ma jälitasin sind üle helenduva astraalse mere, kus purjetavad hiilgavad inglid. Järgnesin sulle hämaruses, tormis, murrangutes ja valguses nagu oma poega juhatav linnuema. Kui sa elasid läbi oma inimlikku üsasolemise ajaperioodi ja sündisid titena, oli mu silm alati sinul. Kui sa katsid oma väikest keha, istudes lapsepõlves lootosepoosis Ghurni liivade all, olin mina seal nähtamatult kohal! Kannatlikult – kuu kuu järel, aasta aasta järel, olen ma valvanud sinu üle, oodates seda täiuslikku päeva. Nüüd oled sa minuga! Ennäe, siin on su koobas, armastatud muistsetest aegadest! Hoidsin seda alati puhtana ja valmis sinu jaoks. Siin on sinu pühitsetud *aasana*-tekk, kus sa päevade kaupa istusid, et täita Jumalaga oma avardunud südant! Näe, seal on su kauss, kust sa tihti jõid minu valmistatud nektarit! Vaata, kuidas ma hoidsin seda messingkruusi säravalt poleerituna, et sa võiksid sellest veel kord juua! Oled minu oma, kas sa nüüd mõistad?"

"Mu guru, mida ma oskan öelda?" pomisesin ma murtult. „Kus on keegi kunagi kuulnud sellisest surematust armastusest?" Vaatasin kaua ja ekstaatiliselt oma igavesele aardele – minu gurule elus ja surmas.

"Lahiri, sa vajad puhastust. Joo selles kausis olev õli ära ja heida jõe äärde maha." Babadži praktiline elutarkus oli alati vabastav, meenutasin naeratusega.

Kuuletusin ta juhistele. Kuigi Himaalaja jäine öö oli laskumas, hakkas lohutava soojusena leviv sisemine kiirgus pulseerima mu igas keharakus. Olin imestunud. Kas tundmatu õli oli õnnistatud kosmilise kuumusega?

Kibedad tuuled vilistasid mu ümber pimeduses, kisendades raevukaid väljakutseid. Külmad Gogaši jõe lained lõid puhuti üle mu kivisel kaldal lebava keha. Kusagil lähedal möirgasid tiigrid, kuid mu süda oli hirmust vaba. Minu sees taasloodud kiirgav vägi andis kinnitust kaljukindlast kaitsest. Tunnid möödusid kiiresti: eelmise elu haihtunud meenutused punusid end praegusse jumaliku guruga ühinemise briljantsesse mustrisse.

Minu mõtisklused üksinduses katkestas lähenevate sammude heli. Mehe käsi aitas mind pimeduses õrnalt jalgele ja ulatas mõned kuivad riided.

*Palee materialiseerimine Himaalajas*

"Tule, vend," ütles mu kaaslane. „Meister ootab sind."

Ta juhatas teed läbi metsa. Sünge öö oli järsku läidetud kaugelt kumava püsiva helendusega.

"Kas see võib olla päikesetõus?" uurisin. „Öö ei ole veel ju möödas?"

"Praegu on kesköötund," naeris mu teejuht pehmelt. „Taamal olev valgus on võrreldamatu Babadži täna materialiseeritud kuldse palee sära. Kauges minevikus avaldasid sa soovi nautida palee ilusid. Meie meister rahuldab sinu soovi, vabastades sind niiviisi sinu karma viimastest köidikutest.[5] Ta lisas: „See võrratu palee on täna öösel sinu *kriija joogasse* initsieerimise näitelava. Kõik sinu siinsed vennad ühinevad tervitusülistuses, rõõmustades sinu pika pagenduse lõppemise üle. Vaata!"

Hiigelsuur sädelevast kullast palee seisis otse meie ees. Inkrusteeritud lugematute kalliskividega ja asetsedes aedade keskel, oli see võrreldamatult suursugune vaatepilt. Kõrguvad võlvkäigud olid peenekoeliselt kaunistatud suurte briljantide, safiiride ja smaragdidega. Ingellike välimustega mehed olid paigutatud rubiinide punakast sädelusest hiilgavate väravate juurde.

Järgnesin oma kaaslasele ruumikasse vestibüüli. Õhus hõljus lõhnapirdude ja rooside lõhn, hägusad lambid hõõgusid mitmevärviliselt. Väikesed heleda- ja tumedanahaliste pühendunute grupid skandeerisid rütmiliselt või istusid meditatiivses asendis, süüvides sisemisse rahusse. Võnkuv rõõm täitis atmosfääri.

"Söö silmadega, naudi selle palee kunstilist suursugusust. Sest see sai loodud ainult sinu auks." Mu teejuht naeratas sümpaatselt, kui ma hüüatasin paaril korral imestusest:

"Vend, selle ehitise ilu ületab inimese kujutlusvõime piirid. Palun seleta mulle selle päritolu müsteeriumit."

"Rõõmuga valgustan sind." Mu kaaslase tumedad silmad sädelesid tarkusest. „Tegelikkuses ei ole selle materialiseerumises midagi seletamatut. Kogu kosmos on Looja materialiseerunud mõte. See raske, maine, kosmoses hõljuv kamakas, on Jumala unistus. Ta tegi kõik asjad enda teadvusest nagu ka inimene, kes oma uneteadvuses elustab keskkonda omaloodud olevustega.

Esmalt lõi Jumal Maa idee tasandil. Siis kiirendas Ta seda protsessi, tekkisid energia aatomid ja nendest moodustus mateeria. Kõik Maa

---

[5] Karma seadus nõuab, et iga inimsoov leiaks lõpliku teostumise. Mittevaimsed soovid on seega ahelad, mis seovad inimese taaskehastuste ratta külge.

*Joogi autobiograafia*

BABADŽI KOOBAS HIMAALAJA MÄGEDES
Ranikheti lähistel asuv koobas, mida aeg-ajalt külastab maha-avataara Babadži. Lahiri Mahasaya pojapoeg Ananda Mohan Lahiri (valges) ja veel kolm pühendunut pühapaika külastamas.

molekulid seisavad koos Jumala tahte abil. Kui Ta oma tahte eemaldab, muutuvad kõik Maa aatomid taas energiaks, mis pöördub tagasi oma allikasse – teadvusse. Idee Maast kaob.

Unenäo aine püsib unenägija alateadvusliku mõtte jõul. Kui see sidus mõte ärkveloleku seisundis taandub, haihtuvad nii uni kui ka tema elemendid. Inimene suleb oma silmad ja tekitab uneloome, mille ta ärgates hõlpsasti olematuks muudab. Ta järgib jumalikku arhetüüpset mustrit. Täpselt samuti, kui ta ärkab kosmilisse teadvusse, dematerialiseerib ta pingutusteta kosmilise unenäo illusioonid.

Olles üks mõõtmatu kõikesaavutava Tahtega, võib Babadži koondada algelementide aatomid, ühendada need ja ilmutada mistahes kujul. See kuldne palee, mis loodi hetkega, on tõeline, täpselt nagu on tõeline planeet Maa. Babadži lõi selle paleetaolise härrastemaja oma teadvuses, hoiab selle aatomeid koos oma tahtejõuga nagu on Jumal loonud selle Maa ja hoiab teda terviklikuna." Ta lisas: „Kui see ehitis on oma eesmärgi täitnud, siis dematerialiseerib Babadži selle."

Kuna olin aukartusest vait, tegi mu teejuht viipava žesti: „See helendav, kalliskividega kaunistatud palee ei ole ehitatud inimjõupingutustega ega vaevaliselt kaevatud kullast ja vääriskividest. See seisab oma hiilguses kui inimesele[6] esitatud suurejooneline väljakutse. Kes iganes teostab end Jumala pojana nii nagu Babadži, võib jõuda iga eesmärgini iseendas peidusolevate mõõtmatute vägede abil. Tavaline kivigi peidab endas hämmastava aatomienergia[7] saladust. Niimoodi võttes on madalaimgi surelik jumalikkuse jõujaamaks."

Tark võttis lähedalasuvalt laualt kauni vaasi, mille sang kiiskas briljantidest. „Meie suur guru lõi selle palee, tahkestades müriaade vabasid kosmilisi kiiri," jätkas ta kirjeldamist, „puuduta seda vaasi ja neid briljante – need rahuldavad kõik katsed, mida inimmeeltega on võimalik sooritada."

Ma uurisin vaasi – tema kalliskivid olid väärt kuuluma kuninglikku kollektsiooni. Libistasin oma käe üle siledate ja läikivast kullast paksude seinte. Sügav rahuldus levis üle mu mõistuse. Allasurutud soov, mis oli mu alateadvuses peidus ammumöödunud eludest, näis olevat hetkega rahuldatud ja kustutatud.

Minu väärikas kaaslane juhtis mind külluslikult kaunistatud võlvitud koridoride kaudu imperaatori palee stiilis möbleeritud kambrisse. Sisenesime meeletusuurde saali. Selle keskel seisis värvidemängus küütlevate kalliskividega inkrusteeritud kuldne troon, millel istus lootosepoosis ülim Babadži. Kummardusin tema jalge ette.

"Lahiri, kas sa ikka veel pead unistuste pidusööki oma soovide kuldses palees?" Mu guru silmad vilkusid nagu safiirid. „Ärka! Kõik sinu maised janud saavad täis joodetud igaveseks." Ta pomises mõned müstilised õnnistussõnad. „Tõuse üles, mu poeg. Võta vastu oma initsiatsioon Jumala kuningriiki läbi *kriija jooga*."

---

[6] „Mis on ime? Ime on süüdistus, ime on varjatud satiir inimkonna üle." – *Edward Young*, „*Night Thoughts*" (Öö mõtted).

[7] Materia aatomistruktuuri teooria on lahti seletatud muistsetes India „*Vaisesika*" ja „*Nyaya*" uurimustes. „Iga aatomi tühjuses asuvad määratusuured maailmad, mitmekesised nagu kübemed päikesekiires." - „*Jooga Vasištha*".

*Joogi autobiograafia*

Babadži sirutas käe. Ilmus *homa* – ohvritulega altar, ümbritsetuna puuviljadest ja lilledest. Selle leegitseva altari ees sain ma vabastava joogatehnika pühitsuse.

Riitus toimetati varajasel koidutunnil. Ma ei vajanud oma ekstaatilises seisundis und ja kolasin mööda paleed, mis oli täidetud varanduste ja hindamatute kunstiteostega ning külastasin ka aedu. Märkasin lähedal samu koopaid ja paljaid kaljunukke, mida olin eilegi näinud, kuid siis ei külgnenud need ei suure ehitise ega lilleliste terrassidega.

Sisenedes taas uskumatult külmas Himaalaja päiksepaistes läikivasse paleesse, läksin jälle oma meistri juurde. Ta istus ikka veel troonil, ümbritsetuna paljudest vaikivatest järgijatest.

"Lahiri, sa oled näljane." Babadži lisas: „Sule oma silmad."

Kui ma nad taas avasin, olid lummav palee ja piltilusad aiad kadunud. Minu keha ja Babadži ning õpilaste hulgad istusid nüüd paljal maapinnal täpselt haihtunud palee kohal, mitte kaugel päiksest valgustatud kiviste koobaste sissepääsudest. Mulle meenus mu teejuhi märkus, et palee dematerialiseeritakse ja selle vangistatud aatomid lastakse tagasi mõtte-olemusse, millest nad pärinesid. Kuigi olin sündinust juhmistunud, vaatasin usaldavalt oma guru poole. Ma ei teadnud, mida selle päeva imedest järgmiseks oodata.

"Eesmärk, milleks palee sai loodud, on nüüd täidetud," seletas Babadži. Ta tõstis maast savipoti. Pista oma käsi sinna sisse ja võta sealt, mis iganes toitu sa soovid."

Puudutasin mahukat ja tühja anumat, koheselt ilmusid sinna kuumad võis praetud lapikud leivad, karritoidud ja maiustused. Süües märkasin, et anum oli alati täis. Einestamise lõpetanud vaatasin vett otsides ringi. Mu guru osutas minu ees olevale potile. Toit oli haihtunud – selle asemel oli vesi.

„Vähesed surelikud teavad, et Jumalariik peidab endas maiste rahulduste täitumise kuningriiki," märkis Babadži. „Jumalik valdus ulatub maiseni, aga viimane, olles loomuselt illusoorne, ei sisalda Tegelikkuse põhiolemust."

"Armastatud guru, eelmisel ööl näitasid sa mulle taevast ja maad ühendavat ilu!" Naeratasin meenutades haihtunud paleed – kindlalt ei ole ükski lihtne joogi saanud iial initsiatsiooni kõrgeaulisse Vaimu müsteeriumisse keset muljetavaldavat luksust! Imetlesin salamisi kahe vaatepildi kontrastsust. Kuivetunud maapind, taevane katus, algelist

*Palee materialiseerimine Himaalajas*

peavarju pakkuvad koopad – kõik näis olevat armuliselt loomulik tegevuspaik mind ümbritsevatele taevalikele pühakutele.

Istusin sel pärastlõunal oma tekil, pühitsetuna möödunud elu teostumistest. Mu jumalik guru tuli lähemale ja tõmbas käega üle minu pea. Sisenesin *nirvikalpa samaadhi* seisundisse, jäädes selle õndsusse katkematult seitsmeks päevaks. Ületades eneseteadmise üksteisele järgnevad kihid, tungisin tegelikkuse valdustesse, kus puudub surm. Kõik eksikujutluse piirangud hajusid – mu hing oli asetatud täielikult Kosmilise Vaimu altarile.

Kaheksandal päeval langesin oma guru jalge ette ja anusin, et ta hoiaks mind alati enda lähedal selles pühas metsiku loodusega paigas.

"Mu poeg," ütles Babadži mind emmates, „sinul tuleb selles kehastuses oma rolli mängida rahvahulkade silme ees. Olles enne sündi õnnistatud üksildase meditatsiooniga paljudes eludes, pead sa nüüd segunema inimestega maailmas."

"Faktil, et sa ei kohtunud minuga sel korral enne, kui olid juba tagasihoidlike pere- ja ärikohustustega abielumees, on sügav mõte. Sa pead lükkama kõrvale oma mõtted meie salajase seltskonnaga Himaalajas ühinemisest – sinu elu kulgeb keset linnarahvast, oled ideaalse *joogi*-pereisa eeskujuks."

"Paljude segaduses viibivate maiste naiste ja meeste appihüüded ei ole mitte kuulmata Suurvaimude kõrvadele," jätkas ta. „Sind on valitud *kriija jooga* abil vaimse tröösti toojaks arvukatele siirastele otsijatele. Miljonid peresidemete ja raskete maiste kohustustega koormatud saavad sinult kui endasarnaselt *uue südame*. Sa pead neid juhatama nii, et nad näeksid – kõrgeimad joogasaavutused ei ole pereinimesele tõkestatud. Isegi maailmas olles, täites ilma isikliku motiivi või kiindumuseta ustavalt oma vastutust, liigub joogi valgustumise kindlat teed mööda.

Ükski vajadus ei sunni sind lahkuma maailmast, sest seesmiselt sa oled juba lõhkunud selle karmaahelad. Olemata sellest maailmast, pead sa ikkagi olema selles maailmas. Möödub veel palju aastaid, mille kestel pead sa kohusetundlikult täitma oma pere-, töö-, eraelu- ja vaimseid kohustusi. Uus magus jumaliku lootuse hingus tungib maiste inimeste põuastesse südametesse. Sinu tasakaalustatud elu annab neile mõista, et vabanemine sõltub pigem sisemistest kui välistest loobumistest."

Kui kauged tundusid mu pere, kontor, maailm, kuulates oma guru kõrgel Himaalaja eraldatuses. Ja siiski kõlas tema sõnades raudne tõde: nõustusin allaheitlikult lahkuma sellest õnnistatud rahu pelgupaigast.

*Joogi autobiograafia*

Babadži juhendas mind järgima muistseid jäiku ettekirjutusi, mis valitsevad joogakunsti ülekandmist gurult õpilasele."

"Anneta *kriija* võti vaid kvalifitseerunud õpilastele," ütles Babadži. See, kes tõotab ohverdada Jumaliku otsingul kõik, sobib joogateaduse kaudu elu müsteeriume lahti harutama."

"Ingellik guru, te olete juba inimkonnale teene teinud, elustades *kriija jooga* kunsti. Kas te ei suurendaks seda kasu, lõdvendades järgijaks saamisele kehtestatud rangeid nõudeid?" Ma vaatasin anuvalt Babadži poole. „Ma palun, et te lubaks edastada *kriija* kõigile siiraile otsijaile, isegi kui nad esiti ei saa tõotada, et anduvad täielikult sisemisele loobumisele. Maailma piinatud mehed ja naised, jälitatuna kolmekordsest kannatusest,[8] vajavad erilist julgustust. Nad ei pruugi kunagi asuda vabanemise teele, kui *kriija* initsiatsioon neile kättesaamatuks jääb."

„Saagu nii. Sinu kaudu väljendati Jumalikku soovi." Nende lihtsate sõnadega pagendas halastav guru karmid turvameetmed, mis olid *kriija* ajastuteks maailma eest ära peitnud. „Anna *kriija* kõigile, kes alandlikult sinult abi paluvad," vastas halastav guru.[9]

Pärast pikka vaikust lisas Babadži: „Korda igale oma järgijale seda

---

[8] Kehalised, mentaalsed ja vaimsed kannatused, mis ilmnevad vastavalt haigustena, psühholoogiliste ebaadekvaatsuste või kompleksidena ja hinge ignorantsusena.

[9] Esmalt andis Babadži *kriija jooga* õpetamiseks loa ainult Lahiri Mahasayale. Joogaavataara küsis seepeale luba ka mõnele enda järgijale *kriija* õpetamiseks. Babadži nõustus ja määras, et *kriija* õpetamisel tuleb piirduda tulevikus nendega, kes on *kriija* teel edenenud ja kellele on selle õpetamise edastamise õiguse andnud Lahiri Mahasaya või kanalid, mille on paika pannud Jooga-avataara määratud õpilased. Babadži lubas kaastundlikult võtta endale elustelusse vastutuse kõigi ustavate ja lojaalsete ning selleks õigust omavate *kriija* õpetajate poolt initsieeritud *kriija* joogide vaimse käekäigu eest.

*Self-Realization Fellowship*'i ja *Yogoda Satsanga Society of India* poolt joogasse initsieeritud peavad allkirjastama tõotuse, et nad ei avalikusta *kriija* tehnikat teistele. Niiviisi on lihtne, kuid täpne *kriija* tehnika kaitstud autoriseerimata õpetajate muutuste ja moonutuste eest, säilitades oma algupärase ja rikkumatu kuju.

Kuigi Babadži loobus muistsetest askeesi piirangutest ja loobumistest, et massid saaksid *kriija joogast* kasu, nõudis ta sellele vaatamata Lahiri Mahasayalt, et kõik tema vaimse liini järeltulijad (SRF-YSS gurude liin) määraks kõigile initsiatsiooni otsijaile ettevalmistava vaimse treeningu perioodi, mis aitaks ette valmistuda *kriija jooga* praktikaks. Sellise kõrgeltarenenud tehnika nagu *kriija* viljelemine ei sobi kokku katkendliku vaimse eluga. *Kriija jooga* on enam kui meditatsioonitehnika – see on samuti eluviis ja nõuab pärast pühitsust teatud vaimsete distsipliinide ja ettekirjutuste omaksvõtmist. *Self-Realization Fellowship* ja *Yogoda Satsanga Society of India* on ustavalt viinud ellu neid juhiseid, mis on edasi antud Babadži, Lahiri Mahasaya, Sri Yukteswari ja Paramahansa Yogananda kaudu. SRF-YSS õppetundides õpetatud ja SRF-YSS esindajate autoriseeritud *kriija joogale* eelnevate Hong-Sau ja AUMi tehnikad on *kriija jooga* tee integraalseks osaks. Need tehnikad on väga efektiivsed teadvuse tõstmisel eneseteostuseni ja hinge vabastamisel köidikutest. (*Kirjastaja märkus*).

*Palee materialiseerimine Himaalajas*

majesteetlikku lubadust „*Bhagavad Giitast*"[10]:„*Svalpamapjasja dharmasja, trajate mahato bhajat.*" Isegi vähene selle dharma (religioosse riituse või õiglase teo) viljelemine päästab teid suurest hirmust – korduvate elu ja surma tsüklitega kaasnevatest määratutest kannatustest."

Kummardades järgmisel hommikul oma guru jalgade ette hüvastijätu õnnistuseks, tunnetas ta minu sügavat vastumeelsust temast lahkuda.

"Meie jaoks ei ole olemas lahkuminekut, mu armas laps." Ta puudutas südamlikult mu õlga. „Kus iganes sa oled, mil iganes sa mind kutsud, seal olen ma kohe sinuga."

Lohutatuna tema imelisest lubadusest ja rikas uuestileitud Jumalatarkuse kullast, pöördusin ma tagasi. Kontoris tervitasid mind kaastöötajad, kes olid kümme päeva arvanud, et ma olen Himaalaja džunglites ära eksinud. Peagi jõudis peakontorist kohale kiri.

"Lahiri peab naasma Danapuri kontorisse," oli seal kirjas. „Tema üleviimine Ranikhetti oli eksitus. Ranikheti kohustused olid määratud teisele mehele."

Ma naeratasin, meenutades varjatud sündmusliine, mis olid mind juhtinud India kaugeimasse punkti.

Enne tagasipöördumist Danapuri[11], veetsin paar päeva bengali perekonnaga Moradabadis. Mind kogunes tervitama kuuest sõbrast koosnev seltskond. Kui ma pöörasin vestluse vaimsetele teemadele, täheldas võõrustaja süngelt: "Oh, neil päevil on India pühakute poolest vaene!"

"Babu," protesteerisin soojalt, „muidugi on sel maal ikka veel suuri meistreid!"

Olles innukas vaimustuses, sattusin ma hoogu ja jutustasin oma imepärastest Himaalaja kogemustest. Väike seltskond oli viisakalt umbusklik.

"Lahiri," ütles üks mees rahustavalt, „sinu mõistus on olnud suure pinge all selles hõredas mägiõhus. See, mida sa jutustad, on mingi unenägu."

Põledes tõe entusiasmist, kõnelesin ma ilma mõtlemata: „Kui ma kutsun, ilmub mu guru otsemaid siia."

Huvi välgatas kõigis silmades, ei olnud mingi ime, et grupp himustas näha sel müstilisel moel materialiseerunud pühakut. Pooleldi vastu tahtmist küsisin vaikset tuba ja kahte uut villast tekki.

---

[10] Peatükk II:40
[11] Benarese lähedal asuv linn.

*Joogi autobiograafia*

"Meister materialiseerub eetrist," ütlesin ma. „Jääge vaikselt teisele poole ust, kutsun teid varsti sisse."

Sukeldusin meditatiivsesse seisundisse, kutsudes alandlikult oma guru. Pimendatud tuba täitus tuhmi särava kumaga – ilmus helendav Babadži kuju.

"Lahiri, kas sa kutsud mind tähtsusetu asja pärast?" Meistri pilk oli karm. „Tõde on siirastele otsijatele, mitte jõude uudishimutsejatele. On kerge uskuda kui nähakse, siis ei ole mingit hingeotsingut vaja. Meeltevälise tõe on ära teeninud ja avastavad need, kes on ületanud oma loomuliku materialistliku skeptitsismi." Ta lisas tõsiselt: „Lase mul minna!"

Langesin paluvalt tema jalge ette. „Püha guru, ma mõistan oma tõsist viga. Palun alandikult vabandust. Söandasin kutsuda teid selleks, et tekitada usku neis vaimselt pimedates mõistustes. Kuna te tulite mu palve peale, nagu lubasite, ärge palun lahkuge ilma minu sõpru õnnistamata. Olgugi uskmatud, tahtsid nad uurida tõde minu veidrate väidete taga."

"Väga hästi, ma jään veidikeseks. Ma ei taha, et su sõna saaks sõprade ees diskrediteeritud," Babadži nägu pehmenes, kuid ta lisas leebelt, „siit alates, mu poeg, tulen ma siis, kui sa mind vajad, aga mitte alati, kui sa mind kutsud."[12]

Kui ma ukse avasin, valitses väikses grupis pingeline vaikus. Justkui kaheldes oma meelte tajus, jõllitasid mu sõbrad tekil istuvat säravat kuju.

"See on massihüpnoos!" naeris üks meestest häbitult. „Keegi ei oleks saanud sellesse ruumi siseneda ilma meie teadmata!"

Babadži tõusis naeratades ja kutsus igaühte puudutama tema sooja ja tahket ihu. Kahtlused hajusid ja mu sõbrad heitsid end põrandale aukartlikus patukahetsuses.

"Valmistage *halvaad*,"[13] palus Babadži. Ma teadsin, et ta tegi seda selleks, et veenda gruppi oma füüsilises kohalolekus. Kuni puder kees, vestles jumalik guru sõbralikult. Võimas metamorfoos toimus, kui *kahtlevatest Toomastest* said *apostel Paulused*. Kui olime söönud, õnnistas Babadži meid kõiki. Siis toimus äkiline sähvatus: me olime Babadži keha elementide hetkelise, udutaoliseks valguseks muundumise

---

[12] Mõõtmatu juurde viival teel võivad isegi valgustunud meistrid nagu Lahiri Mahasaya kannatada ülemäärase innukuse all ja eksida distsipliini vastu. „Bhagavad Giitas" loeme paljusid lõike, kus jumalik guru Krišna kutsus korrale pühendunute printsi Ardžunat.

[13] Paks puding, mida tehakse võis, piimas ning suhkrus praetud nisumannast.

tunnistajateks. Meistri Jumalale-häälestunud tahtejõud lasi vabaks tema keha eeterlikud aatomid – otsekohe haihtusid triljonid tillukesed elektronide sädemed mõõtmatusse.

"Oma silmadega olen ma näinud surma alistajat," rääkis Maitra,[14] üks grupis olnutest aukartlikult. Tema nägu oli hiljutise ärkamise rõõmust ümberkujunenud. „Ülim guru mängis aja ja ruumiga nagu laps mängiks veemullidega. Ma olen näinud seda, kel on taeva ja maa võtmed."

Pöördusin varsti tagasi Danapuri. Olles tugevasti kinnistunud Vaimus, võtsin uuesti enda peale majaperemehe pere- ja teenistuskohustuste virrvarri."

Lahiri Mahasaya rääkis svaami Kebalanandale ja Sri Yukteswarile teisest kohtumisest Babadžiga olukorras, mis tuletas meelde guru lubadust: „Ma tulen, mil iganes sa mind vajad."

„Lavaks oli *Kumbha Mela* Allahabadis," rääkis Lahiri Mahasaya oma järgijaile. „Läksin sinna töölt saadud lühikese puhkuse ajal. Kui ma uitasin kesk pühale pidustusele kaugelt saabunud munkade ja sadhude tunglemist, märkasin ma tuhaga määritud ja kerjakaussi hoidvat askeeti. Tuli pähe mõte, et see mees on silmakirjalik, kandes väliseid loobumise tunnuseid ilma vastava seesmise iluta."

Niipea, kui olin sellest askeedist möödunud, langes mu hämmastunud pilk Babadžile. Ta põlvitas matijuukselise eraku ees.

"Guruji!" kiirustasin tema kõrvale. „Härra, mida te siin teete?"

"Ma pesen selle loobuja jalgu ja siis pesen tema sööginõud," naeratas mulle Babadži lapselikult. Teadsin tema siirast tahet, et ma ei kritiseeriks kedagi, vaid et näeksin Issandat võrdselt kõigis keha-templites, olgu need siis kõrgest soost või madalat päriolu.

Suur guru lisas: „Teenides tarku ja ignorantseid sadhusid, õpin ma Jumalale kõigist teistest voorustest enam meeldivat – alandlikkust."[15]

---

[14] Mees, keda hiljem tunti Maitra Mahasaya nime all, arenes eneseteostuses määratult. Kohtasin Maitra Mahasayat varsti peale keskkooli lõpetamist – ta külastas Benareses asuvat *Mahamandali* eraklat siis, kui ma selle asukaks olin. Siis rääkiski ta mulle Babadži materialiseerumisest grupi ees Moradabadis. „Ime tulemusena," selgitas Maitra Mahasaya mulle, „sai minust Lahiri Mahasaya eluaegne järgija."

[15] „Jumal, kes kõrgel istub, kes alandub vaatama, mis taevas ja maa peal on." (Psalmid 113:6). „Kes ennast ise ülendab, seda alandatakse, ja kes ennast ise alandab, seda ülendatakse" (Matteuse 23:12).

Ego ehk *vale mina* alandamine tähendab oma igavese identiteedi avastamist.

PEATÜKK 35

# Lahiri Mahasaya Kristuse-sarnane elu

„Saagu nii, et me teeksime kogu õiglust mööda."[1] Oma sõnades Ristija Johannesele ja palves teda ristida, teadvustas Jeesus oma guru jumalikke õigusi.

Orientaalse vaatenurga alt[2] lugupidav Piibli uurimine ja intuitiivne taju on andnud mulle veendumuse, et Ristija Johannes oli eelmistes eludes Kristuse guru. Piiblis on mitmeid tekstilõike, mis järeldavad, et Ristija Johannes ja Jeesus olid Eelija ja tema õpilane Eliša (need on Vana Testamendi hääldused. Kreeka tõlkijad hääldasid neid nimesid vastavalt Elias ja Eliseus. Uues Testamendis ilmuvad nad muudetud kujul).

Vana Testamendi lõpus on Eelija ja Eliša taaskehastumise ettekuulutus: „Vaata, ma saadan prohvet Eelija, enne kui tuleb Issanda päev, suur ja kardetav."[3] Nii oli Johannes (Eelija), kes saadeti enne Issanda saabumist, sündinud veidi varem, et teenida Kristuse tuleku kuulutajana. Ingel ilmus Sakariasele tunnistama, et tema tulevane poeg Johannes ei ole keegi muu kui Eelija (Elias).

„Aga ingel ütles talle: „Ära karda, Sakarias, sest su anumist on kuuldud ja su naine Eliisabet toob sulle ilmale poja ja sa paned talle nimeks Johannes. /.../ Ja ta pöörab palju Iisreali lapsi Issanda, nende Jumala poole. Ja ta ise käib tema eel[4] *Eelija vaimus ning väes,* et pöörata isade südant laste poole ja sõnakuulmatuid õigete meelsusse, et kujundada Issandale valmistatud rahvast."[5]

---

[1] Matteuse 3:15

[2] Paljud Piibli tekstilõigud näitavad, et taaskehastuse seadusest saadi aru ja seda tunnistati. Reinkarnatsiooni tsüklid on palju mõistlikum seletus inimkonna erinevate evolutsioonitasandite kohta, kui käibelolev lääne teooria, mis arvab, et miski (iseteadvus) tuli eimillestki, oli olemas erinevates lõbujanu seisundites kolmkümmend või üheksakümmend aastat ja pöördus siis tagasi algsesse tühjusse. Sellise tühjuse kujuteldamatu olemus on probleemiks keskaja õppuri südame rõõmustamisel.

[3] Malaki 3:23.

[4] „Tema eel" st „Issanda eel".

[5] Luuka 1:13-17.

Jeesus samastas kaks korda Eelijat ühemõtteliselt Johannesega: „Eelija on juba tulnud, ent nad ei ole teda ära tundnud. /.../ Siis mõistsid jüngrid, et ta rääkis neile Ristija Johannesest."[6] Teisel korral ütles Kristus: „Kõik Prohvetid ja Seadus on ju ennustanud Johanneseni, ja kui te nõustuda tahate: tema on Eelija, kes pidi tulema."[7]

Kui Ristija Johannes eitas, et ta on Eelija,[8] siis pidas ta silmas, et Johannese alandlikus kestas ei tulnud ta enam suure õpetaja Eelija välise kõrge väljendusena. Oma eelmises kehastuses oli ta oma hiilguse ja vaimse rikkuse „kuue" pärandanud oma järgijale Elišale.

„Ja Eliša ütles: „Tuleks mulle omati kahekordne osa sinu vaimust". Ja Eelija vastas: „Sa oled palunud rasket asja. Ometi, kui sa näed mind su juurest ära võetavat, siis sünnib sulle nõnda." /.../ Ja ta võttis siis üles Eelija kuue, mis tollel oli seljast maha langenud."[9]

Rollid vahetusid, sest Eelija-Johannest ei olnud enam vaja jumalikus teostuses täiuslikuks muutunud Eliša-Jeesuse nähtava guruna.

Kui Jeesus mäe peal kuju muutis,[10] siis oli see tema guru Eelija koos Moosesega, keda ta nägi. Oma häda tunnil ristil hüüdis Jeesus jumalikku nime: „*Elii, Eli, lemaa sabahtani?*" - see tähendab: „Mu Jumal, mu Jumal, miks sa mu maha jätsid? Aga mõned sealseisjad laususid seda kuuldes: „See mees hüüab Eelijat appi"[11]. /.../ „Noh olgu, eks me näe, kas Eelija tuleb teda päästma!"

Igavene guru ja järgija side, mis oli olemas Johannese ja Jeesuse vahel, eksisteeris ka Babadži ja Lahiri Mahasaya vahel. Õrna murelikkusega ujus suremaatu guru üle põhjatutest vetest, mis keerlesid tema õpilase eluda vahel ja juhatas samme, mida mööda Lahiri Mahasaya lapsena ning hiljem mehena astus. Alles siis, kui järgija oli jõudnud kolmekümne kolmanda eluaastani, pidas Babadži aega küpseks, et taastada avalikult ühenduslüli, mis polnud kunagi katkenudki.

Peale lühikest kohtumist Ranikhetis ei hoidnud isetu guru oma palavalt armastatud järgijat enda kõrval, vaid lasi ta vabaks välise maise missiooni jaoks. „Mu poeg, ma tulen, mil iganes sa mind vajad." Milline surelik armastaja võiks anda sellise mõõtmatu lubaduse?

---

6 Matteuse 17:12-13.
7 Matteuse 11:13-14.
8 Johannese 1:21.
9 II Kuningate raamat 2:9-14.
10 Matteuse 17:3.
11 Matteuse 27:46-49.

*Joogi autobiograafia*

Üldiselt on ühiskonnale teadmata, et suur vaimne taassünd algas 1861. aastal kaugest tänavanurgast Benareses. Just nagu lillelõhna ei ole võimalik peita, nii ei saanud vaikselt ideaalse pereisana elanud Lahiri Mahasaya varjata oma seesmist hiilgust. Aegamisi alustasid pühendunud mesilastena kõikjal Indias vabastatud meistri jumaliku nektari otsinguid.

Inglasest kontori-inspektor oli üks esimesi, kes märkas oma teenistuja imelikku transtsendentaalset muutust, keda ta armsasti „ekstaatiliseks Babuks" kutsus.

„Härra, te näite nii kurb. Mis mureks?" uuris Lahiri Mahasaya ühel hommikul kaastundlikult oma tööandjalt.

„Mu naine Inglismaal on kriitiliselt haige. Ärevus käristab mu hinge."

„Ma hangin teile tema kohta paar sõna." Lahiri Mahasaya lahkus toast ja istus lühikeseks ajaks eraldatud nurka. Pöördudes tagasi, naeratas ta lohutavalt.

„Teie naine paraneb. Ta kirjutab teile hetkel kirja." Kõiketeadev joogi tsiteeris mõnda osa läkitusest.

„Babu, ma juba tean, et te ei ole tavaline inimene. Aga ma ei ole võimeline uskuma, et võite tahte abil aega ja ruumi alistada!"

Lubatud kiri saabus viimaks. Hämmingus inspektor avastas, et see sisaldab peale naise paranemisest kõnelevate uudiste ka veel samu fraase, mida suur meister oli nädalaid tagasi korranud.

Tema naine saabus Indiasse paar kuud hiljem. Kohates Lahiri Mahasayat, vaatas ta teda aupaklikult.

„Härra," ütles ta, „see oli teie pühapaiste hiilgava valgusega ümbritsetud kuju, mida ma nägin mitu kuud tagasi oma haigevoodi kõrval Londonis. Samal hetkel sain ma täiesti terveks! Varsti pärast seda olin ma võimeline ette võtma pika reisi üle ookeani Indiasse."

Päev päeva järel initsieeris ülev guru ühe või kaks pühendunut *kriija joogasse*. Lisaks neile vaimsetele ettevõtmistele ning töö- ja eraelu kohustustele tundis suur meister entusiastlikku huvi hariduse vastu. Ta organiseeris palju õppegruppe ja mängis aktiivset rolli Benarese Bengatolia linnajao suure keskkooli arengus. Nädalastel kokkusaamistel, mida hakati kutsuma tema *„Giita"* kokkutulekuks, seletas guru pühakirju lahti paljudele innukatele tõeotsijatele.

Selle kaudu püüdis Lahiri Mahasaya vastata küsimusele: „Kuidas leida pärast töö- ja ühiskondlike kohustuste täitmist veel aega pühendumuslikuks meditatsiooniks?" Harmooniliselt tasakaalustatud suure guru elu muutus inspiratsiooniks tuhandetele meestele ja naistele. Teenides tagasihoidlikku sissetulekut, liikus meister kõigile ligipääsetavana, loomulikult ja õnnelikult distsiplineeritud maist eluteed mööda.

Olgugi, et ta oli Ülima istmel end hästi sisse seadnud, austas Lahiri Mahasaya kõiki inimesi, vaatamata nende teenetele. Kui tema pühendunud teda tervitasid, kummardus ta vastuseks nende ees. Lapseliku alandlikkusega puudutas meister tihti teiste jalgu, kuid lubas harva neil endale samasugust au osutada, ehkki selline gurule suunatud austamisavaldus on muistne idamaine komme.

Lahiri Mahasaya elu väljapaistvaks tunnusjooneks oli tema *kriija* initsiatsiooni kingitus igast usust inimestele. Mitte ainult hindud, vaid ka moslemid ja kristlased olid tema suurimad pühendunud. Monistid ja dualistid, igat usku inimesed ja needki, kes üldse midagi ei uskunud, pälvisid guru erapooletu vastuvõtu. Kõik nad said temalt juhiseid. Üks tema kõrgelt edenenud õpilasi oli islami usku Abdul Gufoor Khan. Vaatamata kõrgele brahmiini kastikuuluvusele, andis Lahiri Mahasaya endast parima ja näitas üles suurt vaprust, kui asi puudutas jäika kastikuuluvuse fanatismi. Iga eluala inimesed leidsid peavarju meistri kaitsvate tiibade all. Nagu kõik Jumalast inspireeritud prohvetid, andis Lahiri Mahasaya uut lootust ühiskonna poolt väljaheidetutele ja -allasurututele.

„Pidage alati meeles, et te ei kuulu kellelegi ja et keegi ei kuulu teile. Mõelge sellele, et ühel päeval peate te järsku lahkuma kõigest sellest siin ilmas – seepärast tehke Jumalaga juba nüüd tutvust," ütles suur õpetaja oma järgijaile. „Valmistage end ette tulevaseks astraalseks surmateekonnaks, sõitke iga päev Jumala-tunnetuse õhupallil. Eksikujutluse kaudu tajute te end kui lihast ja luudest pundart, mis parimal juhul on hädade pesaks.[12] Mediteerige väsimatult, et võiksite kiiresti näha end kui Mõõtmatut Allikat, vabana igast häda vormist. Lõpetage keha vangiks olemine, õppige salajast *kriija* võtit kasutades Vaimu põgenema."

Meister julgustas oma erinevaid õpilasi järgima nende endi usu head traditsioonilist distsipliini. Rõhutades *kriija jooga* kui vabastava tehnika kõikehaaravat olemust, andis Lahiri Mahasaya õpilastele vabaduse väljendada oma elu vastavalt keskkonnale ja kasvatusele.

---

[12] „Kui palju surmi on meie kehades! Midagi peale surma seal ei ole." – *Martin Luther, „Lauakõne".*

## LAHIRI MAHASAYA
(1828-1895)
Jooga-avataara, Jooga kehastus
Babadži õpilane ja Sri Yukteswari guru;
*kriija jooga* teaduse taaselustaja kaasaegses Indias.

„Moslem peaks teostama oma *namadži*[13] (Jumala-kummardamist) viis korda päevas," tõi meister esile. „Hindu peaks istuma mitu korda päevas meditatsioonis. Kristlane peaks laskuma põlvili mitu korda päevas, paludes Jumalat ja lugedes seejärel Piiblit."

Targa mõistmisega juhtis guru oma järgijaid *bhakti* (pühendumise), *karma* (tegude), *gnjaana* (tarkuse) või *radža* (kuninglik või täielik) *joogasse* vastavalt iga inimese loomulikele kalduvustele. Pühendunutele, kes taotlesid ametlikku mungaseisust, oli ta loa andmisel aeglane. Meister hoiatas neid esmalt alati ja soovitas hästi järele mõelda mungaelu ranguse üle.

Suur guru õpetas oma järgijaid vältima teoreetilist vaidlust pühakirjade üle. „Vaid see on tark, kes pühendab end mitte ainult muistsete ilmutuste lugemisele, vaid nende teostamisele," ütles ta. „Lahendage kõik oma probleemid meditatsiooni abil.[14] Vahetage kasutud religioossed spekulatsioonid tegeliku Jumalaga koosolemise vastu.

Puhastage oma mõistus dogmaatilistest teoloogilistest rusudest, laske voolata otsese tajumise värsketel ja tervendavatel vetel. Häälestage end aktiivsele sisemisele Juhtimisele, Jumalikul häälel on vastus igale eludilemmale. Kuigi inimeste nupukus hädadesse sattumisel tundub olevat lõpmatu, ei ole Mõõtmatu Leevendus vähem leidlikum."

Meister näitas ühel päeval oma kõikjalolemise võimet grupi järgijate ees, kes kuulasid tema „*Bhagavad Giita*" teemalist esitust. Seletades lahti elavas looduses eksisteerivat *Kutastha Chaitanyat* ehk Kristuse Teadvust, ahmis Lahiri Mahasaya järsku õhku ja karjus:

„Ma upun paljude hingede kehades Jaapani ranniku lähistel!"

Järgmisel hommikul lugesid õpilased ajalehe artiklit paljude inimeste surmaga lõppenud õnnetusest - eelmisel päeval oli laev Jaapani ranniku lähistel põhja läinud.

Arvukad Lahiri Mahasaya kaugelasuvad järgijad olid teadlikud õpetaja endassehaaravast kohalolekust. „Ma olen alati nendega, kes praktiseerivad *kriijat*," ütles ta lohutavalt õpilastele, kes ei saanud tema lähedal olla. „Ma juhatan teid Kosmilisse Koju teie avarduvate tajude kaudu."

Sri Bhupendra Nath Sanyal[15] oli suure guru väljapaistev järgija, kel noorukina 1892. aastal ei olnud võimalik Benaresesse minna. Ta

---

[13] Viis korda päevas korratav moslemite peamine palve.
[14] „Otsige tõde meditatsioonis, mitte kopitanud raamatutes. Vaadake kuud otsides taevasse, mitte tiiki." – Pärsia kõnekäänd.
[15] Sri Sanyal suri 1962. aastal *(kirjastaja märkus)*.

palvetas meistri poole, et saada vaimseid juhiseid. Noormees sai seejärel täpse *kriija jooga* initsiatsiooni magades. Lahiri Mahasaya ilmus Bhupendra ette unes ja toimetas pühitsuse (*dikša*). Hiljem läks poiss Benaresesse ja küsis gurult initsiatsiooni. „Ma juba initsieerisin sind unes," vastas Lahiri Mahasaya.

Kui järgija jättis mõne oma maistest kohustustest unarusse, siis korrigeeris või distsiplineeris meister teda leebelt.

„Lahiri Mahasaya sõnad olid leebed ja tervendavad, isegi kui ta oli sunnitud avalikult rääkima õpilase vigadest," rääkis Sri Yukteswar ükskord mulle. Ta lisas kurvastusega: „Ükski järgija ei pagenud kunagi meie meistri kriitiliste märkuste tõttu." Ma ei saanud jätta muigamata, aga ma kinnitasin Sri Yukteswarile, et iga tema sõna, olgu terav või mitte, oli muusikaks mu kõrvadele.

Lahiri Mahasaya jaotas *kriija* hoolikalt neljaks üksteisele järgnevaks initsiatsiooniks.[16] Ta andis kolm kõrgemat tehnikat alles siis, kui pühendunu oli ilmutanud kindlat vaimset edasiminekut. Ühel päeval tõstis üks õpilastest, kes oli veendunud, et tema väärtust ei hinnatud õiglaselt, rahulolematult häält: „Meister," ütles ta, „ma olen kindlasti valmis saama teist initsiatsiooni."

Sel hetkel avanes uks, et lasta sisse alandlikku järgijat Brinda Bhagatti. Ta oli Benareses postiljon.

„Brinda, tule istu siia mu kõrvale." Suur guru naeratas talle poolehoidvalt: „Ütle mulle, kas sa oled *kriija* teise tehnika saamiseks valmis?"

Väike postiljon painutas anudes oma käsi: „Gurudeva," ütles ta kartlikult, „ei mingeid initsiatsioone enam, palun! Kuidas ma saaksin vastu võtta veel mõnd kõrgemat õpetust? Ma tulin paluma sinu õnnistusi, sest esimene *kriija* täitis mind sellise joovastusega, et ma ei saa enam kirju laiali viidud!"

„Brinda juba ujub Vaimu-meres." Nende Lahiri Mahasaya sõnade peale lasi teine järgija oma pea longu.

„Meister," ütles ta, „näen, et olen oma tööd halvasti teinud arvates, et tööriistad on kehvad."

Hariduseta kirjakandja arendas hiljem enda mõistmise *kriija* abiga sellise tasemeni, et isegi õpetlased tahtsid temalt kuulda pühakirjalisi tõlgendusi. Nõnda võitis väike Brinda tuntuse õpetatud meestegi seas.

---

[16] *Kriija joogal* on palju keerukaid hargnemisi: Lahiri Mahasaya on välja toonud neli põhilist sammu – need, millel on kõrgeim vaimne väärtus.

## Lahiri Mahasaya Kristuse-sarnane elu

Lisaks paljudele Lahiri Mahasaya Benarese järgijatele jõudsid tema juurde sajad otsijad kaugetest India paikadest. Ta ise reisis mitmel puhul Bengali, külastades äiapapade kodudes oma kahte poega. Olles õnnistatud Lahiri Mahasaya kohalolekust, külvati Bengalimaa meekärjekujuliselt üle väikeste *kriija* gruppidega. Krishnagari ja Bishnupuri piirkondades on paljud vaiksed pühendunud kuni tänase päevani alal hoidnud vaimse meditatsiooni voolamise nähtamatut hoovust.

Paljude Lahiri Mahasaya käest *kriija* saanud pühakute seas võiks olla mainitud hiilgav svaami Bhaskarananda Saraswati Benaresest ja Deoghari kõrgelt tunnustatud askeet Balananda Brahmachari. Lühiajaliselt oli Lahiri Mahasaya eraõpetajaks Benarese Maharadža Iswari Narayan Sinha Bahaduri pojale. Tunnustades meistri vaimset saavutust, soovisid nii maharadža kui tema poeg saada *kriija* initsiatsiooni – nagu ka maharadža Jotindra Mohan Thakur.

Paljud Lahiri Mahasaya mõjuka maise positsiooniga järgijad soovisid *kriija* avalikustamise kaudu huviliste ringi avardada. Guru seda teha ei lubanud. Üks õpilastest, Benarese Issanda kuninglik arst, alustas organiseeritult meistri nime levitamist „Kashi Baba" (Benarese Vaimustatu) nime all.[17] Jällegi keelas guru selle ära.

„Las *kriija* lillelõhn levib tuulepuhanguga loomulikul teel," ütles ta. „Tema seeme ajab juuri vaimselt viljakates südametes."

Kuigi suur meister ei võtnud omaks kaasaegse organisatsiooni või trükiajakirjanduse abil jutlustamise süsteemi, teadis ta, et tema sõnumi vägi tõuseb vastupandamatu voona, uputades oma väega inimmõistuse kaldad. Pühendunute muudetud ja puhastatud elud olid *kriija* surematu elujõu lihtsaks garantiiks.

1886. aastal, kakskümmend viis aastat peale Ranikheti initsiatsiooni, läks Lahiri Mahasaya pensionile.[18] Meister oli nüüd kättesaadavam ning pühendunud otsisid teda kasvavate hulkadena. Suur guru istus nüüd enamiku ajast vaikuses, olles lukustatud rahulikku lootoseasendisse. Ta lahkus harva oma väiksest salongist, loobudes jalutuskäigust ja majatiibade külastamisest. Vaikne õpilaste vool liikus pea katkematult – tuldi guru daršanile, et pühast vaatepildist osa saada.

---

[17] Teised Lahiri Mahasayale tema järgijate poolt omistatud tiitlid olid *Jogibar* (suurim joogide seas); *Jogiradž* (joogide kuningas) ja *Munibar* (suurim pühakute hulgas). Mina lisasin *Joogaavataara* (jooga kehastus).

[18] Ta oli kokku teeninud ühes valitsusasutuses 35 aastat.

## Joogi autobiograafia

Lahiri Mahasaya tavapärane füsioloogiline seisund äratas vaatajates aukartust, täheldati üliinimlikku hingamiseta ja uneta olemist, pulsi- ja südametegevuse peatumist, tundide kaupa pilkumata rahulikke silmi ja sügava rahu aurat. Ükski külaline ei lahkunud ilma vaimu ülendamiseta. Kõik teadsid, et nad olid saanud tõelise jumalamehe vaikse õnnistuse.

Nüüd lubas meister oma järgijal Pantshanon Bhattacharyal avada Kalkutas Aaria Misjoni nimelise joogakeskuse. Keskus levitas joogas tuntud taimseid ravimeid[19] ja kirjastas esimesed odavad bengalikeelsed „Bhagavad Giita" väljaanded. Hindi ja bengalikeelsed *Aaria Misjoni* „*Giitad*" leidsid oma tee tuhandetesse kodudesse.

Vastavalt muistsele tavale andis meister inimestele erinevate haiguste raviks neemipuu[20] õli. Kui guru palus ühel järgijaist seda õli destilleerida, sai too hõlpsasti sellega hakkama. Kui aga proovis keegi teine, siis põrkus ta kokku imelike raskustega, avastades, et raviotstarbeline õli oli pärast destilleerimisprotsessi peaaegu täielikult haihtunud. Ilmselt oli meistri õnnistus vajalikuks koostisosaks.

Vastasküljel on toodud bengali kirjas Lahiri Mahasaya käekirja näidis ja allkiri. Need read on võetud kirjast ühele õpilasele – suur meister seletab lahti järgnevat sanskriti värssi: „See, kes on jõudnud rahulikkuse seisundini, kus tema silmalaud ei pilgu, on saavutanud *Sambhabi muudra.*"[21]

(alla kirjutanud, all, vasemal) *„Sri Shyama Charan Deva Sharman"*

Nagu paljud teisedki suured prohvetid, ei kirjutanud Lahiri Mahasaya ühtki raamatut, vaid juhendas erinevaid järgijaid oma tõlgendustega erinevate pühakirjade kohta. Minu armas sõber Sri Ananda

---

[19] Hindu meditsiinilisi süsteemseid kirjatöid kutsutakse *Ajurveedaks*. Veeda arstid kasutasid keerulisi kirurgiriistu, teostasid plastilist kirurgiat, mõistsid, kuidas tegutseda vastu mürkgaasi mõjudele, tegid keisrilõikeid ja ajuoperatsioone, oskasid rohtusid valmistada. Hippocrates laenas palju oma *materia medicas* olevat hindu allikatest.

[20] Ida-India margosapuu. Tema meditsiinilist väärtust on ka nüüd läänes tunnustatud, kus neemipuu kibedat koort kasutatakse toonikuna ja seemnetest saadud õli ja vilju antakse leepra ja teiste haiguste vastu.

[21] *Sambhabi muudra* tähendab pilgu kinnistamist kulmude vahelises piirkonnas. Kui joogi on saavutanud teatud mentaalse rahu seisundi, siis tema silmalaud ei liigu – ta on sukeldunud sisemisse maailma.

*Muudra* ehk „sümbol" viitab tavaliselt sõrmede ja käte rituaalsetele žestidele. Paljud muudrad ärgitavad rahulikkust teatud närve mõjutades. Muistsed hindu süsteemsed tekstid klassifitseerivad peensusteni *naadisid* (72 000 närvikanalit kehas) ja nende suhet mõistusega. Jumala-kummardamisse ja joogasse kaasatud muudratel on seega teaduslik alus. Keerulist muudrate keelt võib leida samuti India ikonograafias ja rituaalsetes tantsudes.

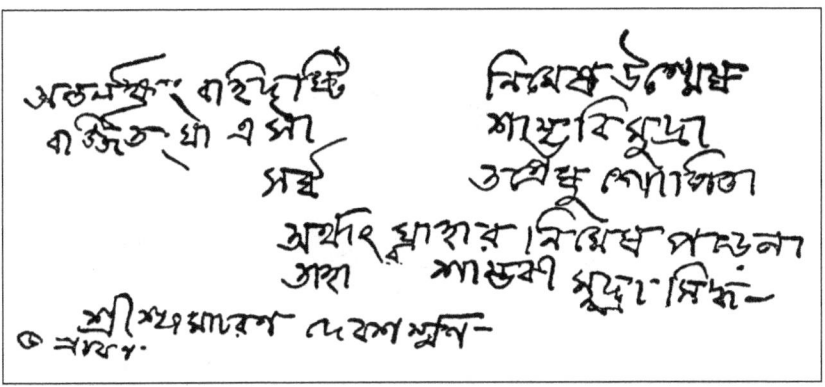

Mohan Lahiri, meistri lahkunud pojapoeg, kirjutas järgmist:

„„Bhagavad Giita" ja mitmed teised „Mahabhaarata" eepose osad sisaldavad mitmeid sõlmpunkte (*vjas-kutas*). Kui te neid sõlmpunkte ei uuri, siis leiate vaid kummalisi ning hõlpsasti valestimõistetavaid müütilisi lugusid. Jätke sõlmpunktid lahti seletamata ja me kaotame teaduse, mille India on üliinimliku kannatlikkusega säilitanud pärast tuhandeid aastaid kestnud eksperimenti.[22]

Lahiri Mahasaya kommentaarid olid nendeks, mis tõid mõistujuttudest vabana valguse kätte usuteaduse, mis oli väga kavalalt kujundlikkuse abil silma alt ära. Vähem sõnalist kelmust ning arusaamatudki riituste vormelid said meistri abil tähenduse.

Me teame, et inimene on halbade kirgede võimuses abitu. Kui *kriija* kaudu koidab kõrgeima ja kestvama õndsuse teadvus, osutuvad kired väetiteks ja inimene ei leia enam motiivi nende rahuldamiseks. Sünkroonselt kogetakse madalamast loomusest loobumist ning ülima õndsuse seisundi vastuvõtmist. Nii on tavapärased moraalsed eitust väljendavad õpetussõnad meile kasutud.

Kõigi näivate ilmutuste taga asub Mõõtmatu, Väe Ookean. Meie innukus maiste tegevuste suhtes tapab meis vaimse aukartuse tunde.

---

[22] „Hiljuti Induse jõeoru arheoloogilistel kaevamistel välja kaevatud suur hulk kolmandasse aastatuhandesse enne Kristust kuuluvaid pitsateid, millel kujutatakse tänapäeval joogasüsteemis kasutatavates meditatiivsetes asendites istuvaid figuure. Nende alusel võib teha järeldusi, et isegi tollel ajal olid mõningad jooga alged juba tuntud. Me ei saa ilma põhjuseta järeldada, et süstemaatilist sisevaatlust on koos õpitud meetodite abiga viljeldud Indias juba viis tuhat aastat." – *Professor W. Norman Brown, väljaandes „Bulletin of American Council of Learned Societies," Washington, D.C.*

Hindu pühakirjade tunnistus aga ütleb, et joogateadus on Indias tuntud lugematuid aastatuhandeid.

PANTCHANON BHATTACHARYA
Lahiri Mahasaya õpilane

Me ei suuda ette kujutada Suurt Elu kõigi nimede ja vormide taga vaid seetõttu, et teadus ütleb meile, kuidas kasutada looduse vägesid. See viib põlguseni: meie suhe loodusega on väga praktiline. Narrime loodust, et saada teada, mil viisil saaksime sundida teda meie eesmärke teenima. Kasutame tema energiaid, aga selle Allikas jääb meile tundmatuks. Teaduses on meie suhe loodusega kui ülbe inimese ja tema teenri suhe: filosoofiliselt väljendudes on loodus nagu tunnistajapingil istuv kinnivõetu. Me teeme ristküsitlusi, esitame väljakutseid ja mõõdame tõendeid inimmõõtkava järgi, mis aga ei suuda mõõta tema peidetud väärtusi.

## Lahiri Mahasaya Kristuse-sarnane elu

Teisalt – kui meie mina on ühenduses kõrgeima väega, siis kuuletub loodus automaatselt ilma tõrke või viivituseta inimese tahtele. Sellist pingutuseta looduse valitsemist nimetab mõistmatu materialist imepäraseks. Lahiri Mahasaya elu oli eeskuju, mis muutis vigast arusaama, mille kohaselt on jooga müstiline praktika. Iga inimene võib leida *kriija* kaudu tee, et mõista oma õiget suhet loodusega. Vaatamata asjalikule ja faktipõhisele füüsikateadusele, võime siis tunda vaimset austust kõigi nähtuste suhtes, olgu need siis müstilised või igapäevased.[23] Me peame meeles pidama, et mis oli müstiline tuhandeid aastaid tagasi, ei ole seda enam tänapäeval ning mis on müstiline nüüd, muutub avalikult arusaadavaks mõne aasta pärast.

*Kriija jooga* teadus on igavene. See on tõsi nagu matemaatika ja nagu lihtsad liitmise ja lahutamise reeglid – *kriija* seadust ei saa kunagi hävitada. Põletage tuhaks kõik matemaatika raamatud, kuid loogiliselt mõtlevad inimesed avastavad need tõed ikka uuesti. Hävitage kõik joogat käsitlevad raamatud, tema alusseadused tulevad uuesti välja, kus iganes ilmub välja puhta pühendumuse ja selle tagajärjel puhta teadmisega tark."

Nagu Babadži on suurimate avataarade seas *maha-avataara* ja Sri Yukteswari võib õiglaselt kutsuda *gnjaana-avataaraks* ehk tarkuse kehastuseks, siis oli Lahiri Mahasaya *jooga-avataara* ehk jooga kehastus.[24]

Ta tõstis ühiskonna vaimse taseme kvaliteeti ja kvantiteeti. Järgijate Kristuse-sarnaseks ülendamise ning masside seas tõe levitamise võime poolest kuulub Lahiri Mahasaya inimkonna päästjate hulka.

Tema unikaalsus prohvetina lasub praktilise *kriija* meetodi levitamises, ta avas esimest korda kõigile inimestele jooga-vabaduse ukse. Lisaks imedele tema enda elus, jõudis jooga-avataara korda saata erakordse teo – vähendas jooga muistset keerukust tavapärase taipamise lihtsuseni.

Imedele viidates ütles Lahiri Mahasaya tihti: „Peenemate seaduste toimimine pole inimestele üldiselt teada, neid ei tohiks ilma eristusvõimeta

---

[23] „Inimene, kes ei suuda imestada, kes ei suuda harjumuslikult imestada (ja kummardada), olgu ta lugematute kuninglike ühingute president ja kandku ... ta peas kõigi laboratooriumide ja observatooriumide kokkuvõtteid koos tulemustega, on siiski vaid prillipaar, mille taga pole silmi." - *Carlyle, „Sartor Resartus."*

[24] Sri Yukteswar oli viidanud oma õpilasele Paramahansa Yoganandale kui jumaliku armastuse kehastusele. Peale Paramahansa lahkumist andis tema peamine järgija ja vaimne järeltulija Rajarishi Janakananda (James J. Lynn) ametlikult talle *Premaavataara* ehk Armastuse Kehastuse tiitli. *(Kirjastaja märkus).*

*Joogi autobiograafia*

avalikult arutada ega avaldada." Kui tundub, et olen neil lehekülgedel tema hoiatavaid sõnu eiranud, siis juhtus see nõnda tema poolt mulle antud seesmise nõusoleku tõttu. Kirjutades Babadži, Lahiri Mahasaya ja Sri Yukteswari elust, kaalusin välja jätta paljud tõeliselt imelised lood, mis võiks jääda filosoofilise seletava materjali lisamiseta arusaamatuks.

Majapidamise ja palgatööga seotud joogi Lahiri Mahasaya tõi tänapäevase maailma vajadustele sobiva praktilise sõnumi. Muistse India majanduslikud ja religioossed tingimused olid praegusest erinevad. Suur meister ei edendanud seetõttu vana ideaali kerjakausiga ringiuitavast askeedist. Pigem rõhutas ta ise endale elatist teeniva joogi eeliseid, milleks on sõltumatus surutise all ühiskonnas ja oma kodu privaatsus jooga praktiseerimisel. Neile nõuannetele lisas Lahiri Mahasaya iseenda eeskuju julgustava jõu. Ta oli kaasaegne „efektiisemaks kujundatud" joogi mudel. Tema eluviis – nagu Babadži oli plaaninud, oli mõeldud teejuhiseks püüdlevatele joogidele üle terve ilma.

Uus lootus uutele inimestele! „Jumalik ühtsus on võimalik ennast pingutades ning ei ole sõltuv teoloogilistest uskumustest või mõne kosmilise diktaatori suvalisest tahtest," kuulutas *jooga-avataara*.

*Kriija* võtme kasutamisel näevad isikud, kes ei suuda uskuda jumalikkust teistes, seda viimaks iseendis.

PEATÜKK 36

# Babadži huvi lääne vastu

„Meister, kas sa kunagi kohtasid Babadžid?"
Oli vaikne suveõhtu Serampore'is. Suured troopikataeva tähed kumasid meie peade kohal, kui istusin Sri Yukteswari kõrval tema erakla teise korruse rõdul.

„Jah." Meister naeratas minu otsese küsimuse peale, endal austus silmades säramas. „Kolm korda on mind õnnistatud surematu guru nägemisega. Meie esimene kohtumine oli *kumbha mela* ajal Allahabadis."

Mäletamatutest aegadest alates Indias peetud religioosseid pidustusi tuntakse *kumbha mela* nime all. Need on aidanud hoida vaimseid eesmärke pidevas rahvahulkade tähelepanu keskmes. Miljonid pühendunud hindud kogunevad iga kaheteistkümne aasta tagant, et kohtuda tuhandete sadhude, joogide, svaamide ja kõiksuguste askeetidega. Paljud pühamehed on erakud, kes kunagi ei lahku oma eraldatud asukohtadest, välja arvatud *meladel*[1] osalemiseks ja maistele meestele ja naistele õnnistuse jagamiseks.

„Sel ajal, kui ma kohtasin Babadžid, ei olnud ma veel svaami," jätkas Sri Yukteswar. „Kuid ma olin juba saanud *kriija* initsiatsiooni Lahiri Mahasayalt. Ta julgustas mind osalemaks *melal*, mis pidi kokku kutsutama Allahabadis 1894. aasta jaanuaris. See oli minu esimene *kumbha* kogemus. Tundsin end kergelt oimetuna rahvahulga käratsemises ja suures sagimises. Otsivalt ringi vaadates ei näinud ma ühegi valgustunud meistri nägu. Minnes üle Gangese kaldail asuvast sillast, märkasin lähedal seisvat tuttavat, kerjakauss välja sirutatud."

"Oo, see laat ei ole muud kui üks suur müra, kaos ja kerjused," mõtlesin illusioonide purunedes. „Imestan, kas lääne teadlased, kes kannatlikult avardavad inimkonna praktiliseks hüvanguks mõeldud teadmiste valdkonda, on Jumalale rohkem meelepärased kui nood logelejad, kes kuulutavad religiooni, kuid keskenduvad almustele."

---

[1] Vaata ptk 42.

Minu hõõguvad mõtisklused ühiskonna ümberkujundamise üle katkestas minu ees seisma jäänud pika *sannjaasi* hääl: „Härra," ütles ta, „pühak kutsub sind."

"Kes ta on?"

"Tule ja vaata ise."

Järgides kõheldes seda lakoonilist nõuannet, leidsin end varsti puu lähedalt, mille okste varjus oli guru atraktiivse järgijate grupiga. Meister, sädelevate tumedate silmade ja erksa kehahoiakuga, tõusis mu liginemisel ja embas mind.

"Tere tulemast, svaamiji," ütles ta hellalt.

"Härra," vastasin ma kaastundlikult, „ma *ei* ole svaami."

"Need, keda ma jumalikult juhatades svaamiks nimetan, ei heida seda kunagi ära." Pühak pöördus mu poole lihtsalt, kuid tema sõnades helises sügava tõe veendumus. Samal hetkel haaras mind vaimse õnnistuse laine. Naeratades oma äkilise muistsesse mungaordusse ülendamise peale,[2] kummardusin selle ilmselt suure ja ingelliku inimkujulise olevuse ette, kes mind nii oli austanud.

„Babadži – sest see oli tõesti tema – viipas mulle, kutsudes mind puu alla enda lähedale istuma. Ta oli tugev ja noor ja nägi välja nagu Lahiri Mahasaya, kuid see sarnasus ei rabanud mind, ehkki olin tihti kuulnud kahe meistri ebatavalisest välisest sarnasusest. Babadžil on vägi ära hoida teatud mõtte esiletulekut inimese mõistuses. Ilmselt soovis suur õpetaja, et oleksin tema juuresolekul täiesti loomulik ega tunneks liigset ärevust tema isiku äratundmisest.

"Mida sa arvad *kumbha melast?*"

"Olin selles väga pettunud, härra," ütlesin ja lisasin kiiresti: „kuni selle ajani mil kohtasin teid. Miskipärast ei tundu pühakud ja kogu see sagin kokku kuuluvat."

"Laps," ütles meister, kuigi ilmselt olin mina kaks korda nii vana kui tema, „ära süüdista paljude vigade pärast tervikut. Maa peal on kõik segatud iseloomuga nagu liiva ja suhkru segu. Ole nagu tark sipelgas, kes haarab vaid suhkru ja jätab liiva puutumata. Kuigi paljud siinsed sadhud uitavad veel eksikujutluses, õnnistab *melat* siiski mõni Jumala-teostuse saavutanud inimene."

Pidades silmas kohtumist selle üleva meistriga, nõustusin kiiresti

---

[2] Hiljem initsieeris Sri Yukteswari formaalselt Svaami Ordusse Biharis oleva Bodh Gaya kloostri eestseisja (*mahant*).

tema tõdemusega. "Härra," kommenteerisin, "olen mõelnud siinsetest arukamatele lääne teadlastele, kes elavad kauges Euroopas ja Ameerikas ja kel on erinevad usutunnistused ning kes ei ole teadlikud sellistest *meladest* nagu seesinane. Need on inimesed, kes saaksid suurt kasu India meistritega kohtumisest. Olgugi, et neil on kõrged intellektuaalsed saavutused, on paljud lääne inimesed laulatatud kokku kirbe materialismiga. Ja need, kes on kuulsad teaduses ja filosoofias, ei tunne religioonides peituvat põhiolemuslikku ühtsust. Nende usutunnistused ehitavad ületamatuid takistusi, ähvardades neid meist igaveseks lahutada."

"Näen, et oled läänest huvitatud ja samuti idast." Babadži nägu kiirgas heakskiitvalt. „Tundsin sinu südamevalu, mis on piisavalt avar kõigi, nii hommikumaiste kui õhtumaiste inimeste suhtes. Seepärast ma kutsusingi su siia."

"Ida ja lääs peavad rajama kuldse kesktee tegevuse ja vaimsuse ühendamisel," jätkas ta. „Indial on palju õppida läänelt materiaalse arengu vallas ja omakorda, India saab õpetada meetodeid, mille abil lääs on võimeline asetama oma religioossed uskumused joogateaduse vankumatutele alustele."

"Sinul, svaamiji on tulevases harmoonilises hommikumaade ja õhtumaade vahelises vahetuses osa mängida. Mõne aasta pärast saadan ma sulle järgija, keda saad treenida jooga levitamiseks Läänes. Minuni jõuavad paljude vaimselt otsivate hingede võnked. Tajun Ameerikas ja Euroopas äratamist ootavaid potentsiaalseid pühakuid."

Selles loo punktis pööras Sri Yukteswar oma pilgu otse minu silmadesse.

„Mu poeg," ütles ta kuuvalgel naeratades, „sina oled see järgija, kelle Babadži aastaid tagasi mulle saata lubas."

Olin õnnelik, saades teada, et Babadži oli juhtinud mu samme Sri Yukteswari juurde, kuid ikkagi oli raske end kaugesse Läände ette kujutada, kaugele oma armastatud gurust ja lihtsast erakla rahust.

„Babadži kõneles siis „*Bhagavad Giitast*"," jätkas Sri Yukteswar. „Minu hämminguks, näitas ta paari kiitusesõnaga oma teadlikkust tõsiasjast, et olin kirjutanud tõlgendusi erinevatele „Giita" peatükkidele."

"Minu palvel svaamiji, võta palun ette uus töö," ütles suur meister. „Kas sa kirjutaksid väikese raamatu kristliku ja hindu pühakirjade aluseks oleva põhiolemusliku ühtsuse teemal? Nende põhiolemuslik ühtsus on inimeste sektantlikes erisustes segaseks aetud. Näita

*Joogi autobiograafia*

paralleelsete viidete najal, et inspireeritud Jumala pojad on rääkinud samu tõdesid."

"Maharadža,"[3] vastasin häbelikult, „milline käsk! Kas ma olen võimeline seda täitma?"

Babadži naeris leebelt. „Mu poeg, miks sa kahtled?" ütles ta julgustavalt. „Tõesti, Kelle tööd on kõik need ja Kes on kõigi tegevuste Tegija? Mida iganes Issand mind ütlema paneb, peab täide minema."

Ma arvasin end olevat volitatud pühaku õnnistustega ja nõustusin kirjutama raamatu. Tundes vastumeelselt, et lahkumineku hetk on saabunud, tõusin oma puulehtedest istmelt.

"Kas sa tead Lahirit?" uuris meister. „Ta on suur hing, kas pole nii? Räägi talle meie kohtumisest." Siis andis ta läkituse Lahiri Mahasayale.

Kui olin alandlikult hüvastijätuks kummardanud, naeratas pühak heatahtlikult. „Kui su raamat on valmis, tulen sulle külla," lubas ta. „Head aega nüüd."

„Lahkusin Allahabadist järgmisel päeval ja istusin Benarese suunas väljuvale rongile. Jõudes oma guru koju, valasin välja kogu loo imelisest pühakust *kumbha melal*.

"Oo, kas sa teda ära ei tundnudki?" Lahiri Mahasaya silmad tantsisid naerust. „Ma näen, et vist mitte, sest ta hoidis sind tagasi. Ta on mu võrreldamatu guru, taevane Babadži!"

"Babadži!" kordasin ma rabatuna. „Joogi-Kristus Babadži! Nähtamatu-nähtav päästja Babadži! Oh, kui ma saaksin minevikku tagasi pöörata ja olla veel kord ta juures, näidates oma pühendumust tema lootosjalgade ees!"

"Pole midagi," ütles Lahiri Mahasaya lohutavalt. „Ta lubas sind uuesti vaatama tulla."

"Gurudeva, jumalik meister palus mul anda teile sõnumi. „Ütle Lahirile," ütles ta, „et selleks eluks kogutud vägi hakkab otsa saama. See on peaaegu otsas.""

„Nende mõistatuslike sõnade lausumise peale tõmbles Lahiri Mahasaya kuju, justkui oleks saanud pikselööki. Hetkega jäi kõik temas vait. Tema naeratav näoilme muutus enneolematult karmiks. Tema keha muutus värvituks nagu oleks istmel sünge ja liikumatu puust kuju.

---

[3] „Suur kuningas" – austav tiitel.

*Babadži huvi lääne vastu*

Olin ärevil ja hämmingus. Mitte kunagi varem polnud ma näinud seda rõõmsat hinge sellist hirmsat tõsidust ilmutamas. Teised kohalolnud järgijad jõllitasid taipamatult.

Kolm tundi möödus täielikus vaikuses. Siis taastas Lahiri Mahasaya oma loomuliku, rõõmsa käitumisviisi ja kõneles iga õpilasega hellalt. Kõik ohkasid kergendatult.

Mõistsin oma õpetaja reageerimisest, et Babadži sõnum oli olnud eksimatuks signaaliks Lahiri Mahasayale, et ta keha jääb varsti üürnikust ilma. Tema hämmastav vaikimine tõestas, et mu guru oli koheselt oma olemust kontrollinud. Ta lõikas läbi viimase materiaalse maailmaga seotud nööri ja pages oma igaveses Vaimus elavasse identiteeti. Babadži märkus oli tema viisiks öelda: „Olen sinuga igavesti!"

Kuigi Babadži ja Lahiri Mahasaya olid kõiketeadvad ega vajanud teineteisega suhtlemiseks mind ega ühtki teist vahemeest, laskuvad suurvaimud tihti alla, et mängida osa inimdraamas. Aeg-ajalt edastavad nad ettekuulutusi sõnumitoojate kaudu tavalisel viisil, et nende sõnade lõplik täitumine võiks hiljem põhjustada suuremat jumalikku usku seda lugu tundma õppivas inimesteringis.

„Lahkusin peagi Benaresest ja asusin Serampore'is Babadži nõutud pühakirjaliste kirjutiste kallal tööle," jätkas Sri Yukteswar. „Nii pea kui olin oma ülesande kallale asunud, olin võimeline kirjutama surematule gurule pühendatud luuletuse. Meloodilised read voolasid pingutuseta mu sulest, kuigi ma polnud kunagi varem sanskritikeelse luulega katsetanud."

„Öö vaikuses olin tegevuses Piibli ja *Sanaatana Dharma*[4] pühakirjade võrdlemisega. Tsiteerides õnnistatud Issand Jeesuse sõnu, näitasin, et tema õpetused olid põhiolemuselt V*eedade* ilmutustega üks. Minu

---

[4] Sõna-sõnalt „igavene religioon", nimi, mis on antud Veedade õpetuste kogumile. *Sanatana Dharmat* hakati kutsuma *hinduismiks*, sest kreeklased, kes vallutasid Aleksander Suure juhtimisel Loode-India, tähistasid Induse jõe kallastel elavaid inimesi nimega *hindood* ehk *hindud*. Tegelikult viitab sõna „hindu" õigesti väljendades vaid *Sanatana Dharma* või *hinduismi* järgijatele. Termin „indialased" käib võrdselt nii hindude ja moslemite kui ka teiste India pinnal elavate inimeste kohta (ja samuti Kolumbuse segadusseajava geograafilise vea tõttu mongoliidsete Ameerika põlisasukate kohta).

Muistne India nimi on *Aaryavarta*, mis otsetõlkes tähendab *aarialaste asupaik*. Sanskriti sõnatüvi „*aarya*" tähendab „*väärikas, püha, õilis*". Hilisem etnoloogilise sõna „*aarialane*" väärkasutamine mitte vaimsete, vaid füüsiliste omaduste tähistamiseks, pani suure orientalisti Max Mülleri veidralt ütlema: „Etnoloog, kes räägib aaria rassist, aaria verest, aaria silmadest ja juustest, on sama suur patune, nagu oleks lingvist, kui ta räägiks pikapealisest sõnastikust ja lamedapealisest grammatikast."

*Joogi autobiograafia*

Ülima-Guru[5] (*paramguru*) armu läbi sai mu raamat „*The Holy Science*" (Püha Teadus)[6] valmis lühikese ajaga.

Hommikul, pärast kirjanduslike jõupingutuste lõpetamist," jätkas meister, „läksin ma siia Rai ghatile, et Gangeses supelda. Ghat oli maha jäetud. Seisatasin korraks vaikselt, nautides päikselist rahu. Pärast sädelevasse vette kastmist, suundusin kodu poole. Ainsateks helideks igal sammul vastu keha laksuvad Gangese veest märjad riided. Möödudes jõe kaldal asuvast suure banjanipuuga platsist, sundis tugev impulss mind tagasi vaatama. Seal banjani varjus, ümbritsetuna mõnest järgijast, istus suur Babadži!"

"Tervist, svaamiji!" kostis meistri kaunis hääl, kinnitamaks, et ma ei näe und. „Ma näen, et oled oma raamatu edukalt valmis saanud. Nagu ma lubasin, tulin ma siia, et sind tänada."

Kiiresti lööva südamega heitsin end täies ulatuses tema jalge ette. „Ülim-guruji," ütlesin anuvalt, „kas teie ja teie õpilased ei austaks mu lähedalasuvat kodu oma kohalolekuga?"

Ülim guru keeldus naeratades. „Ei, laps," ütles ta, „oleme inimesed, kellele meeldib olla puude varjus – see paik siin on piisavalt mugav."

"Palun viibi veel hetkeks, meister." Vaatasin paluvalt talle otsa. „Olen kohe eriliste maiustustega tagasi."[7]

Kui ma paari minuti pärast taldrikutäie hõrgutistega tagasi tulin, ei olnud taevalist truppi enam isandliku banjanipuu all. Otsisin kõikjal mööda *ghatti*, kuid oma südames teadsin, et väike seltskond oli juba eeterlikel tiibadel ära lennanud.

„Olin sügavalt solvunud, „Isegi kui me veel kohtume, ei hooli ma temaga rääkimisest," kinnitasin ma endale. „Oli ebaviisakas minust nõnda lahkuda." Muidugi oli see armastuse raev ja ei midagi muud.

Paari kuu pärast külastasin Benareses Lahiri Mahasayat. Kui sisenesin tema väiksesse salongi, naeratas mu guru tervituseks.

"Tere tulemast, Yukteswar," ütles ta, „Kas sa kohtasid just mu ukselävel Babadžid?"

"Miks, ei," vastasin üllatunult.

---

[5] *Paramguru* tähendab „ülimat guru" ehk gurude Guru. Nii on Babadži Lahiri Mahasaya guruna Sri Yukteswari *paramguruks*.

Mahaavataara Babadži on ülim guru meistrite liinis, kes on võtnud vastutuse SRF-YSS *kriija joogat* ustavalt viljelevate liikmete vaimse käekäigu eest.

[6] Kirjastatud nüüd Self-Realization Fellowship'i poolt Los Angeleses Kalifornias.

[7] Indias ei peeta austusväärseks, kui inimene ei paku gurule värskendavat kehakinnitust.

*Babadži huvi lääne vastu*

"Tule siia." Lahiri Mahasaya puudutas mind õrnalt laubalt ja ma nägin kohe ukse lähedal Babadži kuju, õitsva täiusliku lootosena.

Mäletasin oma vana haavumist ja ei kummardanud. Lahiri Mahasaya vaatas mulle hämmeldunult otsa.

Jumalik guru vaatas mind põhjatute silmadega. „Kas sa oled mu peale pahane?"

"Härra, miks ma peaksin?" vastasin mina. „Õhust te oma maagilise grupiga tulite ja samasse te ka haihtusite."

"Ma ütlesin, et ma tulen sind vaatama, aga ei öelnud, kui kauaks ma jään." Babadži naeris leebelt. „Sa olid täis erutust. Ma kinnitan sulle, et ma tajusin eetriski sinu rahutust."

Olin hetkega rahuldatud sellest meelituseta öeldud seletusest. Kummardusin ette – ülim guru patsutas heatahtlikult mulle õlale.

"Laps, sa peaksid rohkem mediteerima," ütles ta. „Sinu pilk ei ole veel veatu – sa ei näeks mind päikesevalguse taga peidetuna." Nende taevalike flöödihäälsete sõnadega kadus Babadži kiirgusse.

„See oli üks minu viimastest Benarese külastustest, kus ma oma guru vaatamas käisin," ütles Sri Yukteswar kokkuvõtteks. „Nagu Babadži oli *kumbha melal* ette kuulutanud, oli Lahiri Mahasaya kehastuse aeg ümber saamas. 1895. aasta suvel tekkis tema sitke keha seljal väike põletikuline protsess. Lahiri Mahasaya protesteeris kirurgilise puhastuse vastu – ta töötas ihus läbi mõne oma järgija halba karmat. Kui mõnede õpilaste toon lõpuks väga nõudlikuks muutus, vastas meister mõistatuslikult: „Keha peab leidma põhjuse lahkumiseks. Olen nõus, mida iganes te tahate teha."

Natuke aega hiljem loobus võrreldamatu guru Benareses oma kehast. Ei olnud enam vajadust otsida teda tema väikesest salongist. Iga päeva minu elust oli õnnistatud tema kõikjalolevast juhtimisest."

Aastaid hiljem kuulsin edasijõudnud järgija svaami Keshabananda[8] huultelt palju imelisi üksikasju Lahiri Mahasaya lahkumisest.

„Mõned päevad enne oma kehast loobumist," rääkis Keshabananda mulle, „ilmus ta minu ette, kui istusin oma Haridwari eraklas."

"Tule viivitamata Benaresesse." Nende sõnadega Lahiri Mahasaya haihtus.

Istusin viivitamata Benaresesse sõitvale rongile. Leidsin oma guru kodust sinna kogunenud järgijad. Mitmeid tunde seletas meister sel

---

8 Minu külastust Keshabananda aašramisse on kirjeldatud lk 395+.

*Joogi autobiograafia*

päeval[9] „*Giitat*". Siis pöördus ta lihtsalt meie poole:
"Ma lähen koju."
Ängistuse nuuksed puhkesid vastupandamatu joana.
"Olge lohutatud. Ma tõusen uuesti üles." Öelnud seda, tõusis Lahiri Mahasaya istmelt, tegi kehaga kolm ringi, keeras näo põhja suunas, istus lootoseasendisse ja sisenes kuulsusrikkalt lõplikku *maha-samaadhisse*.[10]

Lahiri Mahasaya kaunis ja pühendunutele kallis keha kremeeriti pühaliku riituse saatel Manikarnika ghatil püha Gangese ääres," jätkas Keshabananda. „Järgneval päeval kell kümme hommikul, kui ma olin veel Benareses, ujutas suur valgus mu toa üle. Ennäe! Minu ees seisis luust ja lihast Lahiri Mahasaya kuju! See paistis täpselt samasugune nagu tema vana keha, välja arvatud, et see nägi välja palju noorem ja kiirgavam. Mu jumalik guru kõneles minuga.

"Keshabananda," ütles ta, „see olen mina. Oma kremeeritud keha laialilennanud aatomitest taaselustasin ma uue kuju. Minu töö selles maailmas on tehtud, kuid ma ei lahku sellelt Maalt täielikult. Nüüdsest alates kulutan veidi aega koos Babadžiga Himaalajas ja kosmoses."

Paari mulle suunatud õnnistusesõna saatel meister haihtus. Imeline inspiratsioon täitis mu südame, olin vaimus tõstetud nagu olid seda Kristuse ja Kabiri[11] järgijad, kui nad olid oma elavaid gurusid peale nende füüsilist surma näha saanud.

---

[9] 26. september 1895 on kuupäev, mil Lahiri Mahasaya lahkus oma kehast. Mõne päeva pärast oleks ta saanud 67 aastat vanaks.

[10] Kolmekordne kehaga pöörlemine, seejärel näoga põhja suunas keeramine on Veedade riitused, mida kasutavad meistrid, kes eelnevalt teavad, millal nende füüsilise keha jaoks viimane tund lööb. Viimast meditatsiooni, mille ajal meister sulandub Kosmilisse AUM'i nimetatakse *maha* (suur) *samaadhiks*.

[11] Kabir oli suur 16. sajandi pühak, kelle tohutu järgijaskond koosnes hindudest ja moslemitest. Kabiri surma ajal tülitsesid pühendunud matusetseremoonia läbiviimise vormi üle. Meeleheitele viidud meister tõusis oma viimasest unest ja andis juhised: „Pool minu säilmetest tuleb matta muhameedlaste tava kohaselt," ütles ta, „ja las teine pool olla kremeeritud hindu sakramendile vastavalt." Siis ta haihtus. Kui pühendunud eemaldasid surilina, mis oli katnud keha, ei leitud sealt midagi peale kauni lilledest rivi. Pool neist põletati Magharis moslemite poolt, kes austavad seda pühamut kuni tänase päevani. Teine pool kremeeriti hindu tseremooniatega Benareses. Sellele kohale püstitati tempel *Kabir Cheura*, mis tõmbab ligi tohutut hulka palverändureid.

Tema noorusepõlves tulid Kabiri juurde kaks järgijat, kes tahtsid müstilisel teel täpseid intellektuaalseid juhiseid. Meister vastas lihtsalt:

Tee eeldab kaugust.

Kui Ta on lähedal, siis ei ole teil mingit teed üldse vaja.
See paneb mind tõesti naeratama,
kuuldes kalast, kel vees olles on janu!

*Babadži huvi lääne vastu*

„Tulnud tagasi oma Haridwari eraklasse," jätkas Keshabananda, „kandsin endaga kaasas oma guru püha tuhka. Ma tean, et ta oli ajutisest ruumilisest kongist lahkunud. Kõikjalolemise lind sai vabaks. Aga mu südant lohutas tema õilsa keha tuha pühitsemine."

Teine järgija, kes sai ülestõusnud guru õnnistatud nägemise osaliseks, oli Kalkuta Aaria Misjoni rajaja, pühalik Panchanon Bhattachaarya.[12]

Külastasin Panchanoni tema Kalkuta kodus ja kuulasin naudinguga tema jutustust aastatest koos oma meistriga. Lõpetuseks rääkis ta oma elu kõige erilisemast sündmusest.

„Siin Kalkutas," ütles Panchanon, „kremeerimisele järgneval hommikul kell kümme ilmus Lahiri Mahasaya minu ette oma elavas hiilguses."

Svaami Pranabananda, „kahe kehaga pühak", usaldas mulle saladuskatte all samuti üksikasju oma võrratust kogemusest. Minu Ranchi kooli külastamise ajal ütles Pranabananda mulle:

„Paar päeva enne oma kehast lahkumist sain Lahiri Mahasaya käest kirja, milles ta palus mul koheselt Benaresesse tulla. Ma jäin lahkumisega hiljaks ja ei saanud koheselt minna. Keset reisi ettevalmistusi, umbes kell kümme hommikul, haaras mind järsku rõõm oma guru säravat kuju nähes.

"Milleks Benaresesse kiirustada?" ütles Lahiri Mahasaya naeratades. „Sa ei leia mind sealt enam eest."

Kui tema sõnade kaudne tähendus mulle koitis, puhkesin ma murtud südamega nutma, uskudes, et ma näen teda vaid nägemusena. Meister lähenes mulle lohutavalt. „Puuduta mu ihu," ütles ta. „Ma elan nagu alati. Ära nuta – kas ma pole sinuga mitte igavesti?""

Nende kolme suure järgija huultelt ilmnes imeline tõde: hommikusel tunnil kella kümne ajal, päev pärast Lahiri Mahasaya keha leekidele loovutamist, ilmus ülestõusnud meister tõelises, kuid ümberkujundatud kehas kolmele järgijale – igaühele erinevas linnas.

„Aga kui see kaduv peab riietuma kadumatusega ja see surelik riietub surematusega, siis läheb täide sõna, mis on kirjutatud: „Surm on neelatud võidusse! Surm, kus on sinu võit? Surm, kus on sinu astel?""[13]

---

12 Panchanon püstitas Biharis Deogharis 17-aakrilises aias Šiva templi, milles on pühaks peetud õlimaal Lahiri Mahasayast. *(Kirjastaja märkus).*
13 I Korintlaste 15:54-55, „Miks teil peetakse uskumatuks, et Jumal surnuid üles äratab?" – Apostlite teod 26:8.

## PEATÜKK 37

# Ma lähen Ameerikasse

„Ameerika! Kindlasti on need inimesed ameeriklased!" Selline oli minu esimene mõte, kui mu vaimusilma ette kerkis panoraam lääne inimeste nägudest[1].

Istusin meditatsiooni süüvinuna Ranchi kooli[2] laoruumis paari tolmuse kasti taga. Privaatset nurgakest oli neil noorukitega veedetud toimekatel aastatel raske leida!

Nägemus jätkus: tohutu rahvahulk jälgimas mind tähelepanelikult, pühkis ta üle teadvuse näitelava.

Laoruumi uks avanes ja nagu tavaliselt, oli üks poistest avastanud minu peidupaiga.

„Tule siia, Bimal," hüüdsin ma rõõmsameelselt. „Mul on sulle uudiseid: Issand kutsub mind Ameerikasse!"

„Ameerikasse?" Poisi huulilt kajasid mu sõnad vastu toonil, mis andis mõista justkui oleksin öelnud: "Kuu peale."

„Jah! Ma lähen Ameerikat avastama nagu Kolumbus. Ta arvas, et oli avastanud India – kindlasti on nende kahe maa vahel karmaline side!"

Bimal lippas minema. Kahejalgse ajalehe vahendusel oli varsti terve kool sellest teadlik. Kutsusin kokku hämmingus õpetajad ja andsin kooli juhtimise neile üle.

„Ma tean, et te hoiate Lahiri Mahasaya jooga-ideaalid alati kõrgel," ütlesin ma. „Kirjutan teile tihti ja kui Jumal tahab, siis ühel päeval tulen ma tagasi."

Pisarad valgusid mul silma, kui heitsin viimase pilgu väikestele poistele ja Ranchi päikeselistele valdustele. Määrav ajajärk mu elus oli nüüd läbi saanud, teadsin seda. Nüüdsest alates elutsen ma kaugetes

---

[1] Paljusid neist nägudest olen sellest saadik läänes näinud ja koheselt ära tundnud.

[2] 1995. aastal, kui tähistati Paramahansa Yogananda seitsmekümne viiendat Ameerikasse tulemise aastapäeva, pühitseti Ranchis endise laoruumi asukohas (kus Paramahansal nägemus ilmus) sisse kaunis Smriti mandiir (mälestustempel).

maades. Astusin Kalkuta rongile mõned tunnid pärast nägemuse ilmumist. Järgneval päeval sain kutse osaleda India delegaadina Ameerikas toimuval religioossete liberaalide rahvusvahelisel kongressil. Sel aastal pidi see Ameerika unitaarlaste ühenduse egiidi all kokku kutsutama Bostonis.

Endal pea pööritamas, otsisin Serampore'is üles Sri Yukteswari.

„Guruji, mind kutsuti just Ameerikas toimuvale religioossele kongressile kõnet pidama. Kas ma peaksin minema?"

„Kõik uksed on sulle lahti," vastas Meister lihtsalt. „Kas nüüd või mitte kunagi."

„Aga, härra," ütlesin kohkunult, „mida ma tean avalikust esinemisest? Ma olen üldse harva ettekandega esinenud, aga mitte kunagi inglise keeles."

„Inglise või mitte inglise, sinu sõnu jooga kohta kuuldakse läänes."

Ma naersin. „Hästi, kallis guruji, ma ei arvagi, et ameeriklased hakkavad bengali keelt õppima! Palun õnnista mind ja lükka mind üle inglise keele barjääridest."[3]

Kui ma avaldasin oma plaani isale, oli ta täiesti jahmunud. Tema jaoks tundus Ameerika uskumatult kauge paik – ta kartis, et ei näe mind enam kunagi.

„Kuidas sa lähed?" küsis ta karmilt. „Kes sind rahastab?" Kuna ta oli hellalt kandnud kõik mu hariduse ja elamise kulud, siis lootis ta kahtlemata, et see küsimus teeb mu projektile piinliku lõpu.

„Issand rahastab mind kindlasti." Öeldes nõnda, mõtlesin samal ajal sarnasest vastusest, mille olin andnud kaua aega tagasi oma vennale Anantale Agras. Ilma erilise salakavaluseta lisasin: „Vahest paneb Jumal sulle pähe, et sa mind aitaksid."

„Ei, mitte iial!" Ta heitis mulle haletsusväärse pilgu.

Seetõttu olin hämmingus, kui isa mulle järgmisel päeval suure summaga tšeki ulatas.

„Ma annan sulle selle raha," ütles ta, „mitte kui isa, vaid kui Lahiri Mahasaya ustav järgija. Mine siis sinna kaugele läänemaale ja levita seal usutunnistuseta *kriija jooga* õpetust."

Olin määratult liigutatud sellest isetust vaimust, mis pani isa kiiresti kõrvale heitma oma isiklikke soove. Talle oli öösel kohale jõudnud, et mind ei kannusta merereisile mitte tavaline kaugele reisile mineku soov.

---

[3] Sri Yukteswar ja mina vestlesime tavaliselt bengali keeles.

*Joogi autobiograafia*

„Vahest ei kohtu me enam selles elus." Isa, kes oli sel ajal kuuskümmend seitse, kõneles kurvalt.

Intuitiivne veendumus ärgitas mind vastama: „Kindlasti toob Issand meid veel kord kokku."

Valmistudes lahkuma oma meistrist ja kodumaast tundmatute Ameerika randade suunas, ei tundnud ma mingit ärevust. Olin kuulnud palju lugusid materialistlikust lääne atmosfäärist, et see on väga erinev India muistse pühakute aurast läbi imbunud vaimsest taustast.

„Hommikumaa õpetaja, kes esitab väljakutse lääne õhustikule," mõtlesin, „peab olema karastatud Himaalaja külmakatsumuste vastu!"

Ühel varasel hommikutunnil alustasin ma palvetamist, täis järelejätmatut otsustavust jätkata, isegi surra palvetades, kuni ma kuulen Jumala häält. Ma tahtsin Tema õnnistust ja kinnitust, et ma ei kaota end kaasaegse utilitarismi udus. Minu süda oli Ameerikasse minekuks valmis, aga palju enam oli see täis otsustavust kuulata jumaliku lubaduse tröösti.

Ma palvetasin ja palvetasin, summutades oma nuukseid. Mingit vastust ei järgnenud. Minu vaikne kaeblemine võimendus piinaks, kuni jõudis seniiti – mu aju ei oleks agoonia survet enam välja kannatanud. Kui oleksin oma kiresügavuses veel kord hüüdnud, oleksin tundnud, kuidas mu aju lõhestub. Sellel hetkel koputati Gurpari tänava kodus oleva toa (kus mina istusin) kõrval oleva vestibüüli uksele. Avades ukse, nägin noort meest napis loobuja rõivas. Ta tuli sisse ja pani enda järel ukse kinni. Keeldudes minu pakutud istumisest, osutas ta žestiga, et ta soovib minuga seistes rääkida.

„Ta peab olema Babadži!" mõtlesin ma hämmingus, sest minu ees oleval mehel olid noore Lahiri Mahasaya näojooned.

Ta vastas mu mõttele. „Jah, ma olen Babadži," kõneles ta meloodiliselt hindi keeles. „Meie Taevane Isa on su palvet kuulnud. Ta käsib mul sulle öelda: „Järgi oma guru korraldusi ja mine Ameerikasse. Ära karda! Sa oled kaitstud."

Peale kõnekat pausi, pöördus Babadži uuesti minu poole: „Sina oled see, kelle ma valisin läänes *kriija jooga* sõnumi levitamiseks. Kaua aega tagasi, kui kohtasin su guru Yukteswari *kumbha melal*, ütlesin talle, et saadan sind tema juurde õppima."

Olin sõnatu, šokeeritud pühendumuslikust aukartusest ja sügavalt liigutatud, kuuldes tema enda huultelt, et ta ise juhatas mind Sri Yukteswari juurde. Heitsin end suremata guru jalge ette maha. Ta tõstis

*Ma lähen Ameerikasse*

mind heatahtlikult põrandalt üles. Rääkides paljusid seiku mu elust, andis ta seejärel paar isiklikku juhtnööri ja lausus mõned salajased ettekuulutused.

„*Kriija jooga* kui Jumala-teostuse teaduslik tehnika," ütles ta viimaks pühalikult, „levib lõpuks üle maailma ja aitab isikliku kõikeületava Mõõtmatu Isa tajumise kaudu kaasa rahvuste harmoniseerimisele."

Meister laadis mind kuninglikul pilgul kosmilise teadvuse nägemusega.

„Kui järsku peaks taevas
> tõusma esile tuhande päikese kiirtevihk –
> ujutades Maa üle arvamatute kiirtega,
> Siis võib see olla selle püha unistuse majesteetlikkus ja kirkus!"[4]

Veidi aja möödudes hakkas ta ukse poole minema, sõnudes: „Ära püüa mulle järgneda, sa ei ole selleks võimeline."

„Palun, Babadži, ärge minge ära!" hüüdsin ma korduvalt. „Võtke mind endaga kaasa!"

„Mitte nüüd. Mõni teine kord," vastas ta.

Saanud tunnetest üle, eirasin ma tema hoiatust. Püüdes talle järele joosta, avastasin, et mu jalad olid kindlalt põranda küljes kinni. Ukselt heitis Babadži mulle viimase heatahtliku pilgu. Ta tõstis oma käe õnnistuseks ning jalutas minema, minu silmad teda igatsevalt saatmas.

Mõne minuti pärast olid mu jalad vabad. Istusin maha ja vajusin sügavasse meditatsiooni, tänades katkematult Jumalat, mitte lihtsalt mu palvele vastamise, vaid Babadžiga kohtumise õnnistuse eest. Kogu mu keha näis olevat pühitsetud muistse, igavesti noore meistri puudutusest. Tema nägemine oli minu kauaaegseks leegitsevaks sooviks.

Senini ei olnud ma seda Babadžiga kohtumise lugu kellelegi edasi rääkinud. Hoides seda kui oma kõige pühamat inimkogemust, peitsin ma ta oma südamesse. Aga mulle tuli mõte, et selle eluloo lugejad võivad paremini uskuda Babadži olemasolu ja tema maiseid huvisid, kui ma jutustan, et nägin teda omaenda silmadega. Aitasin kunstnikul joonistada kaasaja India suure Joogi-Kristuse tõelist portreed – see ilmub siin raamatus.

Ühendriikidesse lahkumise eelõhtu leidis mind Sri Yukteswari pühas seltskonnas.

---

[4] "Bhagavad Giita" XI:12 (Arnoldi tõlkes).

PARAMAHANSA YOGANANDA
Passipilt – Kalkutas 1920. aastal tehtud ülesvõte

*Ma lähen Ameerikasse*

Mõned Religioossete Liberaalide Rahvusvahelise Kongressi delegaatidest 1920. aastal Bostonis Massachusettsis, kus Yoganandaji esitas esimese kõne Ameerikas. (*Vasakult paremale*) Püha isa T. R. Williams, professor S. Ushigasaki, püha isa Jabez T. Sunderland, Sri Yogananda ja püha isa C. W. Wendte.

„Unusta, et oled sündinud hinduna, aga ära ole ka ameeriklane. Võta mõlemast parim," ütles meister oma rahulikul targal viisil. „Ole see, kes sa tegelikult oled, Jumala laps. Otsi ja haara enda olemusse kõigi maakeral laialilaotunud eri rassidest vendade parimad omadused."

Siis õnnistas ta mind: „Kõik need, kes tulevad su juurde usuga, otsides Jumalat, saavad abi. Niipea kui sa neid vaatad, väljub su silmadest vaimne voog, sisenedes nende ajju ja muutes nende materiaalseid harjumusi, tehes nad Jumalast enam teadlikeks."

Ta jätkas. „Sinu osa siiraste hingede ligitõmbamisel on väga võimas. Igal pool, kuhu sa lähed, isegi metsiku looduse keskele – leiad sa sõpru."

Mõlemad tema õnnistused on end küllaldaselt tõestanud. Tulin üksinda Ameerikasse, sinna metsikusse paika, ilma ühegi sõbrata, aga leidsin seal tuhandeid, kes olid valmis vastu võtma ajas läbikatsetatud hingeõpetusi.

Lahkusin Indiast 1920. aasta augustis laeval „*The City of Sparta*", esimesel reisilaeval, mis peale Esimest maailmasõda Ameerikasse sõitis.

*Joogi autobiograafia*

Yoganandaji auruveduri kupees teel Alaskale 1924. aasta mandrit läbiva kõnetuuri ajal.

Ületades imepärasel viisil passi saamisega seotud bürokraatlikud raskused, sain broneerida laevapileti.

Kahekuise merereisi vältel avastas minu kaasreisija, et olin Bostoni kongressi India delegaat.

„Svaami Yogananda," ütles ta. See oli esimene paljudest omapärastest hääldustest, millega kuulsin oma nime ameeriklaste suu läbi öeldavat. „Palun austage reisijaid loenguga järgmise neljapäeva õhtul. Ma arvan, et me kõik saaksime kasu esinemisest teemal *„Eluvõitlus ja kuidas seda võidelda.""*

Oh häda! Kolmapäeval avastasin, et mul tuleb pidada elulahingut iseendaga. Püüdes meeleheitlikult oma ideid ingliskeelseks loenguks

## OMA 32 LÄÄNES OLDUD AASTA JOOKSUL INITSIEERIS SUUR GURU ENAM KUI 100 000 ÕPILAST JOOGASSE

Yogananda 1924. aastal Denveris Colorados joogatundi läbi viimas. Sadades linnades viis ta läbi maailma suurimaid joogatunde. Raamatute, koduste õppetundide ja õpetajate koolitamiseks asutatud kloostrikeskuste abil jätkas Paramahansa Yogananda talle Maha-avataara Babadži antud ülemaailmset missiooni.

PARAMAHANSA YOGANANDA LOS ANGELESE FILHARMOONIA SAALIS

1925. aasta 28. jaanuari *Los Angeles Times* kirjutas: „Filharmoonia auditoorium nägi ebatavalist näitemängu tuhandetest, kes pöördusid ukselt tagasi tund enne väljakuulutatud avaloengu algust 3000 kohaga ja viimseni väljamüüdud saalist. Svaami Yogananda pakub vaatemängu. Hindu vallutab Ühendriike, toob Jumala kristliku kogukonna keskele ning jutlustab kristliku doktriini põhiolemust."

*Ma lähen Ameerikasse*

Avara südamega pühendunute abiga ostis Sri Yogananda 1925. aastal Mt. Washingtoni maavalduse. Juba enne rahaülekande teostamist korraldas ta peatselt tema ühingu ülemaailmseks peakorteriks saaval maavaldusel esimese kogunemise - Ülestõusmispühade päikesetõusu teenistuse.

koondada, loobusin viimaks kõigist ettevalmistustest. Minu mõtted keeldusid koostööst inglise grammatikareeglitega justkui metsik hobune, mis jõllitab sadulat. Usaldades täielikult oma õpetaja minevikus antud kinnitusi, ilmusin ma siiski aurulaeva salongis oma kuulajaskonna ette. Ükski ilukõne ei tõusnud mu huulile, ma seisin sõnatult kokkutulnute ees. Peale kümme minutit kestnud taluvuse proovilepanekut sai kuulajaskond mu kitsikusest aru ja hakkas naerma.

Sel hetkel ei olnud see olukord mulle naljakas – nördinult saatsin vaikse palve meistrile.

„Sa saad hakkama! Räägi!" kõlas tema hääl koheselt mu teadvuses.

Hetkega saavutasid mu mõtted inglise keelega sõbraliku kooskõla. Nelikümmend minutit hiljem oli kuulajaskond ikka veel hoolitsev ja osavõtlik. Esitatud kõne tõi mulle hulga kutseid esineda erinevate gruppide ees Ameerikas.

Hiljem ei suutnud ma meenutada sõnakestki sellest, mida olin rääkinud. Uurides erinevatelt reisijatelt tagasihoidlikult, sain ma teada: „Te pidasite sütitavas ja korrektses inglise keeles inspireeriva loengu." Selle rõõmustava uudise peale tänasin ma alandlikult oma guru õigeaegse abi

*Joogi autobiograafia*

Paramahansa Yogananda asetab 22. veebruaril 1927 Mt. Vernonis Virginias lilli George Washingtoni hauakambri juurde.

eest – mõistsin uuesti, et ta on alati minuga ning muudab nulliks kõik aja ja ruumi takistused.

Meenutades aeg-ajalt ookeanireisi, kogesin mõnd ebakindluse torget seoses eesootava Bostoni kongressi ingliskeelse esinemiskatsumusega.

„Isand," palusin ma, „palun ole Sina, mitte kuulajaskonna naerupahvakud mu inspiratsiooniks".

„*The City of Sparta*" sildus Bostoni lähedal septembri lõpus. Kuuendal oktoobril pöördusin ma Ameerikas kongressi poole oma esimese kõnega. Ohkasin kergendatult, kui see hästi vastu võeti. Suuremeelne Ameerika unitaarlaste ühenduse sekretär kirjutas kongressi kirjastatud

*Ma lähen Ameerikasse*

PARAMAHANSA YOGANANDA VALGE MAJA JUURES
Paramahansa Yogananda ja hr. John Balfour president Calvin Coolidge'i (vaatab aknast) kutsel Valget Maja külastamas.
1927. aasta 25. jaanuari *The Washington Herald* teavitas: „Mr Coolidge tervitas nähtava naudinguga svaami Yoganandat ja ütles talle, et ta on Yoganandast palju lugenud. See on India ajaloos esimene kord, kui üks president võtab svaamit ametlikult vastu."

materjalidele[5] järgneva kommentaari:
„Indias Ranchis elava Brahmacharya aašrami delegaat svaami Yogananda tõi kongressile tervitusi oma ühingult. Soravas inglise keeles ja jõulises esituses pöördus ta filosoofilisel moel kuulajaskonna poole *religiooniteaduse* teemal. Tema esitlus on laiema levitamise eesmärgil trükisena välja antud. Tema religioonikäsitlus on kõikehõlmav. Arvatavasti ei saa me teatud tavasid ja veendumusi muuta universaalseteks, ent religioonides peituv ühiselement on ilmne ja me võime paluda kõigil seda võrdselt järgida ja austada."

Tänu oma isa heldele tšekile sain jääda Ameerikasse ka peale kongressi lõppemist. Veetsin Bostonis alandlikes oludes neli õnnelikku aastat. Esinesin avalike loengutega, viisin läbi õppeklasse ja

---
5  „*New Pilgrimages of the Spirit*" (Boston: Beacon Press, 1921).

kirjutasin luuleraamatu „Hingelaulud" („Songs of the Soul"), millele kirjutas eessõna New York City kolledži president dr Frederick B. Robinson.⁶

Alustades 1924. aasta suvel turneed Ameerika mandrit, kõnelesin ma osariikide pealinnades tuhandete ees. Seattle'ist suundusin ma puhkusele kaunisse Alaskasse.

1925. aasta lõpuks rajasin avara südamega õpilaste abil Mount Washington Estate'is Ameerika peakorteri. Hoone on üks neist, mida olin eelnevalt Kašmiiri visioonis näinud. Kiirustasin saatma Sri Yukteswarile pilte neist kaugetest Ameerika tegevustest. Ta vastas mulle postkaardiga bengali keeles, mille ma siinkohal ära tõlgin:

11. augustil 1926

Minu südame laps, Oo Yogananda!

Ma ei saa väljendada sõnades seda rõõmu, mis mu ellu tuleb, kui näen Sinu kooli ja õpilaste fotosid. Ma sulan rõõmus, kui vaatan Sinu joogaõpilasi erinevates linnades. Nähes Sinu rütmiliste afirmatsioonide, tervendavate võngete ja jumalike palvete kaudu õpetamise meetodeid, ei saa ma hoiduda tänamast Sind kogu oma südamest. Nähes väravat, ülespoole looklevat mägiteed ja Mount Washingtoni Estate'i jalamil olevat kaunist maastikku, ihkan ma seda kõike näha oma isiklike silmadega.

Kõik läheb siin hästi. Ole sa Jumala armu läbi alati õndsuses.

SRI YUKTESWAR GIRI

Aastad möödusid. Ma pidasin loenguid oma uue kodumaa kõigis paigus ja pöördusin sadade inimeste poole klubides, kolledžites, kirikutes ja kõikide usulahkude juures. Kümne aasta jooksul, aastatel 1920-1930, osales minu joogaklassides kümneid tuhandeid ameeriklasi. Neile kõigile pühendasingi oma uue hingemõtete raamatu „Sosinad igavikust⁷ "(„Whispers From Eternity"), millele kirjutas eessõna Amelita Galli-Curci.

Vahel, tavaliselt kuu alguses, kui saabusid Mount Washingtoni Self-Realization Fellowship'i peakorteri ülalpidamise arved, mõtlesin igatsevalt India lihtsast rahust. Mu hing juubeldas iga päev, nähes mõistmise avardumist lääne ja ida vahel.

„Oma maa isa" George Washington, kes tundis paljudel eluhetkedel jumalikku juhatust, ütles oma „Hüvastijätukõnes" järgmised Ameerikale mõeldud vaimse inspiratsiooni sõnad:

---

⁶ Doktor ja proua Robinson külastasid Indiat 1939. aastal ja olid Ranchi kooli aukülalisteks.
⁷ Kirjastanud Self-Realization Fellowship.

Tema kõrgeausus Mehhiko president Emilio Portes Gil võõrustas Sri Yoganandat tema 1929. aasta Mexico City külastamise ajal.

Paramahansaji mediteerimas 1929. aastal Mehhikos Xochimilco järvel paadis.

## Joogi autobiograafia

„Kaugel pole suur ajajärk, mil vabadust vääriv valgustunud rahvas, olles ülendatud ja juhitud õiglustundest ning heatahtlikkusest, annab inimkonnale suuremeelse uue eeskuju. Kes võiks sellises aja ja asjade kulgemises kahelda? Püsivalt seda eeskuju järgides tasuvad selle viljad end rikkalikult ning on üle igast ajutisest eelisest. Kas on võimalik, et vooruses elava rahva ettenägelikkus ning püsiv õnn on omavahel seotud?"
WALT WHITMANI „HÜMN AMEERIKALE"
*(Poeemist „Sinu Ema koos Sinu võrdse sooga")*

Sina oma tulevikus,

Sina oma laias, tervema mõistusega naistes ja meestes – Sina oma moraalsetes, vaimsetes atleetides – lõunas, põhjas, läänes, idas.

Sina oma moraalses rikkuses ja tsiviliseerituses (Sinu kõrk materiaalne tsivilisatsioon on kasutu).

Sina oma kõiki haaravas teenimises – Sina mitte ainsamas Piiblis, päästjas, pelgalt.

Sinu päästjaid on Sinus uinunud olekus, lugematul hulgal, võrdsed kõigiga, jumalikud nagu kõik ...

Nemad! Nemad Sinus, tulevad kindlasti, seda ma täna kuulutan.

PEATÜKK 38

# Luther Burbank – pühak rooside keskel

„Täiustatud taimearetuse saladuseks on teadusliku info kõrval armastus." Luther Burbank tõi selle tarkuse kuuldavale, kui ma jalutasin ta kõrval tema Californias asuvas Santa Rosa aias. Me peatusime söödavate kaktuste peenra lähedal.

„Viies okasteta kaktuste aretamisel läbi eksperimente," jätkas ta, „rääkisin ma tihti taimedele, et nad tekitaks armastuse võnkeid." „Teil pole midagi karta," ütlesin ma siis neile. „Te ei vaja oma kaitsvaid okkaid. Mina kaitsen teid." Järk-järgult arenes kõrbes kasvavast kasulikust taimest okasteta sort.

Olin sellest imest võlutud. „Palun, Luther, andke mulle paar kaktuselehte, et saaksin need Mount Washingtonis oma aeda istutada."

Läheduses seisnud töömees tahtis hakata mõnd lehte küljest rebima, ent Burbank peatas ta.

„Ma ise võtan nad svaami jaoks." Ta ulatas mulle kolm lehte, mis ma aeda istutasin, rõõmustades hiljem, kui neist suured taimed kasvasid.

Suur taimekasvataja ütles mulle, et tema esimeseks märkimisväärseks triumfiks oli suure kartuli aretamine, mida nüüd tema nime järgi tuntakse. Jätkates geeniuse tüdimatusega, näitas ta sadu ristatud looduse parandusi: oma uusi Burbanki tomati, maisi, suvekõrvitsa, kirsi, ploomi, nektariini, marjade, moonide, liiliate ja rooside sorte.

Ma teravustasin oma kaamerat, kui Luther juhatas mind kuulsa kreeka pähklipuu ette, mille najal ta oli tõestanud, et looduslikku arengut saab teleskoopiliselt kiirendada.

„Vaid kuueteistkümne aastaga," ütles ta, „on see kreeka pähklipuu jõudnud külluslikku pähklisaagini, ilma abistamata oleks loodus teinud seda kaks korda pikema ajaga."

Burbanki väike lapsendatud tütar tuli koeraga hullates aeda.

„Tema on minu inimtaim." Luther lehvitas talle hellalt. „Ma näen nüüd inimkonda, kui üht hiiglaslikku taime, mis vajab oma kõrgeima

## Joogi autobiograafia

teostuse jaoks vaid armastust, loomuliku väliskeskkonna õnnistusi ning tarka ristamist ja valikut. Oma eluaja jooksul olen ma näinud taime arengus sellist imelist edenemist, et ma ootan igatsuse ja optimismiga tervet, õnnelikku maailma nii pea, kui Maa lastele on õpetatud lihtsa ja ratsionaalse elu põhimõtteid. Me peame pöörduma tagasi looduse ja Jumala juurde."

„Luther, te leiate minu Ranchi kooli aias toimuvates tundides eest rõõmu ning lihtsuse atmosfääri."

Minu sõnad puudutasid akorde Burbanki südameasjas – hariduses. Ta meelitas mind küsimustega, huvi sügavates häirimatutes silmades välgatamas.

„Svaamiji," ütles ta lõpuks, „sinu kooli sarnased koolid on tulevase aastatuhande ainus lootus. Ma tunnen vastikust meie aja loodusest ära lõigatud ja individuaalsust lämmatava haridussüsteemi vastu. Mis puudutab praktilisi haridusideaale, siis on minu süda ja hing sinuga."

Kui ma hakkasin leebe targa juurest lahkuma, signeeris ta õhukese raamatukese ja kinkis selle mulle.[1]

„Siin on mu raamat „*The Training of the Human Plant*"[2]," ütles ta. „On vaja uut tüüpi koolitamist – julgeid eksperimente. Kõige kartmatumad katsumused toovad vahel esile parimad viljad ja õied. Lastele mõeldud hariduslikke uuendusi peaks olema arvukamalt, need võiks olla palju julgemad."

Lugesin sel õhtul pingsa huviga tema väikest raamatukest. Ta kirjutas oma nägemuse inimrassi kuulsusrikkast tulevikust: „Kõige kangekaelseim tegelane, keda on kõige raskem teelt kõrvale pöörata, on teatud harjumustesse kinni jäänud taim ... Pidage meeles, et see taim on säilitanud oma isikupära läbi ajastute, kaldumata neis määratutes ajaperioodides muudatustesse. Kas ei tundu, et pärast igaviku kestnud harjutamist on see taim omandanud võrreldamatult püsiva tahte – kui te otsustate seda nii kutsuda? Tõesti, on olemas teatud püsivad taimeperekonnad, mida ükski inimvägi pole olnud suuteline muutma. Inimese tahe on taime tahte kõrval nõrk. Aga vaadake, kui lihtsalt murtakse

---

[1] Burbank andis mulle endast tehtud signeeritud pildi. Pean seda kalliks nagu üks hindu kaupmees pidas kalliks Lincolni pilti. Kodusõja aastail Ameerikas viibinud hindu oli Lincolni niivõrd jumaldanud, et ta ei tahtnud Indiasse ilma Suure Vabastaja pildita tagasi pöörduda. Istudes järeleandmatult Lincolni maja künnisel, keeldus kaupmees lahkumast, kuni hämmastunud president lubas end New Yorki kuulsal kunstnikul Daniel Huntingtonil maalida. Kui portree oli valmis, viis hindu selle võidukalt Kalkutasse kaasa.

[2] New York: Century Co., 1922.

*Luther Burbank – pühak rooside keskel*

kogu tema tõrksus uue eluga kokkusegamisel – ristamisel toimub temas täielik ja võimas teisenemine. Ja siis, kui see murdumine on aset leidnud, olge kannatlik tema jälgimisel ja põlvkondade valimisel. Uus taim paneb paika uue tee, mis tähendab, et mitte iial ei saa toimuma vanale tagasipöördumist – tema kangekaelne tahe on lõpuks murtud ja muudetud. Kui aga võtta nii tundlik ja vormitav asi, nagu seda on lapse olemus, muutub probleem määratult kergemaks."

Tundsin magnetilist tõmmet selle suure ameeriklase poole ja külastasin teda ikka ja jälle. Ühel hommikul saabusin Burbanki kabinetti koos tuhandeid kirju kohale toimetanud postiljoniga. Taimekasvatajad kirjutasid talle igast maailma nurgast.

„Svaamiji, teie kohalolek on mulle vabanduseks, et minna majast välja aeda külastama," ütles Luther kelmikalt. Ta avas sadu reisivoldikuid sisaldava suure lauasahtli.

„Näete," ütles ta, „niiviisi ma siin reisin. Olles seotud oma taimede ja kirjavahetusega, rahuldan ma puhuti oma soove võõraste maade järele neid pilte vaadates."

Minu auto seisis tema värava ees. Luther ja mina sõitsime väikese linna tänavail, mööda tema kiiskavatest Santa Rosa, Peachblow ja Burbank'i roosisortidega aedadest.

Suur teadlane sai *kriija* initsiatsiooni ühe minu eelneva külastuskäigu ajal. „Svaami, ma praktiseerin tehnikat pühendunult," ütles ta. Peale rohkeid mulle esitatud asjalikke küsimusi jooga erinevate tahkude kohta, märkis Luther aeglaselt:

„Idal on tõesti määratud teadmiste varud, mida lääs on hakanud alles vaevu uurima."[3]

Lähedane suhe loodusega, mis avas talle palju oma kiivalt kaitstud saladusi, on andnud Burbankile piiritu vaimse austuse.

„Vahetevahel tunnen ma end väga lähedal Mõõtmatule Väele," usaldas ta mulle häbelikult. Tema tundlik, kaunilt modelleeritud nägu hõõgus süttinud mälestustest. „Siis olen ma olnud võimeline tervendama enda ümber olevaid haigeid inimesi ja samuti palju haigeid taimi."

---

[3] Kuulus inglise bioloog ja UNESCO direktor dr Julian Huxley esitas hiljuti seisukoha, et Lääne teadlased peaksid „õppima orientaalseid transsi mineku ja hingamise kontrolli tehnikaid". „Mis juhtub? Kuidas on see võimalik?" küsib ta. 1948. aasta 21. augusti *Associated Pressi* sõnum Londonist teatas: „Dr Huxley ütles uuele Maailma Vaimse Tervise Föderatsioonile, et see peaks heitma pilgu Ida müstilisele pärimusele. „Kui seda pärimust teaduslikult uurida," soovitas ta spetsialistidele, „siis astutakse teie valdkonnas hiigelsuur samm edasi.""

Ta rääkis mulle oma emast, siirast kristlasest. „Olen palju kordi ema surma järel olnud õnnistatud tema ilmumisega nägemustes – ta on minuga kõnelenud," ütles Luther.

Sõitsime vastu tahtmist tagasi tema kodu ja nende tuhandete kirjade suunas.

„Luther," märkisin mina, „järgmisel kuul ilmutan ma ida ja lääne vaimseid arusaamu edastava ajakirja. Palun aita mul ajakirja hea nime osas otsust langetada."

Arutasime veidi nime variante ja peatusime lõpuks nimekuju *East-West* (Ida-Lääs) juures[4]. Kui olime taas tema kabinetti sisenenud, andis Burbank mulle enda kirjutatud artikli „Science and Civilization" („Teadus ja tsivilisatsioon").

„See läheb *East-Westi* esimesse numbrisse," ütlesin ma tänulikult.

Meie sõpruse süvenedes kutsusin Burbanki oma Ameerika pühakuks. „Ennäe meest," parafraseerisin, „kelles ei ole valet!"[5] Tema süda oli põhjatult sügav, tuttav alandlikkuse, kannatlikkuse ja ohvrimeelsusega. Tema pisike rooside keskel asuv kodu oli kasinalt lihtne – ta teadis luksuse väärtusetust ja vähesest varandusest tulenevat rõõmu. Tagasihoidlikkus, millega ta kandis oma teaduslikku kuulsust, meenutas mulle küpsete viljade all madalal lookas olevaid puid. Vaid viljatu puu tõstab oma pea tühjas uhkustamises kõrgele.

Olin 1926. aastal New Yorgis, kui mu kallis sõber siit maailmast lahkus. Pisarais olles mõtlesin: „Oh, jalutaksin rõõmsalt siit otse Santa Rosasse, et veel kord teda näha!" Eemaldusin sekretäridest ja külalistest lukustatud ukse taha ja viibisin järgmised kakskümmend neli tundi eraldatuses.

Järgmisel päeval viisin Lutheri suure pildi juures läbi Veedade mälestusriituse. Grupp minu ameerika õpilasi skandeeris hindu tseremoniaalseis rõivastes lillede, vee ja keha elementide tulesümbolisse ohverdamise ja Mõõtmatusse Allikasse vabastamise ajal muistseid hümne.

Kuigi Burbanki säilmed lebavad Santa Rosa aias aastaid tagasi tema enda istutatud Liibanoni seedri all, vaatab tema hing mulle vastu igas tee kõrval õitsevas süütute silmadega lilles. Eemaldudes mõneks ajaks looduse avarusse, mõtlen ma: kas pole see mitte Luther, kes tuultes sosistab või hommikustel koidutundidel ringi jalutab?

---

[4] 1948. aastast kannab nime *Self-Realization* (tõlkes: eneseteostus).

[5] Johannese 1:47.

*Luther Burbank – pühak rooside keskel*

LUTHER BURBANK JA PARAMAHANSA YOGANANDA
Santa Rosas Californias, 1924

Tema nimi on läinud nüüd tavakõnessegi. Tuues sõna „burbank" välja tegusõnana, defineerib *Webster's New International Dictionary* seda järgmiselt: „Ristama või pookima (taime). Seega, kujundlikult, parendama (midagi, kas protsessi või institutsiooni näol), valides välja tugevad ja jättes kõrvale nõrgad liigitunnused või lisades juurde häid liigitunnuseid."

„Armastatud Burbank," hüüdsin selle määratluse lugemisel pisaraid silmist pühkides, „teie enda nimi on nüüd headuse sünonüümiks!"

LUTHER BURBANK
SANTA ROSA, CALIFORNIA
USA

22. detsember 1924

Ma olen uurinud svaami Yogananda Yogoda süsteemi ja minu arvates on see inimese füüsilise, psüühilise ja vaimse loomuse treenimiseks ja harmoniseerimiseks ideaalne. Svaami eesmärgiks on asutada üle terve maailma „eluõppe" koolid, kus haridus ei ole seotud vaid intellektuaalse arengu, vaid ka keha, tahte ja tunnete treenimisega.

Yogoda süsteemi lihtsate ja teaduslike keskendumise- ja meditatsioonimeetodite abil võib enamus elu keerukatest probleemidest leida lahenduse ning üle Maa võib valitseda rahu ja hea tahe. Svaami idees õigest haridusest väljendub puhas terve mõistus, see on vaba müstitsismist ja ebapraktilisusest, muidu ta poleks minu heakskiitu saanud.

Olen õnnelik võimaluse eest ühineda Svaamiga tema siiras üleskutses rajada rahvusvahelisi elukunstikoole, mis käivitatuna tooks lähemale uue aastatuhande.

PEATÜKK 39

# Katoliku stigmaatik Therese Neumann

„Tule tagasi Indiasse. Olen kannatlikult oodanud viisteist aastat. Varsti lahkun ma sellest kehast Säravasse Elupaika. Yogananda, tule!"

Sri Yukteswari hääl mu sisekõrvas pani võpatama, kui istusin meditatsioonis oma Mount Washingtoni peakorteris. Läbides ühe silmapilguga kümme tuhat miili, tungis tema sõnum välgusähvatusena mu olemusse.

Viisteist aastat! Jah, sain aru, et praegu on aasta 1935. Olen oma guru õpetusi levitades veetnud Ameerikas viisteist aastat. Nüüd kutsub ta mind tagasi. Veidi aja pärast kirjeldasin ma oma kogemust armsale sõbrale härra James J. Lynnile. Tema vaimne areng *kriija jooga* igapäevasel praktiseerimisel oli olnud nii märkimisväärne, et ma kutsusin teda tihti „pühamees Lynniks". Temas ja paljudes teistes õhtumaalastes näen ma õnnelikuna Babadži ettekuulutuse täitumist - ka lääs toob ilmale muistse jooga tee läbi jumaliku teostuse saavutanud mehi ja naisi.

Härra Lynn käis heldelt peale, pakkudes reisi jaoks annetust. Rahamure nõnda lahendatud, tegin ma korraldused Euroopa kaudu Indiasse purjetamiseks. 1935. aasta märtsis registreerisin Self-Realization Fellowship'i California osariigi seaduste järgi sektantlusest vaba mittetulundusorganisatsioonina. Self-Realization Fellowship sai minult annetusena kogu mu vara, kaasa arvatud õigused minu kirjutistele. Nagu enamik teisi religioosseid ja hariduslikke asutusi, toetavad liikmed ja avalikkus Self-Realization Fellowship'i annetuste ja varaga.

„Ma tulen tagasi," ütlesin ma oma õpilastele. „Mitte kunagi ei unusta ma Ameerikat."

Minu auks Los Angeleses korraldatud banketil vaatasin pikalt armastavate sõprade nägusid ja mõtlesin tänulikult: „Issand, see, kes peab Sind meeles Ainsa Andjana, ei saa kunagi tundma puudust sõpruse magususest surelike seas."

Väljusin New Yorgist 9. juunil 1935. aastal *Europa* pardal. Mind saatsid kaks minu õpilast: mu sekretär hr C. Richard Wright ja vanem

## Joogi autobiograafia

daam Cincinnatist prl Ettie Bletch. Nautisime päevi ookeani rahus, mis oli teretulnud kontrast viimaste kiirust täis nädalate kõrval. Meie vaba aeg kestis lühidalt – tänapäeva laevade kiirus on mõneti kahetsusväärne! Nagu ka iga teine uudishimulike turistide grupp, jalutasime ka meie mööda tohutut ja muistset Londoni linna. Järgmisel päeval oli mind kutsutud esinema Caxton Halli avalikule üritusele, kus Sir Francis Younghusband tutvustas mind Londoni kuulajaskonnale. Meie seltskond veetis külalistena meeldiva päeva Harry Lauderi Šotimaal asuvas mõisas.

Peagi ületasime mandrile sõites La Manche'i väina, sest tahtsin teha erilise palverännaku Baierimaale. Tundsin, et see oli mu ainus võimalus külastada suurt katoliku müstikut Therese Neumanni Konnersreuthist.

Aastaid varem olin ma lugenud Theresest hämmastavat kirjutist. Artiklis toodud teave oli järgmine:

(1) 1898. aastal sündinud Therese sai kahekümneselt õnnetuses vigastada. Ta jäi pimedaks ja halvatuks.

(2) Palvetades „väikese valge lillekese" Püha Therese poole, sai Therese 1923. aastal oma nägemise imelisel kombel tagasi. Hiljem paranesid Therese Neumanni jäsemed hetkeliselt.

(3) Alates 1923. aastast on Therese täielikult keeldunud toidust ja joogist, neelates iga päev vaid väikese koguse pühitsetud vett.

(4) Stigmad ehk Kristuse pühad haavad ilmusid Therese pähe, rinnale, kätele ja jalgadele 1926. aastal. Igal reedel[1] koges ta Kristuse ristilöömist, kannatades kehas kõiki Jeesuse ajaloolisi piinu.

(5) Teades tavaliselt vaid oma küla lihtsat saksa keelt, toob Therese reedeste transside ajal kuuldavale fraase, milles õpetlased on ära tundnud muistse aramea keele. Nägemustes viibides kõneleb ta heebrea või kreeka keeles.

(6) Vaimuliku loal on teadlased Thereset mitu korda tähelepanelikult uurinud. Protestantliku saksa ajalehe toimetaja dr Fritz Gerlick läks Konnersreuthi „katoliku pettust paljastama", kuid lõpetas aupaklikult Therese eluloo kirjutamisega.

Nagu alati, olgu idas või läänes, innustas mind pühakuga kohtumine. Juubeldasin, kui meie väike seltskond 16. juulil vanamoelisse

---

[1] Alates sõja aastaist ei ole Therese kogenud Kristuse ristilöömist mitte igal reedel, vaid ainult teatud pühadel päevadel aastas. Tema elust kirjutatud raamatud on: *"Therese Neumann: meie päevade stigmaatik"* ja *"Therese Neumanni järgnevad kroonikad"* – mõlemad Friedrich Ritter von Lama sulest. Raamatu *"Therese Neumanni lugu"* autoriks on A. P. Schimberg (1947). Kõik kirjastatud *Bruce Pub. Co.* poolt Milwaukees Wisconsinis ja lisaks *"Therese Neumann"* Johannes Steineri sulest, mis on kirjastatud *Alba House'is* Staten Islandil, NY.

Konnersreuthi külla sisenes. Baieri talupojad näitasid üles elavat huvi meie Ameerikast ühes toodud Fordi ja sellel reisiva seltskonna vastu, mis koosnes ameerika noormehest, vanemast daamist ja oliivikarva nahaga pikki juukseid oma mantli krae alla peitvast idamaalasest.

Therese väike puhas ja korras maamaja, mille lihtsa kaevu ääres kasvasid geraaniumid, oli, oh häda, suletud. Naabrid ja isegi mööduv külapostiljon ei andnud meile mingit teavet. Hakkas sadama vihma – mu kaaslased soovitasid meil lahkuda.

„Ei," ütlesin ma kangekaelselt, „ma jään siia, kuni leian mingi Thereseni viiva vihje."

Kaks tundi hiljem istusime keset masendavat vihma ikka veel oma autos. „Issand," ohkasin ma kaeblikult, „miks Sa mind siia juhtisid, kui ta on kadunud?"

Inglise keelt kõnelev mees peatus meie kõrval, pakkudes viisakalt oma abi.

„Ma ei tea päris kindlasti, kus Therese on," ütles ta, „kuid ta külastab tihti siit kaheksakümne miili kaugusel elavat Eichstatti seminari õppejõudu professor Wurzi."

Järgmisel hommikul sõitis meie seltskond vaiksesse kitsaste munakivisillutisest tänavatega Eichstatti külla. Doktor Wurz tervitas meid südamlikult oma kodus: „Jah, Therese on siin." Ta saatis Theresele külalistest sõna. Sõnumitooja ilmus varsti ühes vastusega.

„Kuigi piiskop palus mul ilma tema loata mitte kellegagi kohtuda, võtan ma vastu Indiast tulnud Jumala-mehe."

Sügavalt nendest sõnadest liigutatud, järgnesin doktor Wurzile ülakorruse külalistuppa. Therese sisenes koheselt, kiirates rahu ja rõõmu. Ta kandis musta loori ja laitmatult valget peakatet. Kuigi tema vanus oli sel ajal kolmkümmend seitse, paistis ta välja palju noorem, ümbritsetuna lapselikust värskusest ja sarmist. Terve, heas vormis, punapõskne ja rõõmsameelne – selline on mittesööv pühak!

Therese tervitas mind väga õrna käepigistusega. Me kiirgasime vaikses osaduses – teades mõlemad, et teine meist on Jumala armastaja.

Doktor Wurz pakkus end lahkesti tõlgiks. Kui me end istuma olime sättinud, märkasin, et Therese vaatab mind süütu uudishimuga – arvatavasti on hindud Baierimaal harulduseks.

„Kas te ei söögi midagi?" Tahtsin kuulda vastust tema enda huulilt.

*Joogi autobiograafia*

„Ei, välja arvatud ühe pühitsetud armulaualeiva[2] igal hommikul kell kuus."

„Kui suur see armulaualeib on?"

„See on õhuke nagu paber – pisikese mündi suurune," lisas ta, „võtan seda sakramendi pärast – kui see on pühitsemata, siis ei ole ma võimeline seda alla neelama."

„Muidugi ei ole te saanud elada sellest tervelt kaksteist aastat?"

„Ma elan Jumala valgusest," lausus Therese. Kui lihtne vastus, kui Einsteini moodi!

„Ma näen, et te mõistate, et energia voolab teie kehasse eetrist, päiksest ja õhust."

Põgus naeratus tuli tema näole. „Ma olen nii õnnelik, teades, et te saate aru, kuidas ma elan."

„Teie pühitsetud elu on Kristuse väljaöeldud tõe – *Inimene ei ela üksnes leivast, vaid igast sõnast, mis lähtub Jumala suust* – igapäevane tõestus.[3]"

Jälle rõõmustas ta mu seletuse peale: „See on tõesti nii. Tõestamaks, et inimene võib elada Jumala nähtamatust valgusest ja mitte vaid toidust, on üks põhjuseid, miks ma siin Maa peal täna olen."

„Kas te oskate teistele ilma toiduta elamist õpetada?"

Ta oli väheke šokis: „Ma ei saa seda teha – Jumal ei soovi seda."

Kui mu pilk langes tema tugevatele elegantsetele kätele, näitas Therese mulle mõlemal peopesal äsjaparanenud väikeseid haavu. Ja käeselgadel väiksemaid värskelt paranenud poolkuukujulisi vigastusi. Haavad läksid otse läbi käte. Pilt tõi mu kujutlusse selge meenutuse suurtest kandilistest poolkuukujuliste tippudega ikka veel idamaades kasutatavatest naeltest, mida ma ei mäleta end näinud olevat läänes.

---

2 Armulaual antav jahust tehtud vahvel.

3 Matteuse 4:4. Inimese kehapatareid ei hoita üleval vaid materiaalse toiduga (leib), vaid samuti võnkuva kosmilise energiaga (sõna ehk AUM). Nähtamatu vägi voolab inimkehasse *medulla oblongata* värava kaudu. See keskus asetseb kuklas viie selgroo tšakra (sanskritikeelne sõna kiirgava väe „rataste" või keskuste kohta) tipus.

*Medulla* on universaalse elueenergia (AUM) peamine sissepääs keha varustamiseks ja on ühenduses Kristuse Teadvuse keskusega (kutašta) kulmude vahel asuvas kolmandas silmas. Kosmilist energiat ladustatakse seitsmendas keskuses ajus, mis on kui mõõtmatute võimete mahuti (mida nimetatakse veedades „tuhandeleheliseks valguse lootoseks"). Piibel viitab AUMile kui Pühale Vaimule või kogu loodut jumalikult ülal hoidvale nähtamatule elujõule. „Või kas te ei tea, et teie ihu on teis oleva Püha Vaimu tempel, kelle te olete saanud Jumalalt, ning et teie ei ole iseenese päralt?" –

I Korintlaste 6:19.

*Katoliku stigmaatik Therese Neumann*

Pühak rääkis mulle midagi oma iganädalasest transist: „Ma jälgin abitu pealtvaatajana Kristuse ristilöömist." Iga nädal, neljapäeva keskööst kuni reede kella üheni pärastlõunal, avanevad ja veritsevad tema haavad. Ta kaotab kümme naela oma tavapärasest 120naelasest kehakaalust. Kannatades intensiivselt oma kaastundlikus armastuses, ootab Therese igatsuse ja rõõmuga neid oma Issanda iganädalasi nägemisi.

Sain järsku aru, et tema imelik elu oli Jumala poolt mõeldud kõigi kristlaste veenmiseks Uues Testamendis ülestähendatud Jeesuse elu ja ristilöömise ajaloolises tõepärasuses ning Galilea meistri ja tema pühendunute vahelise igavesti elava sideme dramaatiliseks esiletoomiseks.

Professor Wurz jutustas meile mõnedest oma kogemustest pühakuga.

„Mõned meist, kaasa arvatud Therese, reisivad sageli päevade kaupa mööda Saksamaad," ütles ta mulle, „sel ajal, kui meil on kolm toidukorda päevas, ei söö Therese mitte kui midagi – see on väga rabav kontrast. Ta jääb sama värskeks kui roos, puutumatuks reisikurnatusest. Kui meie muutume näljasteks ja jahime teeäärseid söömakohti, naerab Therese rõõmsalt."

Professor lisas paar huvitavat füsioloogilist pisiasja: „Kuna Therese ei söö toitu, on ta magu kokku tõmbunud. Tal ei ole väljaheiteid, kuid tema higinäärmed töötavad – ta nahk on alati pehme ja prink."

Lahkumisel rääkisin ma Theresele oma soovist viibida tema transi juures.

„Jah, palun tule järgmisel reedel Konnersreuthi," ütles ta graatsiliselt. „Piiskop annab sulle loa. Ma olen väga õnnelik, et sa otsisid mind Eichstattis üles."

Therese surus mitu korda meil õrnalt kätt ja jalutas meie seltskonnaga väravani. Härra Wright keeras autoraadio käima – pühak uuris seda entusiastlikult naeru kihistades. Kogunes nii suur hulk noori, et Therese läks tagasi oma majja. Nägime Thereset aknal, kust ta meid otsivalt ja lapselikult kätt lehvitades vaatas.

Järgneval päeval toimunud vestluses Therese kahe südamliku ja armastusväärse vennaga saime me teada, et pühak magab vaid üks-kaks tundi öö jooksul. Vaatamata paljudele tema kehal olevatele haavadele, on ta aktiivne ja täis energiat. Ta armastab linde, hoolitseb kaladega akvaariumi eest ja töötab tihti oma aias. Tal on suur kirjavahetus. Katoliku pühendunud kirjutavad talle palvete ja tervendavate õnnistuste pärast. Paljud otsijad on tema abil tervenenud tõsistest haigustest.

*Joogi autobiograafia*

Tema ligemale 23-aastane vend Ferdinand seletas, et Theresel on vägi tervendada palve ja oma keha kaudu teiste haiguseid. Pühaku toidust hoidumine ulatub tagasi aega, kus ta palvetas, et tema koguduses pühasse ordusse astuva noormehe kurguhaigus kantaks üle Theresele. Neljapäeva pärastlõunal sõitis meie seltskond piiskopi koju, kes vaatas minu vabalt langevaid lokke kerge üllatusega. Ta kirjutas valmilt vajaliku loa. Mingit tasu ei olnud – kirik tegi sellise reegli Therese kaitsmiseks turistide pealetungi eest, keda varasematel aastatel kogunes reedeti lugematul hulgal.

Saabusime reede hommikul umbes kell pool kümme Konnersreuthi. Märkasin, et Therese väikesel maamajal oli külluslikult valgust andev eriline klaaskatus. Rõõmustasime nähes, et uksed ei olnud enam kinni, vaid tujutõstva külalislahkusega pärani lahti. Järjekord koosnes umbes kahekümnest külalisest, kes kõik seisid seal lubadega varustatult. Paljud olid tulnud müstiku transsi vaatama väga kaugelt.

Therese läbis minu esimese testi professori majas, teades intuitiivselt, et ma tahtsin teda näha vaimsetel põhjustel ja mitte vaid mööduva uudishimu rahuldamiseks.

Minu teine test oli seotud faktiga, et just enne trepist üles Therese tuppa minekut viisin end jooga transiseisundisse, et olla temaga telepaatilises ühenduses. Ma sisenesin tema külastajaid täis kambrisse – Therese lamas valgesse rõivastunult voodil. Hr Wright tuli kohe minu kannul – täis aukartust peatusin, nähes üle läve astudes imelikku ja õudset vaatemängu.

Veri voolas peenikese ja katkematu tollilaiuse joana Therese alumistest silmalaugudest. Tema vaade oli suunatud üles, vaimsele silmale lauba keskosas. Pea ümber mähitud kangas oli okaskrooni tekitatud stigmahaavadest imbuvast verest läbi ligunenud. Valge rõivas oli haavast tema küljes punaseplekiline – kohas, kus Kristuse keha sai ajastuid tagasi sõduri odatorkest viimse häbistuse osaliseks.

Therese käed olid emalikult anuvalt välja sirutatud, tema näol oli korraga jumalik ja piinatud ilme. Ta paistis kõhnem ja oli muutunud. Pomisedes sõnu võõras keeles, kõneles ta kergelt huuli kõverdades isikutega oma nägemuses.

Kuna olin Theresele häälestunud, hakkasin nägema stseene tema vaimusilmas. Ta vaatas keset pilkavat massi ristipalki kandvat Jeesust.[4]

---

[4] Minu saabumisele eelnenud tundide jooksul oli Therese juba läbinud paljut nägemusi

*Katoliku stigmaatik Therese Neumann*

THERESE NEUMANN, C. RICHARD WRIGHT, SRI YOGANANDA
Eichstatt, Baierimaa, 17. juulil 1935.

Järsku tõstis Therese kohkunult oma pea: Issand oli halastamatu koorma all kukkunud. Nägemus kadus. Põletavatest kannatustest kurnatuna vajus Therese sügavale patja.

Sel hetkel kuulsin oma selja taga kõva mütsatust. Pöörates sekundiks pead, nägin kaht meest kandmas välja mahakukkunud keha. Kuna olin ületeadvuse seisundist väljumas, ei tundnud ma koheselt mahakukkunud isikut ära. Suunasin uuesti oma silmad Therese surnukahvatule vereniredes näole, mis oli nüüd rahulik, kiirates puhtust ja pühadust. Hiljem uuesti pilku seljataha heites nägin hr Wrighti seismas, käsi verdimmitseva põse vastas.

„Dick," uurisin ma ärevalt, „kas sina olidki see, kes kukkus?"

„Jah, ma minestasin selle õudustäratava pildi peale."

„Hästi," ütlesin ma lohutavalt, „sa oled vapper, et tagasi tulla ja seda uuesti vaadata."

Tuletades meelde ukse taga kannatlikult ootavat palveränduritе

---

Kristuse elu lõpupäevadest. Tema transsiminek algab tavaliselt stseenidega viimasele pühale õhtusöömaajale järgnenud sündmustest ja lõpeb Jeesuse surmaga ristil või vahel ka tema haudapanekuga.

*Joogi autobiograafia*

rivi, jätsime mina ja hr Wright vaikselt Theresega hüvasti ja lahkusime tema püha kohalolu juurest.⁵

Järgmisel päeval sõitis meie väike grupp lõuna suunas. Olime tänulikud, et ei pidanud sõltuma rongidest ja võisime peatada Fordi mistahes maakohas. Nautisime igat minutit sel tuuril läbi Saksamaa, Hollandi, Prantsusmaa ja Šveitsi Alpide. Itaalias tegime erilise sõidu Assisisse, austamaks alandlikkuse apostlit Püha Franciscust. Euroopa reis lõppes Kreekas, kus vaatasime Ateena templeid ja nägime vanglat, kus leebe Sokrates⁶ oli joonud surmavat mürki. Inimest täidab imetlus nähes, kuidas kreeklased on kõikjal oma kujutlused alabastrisse töödelnud.

Sõitsime laevaga üle päikselise Vahemere, maabudes Palestiinas. Uidates päev päeva järel mööda Püha Maad, veendusin rohkem kui kunagi varem palverännaku väärtuses. Kristuse vaim on kõikjal Palestiinas. Kõndisin tema kõrval Petlemmas, Ketsemani aias, Kolgatal, Pühal Õlimäel ja Jordani jõe ning Galilea järve ääres.

Meie väike seltskond külastas Kristuse sünnisõime, Joosepi puusepatöökoda, Laatsaruse hauda, Marta ja Maria kodumaja, viimase püha õhtusöömaja saali. Vana aeg rullus me ees lahti – üksteise järel nägin ma selle jumaliku draama stseene, mida Kristus oli tervete ajastute jaoks etendanud.

Järgnes Egiptus koos kaasaegse Kairo ja muistsete püramiididega. Siis laevaga alla mööda kitsast Punast merd, üle laiuva Araabia mere – ja ennäe, India!

---

⁵ 1948. aasta 26. märtsi kuupäevaga märgitud INSi uudis teatas: „Saksa talunaine heitis sel Suurel Reedel oma voodile – tema pea, käed ja õlad olid verega märgitud kohtadel, kus ristilöömise naeltest ja okaskroonist Kristuse kehal oli verd voolanud. Tuhanded aukartuses sakslased ja ameeriklased möödusid vaikselt Therese Neumanni taluvoodi kõrvalt."
Suur stigmaatik suri Konnersreuthis 18. septembril 1962. *(Kirjastaja märkus.)*

⁶ Eusebius jutustab Sokratese ja hindu targa huvitava kohtumise. Lõik kõlab järgmiselt: „Muusik Aristoxenus räägib indialastest järgneva loo. Üks neist meestest kohtus Ateenas Sokratesega ja küsis, mis oli tema filosoofia käsitlusalaks. „Inimfenomeni uurimine," vastas Sokrates. Selle peale purskus hindu naerma ja ütles: „Kuidas saab inimene uurida inimfenomeni, kui talle on teadmatu jumalik fenomen?""
Lääne filosoofiates kõlav Kreeka ideaal ütleb: „Inimene, tunne iseennast!" Hindu ütleks: „Inimene, tunne enda Mina!" Descartes'i väide: „Ma mõtlen, seepärast ma olen" ei ole filosoofiliselt paikapidav. Arutlusvõimega ei saa heita valgust inimese lõplikule Olemusele. Inimmõistus nagu ka tema poolt mõistetav näiv maailm on katkematus voolus ja ei anna mingit lõplikku vastust. Intellektuaalne rahuldus ei ole kõrgeim eesmärk. Jumala otsija on tõeline muutumatu tõe (*vidja*) armastaja – kõik ülejäänu on suhteline tõde *(avidja)*.

PEATÜKK 40

# Ma tulen tagasi Indiasse

Hingasin tänulikuna sisse õnnistatud India õhku. Meie laev *Rajputana* sildus 1935. aasta 22. augustil hiiglaslikus Bombay sadamas. Isegi sellel minu esimesel maismaapäeval oli järgnenud aasta eelmaik – kaksteist kuud katkematut tegevust. Sõbrad olid lillevanikute ja tervitustega kaile kogunenud ning peagi oli meie Taj Mahali hotelli sviidis terve jõgi ajakirjanikke ja fotograafe.

Bombay oli minu jaoks uus linn. Leidsin ta olevat energeetiliselt kaasaegse, koos paljude läänelike uuendustega. Palmid ääristamas ruumikaid puiesteid, suurejoonelised riigiehitised võistlemas sõbralikult muistsete templitega. Kuigi linna vaatamiseks oli antud väga vähe aega, olin ma ikkagi kannatamatu – himustasin näha oma armastatud guru ja teisi kalleid. Andes Fordi pagasivagunisse hoiule, kiirustas meie seltskond peatselt ida poole Kalkuta suunas.[1]

Howrah' jaamas oli meid tervitama kogunenud nii suur rahvahulk, et väheke aega ei olnud me võimelised rongist väljumagi. Noor Kasimbazari maharadža ja minu vend Bishnu olid vastuvõtukomitee eesotsas. Nii soojaks ja rahvarohkeks tervituseks ei olnud ma ette valmistunud.

Prl Bletch, härra Wright ja mina sõitsime rõõmsate trummide ja merekarpide helide saatel pealaest jalataldadeni lillepärgadega kaunistatult autode ja mootorrataste rivi järel aeglaselt minu isakoduni.

Minu vanaks jäänud isa embas mind nagu surnuist tagasi tulnut – vaatasime kaua sõnatult ja rõõmuga üksteist. Vennad ja õed, onud, tädid ja nõod, õpilased kaugest minevikust ja sõbrad olid gruppidena kogunenud mu ümber – kellelgi ei jäänud silmad kuivaks. Minu mälu arhiivides püsib armastava taasühinemise stseen elavana.

Kohtumist Sri Yukteswariga ei suuda mu sõnad edasi anda – lugejale olgu piisav minu sekretäri järgnev kirjeldus:

---

[1] Me katkestasime oma teekonna keskprovintsides, poolel teel üle mandri, et näha Wardhas Mahatma Gandhit. Neid päevi on kirjeldatud peatükis 44.

SRI YUKTESWAR JA YOGANANDA KALKUTAS, 1935

„Tänu mu guru silmapaistmatule maskeeringule tundsid vaid mõningad tema kaasaegsed teda kui üliinimest," ütles Sri Yogananda. „Olles sündinud surelikuna nagu kõik teised, saavutas Sri Yukteswar samasuse aja ja ilmaruumi Valitsejaga. Meister ei leidnud ületamatuid takistusi inimliku ja Jumaliku ühtesulamisel. Minagi sain aru, et selliseid barjääre ei eksisteeri, kui inimese vaimne seiklusjanu puudumine välja arvata."

*Ma tulen tagasi Indiasse*

„Täidetuna kõrgeimatest ootustest, sõidutasin täna Yoganandaji Kalkutast Serampore'i," tähendas hr Wright oma reisipäevikusse. „Möödusime vanamoelistest kauplustest, neist üks oli Yoganandaji lemmiksöögikohti kolledži päevadel, ja keerasime lõpuks kitsale müüridega ääristatud teele. Järsk pööre vasemale – ja meie ees kõrgus lihtne, kuid inspireeriv kahekordne aašramihoone, ülemist korrust ehtimas hispaania stiilis väljaulatuv rõdu. Kõikjal oli tunda rahulikku üksindust.

Jalutasin tõsises alandlikkuses Yoganandaji järel erakla siseõue. Südamed kiirelt tagumas, astusime üles vanadest, kahtlemata müriaadide tõeotsijate tallatud tsementtrepiastmeist. Iga meie sammuga kasvas pinge aina suuremaks ja suuremaks. Meie ette trepimademele ilmus vaikselt suur Sri Yukteswarji, seistes õilsa targa poosis.

Minu süda voogas ja paisus, kui tundsin end olevat õnnistatud privileegist viibida tema ülima kohalolu läheduses. Pisarad hägustasid mu nägemist, kui Yoganandaji põlvedele langes ja langetatud päi oma hinge tänulikkuse ja tervituse edastas. Ta puudutas alandlikus austusavaldustes käega oma guru jalgu ja seejärel oma pead. Seejärel ta tõusis ja Sri Yukteswarji embas teda kahe käega.

Alguses ei kostnud sõnakestki, kuid hingede tummad fraasid väljendasid kõige intensiivsemaid tundeid. Kuidas küll nende silmad särasid uuendatud hingelisest ühtsusest! Õrnad tundevõnked sööstis läbi vaikse siseõue ning isegi päike põikles pilvedest kõrvale, lisades ootamatut hiilguse lööma.

Meistri ees põlvi painutades andsin edasi oma väljendamatu armastuse ja tänu, puudutasin tema parkunud jalgu ja sain tema õnnistuse. Tõusin püsti ja seisin vastakuti kahe kauni ja sügava, sisevaatlusest hõõguva ja rõõmust kiirgava silmapaariga. Sisenesime elutuppa, mille üks külg avanes tänavalt silma jäänud rõdule. Meister toetas end vastu kulunud sohvat, istudes kaetud madratsile tsementpõrandal. Yoganandaji ja mina võtsime istet nõjatumiseks mõeldud oranžikate patjadega roomatil guru jalge lähedal.

Püüdsin üha tungida kahe svaamiji bengalikeelsesse vestlusse – avastasin, et inglise keel on jõuetu, kui need kaks koos on, ehkki teiste poolt svaamiji Maharadžiks kutsutud suur guru seda oskab ja tihti ka räägib. Tajusin suure guru pühadust südantsoojendava naeratuse ja silmade välgatuse kaudu. Üks kiiresti eristatav omadus tema puhul on see, et isegi tõsise jutuajamise väited on positiivsed – see on targa inimese tunnuseks, kes teab, et ta teab. Teab Jumalat. Tema suur tarkus, eesmärgi- ja otsusekindlus on igal moel ilmsed.

Meister oli riietatud lihtsalt – tavalisse *dhotisse* ja särki, mis olid värvitud tugeva ookrivärviga, kuid mis nüüd olid luitunud oranžid. Uurides teda aeg-ajalt lugupidavalt, märkasin ma ohverduste ja loobumiste katsumustes karastunud sirge seljaga suurt ja atleetlikku keha, majesteetlikku poosi ja väärikat sammu. Sügavalt rinnust kerkiv lustlik ja mürisev naer pani värisema ja vappuma kogu tema keha.

Tema askeetlik nägu annab tabavalt edasi muljet jumalikus väest. Keskelt lahku kammitud juuksed on lauba ümber valged, mujal hõbekuldsetes ja hõbe-mustades triipudes lokirõngastena õlgadele langevad. Tema habe ja vuntsid on hõredad ja silmnägu avar, tema otsaesine taevalikke kõrgusi püüdlemas. Tumedatel silmadel on eeterlik sinine ringikujuline pühapaiste. Tal on lai ja lihtsakoeline nina, millega ta end vabal ajal lõbustab, väänates ja pöörates seda lapse kombel oma sõrmede vahel. Tavalises olekus on tema suu karm, ent kerge õrnuse varjundiga.

Vaadates siia-sinna, täheldasin hooletusse jäetud ruumi, mis kõneles omaniku ükskõiksusest materiaalsete mugavuste suhtes. Ilmast söövitatud pika kambri valged seinad olid võõbatud kahvatusinise triipkrohviga. Ühes toa otsas rippus lihtsa pühendumist märkiva lillevanikuga kaunistatud unikaalne Lahiri Mahasaya pilt. Seal on ka vana foto, millel esimest korda Bostonisse saabunud Yoganandaji seisab koos teiste religioonide kongressi delegaatidega.

Märkasin kummastavat vana ja uue koosmõju. Hiiglaslik kristallist küünlajalg oli kasutamata ja kaetud ämblikuvõrguga, seinal oli värske kaasaegne kalender. Tuba õhkas rahu ja häirimatust. Teisel pool rõdu kõrgusid üle erakla kookospalmid justkui vaiksed valvurid.

Meistril on vaja vaid käsi plaksutada ja veel enne kui ta lõpetab, jõuab tema juurde mõni väike õpilane. Ühel neist, kõhnal poisil nimega Prafulla[2], on pikad mustad juuksed, sädelevad mustad silmad ja taevalik naeratus – tema silmad pilguvad suunurkade kerkides justnagu ilmuks hämarikus järsku tähed ja kuusirp.

Svaami Sri Yukteswarji rõõm on silmnähtavalt pingestatud „kasvandiku" tagasipöördumise tõttu (ja ta paistab olevat veidi uudishimulik minu kui „kasvandiku kasvandiku" suhtes). Ent suure guru loomupärane tarkus pidurdab tema välist tunneteväljendust.

---

[2] Prafulla oli koos meistriga, kui kobra neile lähenes (vaata lk 111).

*Ma tulen tagasi Indiasse*

(*Paremal*) Teise korruse einetamise rõdu Sri Yukteswari Serampore'i eraklas, 1935. Sri Yogananda istub temast paremal seisva guru kõrval.

Nagu on kombeks, kui õpilane naaseb oma guru juurde, andis Yoganandaji meistrile mõned kingid. Hiljem istusime maha ja sõime lihtsaid, kuid hästitehtud aedviljadega riisitoite. Kõik road olid kombinatsioonid riisist ja aedviljadest. Sri Yukteswarjile meeldis, et järgisin india tavasid – „sõrmedega söömist" näiteks.

Pärast mitu tundi kõlanud bengalikeelseid fraase, sooje naeratusi ning rõõmsat pilkudevahetamist, kummardasime tema jalge ees, jätsime *pranaami* tehes hüvasti[3] ja lahkusime Kalkuta suunas igavesti kestvate mälestustega pühitsetud kohtumisest. Kuigi ma kirjutan peamiselt

---

[3] Otsetähenduses „täielik tervitus" tuleb sanskriti sõnatüvest „*naam*" ehk „tervitama" või „kummardama", eesliide „*pra*" tähendab „täielikult". Pranaami sooritatakse peamiselt munkade ja teiste austatud isikute ees.

PARAMAHANSA YOGANANDA

1935. aasta 18. detsembril Indias Damodaris oma esimese poistele mõeldud ja Dihika lähistele 1917. aastal asutatud kooli külastamisel tehtud foto. Yogananda mediteerimas endises parimas eraldumise nurgas laguneva torni ukse juures.

oma välistest muljetest, olin ma siiski täielikult teadlik meistri vaimsest hiilgusest. Tundsin tema väge ja säilitan jumaliku õnnistusena seda tunnet alati."

Olin Sri Yukteswarile toonud Ameerikast, Euroopast ja Palestiinast palju kingitusi. Ta võttis need vastu naeratades, kuid ilma ühegi märkuseta. Olin enda tarbeks Saksamaalt ostnud vihmavarju ja jalutuskepi kombinatsiooni. Indias otsustasin anda selle meistrile.

„Seda kinki hindan ma tõesti!" Seda ebatavalist kommentaari öeldes pöördusid minu guru silmad südamlikus mõistmises minu suunas. Kõikidest kingitustest oli just kepp see, mille ta külalistele näitamiseks välja valis.

„Meister, palun lubage mul hankida elutuppa uus vaip." Ma märkasin, et Sri Yukteswari tiigrinahk oli asetatud kulunud vaibale.

1938. aasta märtsis kooli iga-aastase asutamispäeva tähistamiseks toimunud Ranchi kooli õpetajate ja õpilaste rongkäik

Yogoda Satsanga Ühingu Ranchi poistekooli õpilased 1970. aastal. Järgides Yogananda ideaale kooli asutamisel, viiakse siiani paljusid tunde läbi õues: poisid saavad nii jooga treeningut, aga ka akadeemilist ja kutsehariduslikku juhendamist.

Sri Yogananda (*keskel*) ja tema sekretär C. Richard Wright (*paremal, istub*) Ranchis 1936. aasta 17. juulil. Neid ümbritsevad Sri Yogananda kohalike tüdrukute kooli õpetajad ja õpilased.

Sri Yogananda koos Yogoda Satsanga Ühingu Ranchi poistekooli õpetajate ja õpilastega 1936. aastal. Yogandandaji poolt asutatud kool toodi Maharadža Kasimbazari hoole all 1918. aastal sellele maa-alale üle Dihikast Bengalist.

## Ma tulen tagasi Indiasse

„Tee seda, kui see sulle rõõmu valmistab." Minu guru hääl ei olnud nii entusiastlik. „Vaata, mu tiigrimatt on korras ja puhas: olen monarh oma väikses kuningriigis. Väljaspool seda on vaid välisest huvitatud määratu maailm."

Kui ta need sõnad oli lausunud, tundsin ma, kuidas aastad tagasi veerevad – ja jälle olin ma igapäevases korrale kutsumiste tules puhastunud noor pühendunu!

Niipea, kui ma suutsin end rebida eemale Serampore'ist ja Kalkutast, asusin koos härra Wrightiga Ranchi suunas teele. Milline vastuvõtt seal oli – kui liigutav! Pisarad tõusid mu silmi, kui embasin isetuid õpetajaid, kes olid hoidnud kooli lippu kõrgel minu viieteistaastase äraoleku ajal. Säravad näod ja õnnelikud naeratused olid rikkalikuks tunnistuseks kooli- ja joogaõpingute väärtusest.

Kuid kahjuks oli Ranchi asutus rahalistes raskustes. Sir Manindra Chandra Nundy, vana maharadža, kelle Kasimbazari palee oli muudetud keskkooli hooneks ja kes oli teinud palju hindamatuid annetusi, oli surnud. Paljud kooli väljapaistvad põhimõtted olid nüüd piisava avaliku toetuseta tõsises ohus.

Ma polnud kulutanud Ameerikas aastaid niisama, olin õppinud mõningaid praktilisi tarkusi ning omandanud takistuste ees kohkumatu vaimu. Jäin nädalaks Ranchi kriitiliste probleemidega maadlema. Järgnesid intervjuud väljapaistvate Kalkuta liidrite ja haridustegelastega, pikk jutuajamine noore Kasimbazari maharadžaga, rahaline abipalve isale ja ennäe! – Ranchi värisevad alustalad hakkasid tugevnema. Palju annetusi, kaasa arvatud üks tšekk hiiglasliku summaga, saabusid lühikese ajaga minu Ameerika õpilastelt.

Paari kuu jooksul pärast Indiasse jõudmist oli mul rõõm näha Ranchi kooli ametlikku staatusse tõusmas. Minu eluaegne unistus püsival sihtkapitalil toimivast jooga hariduskeskusest oli täitunud. See pürgimus juhtis mind ka 1917. aastal, kui tegin alandlikult algust seitsmest poisist koosneva grupiga.

Kool ehk *Yogoda Sat-Sanga Brahmacharya Vidyalaya* viib vabas õhus läbi grammatika- ja keskkooli õppeainete tunde. Lisaks saavad nii ühiselamus elavad kui ka iga päev kodust kooli käivad õppurid mõningat kutseõpet.

Poisid korraldavad oma tegevusi autonoomsete komiteede kaudu. Oma õpetajakarjääri alguses avastasin, et kelmikalt õpetaja ülekavaldamist nautivad poisid võtavad rõõmsalt omaks kaasõpilaste paika

## Joogi autobiograafia

pandud distsipliinireeglid. Olemata ise kunagi eeskujulik õpilane, tundsin osavõtlikkust kõigi poisilike tempude ja probleemide suhtes.

Koolis edendatakse sporti ja võistlusmänge – väljakud kajavad, kui seal mängitakse hokit ja jalgpalli. Ranchi õpilased võidavad võistlustel tihti karikaid. Poistele õpetatakse *yogoda* alusel tahtejõuga lihaste taaslaadimist: meetod käsitleb eluenergia juhtimist ükskõik millisesse kehaossa. Õpitakse *jooga* asendeid (*asanaid*) ja mõõga ning oda (*lathi*) kasutamist. Olles läbinud esmaabi koolituse, on Ranchi õpilased osutanud tänuväärset abi koduprovintsi traagiliste üleujutuste või näljahäda aegadel. Poisid töötavad aias ja kasvatavad endale ise aedvilju.

Algkooli õppeainetes antakse provintsi *koli, santali* ja *munda* kohalikele hõimudele tunde hindi keeles. Lähedalasuvates külades viiakse läbi ka tüdrukutele mõeldud tunde.

Ranchi ainulaadseks silmapaistvaks tunnusjooneks on initsiatsioon *kriija joogasse*. Poisid viljelevad igapäevaselt vaimseid harjutusi, skandeerivad „Giitat" ning neile õpetatakse ettekirjutuste ja eeskuju abil lihtsuse, eneseohverduse, au ja tõe vooruseid. Õpilastele näidatakse pahet kui kannatuste põhjustajat ning head kui tõelist õnne toovat tegutsemist. Pahet võib võrrelda kiusatusse ajava, kuid surmaga laetud mürgitatud meega.

Keskendumise tehnikatega keha ja mõistuse rahutuse ületamisel on saavutatud hämmastavaid tulemusi – Ranchis pole uudis näha veetlevat üheksa- või kümneaastast tegelast tund või kauem silmi pilgutamata liikumatus poosis istumas – vaade vaimsele silmale suunatud.

Viljapuuaias seisab õnnistatud meistri Lahiri Mahasaya kujuga Šiva tempel. Igapäevaseid palveid ja pühakirjatunde viiakse läbi aias asuvas mangopuude lehtlas.

Ranchi asetseb 2000 jalga (*ca 600 m*) merepinnast kõrgemal – kliima on pehme ja ühtlane. Suure ujumistiigi kõrval asuval kahekümne viie aakrisel maaüksusel asub üks India uhkemaid puuviljaaedu: viiesaja mango-, datli-, guajaavi-, litši- ja leivapuuga.

Ranchi raamatukogu sisaldab hulgaliselt ajakirju ning läänest ja idast annetustena saabunud ligemale tuhandet inglis- ja bengalikeelset raamatuköidet. Siin on ka kogu maailma pühakirjadest. Hästi süstematiseeritud muuseumis on eksponeeritud arheoloogilisi, geoloogilisi ja antropoloogilisi eksponaate – enamik trofeesid pärineb minu

YOGODA MATH, DAKSHINESHWAR, INDIA

1939 Paramahansa Yogananda Yogoda Satsanga Society of India peakorter Gangese jõe ääres Kalkuta lähistel.

*Joogi autobiograafia*

Sri Yogananda 1935. aastal Yamuna jõel Bhagavan Krišna sünni ja lapsepõlvega seotud Mathura juures toimunud paadiretkel. (*istumas, keskelt paremale*) Ananta Lal Ghoshi (*Sri Yogananda vanema venna*) tütar; Sananda Lal Ghosh (*Yogananda noorem vend*) ja C. Richard Wright.

uitamistest mööda Issanda eripalgelist planeeti.[4]

Ranchi internaadiga joogasuunalised harukeskkoolid on nüüd avatud ja õitsevad: Lääne-Bengalis Lakhanpuris asuv *Yogoda Sat-Sanga Vidyapith* poistekool ja Bengalis Midnapore'is Ejmalichakis paiknev keskkool ja erakla[5].

Gangesele avanev Dakshineswaris asuv riiklik *Yogoda Math* (aašram) pühitseti sisse 1939. aastal. Asudes vaid mõned miilid Kalkutast põhja suunas, pakub erakla linna asukaile rahu pelgupaika.

[4] Sarnane Paramahansa Yoganandа kogutud eksponaatidega muuseum asub Californias Pacific Palisade'is Self Realization Fellowshipi pühamus.(*Kirjastaja märkus.*)

[5] Selle algse õppeasutuse eeskujul on YSS koolide haridusprogrammid nüüd nii poistele kui tüdrukutele paljudes India paikades jõudsalt edenemas. Nende õppekavad ulatuvad algkoolist kuni kolledži tasemele.

*Ma tulen tagasi Indiasse*

*Dakshineswar Math* on Yogoda Satsanga ühingu ja tema koolide, keskuste ja eri India osades asuvate eraklate Indias asuvaks peakorteriks. Indias asuv *Yogoda Satsanga* on ametlikult liitunud rahvusvahelise peakorteri *Self-Realization Fellowshipiga* Los Angeleses USAs. *Yogoda Satsanga*[6] tegevuste hulka kuulub kvartaliväljaande „*Yogoda Magazine*" kirjastamine ja iga kahe nädala tagant kõikjal üle India asuvate õpilaste varustamine õppetundide materjalidega. Need annavad üksikasjalikke juhiseid Self-Realization Fellowshipi keskendumis- ja meditatsioonitehnikatest. Nende täpne praktiseerimine on eeltööks järgnevates õppetundides antavatele *kriija jooga* kõrgeimatele juhistele.

Yogoda haridulikud, religioossed ja humanitaarsed tegevused nõuavad paljude õpetajate ja töötajate teenimist ja pühendumist. Ma ei loetle nende nimesid siinkohal, sest neid on väga palju, kuid mu südames on igaühele neist oma valguküllane paik.

Härra Wright sõlmis rohkelt sõprussuhteid Ranchi poistega – riietatuna lihtsasse *dhotisse*, elas ta veidi aega nende keskel. Bombays, Ranchis, Kalkutas, Serampore'is – kõikjal kuhu ta läks, oli minu elava kirjeldusandega sekretäril tavaks oma seiklused reisipäevikusse üles tähendada. Ühel õhtul küsisin temalt küsimuse:

„Dick, milline mulje on sul Indiast jäänud?"

„Rahu," ütles ta mõtlikult. „Selle rassi auraks on rahu."

---

[6] Yogoda tuleneb sõnadest „*jooga*" – ühtsus, harmoonia, tasakaal ja „*da*" – see, mis edastab. „Satsanga" koosneb sõnadest „*sat*" – tõde ja „*sanga*" – vennaskond.

Sõna „Yogoda" võttis kasutusele Paramahansa Yogananda 1916. aastal, peale inimkeha kosmilisest allikast pärinevate energiaga laadimise printsiipide avastamist. (Vt lk 241+).

Sri Yukteswar kutsus oma erakla organisatsiooni Satsangaks (Tõe vennaskond), tema pühendunu Paramahansaji soovis loomulikult seda nime säilitada.

India Yogoda Satsanga ühing on mittetulunduslik asutus. Selle nime alla koondas Yogananda kõik oma Indias tehtud tööd ja loodud sihtasutused, mida juhib praegu oskuslikult Lääne-Bengalis Dakshineswaris asuva Yogoda Mathi direktorite nõukogu. Paljud YSS meditatsioonikeskused õitsevad nüüd India eri osades.

Läänes muutis Yoganandaji oma ühingu nime ingliskeelseks, rajades oma tööde ja tegemiste tarvis organisatsiooni nimega *Self-Realization Fellowship*. Sri Mrinalini Mata on nii India Yogoda Satsanga Ühingu kui ka Self-Realization Fellowshipi president (*Kirjastaja märkus*.)

PEATÜKK 41

# Lõuna-India idüll

„Oled esimene lääne inimene, kes iial sellesse pühakotta sisenenud. Paljud on tulutult üritanud."

Minu sõnade peale paistis hr Wright ehmunud, siis aga rahulolev. Me olime just jätnud seljataha Lõuna-India Mysore'i linna kohal kõrguva mäe otsas asuva kauni Chamundi templi. Kummardasime seal Mysore'i valitseva perekonna kaitsejumaluse – jumalanna Chamundi kuld- ja hõbealtari ees.

„Ainulaadse au meenutuseks," ütles hr Wright, võttes ettevaatlikult kaasa mõned õnnistatud roosiõielehed, „hoian alati need roosiveega piserdatud õied alles."

Mu kaaslane ja mina[1] veetsime 1935. aasta novembrikuu Mysori osariigi külalistena. Maharadža[2] pärija H.H. Yuvaraja Sri Kantheerava Narasimharaja Wadiyar kutsus minu koos sekretäriga oma edumeelseid valdusi külastama.

Möödunud kahe nädala jooksul olin esinenud tuhandetele Mysore'i elanikele ja õpilastele raekojas, maharadža kolledžis, ülikooli meditsiinikoolis ja kolmel massikogunemisel Bangalore'is – rahvuslikus keskkoolis, keskkolledžis ja Chetty raekojas, kuhu oli kokku kogunenud üle kolme tuhande inimese. Kas innukad kuulajad olid võimelised usaldama minu maalitud hiilgavat pilti Ameerikast – ei tea ma mitte, kuid aplaus oli alati kõige valjem siis, kui ma kõnelesin ida ja lääne parimate saavutuste vahetamisest tulenevast vastastikusest kasust. Hr Wright ja mina lõdvestusime nüüd troopilises rahus. Tema reisipäevik annab Mysore'i muljetest järgneva ülevaate:

„Palju vaimustavaid hetki on veedetud, vaadates hajali mõtteis seda jumaliku väega üle taevalaotuse tõmmatud üha muutuvat lõuendit, sest vaid Tema puudutus üksi on võimeline tekitama värve, mis vibreerivad

---

[1] Miss Bletsch jäi minu sugulaste juurde maha Kalkutasse.
[2] Maharadža Sri Krishna Rajendra Wadiyar IV.

*Lõuna-India idüll*

elu värskuses. See värvide puhtus kaob, kui inimene pigmentidega maalides seda jäljendada püüab, sest Issand toetub palju lihtsamale ja toimivamale vahendile, mis ei ole ei õlid ega pigmendid, vaid tavalised valguse kiired. Ta viskab valguse läigatuse ja see peegeldub punasena, Ta vibutab pintslit uuesti ja see sulandub järk-järgult oranžiks ja kuldseks. Seejärel läbistab Ta taeva purpurse triibuga, mis jätab pilvehaava narmendava punase immitsuse – ja nii edasi ja nii edasi. Ta mängib sarnaselt hilisõhtul ja hommikul, alati muutuvana, alati uuena, alati värskena - ei mingeid mustrilehti ning jäljendamist, ükski värv ei kordu samana. India päeva ööks muutumise ilu ei saa võrrelda muude paikadega – tihti näeb taevas välja, justkui oleks Jumal võtnud kõik Oma värvid ja andnud neile ühe võimsa kaleidoskoopilise tõuke taevalaotusse.

Ma pean jutustama meie külaskäigust õhtuhämarikus kaksteist miili Mysore'i linnast eemal asuva hiiglasliku Krishnaraja Sagar tammi[3] juurde. Yoganandaji ja mina istusime väiksesse bussi ja alustasime koos generaatorit ringiajava väikesest poisist asendusakuga sõitu mööda sopast teed just siis, kui päike oli horisondi kohal ja nägi välja nagu üleküpsenud tomat.

Meie tee viis mööda arvukatest ruudukujulistest riisiväljadest, läbi bhanjanipuude rea ja kõrguvate kookospalmide salu, kus taimkate oli peaaegu sama tihe kui džunglis. Lõpuks, lähenedes mäetipule, jõudsime hiiglasliku tähti ja narmendavaid palme ning teisi puid peegeldava tehisjärveni, mida ümbritsesid armsad terrassaiad ja elektritulede rivi tammi harjal.

Tammi ääre all jälgisid meie silmad pimestavat vaatemängu: särava tindi karva fontäänidel mänglesid värvilised valgusvihud – oivalised sinised, punased, rohelised ja kollased kosed ning majesteetlikud kivist vett väljapurskavad elevandid. Tamm (mille valgustatud purskkaevud meenutasid mulle 1933. aasta Chicago maailmanäitusel nähtut) on silmapaistvalt kaasaegne sel muistsel riisipõldude ning lihtsate inimestega maal. India inimesed võtsid meid vastu nii armastavalt, et ma kardan – Yoganandaji Ameerikasse tagasi viimiseks on vaja enam kui minu jõudu.

Veel üks haruldane privileeg – minu esimene elevandisõit. Eile kutsus Yuvaraja meid oma suvepaleesse, nautimaks ratsutamist ühel tema

---

[3] Sandlipuuõli, seepide ja siidi tõttu tuntud Mysore'i linna lähedast piirkonda varustab veega 1930. aastal ehitatud niisutustamm.

## Joogi autobiograafia

elevandil – hiiglaslikul elukal. Pidin redeli abil ronima üles sadulasse ehk siidipatjadega kaetud kastisarnasesse *howdah*'sse – et siis seal veereda, õõtsuda, kõikuda ja vajuda alla orgu, liiga elevil, et muretseda või karjatada, kuid ise elu eest kinni hoides!"

Arheoloogilistest ja ajaloolistest säilmetest rikas Lõuna-India on selge ja määratlematu võluga maa. Mysore'ist põhja pool on India suurim osariik Hyderabad, Godavari jõe kujundatud maaliline platoo. Avarad viljakad tasandikud, armas Nilgiri ehk Sinine mäestik ja piirkonnad paljaste lubjakivist või graniidist küngastega. Hyderabadi ajalugu on pikk värvikas lugu, mis algab kolm tuhat aastat tagasi Andhra kuningate valitsuse all, jätkudes hindu dünastiate valitsemisega kuni aastani 1294 peale Kristust, mil piirkonna valitsemine läks moslemite kätte, kes on võimul kuni tänase päevani.

Kõige hingetuks tegevamat arhitektuuri-, skulptuuri- ja maalide väljapanekut Indias on võimalik leida Hyderabadis – muistsetest kiviskulptuuridega Ellora ja Ajanta koobastest. Elloras olevas hiiglaslikus monoliitses Kailase templis on kaljust välja lõigatud hämmastavates Michelangelo proportsioonides jumalate, inimeste ja elajate kujud.

Ajanta on viie katedraali ja kahekümne viie kloostriga koht – kõiki kivist kaevendeid on toetamas vapustavad freskodega kaetud sambad, kus kunstnikud ja skulptorid on surematuks muutnud oma loomupärase ande.

Hyderabadi linna on õnnistatud Osmania Ülikooli ja aukartustäratava Meka Masdžidi mošeega, kus kümme tuhat moslemit palveks kogunevad.

Asudes kolm tuhat jalga[4] üle merepinna, on Mysore'i osariigis külluses tihedaid troopilisi metsi, mis on koduks metsikutele elevantidele, piisonitele, karudele, pantritele ja tiigritele. Kaks peamist linna – Bangalore ja Mysore paljude oma parkide ja aedadega on puhtad ja veetlevad.

Hindu arhitektuur ja skulptuur saavutasid oma kõrgeima täiuslikkuse Mysore'is hindu kuningate eestkoste all üheteistkümnenda ja viieteistkümnenda sajandi vahel. Kuningas Vishnuvardhana valitsemisajal valmis saanud üheteistkümnenda sajandi meistriteos Beluri tempel on maailmas ületamatu oma detailide õrnuse ja ülikülluslikku kujundlikkuse poolest.

---

[4] *Ca* 900 meetrit (*tõlkija märkus*).

*Lõuna-India idüll*

Mysore'i põhjaosast leitud kivisambad pärinevad kolmandast sajandist enne Kristust, valgustades Kuningas Ašoka[5] mälestust, kelle mõõtmatu impeerium haaras Indiat, Afganistani ja Belutšistani. Erinevates keelemurretes kirjutatud Ašoka „kivijutlused" annavad tunnistust tolle aja laialdasest kirjaoskusest.

XIII kiviedikt tühistab sõjad: „Kõik vallutused on usuvallutuse kõrval tühised, vaid see üksi on kõige tõelisem vallutus."

X kiviedikt deklareerib, et kuninga tõeline hiilgus sõltub moraalsest progressist, mida ta aitab oma inimestel saavutada. Kiviedikt XI määratleb: „Tõeline kink ei ole mitte kaup, vaid headus – tõe levitamine. VI kiviediktis kutsub armastatud imperaator oma alamaid endaga nõu pidama avalikes asjades „ükskõik, millisel päeva või öö tunnil," lisades, et kuningakohuse täpse täitmise kaudu „omandab ta vabanemise võlast kaasinimeste ees."

Ašoka oli Aleksander Suure poolt Indiasse jäetud garnisoni hävitanud ja 305. aastal enne meie ajaarvamise algust Pandžabi sissetunginud Seleucuse Makedoonia armee alistanud muljetavaldava Chandragupta Maurya pojapoeg. Peale neid saavutusi võttis Chandragupta oma Pataliputra[6] õukonnas vastu hellenite saadiku Megasthenese, kes on meile jätnud kirjelduse tema aja õnnelikust ja ettevõtlikust Indiast.

298. aastal enne meie ajaarvamist andis võidukas Chandragupta India valitsemise ohjad üle oma pojale. Reisides Lõuna-Indiasse, veetis Chandragupta viimased kaksteist aastat oma elust varata askeedina eneseteostust otsides Sravanabelagola kivises koopas, nüüdses Mysore'i pühamus. See sama piirkond uhkustab džainistide poolt aastal 983 maailma suurima kivirahnust välja raiutud tark Gomateswarale pühendatud monoliitse kujuga.

Huvitavad lood on peensusteni üles tähendanud kreeka ajaloolaste või teiste Aleksandriga tema India ekspeditsioonil koos olnud

---

[5] Imperaator Ašoka püstitas erinevates India osades 84 000 religioosset stuupat (pühamut). Neliteist kiviedikti ja kümme kivisammast on siiani püsinud. Iga sammas on insenerimõtte, arhitektuuri ja skulptuuri triumfiks. Tema algatusel ehitati paljud veereservuaarid, tammid ja niisutuslüüsid, puudega palistatud maanteed ning reisijatele püstitatud külalistemajad, meditsiinilise otstarbega botaanikaaiad ning haiglad inimeste ning loomade tarbeks.

[6] Pataliputra (kaasaegne Patna) linnal on paeluv ajalugu. Isand Buddha külastas seda paika kuuendal sajandil enne Kristust, kui see oli veel tähtsusetu kindlus. Temalt pärineb seal tehtud ettekuulutus: „Nii kaugele, kui Aaria inimeste eluala ulatub, nii kaugele kui kaupmehed reisivad, muutub Pataliputra neile peamiseks linnaks, kaubavahetuse keskuseks (*Mahaparinirbana Sutra*). Kaks sajandit hiljem muutus Pataliputra Chandragupta Maurya hiiglasliku impeeriumi pealinnaks. Tema pojapoeg Ašoka tõi metropolile veel suurema õitsengu ja suursugususe (vt lk XXV).

## Joogi autobiograafia

või temale järgnenud inimesed. Dr J. W. McCrindle[7] tõlgitud Arriani, Diodorose, Plutarchose ja geograaf Straboni jutustused heidavad valgust muistse India elule. Kõige imetlusväärsem asjalugu Aleksandri ebaõnnestunud vallutustes oli tema sügav huvi hindu filosoofia ja joogide ning pühameeste vastu, kellega ta aeg-ajalt kohtus ja kelle seltsi innukalt otsis. Pärast seda, kui lääne sõdalane Põhja-Indiasse Taxilasse saabus, saatis ta Onesikritose (Diogenese hellenistliku kooli õpilase) Taxila suurt *sannjaasit* Dandamist enda juurde tooma.

„Tervitus sulle, oo brahmiinide õpetaja," ütles Onesikritos peale Dandamise ülesleidmist tolle metsaeraklast. „Võimsa Jumal Zeusi poeg ja kõigi inimeste valitseja isand Aleksander palub teil tema juurde minna. Kui te olete nõus, tasub ta teile suurte kingitustega, kui keeldute, siis lööb ta teil pea maha!"

Joogi võttis selle küllaltki sundusliku kutse rahulikult vastu ja „ei teinud niigi palju, et tõsta oma pead lehtedest asemelt".

„Ka mina olen Zeusi poeg, kui Aleksander on selline," kommenteeris ta. „Ma ei taha midagi, mis on Aleksandri oma, sest ma olen rahul sellega, mis mul on. Samas näen, et ta uitab oma meestega üle maa ja mere soodsa endeta ja tema uitamistele ei tulegi lõppu.

Mine ja ütle Aleksandrile, et Jumal, Ülim Kuningas, ei ole kunagi uljalt tehtud valede sammude autoriks, vaid on valguse, rahu, elu, vee ja inimkeha ning hingede Looja. Tema võtab vastu kõik inimesed, kui surm nad vabastab ega allu hädadele. Tema üksi on minu auavalduste Jumal, kes jälestab tapmist ja ei ole ühegi sõja ärgitajaks.

Aleksander ei ole Jumal, kuna ta peab maitsma surma," jätkas tark vaikse põlgusega. „Kuidas saab selline olla maailma isandaks, kui ta pole end veel istuma seadnud sisemise kõikehõlmava valitsuse troonile? Samuti ei ole ta elavana sisenenud Hadesesse ega tea päikese liikumise suunda läbi Maa keskmiste piirkondade, samas kui tema piirides elavad rahvad ei ole kuulnud tema nimegi!"

Pärast seda korralekutsumist - kindlasti kõige salvavamat, mis on üldse saadetud „maailma isanda" kõrva riivama, lisas tark irooniliselt: „Kui Aleksandri praegused valdused ei ole tema soovide jaoks piisavad, tulgu ta üle Gangese jõe – seal leiab ta piirkonna, mis on võimeline ülal pidama kõiki tema mehi.[8]"

---

[7] *„Muistne India"*, kuus köidet (Kalkuta: Chuckervertty, Chatterjee & Co., 15 College Square; 1879, kordusväljaanne 1927).

[8] Ei Aleksander ega keegi tema väejuhtidest ei ületanud kunagi Gangest. Kohates otsustavat

*Lõuna-India idüll*

„Aleksandri lubatud kingid on mulle kasutud," jätkas Dandamis. „Minu peavarjuks olevad puud, mulle igapäevast toitu andvad õitsvad taimed ja minu janu leevendav vesi on asjad, mida ma hindan ja millel leian olevat tõelise väärtuse. Äreva mõttega kokku kuhjatud varandused on tavaliselt tõestanud end olevat liigkallid neile, kes neid koguvad, põhjustades valgustamata inimesi vaevavat kurbust ja meelehärmi.

Mis puudutab mind, siis magan ma metsapuude lehtedel ja kuna mul pole midagi valvata, siis sulen ma oma silmad uinudes rahulikult – kui mul oleks maist vara, siis peletaks see koorem mu une. Maa annab mulle kõike, mida ma vajan, nii nagu ema toidab oma last piimaga. Ma lähen kuhu mulle meeldib – olemata maistele soovidele võlgu.

Kui Aleksander peaks minu pea otsast lööma, siis ei saa ta samas hävitada mu hinge. Minu keha ja selle küljest rebitud vaikiv pea jäävad nagu katkised kehakatted maa peale ja sealt nende elemendid pärinevadki. Saanud siis vaimuks, tõusen ma Jumala juurde. Ta on pannud meid kõiki lihalikku kesta, tõestamaks, et me elame siin all sõnakuulelikult Tema korraldusi järgides. Ja ta nõuab meilt siitlahkumise järel aru meie elude kohta. Ta on kõigi õiguserikkumiste Kohtumõistja – rõhutute oiged määravad rõhuja karistuse.

Hirmutagu Aleksander ähvardustega rikkust ihalevaid ja surma kartvaid inimesi. Brahmiinide vastu on tema relvad võimetud – brahmiinid ei armasta ei kulda ega karda surma. Mine seepärast ja ütle Aleksandrile: Dandamisel ei ole vajadust millegi järele, mis Aleksandril on ja seepärast ei tule ta tema juurde. Ja kui tal on midagi vaja Dandamiselt, tulgu ise tema juurde."

Onesikritos andis sõnumi korrakohaselt edasi – Aleksander kuulas hoolikalt ja „tundis veelgi suuremat soovi kui kunagi varem, näha Dandamist, kes vana ja paljana oli ainus vastane, kelles tema, paljude rahvuste alistaja, oli kohanud enamat, kui endaga võrdset."

Aleksander kutsus Taxilasse hulga brahmiinidest askeete, kes olid tuntud oma oskusega vastata filosoofilistele küsimustele lakoonilise tarkusega. Plutarchos on ära toonud ülestähenduse sõnalahingust – Aleksander koostas kõik küsimused ise:

„Keda on rohkem, kas elavaid või surnuid?"

„Elavaid, sest surnuid ei ole."

---

vastupanu loodes, hakkas Makedoonia armee mässama, keeldudes edasi tungimast – Aleksander oli sunnitud Indiast lahkuma. Ta otsis edasisi vallutusvõimalusi Pärsias.

„Mis sigitab suuremaid loomi, meri või maismaa?"
„Maa, sest meri on vaid maismaa osa."
„Milline on kavalaim elajas?"
„See, kellega mees ei ole veel tutvunud." (Inimene kardab tundmatut.)
„Kumb oli enne, päev või öö?"
„Päev oli ühe päeva võrra enne." See vastus pani Aleksandri üllatuma – brahmiin lisas: „Võimatud küsimused nõuavad võimatuid vastuseid."
„Kuidas saab inimene teha nii, et ta oleks armastatud?"
„Kui väega inimene ei pane teisi ennast kartma, siis on ta armastatud."
„Kuidas võib inimene saada jumalaks?"[9]
„Tehes seda, mis on inimese jaoks võimatu teha."
„Kumb on tugevam, kes elu või surm?"
„Elu, sest ta talub nii palju kurjust."

Aleksandril õnnestus tõeline joogi enda õpetajana Indiast kaasa viia. See mees oli Kalyana (svaami Sphines), keda kreeklased kutsusid nimega Kalanos. Tark saatis Aleksandrit Pärsiasse. Kalanos loovutas Pärsias Susas kindlaks määratud päeval oma vana keha, astudes tuleriidale kogu Makedoonia armee silme all. Ajaloolased on üles tähendanud sõjameeste hämmingut, kui nad nägid, et joogil ei olnud valu- ega surmahirmu ja ta ei liigutanud end kordagi, kui leegid teda neelasid. Enne elusalt tulle astumist, oli Kalanos emmanud kõiki oma lähedasi kaaslasi, kuid keeldus hüvasti jätmast Aleksandriga, kellele hindu tark oli vaid vihjanud:

„Kohtume sinuga peatselt Babülonis."

Aleksander lahkus Pärsiast ja suri aasta hiljem Babülonis. Aleksandri India guru sõnad olid tema viisiks öelda, et ta on Aleksandriga nii elus kui ka surmas.

Kreeka ajaloolased on jätnud meile palju eredaid ja inspireerivaid pilte India ühiskonnast. Arrian teatab meile, et hindu seadus kaitseb inimesi ja „määrab, et keegi nende seast ei pea olema mingitel tingimustel ori, vaid vabadust nautides peavad nad austama kõigi inimeste võrdset õigust sellele."[10]

---

[9] Selle küsimuse põhjal võime oletada, et „Zeusi pojal" olid aeg-ajalt oma täiuslikkuse saavutamise kohta kahtlused.

[10] Kõik kreeka vaatlejad märgivad orjanduse puudumist Indias – tunnus, mis eristab seda

*Lõuna-India idüll*

„Indialased," kinnitab teine tekst, „ei võta liigkasu rahaandmise pealt ega tea, kuidas laenata. Hindude tavades ei ole harjutud halba tegema või selle all kannatama – seepärast nad ei sõlmi lepinguid ega nõua tagatisi." Meile on öeldud, et tervendamine toimus Indias lihtsate ja looduslike vahendite abil. „Tervenemisel otsitakse abi pigem toitumise reguleerimisest kui ravimitest. Kõige kõrgemalt hinnatud ravivahendid on määrded ja plaastrid. Kõiki teisi peetakse eluohtlikuks." Sõjas osalemine oli lubatav vaid *kšatrijate* ehk sõdalaste kasti kuulujatel. „Keegi ei saa kahjustada perepead tema maavaldustes ja tööde juures, sest selle klassi inimesi peetakse avalikeks heategijateks ja nad on kaitstud. Laastamata jäänud saagirikas maa varustab selle asukaid kõige tarvilikuga ja elu on nauditav."

Kõikjal Mysore'is paiknevad religioossed pühamud tuletavad pidevalt meelde Lõuna-India paljusid suuri pühakuid. Üks neist meistritest, Thayumanavar, on meile jätnud järgmise väljakutsuva poeemi:

Võite talitseda hullunud elevanti,
võite sulgeda karu või tiigri lõuad,
võite ratsutada lõvi turjal,
mängida kobraga,
võite alkeemia abil elatist teenida,
universumis tundmatult reisida,
võite jumalatest vasallid teha,
võite igavesti nooreks jääda,
käia vee peal ja elada tules –
kuid mõistust valitseda on parem
ja samas palju raskem.

Lõuna-India äärmises lõunas, kaunis ja viljakas Travancore'i osariigis, kus liiklus toimub kanalite ja jõgede kaudu, võtab maharadža igal aastal enda peale päritava kohustuse lunastada kauges minevikus sõdade ja vallutustega tehtud patud – Travancore pidas sõdu ja liitis jõuga mitu väikest riiki. Viiskümmend kuus päeva aastas külastab maharadža kolm korda päevas Veeda hümnide ja retsiteerimiste kuulamiseks templit. Patulunastuse tseremoonia lõpeb *lakshadipami* ehk templi valgustamisega saja tuhande tulega.

India kagurannikul asub madal ja mereavarusega ümbritsetud Madrase linn ja Pallava dünastia pealinn ehk „kuldne linn" Conjeeveram,

---
täielikult hellenistliku ühiskonna ülesehitusest.

mille kuningad valitsesid kristliku ajajärgu varastel sajanditel. Kaasaegses Madrases on Mahatma Gandhi vägivallatud ideaalidel suur edu – kõikjal on näha silmatorkavaid valgeid „Gandhi mütse". Lõunas on Mahatma käivitanud palju „puutumatute" heaoluks mõeldud templi- ja kastisüsteemi reforme.

Suure seadusandja Manu sõnastatud kastisüsteemi kirjeldus on imetlusväärne. Ta nägi selgelt, et inimesed jagunevad loomuliku arengu järgi nelja suurde klassi: need, kes on võimelised pakkuma ühiskonnale teenimist oma kehalise töö kaudu (*šuudrad*); need, kes teenivad mõtlemise, oskuste, põllumajanduse, kaubanduse, äri ja ettevõtluse abil (*vaišjad*); need, kelle anded on seotud juhtimise, täidesaatmise ja kaitsetegevusega – valitsejad ja sõjamehed (*kšatrijad*); need, kes on vaatleva loomuga, vaimselt inspireeritud ja inspireerivad (*brahmiinid*). „Ei sünd, sakramendid, õppimine ega esivanemad saa otsustada, milline isik on kaks korda sündinud (st brahmiin)" – deklareerib „*Mahabhaarata*", „iseloom ja käitumine üksi saavad otsustada."[11]

Manu juhendas ühiskonda austama oma liikmeid niivõrd, kuivõrd neil oli tarkust, voorusi, vanust, sugulust või viimaks – rikkust. Veedade Indias olid rikkused põlatud, kui need olid kokku kuhjatud või polnud

---

[11] „Kastikuuluvus sõltus algupäraselt mitte inimese sünnist, vaid tema loomuomastest võimetest, mida näitab tema poolt saavutamiseks valitud elueesmärk," kirjutab Tara Mata ajakirjas „*East-West*" jaanuaris 1935. „Selleks eesmärgiks võib olla (1) *kaama* ehk soov-ihalus, elu meelte kaudu (*šuudra* tase); (2) *arta* ehk saavutus, ihade täitmine, aga ka nende valitsemine (*vaišja* tase); (3) *dharma* ehk enesedistsipliin, elu vastutuse ja õige tegevusega (*kšatrija* tase); (4) *mokša* ehk vabanemine, vaimsuse ja religioossete õpetuste elu (*brahmiinide* tase). Need neli kasti teenivad inimkonda 1) keha, 2) mõistuse, 3) tahtejõu ja 4) vaimu läbi.

„Need neli taset vastavad igaveste *guunade* ehk looduse omadustele, mis on *tamas, radžas* ja *sattva*: takistusele, tegevusele ja ekspansioonile ehk avardumisele – teiste sõnadega massile, energiale ja arukusele. Neli loomulikku kasti on guunade poolt märgitud kui (1) *tamas* (ignorantsus), (2) *tamas-radžas* (ignorantsuse ja tegevuse segu), (3) *radžas-sattva* (õige tegevuse ja valgustumise segu), (4) *sattva* (valgustumine). Nii on loodus märgistanud iga inimese oma kastiga, temas valdavalt esineva ühe või kahe *guuna* seguga. Muidugi on igas inimolevuses kõik kolm *guunat* erinevas vahekorras. Guru on võimeline inimese kasti või arenguga seotud staatust õigesti määratlema.

Teatud ulatuses järgivad kõik rassid ja rahvused, kui mitte teoorias, siis praktikas, kastikuuluvuse tunnusjooni. Kus on suur lubatavus või niinimetatud vabadus, täpsemalt segaabielud kastide vahel, seal kahaneb rass kokku ja sureb välja. „*Puraana Samhita*" võrdleb selliste liitude järeltulijaid viljatute ristanditega nagu seda on muulad, kes on võimetud ise omas liigis järglasi saama. Kunstlikud liigid juuritakse lõpuks välja. Ajaloos on külluslikult tõendeid suurtest rassidest, kel pole enam ühtki elavat esindajat. India kastisüsteem – mida suured mõtlejad on tunnustanud, olles valvel või ennetavad lubatavuste suhtes – on hoidnud rassipuhtust ja toonud selle läbi aastatuhandeid kestnud elumuutuste, kuigi paljud teised rassid on täielikult haihtunud."

*Lõuna-India idüll*

heategevuseks saadaval. Ülirikkad kitsid inimesed määras ühiskond madalasse järku.

Kui sajandite möödudes muutus kastisüsteem jäigastunud pärilikuks päitseks, kerkisid esile tõsised pahed. Ühiskondlikud reformaatorid nagu Gandhi ja paljude teiste India kogukondade liikmed rajavad tänasel päeval aeglast, kuid kindlat teed muistsete, ainult loomulikel omadustel ja mitte sünnil rajanevate kastiväärtuste taastamisel. Igal rahvusel on oma selgelt eristuv ning häda põhjustav karma, millega tegelda ja millest vabaneda – India tõestab samuti oma paindliku ja haavamatu vaimuga, et on kasti-reformatsiooniks valmis.

Lõuna-India on nii lummav, et hr Wright ja mina igatsesime oma idülli pikendada. Kahjuks ei olnud aeg meiega peenetundeline. Kavakohaselt pidin peagi esinema Kalkuta Ülikoolis India filosoofiakongressi lõpuüritusel. Meie Mysore'i visiidi lõpul nautisin jutuajamist India Teaduste Akadeemia presidendi Sir C. V. Ramaniga. Sellele väljapaistvale hindu füüsikule anti 1930. aastal Nobeli preemia tähtsa avastuse eest valguse hajutamisel – tänapäeval teab iga koolipoiss seda Ramani efekti nime all.

Madrase õpilastest ja sõpradest rahvahulgale hüvastijätuks lehvitades asusime koos hr Wrightiga vastumeelselt tagasiteele. Reisil peatusime Sadasiva Brahmani[12] auks püstitatud väikese pühamu ees, selle kaheksateistkümnenda sajandil elanud mehe elulugu on paksult täis imesid. Neruris asuv Pudukkottai radža püstitatud suurem Sadasiva pühamu on palverännakute paigaks, olles hulga jumalike tervenemiste tunnistajaks. Pudukottai dünastia järgnevad valitsejad on pühaks pidanud Sadasiva poolt 1750. aastal valitsevale printsile kirjutatud religioosseid juhiseid.

Lõuna-India külaelanike hulgas on armastusväärsest ja täielikult valgustunud Sadasivast käibel palju kummalisi lugusid. Olles ühel päeval Kaveri jõe kaldal *samaadhisse* süüvinud, nähti, kuidas äkiline üleujutus viis Sadasiva minema. Mitu nädalat hiljem leiti ta sügavale mullahunniku alla maetuna. Kui külaelaniku labidas tema keha tabas, tõusis pühak üles ja jalutas vilkalt minema.

---

[12] Tema tiitel oli svaami Sri Sadasivendra Saraswati, selle nime all kirjutas ta oma raamatud (kommentaarid „*Bahma suutratele*" ja Patandžali „*Jooga suutratele*"). Ta on tänapäeva India filosoofide seas kõrgesti austatud.

Sringeri Mathi Shankarachaarya, Tema Pühadus Sri Sacchidananda Sivabhinava Narasimha Bharati kirjutas Sadasiva auks inspireeriva oodi.

*Joogi autobiograafia*

Sadasivast sai *muni* ehk mitterääkiv pühak peale seda, kui tema guru oli teda noominud vaidlusse laskumise eest eaka Vedanta õpetlasega. „Millal sina, nooruk, õpid oma keelt hammaste taga hoidma," oli guru märkuse teinud.

„Teie õnnistustega kohe sellest hetkest."

Sadasiva guruks oli Svaami Paramasivendra Saraswati, *„Daharavidya Prakasika"* ja *„Uttara Giita"* põhjalike kommentaaride autor.

Mõned maised inimesed, olles solvatud sellest, et Jumalast purjus Sadasivat nähti tihti „sündsusetult" tänavatel tantsimas, viisid oma kaebused Sadasiva õpetatud guru ette. „Härra," deklareerisid nad, „Sadasiva on sama hea kui hull inimene."

Kuid Paramasivendra naeratas rõõmsalt. „Oo," hüüatas ta, „kui vaid teistel oleks selline hullus!"

Sadasiva elu oli tähistatud paljude Sekkuva Käe imelike ja kaunite ilmutustega. Selles maailmas on palju näivat ebaõiglust, aga Jumala pühendunud võivad tunnistada lugematutel juhtumitel Tema kohest õiglust. Ühel ööl peatus *samaadhi* seisundis Sadasiva rikka majaomaniku viljaaida juures. Kolm vargaid eemale hoidvat teenrit tõstsid pühaku löömiseks oma kepid. Ennäe! Nende käed muutusid liikumatuks. Nagu kujud, käed üleval, seisis kolmik ainulaadses maalilises stseenis, kuni Sadasiva lahkumiseni koidikul.

Ühel teisel juhul sundis mööduv töödejuhataja suure meistri jämedalt töölistega koos küttematerjali kandma. Vaikiv pühak tassis alandlikult oma koorma nõutud sihtkohta ja asetas seal selle suure kuhja otsa. Kogu küttematerjali kuhi lahvatas äkitselt leekidesse.

Sadasiva ei kandnud sarnaselt Trailanga svaamile ühtki riideeset. Ühel hommikul sisenes alasti joogi hajameelselt moslemi sõjapealiku telki. Tema naised pistsid hirmust kiljuma. Sõdalane haaras jõhkralt mõõga, lüües sellega Sadasiva käe otsast. Meister jalutas muretult minema. Kahetsusest haaratuna korjas moslem käe maast üles ja järgnes Sadasivale. Joogi asetas vaikselt oma käe veritsevasse könti. Kui pealik küsis alandlikult mõnd vaimset juhist, kirjutas Sadasiva oma sõrmega liivale:

„Ära tee seda, mida sa tahad ja siis saad sa teha seda, mis sulle meeldib."

Moslem ergastus puhta mõistuse seisundisse ja taipas paradoksaalset nõuannet olla iseenda juhiks hingevabaduse teel ego alistamise kaudu. Nii suur oli sõnade vaimne mõju, et sõjamehest sai väärt järgija – varasemad painajad ei häirinud teda enam.

*Lõuna-India idüll*

Ramana Maharshi ja Paramahansa Yogananda
Sri Ramana Arunachala aašramis

Külalapsed avaldasid kord Sadasiva juuresolekul soovi näha 150 miili kaugusel olevas Madurais toimuvat usupidustust. Joogi osutas väikestele, et nad peaksid puudutama tema keha. Ennäe! Hetkega oli kogu grupp Maduraisse toimetatud. Lapsed uitasid õnnelikult tuhandete palverändurite keskel. Mõne tunni pärast tõi ta oma lihtsal viisil väikesed tagasi koju. Hämmastunud vanemad kuulasid ilmekaid lugusid protsessioonist ja märkasid, et lapsed kandsid Madurai maiustustega kotte.

Umbusklik nooruk naeris pühaku ja kogu loo välja. Järgmisel hommikul tuli ta Sadasiva juurde.

„Meister," ütles ta põlglikult, „miks ei võiks sa mind Srirangamisse pidustustele saata, nagu sa viisid teised lapsed Madurasse?"

*Joogi autobiograafia*

Sadasiva nõustus – poiss leidis end hetkega keset kauge linna rahvamassi. Aga oh häda! Kus oli pühamees, kui poiss lahkuda tahtis? Kurnatud poiss jõudis oma koju proosaliselt, kondimootori abil.

Enne Lõuna-Indiast lahkumist tegime koos hr Wrightiga kahekesi palverännaku Tiruvannamalai lähedal asuvale Arunachala mäele, kohtumaks Sri Ramana Maharshiga. Tark tervitas meid oma aašramis südamlikult ja viipas „*East-West*" ajakirjade virnale. Nende tundide vältel, mis me tema ja ta järgijatega veetsime, oli ta enamasti vait, leebe nägu kiirgamas jumalikku armastust ja tarkust.

Sri Ramana õpetab kannatavale inimkonnale, et saada tagasi oma unustatud Täiuslikkuse seisundit peaks inimene pidevalt endalt küsima: „Kes ma olen?" – see on tõesti suur uuring. Teiste mõtete järeleandmatu kõrvaleheitmise teel leiab pühendunu varsti end minemas järjest sügavamale oma tõelisse Minasse. Valgustunud Lõuna-India riši (tõeotsija) on kirjutanud:

> Duaalsused ja kolmainsused klammerduvad millegi külge,
> Nad ei paista kunagi toetuseta,
> Kui aga seda tuge otsida, siis lasevad nad lahti ja kukuvad.
> Tõde on siin. Kes näeb, see ei kõigu iial enam.

Svaami Sri Yukteswar ja Paramahansa Yogananda religioosses rongkäigus Kalkutas 1935. Loosungil olevad kaks sanskritikeelset lauset kõlavad: *(ülemine)* „Järgige suurte poolt käidud teed." *(all, svaami Shankara sõnadega)* „Isegi hetkeline Jumaliku isiku seltskonnas olemine võib meid päästa ja vabastada."

PEATÜKK 42

# Viimased päevad guruga

„Guruji, ma olen õnnelik, et leidsin teid siin sel hommikul üksinda." Olin just jõudnud Serampore'i eraklasse, tassides endaga kaasas lõhnavat puuviljade ja rooside kandamit. Sri Yukteswar vaatas mind alandlikult.

„Milles küsimus?" Meister vaatas ruumis ringi, justkui tahaks põgeneda.

„Guruji, ma tulin teie juurde keskkoolis õppiva noorukina, nüüd olen täiskasvanud mees, isegi mõne halli juuksekarvaga. Olete jaganud minuga alates esimesest tunnist kuni tänaseni oma kiindumust, ent kas mõistate, et vaid korra – meie kohtumise päeval, olete te öelnud, et armastate mind!?" Vaatasin talle anuvalt otsa.

Meister lõi oma pilgu maha. „Yogananda, kas pean kõne kõledasse keskkonda tooma sõnatu südame poolt parimal viisil valvatud kuumad tunded?"

„Guruji, ma tean, et te armastate mind, kuid surelikud kõrvad igatsevad, et te seda ütleksite."

„Olgu nii, nagu sa soovid. Oma abielu ajal ihaldasin ma tihti poega, treenimaks teda jooga teed käima. Aga siis, kui mu ellu tulid sina, olin ma rahuldatud – sinus olen ma leidnud oma poja." Kaks selget pisarat ilmus Sri Yukteswari silmadesse. „Yogananda, ma armastan sind alati."

„Teie vastus viib mind taevasse." Tundsin, kuidas mu südamelt langes koorem, lahustudes igaveseks tema sõnades. Ma teadsin, et ta oli emotsioonitu ja ennast kontrolliv, ent siiski imestasin ma tihti tema vaikimise üle. Vahel kartsin, et mul ei õnnestu täielikult tema rahulolu pälvida. Tema iseloom oli imelik ja ma ei saanud seda kunagi täielikult tundma. Guru vaikne ja sügav olemus oli hoomamatu väliste väärtustega maailma jaoks, mille piirid ta oli ammu ületanud.

Mõni päev hiljem kõnelesin ma hiigelsuure kuulajaskonna ees Kalkuta Albert Hall'is. Sri Yukteswar soostus istuma poodiumil koos maharadža Santoshi ja Kalkuta linnapeaga. Meister ei öelnud mulle

Viimane pööripäeva festival, mida svaami Sri Yukteswar 1935. aasta detsembris tähistas. Autor istub Serampore'i aašrami õues laua ääres oma suure guru (keskel) kõrval. Selles eraklas sai Paramahansa Yogananda suurema osa oma Sri Yukteswari käe all saadud kümneaastasest vaimsest väljaõppest.

Sri Yogananda (*keskel, tumedas rüüs*) koos mõningate tema isakodus Kalkutas 1935. aastal toimunud Yogoda (eneseteostuse) õpetuste koolitusel osalenud õpilastega. Kuna osalejate arv oli suur, siis toimus koolitus Yoganandaji noorema venna, tunnustatud kehakultuurlase Bhishnu Ghoshi vabaõhuvõimlas.

sõnakestki, kuid ma vaatasin aeg-ajalt oma kõne ajal tema poole ja ta paistis olevat rahul.

Siis tuli kõne Serampore'i kolledži vilistlaste ees. Rõõmupisarad ilmusid häbenemata, kui vaatasin vanu klassikaaslasi ja nemad oma „hullu munka". Minu hõbekeelne filosoofiaprofessor dr Goshal tuli publiku ette mind tervitama, kõik meie mineviku arusaamatused oli lahustanud alkeemik nimega Aeg.

Detsembri lõpus tähistati Serampore'i eraklas talvise pööripäeva festivali. Nagu alati, tulid Sri Yukteswari õpilased kokku lähedalt ja kaugelt. Pühendumuslikud laulud, nektarmagusa häälega soolod, noorte järgijate serveeritud pidusööming, meistri läbinisti liigutav kõne tähistaeva all, aašrami ummistatud siseõu – mälestused, mälestused! Rõõmuküllased pidustused kaugest minevikust! Täna aga pidi tulema midagi uut.

„Yogananda, palun esine – inglise keeles." Meistri silmad vilkusid, kui ta esitas selle kahekordselt ebatavalise palve. Kas ta mõtles väljapääsmatule olukorrale laeva pardal, mis eelnes mu esimesele ingliskeelsele loengule? Kõnelesin sellest loost oma vendadele kaaspühendunutele ja lõpetasin oma gurule suunatud tulihingelise lugupidamise avaldusega.

„Tema eksimatu juhatus oli minuga mitte ainult ookeani aurikul," lõpetasin ma, „vaid igal päeval kogu viieteistkümne aasta jooksul sel määratusuurel ja külalislahkel Ameerika maal."

Kui külalised olid lahkunud, kutsus Sri Yukteswar mind samasse magamistuppa, kus (vaid ühel korral, peale sarnast festivali) oli mul luba magada tema voodis. Täna õhtul istus mu guru seal vaikselt, pühendunud poolkaares tema jalge ees.

„Yogananda, kas sa lahkud nüüd Kalkutasse? Palun tule homme siia tagasi. Mul on teatud asju sulle öelda."

Järgmisel pärastlõunal annetas Sri Yukteswar mulle mungatiitli Paramahansa.[1]

„See asendab nüüd formaalselt sinu svaami tiitlit," ütles ta kui ma tema ees põlvitasin. Vaikse muhelusega mõtlesin oma lääne õpilaste Paramahansaji[2] hääldusest tulenevate raskuste ületamise peale.

---

[1] Sõna-sõnalt: „*parama*" – ülim, „*hansa*" – luik. Valge luik esindab mütoloogiliselt Brahma kui Looja sõidukit või mäge. Püha *hansa* ehk valge luik, kel on väidetavalt vägi piima ja vee segust vaid piima eraldada, on seega eristamisvõime sümboliks.

*Ahan-sa* või *han-sa* (hääldatakse *hong-sau*) tähendab sõnasõnalt „Mina olen Tema". Need väega sanskriti silbid omavad võnkelist sidet sissetuleva ja väljamineva hingusega. Seega tunnistab inimene iga hingetõmbega oma olemuse tõde: „*Mina olen Tema!*"

[2] Nad on üldiselt raskused alistanud pöördudes minu poole sõnaga *sir* (härra).

*Joogi autobiograafia*

„Minu töö Maa peal on nüüd lõpetatud – sina pead seda jätkama." Meister rääkis vaikselt, tema silmad olid rahulikud ja leebed. Mu süda tuksles hirmust.

„Palun saada kedagi meie Puri aašrami eest hoolt kandma," jätkas Sri Yukteswar. „Ma jätan kõik sinu kätesse. Oled võimeline juhtima jumaliku ranna suunas edukalt oma elulaeva ja samuti ka organisatsiooni."

Embasin pisarais oma guru jalgu, ta tõusis ja õnnistas mind armastusväärselt.

Järgmisel päeval kutsusin ma Ranchist pühendunu svaami Sebananda ja saatsin ta Purisse erakla kohustusi enda peale võtma.

Hiljem arutas guru minuga oma maavalduse saatuse üksikasju – ta oli mures, sest tahtis ennetada oma sugulaste võimalikku sammu peale tema surma, mis puudutas kahe erakla ja teiste kinnisvarade võimalikku kohtu kaudu välja nõudmist. Õpetaja soovis need lepingu alusel üle anda vaid heategevuslikeks eesmärkideks.

„Tegime ettevalmistusi meistri Kidderpore külastuseks, kuid ta ei saanud minna," märkis ühel pärastlõunal mu kaaspühendunust vend Amulaya Babu. Tundsin hoiatava eelaimduse külmalainet. Minu pealekäivatele uurimistele vastas Sri Yukteswar vaid: „Ma ei lähe Kidderpore'i enam." Hetkeks tõmbles meister nagu hirmunud laps.

(„Kiindumust kehalisse asupaika, mis kerkib esile inimese olemusest[3], esineb isegi teatud määral suurtel pühakutel," kirjutas Patandžali. Mõnes minu guru surmateemalises sõnavõtus oli ta lisanud: „Just nagu kaua puuris hoitud lind kõhkleb lahkumast oma harjumuspärasest elupaigast, kui uks avatakse.")

„Guruji," anusin ma teda nuuksetes, „ära ütle nii! Ära kunagi lausu mulle neid sõnu!"

Sri Yukteswari nägu lõdvestus rahumeelses naeratuses. Olles liginemas oma kaheksakümne esimesele sünnipäevale, paistis ta välja terve ja tugev.

Kümmeldes päevast päeva nagu päikesepaistes oma guru sõnades tema väljendamata, kuid palavast armastusest minu vastu, peletasin teadvusest tema antud vihjed läheneva lahkumise kohta.

„Härra, *kumbha mela* tuleb sel kuul kokku Allahabadis." Näitasin talle kuupäevi bengali almanahhis.[4]

---

[3] St, tulevad esile mäletamatutest juurtest, eelmistest surmakogemustest. See lõik on Patandžali „*Jooga suutratest*", II:9.

[4] Religioosseid *melasid* mainitakse muistses „*Mahabhaaratas*". Hiina rännumees Hieuen

*Viimased päevad guruga*

„Kas sa tõesti tahad minna?"

Tajumata Sri Yukteswari vastumeelsust minu lahkumise suhtes, jätkasin ma: „Ükskord oli teil õnnistatud vaatepilt Babadžist Allahabadi *kumbhal*. Vahest olen seekord minagi piisavalt õnnega koos, et teda näha."

„Ma ei arva, et sa temaga seal kohtud." Mu guru laskus vaikusse, tahtmata mu plaanidele kaikaid kodaraisse loopida.

Kui ma järgmisel päeval koos väikese grupiga Allahabadi teele asusin, õnnistas meister mind vaikselt oma tavalisel moel. Ilmselt olid mul meelest läinud Sri Yukteswari mõistaandmised, sest Issand tahtis mind säästa oma guru lahkumise abitu tunnistamise kogemusest. Mu elus oli alati nii, et mulle kallite inimeste surma ajal oli Jumal korraldanud kaastundlikult mind sellest paigast kaugemale.[5]

Meie seltskond jõudis *kumbha melale* 23. jaanuaril 1936. Umbes kahe miljoniline pulseeriv rahvamass oli muljetavaldav vaatepilt, enamgi veel. India inimese vaimusuurus on kummaline, sest isegi kõige madalamas taluinimeses peitub sisemine vaimuväärtuste austus, et maised sidemed hüljanud munkade ja sadhude juures jumalikku ankrupaika otsida. Siingi on oma valeprohvetid ja silmakirjateenrid, kuid India austab mõne üksiku, tervet maad oma üliinimlike õnnistustega valgustava pühaku auks kõiki teisigi. Lääne inimesed, kes vaatasid seda määratut vaatemängu, said ainulaadse võimaluse tunda rahvuse pulssi ja vaimset kirge, millele India võlgneb oma aja löökides kustumatu elujõu.

Esimene päev kulus meie grupil pelgalt vahtimise peale. Tuhanded palverändurid suplesid pühas Gangeses pattudest vabanemiseks, brahmiin-preestrid toimetasid pühalikke jumalateenimise rituaale, vaikivate sannjaaside jalge ette puistati pühendumuslikke ohverdusi, möödusid terved elevantide, üles mukitud hobuste ja aeglase sammuga Radžputana kaamelite read, neile järgnes kuldseid ja hõbedasi sauasid või siidvelvetist plagusid vehkivate alasti sadhude kummaline religioosne paraad.

---

Tsiang on jätnud meile ülestähenduse 644. aastal Allahabadis toimunud määratu suurest *kumbha melast*. *Kumbha melat* peetakse igal kolmandal aastal, alustatakse Haridwaris, seejärel jätkatakse Allahabadis, Nasikis ja Ujjainis, tulles kaheteistkümne aastase tsükli lõpuks uuesti tagasi Haridwari. Iga linn peab poolikut *ardha* (pool) *kumbhat* kuus aastat peale enda *kumbha* üritust. Seega peetakse *kumbhat* ja *ardha kumbhat* erinevates linnades iga kolme aasta tagant.

Hieuen Tsiang kõneleb meile, et Põhja-India kuningas Harsha jaotas kogu oma vara (oma kuningliku kassa viie aasta sissetuleku) munkadele ja palveränduritele. Kui Hieuen Tsiang lahkus Hiinasse, siis keeldus ta Harsha lahkumiskingitusteks mõeldud juveelidest ja kullast, kuid viis endaga kaasa 657 suuremat väärtust omavat religioosset käsikirja.

[5] Mind ei olnud minu ema, vanema venna Ananta, vanema õe Roma, meistri, isa ja paljude teiste armastatud inimeste surma juures. (Isa lahkus Kalkutas aastal 1942 oma 89. eluaastal.)

*Joogi autobiograafia*

Vaid niudevöösid kandvad ja kuuma ning külma vastu kaitseks end tuhaga kokku määrinud erakud istusid vaikselt väikestes gruppides. Vaimne silm oli nende otsaesistel märgitud sandlipuu pastaga nagu ainumas laik. Pügatud peadega, bambusest saua ja kerjamiskausiga svaamisid ilmus tuhandeid. Nende nägudelt kiirgas loobuja rahu, kui nad ringi jalutasid või järgijatega filosoofilisi arutelusid pidasid.

Siin ja seal, puude all põlevate suurte puuhaluhunnikute ümber oli näha piltilusaid sadhusid[6], kelle juuksed olid palmitsetud ja keset pead keerdu koondatud. Mõned kandsid mitu jalga pikka, lokitud ja sõlme seotud habet. Nad mediteerisid vaikselt või sirutasid oma käsi mööduva rahvahulga õnnistuseks – kerjustele, elevantidel maharadžadele, tilisevate käe- ja jalavõrudega kirevates sarides naistele, groteksselt ülestõstetud kätega fakiiridele, meditatsiooni põlvetugesid kandvatele brahmatšaaridele, alandlikele tarkadele, kelle pühalikkus peitis seesmise õndsuse. Kärast-mürast kõrgemal kuulsime templikellade katkematut kutset.

Oma teisel *mela* päeval sisenesime koos kaaslastega erinevatesse aašramitesse ja ajutistesse hüttidesse, tervitades pühasid isikuid. Saime õnnistuse Svaami Ordu Giri haru juhilt – kõhnalt askeetlikult, naerva tule sarnaste silmadega mungalt. Seejärel külastasime eraklat, mille guru oli viimased üheksa aastat järginud vaikimise vannet ja ranget puuviljadieeti. Aašrami saali laval istus pime sadhu Prajna Chakshu,[7] kel olid õpetlasena põhjalikud teadmised kõigis pühakirjades (šaastrates) ja keda austasid kõik sektid.

Peale seda, kui ma olin esinenud hindi keeles lühidalt Vedanta teemal, lahkus meie grupp rahumeelsest eraklast, et tervitada seal läheduses svaami Krishnanandat, roosade põskede ja muljetavaldavalt laiade õlgadega nägusat munka. Tema lähedal lamas taltsas emalõvi. Alistunud munga vaimsele sarmile – ei, ma olen kindel, et tema võimsale kehale! – keeldus džungliloom igasugusest lihast ning eelistas süüa riisi ja piima. Svaami oli õpetanud kõrbekarvalise elaja hääldama sõna „AUM" koos sügava, kütkestava urinaga – see oli kass-pühendunu!

---

[6] Sadu tuhandeid India sadhusid kontrollib seitsme juhiga täidesaatev komitee, mis esindab India seitset suuremat suunda. Praegune mahamandaleswar ehk president on Jojendra Puri. See pühalik mees on äärmiselt reserveeritud, mahutades tihti oma kõne vaid kolme sõnasse – tõde, armastus ja töö. Piisav vestlus!

[7] Tiitel, mille sõnasõnaline tähendus kõlab „see, kes näeb oma arukusega" (kel ei ole füüsilist nägemist).

*Viimased päevad guruga*

Svaami Krishnananda (vasakul) 1936. aasta Kumbha Melal Allahabadis, koos oma taltsa taimetoidulise emalõviga, kes toob sügava kütkestava mõirgega kuuldavale OMi.

Meie järgmist kohtumist, intervjuud õpetatud noore sadhuga, kirjeldab kõige paremini hr Wrighti särav reisipäevik.

„Sõitsime kriiksuval pontoonsillal Fordiga üle väga madala Gangese, roomates maona läbi rahvahulga ja üle kitsaste ristuvate teede, möödudes kohast jõekaldal, millele Yoganandaji osutas kui Babadži ja Sri Yukteswarji kohtumispaigale. Hüpates veidi hiljem autost välja, jalutasime natuke maad läbi tiheneva sadhude tuledesuitsu ning üle liiva, et jõuda väga tagasihoidlike mudast ja põhust tillukeste hüttide kobarani.

Peatusime ühe ees neist tähtsusetutest ajutistest eluasemetest, millel oli tilluke ukseta sissepääsuava ja mis oli noore ringiuitava ja erakordse arukusega sadhu Kara Patri varjupaigaks. Seal ta istus õlehunnikul

## Joogi autobiograafia

ristatud jalgadega – tema ainus kehakate ja juhtumisi ka tema ainus vara – ookrikarva kangas ümber õlgade tõmmatud.

Meile naeratas vastu tõeliselt jumalik nägu, kui olime neljakäpakil hütti roomanud ja kummardanud selle valgustunud hinge jalge ette. Petrooleumilatern sissepääsu kõrval väristas õlgedest seintele veidraid tantsivaid varje. Pühaku nägu, eriti tema silmad ja täiuslikud hambad särasid ja läikisid. Kuigi olin hindi keelega hädas, olid tema väljendused väga avatud – ta oli täis entusiasmi, armastust ja vaimset hiilgust. Keegi ei oleks saanud tema vaimusuuruses kahelda.

Kujutage ette materiaalse maailma külge klammerdumata inimese elu, kel pole rõivastumise muret, kel puudub himu toidu järele, kes ei kerja, puudutab keetmata roogasid vaid ülepäeviti, ei kanna kunagi kaasas kerjakaussi. Selline isik on vaba kõigist rahalistest raskustest, ei tee mitte kunagi mingit tegemist rahaga, ei ladusta iial asju tagavaraks. Ta on alati Jumalat usaldav, vaba transpordimuredest, sest ei sõida mitte kunagi liiklusvahendiga, vaid kõnnib mööda pühasid jõekaldaid, ega jää üle nädala ühtegi paika, vältides sel moel kiindumuse teket.

Selline tagasihoidlik hing! Ebatavaliselt õpetatud Veedades. Talle kuulub Benarese Ülikooli magistrikraad ja šaastri (pühakirjade meister) tiitel. Pühalik tunne haaras mind, kui istusin tema jalge ees – see kõik paistis mulle vastusena – nägin muistset Indiat, sest tema on selle vaimsete hiiglaste maa esindaja."

Küsitlesin Kara Patrit tema rändava elulaadi kohta: „Kas teil pole talve tarbeks lisariideid?"

„Ei, sellest piisab."

„Kas teil on ka mõni raamat kaasas?"

„Ei, ma õpetan mälu järgi neid inimesi, kes tahavad mind kuulata."

„Mida te veel teete?"

„Ma uitan Gangese kallastel."

Nende vaiksete sõnade peale haaras mind ihalus lihtsa elu järele. Meenus Ameerika ja kõik minu õlul lasuvad kohustused.

„Ei, Yogananda," mõtlesin hetkeks kurvalt, „selles elus ei ole Gangese kallastel uitamine sinu jaoks."

Peale seda, kui sadhu oli rääkinud mulle mõnest oma vaimsest teostumisest, tulistasin välja äkilise küsimuse:

„Kas te esitate neid kirjeldusi kirjalikust vaimsest pärandist või sisemisest kogemusest?"

*Viimased päevad guruga*

„Pool raamatu põhjal õpitust," vastas ta otsekoheselt naeratades, „ja pool kogemusele tuginedes."

Istusime hetkeks meditatiivses vaikuses. Peale seda, kui me olime selle mehe püha kohalolu juurest lahkunud, ütlesin ma hr Wrightile: „Ta on kuldsest põhust troonil istuv kuningas."

Sel õhtul õhtustasime *mela* maa-alal tähistaeva all, süües tikkudega kokku õmmeldud puulehtedest taldrikutelt. Indias on nõudepesu viidud miinimumini!

Veel kaks päeva paeluvat kumbhat – siis uuesti loodesse, mööda Yamuna kaldaid – Agrasse. Uuesti vaatasin ma Taj Mahali, meenutustes seisis mu kõrval marmorist unistuse ees aukartusega täidetud Jitendra. Seejärel sõitsime svaami Keshabananda Brindabani aašramisse.

Minu Keshabananda ülesotsimise põhjus oli seotud selle raamatuga. Mul ei olnud kunagi meelest läinud Sri Yukteswari palve, et ma kirjutaksin üles Lahiri Mahasaya elu. Indias viibimise ajal võtsin kinni igast võimalusest võtta ühendust Jooga-avataara otseste järgijate ja sugulastega. Kirjutasin üles mahukate märkustena vestlusi, kontrollisin üksikasju ja kuupäevi ning korjasin fotosid, vanu kirju ja dokumente. Minu Lahiri Mahasaya mapp hakkas paisuma – mõistsin kohkumusega, et mind ootab ees raamatuautori vaevarikas töö. Palvetasin, et võiksin olla suursuguse guru vääriline. Mitu tema järgijat kartsid, et ülestähendustes võib nende meister olla tähtsusetum või valesti tõlgendatud.

„Vaevalt suudab inimene olla õiglane, püüdes kirjeldada sõnadega jumaliku kehastuse elu," mainis mulle ükskord Panchanon Bhattacharya.

Teisedki järgijad hoidsid rahulolevalt *jooga-avataarast* surematut õpetajat oma südames peidus. Vaatamata sellele ning olles teadlik Lahiri Mahasaya ettekuulutusest oma eluloo kohta, ei säästnud ma pingutusi tema elusündmuste kohta käivate faktide hankimise ja tõendamise osas.

Svaami Keshabananda tervitas meie seltskonda soojalt Brindabanis, oma Katyayani Peethi aašramis – kaunisse aeda püstitatud aukartustäratavas mustad massiivsete sammastega tellishoones. Ta näitas meile kohe kätte kohad elutoas, mida kaunistas Lahiri Mahasaya pildi suurendus. Svaami ise oli liginemas üheksakümnendale eluaastale, kuid tema lihaseline keha kiirgas tugevusest ja tervisest. Pikkade juuste, lumivalge habeme ja rõõmust vilkuvate silmadega oli ta tõeline patriarhi kehastus. Teavitasin, et tahan tema nime mainida oma India meistritest kirjutatavas raamatus.

*Joogi autobiograafia*

„Palun räägi mulle oma varasemast elust." Naeratasin paluvalt – suured joogid on tihti kinnised.

Keshabananda tegi alandlikkusest kõneleva žesti: „Väga vähe on midagi välist. Praktiliselt kogu oma elu olen veetnud Himaalaja üksinduses, reisides jalgsi ühest vaiksest koopast teise. Väheke aega pidasin Haridwaris väikest aašrami, mida ümbritses igast küljest kõrgete puude salu. See oli rahulik paik, mida reisimehed harva tänu kõikjal roomavatele kobradele külastasid."

Keshabananda muheles: „Hiljem uhtus Gangese üleujutus nii erakla kui kobradki minema. Mu järgijad aitasid mul seejärel ehitada selle Brindabani aašrami."

Üks meie seltskonnast küsis svaamilt, kuidas ta suutis end kaitsta Himaalaja tiigrite eest.

Keshabananda raputas pead: „Neis kõrgetes vaimsetes kõrgustes," ütles ta, „ahistavad metselajad harva joogisid. Kord kohtasin džunglis tiigrit näost näkku. Minu järsu hüüatuse peale tardus loom järsku, justkui oleks kiviks muutunud." Svaami muheles jälle.[8]

„Vahetevahel lahkusin enda eraldatusest, külastamaks oma guru Benareses. Ta tavatses minu katkematute reiside üle Himaalaja metsikus looduses nalja heita:

"Sinu jalgades on rännujanu," ütles ta kord mulle. „Olen õnnelik, et pühad Himaalaja mäed on piisavalt avarad, et sind endasse neelata."

„Palju kordi," jätkas Keshabananda, „nii enne kui peale oma kehast lahkumist ilmus Lahiri Mahasaya mu ette füüsilisel kujul. Tema jaoks ei ole ükski Himaalaja kõrgus kättesaamatu!"

Kaks tundi hiljem juhtis ta meid terrassile sööma. Oigasin vaikses lootusetuses. Jälle üks viieteistkäiguline eine! Vähem kui aasta india külalislahkust ja ma olen viisteist naela juurde võtnud! Ja siiski oleks seda peetud mühaklikkuse tipuks, kui oleksin keeldunud mõnest neist roast, mis nii hoolikalt minu auks korraldatud lõputetel bankettidel oli

---

[8] Tiigri ülekavaldamiseks näib, et on palju meetodeid. Austraalia maadeuurija Francis Birtles on kirjeldanud oma mälestustes, et ta leidis india džunglid olevat „mitmekesised, kaunid ja turvalised". Tema turvalisuse tagatiseks oli kärbsepaber. „Igal ööl riputasin terve hulga kärbsepabereid ümber oma laagripaiga ja mind ei tülitatud kordagi," seletas ta. „Põhjus on psühholoogiline. Tiiger on suure teadliku väärikusega loom. Ta hiilib ringi ja esitab inimesele väljakutse, kuni ta jõuab kärbsepaberini – siis hiilib ta minema. Ükski väärikas tiiger ei julge inimese näo ette ilmuda, kui on eelnevalt pidanud maha kükitama koon vastu kleepuvat kärbsepaberit!"

valmistatud. Indias (ei kusagil mujal, kahjuks!) on hästipolsterdatud svaami meeldivaks vaatepildiks.

Peale õhtusööki juhtis Keshabananda mind eraldatud paika.

„Sinu saabumine ei ole ootamatu," ütles ta. „Mul on sulle sõnum."

Olin üllatunud – keegi ei teadnud mu plaanist külastada Keshabanandat.

„Kui uitasin eelmisel aastal Badrinathi lähistel Himaalajas," jätkas svaami, „eksisin ära. Leidsin peavarju ruumikas koopas, mis oli tühi, kuigi lõkkesöed hõõgusid veel kivises augus põrandal. Istusin tule lähedale, pilk kinnistunud koopa päiksepaistes avausele.

"Keshabananda, olen rõõmus, et sa oled siin." Need sõnad tulid minu selja tagant. Pöördusin, ehmatasin ja olin Babadžid nähes pimestatud! Suur guru oli end materialiseerinud koopa sügavuses. Rõõmust haaratuna, nähes teda jälle peale paljusid aastaid, heitsin tema pühade jalgade ette maha.

„Kutsusin sind siia," jätkas Babadži, „Seepärast sa eksisid ja sind juhiti siia koopasse, minu ajutisse asupaika. Palju aega on möödunud meie viimasest kohtumisest – mul on rõõm sind veel kord tervitada."

Surematu meister õnnistas mind mõningate vaimse abi sõnadega ja lisas siis: „Annan sulle sõnumi Yogananda jaoks. Ta külastab sind Indiasse naasmisel. Yogananda on täielikult hõivatud asjadega, mis puudutavad tema guru ja Lahiri Mahasaya elusolevaid järgijaid. Ütle talle siis, et ma ei kohtu temaga seekord, ehkki ta seda innustunult loodab, kuid see juhtub mõnel teisel puhul.""

Olin sügavalt puudutatud, saades Keshabananda huultelt selle lohutava lubaduse Babadžilt. Solvumine mu südames haihtus – ma ei kurvastanud kaua – isegi Sri Yukteswar oli vihjanud, et Babadži ei ilmu *kumbha melale*.

Veetes ühe öö aašrami külalisena, seadis meie seltskond järgmisel pärastlõunal end Kalkuta poole teele. Sõites üle Yamuna jõel oleva silla, nautisime Brindabani siluetti taevaserval just sel hetkel, kui päike taevas tulelõõma süütas – meie all olevates vaiksetes vetes peegeldus tõeline värvide vulkaani katel.

Yamuna rand on pühitsetud meenutustega Sri Krišna lapsepõlvest. Siin oli ta haaratud gopidega (teenijannad) mängitud jumalike mängude (liilade) süütust magususest – olles elavaks näiteks igavesest taevalikust armastusest jumalike kehastuste ja tema pühendunute vahel. Isand Krišna elust on paljud lääne kommenteerijad valesti aru saanud.

Svaami Keshabananda (*seisab vasakul*) – Lahiri Mahasaya üheksakümneaastane õpilane, Yoganandaji ja Sri Yogananda sekretär C. Richard Wright 1936. aastal Keshabananda Brindabanis Brindabani aašramis.

Pühakirjaline allegooria muudab tähenärija mõistuse nõutuks. Seda kohta illustreerib tõlkija lõbus prohmakas. Lugu puudutab inspireeritud keskaegset pühakut kingsepp Ravidasi, kes laulis lihtsas keeles kogu inimkonnas peidus olevast vaimsest hiilgusest:

> Mõõtmatu sinise võlvi all
> Elab nähtamatusse rüütatud jumalikkus

Inimene keerab näo naeratuse varjamiseks kõrvale, kuuldes Ravidasi poeemile lääne kirjaniku antud lihtrahvalikku seletust:

> Hiljem ehitas ta hüti, pani sinna üles pühakuju, mille ta nahast valmistas ja asus ise seda kummardama.

*Viimased päevad guruga*

Ravidas oli suure Kabiri kaaspühendunu. Chitori Rani oli üks Ravidasi vaimustunud õpilasi. Naine kutsus suure arvu brahmiine oma õpetaja auks korraldatud pidusöögile, kuid nood keeldusid ühes lauas koos madalat päritolu kingsepaga söömast. Igaüks neist istus väärikas eraldatuses sööma oma reostamata toitu – aga ennäe! – iga brahmiin leidis enda kõrvalt Ravidasi kuju. See massiline nägemus pani aluse laiaulatuslikule vaimsele taassünnile.

Paari päevaga jõudis meie väike grupp Kalkutasse. Janunedes näha meistrit, olin pettunud kuuldes, et ta oli Serampore'ist lahkunud ja oli nüüd Puris, mis asus umbes kolmsada miili lõuna suunas.

"Tule koheselt Puri aašrami." Sellise telegrammi saatis kaaspühendunu 8. märtsil ühele meistri Kalkutas olevale õpilasele Atul Chandra Roy Chowdhryle. Sõnumi uudis jõudis mu kõrvu – ahastuses sellest mõistaandmisest kukkusin ma põlvili ja anusin Jumalat, et minu guru elu säästetaks. Kui olin isakodust just teel rongijaama, kõneles minus jumalik hääl.

"Ära mine täna õhtul Purisse. Sinu palvet ei saa täita."

"Issand," ütlesin ma murest murtult, "Sa ei tahtnud hakata minuga Puris vägikaigast vedama, kus Sa oleksid pidanud tagasi lükkama minu lakkamatud palved meistri elu pärast. Kas ta peab siis lahkuma kõrgemateks kohustusteks Sinu korraldusel?"

Kuuletudes sisemisele käsule, ei läinud ma sel õhtul Purisse. Läksin järgmisel õhtul rongile – kell seitse, teel olles nägin, kuidas must astraalne pilv kattis järsku taeva.[9]

Hiljem, kui rong Puri suunas möirgas, ilmus mu ette nägemus Sri Yukteswarist. Ta istus väga tõsise väljanägemisega ja valgusest ümbritsetuna.

"Kas nüüd on kõik läbi?" tõstsin anuvalt oma käed.

Ta noogutas ja haihtus siis aeglaselt.

Kui ma järgmisel päeval Puri rongiplatvormil seisin, lootes kõigele vastupidiselt ikka veel, tuli mu juurde tundmatu mees.

"Kas te olete kuulnud, et teie meister on läinud?" Ta lahkus ilma ühegi muu sõnata – ma ei suutnud kunagi avastada, kes ta oli või kuidas ta teadis mind leida.

Olles oimetuks löödud, vaarusin ma vastu platvormi seina, mõistes, et mu guru püüdis mulle mitmesugusel viisil edastada seda hävitavat sõnumit. Mu hing oli tules mäsleva vulkaani sarnane. Puri eraklasse

---

9   Sri Yukteswar lahkus 9. märtsi hommikul kell 7 aastal 1936.

*Joogi autobiograafia*

SRI YUKTESWARI MEMORIAALTEMPEL
Tema Puri aašrami aias.

jõudmisel olin kokkukukkumise äärel. Sisemine hääl kordas õrnalt: „Võta ennast kokku. Ole rahulik."

Sisenesin aašrami ruumi, kus elava meistriga kujuteldamatult sarnane keha lootoseasendis istus – pilt tervisest ja armastusväärsusest. Veidi enne oma lahkumist oli mu guru kerges palavikus, kuid päev enne tema tõusmist Mõõtmatusse, sai ta keha täiesti terveks. Ükskõik, kui kaua ma tema armsat kuju ka ei vaadanud, ei saanud ma ikka aru, et elu on temast lahkunud. Tema nahk oli sile ja pehme, tema näol oli seesmise rahu ja vaikuse õnnis väljendus. Ta oli müstilise kutse tunnil teadlikult oma kehast lahti lasknud.

„Bengali tiiger on läinud!" kisendasin ma vapustatult.

*Viimased päevad guruga*

Viisin pühalikud riitused läbi 10. märtsil. Sri Yukteswar maeti[10] svaamide muistse rituaaliga tema Puri aašrami aeda. Tema järgijad saabusid hiljem lähedalt ja kaugelt kevadise pööripäeva mälestusteenistusele oma guru austama. Juhtiv Kalkuta ajaleht „Amrita Bazar Patrika" tõi ära tema pildi ja järgneva artikli:

„81-aastase Srimat Svaami Sri Yukteswar Giri Maharaji surma bhandara tseremoonia leidis aset Puris 21. märtsil. Paljud järgijad tulid riituste ajaks Purisse.

Benaresest pärit svaami Maharadž oli üks suurimaid „Bhagavad Giita" lahtiseletajaid, olles ise Joogiradž Sri Shyama Charan Lahiri Mahasaya suur järgija. Svaami Maharadž oli mitmete Indias asuvate Yogoda Satsanga (Self-Realization Fellowship) keskuste asutamise innustaja ning joogaliikumise, mille viis läände tema peamine järgija svaami Yogananda, suur inspireerija. Need olid Sri Yukteswari prohvetlikud võimed ja sügav mõistmine, mis tiivustasid svaami Yoganandat ookeane ületama ja India meistrite sõnumit Ameerikas levitama.

Sri Yukteswari „Bhagavad Giita" ja teiste pühakirjade interpretatsioonid annavad tunnistust nii ida kui lääne filosoofia valdamisest, olles esimene, kes avas inimkonna silmad mõistmaks hommiku- ja õhtumaa ühtsust. Kuna ta uskus kõigi usundite ühtsusse, asutas Sri Yukteswar Maharadž koostöös erinevate sektide ja usundite juhtidega religioonis teadusliku vaimu juurutamiseks Sadhu Sabha (Pühakute Ühingu). Oma lahkumise ajal nimetas ta svaami Yogananda enda järglaseks Sadhu Sabha presidendi kohal.

India on täna tõeliselt vaesem, sest lahkus suur inimene. Juurutagu kõik, kes on viibinud tema läheduses, endisse India kultuuri tõelist vaimu ja temas kuju võtnud sadhanat."

Tulin tagasi Kalkutasse. Usaldamata veel minna kogu selle pühitsetud mälestustehulgaga Serampore'i eraklasse, kutsusin Sri Yukteswari väikese järgija Prafulla Serampore'ist ja tegin ettevalmistused tema astumiseks Ranchi kooli.

„Sel hommikul, kui sa lahkusid Allahabadi *melale*," rääkis Prafulla mulle, „kukkus meister raskelt sohvale."

„Yogananda on läinud!" hüüatas ta, „Yogananda on läinud!" Ta lisas mõistatuslikult: „Ma ütlen talle mingil muul viisil." Siis istus ta tunde vaikuses.

Mu päevad olid täidetud loengute, tundide, intervjuude ja

---

[10] Hindu matusekombed näevad kremeerimist ette perepeadele. Svaamisid ja teiste ordude munki ei kremeerita, vaid nad maetakse maha (kuigi on ka juhuslikke erandeid). Munkade kehade puhul arvatakse sümboolselt, et nad on kremeerimise läbinud tarkuse tules, mungavande võtmise ajal.

kohtumistega vanade sõpradega. Naeratuse ja katkematute tegevustega täidetud elu taustal saastasid mustad mudamõtted seda nii palju aastaid kõigi mu tajuliivade all loogelnud seesmist õndsuse jõge.

„Kuhu see jumalik tark küll läks?" hüüdsin ma vaikides vintsutatud vaimu sügavustest.

Mingit vastust ei tulnud.

„On parim, et meister on Kosmilise Armastatuga taasühinenud," veenis mõistus mind. „Ta särab igavesti surematuse riigis."

„Mitte kunagi enam ei saa sa näha teda Serampore'i valdustes," itkus mu süda. „Enam kunagi ei saa sa tuua oma sõpru temaga kohtuma või öelda uhkelt: "Vaadake, seal istub India *gnjaana-avataara!*""

Hr Wright korraldas meie seltskonnale juuni alguses laevareisi Bombayst läände. Mais, kaks nädalat pärast Kalkutas toimunud hüvastijätu bankette ja kõnesid, lahkusime Fordis Bombaysse koos prl Bletsch'i ja hr Wrightiga. Saabudes palus laeva juhtkond meid oma reisist loobuda, kuna Fordi jaoks, mida vajasime Euroopas, ei leidunud kohta.

„Mis sellest," ütlesin ma mornilt hr Wrightile. „Ma tahan korra veel Purisse tagasi pöörduda." Vaikides lisasin: „Las mu pisarad kastavad veel korraks minu guru hauda."

PEATÜKK 43

# Sri Yukteswari surnust ülestõusmine

„Issand Krišna!" avataara kuulsusrikas kuju ilmus valevas lõõmas, kui istusin oma Bombay Regent hotelli toas. Sõnulseletamatu nägemus paiskus mu silme ette, särades teispool tänavat asuva kõrghoone katuse kohal hetkel, kui vaatasin parasjagu välja kolmanda korruse kõrgest avatud aknast.

Jumalik kuju lehvitas mulle naeratades ja noogutas tervituseks. Ta lahkus õnnistava žestiga, kuid ma ei saanud täpselt aru tema sõnumist. Olles imeliselt ergas, tundsin mingi vaimse sündmuse eelaimdust.

Minu sõit läände oli esialgu tühistatud. Olin enne Bengaliasse tagasipöördumist lisanud ajakavva mitu avalikku esinemist Bombays.

Istudes nädal hiljem 1936. aasta 19. juuni pärastlõunal kell kolm oma Bombay hotelli voodil, äratas mind meditatsioonist taevalik valgus. Minu avatud ja hämmastunud silme ees teisenes kogu ruum eriskummaliseks maailmaks, päiksevalgus muutus imetabaseks.

Ülima õnnetunde lained ujutasid mind üle, nähes luust ja lihast Sri Yukteswari!

„Mu poeg!" Meister rääkis õrnalt, näol ingellik-nõiduslik naeratus.

Esmakordselt oma elus ei kummardanud ma tervituseks tema jalge ette, vaid haarasin hetkegi viivitamata ta januselt oma käte vahele. Hetkede hetk! Haaratuna õndsusepuhangutest, kahanes möödunud kuude äng minus olematuks.

„Minu isand, mu südame armastus – miks te mind maha jätsite?" kogelesin ülemäärases rõõmus seosetult. „Miks lasite mul *kumbha melale* minna? Kui kibedalt olen ma end süüdistanud teie juurest lahkumise pärast!"

„Ma ei tahtnud sekkuda sinu ootusärevusse näha palverännakute paika, kus ma esmakordselt Babadžid kohtasin. Ma lahkusin sinust vaid korraks – kas ma pole mitte uuesti sinuga?"

„Aga, meister, kas see olete ikka *teie*, sama Jumala lõvi? Kas te kannate keha, mis sarnaneb Puri julmade liivade alla maetule?"

*Joogi autobiograafia*

„Jah mu laps, ma olen sama. See on luust ja lihast keha. Kuigi mina näen seda eeterlikuna, on ta sinu silmale füüsiline. Ma lõin kosmilistest aatomitest täiesti uue keha, täpselt nagu see kosmiline unenäokeha, mille matsid Puris unenäo-liivade alla oma unenäo-maailmas. Olen tõesti ülestõusnud – aga mitte Maal, vaid astraalsel planeedil. Selle asukad on võimelised maisest inimkonnast paremini minu kõrgetele standarditele vastama. Sinna võite sina ja sinu kõrged armastatud ühel päeval tulla ja minuga ühes olla."

„Surematu guru, rääkige mulle rohkem!"

Meister itsitas kiirelt ja lustlikult. „Palun, kallis," ütles ta, „kas sa lõdvendaksid veidi oma haaret?"

„Vaid natuke!" Olin teda emmanud kaheksajala haardega. Tajusin ähmaselt aromaatset loomulikku lõhna, mis oli tema kehale varemgi iseloomulik. Tema jumaliku ihu värinaid tekitav puudutus püsib siiani minu käsivarte ja peopesade sisekülgedel, mil iganes ma neid erakordseid tunde meenutan.

„Nagu prohveteid saadetakse Maale, et abistada inimestel nende füüsilist karmat läbi töötada, nii suunas Jumal mindki päästjana astraalsele planeedile teenima," seletas Sri Yukteswar. „Seda nimetatakse Hiranyalokaks või Valgustunud astraalplaneediks. Aitan seal arenenud olevustel vabaneda astraalsest karmast ja saavutada sel moel vabanemist astraalsetest taassündidest. Hiranyaloka asukad on vaimselt kõrgelt arenenud, kõik nad on oma viimase maise kehastuse jooksul meditatsioonis saadud väega teadlikult surma hetkel kehast lahkunud. Keegi ei saa siseneda Hiranyalokasse, kui ta ei ole Maa peal *savikalpa samaadhi* seisundist läinud edasi kõrgemasse *nirvikalpa samaadhi* seisundisse.[1]

Hiranyaloka asukad on juba läbinud tavalised astraalsed sfäärid, kuhu surma hetkel Maa asukad peavad siirduma – seal hävitasid valgustunud oma astraalmaailmades sooritatud tegudega seotud karmaseemned. Keegi peale edenenud pühendunute ei saa teha astraalsfäärides

---

[1] Vaata lk 260; 303; 419. *Savikalpa samaadhi* seisundis on pühendunu teostanud oma ühtsuse Vaimuga, kuid ei suuda säilitada oma kosmilist teadvust, välja arvatud liikumatus transiseisundis. Katkematu meditatsiooni kaudu jõuab ta *nirvikalpa samaadhi* ülimasse seisundisse, milles ta võib maailmas vabalt liikuda Jumala-taju mingil moel kaotamata.

*Nirvikalpa samaadhis* lahustab joogi oma materiaalse ehk maise karma viimased jäänused. Vaatamata sellele võib tal siiski veel olla teatud astraalset või kausaalset (põhjuslikku) karmat läbi töötada ja seetõttu võtabki ta ette astraalsed ja seejärel kausaalsed taaskehastused kõrgvõngetega sfäärides.

sellist päästvat tööd tulemuslikult.² Selleks, et vabastada nende hinged astraalse karma kõigist jääkidest, tõmmatakse need püüdlejad kosmilise seaduse väel kehastuma astraalkehadesse Hiranyalokal – astraalpäikesel või -taevas, kuhu mina nende abistamiseks tõusin. Hiranyalokal on kehastunud ka peaaegu täiuslikke olevusi, kes on tulnud kõrgemast põhjusmaailmast."

Mu mõistus oli nüüd täiuslikus häälestuses guru omaga, nii edastas ta oma sõna-pilte mulle osaliselt kõne- ja osaliselt mõtete ülekande teel. Sain sedasi kätte tema ideede tuuma.

„Sa oled pühakirjadest lugenud," jätkas meister, „et Jumal sulges inimhinge üksteise järel kolme kehasse: idee- ehk põhjuskehasse; inimese mentaalse ja emotsionaalse loomuse asupaika – peenesse astraalkehasse; ja jämedasse füüsilisse kehasse. Maa peal on inimene varustatud füüsiliste meeltega. Astraalolevus töötab oma teadvuse ja tunnete ning elutronidest³ loodud kehaga. Kausaalkehaga olend jääb oma ideede õndsalikku valda. Mina töötan nende astraalolenditega, kes valmistuvad sisenema põhjusmaailma."

„Jumaldatud meister, palun räägi mulle veel astraalsest kosmosest." Kuigi ma olin veidi lõdvendanud oma haaret Sri Yukteswari palvel, olid mu käed ikka veel tema ümber. Kõigi aarete üle olev aare, minu guru, kes minuni jõudmiseks oli naernud surma üle!

„Astraalsetest olenditest kubisevaid astraalseid planeete on palju," alustas meister. „Asukad kasutavad astraalseid sõidukeid ehk valguse masse, reisimaks ühelt planeedilt teisele kiiremini kui elekter või radioaktiivse kiirguse energiad.

Erinevatest valguse ja värvide peenematest võngetest koosnev astraalne universum on sadu kordi suurem kui materiaalne kosmos. Kogu füüsiline looming ripub kui tilluke tahke korv hiiglasliku astraalsfääri valguskülluse õhupalli küljes. Sarnaselt ilmaruumile, kus on palju füüsilisi päikeseid ja tähti, on ka lugematu hulk astraalseid päikese- ja tähesüsteeme. Nende planeetide astraalsed päikesed ja astraalsed kuud on palju kaunimad kui füüsilised. Astraalsed valgusallikad meenutavad virmalisi

---

² Kuna enamik isikuid tahab nautida astraalsete maailmade ilu, ei näe nad mingit vajadust visaks vaimseks pingutuseks.

³ Sri Yukteswar kasutas sõna „*praana*", mina tõlkisin selle elutronideks. Hindu pühakirjad ei viita ainult *anu*'le ehk aatomile ja peenemale elektroonsele energiale *paramanu*'le ehk sellele, mis on teisel pool aatomit, vaid ka *praanale* ehk „loovale elutronide väele." Aatomid ja elektronid on pimedad jõud, *praana* loomus on aga arukas. Spermatosoidis ja munarakus olevad praanalised elutronid juhivad näiteks embrüo arengut vastavalt karmalisele disainile.

– päikese virmalised on palju pimestavamad kui Kuu mahedate kiirtega virmalised. Astraalne päev ja öö on pikemad kui Maa omad.

Astraalne maailm on mõõtmatult kaunis, puhas, selge ja korras. Ei ole ei surnud planeete ega viljakandmatut maad. Umbrohud, bakterid, putukad ja maod kui maised iluvead puuduvad. Erinevalt Maa vahelduvast kliimast ja aastaaegadest, hoiavad astraalsed planeedid ühesugust igavese kevade temperatuuri, sinna juurde kuuluva säravvalge lume ja paljudes valgusevärvides vihmaga. Astraalsetel planeetidel on rikkalikult opaalseid järvi, säravaid meresid ja vikerkaarevärvilisi jõgesid.

Erinevalt peenemast Hiranyaloka astraalsest taevast, on tavaline astraaluniversum asustatud miljonite astraalolenditega, kes on saabunud lähiaegadel Maalt. Samuti on seal müriaade haldjaid, näkke, kalu, loomi, kolle, päkapikke, pooljumalaid ja vaime, kes kõik paiknevad vastavalt oma karmalisele määratlusele erinevatel astraalsetel planeetidel. Erinevad sfäärilised paigad ehk võnkelised piirkonnad on ette nähtud headele ja halbadele vaimudele. Head vaimud võivad vabalt ringi rännata, kuid kurjad vaimud on vangistatud piiratud tsoonidesse. Nagu inimolevused elavad Maa pinnal, ussid mulla sees, kalad vees ja linnud õhus, nii elunevad ka erinevat sorti astraalsed olendid neile määratud sobivatel võnkealadel.

Teistest maailmadest välja aetud langenud tumedate inglite seas käib hõõrumine ja sõda elutronpommide ja mentaalsete mantraliste[4] võnkekiirtega. Need olendid asuvad madalama astraalse kosmose hämarusest üleujutatud piirkondades, töötades läbi oma halba karmat.

Astraalse vangla kohal olevates mõõtmatutes valdustes on kõik särav ja kaunis. Astraalne kosmos on Maaga võrreldes palju loomulikumalt häälestunud jumalikule tahtele ja täiustumise plaanile. Iga astraalne objekt on esimeses järjekorras Jumala tahte ja osaliselt ka astraalsete olendite tahte-kutse poolt ilmutatud. Neil on vägi kogu Jumala poolt juba loodu hiilguse ja kuju täiustamiseks ja parandamiseks. Ta on andnud oma astraalsetele lastele vabaduse ja eesõiguse astraalset kosmost tahtega muuta või täiustada. Maa peal peab tahke aine vedelikuks või mõneks teiseks looduslikuks vormiks muundudes läbima keemilisi protsesse, kuid

---

[4] Omadussõna sõnast *mantra*, skandeeritud seemne-helid, mida tulistatakse mentaalse keskendumise kahuriga. Puraanad (muistsed *šaastrad* ehk uurimused) kirjeldavad neid mantralisi sõdu *devade* ja *asurate* (jumalate ja deemonite) vahel. Kord püüdis deemon tappa *devat* väega laetud skandeerimisega. Vale hääldamise läbi toimis mentaalne pomm aga bumeranginä ja tappis deemoni enda.

astraalsed tahked asjad muudetakse astraalseteks vedelikeks, gaasideks või energiaks ainult ja hetkeliselt tema asukate tahte abil.

Maa on tume kõigist sõjapidamistest merel, maal ja õhus," jätkas mu guru, „kuid astraalsed valdused tunnevad õnnelikku harmooniat ja võrdsust. Astraalsed olevused dematerialiseerivad või materialiseerivad vorme tahte abil. Lilled, kalad või loomad saavad muuta end teatud ajaks astraalseteks inimesteks. Kõigil astraalolenditel on vabadus võtta ükskõik milline kuju ja nad võivad kergesti omavahel kohtuda. Ükski loodusseadus ei piira neid – näiteks võib iga astraalne puu edukalt anda astraalse mango või mõne teise soovitud vilja, lilleõie või tõepoolest ükskõik, millise objekti. Teatud karmalised piirangud eksisteerivad, ent astraalses maailmas ei ole erinevate vormide soorituse puhul mingit vahetegemist. Kõik on Jumala loova valguse võnkuv energia.

Keegi ei ole sündinud naise läbi – astraalolendid materialiseerivad järglasi kosmilise tahte abil eriliste astraalsete mudelite järgi. Hiljuti füüsiliselt kehast vabanenud olend saabub astraalsesse perekonda kutse abil, tõmmatuna sarnastest mentaalsetest ja vaimsetest kalduvustest.

Astraalkeha ei allu külmale, kuumale või teistele looduslikele tingimustele. Anatoomia sisaldab astraalset aju ehk tuhandelehelist valguse lootost ja kuut ärganud keskust *šušumnal* ehk astraalse lülisamba teljel. Süda tõmbab kosmilist energiat ja valgust astraalsest ajust ja pumpab seda astraalnärvidele ja keharakkudele ehk elutronidele. Astraalsed olendid on võimelised kutsuma elutronide jõu ja mantraliste võngete abil esile muutusi oma vormis.

Enamikul juhtudel on astraalne keha täpne vaste viimasest füüsilisest kujust. Astraalse isiku nägu ja figuur sarnanevad tema viimase maisuse noorepõlve väljanägemisele. Vahel harva valib mõni minusarnane oma vanema ea väljanägemise," kihistas nooruslikkuse olemust eritav meister rõõmsalt.

„Erinevalt maisest kolmedimensioonilisest füüsilisest ja vaid viie meelega tajutavast maailmast, on astraalsed sfäärid nähtavad kõikehaaravale kuuendale meelele – intuitsioonile," jätkas Sri Yukteswar. „Palja intuitiivse tunde kaudu võivad astraalolendid näha, kuulda, nuusutada, maitsta ja puudutada. Neil on kolm silma, millest kaks on osaliselt suletud. Kolmas, vertikaalselt otsaees asetsev peamine astraalsilm on avatud. Astraalolenditel on kõik välised meeleorganid: kõrvad, silmad, nina, keel ja nahk, kuid nad kasutavad intuitiivset kogemismeelt tajumaks aistinguid ükskõik millise kehaosa kaudu – nad võivad näha läbi kõrva, nina ja naha. Nad on võimelised kuulma läbi silmade või keele ja võivad maitsta kõrvade, naha kaudu jne.[5]

„Inimese füüsiline keha on avatud lugematutele ohtudele, seda saab kergesti kahjustada või sandistada, eeterlik astraalne keha võib saada harva haavata või muljuda, kuid ta terveneb hetkega pelga tahte abil.

„Gurudeva – kas kõik astraalsed isikud on ilusad?"

„Astraalses maailmas teatakse ilu vaimse omadusena, mitte välisena," vastas Sri Yukteswar. „Astraalolendid omistavad seetõttu vähest tähtsust näojoontele. Seega on neil eesõigus kostümeerida end tahte abil uute ja värvikate astraalselt materialiseeritud kehadega. Just nagu maised inimesed kannavad pidulikel üritustel uusi rõivaid, nii leiavad ka astraalolendid võimalusi endi dekoreerimiseks eriliste vormidega.

Rõõmurohked astraalsed pidustused Hiranyaloka sarnastel astraalplaneetidel leiavad aset, kui olend saab vaimse edenemise teel vabanemise astraalsest maailmast ja on valmis sisenema taevasse ehk põhjusmaailma. Sellistel juhtudel materialiseerivad Nähtamatu Taevane Isa ja Temasse suubunud pühakud End Enese valitud kehasse ja ühinevad astraalsete pidustustega. Selleks, et olla meele järgi armastatud pühendunule, võtab Issand ükskõik millise soovitud kuju. Kui pühendunu teenis Jumalat andumuse kaudu, näeb ta Jumalat Jumaliku Emana. Jeesusele oli Mõõtmatu Ühe Isa aspekt veetlevuselt üle kõigist kontseptsioonidest. Individuaalsus, millega on Looja varustanud iga loodud olendi, esitab jumalikule mitmekülgsusele kõiki mõeldavaid ja mittemõeldavaid väljakutseid!" Mu guru ja mina naersime õnnelikult üheskoos.

„Varasemate elude sõbrad tunnevad astraalses maailmas üksteist kergesti ära," jätkas Sri Yukteswar oma kaunil flöödisarnasel häälel.

„Rõõmustades sõpruse surematuse üle, mõistavad nad igavest armastust, milles tihti maisest elust lahkumisel kaheldakse.

Astraalolendite intuitsioon tungib läbi eesriidest ja vaatleb inimtegevusi Maa peal, ent inimene ei näe astraalset maailma, kui tema kuues meel pole kuigivõrd arenenud. Tuhanded maised asukad on hetkeliselt põgusalt näinud astraalseid olendeid või astraalset maailma.[6]

---

[5] Selliste võimete näiteid saame tuua isegi Maalt, nagu seda on Helen Keller ja teised haruldased inimesed.

[6] Maa peal on puhta mõistusega lapsed vahel võimelised nägema haldjate graatsilisi astraalseid kehasid. Kõigis pühakirjades keelatud narkootikumide või joovastavate jookide tarvitamise teel võib inimene oma teadvuse nii segaseks muuta, et tajub astraalse põrgu võikaid kujusid.

Hiranyaloka arenenud olevused jäävad enamuses pika astraalse päeva ja öö kestel ekstaatilisse ärkvelolekusse, aidates läbi töötada valdkondi, mis hõlmavad nii kosmilise valitsuse keerukaid probleeme kui maiste hingede – kadunud poegade – vabastamist. Kui Hiranyaloka olevused magavad, siis näevad nad juhuslikke unesarnaseid astraalseid nägemusi. Nende mõistus on tavaliselt süüvinud kõrgeima *nirvikalpa* õndsuse teadvuslikku seisundisse.

Kõiki astraalse maailma osade asukaid võib tabada siiski mentaalne agoonia. Hiranyaloka taolistel planeetidel elavate kõrgemate olendite tundlik mõistus tunneb teravat valu, kui käitumises või tõe tajumises on tehtud mingi viga. Need arenenud olevused püüavad iga oma tegu ja mõtet sobitada vaimse seaduse täiuslikkusega.

Suhtlemine astraalsete asukate vahel toimub täielikult astraalse telepaatia ja kaugelenägemise kaudu – ei ole mingit segadust ja arusaamatust kirjaliku ja välja öeldud sõna vahel, mida maised asukad peavad taluma. Justnagu filmiekraanil olev isik paistab liikuvat ja tegutsevat valguspiltide seeria toimel hingamatagi, nii liiguvad ja tegutsevad astraalolendid kui intelligentselt juhitud ja koordineeritud valguskujundid ilma, et meil oleks vaja hapnikust väge ammutada. Inimene sõltub tahkest ainest, vedelikest, gaasidest ja energiast. Astraalolendid hoiavad end elus ja toituvad põhimõtteliselt kosmilisest valgusest."

„Meister, kas astraalolendid söövad midagi?" Ammutasin tema suurepäraseid selgitusi kogu oma kaasaelamisvõimega – mõistuse, südame ja hingega. Üliteadvusliku tõe tajumused on püsivalt tõelised ja muutumatud, samas kui mööduvate kogemuste ja muljete suhteline tõde kaotab mälus peagi oma elavuse. Minu guru sõnad said nii läbitungivalt jäädvustatud minu olemuse pärgamendile, et võin igal ajal, mõistust üliteadvuse seisundisse viies, jumalikku kogemust taaselustada.

„Helenduvaid kiirtekujulisi aedvilju on astraalses mullas küllusikult," vastas ta. „Astraalsed olendid tarvitavad aedvilju ning joovad hiilgavatest valguse allikatest, astraalsetest ojadest ja jõgedest. Samuti nagu võib eetrist välja kaevata maiste isikute kujutisi, muuta need televisiooniaparaadi vahendusel nähtavaks ning hiljem uuesti ilmaruumi valla päästa – sarnaselt on Jumala loodud eetris hõljuvate nähtamatute astraalsete aedviljade ja taimede koopiad kujundatud astraalse planeedi asukate tahte abil. Täpselt samuti materialiseeruvad nende olevuste kõige metsikumate kujutelmade kaudu terved aiatäied lõhnavaid lilli, pöördudes hiljem tagasi eeterlikku nähtamatusse. Kuigi Hiranyaloka sarnaste

## Joogi autobiograafia

taevalike planeetide asukad on peaaegu vabastatud söömise vajadusest, on sellest siiski veel kõrgemal täielikult vabastatud põhjusmaailm, kus hinged piiranguteta olemasolus toituvad vaid taevaliku õndsuse mannast.

Maalt vabanenud astraalsed olendid kohtuvad erinevate maiste kehastuste[7] jooksul omandatud lugematute sugulaste, isade, emade, naiste, meeste ja sõprade hulkadega, kui nood erinevates astraalse maailma paikadest aeg-ajalt välja ilmuvad. Nad on kaotamas arusaama, keda armastada teistest rohkem, õppides sellisel moel andma jumalikku ja võrdset armastust kõigile, kui Jumala lastele ja Tema individualiseeritud väljendustele. Kuigi armastatute välimus võib hinge hilisemas elus õpitud omaduste arendamisel muutuda, kasutab astraalne olend oma eksimatut intuitsiooni, et tunda ära kõik talle kunagi teistel olemise tasanditel kallid olendid ja tervitab neid nende uues astraalkodus. Kuna iga loomise aatom on hävitamatult saanud kaasavaraks individuaalsuse[8], siis tuntakse astraalne sõber ära mistahes kostüümis. Nagu ka Maa peal on näitleja isik vaatamata maskeeringule lähimal vaatlemisel äratuntav.

Astraalmaailma eluiga on palju pikem maisest. Normaalse arenenud astraalse olendi eluiga on vastavalt maistele standarditele viissada kuni tuhat eluaastat. Kui mõned punase puiduga puud kasvavad teistest puudest tuhandeid aastaid kauem või kui mõned joogid elavad mitusada aastat, kusjuures enamik inimesi sureb enne kuuekümnendat eluaastat – nii elavad ka mõned astraalolendid palju kauem, kui astraalses olemasolus tavapärane. Astraalmaailma külastajad elutsevad seal pikemalt või lühemalt, vastavalt füüsilise karma kaalule, mis tõmbab nad sobival ajal tagasi Maale.

Astraalolevus ei pea oma helendava keha heitmisel võitlema valusalt surmaga. Paljud neist olevustest tunnevad end vaatamata sellele kergelt närvilisena, mõeldes astraalse vormi heitmisest peenema põhjuskeha ilmutamiseks. Astraalmaailm on vaba tahtmatust surmast, haigusest, vanadusest. Need kolm õudust on needuseks Maa peal, kus inimene on lubanud oma teadvusel samastada end peaaegu täielikult nõdra füüsilise ning lakkamatult õhku, toitu ja und vajava kehaga.

---

[7] Isand Buddhalt küsiti kord, miks peaks inimene kõiki isikuid võrdselt armastama. „Sest," vastas suur õpetaja, „iga inimese paljudes ja erinevates eludes on iga teine olend talle ühel või teisel ajal kallis olnud."

[8] Kaheksa omadust, millest on moodustunud kogu loodud elu aatomist kuni inimeseni. Need on maa, vesi, tuli, õhk, eeter, meeleline mõistus (*manas*), intellekt (*buddhi*) ja individuaalsus ehk ego (*ahamkara*). ("Bhagavad Giita" VII:4.)

*Sri Yukteswari surnust ülestõusmine*

Füüsiline surm kaasneb hingamise kadumise ja ihurakkude lagunemisega. Astraalne surm tähendab astraalolendi elu moodustavate elutronide energiakogumite hajumist. Füüsilise surma puhul kaotab olevus oma füüsilise keha teadvuse ja saab teadlikuks oma astraalses maailmas eksisteerivast peenkehast. Kogedes teatud aja möödudes astraalset surma, liigub olevus niiviisi astraalse sünni ja surma teadvusest füüsilise sünni ja surma teadvusse. Need astraalse ja füüsilise kesta kogemise korduvad tsüklid on valgustumata olevuste paratamatuks saatuseks. Pühakirjalised põrgu ja taeva definitsioonid segunevad vahel inimese alateadvuslike mälestusteseeriatega rõõmsatest astraalsetest ja pettumust valmistanud maistest maailmadest.

„Armastatud meister," küsisin, „palun kirjelda detailsemalt erinevust taaskehastuste vahel maal ning astraalsetes ja põhjuslikes sfäärides?"

„Individualiseeritud hingega inimese teljeks on põhjus- ehk kausaalkeha," seletas mu guru. „See keha on kolmekümne viiest ideest maatriks, väljendades Jumala põhilisi või põhjuslikke mõttejõudusid, millest Ta kujundab hiljem üheksateistkümnest elemendist koosneva astraalkeha ja kuueteistkümnest elemendist koosneva jämeda füüsilise keha.

Üheksateist astraalkeha elementi väljendavad mentaalset, emotsionaalset ja elutronide tasandit. Üheksateist komponenti on: intellekt ehk arukus, ego, tunne, mõistus (meelte teadvus), viis *teadmise* töövahendit (peenmateriaalsed vastandid nägemisele, kuulmisele, haistmisele, maitsmisele, puudutamisele), viis *tegutsemise* tööriista (mentaalsed vastavused täideviivatele sigimis-, eritamis-, kõne-, käimis- ja käelise osavuse võime); ja viis *elujõu* töövahendit (neil on voli teostada kehas kristalliseerumis-, omastamis-, eemaldamis-, ainevahetus- ja ringlusfunktsioone). See üheksateistkümnest elemendist koosnev peenmateriaalne ümbris elab üle kuueteistkümnest keemilisest elemendist tehtud füüsilise keha surma.

Jumal mõtles Iseendas välja erinevad ideed ja projitseeris need unistusteks. Kosmilise Unistuse Leedi purskas välja kogu selle kolossaalse lõputu suhtelisuse ilu.

Kolmekümne viie põhjuskeha mõttekategoorias töötas Jumal välja inimese üheksateistkümne astraalse ja kuueteistkümne füüsilise vaste keerukused. Ta lõi esmalt peenmateriaalsete ja siis jämedate võnkejõudude kondenseerumise teel inimese astraalkeha ja lõpuks tema füüsilise vormi. Vastavalt relatiivsuse seadusele, mille kaudu Algne Lihtsus sai hämmastavaks paljususeks, on põhjuslik kosmos ja põhjuskeha erinevad astraalsest kosmosest ja astraalsest kehast. Füüsiline kosmos ja keha on samuti iseloomulikult erinevad teistest loomise vormidest.

Ihuline keha on loodud kindlaks määratud objektiivsest Looja ideest. Duaalsused on Maa peal alati olemas: haigus ja tervis, valu ja nauding, kaotus ja saavutus. Inimolevused leiavad kolmemõõtmelises mateerias piiranguid ja vastupanu. Kui haigus või teised põhjused raputavad tõsiselt inimese elusoovi, saabub surm ning ihust koosnev mantel heidetakse ajutiselt. Hinge jäävad ümbritsema astraalne ja kausaalne keha.[9] Kolme keha koos hoidvaks siduvaks jõuks on soov. Täitmata soovide vägi on kogu inimese orjuse algpõhjuseks.

Füüsilised soovid on juurdunud isekuses ja meelelistes naudingutes. Meelelise kogemuse sundus või kiusatus on palju võimsam kui astraalsete kiindumuste või põhjuslike tajumustega seotud soovi jõud.

Astraalsed soovid võnguvad nautimise ümber. Astraalsed olendid naudivad transis olles eeterlikku sfääride muusikat ja valguse väljendusi. Nad nuusutavad, maitsevad ja ka puudutavad valgust. Astraalsed soovid on seega seotud astraalolendi väega muundada kõik objektid ja kogemused valguse vormi kokkusurutud mõteteks ja unistusteks.

Kausaalsed ehk põhjuslikud soovid täidetakse vaid tajumise kaudu. Peaaegu vabad, vaid põhjuslike kehadega piiratud olendid näevad tervet universumit Jumala unistuslike ideede teostumisena. Nad võivad materialiseerida ükskõik mida ja kõike paljast mõttest. Põhjuslikud olendid peavad seepärast füüsiliste aistingute nautimist ja astraalseid rõõme oma hinge peene tundlikkuse jaoks jämedateks ja lämmatavateks. Kausaalolendid töötavad oma soove läbi neid hetkega materialiseerides.[10] Need, kes leiavad end kaetuna vaid põhjuskeha õrna kattega, võivad ilmutada universumeid nagu Looja. Kuna kogu loomine tuleneb kosmilisest unistuse-mustrist, saab õrna põhjuskehasse riietatud hing oma väge määratult teostada.

Loomult nähtamatut hinge saab eristada vaid tema keha või kehade kohaloleku põhjal. Pelk keha olemasolu tähistab teostamata soove.[11]

---

[9] „Keha" tähistab igat hingeümbrist, olgu jäme- või peenmateriaalset. Kolm keha on Paradiisilinnu puurideks.

[10] Isegi Babadži aitas Lahiri Mahasayal vabaneda eelmisest elust pärit alateadlikust soovist palee järele, mida kirjeldatakse peatükis 34.

[11] „Aga tema ütles neile: Kus iganes korjus on, seal kogunevad raisakotkad." – Luuka 17:37. Kus iganes keha on ümbritsetud füüsilisest, astraalsest või põhjuslikust kehast, on kohal ka

Nii kaua, kuni inimese hing on suletud ühte, kahte või kolme tihedalt ignorantsuse- ja soovide korgiga suletud kehakonteinerisse, ei saa ta sulanduda kokku Vaimu-ookeaniga. Kui surmahaamer purustab jämeda füüsilise anuma, jäävad teised kaks, astraalne ja põhjuslik, endiselt takistama hinge teadlikku ühinemist Kõikjaloleva Eluga. Kui soovideta olek saavutatakse tarkuse abil, siis lagundab selle vägi kaks allesjäänud anumat. Tilluke inimhing kerkib viimaks vabana esile – ta on üks Mõõtmatu Ulatusega."

Järgnevalt palusin oma jumalikul gurul heita valgust kõrgema ja kausaalse (põhjusliku) maailma üle.

„Põhjusmaailm on kirjeldamatult peen," vastas ta. „Selleks, et seda mõista, peaks inimesel olema vapustav keskendumisvõime, mille abil võiks suletud silmadega visualiseerida astraalset ja füüsilist kosmost kogu selle ääretuses ning vaid idee tasandil – valgustkiirgav suur õhupall koos tahke korviga. Kui selle üliinimliku keskendumisega õnnestub kellelgi teisendada või muuta kaks kosmost nende keerukuses paljaks ideeks, jõuaks ta kausaalsesse maailma ning seisaks mõistuse ja mateeria kokkusulamise piiri peal. Seal tajub ta loodud asju – tahkeid, vedelaid, gaase, elektrit, energiat, kõiki olevusi, jumalaid, inimesi, loomi, taimi, baktereid – kui teadvuse vorme täpselt samuti, nagu suletud silmadega inimene saab aru, et ta on olemas, vaatamata sellele, et ta keha on tema enda füüsilistele silmade jaoks nähtamatu ja püsib teadvuses vaid ideena.

Kõike, mida inimolevus teeb oma kujutluses, võib kausaalne olend sooritada tegelikkuses. Kõige kujutlusvõimelisem inimaru on oma mõistuses võimeline ulatuma ühelt äärmuslikult mõttelt teiseni, hüppama mentaalselt planeedilt planeedile, veerema lõputult alla igavikku, tõusma raketina galaktilisse avarusse või vilkuma valgusvihuna üle linnuteede ja tähistaevaste. Põhjusmaailma olenditel on suurem vabadus, nad võivad ilmutada oma mõtteid pingutuseta, hetkeliselt ja erapooletult, ilma vähimagi materiaalse või astraalse takistuse või karmalise piiranguta.

Kausaalolendid mõistavad, et füüsiline kosmos pole algselt loodud elektronidest ega ole seda ka astraalne kosmos – mõlemad on tegelikkuses loodud Jumala-mõtte pisimatest osakestest, mida näiliselt tükeldab ja lahutab suhtelisuse seadus ehk *maaja*.

---

soovide kotkad – kes peavad jahti inimese meelenõrkusele või astraalsele ja põhjuslikule kiindumisele – nad kogunevad ka selleks, et hoida hinge vangistuses.

*Joogi autobiograafia*

Põhjusmaailmas eksisteerivad hinged tunnevad üksteist ära rõõmuküllase Vaimu individualiseeritud punktidena. Nende mõttevormid on ainsad, mis neid ümbritsevad. Põhjusolendid näevad, et erinevused nende kehade ja mõtete vahel on vaid idee tasandil. Nii nagu inimene saab silmi sulgedes visualiseerida sädelevat valget valgust või ähmast sinist vinet, on kausaalolendid palja mõtte abil võimelised nägema, kuulma, nuusutama, maitsma ja puudutama. Nad võivad kosmilise mõistuse väega luua või lahustada ükskõik mida.

Nii surm kui uuestisünd põhjusmaailma toimub mõttes. Kausaalkehadega olendid pidutsevad igavesti uue teadmise jumalikus nektaris. Nad joovad rahu allikaist, uitavad tajude radadeta pinnasel, ujuvad õndsuse lõpmatuse ookeanis. Ennäe! Vaata nende eredaid mõttekehi möödumas triljonitest Vaimu-loodud planeetidest, vastsetest universumi mullidest, tarkuse-tähtedest, Mõõtmatuse taevase süle kuldse täheudu unistustest!

Paljud olevused jäävad kausaalsesse kosmosesse tuhandeteks aastateks. Sügavas ekstaasis päästab vabastatud hing end siis valla kitsast põhjuskehast ja avardub kausaalkosmose mõõtmatusse. Kõik eraldi kulgevad idee vood ning väe, armastuse, tahte, rõõmu, rahu, intuitsiooni, rahulikkuse, enesekontrolli ja keskendumise lained sulanduvad alatirõõmsasse Õndsuse Merre. Hing ei pea enam kunagi kogema rõõmu teadvuse eraldioleva lainena, vaid on sulandunud Ühte Kosmilisse Ookeani koos selle lainetega – igavese naeru, elamuse ja tukslemisega.

Kui hing on kolme keha kookonist väljas, pääseb ta igaveseks minema suhtelisuse seadusest ja saab sõnulseletamatuks Alati Olevaks.[12] Vaadake Kõikjaloleva liblikat, tema tiibadele söövitatud tähtede ja kuude ja päikestega! Vaimu avardunud hing jääb üksinda valguseta valguse, pimeduseta pimeduse, mõteteta mõtte alasse, joobnuna Jumala kosmilise loomise unistuse rõõmu ekstaasist."

„Vaba hing!" hüüatasin ma imetlevalt.

„Kui hing saab viimaks välja kehalise eksikujutluse kolmest anumast," jätkas meister, „saab see ilma vähimagi individuaalsuse kaotuseta üheks Mõõtmatusega. Kristus võitis selle viimase vabaduse juba enne oma sündi Jeesusena. Oma mineviku kolmes etapis, mida sümboliseerisid tema maises elus kolm päeva, mil ta koges surma ja ülestõusmist, saavutas ta täielikult Vaimu tõusmise väe.

---

[12] „Kes võidab, selle teen ma sambaks oma Jumala templis ja enam iialgi ei lähe ta sealt välja (st ei kehastu enam kunagi) ... Kes võidab, sellel ma lasen istuda koos minuga mu troonile, nagu olen võitnud ning istunud oma Isaga tema troonil." – Ilmutuse raamat 3:12, 21.

Arenev inimene peab oma kolmest kehast väljumiseks läbima lugematuid maiseid, astraalseid ja kausaalseid kehastusi. Meister, kes saavutab lõpliku vabanemise, võib pöörduda tagasi Maa peale prohvetina, et tuua teisi inimolevusi tagasi Jumala juurde või valida nii nagu mina endale asupaiga astraalses kosmoses. Seal võtab päästja enda peale mõningase asukate karmakoorma[13] ja aitab seeläbi peatada nende taaskehastumise tsükli astraalses kosmoses, et lahkuda seejärel jäädavalt põhjuslikesse sfääridesse. Lisaks võib vabastatud hing siseneda põhjusmaailma, aitamaks selle olendeil lühendada oma eluiga põhjuskehas, saavutades niiviisi Absoluutse Vabaduse."

„Ülestõusnu, ma tahan rohkem saada teada karmast, mis sunnib hingi tulema tagasi kolme maailma." Mõtlesin, et oleksin võinud kuulata igavesti oma kõiketeadvat meistrit. Mitte kunagi tema maise elu jooksul polnud ma võimeline omandama nii palju tema tarkusest. Esimest korda sain ma nüüd heita selge ja üksikasjaliku pilgu elu ja surma malelaua mõistatuslikesse käikudesse.

„Inimese füüsiline karma ja soovid peavad enne tema kestvamat jäämist astraalsetesse maailmadesse olema täiesti läbi töötatud," valgustas mu guru kõnealust teemat värisemapaneval häälel. „Astraalsetes sfäärides elab kahte sorti olevusi – neid, kes peavad jätkuvalt oma maisest karmast vabanema ning omandama karmavõlgade tasumiseks uuesti jämeda füüsilise keha, võiks nimetada pigem astraalmaailma ajutisteks külastajateks, kui selle püsiasukateks.

Vabastamata maise karmaga olenditel ei ole luba minna pärast astraalsurma kõrgemasse kosmiliste ideede põhjussfääri, vaid neil tuleb sõeluda edasi-tagasi füüsilise ja astraalse maailma vahel. Nad on järgemööda teadlikud vaid oma kuueteistkümnest jämedast elemendist koosnevast füüsilisest kehast ja üheksateistkümnest peenmateriaalsest elemendist koosnevast astraalsest kehast. Siiski, peale igat füüsilise keha kaotust jääb väheärenenud maine olevus sügava surmaune kangestusse ja on vaevu teadlik kaunist astraalsest sfäärist. Peale astraalset puhkust pöördub selline inimene tagasi materiaalsele tasandile, et saada uusi õppetunde ja kohanduda neis korratud maisustes järkjärgult peenema tekstuuriga astraalsete maailmadega.

---

[13] Sri Yukteswar tähistas siin seda, et isegi oma maises kehastuses oli ta vahel järgija karma kergendamiseks enda kanda võtnud haiguse raskuse – nii võimaldas tema astraalse päästja missioon tal astraalses maailmas võtta enda kanda Hiranyaloka asukate teatud astraalset karmat – kiirendades nii nende arengut kõrgema põhjusmaailma suunas.

Astraalse universumi tavapärased või kauased asukad on need, kes, olles igaveseks vabastatud kõigist materiaalsetest igatsustest, ei vaja enam tagasipöördumist Maa jämedatesse võngetesse. Sellistel olenditel on läbi töötada vaid astraalne ja kausaalne karma. Astraalse surma korral lähevad need olendid mõõtmatult peenemasse ja palju õrnemasse põhjusmaailma. Teatud kosmilise seaduse määratud eluea lõpus pöörduvad need arenenud olendid Hiranyalokale või sarnasele kõrgemale astraalsele taevakehale, töötamaks läbi veel vabastamata astraalselt karmat.

„Mu poeg, nüüd võid sa palju täielikumalt ette kujutada, et ma olen üles äratatud jumalikul korraldusel," jätkas Sri Yukteswar, „pigem põhjussfäärist tagasipöörduvate astraalselt kehastuvate hingede, mitte Maalt saabuvate hingede päästjana. Maalt tulnud maiste karmajäänustega olendid ei tõuse nii kõrgete astraalplaneetideni nagu Hiranyaloka."

Just nagu enamik Maa inimesi ei ole õppinud meditatsiooni kaudu omandatud nägemise kaudu väärtustama astraalse elu ülimaid rõõme ja eeliseid – nad soovivad peale surma pöörduda piiratud, ebatäiuslike maiste naudingute juurde – niisamuti ebaõnnestub paljudel astraalolenditel peale oma astraalkeha lagunemist kujustada põhjusmaailma vaimse rõõmu edenenud seisundit. Toetudes mõtetele jämedast uhkeldavast astraalsest õnnest – igatsevad nad külastada uuesti astraalset paradiisi. Sellistel olenditel tuleb astraalse karma raskusest vabaneda enne, kui nad tõusevad astraalse surma järel kõrgemale ning katkematule olemisele põhjuslikus mõttemaailmas.

Alles siis, kui olendil ei ole enam soovi kogeda silmarõõmustavat astraalset kosmost ja teda ei ahvatle sinna tagasi, jääb ta kausaalsesse maailma. Viies lõpule kogu oma põhjusliku karma või minevikusoovide seemnete vabastamise töö, tungib vangistatud hing välja viimasest ignorantsuse vormist – tõuseb esile põhjuskeha lõplikkuse anumast ja seguneb Igavesega.

„Kas nüüd sa mõistad?" meister naeratas nii lummavalt!

„Jah, läbi teie armu. Ma olen sõnatu – rõõmust ja tänulikkusest."

Ei laulust ega jutust polnud ma kunagi varem saanud sellist inspireerivat teadmist. Kuigi hindu pühakirjad viitavad põhjuslikele-, astraalsetele ning inimese kolmele kehale, siis on need leheküljed nii kauged ja mõttetud võrreldes minu ülestõusnud meistri sooja tõepärasusega! Sest tema jaoks ei olnud olemas ainumastki „avastamata maad, kust ükski rändaja tagasi ei tule"!¹⁴

„Inimese kolme keha vastastikune läbipõimumine väljendub tema kolmikloomuses," jätkas mu suur guru. „Maa peal on ärkveloleku seisundis inimolevus enam või vähem teadlik oma kolmest sõiduvahendist. Kui ta on meelte abil maitsmas, nuusutamas, puudutamas, kuulamas või nägemas, siis toimib ta põhimõtteliselt oma füüsilise keha kaudu. Midagi kujustades või tahtes töötab ta peamiselt oma astraalkeha kaudu. Tema põhjusolemus leiab väljenduse, kui inimene mõtleb või süüvib sügavasse sisevaatlusse või meditatsiooni. Kosmilised geniaalsed mõtted jõuavad selleni, kes kontakteerub harjumuspäraselt oma põhjuskehaga. Selles mõttes võib indiviidi laiemalt käsitleda kui materiaalset, energeetilist või intellektuaalset inimest.

Inimene samastab end umbes kuusteist tundi päevas oma füüsilise sõiduvahendiga. Seejärel ta magab ja kui ta näeb und, siis on ta oma astraalkehas, luues kõike pingutuseta nagu teevad seda astraalsed olevused. Kui inimese uni on sügav ja ilma unenägudeta, siis on ta mitmeks tunniks võimeline kandma oma teadvuse või mina-tunde üle põhjuskehasse – selline uni on elustav. Kui unenägija kontakteerub oma astraalse, mitte aga oma põhjuskehaga, ei ole tema uni täielikult värskendav."

Ma olin armastavalt jälginud Sri Yukteswari, kui ta andis oma imelist seletust.

„Ingellik Guru," ütlesin mina, „teie keha näeb välja täpselt selline, kui siis, kui ma viimati selle kohal Puri aašramis pisaraid valasin."

„Oo jaa, mu uus keha on vana täiuslik koopia. Ma materialiseerin või dematerialiseerin selle tahtega igal ajal – teen seda palju tihedamini, kui Maa peal olles. Kiire dematerialiseerumise valgusekspressi abil reisin ma nüüd hetkega planeedilt planeedile, astraalselt kosmosest põhjuslikku või füüsilisse kosmosesse." Minu jumalik guru naeratas. „Kuigi sa liigud neil päevil nii kiiresti, ei olnud mul sind Bombays raske leida!"

„Oo, Meister, ma kurvastasin nii sügavalt teie surma järel!"

„Ah, mismoodi ma küll surin? Kas pole siin mingit vasturääkivust?" Sri Yukteswari silmad pilkusid armastusest ja lõbust. „Nüüd on minu peenem lihalik keha – mida sa näed või pigem embad – üles tõusnud ühel teisel peenekoelisel Jumala unistuse-planeedil. Ühel

---

¹⁴ *Hamleti* monoloog (III vaatus, esimene tegevuspaik).

päeval saab see unenäokeha ja unenäoplaneet otsa – ka nemad ei kesta igavesti. Kõik unenäomullid peavad lõppude lõpuks lõhkema viimases äratavas puudutuses. Mu poeg Yogananda, tee vahet unede ja Tegelikkuse vahel!"

See vedantalise[15] taassünni idee pani mind imestama. Ma tundsin häbi, et olin tundnud haletsust, kui nägin meistri elutut keha Puris. Ma taipasin viimaks, et mu guru on alati olnud täielikult ärkvel Jumalas, tajudes iseenda elu ja maist lahkumist ning oma praegust ülestõusmist mitte millegi enama kui kosmilises unes olevate jumalike ideede suhtelisusena.

„Yogananda, ma olen sulle jutustanud nüüd oma elu, surma ja ülestõusmise tõdedest. Ära minu pärast kurvasta – pigem teadusta kõikjal minu ülestõusmise lugu Jumala unistusest sündinud inimkonna Maalt teisele unelmate planeedile, astraalselt rõivastatud hingede planeedile! Sellega lisatakse uut lootust maiste unelejate kannatusest hullunud surmakartvaisse südameisse."

„Jah, Meister!" Suur oleks minu soov jagada teistega oma rõõmu tema ülestõusmisest!

„Maa peal olid mu standardid ebamugavalt kõrged, sobimatud enamikule inimestele. Tihti ma riidlesin sinuga rohkem kui ma oleksin pidanud. Sa läbisid mu testi: sinu armastus säras läbi kõigi noomituste pilvede." Ta lisas õrnalt: „Ma tulin ka täna selleks, et öelda: mitte kunagi enam ei ole minu pilk enam kontrollivalt karm. Ma ei riidle sinuga enam."

Kui palju olen ma tundnud puudust oma suure guru korralekutsumistest! Igaüks neist on olnud mulle kaitseingliks.

„Armsaim Meister! Noomige mind miljon korda – pragage minuga nüüd!"

„Ma ei noomi sind enam." Tema jumalik hääl oli tõsine, kuid naeru allhoovusega. „Sina ja mina peaksime naerma koos – nii kaua, kui meie kaks kuju paistavad Jumala *maaja*-unes erinevatena. Lõpuks me sulandume Kosmilises Armastatus ühte – meie naeratused on Tema naeratused, meie ühendatud rõõmulaul võngub läbi igaviku, jõudes Jumalale häälestunud hingedeni!"

Sri Yukteswar valgustas mind teatud teemadel, mida ma siinkohal

---

[15] Elu ja surm, kui vaid mõttelised suhtelisused. *Vedanta* toob välja, et Jumal on ainus Tegelikkus. Kogu loomine ehk eraldiolev eksistents on *maaja* ehk illusioon. See monistlik filosoofia leidis oma kõrgeima väljenduse Šankara „*Upanišaadide*" kommentaarides.

*Sri Yukteswari surnust ülestõusmine*

ei saa avaldada. Kahe tunni jooksul, mis ta minuga Bombay hotellitoas veetis, vastas ta igale mu küsimusele. Terve rida tema suust sel 1936. aasta juunikuu päeval lausutud maailma puudutavaid ettekuulutusi on juba täide läinud.

„Armastatu, ma jätan nüüd sind!" Nende sõnadega tundsin meistrit sulamas oma käte vahel.

„Mu laps," helises ta hääl, võnkudes otse mu hingetaeva võlvil, „mil iganes sisened sa *nirvikalpa samaadhi* uksest ja mind kutsud, tulen ma lihast ja luust kujul sinu juurde nagu täna."

Selle taevaliku lubadusega haihtus Sri Yukteswar mu vaateväljalt. Häälepilv kordas muusikalise kõuekõminaga: „Räägi kõigile! Kes iganes teab *nirvikalpa* teostamise läbi, et teie Maa on Jumala unistus, võib tulla peenemale unistuses loodud Hiranyaloka planeedile ja leida mind seal ülestõusnuna täpselt mu maisele kehale sarnases kehas. Yogananda, ütle kõigile!"

Läinud oli lahkumise kurbus. Minu kauased rahuröövijad - haletsus ja kahetsus tema surmast, põgenesid nüüd häbiga. Õndsus tungis fontäänina läbi äsja avanenud hingepooride. Olles ummistunud, avardusid need ekstaasi üleujutavas puhtuses. Minu sisemise silma ette ilmusid kinofilmina eelnevad kehastused. Mineviku hea ja halb karma lahustus minu ümber valatud kosmilises valguses.

Selles peatükis kuuletusin ma oma gurule ja levitasin rõõmsat sõnumit, kuigi see võib segada ükskõikseid inimesi. Lömitajale on meeleheide tuttav – ja siiski on need äärmused, mitte osa inimese tõelisest omandist. Päeval, mil ta seda tahab, asetatakse ta vabaduse teeotsale. Liiga kaua on ta hoolimata oma alistumatust hingest kuulanud tähelepanelikult „sina oled tolmukübeke" stiilis nõustajate rõsket pessimismi.

Ma ei olnud ainus, kes nägi Ülestõusnud Gurut. Üks Sri Yukteswari õpilastest oli eakas naine, keda hellalt kutsuti *Ma* (Ema) ning kelle kodu asus Puri erakla lähedal. Meister oli tihti peatunud, et lobiseda temaga oma hommikusel jalutuskäigul. 16. märtsi õhtul 1936. aastal saabus *Ma* aašramisse ja küsis gurut näha.

„Miks, meister suri nädal aega tagasi!" lausus praegu Puri aašrami eest vastutav svaami Sebananda teda kurvalt vaadates.

„See pole võimalik!" protesteeris naine naeratades.

„Ei." Sebananda loetles üles matuse üksikasjad. „Tule," ütles ta, „ma viin sind eesaeda, tema haua juurde."

*Ma* raputas pead. „Tema jaoks ei ole hauda olemas! Täna hommikul möödus ta oma tavapärasel jalutuskäigul minu uksest! Ma rääkisin temaga mitu minutit päise päeva ajal.
„Tule täna õhtul aašrami," ütles ta.
Siin ma olen! Õnnistused langegu sellele hallile peale! Surematu guru tahtis, et ma saaksin aru, millises kehas ta mind täna hommikul külastas!"
Rabatud Sebananda põlvitas tema ees.
„*Ma*," ütles ta, „millise kurbuse koorma sa mu südamelt eemaldasid! Ta on üles tõusnud!"

PEATÜKK 44

# Mahatma Gandhiga Wardhas

„Tere tulemast Wardhasse!" nende südamlike sõnadega, kätel kingituseks puuvillast punutud pärg, tervitas Mahatma Gandhi sekretär Mahadev Desai prl Bletshi, hr Wrighti ja mind. Meie väike grupp oli just saabunud Wardha jaama sel varasel augustihommikul – olime rõõmsad, et pääsesime tolmusest ja kuumast rongist. Loovutanud pagasi härjarakendile, istusime hr Desai ja tema kaaslaste Babasaheb Deshmukhi ja dr Pingalega avatud autosse. Lühike sõit mööda mudaseid külateid tõi meid India poliitilise pühaku aašramisse Maganvadis.

Hr Desai juhatas meid kohe elutuppa, kus ristatud jalgadega istus Mahatma Gandhi – pliiats ühes ja paberitükk teises käes, näol lai, võluv ja südamlik naeratus!

„Tere tulemast!" kritseldas ta hindi keeles. Oli esmaspäev, tema iganädalane vaikimise päev.

Kuigi see oli meie esimene kohtumine, naeratasime me üksteisele avalalt. 1925. aastal austas Mahatma Gandhi Ranchi kooli külaskäiguga ja kirjutas selle külalisteraamatusse suuremeelse ülistuse.

Tilluke sajanaelane pühak kiirgas füüsilist, mentaalset ja vaimset tervist. Tema pehmed, pruunidest silmadest säras arukus, siirus ja eristamisvõime – see riigimees oli võrdselt arukas ja tuli võitjana välja tuhandest legaalsest, ühiskondlikust ja poliitilisest lahingust. Ükski teine maailma liider ei ole saavutanud sellist turvalist kohta oma inimeste südameis, nagu Gandhi India kirjaoskamatute miljonite puhul. Nende spontaanne ülistus on tema kuulus tiitel – Mahatma, „suur hing".[1]

Nende pärast vahetab Gandhi peene riietuse paljukujutatud niudevöö vastu, mis sümboliseerib tema ühtsusele rõhutud massidega, kes ei saa endale rohkem lubada.

„Aašrami asukad on täielikult teie käsutuses – palun pöörduge

---

[1] Tema perekonnanimi on Mohandas Karamchand Gandhi. Ta ei viita endale kunagi kui Mahatmale.

nende poole ükskõik, mis teenet te vajate." Iseloomuliku viisakusega ulatas Mahatma mulle kiiruga kirjutatud märkme, kui hr Desai juhatas meie seltskonna elutoast külalistemaja suunas.

Meie teejuht juhtis meid läbi viljapuuaedade ja õitsvate väljade kivikatusega kaetud võreakendega ehitise juurde. Eesõues asuvat kahekümne viie jalase läbimõõduga kaevu kasutati hr Desai sõnul kastmiseks. Läheduses seisis riisi jaoks mõeldud pöörlev betoonist rehepeksuratas. Meie kõigi väikesed magamistoad pakkusid minimaalset – käsitsi köiest punutud voodit. Valgendatud köök uhkeldas ühes nurgas kraaniga ja teises toidutegemiseks mõeldud tulekoldega. Meie kõrvu jõudsid lihtsad maaidüllist kõnelevad helid – kaarnate ja varblaste kraaksumised ja säutsumised, kariloomade ammumine ja kivide murdmiseks kasutatavate meislite kõlksumine.

Uurides hr Wrighti päevikut, avas hr Desai selle ja kirjutas ühele leheküljele nimekirja *Satjagraha*[2] vannetest, mida on endile võtnud kõik siirad Mahatma järgijad (*satjagrahid*):

> „Vägivallatus, tõde, mittevarastamine, tsölibaat, mitteomamine, füüsiline töö, isu kontrollimine, kartmatus, kõigi religioonide võrdne austamine, *swadeshi* (väikemajapidamises toodetu kasutamine), vabadus puutumatusest. Neid ühtteist tõotust tuleb järgida alandlikkuse vaimus."

(Gandhi ise allkirjastas selle lehekülje järgmisel päeval, lisades ka kuupäeva – 27. august 1935.)

Kaks tundi peale meie saabumist kutsuti mind koos kaaslastega lõunat sööma. Mahatma juba istus oma kabineti vastas üle õue asuva aašrami varikatuse kaarestiku all. Umbes kakskümmend viis paljasjalgset *satjagrahit* istus messingist tasside ja taldrikute kõrval. Ühine kooris loetud palve, seejärel serveeriti toit suurtest messingpottidest, mis sisaldasid selitatud võiga ülepritsitud *tšapatisid* (täistera nisujahust tehtud lapik leib), talsarit (keedetud ja kuubikuteks lõigatud aedvilju) ja sidrunimoosi.

Mahatma sõi *tšapatisid*, keedupeete, mõningaid tooreid aedvilju ja apelsine. Tema taldriku kõrval oli suur kuhi väga kibedaid neemipuu lehti – mis on tuntud verepuhastusvahend. Ta eraldas lusikaga ühe portsu ja asetas selle mu taldrikule. Kugistasin selle veega alla, meenutades lapsepõlve, kui ema sundis mind neelama ebameeldivat rohukogust. Gandhi aga sõi segu halvakspanuta.

---

[2] Sõnasõnaline tõlge sanskriti keelest tähendab „tõde järgima". *Satjagraha* on kuulus Gandhi juhitud vägivallatu liikumine.

*Mahatma Gandhiga Wardhas*

Selles tühises vahejuhtumis märkasin ma Mahatma võimet lahutada tahte abil mõistus meeltest. Mulle meenus talle mõned aastad tagasi tehtud paljuräägitud pimesooleoperatsioon. Keeldudes valuvaigistitest, lobises pühak rõõmsalt oma pühendunutega kogu operatsiooni kestel – rahulik naeratus andis tunnistust tema ebateadlikkusest valu suhtes.

Pärastlõuna tõi mulle võimaluse vestelda Gandhi tundud järgija, inglise admirali tütre miss Madeleine Slade'iga, keda nüüd kutsuti nimega Mira Behn.[3] Tema tugev rahulik nägu lõi entusiasmist särama, kui ta rää-

---

[3] Ta on kirjastanud terve rea Mahatma Gandhi kirjutatud ja guru antud enesedistsipliini harjutusi sisaldavaid kirju (*"Gandhi kirjad järgijale"*; Harper & Bros., New York, 1950).
Hilisemas raamatus (*"Vaimu palverännak"*, Coward-McCann, NY, 1960) mainis miss Slade suurt hulka isikuid, kes Mahatma Gandhit Wardhas külastasid. Ta kirjutas: „Selle aja tagant ei suuda ma kõiki neid meenutada, kuid kaks on püsinud selgesti mul meeles. Halide Edib Hanum – Türgist pärit kuulus naiskirjanik ja svaami Yogananda – Ameerika Self-Realization Fellowship'i asutaja". *(Kirjastaja märkus.)*

LÕUNA MAHATMA GANDHI WARHA AAŠRAMIS
Yogananda loeb teadet, mille Gandhi (paremal) oli just kirjutanud (oli esmaspäev – Mahatma vaikuse järgimise päev). Järgmisel päeval, 1935. aasta 27. augustil initsieeris Sri Yogananda Gandhi palvel ta *kriija joogasse*.

*Joogi autobiograafia*

kis mulle veatus hindi keeles oma igapäevastest tegevustest.

„Maaelu ülesehitamine tasub ära! Grupp meie inimesi läheb igal hommikul kell viis lähedalasuvaid külainimesi teenima ja neile lihtsat hügieeni õpetama. Me tahame, et nad harjuksid ise puhastama oma välikäimlaid ja mudast-õlgedest hütte. Külaelanikud on kirjaoskamatud – neid ei saa õpetada muud moodi kui vaid eeskuju najal!" naeris Mira rõõmsameelselt.

Vaatasin imetlusega seda kõrgeltsündinud inglise naist, kelle tõeline kristlik alandlikkus võimaldab tal teha tavaliselt „puutumatute" tehtavat tänavapühkija tööd.

„Tulin Indiasse 1925. aastal," ütles ta mulle, „sellel maal tunnen, nagu oleksin jõudnud tagasi koju."

Arutasime veidike Ameerika teemal. „Olen alati rahul ja hämmastunud," ütles ta, „kui näen paljude Indiat külastavate ameeriklaste sügavat huvi vaimsete teemade suhtes."[4]

Mira Behni käed olid peagi tegevuses vokirattaga (*charka*). Tänu Mahatma pingutustele, on nüüd vokid levinud kõikjal India maapiirkondades.

Kuigi Gandhi ergutab majanduslikel ja kultuurilistel põhjustel talutootmise uuestisündi, ei ole ta seda meelt, et kõike kaasaegset peaks fanaatilist eitama. Tema enda erakordses elus on mänginud masinad, rongid, autod ja telegraaf tähtsat rolli! Viiskümmend aastat avalikku teenistust vanglas ja sellest väljaspool, maadeldes igapäevaselt poliitilise maailma praktiliste detailide ja karmi tegelikkusega, see on vaid suurendanud tema tasakaalu, avatust, tervet mõistust ja humoorikat lugupidamist selle omapärase inimlavastuse mõistmisel.

Meie trio nautis külalistena Babasaheb Desmukhi kella kuuest õhtusööki. Kella seitsmene palvetund viis meid taas Maganvadi aašrami katusele, kus kolmkümmend *satjagrahit* istus poolringis ümber Gandhi. Ta kükitas roomatil, muistne taskukell ta ees jalgele toetumas. Kahanev päike heitis viimase välgatuse palmidele ja bhanjanipuudele – öö koos ritsikate suminaga oli alanud. Atmosfäär oli rahu ise – olin lummatud.

Hr Desai juhtimisel alustas grupp pühalikku skandeerimist, millele järgnes „Giita" lugemine. Mahatma viipas mulle, et loeksin lõpupalve.

---

[4] Miss Slade tuletas mulle meelde veel teistki erilist lääne naist – miss Margaret Woodrow Wilsonit – Ameerika suure presidendi vanimat tütart. Kohtusin temaga New Yorgis – ta oli Indiast tugevasti huvitatud. Hiljem läks ta Pondicherrysse, kus ta veetis viis viimast aastat oma elust – järgides õnnelikult distsipliini teed valgustunud meistri Sri Aurobindo Ghoshi jalge ees.

Selline jumalik mõtte ja püüdluse ühtsus! See varastel õhtutundidel tähtede all toimunud Wardha katuse-meditatsioon jäi mälestusse igaveseks.

Täpipealt kell kaheksa lõpetas Gandhi oma vaikimise. Tema elu Heraklese mõõtu tööd nõuavad aja minutilist jaotamist.

„Tere tulemast, svaamiji!" Seekordne Mahatma tervitus ei saabunud paberil. Olime just laskunud katuselt tema kabinetti, kus olid istumiseks nelinurksed matid (toole polnud), raamatud, paberid ja mõned tavalised pliiatsid (mitte täitesulepead) madalal laual ning nurgas tiksuv ebamäärase kujuga kell. Kõike läbis rahu ja pühendumise aura. Gandhi kinkis ühe oma kütkestava ja õõnsa, peaaegu hambutu naeratuse.

„Aastaid tagasi," selgitas ta, „alustasin oma iganädalast vaikusepäeva järgimist, kasutades seda oma kirjavahetuse ülevaatamiseks. Kuid nüüd on neist 24 tunnist saanud eluline vaimne vajadus. Perioodiline vaikuse hoidmine ei ole mitte piinamine, vaid õnnistus."

Nõustusin kogu südamest.[5] Mahatma küsitles mind Ameerika ja Euroopa kohta – me arutasime India ja maailma olukorda.

„Mahadev," ütles Gandhi, kui hr Desai ruumi astus, „palun lepi raekojas kokku, et svaamiji saaks seal homme õhtul joogast kõneleda."

Kui soovisin Mahatmale head ööd, ulatas ta mulle taktitundeliselt pudeli tsitronella õliga.

„Wardha sääsed ei tea midagi *ahimsast*[6], svaamiji!" ütles ta naerdes.

Järgmisel varahommikul sõi meie väike grupp hommikusöögiks täistera nisuputru koos roosuhkru ja piimaga. Poole üheteistkümnest kutsuti meid aašrami terrassile Gandhi ja *satjagrahidega* lõunatama. Täna sisaldas menüü pruuni riisi, uut aedviljade valikut ja kardemoniseemneid.

Keskpäev leidis mind mööda aašramit ringi uitamas, seejärel kõndisin paari häirimatu lehma saatel karjamaale. Lehmade kaitsmine on Gandhi kireks.

„Lehm tähendab minu jaoks tervet elufilosoofiat, mis laiendab inimeste sümpaatiaid kaugemale oma liigikaaslastest," oli Mahatma selgitanud. „Lehmade abil on inimest suunatud mõistma tema samasusest kogu elavaga. Miks valisid muistsed rišid lehma ülimaks täiuslikkuseks,

---

[5] Ameerikas järgisin ma sekretäride ja helistajate ehmatuseks aastaid vaikuse perioode.

[6] Vägivallatus, kahjutus – Gandhi usutunnistuse nurgakivi. Ta oli sügavalt mõjutatud džainidest, kes austavad *ahimsat* kui põhimist voorust. Hinduismi sektina tuntud džainismi levitas laialt kuuendal sajandil enne Kristust tolleaegne Buddha - Mahavira. Vaadaku Mahavira („Suur kangelane") ajastud hiljem Gandhit kui oma kangelaslikku poega!

*Joogi autobiograafia*

on mulle ilmselge. Indias oli lehm parimaks võrdluseks – ta oli külluse andjaks. Ta ei andnud mitte ainult piima, vaid ta tegi võimalikuks ka põllumajanduse – lehm on kaastunde poeem – igaüks võib seda selles leebes loomas näha. Ta on inimkonna miljonite teiseks emaks. Lehma kaitsmine tähendab kogu Jumala keeletu loomingu kaitsmist. Alama loomingu palve on palju võimsam, kuna ta on keeletu."[7]

Ortodokssetele hindudele on kohustuslikud teatud rituaalid. Üks neist on *bhuta jaagna* – toidu ohverdamine loomariigile. See tseremoonia sümboliseerib inimese arusaamist oma kohustustest vähemarenenud loomise vormide ees – kes on seotud kehaga samastumisse instinktiivselt (pettekujutlus, mis ka inimest vaevab), kuid kel puudub inimesele omane vabastav arutlemisvõime.

*Bhuta jaagna* tugevdab seega inimese valmidust nõrgemaid aidata, kusjuures inimest lohutavad omakorda lugematud kõrgemate nähtamatute olendite hulgad. Inimkond on samuti seotud Looduse – maa, mere ja taeva kingitustega. Looduse, loomade, inimese ja astraalsete inglite vahelist ületamatut evolutsioonilist suhtlemisvõimetuse barjääri ületatakse vaikse armastuse igapäevaste rituaalide (*jaagnade*) kaudu.

Ülejäänud kaks igapäevast *jaagnat* on *pitri* ja *nri jaagna*. *Pitri jaagna* on armulaua ohverdus esivanematele – sümboliseerib inimese teadlikkust oma võlast möödunud põlvkondade ees, kelle tarkuse varasalv täna inimkonda valgustab. *Nri jaagna* on toidu ohverdamine võõrastele või vaestele, see sümboliseerib inimese oleviku vastutust – tema kohustusi kaasaegsete ees.

Varasel pärastlõunal võtsin naabruses ette *nri jaagna*, külastades Gandhi väikestele tüdrukutele rajatud aašramit. Hr Wright saatis mind sel kümneminutilisel sõidul. Tillukesed lillesarnased näod värviliste *saride* taustal! Minu lühikese õues peetud hindikeelse[8] sõnavõtu lõpus vallandas taevas äkilise vihmavalingu.

Ronisime naerdes koos hr Wrightiga autosse ja kiirustasime keset

---

[7] Gandhi kirjutas kaunilt tuhandetel teemadel. Palvest on ta kirjutanud järgmist. „See tuletab meile meelde, et me oleme abitud ilma Jumala toetuseta. Ükski pingutus ei ole täiuslik ilma palveta, ilma konkreetse tunnistuseta, et parimgi inimlik ettevõtmine ei oma mingitki mõju ilma Jumala-poolse õnnistuseta selle taga. Palve on kutse alandlikkusele. See on kutse enesepuhastusele, seesmisele otsingule."

[8] Hindi on suurel määral sanskriti juurtele rajanev indo-aaria keel – see on Põhja-India peamiseks kohalikuks keeleks. Peamiseks lääne-hindi dialektiks on hindustani dialekt, mida kirjutatakse nii devanaagari kui araabia tähtedega. Selle alamdialekti urdut kõnelevad moslemid ja hindud Põhja-Indias (nüüd ka Pakistanis – *tõlkija märkus*).

laussadu tagasi Maganvadisse. Milline troopilise jõuga pladin! Uuesti majja sisenedes olin rabatud ruumides valitsevast lihtsusest ja eneseohverdusest. Gandhi andis juba varases abielueas mitteomamise vande. Hüljates talle aastas enam kui 20 000 USA dollarit sisse toonud juriidilise praktika, jagas Mahatma kogu oma vara vaestele.

Sri Yukteswar tavatses leebelt tögada ebaadekvaatseid loobumiskontseptsioone:

„Kerjus ei saa loobuda rikkusest," ütles meister tavaliselt. „Kui inimene lööb lamenti: „Mu äri on ebaõnnestunud, mu naine jättis mind maha, loobun kõigest ja lähen kloostrisse," siis millisele maisele loobumisele ta viitab? Ta ei hüljanud rikkust ja armastust, need hülgasid tema!""

Teisalt ei ole Gandhi-sugused pühakud toonud mitte ainult käegakatsutavaid materiaalseid ohverdusi, vaid loobunud palju raskemast – isekatest motiividest ja eraeesmärkidest, sulandades oma seesmise olemuse inimkonna kui terviku voogu.

Mahatma Gandhi tähelepanuväärne naine Kasturbai ei vaielnud, kui mehel ei õnnestunud kõrvale panna ühtki osa oma varast nende laste hüvanguks. Olles abiellunud noorelt, andsid Gandhi ja tema naine tsölibaadi vande peale neljanda poja sündi.[9]

Olles rahulik kangelanna selles pingelises draamas, milleks nende kooselu kujunes, järgnes Kasturbai oma abikaasale vanglasse, jagas tema kolmenädalasi paaste ja kandis täielikult oma osa mehe lõputust vastutusest. Ta on ülistanud Gandhit järgnevalt:

„Ma tänan Sind, et mul oli privileeg olla Sinu eluaegseks kaaslaseks ja abikaasaks. Ma tänan Sind kõige täiuslikuma abielu eest maailmas, mis rajanes enesekontrollil (*brahmatšaarjal*) ja mitte seksil.

Ma tänan Sind, et pidasid mind endaga võrdseks oma India hüvanguks tehtud elutöös. Ma tänan Sind, et Sa ei olnud üks neist abikaasadest, kes kulutab oma aega õnnemängudele, võiduajamistele, naistele, veinile ja

---

[9] Gandhi kirjeldas oma elu laastava avameelsusega raamatus "*The Story of My Experiments with Truth*" (Ahmedabad: Navajivan Press, 1927-28 – kahes osas). See autobiograafia on kokku võetud omakorda raamatus "*Mahatma Gandhi, His Own Story*", mille on toimetanud C. F. Andrews, sissejuhatusega John Haynes Holmes'ilt (New York: Macmillan Co., 1930).

Paljud autobiograafiad on pilgeni täis kuulsaid nimesid ning värvikad sündmused vaikivad pea täielikult sisemisest analüüsist või arengust. Lugeja paneb sellise raamatu rahulolematusega kõrvale, justkui öeldes: „Siin on inimene, kes tundis paljusid tuntud isikuid, aga kes mitte kunagi ei tundnud iseennast." See reaktsioon ei ole seotud Gandhi elulookirjeldusega – ta paljastab oma vigu ja maskeeringuid pühendudes isikustamata tõele, mida mistahes ajastu annaalidest annab otsida.

lauludele – väsides oma naistest ja lastest, nii nagu väike poiss väsib kiiresti oma lapsepõlve mänguasjadest. Kui tänulik ma olen, et Sa ei olnud üks neist abikaasadest, kes pühendab oma aega rikkaks saamisele, ekspluateerides teiste tööd.

Kui tänulik ma olen, et Sa asetasid Jumala ja oma maa enne pistiseid, et Sul oli julgust ja vaprust oma veendumustes ning täielik ja reservatsioonideta usk Jumalasse. Kui tänulik ma olen abikaasa eest, kes asetas Jumala ja kodumaa minust ettepoole. Olen tänulik Sulle Sinu sallivuse eest minu suhtes ja minu noorepõlve eksimuste suhtes, kui ma torisesin ja mässasin muutuse vastu, mida Sa tegid meie elamise viisis – nii paljust nii vähesele.

Noore lapsena elasin ma Sinu vanemate majas – Sinu ema oli suurepärane ja hea naine – ta koolitas mind, õpetas, kuidas olla vapper, julge naine ja kuidas hoida oma tulevase abikaasa ja tema poja armastust ja austust. Ja kui möödusid aastad ja Sinust sai India armastatuim juht, ei olnud mul enam ühtki hirmu, mis võib haarata naist, kelle abikaasa on tõusnud eduredeli tippu, ja mis nii tihti juhtub teistes maades. Ma teadsin, et surm leiab meid ikka mehe ja naisena.

Aastaid täitis Kasturbai rahva iidoliks muutunud Gandhi kogutud avalike fondide miljonitesse ulatuvate varade hoidja kohustust. Palju humoorikaid lugusid räägitakse India kodudes sellest, kuidas nende naised kandsid Gandhi koosolekule minnes kalleid ehteid ning kuidas Mahatma maagiline keelepruuk ja sarm, millega ta rõhutute heaks abi palus, lükkas käevõrud ja briljantidega kaelaehted rikaste kätelt ja kaelast otse korjanduskorvi!

Ühel päeval ei saanud avalik varahoidja Kasturbai hakkama aruandlusega nelja ruupia kulutamise kohta. Gandhi avaldas korrakohaselt auditi, kus tõi halastamatult välja selle neljaruupialise lahknevuse.

Olen tihti seda lugu rääkinud oma ameerika õpilaste ees. Ühel õhtul ahmis üks naine hallis raevunult hinge:

„Mahatma või mitte Mahatma," oli ta karjatanud, „kui ta oleks olnud minu mees, oleksin ma tal silma siniseks löönud sellise mittevajaliku avaliku solvangu eest!"

Peale heatujulist nöökimist ameerika ja hindu naiste teemal, seletasin asja edasi:

„Proua Gandhi peab Mahatmat mitte oma abikaasaks, vaid oma guruks, selleks, kel on õigus naist korrale kutsuda isegi kõige tähtsusetumate vigade eest," osutasin ma. „Mõni aeg peale Kasturbai avalikku noomimist mõisteti Gandhi poliitilisel põhjusel vangi. Kui ta jättis rahulikult hüvasti oma naisega, langes naine tema jalge ette. „Meister,"

*Mahatma Gandhiga Wardhas*

ütles ta alandlikult, „kui ma kunagi olen sind solvanud, siis anna palun mulle andeks!"''

Samal päeval kell kolm pärastlõunal astusin eelneva kokkuleppe alusel omaenda naisest vankumatu pühendunu teinud (tõeliselt haruldane ime!) pühaku kabinetti. Gandhi vaatas üles oma unustamatu naeratusega.

„Mahatmaji," ütlesin ma tema kõrvale patjadeta matile kükitades, „palun räägi mulle oma määratlusest *ahimsa* kohta."

„Igale elavale olevusele nii mõtte kui teoga kahjutegemise vältimine."

„Kaunis ideaal! Kuid maailm küsib alati: „Kas inimene ei või tappa kobrat, et last või iseennast kaitsta?""

„Ma ei saaks kobrat tappa ilma, et läheksin vastuollu kahe oma vandega, mille kohaselt ma ei karda ega tapa. Ma püüaksin pigem armastuse võngetega seesmiselt madu rahustada. Ma ei saa olukordadega sobitumiseks kindlasti alandada oma standardeid." Ta lisas oma võluva avameelsusega: „Ma pean tunnistama, et ma ei saaks kobraga silmitsi seistes oma jutuajamist rahulikult jätkata!"

Ma kommenteerisin mitut tema laual lebavat hiljuti lääness ilmunud toitumise teemalist raamatut.

„Jah, toitumine on tähtis *satjagraha* liikumises — nagu ka kõikjal mujal," ütles ta itsitades. „Kuna ma propageerin *satjagrahide* seas täielikku sugulist talitsetust, püüan ma alati leida tsölibaadis olijale parimat toitumist. Inimene peab enne suguinstinkti kontrollimist esmalt alistama isu. Poolnäljas olemine või tasakaalustamata toitumine ei ole lahendus. Ületades seesmise ahnuse toidu järel, peab *satjagrahi* jätkama mõistlikku taimset toitumist kõigi vajalike vitamiinide, mineraalide, kalorite ja muuga. Toitumise suhtes toimiva seesmise ja välimise tarkusega on võimalik muuta *satjagrahi* seksuaalvedelik kergesti terve keha jaoks vajaminevaks energiaks."

Mahatma ja mina võrdlesime omi teadmisi headest liha asendajatest. „Avokaado on suurepärane," ütlesin mina. „Minu keskuse lähedal Californias on palju avokaadosalusid."

Gandhi nägu läitis huvi. „Ma mõtlen, kas nad Wardhas kasvaksid? *Satjagrahid* võtaksid uue toidu omaks."

„Ma saadan kindlasti mõned avokaadotaimed Los Angelesest Wardhasse," lisasin. „Munad on kõrge valgusisaldusega toit – kas need on *satjagrahidele* keelatud?"

„Viljastamata muna mitte." Mahatma naeris, ise midagi meenutades: „Aastaid ei kiitnud ma nende tarbimist heaks – isegi nüüd ei söö ma neid ise. Üks mu miniatest oli kord alatoitlusest suremas ja tema arst käskis anda mune. Ma ei olnud nõus ja soovitasin tal anda miniale mõnd muna asendajat."

„Gandhiji," ütles arst, „viljastamata munad ei sisalda mingit eluseemne vedelikku – siin ei toimu mingit tapmist."

Andsin seejärel rõõmuga oma miniale loa mune süüa – üsna peatselt sai ta terveks."

Ühel eelneval õhtul oli Gandhi väljendanud soovi saada Lahiri Mahasaya *kriija jooga* pühitsust. Olin liigutatud Mahatma avatusest ja uurivast vaimust. Ta on oma jumalikus otsirännakus lapsemeelne, avaldades siirast vastuvõtlikkust, mida Jeesus lastes ülistas, "... sest selliste päralt on taevariik".

Minu lubatud juhendamise tund oli saabunud: mitu *satjagrahit* sisenes tuppa – hr Desai, dr Pingale ja mõni veel, kes *kriija* tehnikat omandada soovisid.

Esiteks õpetasin ma väiksele õpperühmale füüsilisi Yogoda harjutusi. Keha visualiseeritakse ja jaotatakse kahekümneks osaks – tahe jällegi suunab energiat igasse ossa. Peatselt vibreeris neist igaüks mu ees inimmootorina. Oli kerge näha Gandhi kehaosade virvendavat efekti, mis pea kogu aeg nähtav oli! Olgugi, et väga kõhn, ei olnud ta seda ebameeldivalt – tema nahk oli sile ja kortsudeta.[10]

Hiljem initsieerisin grupi vabastavasse *kriija jooga* tehnikasse.

Mahatma oli austusega studeerinud kõiki maailma usundeid. Džainistlikud pühakirjad, Piibli Uus Testament ja Tolstoi[11] ühiskonnateemalised kirjutised on Gandhi vägivallatuse veendumuste kolmeks peamiseks allikaks. Ta on väljendanud oma kreedot nii:

> „Ma usun, et Piibel, Koraan ja Zend-Avesta[12] on samuti jumalikult inspireeritud kui Veedadki. Ma usun gurude intuitsiooni, kuid sellel ajastul peavad miljonid minema ilma guruta, sest on väga harva leida täiusliku puhtuse ja täiusliku õpetatuse kombinatsiooni. Kuid inimene ei pea meelt

---

[10] Gandhi, kes oli läbinud palju lühikesi ja pikki paaste, naudib erandlikult head tervist. Tema raamatud „*Toitumine ja toitumise reform*", „*Loodus ja ravi*" ning „*Võti tervise juurde*" on saadaval Navajivan Publishing House'st, Ahmedabadist Indiast.

[11] Thoreau, Ruskin ja Mazzini on veel kolm lääne kirjanikku, kelle ühiskonnateemalisi kirjutisi oli Gandhi hoolikalt uurinud.

[12] Umbes aastal 1000 eKr Zarathustralt Pärsiale antud pühakiri.

heitma, et oma enese religiooni tõde ei tunne, sest hinduismi, aga ka iga teise suure religiooni alused on muutumatud ja kergesti mõistetavad.

Nii nagu iga hindu, usun minagi Jumalasse ja Tema ühtsusse, taassündi ja lunastusse./.../ Ma ei saa enam kirjeldada oma tundeid hinduismi suhtes teisiti kui võrreldes teda oma naisega. Ta liigutab mind nii nagu ei suuda seda ükski teine naine maailmas.

Mitte, et tal poleks vigu – julgen öelda, et tal on neid palju enam kui ma neid näen. Kuid tema suhtes on lahutamatu ühenduse tunne. Sarnaselt tunnen ma hinduismi suhtes – kogu tema vigade ja piiratuse juures. Miski ei rõõmusta mind nii, kui „Giita" muusika või Tulsidasi *„Raamajaana"*. Kujutades, et hingan oma viimast hingetõmmet, oleks „Giita" mulle lohutuseks.

Hinduism ei ole välistav religioon. Selles on ruumi kogu maailma prohvetite[13] austamisele. See ei ole misjoni religioon selle sõna tavalises mõistes. Kahtlemata on see endasse hõlmanud mitmeid hõime, kuid see on olnud arengulise, tajumatu iseloomuga. Hinduism õpetab igat inimest Jumalat austades kummardama iseenda usku ja dharmat[14] ja elab niiviisi rahus kõigi usunditega.

Kristusest on Gandhi kirjutanud: „Ma usun, et kui ta oleks elanud praegu siin inimeste keskel, oleks ta õnnistanud paljude elusid, kes vahest polnud iial kuulnud ta nimegi ..., justnagu on kirjutatud: "Mitte igaüks, kes mulle ütleb: „Issand, Issand!"... vaid see, kes teeb mu Isa tahtmist, kes on taevas."[15] Oma elu õppetunniga andis Jeesus inimkonnale võimsa otstarbe ja ainsa sihi, mida me kõik püüdlema peaksime. Ma usun, et ta kuulub mitte ainult kristlusele, vaid tervele maailmale – kõigile maadele ja rassidele."

Oma viimasel Wardha õhtul esinesin ma koosolekul, mille kutsus raekojas kokku hr Desai. Ruum oli kuni aknalaudadeni täis ja kohal oli umbes 400 inimest, kes olid sinna kogunenud kuulamaks esinemist jooga teemal. Esmalt rääkisin ma hindi, siis inglise keeles. Meie väike grupp jõudis õigel ajal tagasi aašramisse, et korraks enne

---

[13] Maailma religioonide hulgas on hinduism ainulaadne, et see lähtub mitte ühest ja ainsast suurest alusepanijast, vaid impersonaalsetest veedade pühakirjadest. Niiviisi haarab hinduism austavalt oma ruumi kõigi ajastute ja kõigi maade prohvetid. Veedade pühakirjad reguleerivad mitte pelgalt pühendumuslikke praktikaid, vaid kõiki tähtsaid ühiskondlikke tavasid, soovides viia iga inimese tegevuse harmooniasse jumaliku seadusega.

[14] Sanskritikeelne sõna tähistamaks seadust: vastavus seadusele või loomulikule õiglusele, igas ajahetkes ja olukorras kajastuv inimese kohustus. Pühakirjad defineerivad *dharmat* kui „universaalseid loomulikke seadusi, mille järgimine võimaldab inimesel päästa end allakäigust ja kannatustest."

[15] Matteuse 7:21.

*Joogi autobiograafia*

magamaheitmist heita veel pilk Mahatmale – Gandhi oli sügavas rahus ja tegevuses kirjavahetusega.

Öö kestis veel, kui ma kell viis hommikul tõusin. Küla oli juba ärganud – esmalt sõitis aašrami väravatest mööda härjavanker, seejärel möödus talumees ilmatu suure ja ebakindlalt pealaele kuhjatud kandamiga. Peale hommikusööki otsisime Gandhi hüvastijätu *pranaamideks* üles. Pühak tõuseb oma hommikupalveteks kell neli hommikul.

„Mahatmaji, head aega!" Ma põlvitasin, et puudutada tema jalgu. „Teie kätes on India turvaliselt kaitstud."

Aastad on möödas Wardha idüllist – maa, ookeanid ja taevad on maailmasõjast tumenenud. Ainukesena suurte liidrite hulgas on Gandhi see, kes on relvade võimsuse vastu välja pakkunud praktilise vägivallatu alternatiivi. Mahatma on ülekohtu heastamiseks ja ebaõigluse kõrvaldamiseks rakendanud vägivallatuid vahendeid, mis aina ja uuesti oma tõhusust on tõestanud. Ta sõnastab oma doktriini sõnadega:

> „Ma olen leidnud, et elu püsib ka keset hävingut. Seega peab olema olema hävingust kõrgem seadus. Vaid sellise seaduse all saab olla hästikorrastatud ühiskonnal mõte ja elu on elamist väärt.
>
> Kui see on elu seadus, siis peame seda oma igapäevases olemises ellu viima. Kus iganes on sõjad, kus iganes seisame silmitsi vastasega – alistage neid vaid armastusega. Ma olen avastanud oma elus, et armastuse seadus toob endaga kaasa edenemise, hävingu seadus aga mitte iial.
>
> Meil Indias on selle seaduse toimimine silmnähtav kõige laiemas ulatuses üldse. Ma ei väida, et vägivallatus väljendub igas India 360 miljonis inimeses, kuid ma väidan, et see on tunginud uskumatult lühikese ajaga sügavamale, kui ükski teine doktriin.
>
> Mentaalse vägivallatuse seisundi saavutamiseks on vaja küllaltki visa treeningut. See on distsiplineeritud elu – nagu sõduril. Täiuslik seisund saavutatakse vaid sel juhul, kui mõistus, keha ja kõne on õiges kooskõlas. Kui otsustame teha tõe- ja vägivallatuse seaduse oma eluseaduseks, lahenevad ka kõik probleemid.

Maailma poliitiliste sündmuste sünge kulg viitab halastamatult tõele, et ilma vaimse visioonita inimesed hävivad. Teadus ning religioon on tekitanud inimkonnas ähmase tunde, et elu pole turvaline, tajutakse koguni ükskõiksust kõige materiaalse suhtes. Kuhu on siis inimesel võimalik nüüd minna, kui mitte oma Allikasse ja Algsesse Päritollu – temas endas olevasse Vaimu?

Ajalugu uurides võib igaüks tõdeda, et toore jõu kasutamine pole lahendanud inimese probleeme. Esimene maailmasõda lõi hirmsa maad-külmutava karma lumepalli, mis paisus Teiseks maailmasõjaks. Vaid vendluse soojus võib sulatada verejanulise karma hiiglasliku lumepalli, mis võib vastasel juhul kasvada üle Kolmandaks maailmasõjaks. Pühaduseta kahekümnenda sajandi kolmainsus! Inimlikku arutlemist asendav džungli-loogika muudab Maa džungliks. Kui mitte vennad elus, siis vennad vägivaldses surmas. Mitte sellise avaliku teotuse hinnaga ei lubanud Jumal avastada inimesel aatomienergiate vabastamist!

Sõda ja kuritegu ei tasu kunagi ära. Miljardid dollarid, mis plahvatasid olematuse suitsuks, oleksid olnud piisavad uue haigustest ja vaesusest täiesti vaba maailma loomiseks. Ja mitte hirmu, kaose, näljahäda, katku ja surmatantsuga maailma, vaid maailma, kus valitsevad rahu, õitseng ja avarduvad teadmised.

Gandhi vägivallatu hääl pöördub palvega inimese kõrgeima südametunnistuse poole. Ärgu võtku rahvused enam oma liitlaseks surma, vaid elu, mitte hävingut, vaid ülesehitust, mitte vihkamist, vaid armastuse loovaid imesid.

„Inimene peab andestama kõik, mis kahju talle ka ei tehtaks," ütleb „Mahabhaarata". „On öeldud, et liikide edasikestmine saab toimuda vaid tänu inimese andestamisvõimele. Andestamine on pühadus – andestamise abil hoitakse universumit koos. Andestamine on vägevate vägi. Andestamine on ohverdus. Andestamine on mõistuse vaigistamine. Andestamine ja leebus on suurte hingede omadused. Need esindavad igavesi vooruseid."

Vägivallatus on andestuse ja armastuse seaduse loomulik võrse. „Kui elukaotus muutub õiglases lahingus vajalikuks, siis peab inimene olema valmis sarnaselt Jeesusele valama iseenda, mitte aga teiste verd. Lõpuks valatakse vähem verd ka terves maailmas."

Ühel päeval kirjutatakse eeposeid India *satjagrahidest*, kes seisid armastusega vastu vihkamisele, vägivallale vägivallatusega, kes lubasid end pigem halastamatult hukata, kui kandsid relva. Teatud ajaloolistel juhtudel oli selle tulemuseks, et vastased viskasid oma relvad maha ja põgenesid – häbistatuina ja vapustatuina hinge põhjani nende inimeste nägemisest, kes väärtustasid teiste elusid enam kui iseendi omi.

„Kui vaja, ootaksin terveid ajastuid," ütles Gandhi, „kui et püüdleksin oma maa vabadust veriste vahenditega." Piibel hoiatab meid:

*Joogi autobiograafia*

„Sest kõik, kes mõõga tõmbavad, mõõga läbi hukkuvad."[16] Mahatma on kirjutanud:

„Ma kutsun end rahvuslaseks, kuid minu rahvuslus on avar nagu terve universum. See haarab endasse kõik Maa rahvused.[17] Minu rahvuslus hõlmab terve maailma heaolu. Ma ei taha, et minu India õitseks teise rahvuse tuhal. Ma ei taha, et India ekspluateeriks ainsamatki inimolevust. Ma tahan, et India oleks tugev, et ta võiks oma jõuga nakatada ka teisi rahvuseid. Nii ei ole ühegi rahvusega tänapäeva Euroopas – nad ei anna teisele tugevust.

President Wilson mainis oma neljateistkümnes kaunis põhimõttes: „Pärast seda, kui meie püüdlused rahu saavutada läbi kukkuvad, on meil veel järel meie relvastus, mille juurde jälle tagasi tulla." Ma tahaksin ümber pöörata selle lähtekoha ja öelda: „Meie relvastus on juba läbi kukkunud. Otsigem siis nüüd midagi uut – katsetagem armastuse väge ja Jumalat, mis on tõde." Kui me oleme seda proovinud, siis ei taha me enam midagi muud.

Mahatma Gandhi on portreteerinud vägivallatuse praktilise olemuse – vaikse, sõjata vaidluste lahendamise väe, treenides tuhandeid *satjagrahisid* (neid, kes võtsid endale üksteist karmi vannet, mis on ära toodud selle peatüki esimeses pooles), kes omakorda levitasid sõnumit, harides kannatlikult India inimmasse, et need mõistaks vägivallatuse vaimset ja lõpuks ka materiaalset kasu. *Satjagrahid* relvastasid oma inimesed vägivallatute relvadega (milleks on loobumine koostööst ebaõiglusega ning tahe kannatada pigem häbistamist, vanglat, surma ennast, kui toetuda relvadele) ning pälvisid arvukate märterluse näidete varal maailma sümpaatia.

Gandhi on vägivallatute vahendite abil võitnud sellele maale suuremal hulgal poliitilisi järeleandmisi, kui ühegi teise riigi liider. Vägivallatuid pahede väljajuurimise meetodeid pole rakendatud mitte ainult poliitilisel areenil, vaid ka India ühiskondlike reformide delikaatsel ja keerulisel maastikul. Gandhi ja tema järgijad on püüdnud kõrvaldada kauaaegset vaenu hindude ja moslemite vahel – sajad tuhanded moslemid vaatavad Mahatmat kui enda juhti. Puutumatud on leidnud temas endale kartmatu ja võiduka eestkostja. „Kui minu jaoks on veel taassünd varuks," kirjutas Gandhi, „siis sooviksin sündida paariana nende endi keskel, sest seeläbi suudaksin neid palju paremini teenida."

---

[16] Matteuse 26:52. See on üks paljudest Piibli kirjakohtadest, mis annab kindlalt teada inimese taassünni vajalikkusest (vt lk 167). Paljud elu keerukused on seletatavad vaid läbi karma õigluse seaduse mõistmise.

[17] „Ärgu inimene saagu au sellest, et ta armastab oma maad. Saagu talle au osaks pigem sellest, et ta armastab oma liiki."
*Pärsia kõnekäänd*

Mahatma on tõesti suur hing, kui juba kirjaoskamatutel miljonitel jagus selle tiitli omistamiseks taiplikkust. Leebet prohvetit austatakse tema enda kodumaal, kus iga väljapaistmatugi talumees oli võimeline tõusma Gandhi kõrge väljakutseni. Mahatma usub kogu südamest inimese sisemisse õilsusse. Läbikukkumised ei ole tema vaateid kunagi muutnud. „Isegi kui vastane petab teda kakskümmend korda," kirjutas ta, „on *satjagrahi* valmis teda kahekümne esimesel korral usaldama, sest inimloomuse reservatsioonideta usaldamine on selle usutunnistuse põhialuseks."[18]

„Mahatmaji, te olete eriline inimene. Te ei pea ootama, et maailm käitub nii nagu teie," pani kord üks kriitik tähele.

„See on kummaline, kuidas me end eksitame, kujutades, et keha on võimalik täiuslikumaks muuta – aga hinge varjatud vägesid esile kutsuda on võimatu," vastas Gandhi. „Ma tegelen sellega, näitamaks, et olen sama nõder surelik nagu iga teine meie seast ja et minus pole olnud ega ole ka nüüd mitte midagi ebatavalist. Ma olen lihtne indiviid, kes on võimeline tegema vigu nii nagu iga teine. Samas on mul piisavalt alandlikkust oma vigu tunnistada ja astuda samm tagasi. Ma tunnistan, et mul on vankumatu usk Jumalasse ja Tema headusse ning täitumatu kirg tõe ja armastuse järele. Aga kas see pole mitte see, mis on peidus igas isikus?" Ta lisas: „Kui me avastaksime ja leiutaksime näivas maailmas midagi uut, kas me ei peaks siis välja kuulutama vaimset pankrotti? Kas on võimatu suurendada erandite arvu nii, et neist saaks reegel? Kas inimene peab olema esmalt jõhker ja alles siis inimene – kui üldse?"[19]

---

[18] „Siis ütles Peetrus tema juurde astudes: „Issand, kui mitu korda minu vend võib minu vastu patustada ja mul tuleb talle andeks anda? Kas aitab seitsmest korrast?" Jeesus ütles talle: „Ma ei ütle sulle seitse korda, vaid kas või seitsekümmend seitse korda."" – Matteuse 18:21-22. Ma palvetasin, et suudaksin mõista seda kompromissitut nõuannet. „Issand," protesteerisin, „kas see on võimalik?" Kui jumalik hääl viimaks vastas, tõi see kaasa alandlikkusele sundiva valgusesähvatuse: „Oo, inimene, kui palju kordi andestan ma igaühele teist igapäevaselt?"

[19] Mr Roger W. Babson küsis kord kuulsa elektriinseneri Charles P. Steinmetzi käest: „Millises uurimisvaldkonnas toimub järgmise viiekümne aasta jooksul kõige suurem areng?" „Ma mõtlen, et kõige suuremaid avastusi tehakse vaimses liinis," vastas Steinmetz. „Siin on vägi, mis tundub olevat ajaloos suurim inimarengut määrav vägi. Ja siiski oleme me pelgalt vaid temaga mänginud ega ole kunagi teda tõsiselt uurinud sarnaselt füüsiliste jõududega. Ühel päeval saavad inimesed selgeks, et materiaalsed asjad ei too õnne ja neist on vähe kasu, et muuta mehi ja naisi loovaiks ja võimsaiks. Siis pööravad maailma teadlased oma laboratooriumid ümber Jumala, palve ja vaimsete jõudude uurimiseks, mille pealispinda on praegu vaevu kriibitud. Kui see päev saabub, näeb maailm palju enam edenemist ühe põlvkonna jooksul kui ta varem nägi nelja jooksul."

*Joogi autobiograafia*

---

MAHATMA GANDHI HINDIKEELNE KIRI

[hindikeelne käsitsi kirjutatud tekst]

Kui Mahatma Gandhi külastas minu Ranchis asuvat joogakoolitusega Yogoda Satsanga Brahmacharya Vidyalaya keskkooli, kirjutas ta külalisraamatusse lahkelt järgnevad read:
„See asutus jättis mulle sügava mulje. Ma jagan kõrgeid lootusi, et see kool julgustab veelgi enam vokki kasutusele võtma."

17. september 1925            (Allkiri) Mohandas Gandhi

---

Ameeriklased võivad hästi mäletada William Penni edukat vägivallatuse eksperimenti oma 17. sajandi koloonia rajamisel Pennsylvanias. Seal ei olnud „ei kindlustusi, sõdureid, omakaitset ega isegi relvi mitte." Keset uute asukate ja punaste indiaanlaste vahel aset leidnud jõhkruse rindejoone sõdasid ja veresaunu olid Pennsylvania kveekerid ainsad, kes jäid ahistamata. „Ühed tapeti maha, teised mõrvati massiliselt – kuid nemad olid kaitstud. Ühelegi kveekeri naisele ei tungitud kallale, ühtki kveekeri last ei tapetud, ühtki kveekeri meest ei piinatud." Kui kveekerid olid lõpuks sunnitud osariigi valitsemisest loobuma, siis „puhkes sõda, ja mõned pennsylvanialased said surma. Kuid vaid kolm kveekerit tapeti – need kolm, kes olid oma usust taganenud, kandes enda kaitseks relvi."

„Toetumine jõule Esimeses maailmasõjas ei suutnud rahu tuua," osutas Franklin D. Roosevelt. „Võit ja kaotus olid mõlemad sarnaselt steriilsed. Seda õppetundi oleks pidanud maailm õppima."

„Mida enam relvi, seda enam häda inimkonnale," õpetas Lao-tzu. „Vägivalla triumf lõpeb leinapeol."

„Ma võitlen mitte vähema kui maailmarahu eest," oli Gandhi deklareerinud. „Kui India liikumine jõuab vägivallatul *satjagrahi* alusel edule, annab see uue tähenduse patriotismile ja kui ma võin seda nii kogu alandlikkuses öelda, siis tervele elule endale."

Enne kui lääs viskab Gandhi programmi kui ebapraktilise unistuse oma peast, vaadakem esmalt *satjagraha* mõistet Galilea meistri silme läbi:

„Te olete kuulnud, et on öeldud: Silm silma ja hammas hamba vastu. Aga mina ütlen teile: "Ärge pange vastu inimesele, kes teile kurja teeb, vaid kui keegi lööb sulle vastu paremat põske, keera talle ka teine ette!"[20]

Gandhi ajastu ulatus kauni kosmilise täpsusega kahest maailmasõjast laastatud ja muserdatud sajandisse. Tema elu graniitseinale ilmub Jumala käega kirjutatud kiri – hoiatus uue vendadevahelise verevalamise eest.

---

[20] Matteuse 5:38-39.

## MAHATMA GANDHI
## IN MEMORIAM

„Ta oli sõna tõelises mõistes rahva isa ja hullumeelne inimene tappis ta. Miljonid ja miljonid leinavad, sest valgus on kustunud ... Sel maal põlenud valgus polnud mitte tavaline valgus. Seda valgust nähakse sel maal tuhandeid aastaid ja seda hakkab nägema terve maailm." Nii kõneles India peaminister Jawaharlar Nehru vähe aega peale seda, kui Mahatma Gandhi 30. jaanuaril 1948 New Delhis tapeti.

Viis kuud enne seda oli India saavutanud rahumeelselt oma rahvusliku sõltumatuse. 78aastase Gandhi töö oli tehtud – ta mõistis, et tema tund on lähedal. „Abha, too mulle kõik tähtsad paberid," ütles ta oma õetütre lapselapsele tragöödia hommikul. „Ma pean vastama täna. Homset ei pruugi iial enam olla." Oma kirjutiste mitmetes lõikudes andis Gandhi samuti teada oma saatusest.

Kui surev Mahatma vajus aegamisi maapinnale, kolm kuuli tema nõdras ja ärakulunud kehas, tõstis ta oma käed traditsiooniliseks hindu tervituse žestiks, andestades niiviisi vaikides. Süütu kunstnik nagu ta oli kõigil oma eluteedel, sai Gandhi oma surma hetkel ülimaks kunstnikuks. Kõik tema isetu elu ohverdused tegid teoks selle armastusväärse žesti.

„Tulevased põlvkonnad, võib-olla," kirjutas Albert Einstein Mahatma ülistuseks, „usuvad vaevu, et temataoline kunagi üldse Maa pinnal luust ja lihast kujul ringi kõndis."

Roomast Vatikanist tulnud saadetises oli kirjas: „Atentaat põhjustas siin suurt kurbust. Gandhit leinatakse kui kristlike väärtuste apostlit."

Kõigi Maa peale erilise õigluse saavutamiseks kehastunud suurkujude elud on täis sümboolset tähenduslikkust. Gandhi dramaatiline surm India ühtsuse taustal on levitanud tema sõnumit kõigil mandreil selles killustatusest lõhki rebitud maailmas. Selle sõnumi on ta välja öelnud prohvetlike sõnadega:

„Vägivallatu eluviis on saabunud inimeste keskele ja ta jääb elama. Ta on maailmarahu ettekuulutaja."

PEATÜKK 45

# Bengali Õndsuslik Ema

„Härra, palun ärge lahkuge Indiast ilma Nirmala Devile pilku heitmata. Tema vagadus on võimas, teda tuntakse kõikjal Ananda Moyi Ma nime all (Õndsusest Täidetud või Õndsuslik Ema)," silmitses mu nõbu Amiyo Bose mind siiralt.

„Muidugi! Ma tahan väga näha seda naispühakut," lisasin mina, „Ma olen lugenud tema edenenud Jumala-teostuse seisundist. Aastaid tagasi ilmus temast väike artikkel ajakirjas *East-West*."

„Ma olen temaga kohtunud," jätkas Amiyo. „Hiljuti külastas ta mu väikest kodulinna Jamshedpuri. Pühendunu palvel läks Ananda Moyi Ma sureva mehe majja. Ta seisis mehe voodi kõrvale ja puudutas käega ta otsaesist ning surmaheitlus peatus – haigus haihtus hetkega ja mehe rõõmsaks hämmastuseks oli ta terve."

Mõned päevad hiljem kuulsin ma, et Õnnis Ema peatub Kalkuta Bhowanipuri rajoonis, oma järgija kodus. Hr Wright ja mina asusime viivitamatult minu isakodust Kalkutast teele. Kui meie Ford Bhowanipuri majale lähenes, olime me tunnistajaks ebatavalisele tänavastseenile:

Ananda Moyi Ma seisis lahtises autos, õnnistades umbes sajast pühendunust koosnevat rahvahulka. Ta oli ilmselt lahkumas. Hr Wright parkis Fordi veidi eemale ja saatis mind jalgsi vaikse rahvakogunemise poole. Naispühak heitis meie poole pilgu, siis väljus ta oma autost ja jalutas meie suunas.

„Isa, te tulite!" Nende bengali keeles lausutud avali sõnadega pani ta oma käed mu kaela ümber ja oma pea mu õlale. Hr Wright, kellele ma just olin märkinud, et ma ei tunne pühakut, nautis ülimalt seda ebatavalist tervitust. Saja õpilase silmad olid samuti mõningase üllatusega kinnitunud südamlikul elaval pildil.

Veendusin hetkega, et pühak oli kõrgemas samaadhi seisundis. Unustanud oma välise naiseksolemise rüü, teadis ta ennast kui muutumatut hinge – sellelt tasandilt tervitas ta rõõmsalt teist Jumala pühendunut. Ta juhtis mind käest kinni hoides oma autosse.

*Joogi autobiograafia*

„Ananda Moyi Ma, ma segan teie teekonda!" protesteerisin mina.

„Isa, ma kohtun pikkade ajastute järel teiega selles elus esmakordselt![1]" ütles ta, „Palun ärge lahkuge veel."

Me istusime koos auto tagaistmel. Õndsuslik Ema sisenes varsti kirjeldamatusse ekstaasiseisundisse. Tema kaunid silmad vaatasid taeva poole ja tardusid pooleldi avatuna, jälgides ühtaegu nii lähedal kui kaugel olevat sisemist paradiisi. Pühendunud skandeerisid hellalt: „Võit Jumal-Emale!"

Ma olen leidnud Indias palju Jumala-teostuse saavutanud mehi, kuid mitte iial enne ei ole ma kohtunud sellise kõrge naispühakuga. Tema õrn nägu oli löönud särama sõnulseletamatust rõõmust, mis oli andnud talle nimeks *Õnnis Ema*. Pikad mustad lokid lahtiselt katmata peas. Punane sandlipuupastaga tehtud täpike otsaees tähistamas temas alati avatuna olevat vaimset silma. Tilluke nägu, tillukesed käed, tillukesed jalad – milline kontrast tema vaimsele võimsusele!

Ajal mil Ananada Moyi Ma oli transis, esitasin mõned küsimused läheduses viibinud naispühendunule.

„Õnnis Ema reisib palju mööda Indiat, tal on paljudes India paikades sadu järgijaid," ütles tema õpilane mulle. „Tema julged ettevõtmised on kaasa toonud palju soovitud ühiskondlikke reforme. Olles ise *brahmiini* seisusest, ei tee ka mingit vahet kasti erisustel. Meie grupp sõidab alati koos temaga, kandes hoolt tema mugavuste eest. Me peame temale ema eest olema: ta ei pööra oma kehale mingit tähelepanu. Kui keegi talle süüa ei annaks, siis ei söökski ta midagi ega küsiks söögi järele. Isegi kui söök asetataks tema ette, ei puudutaks ta seda. Et hoida ära tema haihtumist siit maailmast, toidame meie, tema pühendunud, teda oma kätega. Ta jääb tihti vaevu hingates ning silmi pilgutamata päevade kaupa jumalikku transsi. Üks tema peamistest järgijatest on ta abikaasa Bholanath. Peale nende abiellumist palju aastaid tagasi, andis ta vaikimise vande."

*Chela* osutas laiaõlgsele ja heledate näojoontega pikkade juuste ning halli habemega mehele. Ta seisis vaikselt keset rahvahulka, käed pühendunu kombel austavalt kokku pandud.

Olles end värskendanud Mõõtmatusse laskumise abil, koondas Ananada Moyi Ma nüüd oma tähelepanu materiaalsele maailmale.

„Isa, palun ütelge, kus te peatute." Tema hääl oli selge ja meloodiline.

---

[1] Ananda Moyi Ma sündis 1896. aastal Kheora külas Ida-Bengali Tripura piirkonnas.

Ananda Moyi Ma, tema abikaasa Bholanathi ja Paramahansa kohtumine Kalkutas.

*Joogi autobiograafia*

„Hetkel Kalkutas või Ranchis, kuid varsti pöördun ma tagasi Ameerikasse."

„Ameerikasse?"

„Jah. India naispühak oleks sealsete vaimsete otsijate seas siiralt hinnatud. Kas te tahaksite minna?"

„Kui isa saab mind viia, siis ma lähen."

See vastus põhjustas tema lähedal asuvates järgijates kartust.

„Kakskümmend või enam meie seast reisivad alati koos emaga," ütles üks neist mulle kindlalt. „Me ei saaks ilma temata elada. Kuhu iganes ta läheb, peame meiegi minema."

Hülgasin vastumeelselt ebapraktilise spontaanse plaani.

„Tulge vähemasti koos oma pühendunutega Ranchisse," ütlesin ma pühakust lahkuma hakates. „Olles ise jumalik laps, naudiksite te minu kooli väiksekesi."

„Lähen rõõmsalt sinna, kuhu iganes mind viite."

Lühikest aega hiljem oli Ranchi Vidyalaya pühaku lubatud visiidiks pidulikult üles rivistatud. Noorukid ootasid innukalt igat pidupäeva – ei ühtki koolitundi, tundide kaupa muusikat ja pidutsemist.

„Võit! Ananda Moyi Ma, *ki džei!*" See korduv skandeerimine suurest hulgast väikestest entusiastlikest kõridest tervitas pühaku seltskonna sisenemist kooli väravatest. Peiulilleõite sadu, simblite kõlin, lustlik merekarpide puhumine ja *mridanga* trummi põrin! Õnnis Ema uitas naeratades mööda päikselist Vidyalaya valdust, kandes alati enda südames kaasas paradiisi.

„Siin on ilus," ütles Ananda Moyi Ma kombekohaselt, kui ma ta peahoonesse juhtisin. Ema istus lapseliku naeratusega mu kõrvale. Ta pani igaüht end tundma tema lähedase sõbrana, samas hõljus tema ümber alati eemaloleku aura – paradoksaalne Kõikjalolemise isolatsioon.

„Palun rääkige midagi enda elust."

„Isa teab sellest kõik – milleks seda korrata?" Ta tundis ilmselt, et inimese lühikese kehastuse faktiline ajalugu polnud märkimist väärt.

Ma naersin, korrates õrnalt oma palvet.

„Isa, siin on nii vähe rääkida." Ta laiutas taunivalt oma graatsilisi käsi. „Mu teadvus ei ole kunagi end samastanud selle ajutise kehaga. Enne kui ma[2] sellele Maale tulin, „olin ma sama". Väikse tüdrukuna

---

[2] Ananda Moyi Ma ei viita endale kui „minale" – ta kasutab kaudset väljendust – nagu „see keha", „see väike tüdruk" või „sinu tütar". Samuti ei viidanud ta kellelegi kui enda „järgijale". Impersonaalse tarkusega kinkis ta võrdselt kõigile inimolevustele Universaalse Ema jumalikku armastust.

*Bengaali Õndsuslik Ema*

"olin ma sama". Kui perekond, kuhu ma olin sündinud, valmistas mind ette abiellumiseks, "olin ma sama". Ja isa, teie ees praegu "olen ma sama". Ja kuigi loomise tants igaviku saalis mu ümber muutub, ikka "olen ma sama"."

Ananda Moyi Ma sukeldus sügavasse meditatiivsesse seisundisse. Tema vorm oli kui kivikujul – ta oli põgenenud oma igavesti kutsuvasse kuningriiki. Tema silmade sügavad tiigid paistsid elutud ja klaasistunud. See väljendus on tihti nähtav, kui pühakud eemaldavad oma teadvuse füüsilisest kehast, mis pole siis enamat hingetust savitükist. Me istusime üheskoos ekstaatilises transis. Ta tuli sellesse maailma tagasi kelmika väikese naeratusega.

"Palun, Ananda Moyi Ma," ütlesin mina, "tulge minuga aeda. Härra Wright teeb mõned pildid."

"Muidugi, Isa – teie tahe on minu tahe." Tema hiilgavad silmad säilitasid oma jumaliku sära isegi paljude fotode jaoks poseerides.

Pidusöögi aeg! Ananda Moyi Ma kükitas oma tekist istmel – pühendunu tema küünarnuki juures teda toitmas. Nagu imik, neelas pühak toitu, kui õpilane oli selle tema huultele tõstnud. Oli selge, et Õnnis Ema ei teinud mingit vahet soolasel ja magusal!

Lähenes loojang – pühak oli koos oma seltskonnaga jäänud keset roosiõielehtede sadu, käed noorte poiste õnnistuseks tõstetud. Nende nägudel oli pühaku äratatud kiindumus.

"Ja armasta Issandat, oma Jumalat, kogu oma südamega ja kogu oma hingega ja kogu oma mõistusega ja kogu oma jõuga," oli Kristus kuulutanud – "see on esimene käsk."[3]

Heites kõrvale kõik madalamat sorti kiindumused, ohverdab Ananda Moyi Ma oma ainsa truuduse Issandale. Mitte õpetlaste juuksekarva lõhkiajava eristamisega, vaid usu kindla loogikaga on lapsemeelne pühak lahendanud inimelus oleva ainsa probleemi: kehtestanud ühtsuse Jumalaga.

Inimene on unustanud selle täieliku lihtsuse, mille asemel on nüüd miljon teemat. Keeldudes monoteistlikust Looja armastamisest, püüavad rahvused varjata oma truudusetust heategevuse väliste pühamute pedantse austamisega. Need inimlikud žestid on vooruslikud, kuna nad juhivad hetkeks inimese tähelepanu kõrvale iseendalt – kuid nad ei vabasta teda elu peamisest vastutusest, millele Jeesus viitas kui

---

[3] Markuse 12:30.

*Joogi autobiograafia*

Paramahansa ja tema seltskond külastamas 1936. aastal „marmorisse raiutud unistust" Agra Taj Mahali.

„esimesele käsule." Ülendava kohustuse armastada Jumalat võtab inimene sündides, kui tõmbab sisse oma esimese sõõmu õhku, mida tema ainus Heategija talle nõnda vabalt annab.[4]

Peale Ranchi kooli külastust oli mul võimalus näha naispühakut taas. Ta seisis rongi oodates väikese grupiga Serampore'i jaama platvormil.

„Isa, ma lähen Himaalajasse," ütles ta mulle. „Mõned lahked inimesed on ehitanud meile erakla Dehra Dunis."

Kui ta rongi astus, nägin imetlusega, et keset rahvahulka rongis, pidusöömingul või vaikselt istudes, ei vaadanud tema silmad kunagi Jumalast eemale.

Kuulen mõõtmatu magususe kajana ikka veel enda sees tema häält: „Vaadake, nüüd ja alati üks Igavesega, „olen ma alati sama"."

---

[4] „Paljud tunnevad tungi uue ja parema maailma loomiseks. Selle asemel, et lasta oma mõtetel peatuda sellistel asjadel, peaksite te keskenduma täiusliku rahu lootuse kujustamisele. Inimese kohustus on saada Jumala või tõe otsijaks." – *Ananda Moyi Ma*.

PEATÜKK 46

# Naisjoogi, kes mitte kunagi ei söö

„Härra, kuhu me täna hommikul suundume?" Fordi roolis olev hr Wright pööras oma silmad hetkeks maanteelt ja vaatas mulle küsivalt otsa. Neil päevil teadis ta harva ette, millist Bengalimaa osa parajasti avastama hakkame.

„Jumal tahab," vastasin ma siiralt, „et me läheksime vaatama kaheksandat maailmaimet – naispühakut, kes toitub paljast õhust!"

„Imede kordus – peale Therese Neumanni." Hr Wright naeris siiralt – ta isegi lisas autole kiirust. Veel ebatavalist ainest tema päeviku jaoks! Ja need pole tavalise turisti märkmed!

Ranchi kool oli juba seljataha jäänud. Olime üles tõusnud enne päiksetõusu. Peale minu ja mu sekretäri oli meie seltskonnas veel kolm bengali sõpra. Jõime meeltülendavat õhku, seda looduslikku hommikuveini. Meie autojuht juhtis autot varahommikuste loiult liikuvate talunike ja kaherattaliste kärude vahel, mida vedasid aeglaselt kääksuvate iketega härjad.

„Härra, tahaksime rohkem teada paastuvast pühakust."

„Tema nimi on Giri Bala," teavitasin ma oma kaaslasi. „Kuulsin esmakordselt temast aastaid tagasi ühelt õpetatud härrasmehelt – Sthiti Lal Nundylt. Ta käis tihti meie Gurpari tänaval asuvas kodus mu vend Bishnut õpetamas.

„Ma tean hästi Giri Balat," ütles mulle Sthiti Babu. „Ta kasutab teatud joogatehnikat, mis võimaldab tal elada ilma söömata. Ma olin Nawabganj'i lähistel Ichapuris[1] tema lähedane naaber. Tegin endale ülesandeks teda hoolikalt jälgida – ma ei märganud mitte kunagi, et ta oleks midagi söönud või joonud. Minu huvi läks viimaks nii suureks, et pöördusin Burdwani maharadža[2] poole, paludes tal alustada uurimist. Olles loost rabatud, kutsus too naise oma paleesse. Naine nõustus katsega ja elas kaks kuud

---
[1] Põhja-Bengalis.
[2] H. H. Sir Bijay Chand Mahtab, kes on praegu juba surnud. Kahtlemata omab tema pere mõnd ülestähendust maharadža poolt teostatud kolmest Giri Bala uurimisest.

*Joogi autobiograafia*

mahadaža palee väikeses lukustatud osas. Hiljem tuli ta kahekümneks päevaks paleesse tagasi ja seejärel kolmanda katse puhul viieteistkümneks päevaks. Maharadža ise rääkis mulle, et need kolm karmi ja põhjalikku uurimist veensid teda naise söömisevabast seisundist."

See Sthiti Babu lugu jäi mulle meelde enam kui kahekümne viieks aastaks," võtsin ma asja kokku. „Millalgi Ameerikas mõtlesin ma, kas ajajõgi pole mitte naisjoogit[3] alla neelanud, enne kui ma teda kohata saan. Ta peab nüüd olema juba päris vana. Ma isegi ei tea, kus ja kas ta üldse elab. Kuid mõne tunni pärast jõuame me Puruliasse, kus elab tema vend."

Kell kümme kolmkümmend vestles meie väike grupp naisjoogi venna Lambodar Deygaga, kes töötas Purulias juristina.

„Jah, mu õde elab. Vahel on ta siin minu pool, kuid hetkel on ta Biuris meie vanematekodus." Lambodar Babu heitis kahtlevalt pilgu Fordile. „Ma väga kahtlen svaamiji, selles, kas ükski auto võiks iial tungida nii kaugele sisemaale, kus Biur asub. Võib-olla oleks parem, kui te kõik loobute autost ja lepite rappuva härjavankriga."

Ühel häälel vandus meie seltskond truudust Detroidi uhkusele.

„Ford tuleb Ameerikast," ütlesin ma juristile. „Oleks häbi võtta temalt Bengalimaa südamega tutvumise võimalus!"

„Mingu Ganeša[4] ühes teiega!" ütles Lambodar Babu naerdes. „Kui te iial sinna jõuate, siis olen kindel, et Giri Bala on teid nähes rõõmus. Ta läheneb oma seitsmekümnendale eluaastale, kuid on jätkuvalt suurepärase tervise juures," lisas jurist viisakalt.

„Palun öelge mulle, härra, kas on tõesti tõsi, et ta ei söö mitte kui midagi?" Vaatasin otse tema silmadesse, otsides sealt vastu peegelduvat tõde.

„See on tõsi." Tema pilk oli avatud ja aupaklik. „Viiekümne aasta jooksul pole ma näinud teda söömas ainsamatki suutäit. Isegi kui maailm saaks järsku otsa, ei oleks ma sellest rohkem hämmastunud kui nähes oma õde söömas!"

Me itsitasime üheskoos nende kahe kosmilise sündmuse ebatõenäosuse üle.

„Giri Bala ei ole kunagi otsinud oma joogapraktika jaoks eraldatust," jätkas Lambodar Babu. „Ta on elanud kogu oma elu ümbritsetuna oma perest ja sõpradest. Nad on nüüd kõik ammu harjunud tema

---

[3] Naisjoogi.
[4] „Takistuste kõrvaldaja," hea õnne jumal.

*Naisjoogi, kes mitte kunagi ei söö*

veidra seisundiga – pole ühtki neist, kes poleks jahmunud, kui Giri Bala otsustaks midagi süüa! Õde on loomulikult hindu lesena elust tagasi tõmbunud, kuid kõik meie väikeses Purulia ja Biuri ringikeses teavad, et ta on sõnasõnalt „erandlik" naine."

Venna siirus oli end ilmutanud. Meie väike seltskond tänas teda soojalt ja asutas end Biuri suunas teele. Me peatusime tänaval asuva poe juures *karri* ja *lutšide* ostmiseks, tõmmates ligi marakrattide sülemi, kes kogunesid meie ümber, et uudistada, kuidas hr Wright lihtsa hindu kombe kohaselt[5] sõrmedega sööb. Innuka söögiisuga tugevdasime end vastu pärastlõunat, mis tõotas tulla kaunis tegevusrohke, kuigi me ise seda veel ei teadnud.

Meie tee viis nüüd itta läbi päikses küpsenud riisiväljade Bengali Burdwani piirkonnas. Lopsaka taimestikuga ääristatud maanteedel voogas hiigelsuurte vihmavarjulaadsete okstega puudelt vöödilise kurguga laulurästaste laulu. Vana- ja nüüdisaegsed rautatud puidust vankriratastega härjarakendite teljed kriiksusid rütmiliselt aina *rini-rini-manžu-manžu*, olles kontrastiks linnade aristokraatlikule autokummide *suiš-suiš* helidele.

„Dick, peatu!" Minu äkilise käsu peale protesteeris Ford rappudes. „See ülekoormatud mangopuu lausa karjub kutsuvalt!"

Kõik viis meie seast sööstsid nagu lapsed mangodest ülekülvatud maalapi suunas – puu oli heitnud lahkesti oma küpsed viljad.

„Palju mangosid jääb leidmata mullale lebama," parafraseerisin tuntud ridu, „ja nende magusus läheb kivisel pinnal raisku."

„Ahh svaamiji, midagi niisugust Ameerikas pole?" naeris Sailesh Mazumdar, üks minu bengali õpilastest.

„Ei," tunnistasin, ise täidetuna mangodest ja rahulolust. „Kuidas ma küll olen seda vilja läänes igatsenud! Hindude taevas on ilma mangodeta kujuteldamatu!"

Virutasin kiviga kõrgeima oksaharu pihta ja kukutasin alla uhke iluduse.

„Dick," küsisin ma troopilisest päikesest sooja ambroosia suutäite vahele, „kas kõik kaamerad on autos?"

„Kui Giri Bala tõepoolest osutub tõeliseks pühakuks, kirjutan ma temast läänes. Selliste inspireerivate võimetega hindu naisjoogi ei tohiks tundmatuna elada ja surra – nagu enamik neist mangodest."

---

[5] Sri Yukteswar tavatses öelda: „Jumal on meile andnud hea Maa viljad. Meile meeldib näha oma toitu, seda nuusutada, seda maitsta – hindudele meeldib ka seda puudutada!" Inimene isegi ei pane millekski selle *kuulamist*, eriti kui söömise juures kedagi teist kohal pole!

*Joogi autobiograafia*

Pool tundi hiljem tatsasin ma ikka veel selles metsases rahus.

„Härra," tegi hr Wright märkuse, „me peaksime jõudma Giri Bala juurde enne, kui päike loojub, et meil oleks pildistamiseks piisavalt valgust." Ja lisas muigel suuga: „Lääne inimesed on väga skeptilised – me ei saa loota, et nad usuksid sellesse daami ilma ühegi pildita!"

See tarkusetera ei sallinud vastuvaidlemist – pöörasin kiusatusele selja ja astusin uuesti autosse.

„Sul on õigus, Dick," ohkasin ma kui me jälle kiiruse üles võtsime. „Ma ohverdan mangoparadiisi lääne realismi altarile. Fotod peame me saama!"

Tee muutus aina viletsamaks ja nägi välja nagu raugastunud inimene, kelle naha pinda katavad kuivanud roopad ning savised muhud. Meie grupp ronis aeg-ajalt istmetelt maha, et võimaldada hr Wrightil Fordi kergemini manööverdada, mida teised meist siis tagant tõukasid.

„Lambodar Babu rääkis tõtt," tunnistas Sailesh. „Auto ei kanna meid, vaid meie kanname autot!"

Kui nähtavale ilmus mõni küla, oli meie autosse sisse- ja välja ronimise väsimus otsekui peoga pühitud – iga asum oli omapärase lihtsuse vaatepildiks.

„Meie tee keerles ja lookles keset muistseid ja rikkumata metsavarjus külasid ja palmisalusid," kirjutas hr Wright oma reisipäevikusse 1936. aasta 5. mai kuupäeva alla. „Need õlgkatustega savimajad, mille uksel ilutseb üks Jumala nimedest, on väga paeluvad. Süütus läheduses mängib palju alasti lapsi, tarduvad või siis pistavad metsikult jooksma, kui silmavad nende külatänavalt läbi tormavat suurt musta värvi härgadeta vankrit. Naised üksnes piiluvad varjust, samas kui mehed tee ääres laisalt aega surnuks löövad, olles pigem ükskõiksed kui uudishimulikud. Ühes paigas suplesid külaelanikud rõõmsameelselt suures veekogus (rõivastes, keerates kuivi riideid ümber oma märgade hilpude, et neid siis salamisi seljast sikutada). Naised vedasid kodu poole hiigelsuurtes messingpottides vett.

Tee viis meid lustlikus hoos üle mäekünka, hüppasime ja visklesime, sõitsime läbi väikestest ojadest, tegime ringi ümber lõpetamata teetammi, liuglesime mööda kuivi liivaseid jõesänge ja lõpuks, kella viie paiku pärastlõunal, olime me oma sihtpunkti Biuri lähistel. Meile öeldi, et see Bankura piirkonna sügavuses lehtede kaitsvas varjus asuv väike küla on vihmaperioodidel ränduritele ligipääsmatu – siis muutuvad ojad raevunud veejugadeks ja teed sülitavad madudena oma mudast mürki.

MITTESÖÖV PÜHAK GIRI BALA
Ta kasutab teatud joogatehnikat, et eetrist, päikselt ja õhust saadava kosmilise energiaga oma keha laadida. „Ma pole kunagi haige olnud," ütles pühak. „Ma magan väga vähe, sest minu jaoks on magamine ja ärkvelolek üks ja seesama."

Keset põldu asetsevast templist palvuselt kodu suunas minejatelt teed küsides, piiras meid sisse tosina jagu napilt rõivastatud noormehi, kes, klammerdudes auto külge, innustunult meile Giri Bala suunda näitasid.

Eemal, datlipalmisalu varjus asus hulk savihütte, aga enne kui me sinna jõudsime, vajus Ford hetkega ohtliku nurga all viltu, põrkas üles ja kukkus taas alla. Kitsas teerada viis ümber puude ja tiigi, üle künka

## Joogi autobiograafia

ning läbi aukude ja sügavate roobaste. Auto jäi kinni põõsapuhma taha ja maandus siis väiksel kõrgendikul mullakamakate vahel. Liikusime aeglaselt ja ettevaatlikult edasi. Järsku lõppes vankritee paksu võsaga, sellest möödasaamiseks tuli sõita otse järsakust alla kuivanud veekogusse, millest välja pääsemiseks tuli taas ohtralt kraapida, raiuda ja kaevata. Jälle ja uuesti paistis tee läbimatu, kuid palverännak pidi jätkuma. Kuulekad noormehed tõmbasid labidad välja ja lammutasid meie ette kerkinud takistused (Ganeša õnnistused!) sadade laste ja nende vanemate silme all.

Üsna peatselt roomas meie auto mööda kahte muistset roobast nagu uhkel protsessioonil – naised vaatasid hüttide ustel meid ainitiste pärani silmadega, mehed järgnesid meie kõrval ja taga ning ümberringi lippas lastekari. Küllap oli meie auto neil teedel loksunutest esimene – „härjarakendite ühendus" peab siin küll kõikvõimas olema! Millise sensatsiooni me siin tekitasime – muistset privaatsust ja pühadust vallutades rajas ameeriklase juhitud grupp teed kohalikku külakindlusse!

Peatudes kitsal teerajal, avastasime me end saja jala kaugusel Giri Bala esivanemate kodust. Me tundsime täitumise värinat peale seda, kui pika teekonna katsumust kroonis lõpuks järsk finiš. Lähenesime suurele kahekorruselisele tellistest ja mördist hoonele, mis troonis teiste hüttide vahel. Maja oli remondis, seda ümbritsesid iseloomulikud troopilisest bambusest tellingud.

Seisime palavikulise ootuse ja vaoshoitud rõõmuga Issanda „näljatust" puudutusest õnnistatu avatud ukse ees. Noored ja vanad, paljad ja riietatud külaelanikud – veidi kaugemale hoiduvad, kuid samas uurivad naised, mehed ja poisid olid selle enneolematu näitemängu vaatamiseks piinlikkust tundmata otse meie kandadel.

Peatselt ilmus ukseavasse lühike kuju – Giri Bala! Mässitud India kombe kohaselt tuhmi kuldsesse siidi, liikus ta tagasihoidlikult ja kõhklevalt edasi, piiludes meid oma *swadeshi* kanga ülemise voldi alt. Tema silmad läikisid peakatte varjust nagu hõõgvel söed – heatahtlik nägu väljendas eneseteostust ja vabadust maistest kiindumustest.

Lähenedes vaguralt, nõustus ta vaikides, et tegime temast ülesvõtteid nii meie „paigalseisva" kui „liikuva" kaameraga.[6] Kannatlikult

---

[6] Hr Wright tegi liikuvaid pilte ka Sri Yukteswarist tema viimasel Serampore'i talvise pööripäeva pidustusel.

ja häbelikult kannatas ta välja kõik kehaasendi ja valguse seadmised. Lõpuks olime me jäädvustanud tulevaste põlvede jaoks ainsa naise maailmas, keda teatakse olevat elanud ilma toidu ja joogita üle viiekümne aasta. (Therese Neumann oli paastunud alates 1923. aastast). Giri Bala näoilme oli kõige emalikum meie ees seistes – ta oli täielikult mähitud vabalt voogavasse kangasse ning miski tema kehast polnud nähtaval peale tema näo, mahavaatavate silmade, käte ja tillukeste jalgade. Tema nägu oli haruldaselt rahulik ja süütu, seda kaunistasid laiad ja lapselikult kõverdunud huuled, naiselik nina, kitsad sädelevad silmad ja mõtlikult nukker naeratus."

Jagasin hr Wrighti muljet Giri Balast. Vaimsus oli naise enda sisse mässinud nagu tema õrnalt särav peakate. Ta tervitas mind kokkupandud kätega, mis on ilmaliku isiku tervitus-žest mungale (*pranaam*). Tema lihtne võlu ja vaikne naeratus olid kaugelt parem vastuvõtt, kui mesine tervituskõne. Raske ja tolmune reis ununes.

Väike pühak istus ristatud jalgadega verandale. Kandes kehal juba aja-arme, ei olnud ta ometigi jäänud kiduraks – tema oliivikarva nahk oli säilitanud selge jume ja tervisliku tooni.

„Ema," ütlesin ma bengali keeles, „üle kahekümne viie aasta olen ma innuga mõelnud sellest palverännakust! Kuulsin teie pühast elust Sthiti Lal Nundy Babult."

Ta noogutas tunnustavalt. „Jah, mu hea naaber Nawabganjis."

„Kõigi nende aastate vältel olen ma ületanud ookeane, kuid pole kunagi unustanud oma plaani ühel päeval teid näha. See draama, mida te siin nii tagasihoidlikult mängite, tuleb tuua maailma ette, sest maailm on unustanud seesmise jumaliku toidu."

Pühak tõstis minutiks oma silmad, naeratades häirimatu huviga.

„Baba (austatud isa) teab paremini," vastas ta alandlikult.

Olin õnnelik, et ta ei olnud solvunud – keegi ei tea, kuidas meesvõi naisjoogid avalikustamise mõttele reageerivad. Reeglina heidavad nad selle kõrvale, soovides pühenduda oma sügavatele hingeuuringutele vaikuses. Seesmine luba ilmub siis, kui jõuab kätte õige aeg oma elu avalikustada – otsijate heaks.

„Ema," jätkasin ma, „andestage mulle, et koorman teid nii suure hulga küsimustega. Vastake palun vaid neile, mis meeldivad – ma mõistan ka teie vaikimist."

Naine laiutas lahke žestiga oma käsi: „Vastan rõõmuga, kui arvate, et minusugune tähtsusetu isik saab rahuldavaid vastuseid anda."

## Joogi autobiograafia

„Oo ei, mitte tähtsusetu!" protesteerisin ma siiralt, „Te olete suur hing."

„Ma olen kõigi alandlik teener," lisas ta omapäraselt, „mulle meeldib teha toitu ja toita oma inimesi."

Milline veider ajaviide mittesööva pühaku kohta, mõtlesin ma!

„Ema, öelge mulle ise, kas sa elate ilma toiduta?"

„See on tõsi!" Ta oli mõnda aega vait ja tema järgmine märkus näitas, et ta oli pusinud aritmeetikaga.

„Alates kaheteistkümnendast eluaastast ja neljast kuust kuni mu kuuekümne kaheksanda eluaastani – ei ole ma söönud ega joonud vedelikke üle viiekümne viie aasta."

„Kas kiusatus pole teid kunagi sööma tõmmanud?"

„Kui ma oleksin tundnud igatsust toidu järele, siis oleksin ma pidanud sööma," kinnitas ta lihtsalt, kuid kuninglikult seda selget tõde, mida kolme toidukorra ümber pöörlev maailm liigagi hästi teab!

„Kuid te ju sööte midagi!" mu toonis oli vastuvaidlemise noot.

„Muidugi!" naeratas ta kiires mõistmises.

„Teie toit on ammutatud peenematest õhu ja päikesepaiste energiast[7] ning kosmilisest väest, mis laeb teie keha läbi *medulla oblongata*."

„Baba teab." Jälle oli ta oma lohutaval ja rõhutamatul moel leplik.

„Ema, rääkige mulle oma varasemast elust. Selle vastu valitseb sügav huvi kogu Indias ja isegi meie vendade ja õdede seas merede taga."

Giri Bala heitis kõrvale oma harjumuspärase vaoshoituse, lõdvestudes vestluse meeleolus.

---

[7] „See mida me sööme, on tegelikult kiirgus – meie toit koosneb väga paljuski energiakvantidest," rääkis geoloogia doktor W. Crile Clevelandist meditsiinitöötajate kokkutulekul 17. mail 1933 Memphises. Toome siinkohal ära mõned tema kõne osad. „Seda kõige tähtsamat kiirgust, mis täidab elektrivooluga keha vooluringi ehk närvisüsteemi, annab toit tänu päikesekiirtele." Dr Crile ütles, et aatomid on päikesesüsteemid. Aatomid on sõidukid, mis on laetud lugematute päikesekiirguse vedrukujuliste keerdudega. Neid lugematuid energia aatomitäisi võetakse toidu kujul sisse. Inimkehas tühjendatakse need tihkelt täidetud aatomid-sõiduvahendid keha protoplasmasse, et kiirgus saaks meid varustada uue keemilise energia ja uue elektrivooluga. „Teie keha on sellistest aatomitest tehtud," ütles dr Crile. „Need on teie lihased, ajud ja meeleorganid ehk silmad ja kõrvad."

Ühel päeval avastavad teadlased, kuidas inimene võib elada otse päikese-energiast. „Klorofüll on tuntud ainukese looduses esineva ainena, mil on kuidagi olemas võime toimida „päikesevalguse lõksuna"," kirjutab William L. Laurence *The New York Times*'is. „See „püüab" päikeseenergia kinni ja ladustab taimesse. Ilma selleta ei oleks elu üldse võimalik. Me omastame elamiseks vajaliku energia süües taimedesse ja toitainetesse laetud päikese energiast või taimi söövate loomade liha. Energia, mida me omandame kivisöest või naftast on miljoneid aastaid tagasi klorofülli poolt lõksu püütud päikese-energia. Me elame päikesest klorofülli vahendusel."

*Naisjoogi, kes mitte kunagi ei söö*

„Olgu nii," ta hääl oli madal ja kindel. „Ma sündisin selles metsade piirkonnas. Minu lapsepõlv polnud märkimisväärne, kui mitte arvestada rahuldamatut söögiisu.

Mind kihlati kui ma olin üheksa-aastane.

„Laps," hoiatas mu ema mind tihti, „püüa kontrollida oma ahnust. Kui tuleb aeg elada võõraste seas oma abikaasa peres, siis mida nemad mõtlevad sinust, kui sa ei kuluta oma päevi millelegi muule kui söömisele?

Juhtuski häda, mida ta oli ette näinud. Olin vaid kaksteist aastat vana, kui ühinesin oma abikaasa perega Nawabganjis. Mu ämm häbistas mind hommikul, keskpäeval ja õhtul mu ablaste kommete tõttu. Tema riidlemised olid varjatud õnnistuseks, sest need äratasid mu uinunud vaimsed kalduvused. Ühel hommikul oli tema naeruvääristamine halastamatu.

„Ma tõestan sulle varsti," ütlesin ma kiirelt nagu oleksin kõrvetada saanud, „et ma ei puutu toitu iialgi enam, nii kaua kui ma elan."

Giri Bala ämm naeris pilgates: „Nii." ütles ta, „Kuidas sa mõtled ilma söömata elada, kui sa ei ole võimeline elama ilma ülesöömata?"

See märkus jäi vastuseta. Kuid mu südamesse sisenes raudne otsustavus. Eraldatud paigas pöördusin ma Taevase Isa poole.

„Issand," palvetasin ma lakkamatult, „palun saada mulle guru, kes oskab mulle õpetada, kuidas elada Sinu Valgusest ja mitte toidust."

Ekstaas haaras mind. Taevalikus nõiduses astusin ma välja ja läksin Gangese ääres olevale Nawabganj'i ghatile. Teel kohtasin ma oma abikaasa pere preestrit.

„Austatud härra," ütlesin ma usaldavalt, „öelge mulle palun, kuidas ilma söömata elada."

Ta vahtis mulle ilma vastamata otsa. Lõpuks kõneles ta mulle lohutavalt: „Laps," ütles ta, „tule täna õhtul templisse – ma teen sinu heaks erilise Veedade tseremoonia."

See ähmane vastus polnud mitte see, mida ma olin otsinud – läksin edasi *ghati* suunas. Hommikupäike tungis veest läbi – pesin end Gangeses püha initsiatsiooni ootuses puhtaks. Kui ma lahkusin jõekaldalt märjad riided seljas, materialiseerus laias päevalõõsas mu ees minu õpetaja!

„Tere väikene," ütles ta armastava kaastunde häälega, „Mina olen guru, kelle Jumal sinu edasilükkamatu palve täitmiseks siia saatis. Ta oli sügavalt liigutatud selle palve ebatavalisest olemusest! Tänasest päevast alates elad sa astraalsest valgusest – su keha aatomid toituvad selle lõputust voost.""

*Joogi autobiograafia*

Giri Bala langes vaikusse. Ma võtsin hr Wrighti pliiatsi ja märkmiku ning tõlkisin inglise keelde tema jaoks mõned kohad.

Pühak jätkas oma jutustust – tema õrn hääl oli vaevukuuldav.

„Ghat oli mahajäetud, kuid mu guru heitis meie ümber kaitsva valguse aura, et ükski juhuslik supleja meid ei segaks. Ta initsieeris mind *kriija* tehnikasse, mis vabastab keha surelike toidusõltuvusest. Tehnika sisaldab teatud mantrat ning arvukalt tavainimesele keerulisi hingamisharjutusi[8]. Siin ei ole kasutatud ühtki ravimit ega maagiat, ei midagi väljaspool *kriijat*."

Ühe Ameerika ajalehereporteri kombel, kes endalegi teadmata mulle oma protseduuri oli õpetanud, küsitlesin ma Giri Balat paljudel teemadel, mida pidasin maailma silmis huvitavaks. Ta andis mulle jupikaupa järgmist teavet:

„Mul ei ole kunagi olnud ühtki last ja ma jäin palju aastaid tagasi leseks. Ma magan väga vähe, kuna ärkvelolek ja uni on minu jaoks üks ja seesama. Ma mediteerin öösiti, tehes päevasel ajal oma kodutöid. Aastaaegade vahetumisest tingitud ilmamuutuseid talun ma vaevata. Ma ei ole kunagi olnud haige ega kogenud ühtki haigust. Kui saan juhuslikult viga, siis tunnen vaid kerget valu. Mul ei ole kehalisi väljaheiteid. Ma võin kontrollida oma südamelööke ja hingamist. Nägemustes näen ma tihti oma guru ja teisi suuri hingi."

„Ema," küsisin ma, „miks ei õpeta te teistele ilma toiduta elamise meetodit?"

Minu ambitsioonikad lootused maailma nälgivate miljonitega seoses said kiiresti purustatud.

„Ei," raputas ta oma pead. „Mu guru käskis mind rangelt seda saladust hoida. Ta ei soovi, et Jumala loomisdraamat segataks. Põllumehed ei tänaks mind, kui ma õpetaks inimesi elama ilma söömata! Mahlakad viljad lebaksid kasutult maas. Ilmneb, et hädad, nälgimine ja haigused on meie karma piitsalöökideks, mis juhivad meid otsima tõelist elumõtet."

„Ema," ütlesin ma aeglaselt, „mis kasu on olla üksinda ja elada ilma söömiseta?"

---

[8] Võimas võnkuv loits. Otsene tõlge sanskriti keelest sõnale *mantra* on „mõtte-tööriist". See tähistab „ideaali, kuuldamatut heli, mis esindab ühte loomise tahku. Kui ta aga heliliselt silpidena välja öelda, siis moodustab mantra universaalse tehnoloogia" („Webster's New International Dictionary", 2. väljaanne). Heli mõõtmatud väed ammutuvad AUMist – Sõnast ehk Kosmilise Mootori loovast üminast.

*Naisjoogi, kes mitte kunagi ei söö*

„Tõestamaks, et inimene on Vaim." Tema nägu läitis tarkus. „Näidata, et läbi jumaliku edenemise saab järkjärgult õppida elama Igavesest Valgusest, mitte toidust.⁹"

Pühak sukeldus sügavasse meditatsiooni. Tema pilk oli suunatud sissepoole – ta silmade õrnad sügavused muutusid ilmetuks. Ta lasi kuuldavale teatud ohke – eelmängu ekstaatilisele hingamisvabale transile. Ta oli ajutiselt põgenenud küsimustevabasse maailma – seesmise rõõmu taevasse.

Maale oli laskunud troopiline pimedus. Väikese petrooleumilambi valgus võbeles rahutult üle paljude vaikselt varjus kükitavate külaelanike peade. Ringisööstvad jaaniussid ja kaugete hüttide õlilambid kudusid sametisse öösse eredaid ning kõhedaks tegevaid mustreid. Oli valulik lahkumisetund – meie väikest seltskonda ootas ees aeglane tüütu teekond.

„Giri Bala," ütlesin ma, kui pühak oma silmad avas, „palun andke mulle üks mälestusese – riba mõnest oma sarist."

Ta tuli varsti tagasi ja oli ulatamas tükikest Benarese siidiga, kui ta järsku mu jalge ette maha viskus.

„Ema," ütlesin ma austusega, „lubage hoopis minul teie õnnistatud jalgu puudutada!"

---

⁹ Giri Bala poolt saavutatud söömisevaba seisund on joogavõime, mida on mainitud Patandžali *„Jooga Suutrates"* (III:31). Ta kasutab teatud hingamisharjutust, mis mõjutab *višuddha tšakrat*, viiendat selgroos asuvat peenemate energiate keskust. Kõri vastas asuv *višuddha tšakra* kontrollib viiendat elementi, füüsiliste rakkude aatomite sisekosmoses kõikjalolevat *akaašat* ehk eetrit. Keskendumine sellele tšakrale võimaldab pühendunul elada eeterlikust energiast.

Therese Neumann ei ela ei jämedast toidust ega viljele mittesöömise teaduslikku joogatehnikat. Seletus peitub tema karma keerukustes. Nii Therese Neumannil kui Giri Balal oli seljataga palju elusid täis Jumalale pühendumist, kuid nende väljendumise kanalid on olnud erinevad. Ilma söömata elanud kristlike pühakute seas (nad olid ka stigmaatikud) võiks olla mainitud Püha Lidwina Schiedamist, Õnnistatud Elisabeth Rentist, Püha Catherina Sienast, Dominica Lazarri, Õnnistatud Angela Folignost ja 19. sajandil Louise Lateau. Püha Nicholaus Flüest (Bruder Klaus oli 15. sajandi erak, kelle kirglik palve päästis Šveitsi Konföderatsiooni) hoidus toidust kakskümmend aastat.

PEATÜKK 47

# Tagasitulek läände

„Olen andnud palju joogatunde Indias ja Ameerikas, kuid pean tunnistama, et just inglise õpilastega tundi läbi viies olen mina kui hindu ebatavaliselt õnnelik."

Mu Londoni kursuse liikmed naersid heakskiitvalt – ükski poliitiline keeristorm ei mõjutanud meie joogarahu.

India on nüüd püha mälestus. On 1936. aasta september, ma olen Inglismaal, et täita oma kuueteist kuu eest antud lubadus tulla uuesti Londonisse loenguid pidama.

Inglismaa on samuti vastuvõtlik ajatule jooga sõnumile. Reporterid ja uudiste ringvaate kaameramehed parvlesid üle terve minu Grosvenor House'i korteri. Maailma Usundite Vennaskonna Briti Rahvuslik Nõukogu korraldas 29. septembril loengu Whitefieldi koguduse kirikus, kus esinesin kuulajaskonna ees kaalukal teemal: „Kuidas usk vendlusse võib päästa tsivilisatsiooni." Kella kaheksased loengud Caxton Hallis meelitasid kokku sellise rahvahulga, et kahel õhtul ootas ukse taha jäänud publik Windsor House'i auditooriumis mu teist esinemist. Joogatunnid paisusid järgnevatel nädalatel nii, et hr Wright oli sunnitud ürituse teise saali üle viima.

Inglise püsivus sai imetlusväärse vaimse väljenduse. Londoni joogaõpilased organiseerisid lojaalselt peale minu ärasõitu Self-Realization Fellowship'i keskuse ja korraldasid meditatsiooni-üritusi kõigil kibedatel sõja-aastatel.

Unustamatud nädalad Inglismaal – päevad täis ekskursioone Londonis, seejärel mööda kauneid maakohti. Kasutasime kahekesi koos hr Wrightiga meie usaldusväärset Fordi suurte poeetide ja briti ajaloo kangelaste sünnikohtade ja haudade külastamiseks.

Meie väike seltskond sõitis Southamptonist Ameerikasse „*Bremenil*" oktoobri lõpus. Meie kurku nööris rõõmuneelatus, kui nägime New Yorgi sadamas majesteetlikku Vabadussammast.

*Tagasitulek läände*

Olles viletsatel teedel rabelemisest veidi lömmis, oli Ford ikka veel võimekas, kui võtsime ette kogu mandrit läbiva teekonna Californiasse. Ja ennäe! 1936. aasta lõpus jõudsimegi Mount Washingtoni keskusesse.

Los Angelese keskuses tähistatakse aastalõpu pühasid 24. detsembril kaheksatunnise meditatsiooniga (vaimsed jõulud)[1], millele järgneb päev hiljem bankett (ühiskondlikud jõulud). Sel aastal olid pidustused suuremad kallimate sõprade ja kaugematest linnadest tulnud õpilaste kohaloleku tõttu, kes olid tulnud tervitama kolme maailmarändurit.

Jõulupühade pidusöök sisaldas hõrgutisi, mis olid selleks rõõmsaks sündmuseks toodud kohale viieteistkümne tuhande miili kauguselt: *gucchi* seened Kašmiirist, konserveeritud *rasagulla* ja mango viljaliha, papariküpsised ja jäätise maitsestamiseks mõeldud india keorapuu õie õli. Õhtu leidis meid sädeleva jõulukuuse juurest – kaminas praksumas aromaatsed küpressihalud.

Kinkide aeg! Kingitused Maakera kaugetest nurkadest – Palestiinast, Egiptusest, Indiast, Inglismaalt, Prantsusmaalt ja Itaaliast. Kui agaralt oli hr Wright lugenud kohvreid igas võõras teedesõlmes, et ükski näppav käsi ei puutuks Ameerika armastatuile mõeldud aardeid!

Pühast oliivipuust tahvlid Pühalt Maalt, peened pitsid ja tikandid Belgiast ja Hollandist, Pärsia vaibad, peenelt kootud kašmiiri sallid, igavestikestvad sandlipuust Mysore'i kandikud, Šiva „pullisilma" kivid keskprovintsidest, ammukadunud India dünastiate mündid, juveelidega inkrusteeritud vaasid ja karikad, miniatuurid, seinavaibad, templis põletatavad lõhnaaineid ja parfüümid, *swadeshi* puuvillatrükised, lakitud käsitööd, Mysore'i elevandiluunikerdised, uudishimulikult pika ninaga pärsia sussid, vanad omapärased käsikirjad, velvetist ja brokaadist kangad, *Gandhi* mütsid, keraamikatooted, glasuuritud seinaplaadid,

---

[1] Alates 1950. aastast on seda päevapikkust meditatsiooni läbi viidud 23. detsembril. Self-Realization Fellowship'i liikmed kogu maailmast tähistavad samal viisil jõule – oma kodudes ja SRF templites ja keskustes, jättes ühe jõuludeaegse päeva sügavaks meditatsiooniks ja palveteks. Paljud on olnud tunnistajateks suurele vaimsele abile ja õnnistusele, mis nad on saanud sellest Paramahansa Yogananda algatatud iga-aastasest tavast.

Paramahansaji asutas Mount Washingtoni keskuses Palvenõukogu (SRF Ülemaailmse Palveringi rakuke), mis palvetab igapäevaselt kõigi abivajajate hüvanguks, nende konkreetsete probleemide lahendamiseks või lahustamiseks. (*Kirjastaja märkus*.)

*Joogi autobiograafia*

messingesemed, palvevaibad – kolme mandri sõjasaak!

Jagasin üksteise järel lõbusalt kujundatud pakendeid, mis olid kuuse all ilmatusuures hunnikus.

„Õde Gyanamata!" ulatasin meeldiva väljanägemise ja sügava teostumisega pühakusarnasele ameerika leedile üle pika karbi – too naine oli olnud minu äraolekul Mt Washingtoni keskuse eest vastutav. Ta tõmbas paberümbrisest välja kuldsest Benarese siidist sari.

„Tänan teid, härra – see toob mu silme ette kireva india pühaderongkäigu."

„Härra Dickinson!" Järgmine pakk sisaldas Kalkuta turult ostetud kinki. „Härra Dickinsonile see meeldib," olin ma sel hetkel mõelnud. Armastatud järgija, hr E. E. Dickinson oli olnud kohal igal jõulupeol alates 1925. aastal toimunud Mt Washingtoni keskuse rajamisest.

Sellel üheteistkümnendal iga-aastasel jõuluaja kogunemisel seisis ta minu ees pikerguse paki paela lahti sõlmides.

„Hõbetass!" Võideldes emotsioonidega, vahtis ta kinki – kõrget joogitassi. Ta istus ilmselgelt vapustatuna veidi kaugemale. Naeratasin talle südamlikult enne jõuluvana rolli juurde naasmist.

Hüüatusi täis õhtu lõppes palvega kõigi kingituste Andjale – seejärel järgnes ühine jõululaulude laulmine.

Härra Dickinson ja mina vestlesime omavahel veidi hiljem.

„Härra," ütles ta, „palun lubage mul teid nüüd hõbetassi eest tänada. Ma ei leidnud jõuluõhtul selleks sõnu."

„Tõin kingi spetsiaalselt sulle."

„Ootasin seda hõbetassi nelikümmend kolm aastat! See on pikk lugu, mida ma olen endas peidus hoidnud." Härra Dickinson vaatas häbelikult minu poole. „Algus oli dramaatiline: olin uppumas. Mu vanem vend lükkas mind Nebraska väikelinnas mängulustis viieteistkümne jala sügavusse tiiki. Olin siis vaid viieaastane. Olles vajunud sekundiks vee alla, ilmus sädelev mitmevärviline valgus ja täitis kogu vaatevälja. Valguse keskel oli rahulike silmade ja julgustava naeratusega mees. Mu keha vajus kolmandat korda, kui üks mu venna kaaslastest painutas pika nõtke pajupuu nii madalale, et ma sain sellest meeleheitlikult sõrmedega haarata. Poisid tõstsid mind kaldale ja andsid mulle esmaabi.

Kaksteist aastat hiljem külastasin koos oma emaga seitsmeteistkümneaastase noorukina Chicagot. Oli september 1893, mil kogunes suur maailma religioonide parlament. Jalutasime koos emaga mööda peatänavat, kui korraga nägin taas võimast valgusesähvatust. Veidi eemal jalutas rahulikul sammul sama mees, keda ma olin aastaid varem nägemuses näinud. Ta lähenes suurele auditooriumile ja haihtus uksest sisse.

"Ema," hüüdsin ma, „see oli sama mees, kes ilmus mulle uppumise ajal!"

Kiirustasime koos emaga hoonesse – mees istus esinejate platvormil. Saime peagi teada, et see mees oli svaami Vivekananda Indiast[2]. Peale seda, kui ta oli esinenud südantliigutava kõnega, astusin ette, et minna temaga kohtuma. Ta naeratas mulle heatahtlikult, justkui oleksime vanad sõbrad. Olin nii noor ega teadnud, kuidas oma tundeid väljendada, kuid südames lootsin, et ta pakub end mulle õpetajaks. Ta luges mu mõtteid.

"Ei, mu poeg, ma ei ole sinu guru." Vivekananda vaatas oma ilusate läbitungivate silmadega sügavale minu omadesse, „sinu õpetaja tuleb hiljem. Ta annab sulle hõbetassi." Peale väikest pausi lisas ta naeratades: „Ta valab sinusse rohkem õnnistusi, kui sa praegu oled võimeline endas hoidma."

„Lahkusin Chicagost paari päeva pärast," jätkas härra Dickinson, „ja ei näinud kunagi enam suurt Vivekanandat. Kuid iga sõna, mis ta oli lausunud, oli kustumatult kirjutatud minu teadvusse. Aastad möödusid ja õpetajat ei ilmunud. Ühel ööl 1925. aastal palusin ma sügavalt, et Issand saadaks mulle guru. Mõned tunnid hiljem äratasid mind unest mahedad muusikahelid. Flöötide ja teiste muusikariistadega taevaste olendite ansambel ilmus mu vaatevälja. Peale seda, kui nad olid täitnud õhu armuliku muusikaga, haihtusid inglid aegamisi.

Järgmisel õhtul osalesin esmakordselt ühel sinu loengutest siin Los Angeleses ja teadsin siis, et mu palvele oli vastatud."

Naeratasime teineteisele vaikuses.

„Nüüd olen ma olnud üksteist aastat sinu *kriija jooga* õpilane," jätkas härra Dickinson. „Mõnikord ma olen imestanud hõbetassi üle – püüdsin endale koguni sisendada, et Vivekananda sõnad olid metafoorsed.

Aga kui sa ulatasid jõuluõhtul mulle puu alt väikese karbi, siis nägin ma kolmandat korda oma elus sama sädelevat valgusesähvatust. Järgmisel

---

[2] Kristusesarnase meistri Ramakrišna Paramahansa peamine järgija.

*Joogi autobiograafia*

hetkel vaatasin ma oma guru kinki, mida Vivekananda oli nelikümmend kolm aastat varem[3] ette näinud – hõbedast tassi!"

---

[3] Hr Dickinson kohtas svaami Vivekanandat septembris 1893 – aastal, millal Paramahansa Yogananda sündis (5. jaanuaril). Vivekananda oli ilmselt teadlik, et Yogananda oli uuesti kehastunud ja et ta läheb Ameerikasse India filosoofiat õpetama.

1965. aastal, olles ikka veel oma 89 eluaasta juures terve ja aktiivne, sai taSelf-Realization Fellowshipi peakorteris Los Angeleses toimunud tseremoonial *jooga-atšaarja* (joogaõpetaja) tiitli.

Ta mediteeris tihti pikki perioode koos Paramahansaga ja ei jätnud kunagi vahele oma kolm korda päevas tehtavat *kriija jooga* praktikat.

Kaks aastat enne oma lahkumist 30. juunil 1967. aastal, esines *jooga-atšaarja* Dickinson SRF-i munkadele. Ta rääkis neile huvitavast detailist, mida ta oli unustanud öelda Paramahansajile. *Jooga-atšaarja* Dickinson ütles: „Kui ma läksin Chicagos svaami Vivekanandaga platvormile rääkima, siis ütles ta enne, kui ma teda tervitada jõudsin: „Noormees, tahan, et sa hoiaksid veest eemale!"" *(Kirjastaja märkus.)*

PEATÜKK 48

# Encinitases Californias

„Üllatus, härra! Teie äraolekul piiri taga lasime me ehitada Encinitase erakla – see on kojujõudmise kingitus!" Hr Lynn, õde Gyanamata, Durga Ma ja veel mõned järgijad lubasid mind naeratades väravast sisse puudega palistatud varjulisele teerajale, mis meid ülespoole viis.

Nägin, kuidas ehitis kerkis esile just nagu valge ookeani liinilaev sinisest mereveest. Esmalt sõnatult, siis ohhetades ja ahhetades ning seejärel inimesele omase napi rõõmu ja tänulikkusega uurisin ma aašramihoonet: kuusteist ebatavaliselt suurt ruumi, igaüks neist võluvalt määratletud.

Määratute laeni ulatuvate akendega väärikast keskmest hallist avaneb vaade rohust, ookeanist ja taevast altarile: smaragdist, opaalist ja safiirist sümfoonia.

Hallis oleva hiigelsuure kamina kohal asuval simsil on Kristuse, Babadži, Lahiri Mahasaya ja Sri Yukteswari pildid, kes nagu ma tunnen, annavad oma õnnistused sellele rahulikule lääne aašramile.

Otse halli all olevas rannajärsakus seisavad silmitsi mere ja taeva mõõtmatusega kaks meditatsioonikoobast. Territooriumil on pelgupaigad, kus on mõnus päikest võtta, vaiksetesse lehtlatesse, roosiaedadesse, eukalüptisalusse ja puuviljaaeda viivad kiviplaatidest teed.

„Tulgu siia pühakute head ja kangelaslikud hinged (nii on kirjas Zend-Avesta „Elupaiga Palves", mis ripub ühel erakla ustest) ja astugu nad käsikäes meiega, andes oma õnnistatud kingituste terendavaid vooruseid, mis on nõndasama rikkalikud kui maa, nii kõrgele ulatuvad kui taevad!"

Californias Encinitases asuv suur maavaldus on pärast 1932. aasta jaanuaris toimunud initsiatsiooni ustava *kriija joogi* hr James J. Lynni kingitus Self-Realization Fellowshipile. Lõputute kohustustega ameerika ärimees (suurte naftafirmade juht ja maailma suurima tulekahju-kindlustuse börsi president) hr Lynn leiab ikkagi aega pikaks ja sügavaks *kriija* meditatsiooniks. Elades niiviisi tasakaalustatud elu, on ta saavutanud *samaadhis* armu ja vankumatu rahu.

Paramahansa Yogananda ja James J. Lynn, hilisem Sri Rajarishi Janakananda. Guru ja õpilane mediteerivad 1933. aastal Los Angeleses SRF-YSS rahvusvahelises peakorteris. "Mõned inimesed ütlevad, et lääne inimene ei oska mediteerida. See ei vasta tõele," ütles Yoganandaji. "Sellest ajast saadik kui hr Lynn sai *kriija jooga*, ei ole ma kunagi näinud teda mujal kui Jumalaga seespidiselt ühenduses olevana."

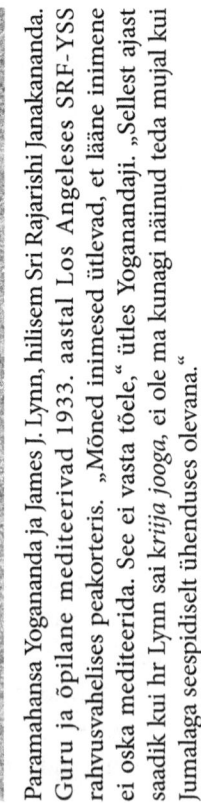

Paramahansaji ja Faye Wright – hiljem Sri Daya Mata, 1931. aastal SRF Encinitase eraklas. Guru ütles talle: "Sa oled mu pesamuna. Kui sa tulid, siis teadsin, et palju teisi tõelisi Jumalale pühendunuid saab sellele teele tõmmatud". Ta märkis ükskord armastusväärselt: "Mu Faye – ta teeb nii palju head! ... Ma tean, et ma saan tema kaudu töötada, sest et ta on vastuvõtlik."

Minu äraoleku ajal Indias ja Euroopas (juunist 1935 kuni oktoobrini 1936) oli hr Lynn[1] armastusväärselt minu California kirjasaatjatega sepitsenud, et ükski sõna Encinitase aašrami ehituse kohta sealt minuni ei jõuaks. Hämmastav!

Minu varasemate Ameerikas veedetud aastate jooksul olin ma väikese mereäärseks aašramiks sobiliku maatüki otsingul kamminud läbi kogu California ranniku. Kus iganes ma sobiliku paiga leidsin, kerkis vältimatult minu plaanide luhtaajamiseks ette takistus. Vaadates nüüd üle Encinitase päikseliste aakrite, nägin ma alandlikult Sri Yukteswari ammuse ettekuulutuse täitumist – see oli rahupaik ookeani ääres[2].

Mõned kuud hiljem ehk 1937. aasta kevadpühade ajal viisin ma uue aašrami murul läbi esimese paljudest lihavõttepühade päikesetõusule pühendatud teenistustest. Nagu ka muistse aja maagid, vaatas mitusada õpilast pühendumuslikus aukartuses igapäevast imet: idataevas ärkavat päikeseriitust. Läände jääb Vaikne ookean, kõmisedes oma pühalikus ülistuses – kaugel tilluke purjekas ja üksiku kajaka lend. „Kristus, sa oled üles tõusnud!" Mitte pelgalt kevadise päikesega, vaid Vaimu igaveses koidikus.

Möödus palju õnnelikke kuid. Encinitase täiusliku iluga tegevuspaigas valmisid minu kauakavandatud „Kosmilised laululoitsud"[3]. Andsin paljudele india lauludele lääne muusikalise noodistiku ja ingliskeelsed sõnad. Nende seas olid Shankara laululoits „Ei sündi, ei surma", sanskriti „Hümn Brahmale", Tagore „Kes asub mu templis!" ja terve rida uusloomingut – „Olen alati Sinu oma", „Mu unistuste taga asuval maal", „Ma annan Sulle oma hingekutse", „Tule, kuula minu hingelaulu" ja „Vaikuse templis".

Lauluraamatu eessõnas tuletasin ma meelde esimest lääne reaktsiooni minu idamaistele laululoitsudele. See oli avalikul loengul 18. aprillil 1926. Kohaks New Yorgi Carnegie Hall.

---

[1] Peale Paramahansaji lahkumist teenis hr Lynn (Rajarishi Janakananda) Self-Realization Fellowshipi ja India Yogoda Satsanga ühingu presidendina. Oma guru kohta rääkis hr Lynn: „Kui taevalik on pühaku seltskond! Kõigist asjadest, mis on minule elus tulnud, hindan ma kõige rohkem neid õnnistusi, mida Paramahansaji mulle on kinkinud."
Hr Lynn sisenes *mahasamaadhisse* 1955. aastal. *(Kirjastaja märkus.)*

[2] Vt lk 115.

[3] Kirjastatud Self-Realization Fellowshipi poolt. *„Kosmiliste laululoitsude"* Paramahansa Yogananda esitusest tehti ka salvestused. Ka need on saadaval Self-Realization Fellowshipi kaudu. *(Kirjastaja märkus.)*

Californias Encinitases Vaikse ookeani ääres kõrguv Self-Realization Fellowshipi erakla. Mujal ruumikal maa-alal asuvad aašrami majutushooned ja Eneseteostuse Pelgupaik. SRF'i tempel asub samas lähedal.

*Encinitases, Californias*

Paramahansa Yogananda SRF'i Vaiksele ookeanile vaataval rannajärsakul asuva Encinitase erakla valdustes 1940.

Olin 17. aprillil usaldanud ameerika õpilasele hr Alvin Hunsickerile, et plaanin paluda kuulajaskonnal laulda vana hindu laululoitsu „Oo, Jumal Kaunis"[4].

Hr Hunsicker oli protestinud, et ameeriklased ei mõista nii kergesti orientaalseid laule.

„Muusika on universaalne keel," vastasin ma tookord. „Ameeriklased tunnetavad selle üleva laululoitsu hingepüüdlust."

Järgneval õhtul kõlasid „Oo, Jumal Kaunis" pühendumuslikud heliread üle tunni kolmest tuhandest kõrist. Ärge olge enam ükskõiksed, kallid njuujorklased! Teie südamed on tõusnud kõrgustesse lihtsas ülistuse rõõmutundes. Jumala õnnistatud nime armastusega

---

[4] Guru Nanaki laulusõnad kõlavad järgmiselt:
Oo Jumal Kaunis, Oo, Jumal Kaunis!
    Metsades Sa oled rohelus,
    mägedes Sa oled kõrgel,
    jõgedes Sa oled rahutu,
    ookeanis Sa oled tõsine,
    teenivale Sa oled teenimine,
    armastajale Sa oled armastus,
    leinajale Sa oled kaastunne,
    joogile Sa oled õndsus.
    Oo, Jumal Kaunis, Oo, Jumal Kaunis,
    Su jalge ette ma kummardan!

*Joogi autobiograafia*

skandeerinud pühendunute hulgas leidsid sel õhtul aset jumalikud tervenemised.

1941. aastal tegin ma visiidi Self-Realization Fellowshipi Bostoni keskusse. Bostoni keskuse juht dr M.W. Lewis majutas mind aristokraatlikult kaunistatud sviiti. „Härra," ütles dr Lewis naeratades, „teie Ameerikas viibimise algusaastatel ööbisite te selles linnas ilma vannita ühetoalises numbris. Ma tahtsin anda teile teada, et Boston uhkeldab ka mõne luksusliku eluruumiga!"

California õnnelikud aastad lendasid täidetuna tegevustest. 1937. aastal asutati Encinitasesse Self-Realization Fellowshipi asundus[5].

Paljud asunduse tegevused annavad vastavuses Self-Realization Fellowshipi ideaalidega järgijatele mitmekülgse treeningu. Kasvatatakse aed- ja puuvilju Encinitase asukate ja Los Angelese keskuste tarbeks.

„Tema on loonud ühestainsast terve inimkonna."[6] „Maailma vennaskond" on avar termin, kuid inimene peab avardama oma sümpaatiaid, vaadeldes end maailmakodanikuna. See, kes mõistab tõeliselt, et „see on mu Ameerika, mu India, mu Filipiinid, mu Euroopa, mu Aafrika" ja nii edasi, sel ei napi usku kasuliku ja õnneliku elu võimalikkusesse.

Kuigi Sri Yukteswari keha ei elanud kunagi ühelgi teisel mullapinnal peale India, teadis ta seda vennalikku tõde: „Maailm on mu kodumaa."

---

[5] Praeguse õitsva aašramikeskuse ehitiste hulka kuuluvad algne peaerakla, aašramid munkadele ja nunnadele, sööklad ja kütkestav rahupaik liikmetele ja külalistele. Avara maa-ala kiirtee poole jäävad valged sambad on kroonitud lehtkullast metalliga. India kunstis tähistab lootos sümbolina ajus paiknevat Kosmilise Teadvuse „tuhandelehelise valguse lootose" keskust (sahasrara).

[6] Apostlite teod 17:26.

PEATÜKK 49

# Aastad 1940-1951

„Me oleme õppinud meditatsiooni väärtust hindama ja teame, et miski ei saa häirida meie seesmist rahu. Viimasel paaril nädalal oleme kohtumiste ajal kuulnud õhuhäireid ja sellele järgnevaid kaugjuhtimisega pommide plahvatusi, kuid meie õpilased kogunevad ikka ja naudivad pisiasjadeni meie kaunist teenistust."

See vapper sõnum Londoni Self-Realization Fellowshipi keskuse juhilt oli üks paljudest kirjadest, mis mulle saadeti sõjast laastatud Inglismaalt ja Euroopast aastatel, mis eelnesid Ameerika astumisele Teise maailmasõtta.

Ajakirja *The Wisdom of the East Series* tuntud toimetaja dr L. Cranmer-Byng Londonist kirjutas mulle 1942. aastal järgmist:

„Kui ma loen ajakirja *East-West*[1], siis ma mõistan, kui kaugel lahus me näime üksteisest olevat, elades justkui kahes erinevas maailmas. Ilu, kord, tasakaal ja rahu jõuavad minu juurde Los Angelesest, purjetades meie ümberpiiratud linna sadamasse nagu Püha Graali lohutuse ja õnnistustega laetud alus.

Näen nagu unes teie palmisalusid ja Encinitase templit, koos tema ookeaniavaruse ja mäevaadetega ning eelkõige vaimselt meelestatud meeste ja naiste vennaskonda – ühtsusest ja loovast tööst haaratud ja kujustamisest end kosutavat kogukonda ... Tervitused kogu vennaskonnale tavaliselt sõdurilt, kirjutatud vahitornis koidiku ootel."

Californias Hollywoodis asuv Self-Realization Fellowshipi inimeste ehitatud *Kõigi Religioonide Kirik* pühitseti sisse 1942. aastal. Aasta hiljem asutati Californias San Diegos teinegi tempel ja 1947. aastal veel üks Californias Long Beachil.[2]

1949. aastal annetati Self-Realization Fellowshipile Los Angelese Pacific Palisades'i linnaosas üks kõige kaunim maaüksus terves

---

[1] Seda ajakirja kutsutakse nüüd *Self-Realization*.
[2] Long Beach'i kabel kasvas välja 1967. aastal, millal kogudus kolis ruumikasse Californias Fullertonis asuvasse Self-Realization Fellowshipi templisse. (*Kirjastaja märkus.*)

PARAMAHANSA YOGANANDA
Pildistatud 20. augustil 1950 Californias Pacific Palisadesel asuva
Self-Realization Fellowshipi Järvepühamu sisseõnnistamisel.

## SELF-REALIZATIONI JÄRVEPÜHAMU JA GANDHI MAAILMARAHU MEMORIAAL

Californias Pacific Palisadesel asuva kümne aakrilise Järvepühamu õnnistas Paramahansa Yogananda sisse 20. augustil, 1950. Olles 1949. aastal istutamise ja ehituse ülevaatajaks, viibis Paramahansa Yogananda aeg-ajalt all vasakul oleval pildil asuvas paatmajas. Teisel fotol olevate kesksete sammaste vahel on näha nikerdatud sarkofaag osakesega pühalikult hoitud Mahatma Gandhi tuhast. Vasakul asetseval fotol on teisel pool järve näha tuuleveski kabel. Self-Realization Fellowshipi avalikkusele avatud teenistused, meditatsioonid ja õppetunnid toimuvad Järvepühamus igal nädalal.

## Joogi autobiograafia

maailmas – lilledega imemaa. Kümneaakriline maatükk on kui looduslik amfiteater, mida piiravad haljendavad mäed. Mägise diadeemi sinine kalliskivi on suur looduslik järv, mis on sellele maaüksusele andnud tema nime – Järvepühamu. Krundil olev vanamoeline hollandi veskihoone kujutab endast vaikset kabelit. Rohelusse mattunud aia lähedal pladistab suur vesiratas rahulikku muusikat. Maatükki kaunistavad kaks Hiinast pärit marmorkuju – Issand Buddha ja Quan Yini kujud (Hiina personifikatsioon Jumalikust Emast). Kosest kõrgemal mäe otsas seisab elusuurune häirimatu näoga Kristuse kuju, kelle rõivad näivad öösel tänu rabavale valgustusele lausa voogavat.

Lake Shrine'i (Järvepühamu) Mahatma Gandhi maailmarahu memoriaal pühitseti sisse 1950. aastal ja sellega tähistati Ameerikas Self-Realization Fellowshipi kolmekümnendat aastapäeva[3]. Indiast saadetud panus Mahatma tuhaga sängitati tuhandeaastasse kivist sarkofaagi.

1951. aastal asutati Hollywoodis Self-Realization Fellowshipi India keskus[4]. California asekuberner hr Goodwin J. Knight, India peakonsul hr M. R. Ahuja ühinesid minuga sisseõnnistamise teenistusel. Sel maaüksusel asub India Hall – 250 inimest mahutav auditoorium.

Paljude keskuste uustulnukad tahavad tihti saada põhjalikumat teavet jooga teemal. Tihtikuuldud küsimus on selline: „Kas on tõsi, nagu väidavad teatud organisatsioonid, et joogat ei ole võimalik edukalt õppida trükitud paberilt, vaid saab omandada ainult lähedaloleva õpetaja juuresolekul?"

Aatomiajastul tuleks joogat õpetada sarnaselt *Self-Realization Fellowshipi õppetundide*[5] juhendamise metoodikale, vastasel juhul pääsevad vabastavale teadusele ligi vaid mõned valitud. Võiks olla tõesti hindamatuks õnnistuseks, kui igal õpilasel oleks kõrval jumalikus tarkuses täiustunud guru. Kuid maailm koosneb paljudest „patustest" ja vähestest pühakutest. Kuidas saab siis rahvahulki aidata joogaga, kui mitte joogide kirjutatud juhendite järgi, mida inimesed kodus õppida saavad?

Ainus alternatiiv oleks „tavainimest" ignoreerida ja jätta ta ilma

---

[3] Aastapäeva tähistamisel 27. augustil 1950 viisin Los Angeleses läbi püha tseremoonia, mille käigus andsin *kriija jooga* initsiatsiooni 500 õpilasele.

[4] Inimkonna teenimisele ja oma elus Paramahansa Yogananda ideaalide teostamisele pühendanud järgijate juhitud templiga aašrami keskus.

[5] See võrdlev koduõppe sari on saadaval Paramahansa Yogananda poolt *Kriija jooga* meditatsiooni- ja vaimse elu teaduse levitamiseks asutatud Self-Realization Fellowshipi ühingu rahvusvahelise peakorteri kaudu. (vt lk 489). *(Kirjastaja märkus.)*

California asekuberner hr Goodwin J. Knight (*keskel*), koos Yogananda ja hr A. B. Bosega Self-Realization Fellowshipi India keskuse (mis asetseb alloleva templi lähedal) sissepühitsemisel 8. aprillil 1951.

Self-Realizationi (Eneseteostuse) tempel (Kõigi usundite kirik) Hollywoodis

joogateadmiseta. Jumala plaan on teistsugune. Babadži on lubanud valvata ja juhtida kõiki siiraid *kriija joogisid* Eesmärgi[6] poole. Inimesi ootava maailmarahu ja külluse ilmutamiseks oleks vaja sadu tuhandeid mitte pelgalt tuhandeid *kriija joogisid*, kes on teinud õigeid pingutusi endi kui Jumaliku Isa poegade staatuse taastamiseks.

Self-Realization Fellowshipi organisatsiooni kui „vaimse mee mesitaru" asutamine läänes oli kohustus, mille andsid mulle Sri Yukteswar ja maha-avataara Babadži. Püha usalduse täitmine ei toimunud raskusteta.

„Öelge mulle ausalt Paramahansaji, kas see kõik oli seda väärt?" Selle lakoonilise küsimuse esitas mulle ühel õhtul San Diego templi juht dr Lloyd Kennell. Ma sain aru, et ta pidas silmas: „Kas te olete olnud Ameerikas õnnelik? Aga kuidas on jooga levitamist takistada püüdvate eksiteele viidud inimeste levitatud valega? Aga need illusioonide purunemised, südamevalud, keskuste juhid, kes ei oska juhtida ja õpilased, keda ei saa õpetada?"

„Õnnistatud on inimene, keda Jumal proovile paneb!" vastasin mina. „Tal on meeles nii enne kui nüüd mul vahel lasta koormat kanda." Mõtlesin kõigist ustavatest kaaslastest ja Ameerika südames peituvale armastusele, mõistmisele ja pühendumisele. Aeglaselt rõhutades jätkasin: „Aga mu vastus on jah, tuhat korda jah! See *on* olnud seda väärt, palju enam, kui olin seda unistanud – näha ida ja läänt üksteisele lähenemas ainsas võimalikus ja püsivas, vaimses ühenduses."

India suured meistrid, kes on näidanud üles suurt huvi lääne vastu, on hästi mõistnud tänapäeva tingimusi. Nad teavad, et seni, kui rahvaste hulgas ei toimu laiemat ida ja lääne suurimate vooruste tunnistamist, ei parane maailma asjad. Iga poolkera vajab teise parimaid omadusi.

Oma maailmarännaku kestel jälgisin ma kurvalt arvutuid kannatusi:[7] idamaades peamiselt materiaalsel, õhtumaades mentaalsel

---

[6] Paramahansa Yogananda ütles nii oma ida kui lääne õpilastele, et peale seda elu jätkab ta kõigi *kriija jooga* õpilaste vaimse arengu jälgimist (*Self-Realization Fellowshipi "Õppetundide"* õpilased, kes on saanud *kriija* initsiatsiooni). Õpetaja *mahasamaadhist* saadik on tõde tema kaunist lubadusest leidnud tõestust, millest annavad teada paljude tema juhatusest teadlikuks saanud *kriija joogide* kirjad. *(Kirjastaja märkus.)*

[7] „See hääl kostus nagu möllav meri:
„Ja kas on su Maa nii rikutud,
kildudeks purustatud?
Ennäe! Kõik asjad on põgenemas su eest, sest sina põgened Minu eest! ...
Kõik, mis Ma sinu käest võtsin, ma lihtsalt võtsin,
mitte sinu pärast, vaid et sina võiksid otsida seda Minu käest.

ja vaimsel tasandil. Kõik rahvad tunnetavad tasakaalustamata tsivilisatsiooni valulikkust. India ja ka paljud teised hommikumaad võivad saada palju kasu ameeriklaste ja kõigi läänlaste praktilise elukorralduse jäljendamisest. Õhtumaade inimesed vajavad omakorda sügavamat arusaamist elu vaimsest alusest, täpsemalt Indias muistsel ajal välja arendatud teaduslikest tehnikatest, mis aitavad inimesel teadlikult Jumalaga üheks saada.

Hästisujuva tsivilisatsiooni ideaal pole lihtsalt kujutlus. Terveid aastatuhandeid oli India nii vaimse valguse kui laiaulatusliku materiaalse õitsengu maa. Viimase 200 aasta vaesus on India pikas ajaloos vaid mööduv karmaline faas. Sajandist sajandisse tunti maailmas kõnekäändu „India rikkustest".[8]

> Kõik, mida su lapsekujutlus kadunuks pidas,
> olen Ma sinu jaoks hoiul pidanud kodus.
> Tõuse, haara Mu käest ja tule!""
> – *Francis Thompson „The Hound of Heaven"*

[8] Ajalooürikud esitlevad Indiat 18. sajandini, kui maailma jõukama rahvaga maad. Hindu kirjanduses või traditsioonides ei tõenda miski käibelolevat lääne ajalooteooriat, mille kohaselt varased aarialased saabusid Indiat „vallutama" teatud teistest Aasia või Euroopa osadest. Õpetlased ei ole mõistetavatel põhjustel olnud võimelised määrama selle kujuteldava teekonna alguspunkti. Et Veedades toodud India on mäletamatutest aegadest saadik olnud hindude koduks, sellele viitab tõendusmaterjal, mis on esitatud 1921. aastal Kalkuta ülikoolis kirjastatud ebatavalises ja väga loetavas Abinas Chandra Dasi teoses „*Rig-Veedaline India*". Professor Das väidab, et erinevatest India osadest pärit emigrandid asusid erinevatesse Euroopa ja Aasia osadesse, levitades aaria kõnet ja folkloori. Leedu keel on näiteks paljuski hämmastavalt sarnane sanskriti keelele. Filosoof Kant, kes ei teadnud sanskritist mitte kui midagi, oli hämmastunud leedu keele teaduslikust struktuurist: „Sellel on," ütles ta, „võti, mis avab kõik mõistatused, mitte vaid filosoofias, vaid ka ajaloos."

Piibel viitab India rikkustele, kõneldes meile (II Ajaraamatu 9:21, 10), et „Tarsise laevad" tõid kuningas Saalomonile Ophirist (Bombay rannikul olev Sopara) „kulda ja hõbedat, elevandiluud, ahve ja papagoisid", „algumipuud (sandlipuu) ja kalliskive". Kreeka saadik Megasthenes (1. saj eKr) on jätnud meile üksikasjaliku pildi India õitsengust. Plinius (I saj AD) kõneleb meile, et roomlased kulutasid igal aastal viiskümmend miljonit sestertsi (viis miljonit USA dollarit – autori sõnul) kaupade importimisele tolle aja määratust mereriigist Indiast.

Hiina rändurid kirjeldasid elavalt üliküllusliku India tsivilisatsiooni, sealset laiaulatuslikku haridust ja suurepärast valitsust. 5. sajandi Hiina preester Fa Hsien räägib meile, et India inimesed olid õnnelikud, ausad, edukad ja jõukad. Vaadake Samuel Beali „*Buddhist Records of the Western World*„ (India oli Hiinale „läänemaailmaks"!), Trubner, London; ja Thomas Wattersi „*On Yuan Chwang's Travels in India, A.D. 629-45*", Kuninglik Aasia Ühing (Royal Asiatic Society).

Avastades 15. sajandil Uue Maailma, oli Kolumbus tegelikkuses otsimas lühemat kaubateed Indiasse. Sajandeid himustas Euroopa India ekspordikaupu – siidi, peeneid kangaid (imeõhukesi ja oma kirjeldust väärivaid kangaid nimedega „kootud õhk" ja „nähtamatu udu"), puuvillaseid trükitud kangaid, brokaati, tikandeid, vaipu, söögiriistu, soomusrüüsid ja turvised, elevandiluud ja elevandiluust nikerdisi, parfüüme, põletatavaid lõhnaaineid, sandlipuud, keraamikat, meditsiinilisi ravimeid ja salve, indigot, riisi, vürtse, koralli, kulda, hõbedat,

*Joogi autobiograafia*

Nii materiaalne kui vaimne küllus on kosmilise loomuliku õigluse seaduse ehk *rita* strukturaalne väljendus. Jumalikkuses ega Tema ilmingute jumalannas – ülikülluslikus Looduses – ei ole kitsidust. Hindu pühakirjad õpetavad, et inimene on sellel planeedil õppimiseks, tehes seda igas järgnevas elus üha täielikumalt ning lugematutel viisidel selleks, et Vaim võiks materiaalses maailmas esile pääseda ja väljenduda. Ida ja lääs õpivad seda suurt tõde erineval moel ja peaks oma avastusi rõõmuga teineteisega jagama. Kahtlemata on Jumalale meelepärane kui Tema maised lapsed püüdlevad vaesusest, haigustest ja hinge ignorantsusest vaba tsivilisatsiooni suunas. Inimese teadmatus oma jumalikust potentsiaalist (vaba tahte väärkasutus[9]) on igat liiki

pärleid, rubiine, smaragde ja teemante. Portugali ja Itaalia kaupmehed on üles tähendanud oma aukartuse kogu Vijayanagari impeeriumi (1336-1565) uskumatu suursuguse üle. Tema pealinna hiilgust kirjeldas araabia saadik Razzak kui „sellist, mida silm pole näinud, kõrv pole kuulnud ega pole ühtki kohta temaga võrdset maa peal".

16. sajandil langes India kogu oma pika ajaloo jooksul esimest korda mitte-hindu valitsemise alla. Türgi Baber vallutas maa 1524. aastal ja asutas moslemi kuningate dünastia. Asudes muistsele maale, ei tõmmanud uued monarhid seda rikkustest tühjaks. Olles aga sisemistest erimeelsustest nõrgenenud, muutus jõukas India 17. sajandil mitme Euroopa rahva saagiks – lõpuks kerkis valitseva jõuna esile Inglismaa. India saavutas rahumeelselt oma iseseisvuse 15. augustil 1947.

Nii nagu paljudel indialastel, on ka minul siinkohal oma jutt rääkida. Grupp noori mehi, keda ma kolledžis tundsin, tulid Esimese maailmasõja ajal minu juurde ja käisid peale, et ma hakkaks juhtima revolutsioonilist liikumist. Keeldusin nende sõnadega: „Meie inglise vendade tapmine ei too midagi head Indiale. Tema vabadus ei tule kuulide, vaid vaimse väe läbi." Hoiatasin siis oma sõpru, et britid püüavad Bengali Teemandisadamas kinni relvalastiga Saksa laevad, millest nende tegevus sõltus. Vaatamata sellele jätkasid noored mehed oma plaanide elluviimist, mis läkski viltu viisil, mida olin ette näinud. Mu sõbrad lasti alles mitme aasta pärast vanglast välja. Hüljates oma usu vägivalda, ühinesid mitmed neist Gandhi ideaalse poliitilise liikumisega. Lõpuks nägid nad India võitu „sõjas", mis võideti rahumeelsete vahendite abil.

Kurb maa lahutamine Indiaks ja Pakistaniks ning lühike, kuid verine vahemäng, mis toimus mitmes maa osas, oli põhjustatud majanduslikest teguritest, mitte tingimata usufanatismist (väikseim põhjus, mida tihti esitletakse peamise põhjusena). Lugematud hindud ja moslemid on elanud nii praegu kui ka minevikus külg külje kõrval sõpruses. Tohutul hulgal inimesi mõlemast usust sai „usutunnistuseta" meister Kabiri (1450-1518) järgijaiks – kuni tänase päevani on tal miljoneid järgijaid (*Kabir-panthid*). Moslemist valitseja Akbar Suure ajal valitses üle terve India kõige avaram usuvabadus. Ega ole tänaselgi päeval tõsist religioosset ebakõla 95 protsendi lihtsate inimeste hulgas. Tõelist Indiat, seda Indiat, mis mõistaks ja järgiks Mahatma Gandhit, ei leia mitte suurtes rahututes linnades, vaid 700 000 rahulikus külas, kus lihtsaks ja õiglaseks valitsemisvormiks on mäletamatutest aegadest saati olnud kohalikud nõukogud (*pantšajatid*). Probleemid, mis igast küljest uuesti vabanenud Indiat ründavad, lahendatakse aja jooksul suurmeeste kaasabil – nende vormimine ei ole Indial kunagi ebaõnnestunud.

[9] „Vabalt me teenime,
  Sest me armastame vabalt nii nagu oma tahtes
  armastada või mitte – selles me püsime või langeme.

*Aastad 1940-1951*

kannatuste algpõhjuseks.

Praktiliselt võib inimnäolisele abstraktsioonile nimega „ühiskond" omistatud pahed adresseerida igale tavalisele inimeselegi.[10]

Utoopia peab esile tõusma esmalt indiviidis, alles siis saab see puhkeda õitsele kodanikkonna voorustes – esmalt sisemistes reformides, mis viivad loomulikul teel välisteni. Inimene, kes on kujundanud ümber iseennast, kujundab hiljem ümber tuhandeid.

Ajas testitud maailma pühakirjad on oma olemuselt üksainus – need inspireerivad inimest tema ülespoole suunduval teekonnal. Üks õnnelikumaid perioode mu elust kulus Uue Testamendi[11] tõlgenduse dikteerimisele ajakirjale *Self-Realization Magazine*. Anusin tulihingeliselt Kristust, et ta juhataks mind tema sõnade tõelise tähenduse ilmutamisel, millest paljutki on kahekümne sajandi jooksul rängalt valesti mõistetud.

Ühel ööl, kui olin haaratud vaiksest palvest, täitus mu Encinitase erakla elutuba opaal-sinise valgusega. Nägin Issand Jeesuse valgustkiirgavat kuju. Noore mehena paistis ta umbes kahekümne viiene, hõreda habeme ja vuntsidega. Tema keskelt lahku kammitud pikki musti juukseid ümbritses sädelev kuldne pühapaiste.

Tema silmad olid väga imelised – lõpmatult muutuvad. Mõistsin edastatud tarkust intuitiivselt, selle väljenduse igat jumalikku üleminekut. Tundsin tema kuulsusrikkas silmavaates müriaade maailmu ülalhoidvat väge. Tema suu juurde ilmus Püha Graal – see liikus sealt minu huulteni ja pöördus siis tagasi Jeesuse juurde. Veidi aja pärast tõi ta kuuldavale niivõrd isiklikke ja olemuselt kauneid sõnu, et hoian neid oma südames tänini.

Veetsin 1950. ja 1951. aastal palju aega Californias asuva Mojave kõrbe lähistel asuvas rahulikus eraklas. Seal tõlkisin ma „Bhagavad

---

Ja mõned on langenud – langenud sõnakuulmatusse,
langenud taevast otse sügavaimasse põrgusse. Oo langus,
millisest kõrgeima õndsuse seisundist millisesse viletsusse!"
— Milton *„Kaotatud Paradiis"*

[10] Näivad maailmad tekitanud Jumaliku liila või „sportliku mängu" plaaniks on Loodu ja Looja vaheline *kahesus*. Ainus kink, mille inimene Jumalale võib anda, on armastus – sellest piisab, et kutsuda esile Tema endassehaarav suuremeelsus.

„Olgu needusega neetud, et teie, kogu rahvas, mind röövite! Tooge kõik kümnis täies mõõdus varaaita, et mu kojas oleks toitu, ja proovige mind ometi sellega, ütleb vägede Issand. Tõesti, ma avan teile taevaluugid ja kallan teile õnnistust küllastuseni." – Malakia 3:9-10.

[11] Paramahansa Yogananda kirjutatud nelja evangeeliumi võrdlev tõlgendus on avaldatud Self-Realization Fellowshipi raamatuna pealkirjaga „Kristuse Teine Tulemine: Teis oleva Kristuse Ülestõusmine". *(Kirjastaja märkus.)*

Paramahansa Yogananda 1950. aasta juulis Californias
Encinitases asuvas SRF'i erklas.

Giita" ja kirjutasin detailsed kommentaarid[12], mis kirjeldavad erinevaid joogasuundi.

Viidates kahel[13] korral selgesõnaliselt joogatehnikale (ainus, mida „Bhagavad Giitas" on mainitud ja sama, mille Babadži lihtsalt *kriija joogaks* nimetas), pakkus India suurim pühakiri nii praktilist kui moraalset õpetust. Meie unemaailma (*mõeldud on eksikujutluse unes viibivat inimkonna maailma – tõlkija märkus*) ookeanis on hingus konkreetne eksikujutluse torm, mis toodab individuaalseid teadvuslaineid – nii inimeste kui kõigi teiste materiaalsete nähtuste kujusid. Teades, et pelgad filosoofilised ja eetilised teadmised pole inimese ülesäratamiseks tema valulisest unest või eraldunud eksistentsist piisavad, viitas Issand Krišna pühale teadusele, mille kaudu võib joogi alistada oma keha ja muundada selle puhtaks energiaks. Selle joogasaavutuse võimalikkus ei seisa väljaspool tänapäeva teadlaste kui aatomiajastu pioneeride teoreetilisi piire. On ju tõestatud, et kogu mateeria on taandatav energiaks.

Hindu pühakirjad ülistavad joogateadust, sest see on inimkonnale üldiseks kasutussevõtmiseks sobiv. Tõsi, hingamise müsteeriumit on vahel praktiseeritud joogatehnikaid kasutamata – see käib mitte-hindu müstikute kohta, kes omandasid Issandale pühendumise kogemustevälised võimed. Selliseid kristlikke, moslemi ja teisi pühakuid on tõepoolest jälgitud hingamisvabas ja liikumatus transis (*savikalpa samaadhis*[14]), ilma milleta ei ole ükski inimene sisenenud Jumala-tajumise esimestele tasanditele. (Pärast seda, kui pühak on jõudnud *nirvikalpa* ehk kõrgeima *samaadhi* tasandile, on ta pöördumatult kinnistunud Issandas – kas ta siis hingab või ei hinga, on ta liikumatu või aktiivne.)

17. sajandi kristlik müstik vend Lawrence ütleb meile, et tema esimene pilguheit Jumala-teostusele ilmnes puu vaatamisel. Peaaegu kõik inimolevused on puud näinud, kuid paraku vaid mõned neist

---

[12] Self-Realization Fellowship'i kirjastatud „*Jumal kõneleb Ardžunaga: Bhagavad Giita – Jumala-teostamise Kuninglik Teadus*". „Bhagavad Giita" on India kõige armastatuim pühakiri. Ta sisaldab dialoogi Issand Krišna (kes sümboliseerib Vaimu) ja tema järgija Ardžuna (sümboliseerib ideaalse pühendunu hinge) vahel: kõigi tõe-otsijate poolt rakendatavaid vaimse teenäitamise ajatuid sõnu. „Giita" keskseks sõnumiks on, et inimene võib võita vabanemise Jumala armastamise, tarkuse ja kiindumatuse vaimus õigete tegude tegemise kaudu.

[13] „Bhagavad Giita", IV:29 ja V:27-28.

[14] Vt pt 26. Olgu mainitud, et kristlike pühakute seas, keda on nähtud olevat *savikalpa samaadhis*, võiks ära mainitud olla Püha Teresa Avilast, kelle keha muutus nii liikumatuks, et kloostri hämmastunud nunnad olid võimetud muutma tema asendit või äratama teda uuesti välisesse teadvusse.

on seeläbi näinud puu Loojat. Enamik inimesi on võimetud esile kutsuma neid ületamatuid pühendumuse vägesid, mida valdavad pingutuseta mõned kõikides ida või lääne religioonides leiduvad „ainsa südamega" pühakud. Kuid tavainimene[15] pole jumaliku üksolemise võimalusest seeläbi veel kõrvaldatud. Ta vajab hingemeenutuseks peale *kriija jooga* tehnika igapäevaseid moraalseid ettekirjutusi, võimet siiralt hüüda: „Issand, ma janunen Sinu tundmise järgi!" ja ei enamat.

Jumalale lähenemisel seisneb jooga veetlus pigem igapäevase teadusliku meetodi kasutamises, kui tavainimese tundemaailmale kaugeks jäävas innukas pühendumises.

Indias on erinevaid suuri džainistlikke õpetajaid kutsutud *tirthakaras* ehk ideaali näitajaiks, sest nad avavad tee, mille kaudu mõistmatuses olev inimkond võib ületada *samsaara* tormised mered (karma tsükkel, elude-surmade taaskordumine). *Samsaara* (näiva voolusega „koos voolama") ärgitab inimest asuma vähima vastupanu teele.

„Sõprus maailmaga on vaen Jumalaga."[16] Et saada Jumala sõbraks, peab inimene ületama iseenda karma ehk tegevuste pahed või kuradid, kes innustavad teda alati selgrootult leppima illusoorse maailma eksikujutlustega. Raudse karmaseaduse teadmine julgustab siirast otsijat leidma teed, et selle köidikutest lõplikult põgeneda. Kuna inimolevuste karmaline orjus pärineb *maajast* pimestatud mõistuse soovidest, siis muretseb joogi vaid mõistuse kontrolli[17] pärast. Selle tulemusel

---

[15] Tavainimesed peavad kusagil ja millalgi alustama. „Tuhandemiiline teekond algab ühest sammust," märkis Lao-tzu. Buddha ütles: „Ärgu ükski inimene mõelgu kergelt heast, öeldes oma südames: „See küll ei tule mu lähedale." Veetilga langemisest täitub ka pott, tark inimene täitub headusest, isegi kui ta kogub seda vähehaaval."

[16] Jaakobuse 4:4.

[17] „Järjekindlalt põleb tuulte eest varjusolev lamp,
Selline on joogi mõistuse ilme,
lukus meeletormide eest ja põledes säravalt Taevale.
Kui mõistus juurdleb tüünes rahus, leiab leevendust pühast harjumusest,
Kui Ise kujustab iset ja leiab iseendas lohutust. Kui ta teab nimetut rõõmu –
väljaspool meelte ulatust hingele avatuna –
ainult hingele!
Ja seda teades, ei kõigu truudus Isa Tões
ja hoides kinni sellest, ei pea teisi aardeid võrreldavaks.
Seal varjudes ei raputa ega liiguta
ükski tõsisemgi kurbus – nimeta seda seisundit „rahuks".
See õnnelik vallandustasu jooga – kutsu seda inimest
Täiuslikuks joogiks!"
– „Bhagavad Giita" VI:19-23 *(Arnoldi tõlge)*

eemaldatakse erinevad karmalise ignorantsuse katted ja inimene näeb ennast oma loomulikus olemuses.

Elu ja surma müsteerium, mille lahendamine on ainus inimese maa peal olemise otstarve, on väga lähedalt seotud hingamisega. Hingusetus on surematus. Mõistes seda tõde, kasutasid muistsed India tõeotsijad (rišid) hingamist, kui ainust võtit ja arendasid välja täpse ja ratsionaalse hingamise teaduse.

Kui Indial poleks ühtki teist kinki maailmale, oleks siis *kriija jooga* kuningliku ohverdusena täiesti piisav.

Piibel sisaldab lõike, mis avaldavad heebrea prohvetite teadlikkust selle kohta, et Jumal on loonud hinguse, teenimaks imepeent ühendust keha ja hinge vahel. I Moosese raamat väidab: „Ja Issand Jumal valmistas inimese, kes põrm on, mullast, ja puhus tema ninasse eluhinguse: nõnda sai inimene elavaks hingeks."[18] Inimkeha koosneb kemikaalidest ja metallilistest ainetest, mida leidub samuti „maapinna tolmus". Inimese ihu ei suudaks iial sooritada tegevusi ega ilmutada energiat ja liikumist, kui hinge kaudu ei kantaks inimeste organitesse hinguse (gaasilise energia) eluenergiaid. Inimkehas toimivad eluenergiad – viiekordsed *praanad* ehk peenenergiad on Kõikjaloleva Hinge OMi võnkumise väljenduseks.

Hingeallikast ihulikes rakkudes peegelduv elu on särav tõelisus, mis on inimese ainsaks keha külge kiindumise põhjuseks – savikäntsakat ta nii hoolivalt ei ülistaks. Inimolevus samastab end vääralt füüsilise kujuga, sest hingest lähtuvad eluenergiad edastatakse hingamise kaudu kehasse nii võimsa väega, et inimene peab tagajärge ekslikult põhjuseks ja kujutab iidolikummardajana ette, et keha elab iseseisvat elu.

Inimese teadvel seisund tähendab teadlikkust kehast ja hingamisest. Une ajal aktiivne alateadvuslik seisund on seotud ajutise mentaalse lahusolekuga kehast ja hingamisest. Üliteadvuslik seisund on vabadus eksikujutlusest, et „eksistents" sõltub kehast ja hingamisest.[19] Jumal elab ilma hingamiseta – Tema kuju järgi tehtud hing saab endast

---

[18] I Moosese 2:7.

[19] „Te ei naudi kunagi maailma õigesti, kuni meri ise voolab teie veenides, kuni te ise olete rüütatud taevastest ja kroonitud tähtedest ja tajute end olevat kogu maailma ainsaks pärijaks ja veelgi enam, sest inimesed on selles, kes on igaühe kui ka teie ainus pärija – kuni te võite laulda ja rõõmutseda Jumalas – nii nagu tühised rõõmutsevad kulla ja kuningad valitsuskepi üle ... kuni te olete sama tuttavad Jumala teedega läbi kõigi ajastute nagu te olete oma tegevuse ja toidulauaga – kuniks te olete lähedalt tuttavad varjulise eimillegagi, millest maailm on tehtud." – *Thomas Thaherne „Ajastud täis meditatsiooni"*.

## Joogi autobiograafia

esmakordselt teadlikuks vaid hingamisvabas seisundis.

Kui karma kulg lõikab läbi hinge ja keha vahelise hingamisesideme, järgneb sellele äkiline üleminek – surm. *Kriija joogi* puhul lõigatakse hingamise-side läbi teadliku tarkuse abil, mitte aga jämeda karmalise vahelesekkumisega. Tegeliku kogemuse kaudu on joogi juba teadlik oma põhiolemuslikust kehatusest ega vaja Surma märguannet.

Iga inimene edeneb elu elu järel (oma kõikuva tempoga) iseenda ülima täiuslikkuse (Jumalasse sulandumise) eesmärgi suunas. Surm pakub puhastumiseks inimesele palju meelepärasemat keskkonda astraalses maailmas, ega kujuta endast sel teekonnal mingit katkestust. „Teie süda ärgu ehmugu!/.../Mu Isa majas on palju eluasemeid."[20] On väga ebatõenäoline, et Jumal on ammendanud selles või järgmises maailmas meid eesootava korraldamises Oma leidlikkuse ega paku muud imelist kui harfihelid.

Surm ei ole olemise lõpp, viimne põgenemine elust ega ole ta ka uks surematusse. See, kes on põgenenud oma Mina eest maistesse rõõmudesse, ei saa Teda tagasi keset astraalse maailma õhkõrna veetlust. Seal kohtab ta veelgi peenemaid tajusid ja tundlikumaid vastuseid sellele samale kaunile ja heale. Vaid sel jämedal Maa alasil peab rabelev inimene taguma välja vaimse olemasolu hävimatu kulla. Hoides oma käes raskesti võidetud kuldset aaret – ainumast kinki ahnele Surmale, võidab inimolevus viimaks lõpliku vabaduse füüsilise taaskehastuse ringidest.

Viisin Encinitases ja Los Angeleses mitu aastat läbi õppetunde Patandžali "Joogasuutrate" ja teiste hindu filosoofia põhjapanevate tööde teemal.

„Miks Jumal üldse ühendas hinge ja keha?" küsis ühel õhtul tunnis viibinud õpilane. „Mis oli selle loomise evolutsioonilise draama käivitamisel Tema eesmärgiks?" Lugematul hulgal teisigi inimesi on esitanud selliseid küsimusi – filosoofid on asjatult püüdnud neile täielikult vastata.

„Jätke mõne müsteeriumi uurimine ka Igavikule," tavatses Sri Yukteswar naeratades öelda. „Kuidas saaks inimese piiratud aru ette kujutada Loomata Absoluudi[21] kujuteldamatuid motiive?" Näiva maailma

---

[20] Johannese 14:1-2.

[21] „Aga minu mõtted ei ole teie mõtted, ja teie teed ei ole minu teed, ütleb Issand. Sest otsekui taevad on maast kõrgemal, nõnda on minu teed kõrgemad kui teie teed ja minu mõtted kõrgemad kui teie mõtted." – Jesaja 55:8-9.

Dante tunnistas *"Jumalikus komöödias"*:

*Aastad 1940-1951*

India suursaadik USAs hr Binay Ranjan Sen, 4. märtsil 1952 koos Sri Yoganandaga Los Angeleses asuvas Self-Realization Fellowshipi peakorteris – kolm päeva enne suure joogi lahkumist.
11. märtsi matusel peetud aukõnes ütles suursaadik Sen: „Kui meil oleks täna Ühinenud Rahvaste Organisatsioonis selline mees nagu Paramahansa Yogananda, oleks maailm palju parem paik, kui ta hetkel on. Minu teadmise kohaselt ei ole keegi India ja Ameerika inimeste sidumiseks nii palju töötanud ja ennast andnud.

põhjuse-tagajärje põhimõtte lõa otsas olev inimese mõtlemisvõime on segadusse viidud Põhjustamata, Alguseta Jumala peamurdmisülesande ees. Vaatamata sellele, et inimese arutlus ei suuda hoomata loomise mõistatusi, lahendab Jumal Ise pühendunu jaoks lõpuks iga müsteeriumi."

<blockquote>
Ma olen olnud selles kõige valgustunumas taevas
Temalt saadud valgusega ja näinud asju mida rääkida.
See, kes pöördub tagasi, sel ei ole ei oskusi ega teadmisi,
kuna see lähendab objekti tema püüdlusele.
Nii on meie intellekt haaratud nõnda sügavalt,
ta ei suuda kunagi üles leida teed, mida ta järgis.
Aga mis iganes pühast kuningriigist
oli võimul mälu kalliks pidades –
See on mu teemaks, kuni laul saab läbi.
</blockquote>

Siiralt tarkuse järele püüdleja on oma otsimise alustamisel rahul, kui omandab mõne lihtsa jumaliku skeemi ABC, nõudmata enneaegselt elu täpset „Einsteini teooria" matemaatilist valemit.

„*Keegi ei ole iialgi näinud Jumalat* (aja ehk *maaja*[22] suhtelisuses ei saa surelik teostada Mõõtmatut). *Ainusündinud Poeg, kes on Isa rinna najal* (vastu peegelduv Kristuse Teadvus ehk väljapoole suunatud Täiuslik Arukus, juhtides kõiki struktuurseid näivusi läbi AUMi võnke, on Loomata Jumalikust esile tulnud, et väljendada Ühtsuse mitmekesisust*), tema on meile teate* (kujule või ilmutusele allutatud) *toonud.*"[23]

„Tõesti, tõesti, ma ütlen teile," seletas Jeesus, „Poeg ei saa midagi teha iseenesest, ta teeb vaid seda, mida näeb tegevat Isa, sest mida iganes Isa teeb, seda teeb ka Poeg."[24]

Kuna Jumal demonstreerib End fenomenaalsetes maailmades, siis sümboliseeritakse Tema kolmekordset olemust hindu pühakirjades Brahma kui Looja, Višnu kui Hoidja ja Šiva kui Hävitaja-Uuendajana. Nende kolmainsuslikud tegevused on esitatud väsimatult läbi kogu võnkuva loomise. Kuna Absoluut on inimese käsitlusvõimest väljaspool, siis kummardab pühendunud hindu Teda rituaalselt Kolmainsuse[25] kõrgeauliste kehastuste kaudu.

Kõikehõlmava Jumala loov-hoidev-hävitav aspekt ei ole samas Tema lõplik ega mitte isegi Tema põhiolemuslik loomus (sest kosmiline loomine on vaid Tema *liila,* loov sport).[26] Tema loomuomasust ei ole võimalik hoomata isegi siis, kui me hoomame kõiki Kolmainsuse müsteeriumeid, isegi Tema aatomite seaduspärases liikumises ilmuv väline loomus väljendab Teda vaevu. Issanda lõplikku olemust saab

---

[22] „Maa päevane tsükkel – valgusest pimedusse ja vastupidi – on pidevaks meeldetuletuseks inimesele loomise kaasamisest *maajasse* ehk vastandlikesse seisunditesse. (Koitu ja loojangut on seetõttu peetud meditatsiooni jaoks heaendelisteks.) Rebides puruks *maaja* duaalse eesriide, tajub joogi transtsendentset Ühtsust.

[23] Johannese 1:18.

[24] Johannese 5:19.

[25] Erinev kolmainsuse kontseptsioon *Sat, Tat, Aum* ehk Isa, Poeg, Püha Vaim. Brahma-Višnu-Šiva esindavad Jumala kolmainsat väljendust järgmistes aspektides: *Tat* ehk Poeg – võnkuvas loodus seesolev Kristuse Teadvus. Kolmainsa *šaktid,* energia ehk „abikaasad" on *AUM'*i (OM'i) ehk Püha Vaimu sümboliteks, mis on läbi võnkumise kogu kosmost ülalhoidvaks põhjuslikuks jõuks. (Vt lk 105, 188, 482.)

[26] „Sina, meie Issand ..., sest sina oled loonud kõik, kõik olev on loodud sinu tahtmise läbi." – Ilmutuse 4:11.

teada vaid siis, kui „Isa saab kirgastatud Pojas."[27] Vabastatud inimene möödub võnkuvatest maailmadest ja siseneb Võnkumatusse Originaali. Kõik suured prohvetid on jäänud vait, kui neilt on nõutud lõplike saladuste avaldamist. Kui Pilatus küsis „Mis on tõde?"[28] ei vastanud Kristus selle peale midagi. Pilatuse sarnaste intellektuaalide suured ja pealiskaudsed küsimused tulenevad harva põletavast teadasaamise vaimust. Sellised inimesed kõnelevad pigem tühjast kõrkusest, mis peab veendumuste puudumist vaimsete väärtuste[29] kohta „avatud mõistuse" märgiks.

„Mina olen selleks sündinud ja selleks tulnud maailma, et ma annaksin tunnistust tõe kohta. Igaüks, kes on tõe seest, kuuleb minu häält."[30] Nende mõne sõnaga haaras Kristus terveid köiteid. Jumala laps „tunnistab" oma elu näite varal. Ta kehastab tõde – kui ta selle ka lahti seletab, on see heldeks külluseks. Tõde ei ole teooria ega filosoofia spekulatiivne süsteem ega mitte ka intellektuaalne pilguheit. Tõde on täpne vastavus tegelikkusele. Inimesele on tõde vankumatuks teadmiseks tema tegelikust olemusest, tema Minast kui hingest. Iga oma elus tehtud teo ja sõnaga tõestas Jeesus, et ta teadis *tõde* oma olemuse taga – oma allikat Jumalas. Olles täielikult samastunud Kõikjaloleva Kristuse Teadvusega, võis ta öelda lihtsa lõpetatusega: „Igaüks, kes on tõe seest, kuuleb minu häält."

Buddha keeldus samuti heitmast valgust metafüüsilistele lõplikkustele, viidates kuivalt, et inimese mõned hetked siin Maa peal on parimal viisil täidetud moraalse loomuse täiustamisega. Hiina müstik Lao-tzu õpetas õigesti: „Tema, kes teab, seda ei ütle; see, kes ütleb, ei tea seda mitte." Jumala lõplikud müsteeriumid ei ole „aruteluks avatud". Tema salakoodi dešifreerimine on kunst, mida üks inimene ei saa teisele edastada – siin on Issand üksinda Õpetajaks.

„Jätke järele ja teadke, et mina olen Jumal."[31] Uhkeldamata kunagi oma Kõikjalolemisega, on Issandat võimalik kuulda vaid täiuslikult

---

[27] Johannese 14:12.
[28] Johannese 18:38.
[29] „Armastuse voorus – vaid tema üksi on vaba,
 Ta võib õpetada sulle, kuidas ronida kõrgemale
 sfääri kõlast, või kui ta väriseks,
 siis taevas ise kummardaks ta juurde alla."
  – *Milton* „Camus"
[30] Johannese 18:37.
[31] Psalmid 46:11. Joogateaduse sihiks on vajaliku seesmise vaikuse omandamine, mille kaudu võib igaüks tõeliselt „teada Jumalat".

puhtas vaikuses. Peegeldudes loova OMi võngetena tagasi kogu universumist, tõlgib Algheli Iseend hetkeliselt häälestunud pühendunule arusaadavasse keelde.

Loomise jumalik eesmärk on Veedades lahti seletatud sel määral, kui inimese aru suudab mõista. Rišid õpetasid, et Jumal lõi iga inimolevuse kui hinge, mis ilmutab enne oma Absoluutse Identiteedi taastamist unikaalselt Mõõtmatu mõnda erilist omadust. Olles niiviisi varustatud tahuga Jumalikust Individuaalsusest, on kõik inimesed Jumalale võrdselt kallid.

Rahvuste seas on vanema venna India poolt kogutud tarkus kogu inimkonna pärandiks. Veedade tõde nagu ka kogu tõde, kuulub Issandale, mitte aga Indiale. Rišid, kelle mõistus oli puhtaks anumaks Veedade jumalike sügavuste vastuvõtuks, olid inimkonna kui terviku teenimiseks inimrassi liikmetena sündinud pigem sellel Maal kui mõnel teisel. Tõe vallas, kus ainsaks võimaluseks on valmisolek vastu võtta – on rasside või rahvuste tasemel eristamine mõttetu.

Jumal on Armastus, Tema loomise plaani saab tuletada vaid armastusest. Kas ei anna see lihtne mõte rohkem lohutust inimsüdamele kui õpetatud arutlus? Iga pühak, kes on tunginud Tegelikkuse tuumani, on tunnistanud, et eksisteerib jumalik universaalne plaan ja et see on kaunis ja rõõmust täidetud.

Prohvet Jesajale avaldas Jumal oma kavatsused nende sõnadega:

Nõnda on ka minu sõnaga (loov OM), mis lähtub mu suust: see ei tule tagasi mu juurde tühjalt, vaid teeb, mis on mu meele järgi, ja saadab korda, milleks ma selle läkitasin. Jah, te lähete rõõmsasti välja ja teid tuuakse rahus. Mäed ja künkad rõkatavad rõõmust teie ees ning kõik viljapuud plaksutavad käsi (Jesaja 55:11-12).

„Jah, te lähete rõõmsasti välja ja teid tuuakse rahus." Kõva südamega kahekümnenda sajandi inimesed kuulavad igatsusega seda imelist lubadust. See on teostatav igal Jumala pühendunul, kes püüab inimese kombel oma jumalikku pärandit taasomandada.

*Kriija jooga* õnnistatud roll nii idas kui läänes on nüüd alanud. Saagu kõik inimesed teada, et inimlikust viletsusest ülesaamiseks on olemas kindel teaduslik eneseteostuse tehnika!

Saates üle Maa säravate kalliskividena laialipillatud tuhandetele *kriija joogidele* armastavaid mõttevõnkeid, mõtlen ma tihti tänulikult:

„Issand, Sa oled sellele mungale andnud suure pere!"

PARAMAHANSA YOGANANDA – „VIIMANE NAERATUS" – pilt tehti tund aega enne tema *mahasamaadhit* (joogi lõplikku teadlikku kehast lahkumist) suursaadik Binay R. Seni auks 7. märtsil 1952 Los Angeleses Californias korraldatud banketil. Fotograaf on siin jäädvustanud armastava naeratuse, mis näib olevat hüvastijätuõnnistuseks igaühele meistri miljonitest sõpradest õpilastest ja järgijatest. Silmad, mis juba piilusid Igaviku suunas, on täis inimlikku soojust ja mõistmist.
Surmal polnud selle Jumala võrreldamatu pühendunu juures lagundamise väge – tema keha ilmutas fenomenaalset muutumatuse seisundit.

# PARAMAHANSA YOGANANDA:
## JOOGI ELUS JA SURMAS

Paramahanda Yogananda sisenes *mahasamaadhisse* (joogi lõplik teadlik kehast väljumine) Los Angeleses Californias 7. märtsil 1952 pärast oma kõne lõppu India suursaadik H. E. Binay R. Sen'i auks korraldatud banketil.

Suur maailmaõpetaja demonstreeris jooga väärtuseid (Jumala-teostuse teaduslikke tehnikaid) mitte ainult elus, vaid ka surmas. Nädalaid peale lahkumist säras tema nägu muutumatuna, lagunemise tundemärkideta jumalikus hiilguses.

Los Angelese Forest Lawn Memorial-Park'i surnukambri (kuhu suure meistri keha ajutiselt asetati) direktor hr Harry T. Rowe saatis *Self-Realization Fellowshipile* notariaalse kirja, kust on võetud järgmised kirjaread:

„Kõikvõimalike nähtavate lagunemise märkide puudumine Paramahansa Yogananda surnukehas kujutab meie jaoks kõige ebatavalisemat juhtumit ... Mingit füüsilist lagunemist polnud tema kehas näha isegi kakskümmend päeva peale surma... Tema nahal ei olnud näha mingit hallituse märki ja tema keharakkudes ei toimunud mingit kuivamist. Keha täiuslik säilimine, nagu meie seda oma surnukambri annaalidest teame, on võrreldamatu ... Yog-ananda keha säilitamisel lootis surnukambri personal läbi puusärgi klaasist kaane näha tavalisi kehalise lagunemise tundemärke. Meie hämmastus suurenes kui päev järgnes päevale, toomata mingeid nähtavaid muutusi vaatlusaluses kehas. Yogananda keha oli ilmselt muutumatuse fenomenaalses seisundis ..."

„Mingit lõhna ega lagunemist ei ilmnenud tema kehas ühelgi hetkel ... 27. märtsil, just enne pronksist kaane paigaldamist, oli Yogananda füüsiline väljanägemine täpselt sama, mis ta oli 7. märtsil. Ta nägi 27. märtsil välja sama värske, nagu ta nägi välja oma surmaõhtul. 27. märtsil polnud mingit põhjust öelda, et tema keha oleks üleüldse kannatanud mingi nähtava lagunemise käes. Neil põhjustel kinnitame uuesti, et Paramahansa Yogananda juhtum on meie kogemuste põhjal ainulaadne."

Paramahansa Yogananda *mahasamaadhi* kahekümne viienda aastapäeva auks lasi India valitsus 1977. aastal välja selle mälestusmargi. Koos mälestusmargiga trükkis valitsus ka kirjeldava flaieri, milles oli muuseas kirjas:

> Jumala armastuse ja inimkonna teenimise ideaal leidis täieliku väljenduse Paramahansa Yogananda elus ... Kuigi suurem osa tema elust möödus väljaspool Indiat, asetub ta ikkagi temale kuuluvale kohale meie suurte pühakute hulgas. Tema töö jätkab kasvamist ja särab aina eredamalt, tõmmates kõikjal inimesi Vaimu palverännaku teele.

# LISAALLIKAD
# PARAMAHANSA YOGANADA
# KRIIJA JOOGA ÕPETUSTEST

*Self-Realization Fellowship* on pühendatud otsijate ülemaailmsele tasuta abistamisele. Üle maailma asuvates templites ja keskustes toimuvate iga-aastaste avalike loengute ja õppetundide, meditatsiooni ja inspireerivate teenimiste, vaikuse ritriitide ja teiste tegevuste kavade kohta teabe saamiseks kutsume teid külastama meie veebilehte või meie rahvusvahelist peakorterit:

www.yogananda-srf.org

Self-Realization Fellowship
3880 San Rafael Avenue
Los Angeles, CA 90065
(323) 225-2471

## *SELF-REALIZATION FELLOWSHIPI* ÕPPETUNNID

Personaalsed juhised ja juhendused Paramahansa Yoganandalt jooga meditatsiooni tehnikate vaimse elamise põhimõtete teemal

Kui te tunnete tõmmet „Joogi autobiograafias" toodud vaimsete tõdete suunas, siis kutsume teid üles panema end kirja ja osalema *Self-Realization Fellowshipi õppetundides.*

Paramahansa Yogananda lõi selle koduõppe seeria, pakkumaks siirastele otsijatele võimalust selles raamatus tutvustatud muistsete jooga-meditatsiooni tehnikate, nende seas *kriija jooga* teaduse - õppimiseks ja praktiseerimiseks. Need õppetunnid esitavad samuti tema praktilist juhendamist tasakaalustatud füüsilise, mentaalse ja vaimse heaolu saavutamiseks.

*Self-Realization Fellowshipi õppetunnid* on saadaval vaid nominaalse hinna eest (katmaks trüki- ja postituse kulusid). Kõigile õppuritele antakse nende praktikas Self-Realization Fellowshipi munkade ja nunnade poolt tasuta isiklikku juhendust.

**Saamaks rohkem teavet ...**

Täielikud üksikasjad *Self-Realization Fellowshipi õppetundide* kohta on lisatud tasuta bukletis *Teostamata unistuste võimalused.* Selleks, et saada ühte sellest bukletist ja avalduse vormi, külastage meie veebilehte või kontakteeruge meie rahvusvahelise peakorteriga.

# TEISED RAAMATUD PARAMAHANSA YOGANANDALT

Saadaval raamatupoodides või otse kirjastajalt
(kehtib USA kohta – tõlkija märkus):
*Self-Realization Fellowship*
3880 San Rafael Avenue, Los Angeles, California 90065
Tel (323) 225-2471; fax (323) 225-5088
www.yogananda-srf.org

**God Talks With Arjuna:** *The Bhagavad Gita – A New Translation and Commentary (Jumal kõneleb Ardžunaga: Bhagavad Giita – uus tõlge ja kommentaarid)*
Selles monumentaalses kaheköitelises töös avab Paramahansa Yogananda India kõige kuulsama pühakirja kõige sisima olemuse. Uurides selle psühholoogilisi, vaimseid ja metafüüsilisi sügavusi, esitab ta laiaulatusliku kroonika hinge teekonnast valgustumiseni läbi kuningliku Jumala-teostuse teaduse.

**The Second Coming of Christ:** *The Resurrection of the Christ Within You – A revelatory commentary on the original teachings of Jesus (Kristuse Teine Tulemine: Kristuse ülestõusmine teis endis – Jeesuse originaalsete õpetuste ilmutuslik kommentaar)*
Selles peaaegu 1700-leheküljelises ennenägematus inspireerivas meistriteoses viib Yogananda lugeja põhjalikult rikastavale teekonnale läbi evangeeliumide. Salm salmi järel valgustab ta Jeesuse poolt otsestele järgijatele õpetatud ühtsusele Jumalaga viivat universaalset teed, mis on segaseks aetud sajandeid kestnud väärtõlgenduste kaudu: kuidas saada Kristuse sarnaseks, kuidas äratada Igavest Kristust iseenda sees?

**The Yoga of the Bhagavad Gita:** *An Introduction to India's Universal Science of God-Realization (Bhagavad Giita Jooga: Sissejuhatus India Universaalsesse Jumala-teostamise teadusse).*
Olles valikuliselt koostatud Paramahansa Yogananda poolsest sügavasisulisest ja kriitiliselt heaks kiidetud raamatu „Bhagavad Giita, Jumal kõneleb Ardžunaga" tõlkest ja kommentaaridest, juhatab see raamat tõeotsijaid ideaalselt Giita ajatutesse ja universaalsetesse õpetustesse. Sisaldab Yogananda täielikku „Bhagavad Giita" tõlget, esitatuna esimest korda katkematul järjestikusel kujul.

*The Yoga of Jesus:* Understanding the Hidden Teachings of the Gospels *(Jeesuse jooga: evangeeliumite peidetud õpetuste mõistmine)*
Valik materjale Paramahansa Yogananda kõrgesti kiidetud kaheköitelisest tööst „*The Second Coming of Christ*" (Kristuse Teine Tulemine). See lakooniline raaamat kinnitab, et Jeesus teadis sarnaselt ida muistsetele tarkadele ja meistritele jooga põhimõtteid ja ka õpetas seda universaalset Jumala-teostamise teadust oma järgijatele. Sri Yogananda näitab, et Jeesuse sõnum ei ole sektantlik lahknemine, vaid ühendav tee, mille kaudu kõigi usutraditsioonide otsijad saavad siseneda Jumalariiki.

*Man's Eternal Quest (Inimese igikestev otsirännak)*
Paramahansa Yogananda kogutud vestlused ja esseed edastavad sügavaid arutelusid suurest hulgast inspireerivate ja universaalsete tõdedevalikust, mis on kütkestanud miljoneid tema „Joogi autobiograafias".
I osa uurib vähetuntud ja harva mõistetud meditatsiooni tahke, elu pärast surma, loomise olemust, tervist ja tervendamist, mõistuse piiramatuid vägesid ja igikestvat otsirännakut, mis leiab teostumise üksnes Jumalas.

*The Divine Romance (Jumalik armulugu)*
Paramahansa Yogananda kogutud kõnede ja esseede II köide. Laiaulatuslikus valikus käsitletakse järgnevaid teemasid: Kuidas viljeleda Jumalikku Armastust; Füüsiliste, mentaalsete ja vaimsete tervendamismeetodite harmoniseerimine; Maailm ilma piirideta; Oma saatuse kontrollimine; Sureliku teadvuse ja surma ületamise joogakunst; Kosmiline armastaja; Rõõmu leidmine elus.

*Journey to Self-realization (Teekond eneseteostusele)*
Kogutud kõnede ja esseede III köide esitab Sri Yogananda ainulaadset kombinatsiooni tarkusest, kaastundest, praktiliselt maalähedast juhatust ja julgustust tosinates paeluvates teemades, nende hulgas: Inimevolutsiooni kiirendamine, Kuidas väljendada igikestvat nooruslikkust ja teostades Jumalat oma igapäevaelus.

*Wine of the Mystic: The Rubaiyat of Omar Khayyam – A Spiritual Interpretation (Müstikavein: Umar Hajjami Nelikvärsid – Vaimne seletus)*
Inspireeriv kommentaar, mis toob valguse kätte „Nelikvärsside" mõistatusliku kujundlikkuse taha peidetud Jumalaga-koosolemise müstilise teaduse. 1995. aasta Benjamin Franklini auhinna võitja parima religioosse valdkonna raamatu eest.

***Where There Is Light:*** *Insight and Inspiration for Meeting Life's Challenges (Kus on Valgus: pilguheit ja inspiratsioon elu väljakutsetega kohtumiseks).*
Teemakohaselt korrastatud mõttekalliskivid – ainulaadne käsiraamat, mille poole saavad lugejad ebakindluse või kriisi aegadel kiiresti pöörduda või uuendada oma teadlikkust igapäeva elus hoomatavast igikestvast Jumala väest.

***Whispers from Eternity*** *(Sosinad Igavikust)*
Kollektsioon Pramahansa Yogananda palvetest ja jumalikest kogemustest ülendatud meditatsiooni seisundites. Väljendatuna majesteetlikus rütmis ja poeetilises ilus, avaldavad tema sõnad ammendamatut valikut Jumala olemusest ja mõõtmatut magusust, millega Ta vastab neile, kes Teda otsivad.

***The Science of Religion*** *(Religiooniteadus)*
Paramahansa Yogananda kirjutab, et iga inimolevuse sees on üks vältimatu soov: ületada kannatused ja saavutada lõppematu õnn. Seletades, kuidas täita neid igatsusi, uurib ta sellele eesmärgile jõudmise erinevate lähenemiste efektiivsust.

***In the Sanctuary of Soul:*** *A Guide to Effective Prayer (Hinge pühamus: teejuht efektiivsele palvele)*
Koostatuna Paramahansa Yogananda tööde põhjal, avab see inspireeriv pühendumuslik kaaslane palve olemust ja õpetab seda muutma igapäevaseks armastuse, väe ja juhatuse allikaks.

***Inner Peace:*** *How to Be Calmly Active and Actively Calm (Seesmine Rahu: kuidas olla rahulikult aktiivne ja aktiivselt rahulik)*
Praktiline ja inspireeriv teejuht on koostatud Paramahansa Yogananda esinemistest ja kirjutistest. Teos näitab, kuidas me saame olla „aktiivselt rahulikud", luues meditatsiooni kaudu rahu ja „rahulikult aktiivsed" – keskendunud meie enda põhiolemuse vaikuses ja rõõmus, elades samal ajal dünaamilist ja tasakaalustatud elu. 2000. aasta Benjamin Franklini auhinna võitja kui parim raamat metafüüsika/vaimsuse vallas.

***How You Can Talk With God*** *(Kuidas te võite rääkida Jumalaga)*
Seletades Jumalat lahti kui transtsendentaalset, kõikehõlmavat Vaimu ja kõige intiimsemat isiklikku Isa, Ema, Sõpra ja kõigi Armastajat, näitab Paramahansa Yogananda, kui lähedal Jumal igaühele meist on

ja kuidas saab Teda sundida „katkestama Oma vaikust" ja meile tajutavalt vastama.

*Metaphysical Meditations (Metafüüsilised meditatsioonid)*
Enam kui 300 vaimselt ülendavat meditatsiooni, palvet ning jaatust, mida saab kasutada parema tervise ja vitaalsuse, loovuse, eneseusalduse ja rahu arendamiseks, et elada täielikumas teadlikkuses Jumala õndsuslikust kohalolust.

*Scientific Healing Affirmations (Teaduslikud tervendamise jaatused)*
Paramahansa Yogananda esitab siin jaatuse-teaduse põhjapaneva seletuse. Ta teeb selgeks, miks need töötavad ja kuidas kasutada sõna väge ja mõtet mitte ainult tervenemise saavutamiseks, vaid saavutamaks soovitud muutust igas eluvaldkonnas. Sisaldab laia valikut afirmatsioone.

*Sayings of Paramahansa Yogananda (Paramahansa Yogananda ütlused)*
Ütluste ja tarkade nõuannete kogum, mis annab edasi Paramahansa Yogananda siirad ja armastavad vastused neile, kes on tulnud tema juurde juhatust saama. Üles tähendatuina paljude lähedaste järgijate poolt annavad selles raamatus toodud anekdoodid lugejale võimaluse jagada isiklikke kohtumisi Meistriga.

*Songs of the Soul (Hingelaulud)*
Paramahansa Yogananda müstiline luule – tema otsene Jumala tajumine looduses, inimeses, igapäeva kogemustes ja vaimselt ärganud samaadhi meditatsiooni seisundi kauniduses.

*The Law of Success (Edu seadus)*
Selgitab inimese elueesmärkide saavutamise dünaamilisi printsiipe ja toob esile kõikehõlmavaid seadusi, mis toovad edu ja täitumist – nii isiklikku, elukutselist kui vaimset.

*Cosmic Chants: Spiritualized Songs for Divine Communion (Kosmilised skandeeringud: vaimsustatud laulud Jumalikuks koosolemiseks)*
60 pühendumusliku laulu sõnad ja muusika koos sissejuhatusega, mis seletab, kuidas vaimne skandeerimine võib viia meid Jumalaga üksolemisse.

## PARAMAHANSA YOGANANDA
## AUDIOSALVESTUSED

- *Vaadake Ühte kõigis*
- *Ärgake oma kosmilises unes*
- *Minu Südame laulud*
- *Olge naeratuste miljonärid*
- *Jumala Suur Valgus*
- *Maa peale Taeva loomine*
- *Üks elu versus reinkarnatsioon*

- *Kogu kurbuse ja kannatuste eemaldamine*
- *Vaimu hiilguses*
- *Järgige Kristuse, Krišna ja Meistrite teed*
- *Eneseteostus: seesmine ja väline tee*

# TEISED SELF-REALIZATION FELLOWSHIPI TRÜKISED

*The Holy Science* (Püha teadus), autor svaami Sri Yukteswar,

*Only Love: Living the Spiritual Life in a Changing World* (Ainus armastus: elades vaimset elu muutuvas maailmas), autor Sri Daya Mata,

*Finding the Joy Within You: Personal Counsel for God-Centered Living* (Rõõmu leidmine iseendas: isiklik nõuanne Jumala-keskseks eluks), autor Sri Daya Mata,

*Enter the Quiet Heart: Creating a Loving Relationship With God* (Sisene vaiksesse südamesse: Jumalaga armastava suhte loomine), autor Sri Daya Mata,

*God Alone: The Life and Letters of a Saint* (Jumal Üksinda: Pühaku elu ja kirjad), autor Sri Gnjaanamata,

*„Mejda": The Family and the Early Life of Paramahansa Yogananda* („Mejda": Paramahansa Yogananda perekond ja varajane elu), autor Sananda Lal Ghosh,

*Self-Realization* (kvartali ajakiri, mille 1925. aastal asutas Paramahansa Yogananda).

## TASUTA SISSEJUHATAV BUKLET:

*Teostamata unistuste võimalused* (Undreamed-of Possibilities)

Paramahansa Yogananda poolt õpetatud meditatsiooni teaduslikke meetodeid, nende seas *kriija joogat* – samuti tema nõuandeid tasakaalustatud vaimseks eluks – õpetatakse *Self-Realization Fellowshipi Õppetundides*. Rohkema teabe saamiseks paluge tasuta *Teostamata unistuste võimalused* bukletti.

---

Täielik kataloog, mis kirjeldab kõiki Self-Realization Fellowshipi trükiseid ja audio/video salvestisi, on saadaval nõudmisel.

# GURUDE LIIN

Maha-avataara Babadži on Ülim Guru India meistrite liinis, kes võtavad endale vastutuse kõigi Self-Realization Fellowshipi ja India Yogoda Satsanga Society ustavalt *kriija joogat* viljelevate liikmete eest. „Ma jään kehastununa Maa peale," on ta lubanud, „kuni see maailmaajastu läbi saab." (Vt peatükke 33 ja 37).

1920. aastal ütles Maha-avataara Babadži Paramahansa Yoganandale: „Sina oled see, kelle ma olen valinud *kriija jooga* sõnumi levitamiseks läänes ... Jumala-teostuse teaduslik meetod levib lõpuks kõigis maades, aidates inimese isikliku meeltevälise Mõõtmatu Isa tajumise kaudu kaasa rahvaste harmoniseerimisele."

*Maha-avataara* tähendab „Suurt Kehastust" või „Jumalikku Kehastust"; *jooga-avataara* tähendab „Jooga Kehastust"; *gnjaana-avataara* tähendab „Tarkuse Kehastust".

Preema-avataara tähendab „Armastuse Kehastust" – tiitel, mille 1953. aastal omistas Paramahansa Yoganandale tema suurim õpilane Rajarishi Janakananda (James J. Lynn). (Vt lk 290+)

### SANSKRITI NIMEDE HÄÄLDUSE FONEETILINE VÕTI

Alltoodud sanskritiga sobituvates foneetilistes näidetes on hääldus toodud nii, nagu see eesti keeles kõlab:

BHAGAVAN KRISHNA
Kõlab nii: Bhagavan Krišna

MAHA-AVATAARA BABADŽI
Kõlab: maha-avataara Babadži

JOOGA-AVATAARA LAHIRI MAHASAYA
Kõlab: jooga-avataara Lahiri Mahasaaja

GNJAANA-AVATAARA SVAAMI SRI YUKTESWAR
Kõlab: gnjaana-avataara Svaami Sri Juktešvaar

PREMA-AVATAARA PARAMAHANSA YOGANANDA
Kõlab: preema-avataara Paramahansa Jogananda.

## Self-Realization Fellowshipi eesmärgid ja ideaalid

*Nagu need on paika pannud asutaja Paramahansa Yogananda ja president Sri Mrinalini Mata.*

*Levitada rahvaste seas teadmist selgetest teaduslikest tehnikatest personaalse otsese Jumala-kogemuse saavutamiseks.*

*Õpetada, et elu eesmärgiks on enesepingutuse kaasabil inimese sureliku teadvuse arendamine Jumala-Teadvuseks ning asutada selle saavutamiseks Self-Realization Fellowshipi templeid üle terve maailma ja julgustada koduste ja südametes asuvate individuaalsete Jumala templite rajamist.*

*Avaldada täielikku harmooniat ja algupärase kristluse ja algupärase Bhagavan Krišna õpetatud Jooga põhiolemuslikku ühtsust - näitamaks, et need tõe põhimõtted on kõigi tõeliste religioonide ühiseks teaduslikuks alusmüüriks.*

*Näidata ühte jumalikku kiirteed, milleni kõigi tõeliste religioossete uskumuste teerajad lõpuks viivad – igapäevast, teaduslikku, pühendumuslikku Jumalale mediteerimise kiirteed.*

*Vabastada inimene tema kolmekordsest kannatusest: kehalistest haigustest, mentaalsetest ebakõladest ja vaimsest ignorantsusest.*

*Julgustada „lihtsat eluviisi ja kõrget mõtlemist"; levitada kõigi inimeste seas vendluse vaimu õpetades nende ühtsuse igavest alust: sugulust Jumalaga.*

*Näidata mõistuse ülimuslikkust keha üle, hinge ülimuslikkust mõistuse üle.*

*Saada üle pahelisest heaga, kurbusest rõõmuga, julmusest lahkusega ja ignorantsusest tarkusega.*

*Ühendada teadust ja religiooni, mõistes nende aluseks olevate printsiipide ühtsust.*

*Propageerida kultuurilist ja vaimset mõistmist ida ja lääne vahel ja vahetamaks nende peenemaid iseloomulikke jooni.*

*Teenida inimkonda kui iseenda suuremat Mina.*

www.ingramcontent.com/pod-product-compliance
Lightning Source LLC
Chambersburg PA
CBHW071308150426
43191CB00007B/547